제2판

勞 動 法

[단답식 문제해설]

金 亨 培 著

新 潮 社

제 2 판 머리말

단답식 문제만을 단행본으로 엮어 초판을 출간한 지 2년이 지났다. 그 동안 노동관계법령의 중요한 개정이 있었으며, 각종 시험에서 출제경향이 바뀌고, 출제범위가 넓어지기도 하였다. 이 책은 단답식 문제의 해설서이지만 각종 노동관계법률의 커다란 구조와 기본적인 체계의 틀을 염두에 두고 쓰여진 노동법의 기초서라고 보아도 무방하다.

이번 제2판에서는 초판의 미흡한 부분들을 보완하면서 다음과 같은 내용의 개정을 하였다.

1. 먼저 단답식 수험서로서의 역할을 다할 수 있도록 요점 중심의 해설을 하였다.

2. 2010년 11월 현재까지의 개정된 노동관계법령을 문제와 해설 속에 충실하게 반영하였으며, 2010년 최근까지의 중요 판례를 참고하여 그 내용을 기초로 출제 · 해설하였다.

3. 2010년부터 공인노무사시험에 「사회보험법」이라는 과목이 시험범위에 포함되었으므로 이번 제2판에서는 그 분야의 기존 문제를 수정하여 새로운 문제로 만들거나, 관련된 새 판례를 문제에 반영하여 추가 · 보완하였다.

4. 2009년도 및 2010년도에 시행된 사법시험 문제와 공인노무사시험 문제를 그대로 또는 변형하여 반영하였다.

5. 부분적으로 중복되는 문제와 난이도가 낮아 수험목적에 적합하지 않은 문제들은 과감하게 삭제함으로써 170여개의 문제를 정리하였다. 최근의 출제경향과 거리가 있는 문제들도 삭제하였다.

6. 불필요하거나 부적합한 해설은 효율적인 학습을 위하여 삭제 · 수정하였다. 전체적으로 문제와 해설을 핵심적인 내용을 중심으로 압축하였다. 따라서 독자들은 문제의 지문이나 해설 하나하나를 소홀히 다루지 않도록 주의하기 바란다.

7. 이 제2판에서는 자세한 설명은 학습경제적 관점에서 피하기로 하였다. 문제를 푸는 과정에서 확인 · 검토가 필요한 부분에 대해서는 기본서나 교재를 적절히 참고하는 것이 좋을 것이다.

8. 독자들이 이 책으로 학습할 때에는 노동법전을 참조할 것을 전제로 하였다. 중요한 법조문의 내용은 정확하게 이해하여야 한다.

이번 개정작업에서는 金熙聲 교수(강원대학교 법학전문대학원), 朴志淳 교수(고려대학교 법학전문대학원), 李準熙 석사(한국경영자총협회 노동정책본부 법제2팀장)가 여러 가지 도움을 주었다. 이 분들에게 감사한다. 특히 법령 확인, 판례 대조와 원고 교정을 보면서 이 책이 수험서로서의 모습을 갖추도록 하는데 크게 도움을 준 秋有宣 학사(고려대학교 대학원 석사과정 노동법 전공), 金南泓 군(고려대학교 법과대학 졸업)과 金珖明 군(고려대학교 법과대학 재학, 제52회 사법시험 2차 합격)의 노고에 대하여는 치하의 뜻을 전한다. 그리고 이 책의 출간을 위하여 세심한 지원을 해주신 新潮社 李明載 사장님에게도 감사의 말씀을 드린다. 또한 이 책을 보다 읽기 쉬운 체제로 편집을 해주신 宋逸根 주간님에게도 감사한다.

2010년 11월 12일

仁壽峰이 보이는 연구실에서

金 亨 培

Hyung-Bae Kim

머 리 말

기존의 「노동법강의」는 강의서 형식의 설명에 단답식 문제와 해설을 결합시킨 요약서로서 제10판까지 출간되었다. 제11판부터 저자는 이 책을 분리하여 '강의서'와 '단답식 문제해설서'의 두 권의 책으로 독립시키기로 하였다. 그 동안 증보해야 할 내용이 개정할 때마다 추가되면서 책의 부피가 커졌으며, 목적과 내용이 서로 다른 두 분야를 한 권의 책으로 묶어 놓는 것이 한계에 도달하였기 때문이다. '강의서'는 내용을 보다 체계적으로 정리하여 보완하기로 하였고, '단답식 문제해설서'도 한 단계 업그레이드하기로 했다. 그 동안 '단답식 문제해설서'의 개정작업이 끝나 먼저 출간하게 되었다.

이번에 개정 · 보완된 '단답식 문제해설서'는 다음과 같은 내용을 중심으로 새롭게 다듬었다.

1. 먼저 노동법 학습에서 차지하는 판례의 중요성을 고려하여 2007년 4월부터 2008년 8월까지의 중요한 최신판례들을 문제로 만들어 반영하였다.

2. 또한 2008년도의 사법시험 문제와 공인노무사시험 문제를 추가 · 반영하였다.

3. 그 동안 남녀고용평등법이 남녀고용평등과 일 · 가정 양립 지원에 관한 법률로 개정(2007.12.21.)되고, 산업재해보상보험법도 개정(2008.2.29.)되었으므로 이에 맞추어 문제를 고치거나 새 문제를 만들어 출제하였다.

4. 기존의 국가시험 문제들 중에서 현시점에서 시험 문제로서의 의미를 상실했다고 생각되는 오래 된(2000년 이전) 것들은 대폭 제외하였으나, 더러는 변형하여 출제하기도 하였다.

5. 또한 기존의 문제들에 대해서는 전체적으로 재검토를 하면서 삭제할 것은 빼고, 수정할 것은 변형하였다. 현행노동법의 중요 내용을 반영하기 위하여 새 문제들을 만들어 추가하기도 하였다.

6. 전체적인 균형을 위하여 문제의 수와 난이도를 조절하였다. 독자들이 이 책을 학습할 때에는 노동법전을 참조할 것을 전제로 하였다.

이번 개정작업에서는 金熙聲 교수(강원대학교 법과대학)가 수고해 주었다.

바쁜 학교일정에도 불구하고 시간을 내어 준 김 교수에게 사의를 표한다. 또한 이 책을 단행본으로 만드는데 지원을 해주신 新潮社 李明載 사장님에게도 감사의 뜻을 전하고 싶다. 그리고 새롭고 산뜻한 편집을 해주신 宋逸根 주간님에게도 감사한다.

2008년 9월 25일
仁壽峰이 보이는 연구실에서
金 亨 培
Hyung-Bae Kim

차 례

주요 참고문헌 및 법령 약어표

김치선, 「노동법강의」, 1988
김유성, 「노동법 I」, 2005
김유성, 「노동법 II」, 1999
김형배, 「노동법」, 2010
김형배, 「근로기준법」, 2002
박상필, 「한국노동법」, 1989
심태식, 「노동법개론」, 1989
이병태, 「노동법」, 2008
임종률, 「노동법」(제8판), 2009
하경효, 「노동법사례연습」(제2판), 2006
菅野和夫, 「勞働法」(제8판), 2008

국가공무원법 ························ 국공법
고용상 연령차별 금지 및 고령자 고용촉진에 관한 법률
('연령차별금지법'으로 약칭) ························ 연령차별금지법
고용보험법 ························ 고보법
고용보험 및 산업재해보상보험의 보험료징수 등에 관한 법률
('보험료징수법'으로 약칭) ························ 징수법
공무원의 노동조합 설립 및 운영 등에 관한 법률('공무원노조법'으로 약칭) ····· 공노조법
교원의 노동조합 설립 및 운영 등에 관한 법률('교원노조법'으로 약칭) ············ 교노조법
근로기준법 ························ 근기법
근로자 직업능력개발법('직능개발법'으로 약칭) ························ 직능법
근로자참여 및 협력증진에 관한 법률('근로자참여협력법'으로 약칭) ························ 근참법
근로자 퇴직급여보장법('퇴직급여보장법'으로 약칭) ························ 근퇴법
기간제 및 단시간근로자 보호 등에 관한 법률('기간제및단시간법'으로 약칭) ······· 기단법
남녀고용평등과 일 · 가정 양립 지원에 관한 법률
('남녀고용평등법'으로 약칭) ························ 남녀고평법
노동위원회법 ························ 노위법
노동조합 및 노동관계조정법 ························ 노조및조정법
구 노동쟁의조정법 ························ 구 노쟁법
노사협의회법 ························ 노협법
민사소송법 ························ 민소법
민사집행법 ························ 민집법
부동산등기특별조치법 ························ 부등법
비송사건절차법 ························ 비송법
산업안전보건법 ························ 산안보법

산업재해보상보험법('산재보험법'으로 약칭) ······ 산재법
선원법 ······ 선원법
약관의 규제에 관한 법률 ······ 약관규제법
외국인근로자의 고용 등에 관한 법률('외국인근로자고용법'으로 약칭) ······ 외국근고법
임금채권보장법 ······ 임채보법
장애인 고용촉진 및 직업재활법('장애인고용촉진법'으로 약칭) ······ 장애인고용법
장애인 차별금지 및 권리구제 등에 관한 법률
('장애인차별금지법'으로 약칭) ······ 장차금지법
지방공무원법 ······ 지공법
직업안정법 ······ 직안법
진폐의 예방과 진폐근로자의 보호 등에 관한 법률 ······ 진폐근로자보호법
최저임금법 ······ 최임법
파견근로자보호 등에 관한 법률('근로자파견법'으로 약칭) ······ 파견법
행정소송법 ······ 행소법
형사소송법 ······ 형소법

제 1 장

序　論

제 1 장 序 論

제 1 절 노동법의 의의/ 제 2 절 노동법의 생성과 발달/ 제 3 절 노동법의 기본관념/ 제 4 절 노동법의 내용과 법원

1. 노동법에서 사용하는 용어의 뜻으로 옳지 않은 것은? <사시 2010년>

① 근로기준법상 근로계약이란 근로자가 사용자에게 근로를 제공하고 사용자는 이에 대하여 임금을 지급하는 것을 목적으로 체결된 계약을 말한다.

② 노동조합 및 노동관계조정법상 쟁의행위란 노동조합과 사용자 또는 사용자단체 간에 임금 등 근로조건의 결정에 관한 주장의 불일치로 인하여 발생한 분쟁상태를 말한다.

③ 근로기준법상 임금이란 사용자가 근로의 대가로 근로자에게 임금, 봉급, 그 밖에 어떤 명칭으로든지 지급하는 일체의 금품을 말한다.

④ 남녀고용평등과 일·가정 양립 지원에 관한 법률상 근로자란 사업주에게 고용된 자와 취업할 의사를 가진 자를 말한다.

⑤ 근로자참여 및 협력증진에 관한 법률상 노사협의회란 근로자와 사용자가 참여와 협력을 통하여 근로자의 복지증진과 기업의 건전한 발전을 도모하기 위하여 구성하는 협의기구를 말한다.

《해 설》 ① 근기법 제2조 1항 4호. ② 노동쟁의에 대한 설명이다(노조및조정법 제2조 5호). ③ 근기법 제2조 1항 5호. ④ 남녀고평법 제2조 4호. ⑤ 근참법 제3조 1호.

<답 ②>

2. 우리나라 노동법과 관련된 설명으로 옳지 않은 것은? <노무사 2009년>

① 노동조합법이 처음 제정된 것은 1953년이다.

② 과거 노동조합의 조직을 기업별로 강제하던 시기가 있었다.

③ 산업별 연합단체인 노동조합의 경우에도 현행법상 조직대상을 같이 하는 복수의 노동조합은 금지된다.

④ 노사협의회제도는 1963년에 처음 도입되었다.

⑤ 1991년 ILO에 가입하여 회원국이 되었다.

《해 설》 ③ 대판 2008. 12. 24, 2006두15400. 새로 설립된 노동조합이 기존의 기업별 노동조합과 조직대상이 중복되더라도 그 조직형태의 실질이 하나의 사업 또는 사업장의 근로자만을 조직대상으로 한정하지 않은 산업별 노동조합인 경우에는, 그 산업별 노동조합은 기존의 기업별 노동조합과의 관계에서 노동조합 및 노동관계조정법 부칙(1997. 3. 13.) 제5조 1항에 정한 설립이 금지되는 복수노조는 아니므로, 기존의

기업별 노동조합이 설치된 사업장에 속한 근로자들은 새로이 설립된 산업별 노동조합의 조합원으로 가입할 수 있다. <답 ③>

3. 노동과 사회보장에 관한 헌법의 내용으로 옳지 않은 것은? <사시 2010년>

① 법률이 정하는 주요방위산업체에 종사하는 근로자의 단체행동권은 법률이 정하는 바에 의하여 이를 제한하거나 인정하지 아니할 수 있다.

② 국가는 여자의 복지와 권익의 향상을 위하여 노력하여야 한다.

③ 국가는 사회보장 · 사회복지의 증진에 노력할 의무를 지며, 청소년의 복지향상을 위한 정책을 실시할 의무를 진다.

④ 공무원인 근로자의 단체행동권은 법률이 정하는 바에 의하여 이를 제한하거나 인정하지 아니할 수 있지만 단결권과 단체교섭권은 그러하지 아니하다.

⑤ 연소자의 근로는 특별한 보호를 받는다.

《해 설》 ① 헌법 제33조 3항. ② 헌법 제34조 3항. ③ 헌법 제34조 2항, 제34조 4항. ⑤ 헌법 제32조 5항. ④ 공무원인 근로자는 법률이 정하는 자에 한하여 단결권 · 단체교섭 및 단체행동권을 가진다(헌법 제33조 2항). 〈답 ④>

4. 노동법의 특수성에 관한 설명이다. 다음 중 틀린 것은?

① 노동은 일반상품과는 달리 저장할 수가 없다는 데서 노동법의 특수성이 도출된다.

② 노동은 근로자로부터 완전히 분리하여 사용자의 자유로운 사용에 맡길 수는 없다는 것으로부터 노동법의 특수성이 도출된다.

③ 노동시장에서 파는 사람과 사는 사람은 고정되어 있다는 데 문제가 있다. 따라서 노사관계를 규율하는 법에 있어서는 그 내용이 자연조화적으로 개선될 것이 기대되지도 않으며, 이에 따라 노사의 이익이 자동적으로 조절되지도 않는다는 데서 노동법의 특수성이 나온다.

④ 이와 같이 노동법은 그것이 지니는 특수성으로부터 필연적으로 시민법 질서에 대한 법기술적 수정을 가하게 된다.

⑤ 이러한 법기술적 수정은 필연적으로 재산권에 대한 제한으로 나아가게 되므로 시민법의 체계와 이론을 정면으로 부정하는 것이다.

《해 설》 ⑤ 노동법은 자본주의질서 자체를 부정하는 것은 아니다. 노동법은 종래의 시민법질서를 수정하면서도 전체로서의 자본주의질서의 조화 있는 조직 속에 존재할 것을 예정하고 있다. <답 ⑤>

5. 필라델피아선언에 대한 설명으로 가장 옳지 않은 것은? <사시 1997년>

① 국제노동기구의 목적에 관한 선언이라고 한다.

② ILO헌장의 부속서로 되었다.

③ ILO가 이 선언의 목적달성을 위해 설립되었다.
④ 1944년 ILO 제26회 총회에 채택되었다.
⑤ 노동의 상품성을 선언하였다.

《해 설》 ⑤ 1944년 국제노동기구 제26회 총회(필라델피아선언)에서는 '인간의 노동은 상품이 아니다'라는 기본원리를 선언하였다. <답 ⑤>

6. ILO 필라델피아선언의 주요 내용이 아닌 것은? <노무사 2008년>

① 노동은 상품이 아니다.
② 사회의 지속적인 진보를 위하여 표현 및 결사의 자유는 보장되어야 한다.
③ 일부계층의 빈곤은 사회구성원 전체의 번영을 위협한다.
④ 비정규 근로형태는 철폐되어야 한다.
⑤ 근로자대표 및 사용자대표가 정부대표와 동등한 지위에서 자유로운 토의 및 민주적 결정에 의해 빈곤의 극복을 이루어야 한다.

《해 설》 필라델피아선언 제1절은 ILO 목적의 근본원칙으로서 다음과 같은 4개 항목을 규정하고 있다. (i) 노동은 상품이 아니다. (ii) 사회의 지속적인 진보를 위하여 표현 및 결사의 자유는 불가피하다. (iii) 일부의 빈곤은 전체의 번영에 대한 위협이다. (iv) 빈곤에 대한 투쟁은 불굴의 용기에 의하여 근로자대표 및 사용자대표가 정부대표와 동등한 지위에서 사회복지의 증진을 위한 자유로운 토론 및 민주적 결정에 참가함으로써 수행하여야 한다. <답 ④>

7. ILO에 대한 설명으로 옳지 않은 것은? <사시 1999년, 노무사 2007년 유사>

① 국제노동기준을 설정하고 그 준수 여부를 감독하는 역할을 한다.
② ILO는 노 · 사 · 정 3자로 구성된다.
③ 총회는 최소한 연 1회 이상 개최된다.
④ 총회에서의 의결권은 정부대표만 갖는다.
⑤ 주 40시간제는 1935년의 제47호 협약으로 규정되었다.

《해 설》 ④ ILO에서 노사정 3자는 서로 자유롭게 발언하고 의결(투표)권이 인정되지만 노사대표 2명 중 1명이 지명되지 아니한 경우에는 다른 1명은 발언권만 인정되고 투표권은 인정되지 않는다. <답 ④>

8. 국제노동기구(ILO)에 관한 설명 중 옳지 않은 것은? <사시 2004년>

① ILO는 1946년에 국제연합 전문기구(specialized agencies) 중의 하나로 되었다.
② 국제연합 비회원국이 ILO에 가입하기 위하여는 ILO총회의 의결을 거쳐야 한다.
③ 우리나라는 ILO '결사의 자유 및 단결권보호협약'(제87호)을 비준하지 않고 있다.

④ ILO는 근로기준뿐 아니라 사회보장기준에 관한 협약 및 권고도 채택한다.
⑤ ILO총회의 경우 회원국별로 노동자, 사용자, 정부 대표 각 1인씩 참여하고 각자 동등한 표결권을 가진다.

《해 설》 ⑤ 정부대표 2인, 노사대표 각 1인이 참석하고 총회에서의 의결은 정부가 2의 의결권을 갖는 반면에, 노사는 각 1의 의결권만 갖는다. <답 ⑤>

9. 국제노동기준에 관한 설명 중 옳지 않은 것은? <사시 2005년>
① 우리나라가 비준 · 공포한 국제노동기구(ILO)의 협약(Convention)은 국내법과 동일한 효력을 가진다.
② 국제노동기구의 권고(Recommendation)는 법적 구속력이 없으며 가이드라인으로서의 역할을 한다.
③ 국제연합이 채택한 '경제적 · 사회적 및 문화적 권리에 관한 국제규약'은 경찰공무원의 단결권에 대하여 국내법에 의한 제한을 허용하지 않고 있다.
④ 국제연합이 채택한 '경제적 · 사회적 및 문화적 권리에 관한 국제규약'은 모든 근로자에게 동등한 가치의 노동에 대한 동등한 보수를 받을 권리를 인정할 것을 요구하고 있다.
⑤ 우리나라는 '단결권 및 단체교섭권에 대한 원칙적용에 관한 협약'(ILO 제98호 협약)을 아직 비준하지 않고 있다.

《해 설》 ③ 경제적 · 사회적 및 문화적 권리에 관한 국제규약(A규약, 발효일 1990년 7월 10일)의 제8조 2항은 '이 조는 군인, 경찰 구성원 또는 행정관리가 전기한 권리들을 행사하는 것에 대하여 합법적인 제한을 부과하는 것을 방해하지 아니한다'라고 규정하고 있다. <답 ③>

10. 각국에서 채택하고 있는 근로감독관제도의 효시가 되는 영국의 노동보호법은?
① 1825년의 법(Combination Laws Repeal Act Amendment Act)
② 1833년의 공장소년노동법
③ 1844년의 공장노동법
④ 1864년의 공장법적용확장법
⑤ 1975년의 고용보호법

《해 설》 ① 1825년의 법은 단결에 관하여 형사면책을 규정한 노동법이다. ② 근로감독관제도는 영국의 1833년의 공장소년노동법에서 시작되었다. 〈답 ②〉

11. 다음 중 옳지 않은 것은? <노무사 2009년>
① 영국이 상대적으로 이른 시기에 노사관계를 규율하기 위한 노동법을 제정하게 된 것은 세계 최초로 산업혁명이 일어났다는 사실과 무관하지

않다.

② 독일에서는 1918년 바이마르(Weimar) 헌법에 의하여 단결권을 명문으로 보장하였다.

③ 미국의 경우 1914년 클레이톤(Clayton) 법은 단결권 · 단체교섭권이 독점금지법에 위반되지 아니함을 인정하였다.

④ 미국의 경우 1935년 와그너(Wagner) 법에서는 오픈 숍(open shop)을 원칙으로 하고 클로즈드 숍(closed shop)을 금지하였다.

⑤ 우리나라의 경우 노동조합의 단체교섭이나 그 밖의 모든 활동은 근로자참여 및 협력증진에 관한 법률의 영향을 받지 아니한다.

《해 설》 ④ closed shop 협정은 1935년의 Wagner법 제8조 3항에 의하여 연방법상 인정되었다. 반면 1947년의 Taft-Hartley법은 closed shop 협정을 금지함과 동시에 union shop 협정에 대하여도 엄격한 조건 하에서만 이를 인정하고 있다. <답 ④>

12. 노사협의제도가 처음 도입된 시기와 당해 법률은?

① 1963년 노동조합법
② 1973년 노동조합법
③ 1980년 노사협의회법
④ 1986년 노동조합법
⑤ 1971년 국가보위에 관한 특별조치법

《해 설》 ① 노사협의제도가 처음 도입된 시기는 1963년 노동조합법 개정 때이다. ③ 1980년에는 노사협의회법이 독립된 법률로 제정되기에 이른다. <답 ①>

13. 다음은 노동법개정 연도와 그 주요내용에 관한 설명이다. 틀리게 연결된 것은?

① 1963년 노동조합법 —— 복수노조금지
② 1974년 근로기준법 —— 임금채권의 우선변제규정신설
③ 1980년 노동쟁의조정법 —— 제3자 개입금지
④ 1974년 노동조합법 —— 기업별 노조형태강제
⑤ 1980년 근로기준법 —— 퇴직금차등제도금지규정 신설

《해 설》 ④ 기업별 노조형태 강제규정은 1980년 노동조합법 개정시 도입되었다. <답 ④>

14. 공무원인 근로자의 경우 근로3권이 제한됨을 처음으로 명시한 헌법은?

① 1948년 헌법
② 1962년 헌법
③ 1972년 헌법
④ 1980년 헌법
⑤ 1987년 헌법

《해 설》 1962년 헌법은 「공무원인 근로자는 법률로 인정된 자를 제외하고는 단결권, 단체교섭권 및 단체행동권을 가질 수 없다」(제29조 2항)고 하여 공무원의 근로3권을 제한하는 규정을 처음으로 명시하였다. <답 ②>

15. **우리나라의 노동법관계제도 중 미국의 제도를 계수하지 않은 것은?**

① 부당노동행위제도 ② 냉각기간제도
③ 노동위원회에 의한 조정제도 ④ 노동위원회제도
⑤ 단체협약제도

《해 설》 ⑤ 근로계약 및 단체협약에 관한 부분은 대륙법적 기초 위에 서 있다. 부당노동행위제도, 냉각기간제도, 노동위원회에 의한 조정, 노동위원회법에 의한 노동위원회제도 등은 미국의 제도를 계수한 것이다. <답 ⑤>

16. **1997년 3월에 개정된 노동관계법의 내용이 아닌 것은?** <사시 2000년>

① 부당해고에 대한 노동위원회의 구제제도 신설
② 연합단체인 노동조합에 있어서 복수노조의 설립 허용
③ 정리해고 규정 신설
④ 선택적 근로시간제의 도입
⑤ 노동조합 전임자에 대한 사용자의 급여지급 금지 규정 신설

《해 설》 ① 부당해고에 대한 노동위원회의 권리구제제도는 1989년 3월의 근로기준법 개정시에 도입된 것이다. <답 ①>

17. **1998년 2월 20일의 노동법개정과 관련하여 옳지 않은 것은?**

① 'IMF관리체제'와 관련되어 있다.
② 노동관계법의 개정 및 제정의 내용은 기업의 구조조정의 원활화를 기하기 위하여 노동시장의 유연성을 제고하고, 이로 인하여 발생되는 사태에 대처하려는 방향으로 이루어졌다.
③ 경영상의 이유에 의한 해고규정을 개정하여 경영악화방지를 위한 사업의 양도 · 인수 · 합병을 경영상 이유에 의한 해고의 요건이 되는 긴박한 경영상의 필요가 있는 것으로 보았다.
④ 파견근로자보호 등에 관한 법률과 임금채권보장법을 제정하였다.
⑤ 최종 3년간의 퇴직금에 대해서만 최우선변제되도록 당시 근로기준법 제37조 2항을 개정하였다.

《해 설》 ⑤ 1997년 8월 21일 헌법재판소는 퇴직금(판례에 의하여 전액지급으로 해석되었던) 부분에 대한 최우선변제에 대하여 헌법불합치결정을 내렸고, 이에 의하여 1997년 12월 24일에 최종 3년간의 퇴직금에 대해서만 최우선변제되도록 당시 근로기준법 제37조 2항을 개정(법률 제5473호)하였다. <답 ⑤>

18. **2003년의 근로기준법개정과 관련하여 틀린 설명은?**

① 현재 1주간 44시간으로 되어 있는 법정근로시간을 40시간으로 단축하였다.

② 보상휴가제를 도입하였다.
③ 월차유급휴가를 폐지하였다.
④ 여성인 근로자에 대한 월 1일의 유급생리휴가는 그대로 존치시켰다.
⑤ 상시 1,000인 이상의 근로자를 사용하는 사업 또는 사업장은 2004년 7월 1일부터 개정근로기준법이 시행되었다.

《해 설》 ④ 국제적인 입법례에 따라 월차유급휴가를 폐지하고, 여성인 근로자에 대하여 월 1일의 유급생리휴가를 주도록 하던 것을 무급화하여 사용자의 부담을 경감하도록 하였다(구법 제57조 삭제 및 제73조 개정). <답 ④>

19. **다음 중 해고와 관련된 2007년 근로기준법 개정내용으로서 틀린 것은?**

① 노동위원회 구제명령시 근로자가 원하면 원직복직 대신 금전보상명령이 가능해졌다.
② 근기법 제23조 1항 및 2항에 따라 부당해고를 한 사용자에게 적용하던 벌칙조항이 삭제되었다.
③ 노동위원회는 구제명령을 이행하지 않은 사용자에 대해 이행강제금을 부과할 수 있도록 하였다.
④ 사용자가 근로자를 해고하려면 해고사유와 해고시기를 서면으로 통지하도록 의무화하였다.
⑤ 근로계약을 체결할 때 사용자가 근로조건을 명시할 경우 임금뿐만 아니라 근로시간이나 휴일 · 휴가도 명시하도록 하였다.

《해 설》 ① 근기법 제30조 3항. ③ 동법 제33조. ④ 동법 제27조. ⑤ 동법 제17조. ② 동법 제23조 1항(부당해고)에 대한 처벌조항은 삭제되었지만, 동법 제23조 2항에 대한 처벌조항은 여전히 존재한다(동법 제107조). <답 ②>

20. **다음 중 노동법의 기본관념과 관련하여 틀린 설명은?**

① 근로자에 대한 보호와 배려는 근로관계의 핵심적인 부분에만 국한된다.
② 노동법 또한 공공의 이익에 배치되어서는 아니 된다.
③ 오늘날의 노동법은 단결을 통한 근로자들의 자조를 바탕으로 하고 있다.
④ 개별노동법으로부터 집단적 노동법으로의 이전은 오늘날의 노동법의 특색이다.
⑤ 노사관계질서의 형성에 있어서 노사자치를 허용하는 것은 노동법의 중요한 기본관념 중의 하나이다.

《해 설》 노동법의 기본관념으로는 근로자의 보호, 공공사회의 이해존중, 근로자들의 집단적 자조의 보장 및 노사자치의 존중이 있다. ① 근로자에 대한 보호와 배려는 근로관계의 핵심적인 부분(근로의 급부와 수령)에만 국한되는 것은 아니며 근로자의 인격 전반에 대해서 요청되는 것이다. 즉, 오늘날의 노동법의 목적은 근로자들의 건강의 보호와 경제생활의 확보에 그치지 아니하고 노동인격의 보호와 실현에 더욱 경주되는 경향을 보이고 있다. 그러므로 현대적 의미의 노동법은 근로자의 생존보장의 법으로서의 영역을 넘어 인간실현의 법으로서의 질적 의의를 가지는 것이다. <답 ①>

21. 노동법의 기본이념과 기본원리에 관한 설명으로 옳은 것은? <사시 2008년>

① 개인주의와 자유주의를 바탕으로 한 사적자치의 원리를 기본이념으로 하고 있다.

② 근로자의 인간다운 생활의 실현을 기본이념으로 하고 있다.

③ 소유권 존중의 원칙과 계약자유의 원칙은 일정한 제약을 받지만 과실책임의 원칙은 수정되지 않는다.

④ 집단적 자치의 원리는 개인의 인격과 존엄성을 침해할 수 있으므로 노동법의 기본원리가 될 수 없다.

⑤ 헌법은 근로조건의 기준에 대하여 국가경제의 경쟁능력을 해치지 않는 범위 내에서 보장된다는 공공이익 존중의 원리를 명시하고 있다.

《해 설》 ② 현대적 의미의 노동법은 근로자의 생존보장의 법으로서의 영역을 넘어 인간실현의 법으로서의 의의를 가지는 것이다. 특히 헌법 제32조 3항이 「인간의 존엄성을 보장」할 수 있도록 근로조건의 기준을 정하여야 한다고 규정하고 있는 것은 노동법이 인간실현의 법임을 명백히 하고 있는 것이다. <답 ②>

22. 다음 국제노동기구(ILO)의 협약 중 우리나라가 비준하지 않은 것은?

① 강제노동폐지에 관한 협약(제105호) <노무사 2008년>

② 고용정책 협약(제122호)

③ 차별(고용과 직업) 협약(제111호)

④ 동등보수 협약(제100호)

⑤ 최저임금 결정 협약(제131호)

《해 설》 ① 우리나라가 비준하지 않은 협약은 제105호 강제노동폐지에 관한 협약이다. <답 ①>

23. 주관적 의미에 있어서 노동법의 법원이 되지만, 객관적 의미에 있어서는 노동법의 법원(法源)으로 취급되지 않는 것은?

① 헌법 제33조

② 비준 · 공포된 ILO협약

③ 노동관습법

④ 파견근로자보호 등에 관한 법률

⑤ 취업규칙

《해 설》 ①④ 법원을 법적 분쟁을 해결하기 위하여 법관이 기준으로 삼아야 할 재판규범의 존재형식으로 본다면, 객관적 의미에서 법원이라 할 수 있다. ② 헌법 제6조 1항에 따라 국내법과 동일한 효력을 가지게 되므로 객관적 의미에서 법원이라 할 수 있다. ⑤ 객관적 규범성 내지 일반성을 법원의 표지라고 한다면, 법원은 객관적 법과 동일한 개념이 되며, 따라서 법원(法源)은 곧 법이 될 것이다. 그 결과 노동법에 있어서 근로계약은 법원이 될 수 없을 뿐만 아니라, 취업규칙이나 단체협약의 법원성

(취업규칙이나 단체협약의 성질을 계약적인 것으로 파악하는 한)도 인정할 수 없게 된다. <답 ⑤>

24. 노동법의 법원(法源)이라고 보기 어려운 것은? <사시 2000년, 노무사 2008년 유사>

① 헌법 제33조
② 비준 · 공포된 ILO 협약
③ 단체협약의 규범적 부분
④ 파견근로자보호 등에 관한 법률
⑤ 노동부 질의회시

《해 설》 ③ 단체협약의 본질을 어떻게 이해하느냐에 따라 견해가 나뉘는데, 실정법과 같이 객관적인 의미의 법으로 보거나 또는 사적 계약으로 봄에 따라 그 분류가 달라질 수 있을 것이다. 그러나 어느 경우이든 재판규범의 존재형식이라는 의미에서는 단체협약의 규범적 부분도 법원에 해당하게 된다. ⑤ 법원성을 부인하는 것이 판례(대판 1990. 9. 25, 90누2727 등)와 통설의 입장이다. 왜냐하면 질의회시나 예규 등 행정해석은 행정기관의 견해에 불과하고, 조직내부의 사무처리지침 효력밖에 없기 때문이다. <답 ⑤>

25. 노동법의 법원(法源)에 대한 설명 중 틀린 것은?

① 노동법에 있어서는 근로관계를 규율하는 모든 규정근거들이 노동법의 법원이 된다.
② 헌법 제33조 1항은 집단적 노사관계법의 해석 적용과 관련하여 상위규범으로 작용한다.
③ 노동조합규약에 대해서는 법원성이 인정된다.
④ 판례에 따르면 기업의 내부에 존재하는 특정의 경영관행이 근로계약의 내용을 이루고 있다고 하기 위하여는 동일한 행태 내지 급부가 사실상 여러 번 반복되는 경우에는 그러한 관행이 기업 내에서 사실상의 제도로서 확립되어 있다고 할 수 있을 정도의 규범의식에 의하여 지지되고 있어야 할 것까지는 없다고 한다.
⑤ 경영관행은 일종의 사실인 관습으로서 당사자가 그 관행에 의한다거나 의하지 않는다는 의사가 명백하지 않은 경우에 근로관계의 내용을 형성하는 효력을 가지며, 또한 재판규범으로서의 법원성을 가진다.

《해 설》 ① 법원은 법적 분쟁을 해결하기 위하여 법관이 기준으로 삼아야 할 재판규범의 존재형식이다. 그러므로 노동법에 있어서는 근로관계를 규율하는 모든 규정근거들이 노동법의 법원이 된다. 따라서 헌법 · 법률 · 관습법뿐만 아니라, 단체협약 · 취업규칙 · 근로계약 · 사용자의 지시 등이 법원에 포함된다고 할 수 있다. ② 헌법 제32조 3항의 '인간의 존엄성'은 근로조건의 기준을 규정한 근로기준법이나 선원법에 대하여 최상위에 있는 규범적 보호기능을 담당하고, 헌법 제33조 1항의 근로3권도 집단적 노사관계법의 해석 · 적용과 관련하여 상위규범으로 작용한다. ③ 조합규약은 기본권으로서의 단결권을 기초로 하여 단체활동을 행사할 수 있는 근로자단체의 조직과 운영을 정한 자치적 규범으로서의 법원성을 가진다. ④ 기업의 내부에 존재하는 특정의 관행이 근로계약의 내용을 이루고 있다고 하기 위하여는 그러한 관행이 기업

사회에서 일반적으로 근로관계를 규율하는 규범적인 사실로서 명확히 승인되거나 기업의 구성원에 의하여 일반적으로 아무도 이의를 제기하지 아니한 채 당연한 것으로 받아들여져서 기업 내에서 사실상의 제도로서 확립되어 있다고 할 수 있을 정도의 규범의식에 의하여 지지되고 있어야 한다(대판 2002. 4. 23, 2000다50701). <답 ④>

26. 노동법의 적용과 법원(法源)에 관한 설명으로 옳은 것(○)과 옳지 않은 것(×)을 올바르게 조합한 것은? <사시 2010년>

> 가. 근로기준법은 사회복지사업과 같은 비영리사업에는 적용하지 않는다.
> 나. 단체협약은 근로계약에는 우선하지만 취업규칙에는 우선하지 않는 것이 원칙이다.
> 다. 근로계약과 취업규칙에서 정한 근로조건이 서로 다르더라도 근로계약에서 정한 근로조건이 유리한 경우 그 근로조건은 유효하다.

① 가(○), 나(○), 다(○) ② 가(○), 나(×), 다(×)
③ 가(×), 나(○), 다(○) ④ 가(×), 나(×), 다(○)
⑤ 가(×), 나(×), 다(×)

《해 설》 가. 근로기준법은 영리를 목적으로 하지 않는 국가 또는 지방자치단체가 행하는 사업, 국영기업체와 공익사업체, 정부투자기관, 사회사업단체나 종교단체가 행하는 사업뿐만 아니라 학교육성회나 아파트자치운영회와 같은 비영리단체, 교육 · 연구기관 등도 적용대상이 된다. 나. 법원이 경합할 경우 상위법우선의 원칙에 따라 근로계약은 취업규칙에 반할 수 없고, 취업규칙은 단체협약에 반할 수 없다(단체협약〉취업규칙〉근로계약). 다. 단체협약의 일반적 효력상의 계위에 있어서는 취업규칙보다 상위에 있지만 취업규칙이 단체협약보다 유리한 근로조건을 정하고 있을 때에는 단체협약의 기준은 적용되지 않는다. <답 ④>

27. 노동법의 법원(法源)과 관련된 설명으로 옳지 않은 것은? <사시 2009년>

① 「근로기준법」에 정한 기준에 미달하더라도 단체협약으로 정한 근로조건은 유효하다.
② 취업규칙에서 정한 기준을 상회하는 근로계약은 유효하다.
③ 최저임금의 적용을 받는 근로자와 사용자 사이의 근로계약 중 최저임금액에 미치지 못하는 금액을 임금으로 정한 부분은 무효로 한다.
④ 고용노동부장관은 단체협약에 어긋나는 취업규칙의 변경을 명할 수 있다.
⑤ 행정관청은 노동위원회의 의결을 얻어 단체협약 중 위법한 내용의 시정을 명할 수 있다.

《해 설》 ① 근로기준법에 정한 기준은 최저기준이므로, 이에 미달할 경우 아무리 단체협약으로 정한 근로조건이라 하더라도 강행법규 위반으로 무효로 본다. ② 취업규칙에서 정한 기준은 근로계약이 비해서 최저기준으로서 우월적 효력을 가지므로 이를 상회하는 근로계약은 유효하다. ③ 최저임금법은 강행규정이므로 최저임금액에 미치지 못하는 금액을 임금으로 정한 부분은 무효로 한다. ④ 근기법 제96조 2항.

⑤ 노조및조정법 제31조 3항. <답 ①>

28. 노동법의 법원과 관련한 설명 중 옳지 않은 것은? (다툼이 있는 경우에는 판례에 의함) <사시 2007년>

① 취업규칙의 기준에 미달하는 근로계약의 부분은 무효이고, 무효로 된 부분은 취업규칙의 기준이 적용된다.

② 취업규칙은 단체협약에 반할 수 없으며, 고용노동부장관은 단체협약에 저촉되는 취업규칙의 변경을 명할 수 있다.

③ 단체협약의 기준에 위반하는 근로계약의 부분은 무효이다.

④ ILO협약은 일반적으로 승인된 국제법규이므로 국내법적 효력이 인정된다.

⑤ 고용노동부의 예규는 법원으로 인정되지 않는다.

《해 설》 ① 근기법 제97조. ② 근기법 제96조. ③ 노조및조정법 제33조 1항. ④ 우리나라가 비준·공포한 ILO협약은 국내법적 효력이 인정된다(헌법 제6조). 그러나 우리나라가 비준·공포하지 않은 ILO협약은 국내법적 효력이 인정되지 않으므로 노동법의 법원에 해당하지 않는다. ⑤ 판례에 의하면 고용노동부장관의 업무지침이나 예규 등은 행정기관 내부의 사무처리지침에 불과하므로 국민이나 법원을 구속할 수 없다고 한다(대판 1990. 9. 25. 90누2727). <답 ④>

29. 노동법의 법원의 적용관계에 관한 설명 중 옳은 것은? (다툼이 있는 경우에는 판례에 의함) <사시 2006년>

① 단체협약에 정한 바가 있으면 경영상 이유에 의한 해고시 여성을 우선적인 해고대상자로 선정할 수 있다.

② 근로기준법은 강행규정이므로 이보다 근로자에게 유리한 근로조건을 정한 취업규칙의 규정은 무효이다.

③ 상여금지급약정에서 정한 내용이 취업규칙에 비하여 근로자에게 유리한 경우에도 약정은 그 부분에 한하여 무효가 된다.

④ 취업규칙보다 근로자에게 불리한 면직기준을 정한 단체협약은 무효이다.

⑤ 최저임금의 적용을 받는 근로자와 사용자 사이에 최저임금액에 미달하는 임금을 정한 근로계약은 그 부분에 한하여 무효로 한다.

《해 설》 ① 단체협약은 효력상의 계위에 있어서 노동관계법령보다 하위에 있다. 따라서 단체협약이 근기법 제6조 및 남녀고평법에 반하는 경우에는 무효가 된다. ② 근로자에게 유리한 경우에는 유효하다. ③ 취업규칙에서 정한 기준에 미달하는 근로조건을 정한 근로계약의 경우에만 그 부분에 관하여 무효이다. 따라서 상여금지급약정이 취업규칙보다 유리한 경우에는 유효하다. ④ 단체협약이 취업규칙보다 효력상 상위에 있다. ⑤ 근기법 제15조 1항. <답 ⑤>

30. 노동법의 법원(法源)의 적용원칙에 관한 설명 중 옳지 않은 것은? (다툼이 있는 경우에는 판례에 의함) <사시 2005년>

① 노동관계법령에 위반하는 취업규칙의 내용은 무효이다.

② 적용범위가 같은 두 개의 단체협약이 시간적으로 전후하여 성립되면 후에 성립된 단체협약이 적용된다.

③ 단체협약이 종전 단체협약보다 조합원에게 불리하게 변경된 경우에 새로운 단체협약은 기존의 조합원에게 적용되지 않는 것이 원칙이다.

④ 선원인 근로자에게는 근로기준법보다 선원법이 우선 적용된다.

⑤ 사립학교 교원의 경우 사립학교법 제61조 4항에서 정하는 감봉(減俸)에 관한 규정이 적용되므로 근로기준법 제98조에서 정하는 제재 관련 규정은 배제된다.

《해 설》 ① 근기법 제96조 1항. ②③ 질서(해소)의 원칙의 내용으로서, 적용범위가 같은 두 개의 단체협약이 시간적으로 전후하여 성립하게 되면 후에 성립한 단체협약이 설령 근로자에게 불리하더라도 전에 성립했던 단체협약을 해소 내지 소멸시키게 된다. ④⑤ 특별법 우선의 원칙의 내용이다. <답 ③>

31. 노동법의 법원(法源)에 대한 설명으로 옳지 않은 것은?

① 법원의 효력상의 계위는 헌법, 법령, 단체협약, 노사협의에 의한 협정, 취업규칙, 근로계약, 사용자의 지시권 순이다.

② 해소의 원칙이란, 어떤 동위의 규정이 다른 동위의 규정보다 나중에 성립했는데 이 두 규정이 충돌하면, 나중에 성립한 규정이 우선한다는 원칙을 말한다.

③ 특별규정 우선의 원칙이란, 동위의 규정 간에 있어서 일반규정보다 특별규정이 불리하다고 하더라도 특별규정이 우선하여 적용된다는 원칙을 말한다.

④ 사업장단위의 단체협약이 기업단위의 단체협약보다 불리하더라도 우선 적용된다.

⑤ 상위의 법원이 하위의 법원에 대하여 기준에 미치지 못하는 약정으로 예외를 인정하는 경우에도 계위의 원칙은 적용된다.

《해 설》 ② 질서의 원칙이라고도 한다. ⑤ 상위의 법원이 하위의 법원에 대하여 예외(기준에 미치지 못하는 약정)를 인정하는 경우에는 계위의 원칙은 적용되지 않는다. 예컨대 근로기준법이 근로자대표와의 합의, 취업규칙 또는 개별근로자와의 약정으로 동법에 규정된 기준과 다른 내용을 정할 수 있도록 한 경우가 이에 해당한다(넓은 의미의 개방조항). <답 ⑤>

32. 노동법의 법원(法源)에 대한 설명 중 틀린 것은?

① 노동법은 일반법인 민법에 대하여 특별법의 지위에 있으며 원칙적으로

강행적 효력을 가지고 있다.

② 단체협약과 취업규칙 간에 충돌이 있는 경우 유리한 조건이 우선 적용된다는 원칙이 현행법상 명문으로 규정되어 있다.

③ 우리나라는 ILO회원국이기는 하지만, ILO협약이 직접 국내법적 효력을 가지는 것은 아니다.

④ 조합규약은 기본권으로서의 단결권을 기초로 하여 단체활동을 수행할 수 있는 근로자단체의 조직과 운영을 정한 자치적 규범으로서 법원성을 가진다.

⑤ 특정한 기업체 내지 사업장에서 그 경영 내의 근로관계 내지 노사관계를 규율하고 있는 노동관행은 법원성을 가진다.

《해 설》 ② 유리한 조건 우선의 원칙에 관해서 현행법상 명문의 규정은 없다. 다만 현재 통설이 이 원칙의 적용을 긍정하고 있다. <답 ②>

제 2 장

勞動基本權

제 2 장　勞動基本權

제1절 서　설/ 제2절 근로의 권리/ 제3절 근로3권 서설/ 제4절 단 결 권/
제5절 단체교섭권/ 제6절 단체행동권/ 제7절 근로3권의 제한

1. 현행헌법의 노동관계조항과 부합하지 않는 것은?

<사시 2001년, 노무사 2005년 유사>

① 국가는 근로의 의무의 내용과 조건을 민주주의 원칙에 따라 법률로 정한다.

② 국가는 사회적·경제적 방법으로 근로자의 고용의 증진과 적정임금보장에 노력하여야 한다.

③ 국가는 법률이 정하는 바에 의하여 최저임금제를 시행하여야 한다.

④ 모든 국민은 근로조건의 향상을 위하여 자주적인 단결권·단체교섭권 및 단체행동권을 가진다.

⑤ 국가유공자의 유가족은 법률이 정하는 바에 의하여 우선적으로 근로의 기회를 부여받는다.

《해 설》 ① 헌법 제32조 2항 2문. ② 헌법 제32조 1항 2문. ③ 헌법 제32조 1항 2문. ④ 근로3권(헌법 제33조 1항)은 근로자로 하여금 사용자와 대등한 지위에서 근로조건을 결정할 수 있도록 하기 위한 근로자의 권리이다. 따라서 사용자는 근로3권의 직접적인 주체라고 볼 수 없으며, 다만 근로3권의 상대방이 당사자로서의 지위를 가질 뿐이다. ⑤ 헌법 제32조 6항. <답 ④>

2. 노동관계 및 사회보장에 관한 헌법조항의 내용과 부합하지 않는 것은?

<사시 2004년 변형>

① 국가는 여자의 복지와 권익의 향상을 위하여 노력하여야 한다.

② 국가는 재해를 예방하고 그 위험으로부터 국민을 보호하기 위하여 노력하여야 한다.

③ 근로조건의 기준은 인간의 존엄성을 보장하도록 법률로 정한다.

④ 법률이 정하는 주요국영기업체에 종사하는 근로자의 단체행동권은 법률이 정하는 바에 의하여 이를 제한하거나 인정하지 아니할 수 있다.

⑤ 여자의 근로는 특별한 보호를 받으며, 여자의 근로는 고용·임금 및 근로조건에 있어서 부당한 차별을 받지 아니 한다.

《해 설》 ① 헌법 제34조 3항. ② 헌법 제34조 6항. ③ 헌법 제32조 3항. ④ 주요국영기업체가 아니라 주요방위산업체이다(헌법 제33조 3항). ⑤ 헌법 제32조 4항.
<답 ④>

3. 헌법 第32조 근로의 권리에 관한 헌법재판소의 태도로 옳지 않은 것은?

<노무사 2010년 변형>

① 근로의 권리란 인간이 자신의 의사와 능력에 따라 근로관계를 형성하고, 타인의 방해를 받음이 없이 근로관계를 계속 유지하며, 근로의 기회를 얻지 못한 경우에는 국가에 대해 근로의 기회를 제공하여 줄 것을 요청할 수 있는 권리를 말한다.

② 근로의 권리는 사회권적 기본권의 성격이 강하므로 이에 대한 외국인의 기본권주체성을 전면적으로 인정하기는 어렵다.

③ 근로의 권리는 일할 자리에 관한 권리뿐만 아니라 일할 환경에 관한 권리도 함께 내포하고 있는데, 후자는 자유권적 기본권의 성격도 갖고 있는바, 건강한 작업환경, 일에 대한 정당한 보수, 합리적인 근로조건의 보장 등을 요구할 수 있는 권리 등을 포함하고 있다.

④ 인간의 존엄성을 보장하기 위하여 최소한의 근로조건을 요구할 수 있는 권리는 자유권적 기본권의 성격도 아울러 가지므로 이러한 경우 외국인 근로자에게도 그 기본권 주체성을 인정할 수 있다.

⑤ 국가에 대하여 고용증진을 취한 사회적 · 경제적 정책을 요구할 수 있는 권리는 사회권적 기본권으로서 국민뿐만 아니라 외국인에 대해서도 인정할 수 있다.

《해 설》 헌재결 2007. 8. 30, 2004헌마670에 관한 문제이다. ⑤ 국민에 대해서만 인정할 수 있다고 판시하였다. <답 ⑤>

4. 다음은 근로의 권리에 관한 설명이다. 틀린 것은?

① 1919년의 바이마르헌법에서 근로의 권리가 기본권으로서 처음으로 보장되었다.

② 근로의 권리는 모든 국민을 위한 권리이되, 특히 근로대중의 기본권이라고 하여야 한다.

③ 연소자의 근로는 특별한 보호를 받는다.

④ 국가에 대해서 노동기회나 최저생활비를 청구할 수 있는 권리이다.

⑤ 헌법 제32조 1항의 근로의 권리를 구체화한 법률이 근로기준법, 최저임금법이다.

《해 설》 ② 근로의 권리가 '근로자'를 위한 권리이냐 하는 점과 관련하여, 노동법은 엄격한 의미에서 근로관계에 있는 근로자만의 생존확보를 목적으로 하는 것이 아니라 근로계약관계를 예상하고 있는 자들도 그 보호대상이라고 할 수 있으므로 근로의 권리는 모든 국민을 위한 권리이되, 특히 근로대중의 기본권이라고 하여야 할 것이다. ③ 헌법 제32조 5항. ⑤ 헌법 제32조 1항의 근로의 권리를 구체화한 법률은 고용정책기본법, 고용보험법, 근로자직업능력개발법, 최저임금법 등이다. 근로기준법은 헌법 제32조 3항을 근거로 하여 제정된 법률이다. <답 ⑤>

5. 노동법 체계와 헌법상 근거규정과 관련하여 옳게 짝지어진 것은? <사시 2002년>

A. 개별적 근로관계법	ㄱ. 헌법 제32조(근로권)
B. 집단적 노사관계법	ㄴ. 헌법 제33조(근로3권)

① 최저임금법 ………………………………………………… A, ㄴ
② 근로자참여 및 협력증진에 관한 법률 …………………… A, ㄴ
③ 노동조합 및 노동관계조정법 …………………………… B, ㄴ
④ 남녀고용평등과 일 · 가정 양립 지원에 관한 법률 … B, ㄱ
⑤ 임금채권보장법 ……………………………………………… B, ㄱ

《해 설》 노동법의 체계를 개별적 근로관계법과 집단적 노사관계법으로 나누는 경우, 최저임금법, 남녀고용평등과 일 · 가정 양립 지원에 관한 법률, 임금채권보장법은 개별적 근로관계법으로 헌법 제32조에 근거하며, 노동조합 및 노동관계조정법과 근로자참여 및 협력증진에 관한 법률은 집단적 노사관계법으로서 헌법 제33조를 근거규정으로 하고 있다. <답 ③>

6. 다음 중 근로3권을 행사할 수 없는 근로자는?
① 법원공무원규칙의 적용을 받는 고용직공무원
② 한국통신의 전화교환원
③ 철도기관사
④ 사립학교의 직원
⑤ 4급 일반직 공무원

《해 설》 ⑤ 공무원은 노동운동이나 그 밖에 공무 외의 일을 위한 집단 행위를 하여서는 아니 된다(국공법 제66조 1항 본문). ④ 사립학교의 직원은 아무런 제한 없이 근로3권을 행사할 수 있지만, 사립학교의 교원은 교원의 노동조합 설립 및 운영 등에 관한 법률 제8조에 의해 단결권 · 단체교섭권만을 행사할 수 있다. <답 ⑤>

7. 노동3권에 관한 설명으로 옳은 것은? (다툼이 있는 경우에는 판례에 의함) <노무사 2010년>
① 노동조합은 물론 근로자 개인도 단체교섭권을 행사할 수 있다.
② 실업자는 노동3권의 주체가 될 수 없다.
③ 노동조합으로서의 실질을 갖추고 있더라도 설립신고를 하지 아니한 노동조합은 헌법상 단체행동권을 향유할 수 없다.
④ 노동3권은 자유롭게 단체를 결성한다는 의미에서 자유권적 성격을 갖는 것이므로 국가는 입법조치 등을 통하여 노동3권을 적극적으로 보장할 의무는 없다.
⑤ 헌법상 보장된 근로자의 단결권은 적극적으로 단결할 권리만을 가리킬 뿐이고, 소극적으로 단결하지 아니할 자유는 이에 포함되지 않는다.

《해 설》 ① 단체교섭권의 주체는 원칙적으로 노동조합이다(노조및조정법 제29조 1항). ② 실업자와 구직중인자도 노동조합에 가입할 수 있다(대판 2004. 2. 27, 2001두8568). ③ 설립신고가 되어 있지 않은 노동조합이라 하더라도 실질적 요건을 갖춘 이상(이른바 법외노조) 헌법 제33조의 근로3권이 보장되므로 단체행동권을 향유할 수 있다. 다만 노동위원회에 대한 노동쟁의 조정신청이나 부당노동행위 구제신청 등 일정한 권리행사가 인정되지 않을 수는 있다. ④ 근로3권은 자유권적 성격과 사회권적 성격도 함께 지닌 기본권이다(헌재결 1998. 2. 27, 94헌바13·26, 95헌바44 병합). 따라서 국가는 사회·경제적으로 열등한 지위에 있는 근로자로 하여금 사용자와 실질적으로 대등한 지위에서 교섭할 수 있도록 적극적으로 보장할 의무도 가진다. ⑤ 헌재결 1999. 11. 25, 98헌마141. <답 ⑤>

8. 다음 설명 중 옳지 않은 것은?

① 국가는 근로3권의 행사에 있어서 그 장애를 제거해야 할 뿐만 아니라 그 행사를 보장해 주도록 노력해야 한다.

② 근로3권의 보장은 근로자의 사용자에 대한 실질적 자유와 평등을 확보하려는 데에 있다.

③ 노동조합 및 노동관계조정법상의 부당노동행위제도는 근로3권을 보장하는 제도이다.

④ 충실의무에 의한 근로자의 언론의 자유의 제약은 헌법 제21조에 반하지 않는다.

⑤ 경업금지약정은 근로자의 직업선택의 자유를 침해하는 것으로서 무효이다.

《해 설》 ⑤ 사용자와의 근로관계가 종료된 후에 일정한 기간 동안 동일한 직종의 사업장에 취업할 수 없도록 하는 이른바 경업금지약정이 경업금지의무와 관련하여 문제되는데, 이와 같은 약정은 원칙적으로 직장선택의 자유를 침해한다고 할 수는 없을 것이다. <답 ⑤>

9. 다음 보기 중 괄호 안에 들어갈 것은?

≪보 기≫

㈎ 근로조건의 향상을 추구하는 단결권이 가장 근원적인 기본권이라는 것이며, 단체교섭권과 단체행동권은 결국 근로자의 ㈎가(이) 없이는 그 실현이 불가능하다는 것을 뜻한다. 그리고 근로자의 생존확보가 구체적으로는 근로계약을 통하여 실현되고 있는 자본주의질서하에서 단결이나 단체행동은 결국 ㈏를(을) 통한 노사대등관계의 실현수단, 즉 ㈏를(을) 유리하게 이끌기 위한 수단으로서의 의미를 갖는 것이므로 단결이나 단체행동은 그것 자체가 목적은 아니다. 그러므로 사용자와의 단체교섭을 포기한 노동조합이라든가 쟁의 행위를 위한 쟁의행위는 무의미하다. ㈎의 궁극적이고 핵심적인 목적은 사용자와의 단체교섭을 통한 ㈐(이)라고

할 수 있다. 그리고 (나)는(은) 궁극적으로 근로자들의 개선된 근로조건을 정한 (다)를(을) 목적으로 하는 것이므로 노동조합과 단체행동은 (나) → (다)를(을) 중심으로 연결되어 있다. 그리고 이와 같은 노사의 집단적 활동을 (라)(이)라고 한다.

	(가)	(나)	(다)	(라)
①	단결체	단체행동	단체교섭	단체협약의 체결
②	단결체	단체행동	단체협약	단체교섭
③	단결체	단체협약의 체결	단체행동	협약자율
④	단결체	단체교섭	단체협약의 체결	협약자율
⑤	단결체	단체협약의 체결	단체교섭	협약자율

《해 설》 단결의 궁극적이고 핵심적인 목적은 사용자와의 단체교섭을 통한 단체협약의 체결이다. 따라서 단체협약의 체결을 위하여 근로자들이 노동조합을 결성하고 단체교섭과 단체행동을 수행하는 것이라고 할 수 있다. 그리고 이와 같은 노사의 집단적 활동을 협약 자율이라고 한다. <답 ④>

10. 노동3권의 주체에 관한 설명으로 옳은 것은? <노무사 2010년>

① 주요방위산업체에 종사하는 근로자는 노동조합을 결성할 수 없다.
② 모든 교원은 노동조합을 결성할 수 있다.
③ 사실상의 노무에 종사하는 공무원은 쟁의행위가 금지된다.
④ 5급 이상 일반직 국가공무원은 노동조합을 결성할 수 없다.
⑤ 필수공익사업에 종사하는 근로자는 쟁의행위가 금지된다.

《해 설》 ① 주요방위산업체에 종사하는 근로자는 노동조합을 결성할 수 있지만 단체행동권이 제한된다(헌법 제33조 3항, 노조및조정법 제41조 2항). ② 초중등교육법 제19조 1항에서 규정하고 있는 교원은 노동조합을 설립할 수 있다(교노조법 제2조, 제4조 1항). ③ 사실상 노무에 종사하는 공무원의 단체행동권은 제한되지 않는다(국공법 제66조 1항 단서). ④ 노동조합에 가입할 수 있는 공무원은 6급 이하의 일반공무원이므로 5급 이상 공무원은 노동조합에 가입하거나 결성할 수 없다(공노조법 제6조 1항 1호). ⑤ 필수공익사업에 종사하는 근로자는 필수유지업무협정에 따른 필수유지업무의 유지수준을 준수하면서 쟁의행위를 할 수 있다(노조및조정법 제42조의5 참조). <답 ④>

11. 다음 설명 중 틀린 것은?

① 근로자 개인의 단결권과 단결 자체의 단결권으로 그 내용이 구성된다.
② 단결체로서 노조가 향유하는 단결권의 내용에는 노조 자체의 존립에 관한 권리와 노조의 활동에 관한 권리로 나누어진다.
③ 단결 자체의 단결권에는 노조가 사업장 내에서 근로자들에게 노조 가입을 권유·유세하는 조직활동을 벌일 수 있는 권리가 포함되어 있다.

④ 단결권과 관련하여 어느 정도의 단결강제는 단결방어적 견지에서 용인될 수 있다.
⑤ 근로자가 일정기간 계속 근무하지 아니하면 해외연수파견경비를 반환하기로 한 약정은 직장선택의 자유에 반한다.

《해 설》 ⑤ 1년 이상 해외 파견된 피용자가 귀국일로부터 5년 이상 근무하지 아니할 때에는 파견에 소요된 경비 및 기타 손해를 배상한다는 규정은 피용자가 해외에서 교육받는데 사용자가 필요한 모든 경비를 지급하고 피용자가 귀국 후에 약정기간을 근무하지 아니하고 퇴직하는 경우에는 실제로 소요된 비용을 사용자에게 반환하되 약정기간 동안 근무하는 경우에는 이를 면제한다는 약정으로 보아야 하고, 이러한 약정은 근로기준법이 금지하는 손해배상예정의 약정은 아니라고 할 것이고, 따라서 5년 이상의 근무기간은 근로계약기간이 아니라 경비반환채무의 면제기간을 정한 것으로 보아야 한다(대판 1980. 7. 8, 80다590). 따라서 이는 직장선택의 자유를 침해하지 않는다. <답 ⑤>

12. 단결권에 관한 설명으로 옳지 않은 것은? <노무사 2003년>

① 근로자는 원칙적으로 자유로이 노동조합을 조직하거나 가입할 수 있다.
② 주로 방산물자를 생산하는 방위산업체 근로자는 노동조합을 조직할 수 없다.
③ 개별 근로자뿐 아니라 근로자 단체도 단결권의 주체가 될 수 있다.
④ 사용자는 노동조합의 결성 또는 가입을 이유로 근로자를 해고해서는 안 된다.
⑤ 노동조합에 가입하지 아니할 것을 고용조건으로 하는 계약은 부당노동행위에 해당한다.

《해 설》 ① 노조및조정법 제5조 본문. ④ 동법 제81조 1호. ⑤ 동법 제81조 2호. ② 주로 방산물자를 생산하는 방위산업체 근로자는 쟁의행위를 할 수 없을 뿐이지(동법 제41조 2항), 단결권 및 단체교섭권을 향유할 수 있으므로, 노동조합을 조직할 수 있다. <답 ②>

13. 단결권이 보장되어 노동조합을 조직할 수 있는 자를 올바르게 묶은 것은? <사시 2009년>

ㄱ. 노동조합에 고용된 사무직원 ㄴ. 4급 일반직공무원
ㄷ. 건설업의 일용근로자 ㄹ. 사립대학의 시간강사
ㅁ. 개인택시 운송사업자

① ㄱ, ㄴ, ㄹ ② ㄱ, ㄴ, ㅁ ③ ㄱ, ㄷ, ㄹ
④ ㄴ, ㄷ, ㅁ ⑤ ㄷ, ㄹ, ㅁ

《해 설》 ㄴ. 4급 일반직공무원은 공무원노조를 결성할 자격이 없는 자이다. ㅁ. 개인택시 운송사업자는 근로자가 아니라 자기계산에 의해서 수익을 얻는 자이다. <답 ③>

14. **다음 단결강제의 형태와 내용에 관한 설명이다. 틀리게 설명한 것은?**

① 연대금지급조항 —— 노조가 비조직근로자들을 직접 조합가입에 강요하지는 않더라도 노조의 재정적인 부담에 이들을 참여케 하기 위하여 마련된 제도로서 조합비에 해당하는 연대금을 지급하는 비조직근로자에게만 단체협약의 혜택을 부여하는 제도이다.

② 단체협약배제조항 —— 비조직근로자에게 단체협약상의 이익의 전부 또는 일부를 사용자로 하여금 부여하지 못하도록 하는 단체협약상의 협정이다.

③ 격차조항 —— 사용자로 하여금 일정한 협약상의 급부에 대하여 조합원과 비조직근로자간에 일정한 격차를 유지할 의무를 지게 하는 단체협약의 조항이다.

④ 제한적 조직강제조항 —— 사용자가 고용할 근로자가 어느 특정조합의 조합원일 것 또는 어느 특정조합의 조합원이 될 것을 가리지 않는 조직강제조항이다.

⑤ maintenance of membership조항 —— 노조로부터 조직근로자를 탈퇴할 수 없도록 하고, 만약 근로자가 조합을 탈퇴하는 경우에는 사용자로 하여금 그 근로자를 해고하도록 한 단체협약의 조항이다.

《해 설》 ①의 연대금지급조항은 원래 처음에는 조직강제의 수단으로 이용되었던 것은 아니나, 실제에 있어서는 그러한 효과를 가지게 되었다. ④는 일반적 조직강제조항에 대한 설명이다. <답 ④>

15. **단체협약에 의한 조직강제조항에 대해 옳지 않은 것은?**

① union shop조항은 일단 사용자에 의하여 고용된 근로자는 일정한 기간 내에 노동조합에 가입해야 할 것을 정한 단체협약상의 조항이다.

② closed shop조항은 이미 노동조합에 가입하고 있는 기존 조합원이 아니면 사용자가 고용할 수 없다는 단체협약상의 조항이다.

③ 노동조합을 탈퇴하여 새로 노동조합을 조직하거나 다른 노동조합에 가입한 것을 이유로 근로자에게 신분상 불이익을 주는 행위는 정당하다.

④ 일반적 조직강제조항은 단결선택의 자유를 침해하지 않는다.

⑤ 제한적 조직강제조항은 협약당사자인 노동조합의 조합원일 것 또는 그 특정 노동조합의 조합원이 될 것을 요구한다.

《해 설》 ③ 사용자는 근로자가 그 노동조합에서 제명된 것 또는 그 노동조합을 탈퇴하여 새로 노동조합을 조직하거나 다른 노동조합에 가입한 것을 이유로 근로자에게 신분상 불이익한 행위를 할 수 없다(노조및조정법 제81조 2호). <답 ③>

16. **현행법상 단체교섭권을 향유할 수 없는 자는?** <사시 2000년>

① 정부출연기관에 종사하는 근로자 ② 5급 일반직공무원

③ 사실상 노무에 종사하는 공무원　　　④ 초등학교 교원
⑤ 선 원

《해 설》 현재 교원노조의 설립이 허용되므로 국공법 제66조에 따라 '사실상 노무에 종사하는 공무원'을 제외한 일반 공무원에 대해서만 근로3권이 금지된다. <답 ②>

17. 단체교섭권의 내용에 관한 설명 중 틀린 것은?

① 단체교섭권은 개개 근로자가 행사할 수 있는 권리이다.
② 단체교섭은 궁극적으로 단체협약의 체결을 목적으로 하는 것이다.
③ 노조는 순수한 의미의 경영참가와 이익분배에 관한 사항을 단체교섭의 대상으로 삼을 수 없다.
④ 단체교섭권의 정당한 행사에 의하여 사용자에게 손해를 주더라도 민사상의 책임이 발생하지 않는다.
⑤ 정당한 단체교섭권의 실질적 내용을 제한하는 법령은 위헌이라고 해야 한다.

《해 설》 ① 단체교섭권은 개개의 근로자가 행사할 수 있는 권리는 아니다. 단체교섭은 근로자 집단의 문제를 대상으로 삼기 때문이다. ④ 노조및조정법 제3조. <답 ①>

18. 다음 설명 중 옳은 것으로만 묶인 것은? <사시 2002년>

≪보 기≫

ㄱ. 주요방위산업체에 종사하는 근로자의 단결권은 인정되지 않는다.
ㄴ. 국가뿐만 아니라 사용자도 단결권의 행사를 방해해서는 안 된다.
ㄷ. 단결권의 정당한 행사에 대해서는 민 · 형사상 책임이 면제된다.
ㄹ. 개별 근로자뿐만 아니라 근로자단체도 단결권의 주체가 될 수 있다.
ㅁ. 노동조합의 단결강화를 위하여 제한적 단결강제를 인정하는 것이 판례의 입장이다.

① ㄱ, ㄴ, ㄹ　　② ㄱ, ㄷ, ㄹ　　③ ㄱ, ㄹ, ㅁ
④ ㄴ, ㄷ, ㄹ　　⑤ ㄴ, ㄷ, ㅁ

《해 설》 ㄱ. 단체행동권이 법률에 따라 제한될 뿐이다. ㅁ. 일반적 단결강제는 허용되나, 제한적 단결강제는 위헌이라는 견해가 일반적이다. 판례는 명확한 입장을 밝힌 적이 없다. <답 ④>

19. 유일교섭단체조항과 관련한 설명 중 틀린 것은?

① 유일교섭단체조항이란 사용자가 특정노조를 단체교섭의 상대방으로 인정하고 다른 노조와는 교섭하지 않을 것을 약속하는 것을 말한다.
② 유일교섭단체조항은 단체협약상의 조항이다.
③ 유일교섭단체조항은 위헌이라고 판단된다.

④ 유일교섭단체조항은 단체협약체결능력의 제한도 포함된다.
⑤ 유일교섭단체조항을 이유로 사용자가 제2노조와 단체교섭을 거부하더라도 부당노동행위가 되지 않는다.

《해 설》 대체로 우리나라의 단체협약에는 「회사는 이 노동조합이 회사 내에 있는 조합원을 대표하는 유일한 교섭단체로 인정한다」고 규정하고 있는 예가 많다. 단체교섭을 요구할 수 있는 지위는 노조로서의 자격을 가진 근로자의 단체에 차별 없이 부여되어야 하는 것이 기본권으로서의 단체교섭권의 일반적 성질이므로 이러한 유일교섭단체조항은 위헌이라고 판단된다. 뿐만 아니라 교섭 자체를 금지하지는 않으나 단체협약체결능력을 제한하는 취지의 조항도 유일교섭조항에 대한 것과 같은 비판을 면할 수 없다. 왜냐하면 단체교섭권의 보장은 단체협약을 체결할 권리의 보장보다 그 내용이 광범위한 것이지만, 단체협약체결능력이 인정되지 않는 단체교섭은 무의미하기 때문이다. 따라서 단체협약의 유일교섭단체조항을 이유로 사용자가 제2의 노조와의 단체교섭을 정당한 이유 없이 거부하는 것은 노조및조정법 제81조 3호의 부당노동행위가 된다. <답 ⑤>

20. 근로자의 단체행동권 행사에 관한 설명 중 가장 옳지 않은 것은?

① 노조및조정법에 의하여 신고증을 교부받은 노동조합이 아니면 쟁의행위를 할 수 없다. <사시 2000년>
② 쟁위행위는 최후의 수단으로서 행해져야 하는 것이 원칙이다.
③ 조합원이라 하더라도 노동조합에 의하여 주도되지 아니한 쟁의행위를 하여서는 아니 된다.
④ 단체행동권은 근로자의 경제적 · 사회적 지위 향상을 목적으로 행사되어야 한다.
⑤ 정당한 쟁의행위로 인하여 제3자에게 손해가 발생한 경우에는 노동조합은 제3자에 대하여 불법행위책임을 부담하지 아니한다.

《해 설》 ① 신고증을 교부받지 않은 노동조합은 노조및조정법 제7조 1항에 따라 노동위원회에 노동쟁의 조정 및 부당노동행위의 구제를 신청할 수 없을 뿐이다. ② 쟁의행위는 기본권으로 보장되어 있기는 하나 그 결과 타방당사자 및 제3자에게 미치는 영향이 매우 크기 때문에, 교섭가능성이 있는 경우에는 행사될 수 없는 내재적인 제한을 안고 있다. ③ 노조및조정법 제37조 2항. ④ 단체행동권은 헌법 제33조 1항에 규정된 근로조건의 유지 · 향상을 목적으로 행사할 수 있을 뿐이다. <답 ①>

21. 다음의 설명 중 가장 옳지 않은 것은? <사시 2000년>

① 근로기준법은 헌법 제32조 3항의 근로조건 법정주의에 근거하고 있다.
② 노조및조정법은 헌법 제33조 1항의 근로3권 규정에 기초하고 있다.
③ 근로기준법은 근로자 개인과 사용자 사이의 근로계약관계를 규율하고 있다.
④ 노조및조정법은 노동조합과 사용자 또는 사용자단체 사이의 관계를 규

율하고 있다.

⑤ 노조및조정법은 근로자 개인의 근로조건 향상과는 관계가 없다.

《해 설》 근로기준법은 근로자와 사용자의 근로관계를 규율하는 법이다. 근로기준법에서 보장된 내용은 최저기준으로, 그 이상의 근로조건은 노동조합을 통해 자율적으로 정하도록 하고 있다. 이때 체결된 단체협약은 바로 개별 근로자의 근로조건을 직접 규율하게 되고, 이러한 단체협약을 통한 자치를 규율하고 있는 법이 노조및조정법이다. <답 ⑤>

22. **현행법상 파업권이 인정되는 자는?** <사시 2001년>

① 청원경찰

② 국립의료원에서 사실상의 노무에 종사하는 공무원

③ 사용자단체

④ 공무원직장협의회

⑤ 초등학교 교원

《해 설》 ① 청원경찰의 복무에 관하여는 국가공무원법 제66조 1항을 준용한다(청원경찰법 제5조 4항). 따라서 청원경찰에게는 파업권이 인정되지 않는다. ③ 파업권은 단체행동권을 의미하고, 기본적으로 근로자의 권리이기 때문에, 사용자단체에는 파업권이 인정되지 않는다. ④ 국가공무원법 제66조 1항 단서에 따라 노동운동이 허용되는 공무원은 협의회에 가입할 수 없다(공무원직장협의회의 설립 · 운영에 관한 법률 제3조 2항 1호). 따라서 공무원직장협의회는 노동조합이라고 할 수 없다. <답 ②>

23. **현행법상 쟁의행위를 할 수 있는 자는?** <사시 2003년 유사, 노무사 2004년 유사>

① 소방사 ② 교도관

③ 9급 일반행정직 공무원 ④ 사립학교 교원

⑤ 민수물자 생산에 종사하는 방위산업체 근로자

《해 설》 ⑤ 주요방위산업체에 종사하는 근로자 중 전력, 용수 및 주로 방산물자를 생산하는 업무에 종사하는 자는 쟁위행위를 할 수 없다(노조및조정법 제41조 2항). 따라서 민수물자 생산에 종사하는 방위산업체 근로자는 쟁의행위를 할 수 있다. <답 ⑤>

24. **근로3권에 관한 설명 중 옳지 않은 것은?** <사시 2006년>

① 국 · 공립학교 중등교원은 노동조합에 가입할 수 있다.

② 군인과 경찰은 노동조합에 가입할 수 없다.

③ 헌법상의 단결권은 근로자 개인의 권리일 뿐이지 단결체로서 노동조합의 권리는 아니다.

④ 필수공익사업에 대한 직권중재제도를 정한 법률 조항이 헌법에 위반되지 않는다는 것이 헌법재판소의 태도이다.

⑤ 법률이 정하는 주요방위산업체의 근로자 중에서 주로 방산물자를 생산하는 근로자도 노동조합을 조직할 수 있다.

《해 설》 ③ 단결권은 노동조합의 권리이기도 하다. ④ 헌재결 2003. 5. 15, 2001헌가31. ⑤ 쟁의행위를 할 수 없을 뿐이다(노조및조정법 제41조 2항). <답 ③>

25. 현행법상 근로3권의 제한과 관련한 설명으로 옳지 않은 것은? <사시 2007년>

① 법률이 정하는 주요방위산업체에 종사하는 근로자의 단체행동권은 법률이 정하는 바에 의하여 이를 제한하거나 인정하지 않을 수 있다.
② 교원은 쟁의행위를 할 수 없다.
③ 필수공익사업에 종사하는 근로자는 쟁의행위를 할 수 없다.
④ 정부투자기관에 종사하는 근로자는 쟁의행위를 할 수 있다.
⑤ 조합원은 노동조합에 의하여 주도되지 아니한 쟁의행위를 하여서는 아니 된다.

《해 설》 ① 헌법 제33조 3항. ② 교노조법 제8조. ③ 필수공익사업에 대해서는 쟁의행위가 부정되는 것은 아니라 노조및조정법상 쟁의행위 및 조정절차에 대한 특칙이 적용될 뿐이다(노조및조정법 제54조, 제76조 1항). ⑤ 노조및조정법 제37조 2항. <답 ③>

26. 근로3권에 관한 설명으로 옳은 것은? <사시 2008년>

① 헌법재판소는 헌법상 보장된 근로자의 단결권에 단결하지 아니할 자유(소극적 단결권)는 포함되지 않는다고 판단하고 있다.
② 헌법재판소는 근로3권의 자유권적 성격을 부정하고 있다.
③ 헌법재판소는 헌법에 단체협약체결에 관한 명문의 규정이 없기 때문에 헌법상 단체교섭권에 단체협약체결권은 포함되지 않는다고 판단하고 있다.
④ 공무원은 근로자가 아니기 때문에 단결권·단체교섭권 및 단체행동권을 갖지 않는다.
⑤ 교원은 노동조합을 결성할 수 없다.

《해 설》 ① 헌재결 1999. 11 .25, 98헌마141. ② 근로3권은 '사회적 보호기능을 담당하는 자유권' 또는 '사회권적 성격을 띤 자유권'이라고 말할 수 있다. ③ 비록 헌법이 '단체협약체결권'을 명시하여 규정하고 있지 않다고 하더라도 근로조건의 향상을 위한 근로자 및 그 단체의 본질적인 활동의 자유인 '단체교섭권'에는 단체협약체결권이 포함되어 있다고 보아야 한다(헌재결 1998. 2. 27, 94헌바13 · 26, 95헌바44). <답 ①>

27. 헌법이 명시적으로 단체행동권을 제한하거나 인정하지 아니할 수 있다고 규정하고 있는 근로자는? <사시 2008년>

① 외국인근로자
② 법률이 정하는 공익사업에 종사하는 근로자
③ 사립학교 교원
④ 법률이 정하는 공기업에 종사하는 근로자
⑤ 법률이 정하는 주요방위산업체에 종사하는 근로자

《해 설》 ⑤ 헌법 제33조 3항에서 명시적으로 규정하고 있다. ③ 사립학교 교원은 교노조법에 의해서 파업권이 제한된다. <답 ⑤>

28. **노동3권에 대한 설명으로 옳은 것은?** <노무사 2008년>

① 사용자는 단결권의 주체로서 사용자단체를 조직할 수 있다.

② 공무원인 근로자의 노동3권은 법률이 정하는 자에 한하여 인정된다.

③ 노동3권에 관하여 순수한 자유권적 기본권으로 보는 것이 헌법재판소의 일관된 입장이다.

④단결권은 근로자 개인의 권리로서만 행사될 수 있다.

⑤ 단체행동권의 정당한 행사라 하더라도 민사책임은 져야 한다.

《해 설》 ① 사용자는 단결권주체의 상대방으로서의 지위를 가질 뿐이다. ② 헌법 제33조 2항. ③ 헌법 제32조 및 제33조에 각 규정된 근로기본권은 자유권적 기본권으로서의 성격보다는 생존권 내지 사회적 기본권으로서의 측면이 보다 강한 것이다(헌재결 1991. 7. 22, 89헌가106). ④ 단결권의 주체는 근로자 개인뿐만 아니라 단결체인 노조도 그 주체이다. ⑤ 단체행동권의 정당한 행사시에는 민형사상의 책임이 면제된다. <답 ②>

29. **근로3권에 관한 설명으로 옳지 않은 것은?** <노무사 2009년>

① 헌법재판소의 다수의견은 근로3권 가운데 가장 중핵적인 권리는 단체행동권이라고 보고 있다.

② 단결권의 주체에는 근로자뿐만 아니라 노동조합도 포함된다.

③ 연혁적으로 볼 때 헌법 제33조 1항에 해당하는 근로3권보장 조항에 개별유보를 규정한 적이 있었다.

④ 헌법재판소는 근로3권의 성격에 관하여 노사자치의 원칙을 존중하는 입장에서 자유권적 측면을 강조하여 입법자에게 근로3권이 실질적으로 가능할 수 있도록 하기 위하여 필요한 법제도 및 법규범을 마련하여야 할 의무는 없다고 한다.

⑤ 근로3권은 절대적 기본권이라고 볼 수 없다.

《해 설》 ④ 헌법 제32조 및 제33조에 각 규정된 근로기본권은 자유권적 기본권으로서의 성격보다는 생존권 내지 사회적 기본권으로서의 측면이 보다 강한 것으로서 그 권리의 실질적 보장을 위해서는 국가의 적극적 개입과 뒷받침이 요구되는 기본권이다(헌재결 1991. 7. 22, 89헌가106). <답 ④>

30. **공무원의 노동조합 설립 및 운영 등에 관한 법률에 대한 설명이다. 틀린 것은?**

① 이 법에서 "공무원"이란 국가공무원법 제2조 및 지방공무원법 제2조에서 규정하고 있는 공무원을 말한다. 다만, 국가공무원법 제66조 1항 단서 및 지방공무원법 제58조 1항 단서에 따른 사실상 노무에 종사하는 공무원과 교원의 노동조합 설립 및 운영 등에 관한 법률의 적용을 받는

교원인 공무원은 제외한다.

② 공무원이 노동조합을 설립하려는 경우에는 국회 · 법원 · 헌법재판소 · 선거관리위원회 · 행정부 · 특별시 · 광역시 · 도 · 특별자치도 · 시 · 군 · 구 및 특별시 · 광역시 · 도 · 특별자치도의 교육청을 최소 단위로 한다.

③ 노동조합을 설립하려는 사람은 고용노동부장관에게 설립신고서를 제출하여야 한다.

④ 국가와 지방자치단체는 전임자에게 그 전임기간 중 보수를 지급하여서는 아니 된다.

⑤ 단체교섭이 결렬된 경우 이를 조정 · 중재하기 위하여 고용노동부에 공무원 노동관계 조정위원회를 둔다.

《해 설》 ① 공노조법 제2조. ② 동법 제5조 1항. ③ 동법 제5조 2항. ④ 동법 제7조 3항. ⑤ 중앙노동위원회에 둔다(동법 제14조 1항). <답 ⑤>

31. 공무원의 노동조합 설립 및 운영 등에 관한 법률에 관한 설명으로 옳은 것은?

<노무사 2010년>

① 공무원 노동관계에서도 일정한 요건 하에서 공무원이 조합원이 될 것을 고용조건으로 하는 단체협약이 체결될 수 있다.

② 공무원은 임용권자의 동의를 얻어 노동조합의 업무에만 종사할 수 있다.

③ 공무원 노동조합은 정치활동을 할 수 없지만 조합원인 공무원은 정치활동을 할 수 있다.

④ 공무원 노동조합의 대표자는 단체협약을 체결할 권한을 갖지 못한다.

⑤ 공무원은 관할 지방노동위원회에 부당노동행위의 구제를 신청할 수 없다.

《해 설》 ① 근로자가 노동조합의 조합원이 될 것을 고용조건으로 하는 단체협약의 체결(이른바 union shop 협정)은 허용된다(노조및조정법 제81조 2호 단서). 그런데 이 조항은 공무원 노동관계에는 적용되지 않는다(공노조법 제17조 3항). ③ 노동조합과 그 조합원은 정치활동을 하여서는 아니 된다(동법 제4조). ④ 노동조합의 대표자는 단체교섭권뿐만 아니라 단체협약 체결권도 갖는다(동법 제8조 1항 본문). ⑤ 공노조법에 규정이 없으므로 노조및조정법에 따라 구제를 신청할 수 있다(동법 제17조 2항). ② 동법 제7조 1항. <답 ②>

32. 공무원노조의 가입범위에 해당하지 않는 자는?

① 6급 이하의 일반직공무원 및 이에 상당하는 연구직렬 또는 특수기술직렬의 일반직공무원

② 특정직공무원 중 6급 이하의 일반직공무원에 상당하는 외무행정 · 외교정보관리직 공무원

③ 기능직공무원

④ 고용직공무원

⑤ 교정 · 수사 그 밖에 이와 유사한 업무에 종사하는 공무원

《해 설》 ① 공노조법 제6조 1항 1호. ② 동법 제6조 1항 2호. ③ 동법 제6조 1항 3호. ④ 동법 제6조 1항 5호. ⑤ 그러나 교정·수사 그 밖에 이와 유사한 업무에 종사하는 공무원은 노동조합에 가입할 수 없다(동법 제6조 2항 3호). <답 ⑤>

33. 공무원노조법상 단체교섭과 관련하여 틀린 설명은?

① 국회사무총장·법원행정처장·헌법재판소사무처장·중앙선거관리위원회 사무총장·행정안전부장관·특별시장·광역시장·도지사·특별자치도지사·시장·군수·구청장 또는 특별시·광역시·도·특별자치도의 교육감은 교섭권을 가진다.

② 정부교섭대표는 효율적인 교섭을 위하여 필요한 경우 다른 정부교섭대표와 공동으로 교섭하거나, 다른 정부교섭대표에게 교섭 및 단체협약 체결 권한을 위임할 수 있다.

③ 단체교섭의 대상으로는 임용권의 행사 등 그 기관의 관리·운영에 관한 사항으로서 근무조건과 직접 관련되지 아니하는 사항도 교섭의 대상이 될 수 있다 .

④ 노동조합은 단체교섭을 위하여 노동조합의 대표자와 조합원으로 교섭위원을 구성하여야 한다.

⑤ 정부교섭대표는 교섭을 요구하는 노동조합이 둘 이상인 경우에는 해당 노동조합에 교섭창구를 단일화하도록 요청할 수 있다. 이 경우 교섭창구가 단일화될 때까지 교섭을 거부할 수 있다.

《해 설》 ① 공노조법 제8조 1항. ② 동법 제8조 3항. ③ 법령 등에 따라 국가나 지방자치단체가 그 권한으로 행하는 정책결정에 관한 사항, 임용권의 행사 등 그 기관의 관리·운영에 관한 사항으로서 근무조건과 직접 관련되지 아니하는 사항은 교섭의 대상이 될 수 없다(동법 제8조 1항 단서). ④ 동법 제9조 1항. ⑤ 동법 제9조 4항. <답 ③>

34. 공무원의 노동조합 설립 및 운영 등에 관한 법률에 대한 설명이다. 틀린 것은?

① 단체협약의 내용 중 법령·조례 또는 예산에 의하여 규정되는 내용과 법령 또는 조례에 의하여 위임을 받아 규정되는 내용은 단체협약으로서의 효력을 가지지 아니한다.

② 노동조합과 그 조합원은 파업, 태업 또는 그 밖에 업무의 정상적인 운영을 방해하는 일체의 행위를 하여서는 아니 된다.

③ 단체교섭이 결렬(決裂)된 경우에는 당사자 어느 한쪽 또는 양쪽은 중앙노동위원회에 조정(調停)을 신청할 수 있다.

④ 중앙노동위원회는 단체교섭이 결렬되어 단체교섭이 결렬되어 관계 당사자 양쪽이 함께 중재를 신청한 경우, 조정이 이루어지지 아니하여 공무원 노동관계 조정위원회 전원회의에서 중재 회부를 결정한 경우에는 지

체없이 중재를 한다.

⑤ 중앙노동위원회의 중재재정은 행정소송의 제기에 의하여 그 효력이 정지된다.

《해 설》 ① 공노조법 제10조 1항. ② 동법 제11조. ③ 동법 제12조 1항. ④ 동법 제13조. ⑤ 정지되지 아니한다(동법 제16조 4항). <답 ⑤>

35. 교원의 노동조합 설립 및 운영 등에 관한 법률에 관한 설명 중 옳지 않은 것은?

① 노동조합을 설립하려는 사람은 고용노동부장관에게 설립신고서를 제출하여야 한다.

② 조직 대상을 같이하는 둘 이상의 노동조합이 설립되어 있는 경우에 노동조합은 교섭창구를 단일화하여 단체교섭을 요구하여야 한다.

③ 교원은 임용권자의 허가가 있는 경우에는 노동조합의 업무에만 종사할 수 있다.

④ 노동조합은 일정한 경우 정치활동을 할 수 있다.

⑤ 중앙노동위원회는 관계 당사자 양쪽이 함께 중재를 신청한 경우, 중앙노동위원회가 제시한 조정안을 당사자의 어느 한쪽이라도 거부한 경우, 중앙노동위원회 위원장이 직권으로 또는 고용노동부장관의 요청에 따라 중재에 회부한다는 결정을 한 경우에 중재를 행한다.

《해 설》 ① 교노조법 제4조 2항. ② 동법 제6조 3항. ③ 동법 제5조 1항. ④ 일체의 정치활동을 하여서는 아니 된다(동법 제3조). ⑤ 동법 제10조. <답 ④>

36. 교원의 노동조합 설립 및 운영 등에 관한 법률에 관한 설명으로 옳은 것은?

<노무사 2010년>

① 교원은 전국단위로만 노동조합을 설립할 수 있다.

② 노동쟁의의 조정은 신청을 받은 날로부터 15일 이내에 마쳐야 한다.

③ 교원 노동조합과 그 조합원은 업무의 정상적인 운영을 저해하는 일체의 쟁의행위를 하여서는 아니 된다.

④ 단체교섭이 결렬한 경우에는 당사자 일방 또는 쌍방은 관할지방노동위원회에 조정을 신청할 수 있다.

⑤ 단체협약의 내용 중 법령·조례 및 예산에 의하여 규정되는 내용이라도 단체협약으로서의 효력을 가진다.

《해 설》 ① 교원은 특별시 · 광역시 · 도 · 특별자치도 단위 또는 전국 단위로만 노동조합을 설립할 수 있다(교노조법 제4조 1항). ② 조정은 신청을 받은 날부터 30일 이내에 마쳐야 한다(동법 제9조 3항). ③ 동법 제8조. ④ 중앙노동위원회에 신청할 수 있다(동법 제9조 1항). ⑤ 단체협약의 내용 중 법령 · 조례 및 예산에 의하여 규정되는 내용과 법령 또는 조례에 의하여 위임을 받아 규정되는 내용은 단체협약으로서의 효력을 가지지 아니한다(동법 제7조 1항). <답 ③>

37. 교원의 노동조합 설립 및 운영 등에 관한 법률의 내용 중 단체교섭에 관한 내용이다. 틀린 것은?

① 노동조합의 대표자는 그 노동조합 또는 조합원의 임금, 근무조건, 후생복지 등 경제적·사회적 지위 향상에 관하여 교육과학기술부장관, 시·도 교육감 또는 사립학교 설립·경영자와 교섭하고 단체협약을 체결할 권한을 가진다.

② ①의 경우 사립학교는 사립학교 설립·경영자가 전국 또는 시·도 단위로 연합하여 교섭에 응하여야 한다.

③ 노동조합의 교섭위원은 해당 노동조합의 대표자와 그 조합원으로 구성하여야 한다.

④ 단체교섭을 하거나 단체협약을 체결하는 경우에 관계 당사자는 국민여론과 학부모의 의견을 수렴하여 성실하게 교섭하고 단체협약을 체결하여야 하며, 그 권한을 남용하여서는 아니 된다.

⑤ 단체교섭의 위임은 노동조합 및 노동관계조정법 제29조 2항 및 3항과 마찬가지로 허용된다.

《해 설》 ① 교노조법 제6조 1항 1문. ② 동법 제6조 1항 2문. ③ 동법 제6조 2항. ④ 동법 제6조 4항. ⑤ 단체교섭의 위임을 규정한 노조및조정법 제29조 2항과 3항은 적용되지 않는다(동법 제14조 2항). <답 ⑤>

제 3 장

個別的 勤勞關係法

제 3 장 個別的 勤勞關係法

제 1 절 근로기준법의 적용관계와 기본원칙

1. 다음은 근로기준법에 대한 설명이다. 틀린 것은?

① 근로기준법은 헌법 제32조 3항을 근거로 제정된 것이다.
② 근로기준법은 공법과 사법의 성격을 모두 가지고 있다.
③ 근로기준법에 위반하는 내용을 가진 근로계약은 그 내용 부분에 한하여 무효이다.
④ 근로자는 근로기준법상의 권리를 포기할 수 있다.
⑤ 근로기준법은 근로조건의 최저기준을 정함으로써 근로자들의 기본적 생활을 보장 · 향상시키려는 것을 목적으로 한다.

《해 설》 ③ 근기법 제15조 1항. ④ 근로기준법상의 규정은 강행성을 가지고 있기 때문에 근로자라 하더라도 근로기준법상의 권리를 포기할 수 없다. <답 ④>

2. 근로기준법상 그 기간이 가장 긴 것은? <노무사 2009년>

① 일용근로자로서 해고예고규정을 적용받지 못하는 계속근무기간
② 산전 · 산후 여성의 해고금지기간
③ 경영상 이유에 의한 해고 사전협의기간
④ 근로자의 사망 또는 퇴직 후 연장합의 없는 금품청산기간
⑤ 선택적 근로시간제의 정산기간

《해 설》 ① 근기법 제35조 1호(3개월). ② 동법 제23조 2항(90일+30일). ③ 동법 제24조 3항(50일). ④ 동법 제36조(14일). ⑤ 동법 제52조 2호(1개월). <답 ②>

3. 노동법상 근로자와 사용자에 관한 설명으로 옳은 것은? (다툼이 있는 경우에는 판례에 의함) <사시 2009년>

① 근로3권의 주체는 근로자와 사용자이다.
② 근로자의 개념은 개별 법률에 따라 상이할 수 있다.
③ 「노동조합 및 노동관계조정법」상 근로자란 임금을 목적으로 사업이나

사업장에 근로를 제공하는 자를 말한다.

④ 사업의 경영담당자는 「근로기준법」에서는 사용자이지만, 「노동조합 및 노동관계조정법」에서는 사용자가 아니다.

⑤ 「근로자참여 및 협력증진에 관한 법률」상 근로자와 사용자란 「노동조합 및 노동관계조정법」상 근로자와 사용자를 말한다.

《해 설》 ① 사용자는 근로3권의 주체인 근로자의 상대방으로서 의미가 있는 것이지 주체가 아니다. ② 근기법은 현실적으로 취업중인 자를 대상으로 하지만, 노조및조정법은 실업자까지 포함한다. ③ 근기법상의 근로자를 의미한다. ④ 사업의 경영담당자는 근기법에서도 사용자이며, 노조및조정법에서도 사용자이다. ⑤ 근참법상 근로자와 사용자란 근기법 제2조상의 근로자와 사용자를 말한다. <답 ②>

4. 근로기준법상 상시 4명 이하 근로자를 사용하는 사업 또는 사업장에 적용되는 규정이 아닌 것은? <사시 2008년>

① 제7조(강제근로의 금지) ② 제17조(근로조건의 명시)
③ 제24조(경영상 이유에 의한 해고의 제한) ④ 제36조(금품청산)
⑤ 제55조(휴일)

《해 설》 〈상시 4명 이하의 근로자를 사용하는 사업 또는 사업장에 적용하는 법 규정(근기법 시행령 제7조; 별표 1)〉 <답 ③>

적용되는 중요조항	적용되지 않는 중요조항
• 산전후휴가(제74조) • 재해보상(제78조~제92조) • 임금(제43조~제45조, 제47조~제49조) • 해고예고(제26조) • 휴게(제54조) • 휴일(제55조)	• 근로계약기간(제16조) • 해고제한규정(제24조) • 퇴직금(제34조) • 휴업수당(제46조) • 근로시간제도(제50조~제52조) • 생리휴가(제73조) • 연차휴가(제60조) • 취업규칙(제93조~제97조) • 할증임금(제56조)

5. 근로기준법 규정 중 상시 4명 이하의 근로자를 사용하는 사업 또는 사업장에 적용되지 않는 것으로만 묶인 것은? <노무사 2010년>

ㄱ. 휴업보상 ㄴ. 산전 · 후 휴가
ㄷ. 부당해고 구제신청 ㄹ. 해고예고수당
ㅁ. 연장근로에 대한 가산임금

① ㄱ, ㄴ ② ㄷ, ㄹ ③ ㄱ, ㄹ
④ ㄴ, ㅁ ⑤ ㄷ, ㅁ

《해 설》 적용되지 않는 것 중 중요한 조항은 다음과 같다. 정당한 이유 없는 해고금지(근기법 제23조 1항), 우선재고용(근기법 제25조), 연장근로의 제한(근기법 제53

조), 연장 · 야간 · 휴일 근로 가산임금(근기법 제56조). 부당해고금지 제한은 적용되지 않으나 해고예고수당(근기법 제26조)은 적용된다는 점에 유의하여야 한다. 따라서 정답은 ㄱ, ㄷ, ㅁ 중 2개가 선택되어야 한다. <답 ⑤>

6. 「근로기준법」의 적용과 관련된 설명으로 옳지 않은 것은? <사시 2009년>

① 동거하는 친족만을 근로사로 사용하는 사업 또는 사업장에는 「근로기준법」이 적용되지 않는다.

② 기간제근로자와 파견근로자에게는 「근로기준법」이 적용되지 않는다.

③ 「근로기준법」은 국가나 지방자치단체에 대하여도 적용된다.

④ 상시 4명 이하의 근로자를 사용하는 사업 또는 사업장에도 「근로기준법」의 일부 규정은 적용된다.

⑤ 가사(家事)사용인에 대하여는 「근로기준법」이 적용되지 않는다.

《해 설》 ① 근기법 제11조 1항 단서. ② 기간제근로자와 파견근로자도 당연히 임금을 목적으로 사업 또는 사업장에 근로를 제공하는 자이므로, 이들에게도 근기법은 적용된다. ③ 근기법은 특별규정이 없는 한 국가나 지방자치단체에 대하여도 당연히 적용된다. ④ 동법 제11조 2항. ⑤ 동법 제11조 1항 단서. <답 ②>

7. 다음은 근로기준법이 적용되는 사업 또는 사업장에 관한 설명이다. 다음 설명 중 틀린 것은? (이견이 있는 경우 판례의 태도에 따름)

① 상시 5인 이상의 근로자를 사용하는 사업이라도 그 사업이 1회적이라면 근로기준법의 적용대상이 되지 아니한다.

② 근로자수가 때때로 5인 미만이 되더라도 상태적으로 보아 5인 이상이면 근로기준법 적용사업장이 된다.

③ 동거의 친족만을 사용하는 사업은 근로기준법이 적용되지 않는다.

④ 동일한 장소에서 행하여지는 경우라 하더라도 현저하게 노동의 모습이 다른 부분이 존재하는 때에는 독립된 사업으로 인정해야 한다.

⑤ 외국인회사가 우리나라에서 한국인 근로자를 고용하여 사용자의 지위를 가진다면 근로기준법 적용사업장이 된다.

《해 설》 ① 상시 5인 이상의 근로자를 사용하는 사업이라면 그 사업이 1회적이든 사업기간이 일시적이든 상관없이 모두 근로기준법의 적용대상이 된다(대판 1994. 10. 25, 94다21979). ② '常時'라 함은 '常態'라는 의미로서 사회통념에 의해 객관적으로 판단되어야 할 것이므로 근로자수가 때로는 5인 미만이 되더라도, 상태적으로 5인 이상이면 상시 5인 이상인 것으로 보아야 한다. 이때 근로자라 함은 당해 사업장에 계속 근무하는 근로자뿐만 아니라 그때그때 필요에 따라 사용되는 일용근로자도 포함 한다(대판 1987. 4. 14, 87도153). ③ 근기법 제11조 1항 단서. ④ 동일한 장소에서 행하여지는 경우라도 현저하게 노동의 모습이 다른 부문이 존재하는 때에는(별도의 노무관리가 행하여질 정도로 노무급부의 내용과 성질이 달라서 다른 부서와의 연관성이 없는 경우) 독립된 사업으로 인정해야 한다. 예를 들어 사업장 내의 진료소나 식당이 그러하다. ⑤ 근기법의 적용은 속지주의에 의한다. <답 ①>

8. 4주 동안을 평균하여 1주 동안의 소정근로시간이 15시간 미만인 근로자에 대하여 적용되는 것은? <노무사 2010년>

① 해고예고 ② 주휴일
③ 기간제근로자 사용기간 제한 ④ 연차유급휴가
⑤ 퇴직급여

《해 설》 ②④ 4주 동안을 평균하여 1주 동안의 소정근로시간이 15시간 미만인 근로자에 대하여는 주휴제(근기법 제55조)와 연차유급휴가(근기법 제60조)를 적용하지 않는다(근기법 제18조 3항). ③ 기단법 시행령 제3조 3항 6호. ⑤ 사용자의 퇴직급여제도 설정 의무가 면제된다(근퇴법 제4조 1항 단서). <답 ①>

9. 근로기준법과 관련하여 다음 설명 중 맞는 것은? (단, 이견이 있는 경우 판례에 따름) <노무사 2003년 변형>

① 국내에 본사가 있고, 그 출장소 · 지점 등이 외국에 있는 데 불과한 경우에 출장소 · 지점에 근무하는 근로자에게는 근로기준법이 적용된다.
② 교회산하 유치원 교사의 경우 교회에 근로를 제공하고 임금을 받아왔더라도 적용대상이 아니다.
③ 아파트 자치운영회와 같은 비영리단체에는 원칙적으로 근로기준법이 적용되지 않는다.
④ 채권추심원이 임금으로서 실적에 따른 성과수수료만을 받는 경우에도 근로기준법상 근로자에 해당한다.
⑤ 국가의 행정관청이 사법상 근로계약을 체결하였더라도 단체교섭의 당사자의 지위에 있는 사용자에 해당하지는 않는다.

《해 설》 ① 대판 1970. 5. 26, 70다523. ③ 비영리단체도 모두 근로기준법의 적용을 받는 사업체이다. ④ 채권추심실적에 따라 성과수수료를 받는 채권추심원은 근로자가 아니다(대판 2009. 5. 14, 2009다6998). ⑤ 국가의 행정관청이 사법상 근로계약을 체결한 경우 그 근로계약관계의 권리 · 의무는 행정주체인 국가에 귀속되므로, 국가는 그러한 근로계약관계에 있어서 노동조합 및 노동관계조정법 제2조 2호에 정한 사업주로서 단체교섭의 당사자의 지위에 있는 사용자에 해당한다(대판 2008. 9. 11, 2006다40935). <답 ①>

10. 다음 중 근로기준법의 적용을 받지 않는 자는?

① 가정부
② 맹인안마사
③ 사립학교법인이 설치 · 경영하는 대학교 산하 한국어학당의 강사
④ 주식회사의 부장
⑤ 일용잡급직원

《해 설》 ① 가정부는 가사사용인에 해당한다. ② 대판 1992. 6. 26, 92도674. ③ 비

록 사립학교법이 사립학교의 교원과 사무직원의 임면 등에 관한 규정을 두고 있을 뿐 다른 근로자에 관한 규정을 두고 있지 않다고 하더라도, 이는 사립학교의 교원과 사무직원의 임면과 신분보장 등을 위하여 특별히 규정하고 있는 것에 지나지 아니하므로, 사립학교에 근로를 제공하는 자로서 사립학교법상의 교원 또는 사무직원에 해당하지 아니하는 자에 대하여 근로기준법이 적용될 수 있다. 사립학교법인이 설치·경영하는 대학교 산하 한국어학당의 강사들이 그들에 대한 재임용 거절이 부당해고로서 무효임을 주장하면서 그 신분확인 등을 청구한 사안에서, 위 강사들이 사립학교법상 교원 또는 사무직원이 아니라는 이유만으로 근로기준법상의 근로자성을 부인하는 것은 위법하다고 한 사례(대판 2008. 3. 27, 2007다87061). ④ 근로기준법상의 근로자의 개념은 근로자의 보호라는 관점에서 상대적으로 규정되어야 한다. 예컨대, 주식회사의 부장·과장 등은 최고경영자(대표이사=사용자)의 지휘·명령에 따르면서 노무를 제공하는 근로자의 지위에 서는 한편, 일반근로자에 대해서는 사용자로부터 위임받은 지시권과 감독권을 행사하는 사용자의 지위에 있게 된다. 그러므로 이러한 경우의 근로자에게는 재해보상·퇴직금·해고 등 근로기준법의 규정이 적용된다. ⑤ 대판 1992. 6. 26, 92도674. <답 ①>

11. 다음은 근로기준법상의 근로자에 대한 설명이다. 맞는 것은?

① 근로기준법의 적용을 받는 근로자는 공장근로자에 한한다.
② 사용종속관계의 구체적 판단기준 모두가 갖추어져야만 사용종속관계가 인정된다.
③ 실업중의 근로자도 근로기준법상의 근로자에 해당한다.
④ 傷病으로 인하여 휴양중인 자도 근로기준법은 적용된다.
⑤ 회사의 중간간부인 총무부장 또는 영업부장은 근로기준법상의 근로자에 해당하지 아니한다.

《해 설》 ① 임금을 목적으로 타인의 지휘·명령 하에서 노무를 제공하는 자는 그 노무가 육체적인 것이든 정신적인 것이든 모두 근로자라 할 것이며, 따라서 공장근로자인가 비공장근로자인가는 문제되지 않는다. ② 사용종속관계의 구체적 판단기준들이 모두 구비되는 경우에만 근로관계의 존재 내지 근로자의 지위가 인정되는 것은 아니므로 근로관계의 존부문제는 사안에 따라 구체적으로 판단되어야 한다. ③ 근로기준법의 적용은 현재 근로계약관계에 있는 근로자의 근로조건을 확보하려는 것이므로 실업중인 근로자는 근로기준법상의 근로자의 개념에 포함되지 않는다. ④ 현재 임금을 받지 않고 있더라도 근로계약관계를 유지하고 있는 자, 예컨대 상병으로 인하여 휴양중인 자, 휴직중인 자, 노조의 전임간부들에게도 근로기준법은 적용된다. <답 ④>

12. 근로기준법에 규정된 '근로자란 직업의 종류와 관계없이 임금을 목적으로 사업 또는 사업장에 근로를 제공하는 자를 말한다'라는 내용에 대한 해석으로 옳지 않은 것은? <노무사 2007년>

① 사업은 원칙적으로 영리 또는 비영리를 불문한다.
② 근로의 제공이 임금을 목적으로 하지 않는 자는 근로자가 아니다.
③ 근로의 제공은 육체적·정신적 활동을 포함한다.

④ 근로의 제공과 임금 사이에는 대가관계가 존재해야 한다.
⑤ 사업장에서 근로를 제공해야 하므로 재택근무자는 근로자가 아니다.

《해 설》 ①②③④ 근로자란 '임금을 목적으로' 노무를 제공하고, 그 노무가 '육체적인 것이든 정신적인 것이든 상관없이' '사업 또는 사업장에서 근로자를 제공하는 자'를 말한다. 여기서 사업이 영리이든 비영리이든 상관없고 반드시 사업장에서 근로를 제공해야 하는 것은 아니고 사용자의 지휘·명령을 받으며 실질적 종속관계에서 노무를 제공하는 자를 말한다(대판 2006. 12. 7, 2006도300). <답 ⑤>

13. 다음은 대법원 판례의 근로기준법상 근로자성 인정에 관한 판단기준들이다. 이 중 사용자가 경제적으로 우월한 지위를 이용하여 임의로 정할 여지가 크기 때문에 이러한 기준에 의해 근로자로 인정되지 아니한다는 것만으로 근로자성을 쉽게 부정하여서는 아니 된다고 하는 사항에 해당하는 것은?

<노무사 2008년>

① 업무내용을 사용자가 정하고 취업규칙 또는 복무(인사)규정 등의 적용을 받는지 여부
② 사용자가 근무시간과 근무장소를 지정하고 근로자가 이에 구속을 받는지 여부
③ 노무제공자가 스스로 비품, 원자재나 작업도구 등을 소유하거나 제3자를 고용하여 비품, 업무를 대행하게 하는 등 독립하여 자신의 계산으로 사업을 영위할 수 있는지 여부
④ 노무제공을 통한 이윤의 창출과 손실의 초래 등 위험을 스스로 안고 있는지 여부
⑤ 기본급이나 고정급이 정하여졌는지 여부

《해 설》 근로기준법상의 근로자에 해당하는지 여부는 계약의 형식이 고용계약인지 도급계약인지 보다 그 실질에 있어 근로자가 사업 또는 사업장에 임금을 목적으로 종속적인 관계에서 사용자에게 근로를 제공하였는지 여부에 따라 판단하여야 하고, 여기에서 종속적인 관계가 있는지 여부는 업무내용을 사용자가 정하고 취업규칙 또는 복무(인사)규정 등의 적용을 받으며 업무수행 과정에서 사용자가 상당한 지휘·감독을 하는지, 사용자가 근무시간과 근무장소를 지정하고 근로자가 이에 구속을 받는지, 노무제공자가 스스로 비품·원자재나 작업도구 등을 소유하거나 제3자를 고용하여 업무를 대행케 하는 등 독립하여 자신의 계산으로 사업을 영위할 수 있는지, 노무제공을 통한 이윤의 창출과 손실의 초래 등 위험을 스스로 안고 있는지, 보수의 성격이 근로 자체의 대상적 성격인지, 기본급이나 고정급이 정하여졌는지 및 근로소득세의 원천징수 여부 등 보수에 관한 사항, 근로제공 관계의 계속성과 사용자에 대한 전속성의 유무와 그 정도, 사회보장제도에 관한 법령에서 근로자로서 지위를 인정받는지 등의 경제적·사회적 여러 조건을 종합하여 판단하여야 한다. 다만, 기본급이나 고정급이 정하여졌는지, 근로소득세를 원천징수하였는지, 사회보장제도에 관하여 근로자로 인정받는지 등의 사정은 사용자가 경제적으로 우월한 지위를 이용하여 임의로 정할 여지가 크기 때문에, 그러한 점들이 인정되지 않는다는 것만으로 근로자성을 쉽게 부정하여서는 안 된다(대판 2006. 12. 7, 2004다29736). <답 ⑤>

14. 근로기준법상의 근로자에 대한 판례의 태도로서 틀린 기술은?

① 회사의 이사라 하더라도 재해보상청구 및 퇴직금청구와 관련해서는 근로자로서의 보호를 받아야 한다.

② 도급계약의 형식을 취하고 있다 하더라도 특정한 노무제공이 그 목적으로 되어 있으면서 수급인이 도급인의 업무지휘를 받거나 근무의 장소와 시간이 한정되어 있는 등의 사용종속관계가 인정되는 경우에는 수급인은 도급제 근로자로서 근로기준법상의 보호를 받는다.

③ 학습지를 제작·판매하는 회사와 위탁업무계약을 체결한 교육상담교사는 사용종속관계하에서 임금을 목적으로 근로를 제공한 근로자로 볼 수 없다.

④ 입시학원의 강사는 학원에 대하여 사용종속관계하에서 임금을 목적으로 근로를 제공하는 근로자로 볼 수 없다.

⑤ 전문의시험자격취득을 위한 필수적 수련과정에 있는 수련의도 병원과의 관계에서는 사용종속관계에 있으므로 근로기준법상의 근로자에 해당한다.

《해 설》 ① 이사 등 임원은 회사로부터 일정한 사무처리의 위임을 받아 행위하는 자로서 특별한 사정이 없는 한 사용자의 지휘·감독 아래 일정한 근로를 제공하고 소정의 임금을 받는 고용된 관계에 있는 것이 아니어서 근로기준법상의 근로자라고 볼 수 없다(대판 1992. 12. 22, 92다28228). ② 대판 1992. 6. 26, 92도674. ③ 대판 1996. 4. 26, 95다20348. ④ 대판 1996. 7. 30, 96도732. ⑤ 대판 1991. 11. 8, 91다44695.

<답 ①>

15. 외국인근로자의 지위에 관한 설명으로 옳지 않은 것은? <사시 1997년>

① 취업자격이 없는 외국인의 근로계약이라도 당연히 무효라고 볼 수는 없다.

② 취업자격이 없는 외국인과의 근로계약이라도 그 무자격을 이유로 해지할 수 없다.

③ 동일한 사업장 내에서 동일한 가치의 노동을 제공하는 외국인근로자에게 내국인에 비해 낮은 임금을 지급하는 것은 균등처우의 원칙에 어긋난다.

④ 불법체류근로자의 신분이었으나 사고 당시 취업하여 근로중이었다고 하면 근로기준법상의 근로자로 볼 수 있다.

⑤ 위 ④의 경우 산업재해보상보험법상의 요양급여 지급대상이 된다고 볼 수 있다.

《해 설》 ② 취업자격 없는 외국인이 출입국관리법상의 고용제한규정을 위반하여 근로계약을 체결하였다 하더라도 그것만으로는 그 근로계약이 당연히 무효라고는 할 수 없다. 그러나 취업자격은 외국인이 국내에서 법률적으로 취업활동을 가능케 하는 것이므로 이미 형성된 근로관계가 아닌 한 취업자격 없는 외국인과의 근로관계는 정지된다고 하여야 할 것이고, 당사자는 그와 같은 취업자격이 없음을 이유로 근로계약을 해지할 수 있다(대판 1995. 9. 15, 94누12067). <답 ②>

16. 근로기준법상 사용자에 관한 내용으로 옳지 않은 것은? <노무사 2010년>

① 근로계약체결 당사자로서의 사용자의 개념은 근로기준법 준수의무자로서의 사용자의 개념과 다를 수 있다.

② 사용자의 개념 중 "사업 경영 담당자"란 사업주로부터 사업경영의 전부 또는 일부에 대하여 포괄적 · 일반적 권한을 위임받은 자를 말한다.

③ 근로기준법상 근로자에 해당되면서 사용자의 지위를 가지는 경우도 있다.

④ 사용자는 도급이나 그 밖에 이에 준하는 제도로 사용하는 근로자에게 임금을 보장하여야 하나 근로시간에 따라 일정액을 보장해야 하는 것은 아니다.

⑤ 도급계약의 형식을 취하고 있다고 하더라도 도급인과 수급인 근로자 사이에 실질적인 지배종속관계가 인정되는 경우 도급인은 근로자의 사용자가 된다.

《해 설》 ① 근로기준법을 준수해야 할 의무를 지는 사용자의 개념은 유동적이고 상대적이지만, 근로계약체결 당사자로서의 사용자의 개념은 상대적 개념이 아니다. 근로계약상의 사용자는 근로자를 고용하여 그 노무를 제공받고 그 대가로 임금을 지급할 의무를 부담하는 자를 말한다. ② 대판 2006. 5. 11, 2005도8364. ③ 사용자와의 관계에서 근로기준법상 근로자에 해당하지만 근로자에 관한 사항에 대하여 사업주나 사업경영담당자로부터 일정한 권한과 책임을 부여받은 자는 그러한 권한과 책임의 범위 내에서 사용자가 된다(대판 1978. 2. 14, 77다3673). ④ 사용자는 도급이나 그 밖에 이에 준하는 제도로 사용하는 근로자에게 근로시간에 따라 일정액의 임금을 보장하여야 한다(근기법 제47조). ⑤ 대판 1990. 10. 30, 90다카23592. <답 ④>

17. 다음 중 근로기준법상의 사용자에 해당하지 않는 것은?

① 재단법인 ② 합자회사의 업무집행사원
③ 노무과장 ④ 회사정리절차 이후의 관리인
⑤ 주식회사의 주주

《해 설》 사용자의 유형 중 (ⅰ) 사업주는 개인경영의 경우 경영주, 법인경영의 경우 법인이며, 개인 · 조합 · 공익법인 · 회사 · 재단 등이 포함된다. (ⅱ) 경영담당자로는 주식회사의 대표이사, 합명회사 및 합자회사의 업무집행사원, 유한회사의 이사 및 지배인, 그리고 회사정리절차의 개시 이후의 관리인과 미성년자 또는 금치산자를 사업주로 하는 경우에는 법정대리인과 후견인이 사용자에 포함된다. (ⅲ) 근로자에 관한 사항에 대하여 사업주를 위하여 행위 하는 자로는 인사 · 급여 · 후생 · 노무관리 등과 근로조건의 결정 또는 근로의 실시에 관해서 지휘 · 감독을 할 수 있는 일정한 책임과 권한이 사업주에 의하여 주어진 자로서, 예컨대 노무과장 등이 여기에 해당한다. <답 ⑤>

18. 다음 근로기준법상의 사용자와 관련한 설명 중 올바른 것은?

① 회사정리법에 의한 정리절차개시결정을 받은 회사의 종전 대표이사는 근로기준법상의 사용자가 아니다.

② 회사의 실권자이며 실제 경영자로서 그 책임과 권한을 행사한 것이라도 형식상 대표이사가 아니면 근로기준법상의 사용자가 아니다.

③ 대학교 의료원장이 의료원 산하 각 병원 등 소속 근로자들에 대한 관계에서 근로기준법 제2조 2호가 정한 사용자에 해당하지 않는다.

④ 사립학교교장은 근로기준법상의 사용자가 될 수 없다.

⑤ 지입차주(차량소유주)가 고용한 자와 회사와의 관계와 관련해서 지입차주가 자동차를 소유하고 운영하는 주체이므로 그 사업장의 근로자와의 관계에 있어서도 지입차주가 직접 근로관계에 대한 책임을 지고 있는 사용자이다.

《해 설》 ① 대판 1986. 6. 24, 86도830. ② 회사의 실권자이며 실제 경영자로서 그 책임과 권한을 행사한 것이라면 형식상 대표이사가 아니었다고 하여 근로기준법상의 사용자가 아니라고 할 수는 없는 것이다(대판 1989. 4. 25, 87도2129). ③ 대학교 의료원장은 의료원을 대표하며 의료원 산하 각 병원 및 기관의 운영 전반을 관장하고, 의료원은 의료원 산하 각 병원의 연간 종합 예산 등의 편성·조정·통제, 각 병원별 자금운용수지 현황 관리 등의 업무를 담당해 온 사안에서, 의료원 산하 각 병원이 독립채산제로 운영되고 해당 병원장이 그 전결사항으로 소속 근로자들에 대한 임금을 지급하여 왔다 하더라도, 의료원장은 의료원 산하 병원 등 소속 근로자들에 대한 관계에 있어서 근로기준법 제2조 1항 2호가 정한 사용자에 해당한다고 본 사례(대판 2008. 4. 10, 2007도1199). ④ 사립학교교장은 근로기준법상의 사용자이다(대판 1986. 7. 8, 86도722). ⑤ 회사와 지입차주와의 관계는 대내적인 것에 불과하고 대외적으로는 회사가 자동차를 소유하고 운영하는 주체이므로 회사가 그 사업장의 근로자와의 관계에 있어서도 직접 근로관계에 대한 책임을 지고 있는 사용자이다(대판 1992. 4. 28, 90도2415 등). <답 ①>

19. 다음은 근로기준법상의 근로자 및 사용자의 판단과 관련한 판례의 태도이다. 옳지 않은 것은?

① 회사정리개시결정이 있더라도 여전히 회사사업의 경영과 재산의 관리 및 처분은 정리회사의 대표이사에게 있으므로 단체협약의 사용자측 체결권자는 대표이사이며, 따라서 피고회사에 대한 회사정리절차가 진행 중 노조와 회사 대표이사 사이에 이루어진 약정은 단체협약에 해당한다.

② 아파트 입주자 대표회의가 직원들에 대하여 임금지급의무가 있는 사용자로 인정되기 위하여는 직원들이 사실상 입주자 대표회의와 종속적인 관계에서 그에게 근로를 제공하며, 입주자 대표회의는 그 대가로 임금을 지급하는 사정 등이 존재하여 관리사무소 직원들과 입주자 대표회의와 사이에 적어도 묵시적인 근로계약관계가 성립되어 있어야 한다.

③ 아파트 입주자 대표회의가 관리사무소 직원들의 업무내용을 정하고 그 업무수행 과정에 있어 구체적 · 개별적인 지휘 · 감독을 행하고 있다고 볼 수도 없는 경우, 입주자 대표회의가 그 관리사무소 직원들과 근로계약관계에 있는 사용자라고 볼 수 없다.

④ 홍익회의 성과급영업원은 근로기준법상의 근로자이다.

⑤ 근로기준법상의 근로자에 해당하는지 여부는 그 계약의 형식이 민법상의 고용계약인지 또는 도급계약인지에 관계없이 그 실질에 있어 근로자가 사업 또는 사업장에 임금을 목적으로 종속적인 관계에서 사용자에게 근로를 제공하였는지 여부에 따라 판단하여야 하는 것이고, 근로제공자가 기계 · 기구 등을 소유하고 있다고 하여 곧 자기의 계산과 위험부담하에 사업경영을 하는 사업자라고 단정할 수 없다.

《해 설》 ① 회사정리개시결정이 있는 경우 회사정리법 제53조 1항에 따라 회사사업의 경영과 재산의 관리 및 처분을 하는 권한이 관리인에게 전속되므로 정리회사의 대표이사가 아니라 '관리인'이 근로관계상 사용자의 지위에 있게 되고, 따라서 단체협약의 사용자측 체결권자는 대표이사가 아니라 관리인이므로 피고회사에 대한 회사정리절차가 진행중 소외노조와 피고회사 대표이사 사이에 이루어진 약정은 단체협약에 해당하지 아니한다(대판 2001. 1. 19, 99다72422). ②③ 대결 1999. 7. 12, 99마628. ④ 대판 2000. 11. 24, 99두10209. ⑤ 대판 2000. 1. 18, 99다48986. <답 ①>

20. 노동법상 근로자 및 사용자 개념에 관한 설명 중 옳지 않은 것은? (다툼이 있는 경우에는 최근 판례에 의함) <사시 2006년>

① 노동조합 및 노동관계조정법상 근로자의 개념은 근로기준법상 근로자의 개념과 다르기 때문에 일시적으로 실업상태에 있는 자나 구직중인 자도 전자의 개념에 포함되는 것으로 해석된다.

② 최저임금법상 근로자의 개념은 근로기준법상 근로자의 개념과 동일하다.

③ 근로기준법상 근로자는 동시에 사용자의 지위를 가질 수 없다.

④ 사업경영담당자란 사업경영 일반에 관하여 책임을 지는 자로서 사업주로부터 사업경영의 전부 또는 일부에 대하여 포괄적 위임을 받고 대외적으로 사업을 대표하거나 대리하는 자를 말한다.

⑤ 사용사업주는 파견근로자와 근로계약을 체결한 당사자는 아니지만 파견근로자에 대하여 사용자책임을 지는 경우도 있다.

《해 설》 ① 근기법상 근로자란 직업의 종류와 관계없이 임금을 목적으로 사업이나 사업장에 근로를 제공하는 자를 말한다(제2조 1항 1호). 한편 노조및조정법상 근로자라 함은 직업의 종류를 불문하고 임금 · 급료 기타 이에 준하는 수입에 의하여 생활하는 자를 말한다(제2조 1호). 따라서 실업자도 노조및조정법상 근로자에 해당할 수 있다(대판 2004. 2. 27, 2001두8658). ③ 예컨대 주식회사의 부장, 과장 등은 사용자의 지휘 · 명령에 따라 노무를 제공하는 근로자이지만 상대적으로 일반근로자에 대해서는 사용자의 지위에 서게 된다. <답 ③>

21. 노동법상 사용자에 관한 설명 중 옳지 않은 것은? (다툼이 있는 경우에는 판례에 의함) <사시 2007년>

① 근로기준법상 사용자와 노동조합 및 노동관계조정법상 사용자는 그 개념이 동일하다.

② 사용자에 해당되면 근로기준법상의 보호를 받을 수 없다.

③ 근로조건의 기획 · 결정에 대한 실질적인 권한 또는 근로제공에 대한 실질적인 지휘감독권을 가진 자도 사용자에 해당된다.

④ 근로계약의 당사자로서의 사용자는 사업주를 의미한다.

⑤ 단체교섭의 당사자로서의 사용자는 사업주를 의미한다.

《해 설》 ① 근기법과 노조및조정법에 규정된 사용자의 개념은 동일하다. 즉, 사업주, 사업의 경영담당자 또는 그 사업의 근로자에 관한 사항에 대하여 사업주를 위하여 행동하는 자를 말한다(근기법 제2조 1항 2호; 노조및조정법 제2조 2호). ② 근로기준법상의 사용자의 개념은 상대적인 것이다. 따라서 근로관계에 있어서는 사용자이더라도 근로기준법상으로는 근로자인 경우가 있다. <답 ②>

22. 다음 중 옳지 않은 것은? <노무사 2010년>

① 근로기준법에서 정하는 근로조건은 최저기준이므로 근로관계 당사자는 그 기준을 이유로 근로조건을 낮출 수 없다.

② 근로자와 사용자는 각자가 단체협약, 취업규칙과 근로계약을 지키고 성실하게 이행할 의무가 있다.

③ 영리로 다른 사람의 취업에 개입하는 것은 절대적으로 금지된다.

④ 사용자는 근로자가 근로시간중에 공(公)의 직무를 집행하기 위하여 필요한 시간을 청구하면 거부하지 못하지만 청구한 시간을 변경할 수 있는 경우가 있다.

⑤ 사용자는 근로자명부를 3년간 보존하여야 한다.

《해 설》 ① 근기법 제3조. ② 동법 제5조. ③ 직안법상 일정한 요건하에 유료직업소개가 허용되며, 파견법에 따라 영업목적의 근로자파견도 허용된다. ④ 동법 제10조. ⑤ 동법 제42조. <답 ③>

23. 근로기준법 제6조의 균등대우의 원칙에 관한 설명으로 옳지 않은 것은? (다툼이 있는 경우에는 최근 판례에 의함) <사시 2007년>

① 여성이라는 이유로 남성보다 낮은 연령의 정년제를 설정하는 것은 성별에 의한 차별대우이다.

② 근로자의 모집 · 채용의 단계에서도 균등대우의 원칙이 적용된다.

③ 남녀고용평등법은 성차별에 관해 임금 · 승진 등 유형별로 규율함으로써 근로기준법에 의한 차별의 금지를 구체화하고 있다.

④ 사회적 신분이란 사회에서 장기간 차지하는 지위로서 일정한 사회적 평

가를 수반하는 것을 의미한다.

⑤ 단체협약을 적용한 결과 조합원과 비조합원 간에 존재하는 임금격차는 균등대우의 원칙에 위배되지 아니한다.

《해 설》 ② 근로자의 모집·채용단계는 근로관계 이전의 사항이므로 근로자의 모집·채용에 대해서는 근로기준법이 적용되는 것은 아니다. 예를 들어 남녀의 성차별적 채용은 근로기준법의 적용대상이 아니라 남녀고평법의 적용대상이 된다. <답 ②>

24. 남녀고용평등과 일·가정 양립 지원에 관한 법률(이하 "고용평등법"이라 한다)의 내용으로 옳지 않은 것은? <사시 2000년>

① 사업주는 직장 내 성희롱을 한 자에 대해 징계 등의 조치를 취하여야 한다.

② 사업주는 임신을 퇴직사유로 예정하는 근로계약을 체결하여서는 안 된다.

③ 사업주, 상급자 또는 근로자는 직장 내 성희롱을 하여서는 아니 된다.

④ 남성인 근로자는 육아휴직을 신청할 권리가 인정되지 아니한다.

⑤ 사업주는 근로자의 모집 및 채용에 있어서 남녀를 차별하여서는 아니 된다.

《해 설》 ① 남녀고평법 제14조 1항. ② 동법 제11조 2항. ③ 동법 제12조. ⑤ 동법 제7조 1항. ④ 현행육아휴직제도는 남녀 모두를 육아휴직청구권자로 하고 있다(동법 제19조). <답 ④>

25. 남녀고용평등법상 '차별'에 대한 설명으로 옳지 않은 것은?

① 사업주가 근로자에게 성별·혼인·가족 안에서의 지위·임신 또는 출산 등의 사유로 합리적 이유 없이 채용 또는 근로의 조건을 다르게 하거나 그 밖의 불리한 조치를 하는 것을 말한다.

② 간접차별의 경우에는 채용조건 또는 근로조건이 정당한 것임을 증명할 수 없는 때 차별적 처우는 위법한 것이 된다.

③ 남녀고용평등법은 성(性)을 이유로 한 차별이 금지되는 영역을 모집·채용에서부터 임금·배치 승진·정년·해고에 이르기까지 넓게 규정하고 있다.

④ 채용에 관한 기준이나 조건에 대한 차별은 근로기준법의 적용대상이 된다.

⑤ 근로기준법상의 근로자가 아니라 하더라도 '취업할 의사를 가진 자'는 모집·채용에 있어서 차별적 대우를 받지 않을 남녀고용평등법상의 보호를 받는다.

《해 설》 ① 남녀고평법 제2조 1호. ④ 근로기준법은 근로관계가 성립된 후에 근로조건의 유지·개선을 위하여 적용되는 것이므로 원칙적으로 근로계약이 체결되기 전에는 적용되지 않는다(채용에 관한 기준이나 조건은 근로조건이 아니므로 근로기준법이 적용되는 차별영역이 아니다. 대판 1992. 8. 14, 92다1995). <답 ④>

26. 근로기준법상 균등대우원칙에 관한 설명 중 옳은 것은? <사시 2005년>

① 단시간근로자에게는 균등대우원칙이 적용되지 않는다.
② 균등대우원칙에 반하는 차별대우는 사법적으로 무효로 될 뿐 형사처벌되지는 않는다.
③ 가사사용인에게는 균등대우원칙이 적용되지 않는다.
④ 실적에 따른 임금의 차등지급은 균등대우원칙에 반한다.
⑤ 국적을 이유로 채용을 거부하는 것은 균등대우원칙에 반한다.

《해 설》 ② 근기법 제114조 1호가 적용되어 500만원 이하의 벌금에 처한다. ③ 가사사용인은 근로기준법 적용 제외자이므로(동법 제11조 1항 단서), 당연히 균등대우원칙이 적용되지 않는다. ⑤ 균등대우원칙은 채용 이후의 근로조건에 대해서 적용되는 것으로서, 채용조건은 포함되지 않는다. <답 ③>

27. 「남녀고용평등과 일 · 가정 양립 지원에 관한 법률」상 차별에 해당하는 것을 모두 묶은 것은? <사시 2010년>

> 가. 성별, 혼인 또는 가족 안에서의 지위, 임신, 출산 등의 사유로 합리적인 이유 없이 채용 또는 근로의 조건을 다르게 하는 경우
> 나. 현존하는 남녀 간의 고용차별을 없애거나 고용평등을 촉진하기 위하여 이 법 또는 다른 법률에 따라 잠정적으로 남성 또는 여성을 우대하는 조치를 하는 경우
> 다. 직무의 성격에 비추어 남성이 불가피하게 요구되어 남성을 채용하는 경우

① 가 ② 가, 나 ③ 가, 다
④ 나, 다 ⑤ 가, 나, 다

《해 설》 가. 남녀고평법 제2조 1호. 나 · 다. 다음 어느 하나의 경우에 해당하면 처음부터 "차별"에서 제외된다. i) 직무의 성격에 비추어 특정 성이 불가피하게 요구되는 경우, ii) 여성근로자의 임신 · 출산 · 수유 등 모성보호를 위한 조치를 하는 경우, iii) 그 밖에 이 법 또는 다른 법률에 따라 적극적 고용개선조치를 하는 경우가 그러하다(동법 제2조 1호 가 · 나 · 다목). <답 ①>

28. 근로기준법상의 '중간착취 배제의 원칙'에 관한 설명 중 옳지 않은 것은?

① 누구든지 영리로 타인의 취업에 개입하여 이익을 취득하지 못한다. <사시 2000년 유사>
② 직업안정법에 위반된 무허가 근로자공급사업자와 공급을 받는 자 사이에 체결한 근로자공급계약은 효력이 없다.
③ 취업시뿐만 아니라 취업중에도 적용되는 원칙이다.
④ 법률에 의하여 타인의 취업에 개입하여 이익을 취득하는 것은 허용된다.
⑤ 근로자파견사업은 모든 업무에 대해서 허용된다.

《해 설》 ⑤ 근로자파견사업은 파견법 시행령 제2조와 별표 1에서 정하는 대상업종에 한정되며, 단지 임시적 간헐적으로 인력을 확보해야 하는 경우에는 이에 따른 대상업종의 제한을 받지 않을 뿐이다(파견법 제5조 1항 · 2항). ② 직업안정법 제33조 1항에서 원칙적으로 근로자공급사업을 금지하면서 고용노동부장관의 허가를 얻은 자에 대하여만 이를 인정하고 있는 것은 타인의 취업에 개입하여 영리를 취하거나 임금 기타 근로자의 이익을 중간에서 착취하는 종래의 폐단을 방지하고 근로자의 자유의사와 이익을 존중하여 직업의 안정을 도모하고 국민경제의 발전에 기여하자는 데 그 근본목적이 있는바, 고용노동부장관의 허가를 받지 않은 근로자공급사업자가 공급을 받는 자와 체결한 공급계약을 유효로 본다면, 근로기준법 제9조에서 금지하고 있는 법률에 의하지 아니하고 영리로 타인의 취업에 개입하여 이득을 취득하는 것을 허용하는 결과가 될 뿐만 아니라, 위와 같은 직업안정법의 취지에도 명백히 반하는 결과에 이르게 되므로 직업안정법에 위반된 무허가 근로자공급사업자와 공급을 받는 자 사이에 체결한 근로자공급계약은 효력이 없다고 보아야 한다(대판 2004. 6. 25, 2002다56130, 2002다56147). <답 ⑤>

29. 근로기준법상 '중간착취 배제의 원칙'에 대해 옳지 않은 것은?

① 누구든지 법률에 따르지 아니하고는 영리로 다른 사람의 취업에 개입하거나 중간인으로서 이익을 취득하지 못한다.

② '다른 사람의 취업에 개입하여' 라는 것은 근로기준법이 적용되는 근로관계의 개시 및 존속 등에 관여하여 알선 또는 소개행위를 하는 것이다.

③ 제3자가 영리로 타인의 취업을 소개 또는 알선하는 등 근로관계의 성립 또는 갱신에 영향을 주는 행위는 직접적인 영향을 미칠 정도로 구체적인 소개 또는 알선행위에까지 나아가야 한다.

④ 이익의 형태는 수수료 · 보상금 기타 금전 이외의 재물 등 유형무형의 것을 가리지 않으며 근로자나 사용자 어느 누구로부터 이득을 얻는가를 묻지 않는다.

⑤ 대기업에 입사할 수 있도록 해달라는 청탁을 받고 입사추천을 받도록 해준 다음 취업사례금 명목의 돈을 받은 경우, 근로기준법 제9조에 규정된 '중간인으로서 이익을 취득' 하는 행위에 해당하지는 않는다.

《해 설》 ③ 판례는 영리로 타인의 취업에 개입하는 행위의 의미에 대하여, 제3자가 영리로 타인의 취업을 소개 또는 알선하는 등 근로관계의 성립 또는 갱신에 영향을 주는 행위에는 취업을 원하는 사람에게 취업을 알선해 주기로 하면서 그 대가로 금품을 수령하는 정도의 행위도 포함되고, 반드시 근로관계 성립 또는 갱신에 직접적인 영향을 미칠 정도로 구체적인 소개 또는 알선행위에까지 나아가야만 하는 것은 아니라고 판시하였다(대판 2008. 9. 25, 2006도7660). ⑤ 근로기준법 제9조에서 "누구든지 법률에 의하지 아니하고는 영리로 타인의 취업에 개입하거나 중간인으로서 이익을 취득하지 못한다"고 규정하고 있는바, 여기서 금지하는 행위는 '영리로 타인의 취업에 개입'하는 행위와 '중간인으로서 이익을 취득'하는 행위인데, '영리로 타인의 취업에 개입'하는 행위는 제3자가 영리로 타인의 취업을 소개 · 알선하는 등 노동관계의 성립 또는 갱신에 영향을 주는 행위를 말하고, '중간인으로서 이익을 취득'하는 행위는 근로계약관계의 존속 중에 사용자와 근로자 사이의 중간에서 근로자의 노무제공과 관련하여 사용자 또는 근로자로부터 법률에 의하지 아니하는 이익을 취득하는 것을 말한다. 그러므로 대기업에 입사할 수 있도록 해달라는 청탁을 받고 입사추천을 받도록 해준 다음 취업사례금 명목의 돈을 받은 경우, 근로기준법 제9조에 규정된 '영리로 타인의 취업에 개입'하는 행위에 해당하는지 여부만이 문제될 뿐 '중간인으로서 이익을 취득'하는 행위에 해당하지는 않는다(대판 2007. 8. 23, 2007도3192). <답 ③>

30. 다음 근로기준법상의 공민권행사의 보장과 관련한 설명이다. 틀린 것은?

① 피선거권도 공민권으로서 보장되어 있다.

② 근로자가 공의 직무에 해당하는 증인·감정인으로서 법원에 출석하는 행위를 위하여 필요한 시간을 청구하는 경우에는 사용자는 거부하지 못한다.

③ 동조의 취지는 이러한 직무의 집행에 필요한 시간의 청구를 사용자로 하여금 거부하지 못하게 하는 데 있을 뿐만 아니라 근로를 제공하지 않는 기간 동안 사용자가 임금을 지급해야 하는 데 있다.

④ 구 공직선거 및 선거부정방지법 제6조 2항에서 선거인명부열람 또는 투표시간을 휴무 또는 휴업으로 보아서는 아니 된다고 규정하고 있는데, 이는 동기간을 유급으로 하여야 한다는 것을 의미한다.

⑤ 이 규정에서 공의 직무는 법령에 의거한 공적인 직무를 의미하는 것이다.

《해 설》 ③ 동조의 취지는 이러한 직무의 집행에 필요한 시간의 청구를 사용자로 하여금 거부하지 못하게 하는 데 있을 뿐이다. 따라서 근로를 제공하지 않는 기간 동안 사용자가 임금을 지급해야 할 것인가에 관해서는 법률에 특별한 규정이 없는 한, 노사 사이의 약정에 따르고 그러한 약정이 없는 경우에는 일반적 기준(예컨대, 취업규칙)에 따라 결정해야 할 것이다. ④ 구 공직선거 및 선거부정방지법 제6조 2항 및 향토예비군설치법 제10조와 민방위기본법 제23조는 선거인명부열람 또는 투표시간과 예비군동원(훈련)기간은 휴무 또는 휴업으로 보아서는 아니 된다고 규정하고 있는데, 이는 동기간을 유급으로 하여야 한다는 것을 의미 한다(대판 1989. 5. 9, 87도1801). <답 ③>

31. 근로기준법상 공민권의 행사 또는 공(公)의 직무로 볼 수 없는 것은?

① 민사소송법상 증인으로 출석 <사시 2000년>

② 노동조합 임원으로서 조합원 총회에 참가

③ 향토예비군 훈련에 참가

④ 공직선거 입후보자로서의 선거 운동

⑤ 노동위원회 위원으로서 회의에 참석

《해 설》 ② 근로자가 노동조합에 가입하고 노동조합의 임원으로 선임되어 활동하는 것 등은 개별적 법률행위를 매개로 이루어지는 사적 자치활동인 것이다. <답 ②>

32. 다음 설명 중 옳은 것은? (다툼이 있는 경우에는 판례에 의함) <노무사 2008년>

① 사용자가 근로자의 주민등록증이나 외투의 보관 등의 방법을 취하여 근로자가 그 의사에 반하는 근로를 제공하는 경우 근로기준법상 강제근로금지에 위반되지 않는다.

② 불법체류 외국인근로자라고 하더라도 이미 제공한 근로에 대한 임금청구에 관하여 근로기준법상의 보호로부터 배제되지는 않는다.

③ 근로기준법상 금지되는 사용자의 폭행의 경우 폭행당한 근로자가 원치 아니하면 사용자는 처벌되지 아니한다.

④ 근로기준법상의 근로자에는 국가공무원법 및 지방공무원법의 적용을 받는 공무원은 포함되지 않는다.

⑤ 사용자는 근로자의 공민권 행사에 필요한 시간을 유급으로 보장해 주어야 한다.

《해 설》 ① 주민등록증 · 여권 · 외출복 등 중요한 생활용품의 보관 · 반환거부 등으로 근로를 강요하는 것은 강제근로에 해당된다. ② 대판 1995.9.15, 94누12067. ③ 형법상의 폭행죄는 반의사불벌죄이지만 근기법 제8조 위반의 경우에는 피해자인 근로자의 의사와 관계없이 처벌된다(제107조). ④ 공무원도 임금을 목적으로 근로를 제공하는 근로자이므로, 공무원연금법, 공무원보수규정, 공무원수당규정 등에 특별한 규정이 없는 경우에는 공무원에 대하여도 성질에 반하지 아니하는 한 원칙적으로 근로기준법이 적용된다(대판 1996. 4. 23, 94다446). <답 ②>

33. 「근로기준법」상의 기본원칙과 관련된 설명으로 옳지 않은 것은?

① 사용자는 공(公)의 직무의 집행에 필요한 시간에 <사시 2009년> 대해서는 특별한 정함이 없더라도 근로자에게 통상임금을 지급해야 한다.

② 누구든지 법률에 따르지 아니하고는 영리로 다른 사람의 취업에 개입할 수 없다.

③ 사용자는 어떠한 이유로도 근로자에게 폭행을 하지 못한다.

④ 사용자는 국적, 신앙 또는 사회적 신분을 이유로 근로조건에 대한 차별적 처우를 하지 못한다.

⑤ 근로관계 당사자는 「근로기준법」에서 정하는 근로조건의 기준을 이유로 기존의 근로조건을 낮출 수 없다.

《해 설》 ① 사용자는 공(公)의 직무의 집행에 필요한 시간에 대해서는 특별한 정함이 없으면 무급이 원칙이다. ② 근기법 제9조. ③ 동법 제8조. ④ 동법 제6조. ⑤ 동법 제3조. <답 ①>

34. 근로기준법의 기본원리에 관한 설명으로 옳은 것은? <노무사 2009년>

① 근로기준법은 산업평화의 유지를 이 법의 목적으로 명시하고 있다.

② 근로자의 동의가 있으면 근로기준법에서 정한 기준보다 낮게 근로조건

을 정할 수 있다.

③ 사용자가 근로자와 합의를 하더라도 기존의 근로조건을 저하시킬 수는 없다.

④ 근로기준법은 과실책임의 원칙을 기본이념으로 해서 근로조건의 최저기준을 정하여 사용자에게 이행을 강제하는 법이다.

⑤ 근로조건은 근로자와 사용자가 동등한 지위에서 자유의사에 따라 결정하여야 하나, 그 위반에 대한 벌칙규정은 없다.

《해 설》 ① 근로기준법은 헌법에 따라 근로조건의 기준을 정함으로써 근로자의 기본적 생활을 보장, 향상시키며 균형 있는 국민경제의 발전을 꾀하는 것을 목적으로 한다(근기법 제1조). ② 근로기준법에서 정하는 근로조건은 최저기준이므로 근로관계 당사자는 이 기준을 이유로 근로조건을 낮출 수 없다(동법 제3조). ③ 근로기준법의 기준에 저촉되지 않는 한 노사간 합의에 의하여 기존의 근로조건을 저하시키는 것은 가능하다. <답 ⑤>

35. 근로기준법상 균등대우의 원칙에 대한 설명으로 옳지 않은 것은?

① 직종이나 업무성질에 따라 근로조건을 달리하는 것은 균등처우원칙에 위배되는 것이 아니다.

② 일정기간 이상 특정분야에서의 재직경력, 군복무경력을 기준으로 사원을 모집하는 경우는 직접차별에 해당한다.

③ 균등대우는 일체의 차별적 대우를 부정하는 절대적 평등을 의미하는 것이 아니라, 합리적 근거나 이유가 없는 차별을 해서는 안 된다는 상대적 차별을 의미한다.

④ 특수한 기술과 자격을 갖춘 특정근로자에게 추가적인 성과급을 지급하거나, 기본급 이외의 추가수당을 지급하는 것은 균등대우의 원칙에 반하지 않는다.

⑤ 차별은 어떤 사유를 기준으로 합리적 이유 없이 임금 · 수당 또는 그 밖의 대우나 승진 · 해고에 있어서 차별하는 것을 말한다.

《해 설》 ① 판례는 교대 · 교번 근로자에 대하여만 계속 결근 기간 중에 포함된 휴일도 결근 일수에 포함되도록 규정한 취업규칙규정이 균등처우에 반하는가의 여부에 관하여 “근로기준법 제6조의 균등처우 조항은 성별, 국적, 신앙 또는 사회적 신분을 이유로 한 차별적 처우를 금지시킨 것으로서 그 직종이나 업무성질에 따라 근로조건을 달리하는 것은 위 조항에 위배되는 것이 아니라 할 것인데, 연중무휴로 지하철이 운행되어야 하는 회사의 업무 특성상 교대근무자 및 교번근무자에 대하여는 엄격한 출 · 퇴근 관리가 요구되며, 교대근무자 및 교번근무자의 야간근무 기간 동안에 한하여 근무일 다음 날을 비번일로 정하고 있는 사정 등에 비추어 교대근무자 및 교번근무자에 한하여 취업규칙 규정을 적용하는 것에는 그 합리성을 인정할 여지가 충분하다고 보아 근로기준법 제6조의 균등처우 조항에 위배되는 것으로 단정하기 어렵다”고 판시하고 있다(대판 2004. 6. 25, 2002두2857). ② 간접차별은 외관상으로는 중립적인 기준 또는 절차에 따라 근로자를 모집·채용·대우·승진·해고하도록 되어 있으나 결과적으로 어느 특정집단이나 부류의 근로자들에게 불이익이 돌아가게 되어 법률이 금지하고 있는 차별사유에 위배하게 되는 경우를 말한다. ③ 헌재결 1998. 9. 30, 98헌가7, 96헌바92(병합); 헌재결 1998. 11. 26, 997헌바31; 헌재결 1999. 5. 27, 98헌바26. <답 ②>

36. **근로기준법상 여성근로자의 특별보호규정에 해당되는 사항이 아닌 것은?**

① 육아휴직 ② 생리휴가 <노무사 1999년 변형>
③ 육아시간 ④ 출산휴가
⑤ 임신 중의 여성근로자에 대한 시간외근로의 금지

《해 설》 ① 육아휴직(남녀고평법 제19조)은 근로자가 고용관계를 유지하면서 일정기간 자녀의 양육을 위하여 직무에 종사하지 않도록 함으로써 직장생활과 가정생활을 조화롭게 양립시키고자 하는 제도로, 남녀 모두를 육아휴직청구권자로 하고 있다. 따라서 이 제도는 여성근로자만을 보호하기 위한 제도가 아니다. ⑤ 근기법 제70조 2항. <답 ①>

37. **고용평등법에 대한 설명 중 옳지 않은 것은?** <사시 1997년>

① 고용평등법은 근로기준법을 보완하여 근로관계에 있어서 실질적인 남녀평등을 이룩하고 모성을 보호하기 위한 법이다.
② 임금차별을 목적으로 사업주가 별도로 사업을 벌이더라도 이는 하나의 사업으로 본다.
③ 1년간의 육아휴직기간을 근로연수에 포함시켜서 퇴직금·연차휴가계산 등에서 혜택을 받는다.
④ 이 법은 정년 해고에서의 차별과 근로계약 시 혼인·임신·출산을 퇴직사유로 하는 데 대해서 벌칙을 규정하고 있고, 모집·채용·교육·배치·승진에서의 차별금지는 선언적 성격을 갖는다.
⑤ 사업주와 근로여성 사이의 분쟁해결에 노사협의회의 관여를 허용하며 모든 입증책임은 사업주가 부담한다.

《해 설》 ① 남녀고평법 제1조. ② 동법 제8조 3항. ③ 동법 제19조 2항·4항 2문. ④ 모집과 채용, 교육과 배치 및 승진에 관한 규정 모두 의무규정의 성격을 지니고 있으므로 단지 선언적 성격만을 갖는 것이 아니다. 따라서 동조의 내용에 위반한 법률행위는 벌칙의 적용을 받는다. ⑤ 동법 제25조, 제30조. <답 ④>

38. **고용평등법상 성차별에 해당될 가능성이 가장 높은 것은?**

① 직무의 성질상 남성이 불가피하게 요구되어 <사시 2002년·2006년 변형> 남성만을 채용한 경우
② 채용조건을 동일하게 적용하더라도 그 조건에 맞는 여성이 남성에 비하여 현저히 적어 불리한 결과를 초래한 경우

③ 고용평등법 또는 다른 법률에 따라 적극적 고용개선조치를 하는 경우
④ 근로여성의 임신 · 출산 · 수유 등 모성보호를 위한 조치를 취하는 경우
⑤ 동일노동에 대해 동일금금을 지급하는 경우

《해 설》 ① 남녀고평법 제2조 1호 가목. ② 사업주가 채용조건이나 근로조건은 동일하게 적용하더라도 그 조건을 충족할 수 있는 남성 또는 여성이 다른 한 성(性)에 비하여 현저히 적고 그에 따라 특정 성에게 불리한 결과를 초래하며 그 조건이 정당한 것임을 증명할 수 없는 경우 역시 차별에 해당한다(동법 제2조 1호). ③ 동법 제2조 1호 다목. ④ 동법 제2조 1호 나목. <답 ②>

39. 고용평등법과 근로기준법 제6조(균등처우의 원칙)를 동시에 위반한 경우에 해당하지 않는 것은? <사시 1998년>

① 남성보다 낮은 임금표를 여성에게 적용하는 것
② 여성이 결혼하면 당연히 퇴직하게 하는 것
③ 여성에게만 승진의 조건을 어렵게 하는 것
④ 모집 · 고용에 있어서 여성에게 남성과 평등한 기회를 부여하지 않는 것
⑤ 여성의 정년연령을 남성보다 낮게 하는 것

《해 설》 ④ 채용 자체 및 채용조건은 근로관계이전의 사항이므로 근기법 제6조가 적용되지 않는다. 남녀의 차별적 채용은 남녀고평법 제7조 위반만의 문제이다. <답 ④>

40. 고용평등법상 육아휴직에 관한 설명으로 옳지 않은 것은?

<사시 1999년 유사 · 2004년 유사>

① 사업을 계속할 수 없는 경우 사업주는 육아휴직기간중에 있는 근로자를 해고할 수 있다.
② 육아휴직기간은 근속기간에 포함된다.
③ 육아휴직기간의 종료 후 복직을 하는 경우 사업주는 휴직 전과 동일한 업무 또는 동등한 수준의 임금을 지급하는 직무에 복귀시켜야 한다.
④ 사업주는 근로자가 만 6세 이하의 초등학교 취학 전 자녀를 양육하기 위하여 휴직을 신청하는 경우에 이를 허용하여야 한다.
⑤ 국가는 육아휴직기간 중 당해 근로자에게 생계비용을 지원하지 아니한다.

《해 설》 ① 남녀고평법 제19조 3항 단서. ② 동법 제19조 4항 2문. ③ 동법 제19조 4항 1문. ④ 동법 제19조 1항 본문. ⑤ 국가는 사업주가 근로자에게 육아휴직을 허용한 경우 근로자의 생계비용의 일부를 지원할 수 있다(동법 제20조 1항). <답 ⑤>

41. 고용평등법에 관한 설명으로 옳지 않은 것은?

① 이 법에서 "적극적 고용개선조치"란 현존하는 남녀 간의 고용차별을 없애거나 고용평등을 촉진하기 위하여 잠정적으로 특정 성을 우대하는 조치를 말한다.
② 이 법에서 "근로자"란 사업주에게 고용된 자만을 말한다.

③ 국가는 근로기준법 제74조에 따른 산전후휴가 또는 유산·사산 휴가를 사용한 근로자 중 일정한 요건에 해당하는 자에게 그 휴가기간에 대하여 통상임금에 상당하는 금액을 지급할 수 있다.
④ 사업주는 근로자가 배우자의 출산을 이유로 휴가를 청구하는 경우에 3일의 휴가를 주어야 한다.
⑤ ④에 따른 휴가는 근로자의 배우자가 출산한 날부터 30일이 지나면 청구할 수 없다.

《해 설》 ① 남녀고평법 제2조 3호. ② "근로자"란 사업주에게 고용된 자와 취업할 의사를 가진 자를 말한다(동법 제2조 4호). ③ 동법 제18조 1항. ④⑤ 동법 제18조의2. <답 ②>

42. 직장내 성희롱과 관련하여 틀린 것은?

① 사업주, 상급자 또는 근로자는 직장내 성희롱을 하여서는 아니 된다.
② 사업주가 직장내 성희롱을 한 경우에는 1천만원 이하의 과태료에 처해진다.
③ 사업주는 직장내 성희롱을 예방하고, 근로자가 안전한 근로환경에서 일할 수 있는 여건조성을 위하여 직장내 성희롱의 예방을 위한 교육을 실시하여야 하며, 위반시 300만원 이하의 과태료에 처해진다.
④ 직장내 성희롱이 확인된 경우 지체없이 행위자에 대하여 징계, 기타 이에 준하는 조치를 취하여야 하며, 위반시 500만원 이하의 과태료에 처해진다.
⑤ 사업주는 직장내 성희롱과 관련하여 피해근로자에게 해고 그 밖에 불이익한 조치를 취하여서는 아니 된다. 위반시 1천만원 이하의 과태료에 처해진다.

《해 설》 ① 남녀고평법 제12조. ② 동법 제39조 1항. ③ 동법 제13조 1항, 제39조 3항 1호. ④ 동법 제14조 1항, 제39조 2항 1호. ⑤ 위반시 3년 이하의 징역 또는 2천만원 이하의 벌금에 처해진다(동법 제14조 2항, 제37조 2항 2호). <답 ⑤>

43. 직장내 성희롱에 대한 설명으로 옳지 않은 것은?

① "직장내 성희롱"이란 사업주·상급자 또는 근로자가 직장 내의 지위를 이용하거나 업무와 관련하여 다른 근로자에게 성적 언동 등으로 성적 굴욕감 또는 혐오감을 느끼게 하거나 성적 언동 또는 그 밖의 요구 등에 따르지 아니하였다는 이유로 고용에서 불이익을 주는 것을 말한다.
② "성적언동 등"이란 남녀 간의 육체적 관계나 남성 또는 여성의 신체적 특징과 관련된 육체적, 언어적, 시각적 행위로서 일반적이고도 평균적인 사람으로 하여금 성적 굴욕감이나 혐오감을 느끼게 할 수 있는 행위

를 의미한다.

③ 성적 언동에 대하여 행위의 상대방이 성적 굴욕감이나 혐오감을 느꼈어야 하고, 행위자의 주관적 동기나 의도가 있어야 인정된다.

④ 성희롱 상대방이 용인 가능한 인식상태에서 행위자의 행태를 용인하였거나 받아들였을 경우에는 성희롱은 성립하지 않는다.

⑤ 사업주, 상급자 또는 근로자가 성적 언동 또는 그 밖의 요구 등에 불응하는 것을 이유로 고용상 근로자에게 불이익을 주는 것은 차별적 처우에 해당한다.

《해 설》 ① 남녀고평법 제2조 2호. ② 대판 2007. 6. 14, 2005두6461. ③ 성희롱이 성립하기 위해서는 행위자의 주관적 성적 동기나 의도가 반드시 있어야 하는 것은 아니며, 여러 가지 구체적 사정을 참작하여 볼 때 위와 같은 성적 언동에 대하여 「행위의 상대방이 성적 굴욕감이나 혐오감을 느꼈음이 인정」되면 그것으로 충분하다(대판 2007. 6. 14, 2005두6461). <답 ③>

44. 고용평등법의 규정에 관한 설명 중 옳지 않은 것은? <사시 2005년>

① 사업주는 여성근로자를 모집·채용함에 있어서 모집·채용하고자 하는 직무의 수행에 필요하지 아니한 용모·키·체중 등의 신체적 조건을 제시하거나 요구해서는 안 된다.

② 사업주는 여성인 것을 이유로 근로자의 생활을 보조하기 위한 금품의 지급 또는 자금의 융자 등 복리후생에 있어서 차별대우를 해서는 안 된다.

③ 사업주는 직장내 성희롱을 예방하기 위해 그 예방교육을 연 1회 이상 실시해야 한다.

④ 사업주는 근로자의 교육·배치 및 승진에 있어서 남녀를 차별하여서는 안 된다.

⑤ 사업주는 근로여성의 혼인, 임신 또는 출산을 퇴직사유로 예정하는 근로계약을 체결할 수 있다.

《해 설》 ① 남녀고평법 제7조 2항. ② 동법 제9조. ③ 동법 제13조; 동법 시행령 제3조 1항. ④ 동법 제10조. ⑤ 사업주는 여성 근로자의 혼인, 임신 또는 출산을 퇴직사유로 예정하는 근로계약을 체결하여서는 아니 된다(동법 제11조 2항). <답 ⑤>

45. 남녀고용평등법상 육아기 근로시간 단축과 관련한 설명 중 옳지 않은 것은?

① 사업주는 육아휴직을 신청할 수 있는 근로자가 육아휴직 대신 근로시간의 단축을 신청하는 경우에 이를 허용할 수 있다.

② 사업주가 육아기 근로시간 단축을 허용하는 경우 단축 후 근로시간은 주당 15시간 이상이어야 하고 30시간을 넘어서는 아니 된다.

③ 사업주는 육아기 근로시간 단축을 하고 있는 근로자에 대하여 근로시간

에 비례하여 적용하는 경우 외에는 육아기 근로시간 단축을 이유로 그 근로조건을 불리하게 하여서는 아니 된다.

④ 육아기 근로시간 단축을 한 근로자의 근로조건은 사업주와 그 근로자 간에 서면으로 정한다.

⑤ 사업주는 근로자가 청구하더라도 육아기 근로시간 단축을 하고 있는 근로자에게 단축된 근로시간 외에 연장근로를 시킬 수 없다.

《해 설》 ① 남녀고평법 제19조의2 1항. ② 동법 제19조의2 3항. ③ 동법 제19조의3 1항. ④ 동법 제19조의3 2항. ⑤ 사업주는 육아기 근로시간 단축을 하고 있는 근로자에게 단축된 근로시간 외에 연장근로를 요구할 수 없다. 다만, 그 근로자가 명시적으로 청구하는 경우에는 사업주는 주 12시간 이내에서 연장근로를 시킬 수 있다(동법 제19조의3 3항). <답 ⑤>

제 2 절 근로계약과 근로관계

1. 다음 중 근로계약에 대한 설명으로 옳은 것은? <사시 2010년 변형>

① 근로기준법에서 정하는 기준에 미치지 못하는 근로조건을 정한 근로계약의 부분에 대하여는 새로이 근로계약을 체결하여야 한다.

② 사용자는 근로계약에 덧붙여 강제저축 또는 저축금의 관리를 규정하는 계약을 체결하지 못한다.

③ 사용자는 근로계약을 체결할 때에 근로자에게 근로조건을 명시하여야 하며, 이를 위반한 근로계약은 효력이 없다.

④ 친권자나 후견인은 미성년자의 근로계약을 대리할 수 없다. 근로계약이 미성년자에게 불리하다고 인정하는 경우에는 이들만이 계약을 해지할 수 있다.

⑤ 사용자는 18세 미만인 자에 대하여 그 연령을 증명하는 가족관계기록사항에 관한 증명서와 친권자 또는 후견인의 동의서를 사업장에 갖추어 두지 않아도 된다.

《해 설》 ① 그 부분에 한하여 무효가 된다(근기법 제15조 1항). ② 동법 제22조 1항. ③ 처벌만 받을 뿐이다(동법 제114조 1호). ④ 고용노동부장관도 해지할 수 있다(동법 제67조 2항). ⑤ 갖추어 두어야 한다(동법 제66조). <답 ②>

2. 근로계약에 관한 설명 중 옳은 것은? <사시 2006년, 노무사 2006년 변형>

① 사용자는 근로계약을 체결할 때에 임금의 구성항목 · 계산방법 · 지급방법 · 소정근로시간, 휴일 및 연차유급휴가에 관한 사항을 서면뿐만 아니

라 구두로도 명시할 수 있다.

② 사용자는 기간제근로자 또는 단시간근로자와 근로계약을 체결하는 때에는 근로계약기간, 근로시간 · 휴게, 임금의 구성항목 · 계산방법 및 지불방법, 휴일 · 휴가, 취업의 장소와 종사하여야 할 업무에 관한 사항을 반드시 서면으로 명시하여야 한다.

③ 사용자는 전차금(前借金)이나 그 밖에 근로할 것을 조건으로 하는 전대채권과 임금을 상계할 수 있다.

④ 사용자는 근로계약 불이행에 대한 위약금을 예정하는 계약을 체결할 수 있다.

⑤ 근로계약은 서면으로 체결하여야 효력이 있다.

《해 설》 ① 서면으로 명시하여야 한다(근기법 제17조 2항 본문). ② 기단법 제17조. ③ 상계할 수 없다(근기법 제21조). ④ 체결하지 못한다(동법 제20조). ⑤ 사용자와 근로자관계가 성립하기 위하여는 양자간에 명시적 또는 묵시적으로 체결된 계약이 있으면 된다(대판 1972. 11. 14. 72다895). <답 ②>

3. 근로계약의 당사자 중 '사용자'에 대해 옳지 않은 것은?

① 사용자는 자기의 지휘 · 감독 하에 노무를 제공하는 근로자에 대하여 임금지급의무를 부담할 것을 약정한 계약당사자이다

② 사용자로서의 지위를 인정하는 데 있어서는 반드시 당사자 사이의 명시적 의사의 합치가 필요하다.

③ 명목상으로는 타인이 임금을 지급하더라도 실질적으로 근로자에 대한 노무지휘권을 가지며 실질적인 임금결정을 하면서 그의 계산 하에 그 지출을 하고 있으면 사용자 지위가 인정되어야 한다.

④ 하도급기업주에 의하여 채용되는 근로자는 하도급기업주와의 계약에 의하여 그의 지휘 하에 있게 되면 하도급기업주가 사용자이다

⑤ 하도급기업이 전체로서 원기업의 노무지휘를 받을 때에는 그 원기업의 기업주가 사용자가 된다.

《해 설》 ② 근로계약상의 당사자관계의 존부에 관해서는 당해 노무공급형태의 구체적 실태를 토대로 양자 사이에 사실상의 사용종속관계가 있는지 명시적 의사의 합치가 없을 경우 이러한 사용종속관계로부터 양 당사자 사이에 객관적으로 추인될 수 있는 묵시적 의사의 합치가 있는지를 가려 판단해야 한다. <답 ②>

4. 근로계약의 체결시 '근로자의 협력의무' 중 옳지 않은 것은?

① 근로자와 사용자는 상대방에 대하여 근로계약의 체결과 관련된 여러 가지 사항들을 고지하거나 또는 조회에 응할 의무가 있다

② 근로자가 적극적으로 사용자에게 정보를 고지해야 할 의무를 부담한다.

③ 사용자는 그가 필요로 하는 우수한 근로자를 선발하기 위하여 응모자들에 대한 학력 · 경력 · 사회활동에 질문권을 가지고 있다.
④ 사용자가 응모자의 동의 없이 조사기관이나 의료기관을 통해서 일방적으로 조사를 하거나 필요 이상의 정보를 수집하는 행위는 위법이다.
⑤ 사용자는 기본적으로 상대방에게 필요한 서류의 제출을 요구할 수 있다.

《해 설》 ② 정당한 사용자의 질문과 조회에 대하여 진실되고 성실하게 응답하고 고지 · 설명할 의무를 부담할 뿐이라고 보아야 한다. 그렇게 해석하지 않는다면 근로자의 인격권이 침해될 가능성이 있기 때문이다. <답 ②>

5. 위약금예정의 금지에 대한 설명 중 틀린 것은?

① 위약금예정의 금지조항은 강제근로의 금지규정과 밀접한 관련이 있다.
② 친권자 · 신원보증인 · 등과의 위약금예정계약도 근로기준법 제20조 위반이다.
③ 근로기준법 제20조는 사용자에 대한 위약금예정을 금지하는 것은 아니다.
④ 근로기준법 제20조는 손해배상의 금액을 예정하지 않고, 근로 중 근로자의 과실로 인하여 현실적으로 발생한 손해에 대하여 사용자가 그 배상액을 청구하는 것을 금지하는 것은 아니다.
⑤ 근로자가 근로 중에 의무불이행으로 인하여 사용자에게 손해를 발생케 할 경우에 대비하여 사용자가 신원보증인과 신원보증계약을 체결하는 것은 근로기준법 제20조에 위배되지 않는다.

《해 설》 모두 맞는 지문이다. <답 없음>

6. 위약금예정의 금지규정과 관련한 판례의 태도 중 틀린 것은?

① 근로자의 해외교육훈련에 있어서 회사가 교육훈련기간 동안 일정한 임금 및 교육비용을 지급 부담하고, 근로자의 의무재직기간을 설정하여 그 기간 동안 재직하지 않는 경우에는 회사가 지급한 임금이나 해당 교육비용의 전부 또는 일부를 상환하도록 약정하고 의무재직기간 동안 근무하는 경우에는 이를 면제하기로 약정한 경우, 위의 모든 약정은 근로기준법 제20조에서 금지하는 위약금 또는 손해배상액을 예정하는 계약이 아니므로 유효하다.
② 항공사가 조종사의 훈련을 위하여 해외위탁교육비용을 부담하고 의무기간 내에 전직하면 그 비용을 상환하도록 한 약정은 근로기준법 제20조에서 금지하는 위약예정이 아니다.
③ 회사입사를 포기하거나 입사 후 5년 이내에 퇴직할 경우 이미 지급된 장학금전액을 반환한다는 약정은 위약예정에 저촉하지 않는다.

④ ③의 경우 1년 이내에 퇴직하는 경우 장학금의 60%를 반환해야 한다는 약정은 위약예정금지에 해당하여 무효이다.

⑤ 해외연수의 실질이 출장업무의 수행에 해당한다면 지급된 금품은 그 명칭 여하에 불구하고 임금에 해당하므로 지급금품을 반환한다는 약정은 임금의 반환을 약정하는 것이 되어 근로기준법 제20조에 위반되어 무효이다.

《해 설》 ① 교육비용의 전부 또는 일부를 근로자로 하여금 상환하도록 한 부분은 근로기준법 제20조에서 금지된 위약금 또는 손해배상액을 예정하는 계약이 아니므로 유효하다. 그러나 임금반환을 약정한 부분은 회사가 근로자에게 근로의 대상으로 지급한 임금을 근로자의 채무불이행을 이유로 다시 반환하기로 하는 약정으로서, 실질적으로는 위탁금 또는 손해배상액을 예정하는 계약이므로 근로기준법 제20조에 위반되어 무효이다(대판 1996. 12. 6, 95다13104; 대판 1996. 12. 20, 95다52222). ② 대판 1992. 2. 25, 91다26232. ③④ 대판 1978. 2. 28, 77다2479. ⑤ 대판 2003. 10. 23, 2003다7388.

<답 ①>

7. 하자있는 의사표시에 의한 근로계약과 관련하여 틀린 설명은?

① 애초에는 사용자가 일정한 조건과 정보를 기초로 해당근로자를 채용하려고 하였음에도 불구하고 부당한 질문을 한다거나 필요 이상의 진실고지를 하도록 하여 취업응모자가 이에 불성실한 또는 사실과 다른 답변을 했을 경우에 민법 제109조 또는 제110조를 원용하여 채용결정의 의사표시를 사후적으로 취소하는 것은 정당하다고 볼 수 없다.

② 사용자의 정당한 질문에 대하여 허위의 답변을 하거나 진실고지의무 있는 사실에 대하여 침묵한 경우에 채용희망자에게 과실이 있는 한 착오(민법 제109조) 또는 사기에 의한 취소(민법 제110조)가 인정될 수 있다.

③ 15세 미만자와의 근로계약은 법정대리인의 동의가 있더라도 무효라고 보아야 한다.

④ 근로계약의 취소(실제로는 계약을 구성하는 의사표시의 취소)는 소급해서 효력이 발생하므로 그 계약은 처음부터 무효이다(소급효의 인정).

⑤ 채용희망자의 인격적 자질의 결여를 이유로 한 근로계약의 취소의 경우, 인격적 자질을 갖추고 있을 것이 법률행위 내용의 중요부분에 해당되어야 한다.

《해 설》 ① 노동법에 있어서는 근로자의 이익을 위하여 계약의 성립을 보다 긍정적으로 판단하는 것이 근로자보호라는 노동법의 기본목적에 합치한다. 이미 이행단계(취업단계)에 있다면 근로관계의 보호를 위하여 취소의 법리가 제한되어야 하는 것이 중요한 일이지만, 취업개시 전이라도 취소사유가 크게 중대하지 않는 한 의사표시의 취소를 제한하는 것이 타당할 것이다. 이로 인해서 사용자의 채용의 자유는 제한을 받는 결과를 가져오게 될 것이다. ②⑤ 사용자의 정당한 질문에 대하여 허위의 답변을 하거나 사실고지의무 있는 사실에 대하여 침묵한 경우에 채용희망자에게 과실이 있는 한

착오(민법 제109조) 또는 사기에 의한 취소(민법 제110조)가 인정될 수 있다. 또한 채용희망자의 인격적 자질의 결여를 이유로 한 취소도 문제될 수 있다. 이 경우에는 인격적 자질을 갖추고 있을 것이 법률행위 내용의 중요부분에 해당되어야 한다(예컨대 비서 · 경리 · 인사의 직무를 수행해야 할 근로자의 채용의 경우 등). 법률행위내용의 중요부분이라 함은 근로자의 인적 적성, 인격적 신뢰성, 전문지식 등이라고 보아야 할 것이다. ③ 근기법 제64조 1항 본문은 15세 미만인 자의 사용을 금지하고 있다. 이 규정은 강행규정이므로 15세 미만자와의 계약은 법정대리인의 동의가 있더라도 무효라고 보아야 한다. ④ 민법에 의하면 계약의 취소(실제로는 계약을 구성하는 의사표시의 취소)는 소급해서 효력이 발생하므로 그 계약은 처음부터 무효이다(제141조). 그러나 계속적 채권관계인 근로계약관계에 있어서, 근로자가 계약이 유효하게 성립된 경우와 똑같이 노무제공을 실행하였다면 취소의 효과로서 소급효를 인정하는 것은 적절하지 않다(소급효의 제한이론). 따라서 사용자가 법률상의 원인 없이(계약이 소급해서 무효가 되었으므로) 부당이득을 취한 것으로 보지 아니하고, 그 계약은 장래에 대해서만 효력을 상실하게 되므로 계약당사자들은 해지의 효과가 발생할 때까지의 계약상의 채무를 이행해야 한다. <답 ④>

8. 다음 설명 중 틀린 것은?

① 근로기준법은 만 19세 미만의 아동을 고용할 수 없다고 규정하고 있다.

② 임산부와 만 18세 미만자는 도덕상 또는 보건상 유해 위험한 사업에 사용하지 못한다.

③ 사용자는 18세 미만인 자와 근로계약을 체결하는 경우에는 근로기준법 제17조에 따른 근로조건을 서면으로 명시하여 교부하여야 한다.

④ 미성년자는 독자적으로 임금을 청구할 수 있다.

⑤ 미성년자가 근로계약을 체결함에 있어서는 법정대리인의 동의를 요한다.

《해 설》 ① 19세가 아니라 15세다(근기법 제64조 1항 본문). ② 동법 제65조 1항. ③ 동법 제67조 3항. ④ 동법 제68조. ⑤ 미성년자의 근로관계의 성립과 관련하여 법정대리인이 미성년자의 근로계약을 대리할 수 없으나(동법 제67조 1항), 미성년자 자신이 스스로 근로계약을 체결하는 경우에는 민법의 원칙에 따라 법정대리인의 동의를 요한다(민법 제5조 1항 본문). <답 ①>

9. 다음은 채용내정과 시용기간에 관한 설명이다. 타당하지 않은 것은?

① 채용내정에 있어서는 일단 근로계약이 성립한 것이므로 사용자는 정당한 이유 없이 졸업예정자를 임의로 해고할 수 없다.

② 사용자는 시용기간중의 근로자에 대하여 업무부적격성을 이유로 근로관계를 해지할 수 있는 권리를 갖는다.

③ 정규근로관계가 성립하더라도 시용기간은 정규근로관계의 존속기간으로 산입되지 아니한다.

④ 시용기간의 제도는 근로계약의 체결에 있어 근로계약사항으로 명시된 경우에만 적용된다.

⑤ 본래적 의미의 수습기간은 시용기간과 구별된다.

《해 설》 ① 채용내정에 의하여 근로자가 취득하는 이익은 졸업 후 취업할 수 있는 직장을 얻는다는 법적 지위이며, 이 법적 지위의 내용은 졸업예정자가 졸업 후 그의 생활을 영위할 수 있는 근로의 기회를 확보할 수 있는 것을 말한다. 그러므로 채용내정의 해제 또는 해지가 정당한 사유에 해당하지 않는 경우 근기법 제23조 1항이 적용되어 해고(不採用)는 무효가 된다. ② 대판 1992. 8. 18, 92다15710(해지권유보부 근로계약설). ③ 시용기간 후 사용자가 근로자를 정규근로자로 채용하여 정규근로관계가 성립하면 기존의 시용기간은 정규근로관계의 존속기간으로 산입된다. ④ 대판 1991. 11. 26, 90다4914. ⑤ 본래적 의미의 수습기간은 정식채용 후에 근로자의 직무 오리엔테이션, 직무교육을 목적으로 하는 것이므로 시용기간과 구별된다. <답 ③>

10. 시용계약에 관한 설명 중 옳은 것들을 바르게 연결한 것은? (다툼이 있는 경우에는 판례에 의함) <사시 2008년>

> 가. 신규 채용하는 근로자에 대한 시용기간의 적용을 선택적 사항으로 취업규칙에 규정하고 있는데 어떤 근로자와의 채용계약에서 시용기간의 적용 여부를 명시하지 않았다면,
> A. 이 근로자는 시용근로자로 채용되었다.
> B. 이 근로자는 정식사원으로 채용되었다.
> 나. 시용계약이 체결된 경우에 그 계약의 법적 성질은
> A. 근로계약 체결의 예약이다.
> B. 근로계약이다.
> 다. 사용자가 시용근로자에 대해 본채용을 거절하는 기준은
> A. 통상의 근로자에 대한 해고의 기준과 동일해야 한다.
> B. 통상의 근로자에 대한 해고의 기준보다 완화시킬 수 있으나 객관적이고 합리적인 이유가 있어야 한다.

① 가 — A, 나 — A, 다 — A
② 가 — B, 나 — A, 다 — A
③ 가 — B, 나 — A, 다 — B
④ 가 — A, 나 — B, 다 — A
⑤ 가 — B, 나 — B, 다 — B

《해 설》 가. 취업규칙에 신규 채용하는 근로자에 대한 시용기간의 적용을 선택적 사항으로 규정하고 있는 경우에는 그 근로자에 대하여 시용기간을 적용할 것인가의 여부를 근로계약에 명시하여야 하고, 만약 근로계약에 시용기간이 적용된다고 명시하지 아니한 경우에는 시용 근로자가 아닌 정식 사원으로 채용되었다고 보아야 한다(대판 1999. 11. 12, 99다30473). 다. 시용(試用)기간 중에 있는 근로자를 해고하거나 시용기간 만료시 본계약(本契約)의 체결을 거부하는 것은 사용자에게 유보된 해약권의 행사로서, 당해 근로자의 업무능력, 자질, 인품, 성실성 등 업무적격성을 관찰 · 판단하려는 시용제도의 취지 · 목적에 비추어 볼 때 보통의 해고보다는 넓게 인정되나, 이 경우에도 객관적으로 합리적인 이유가 존재하여 사회통념상 상당하다고 인정되어야 한다(대판 2006. 2. 24, 2002다62432). <답 ⑤>

11. 취업규칙의 법적 성질에 관한 학설의 태도를 기술한 것이다. 틀린 것은?

① 법규범설 중 수권설이 판례와 다수설의 태도이다.

② 법규범설에 의하면 법령이나 단체협약에 위반하는 취업규칙은 당연무효가 된다고 한다.

③ 사실관습설에 의하면 사용자와 근로자 사이의 근로조건의 결정이 사용자와 근로자 사이의 특별한 약정이나 노조와 사용자 사이의 단체협약에 의하지 않는 한 취업규칙에 의한다고 하는 것은 노사관계의 현실에 있어서 사실인 관습(민법 제106조)이라고 볼 수 있다는 것이다.

④ 사실관습설은 법규범설의 하나이다.

⑤ 근로조건의 결정에 관하여 노동법은 노사대등의 원칙을 이상으로 하고 있으나, 취업규칙에 관해서는 사용자의 일방적 제정 또는 변경을 부인하고 있지 않는 점이 취업규칙의 법적 성질에 관한 학설이 갈려져 있는 하나의 이유이다.

《해 설》 ④ 계약설의 하나이다. <답 ④>

12. 취업규칙의 필요적 기재사항이 아닌 것은?

① 퇴직에 관한 사항 ② 식비 등의 부담에 관한 사항

③ 표창과 제재에 관한 사항 ④ 근로자의 고충처리에 관한 사항

⑤ 근로자를 위한 교육시설에 관한 사항

《해 설》 ① 근기법 제93조 4호. ② 동법 제93조 6호. ③ 동법 제93조 11호. ⑤ 동법 제93조 7호. ④는 노사협의회의 협의사항이다(근참법 제20조 1항 3호). <답 ④>

13. 근로기준법상 취업규칙에 관한 다음 글의 ( ) 안에 들어갈 것으로 옳게 짝지어진 것은? <사시 2005년>

≪보 기≫

취업규칙에서 근로자에 대하여 감급의 제재를 정할 경우에는 그 감액은 1회의 액이 (A)의 1일분의 2분의 1을, 총액이 1임금지급기에 있어서의 임금총액의 (B)을(를) 초과하지 못한다.

	A	B
①	평균임금	10분의 1
②	평균임금	10분의 2
③	통상임금	10분의 1
④	통상임금	10분의 2
⑤	평균임금	10분의 3

《해 설》 근기법 제95조. <답 ①>

14. A는 무단결근으로 인해 감봉 3개월의 감급을 받았다. A의 1일 평균임금이 5만원이고, 월평균임금이 1백5십만원이라면 얼마까지 감급이 가능한가?

① 5만원 ② 7만5천원 ③ 9만원
④ 12만원 ⑤ 15만원

《해 설》 감급시 1회의 금액은 평균임금의 1일분의 2분의 1을 초과하지 못하고, 총액은 1임금지급기의 임금 총액의 10분의 1을 초과하지 못한다(근기법 제95조). A의 평균임금의 1일분의 2분의 1은 2만 5천원(=5만원*1/2)이다. 또한 1임금지급기의 10분의 1은 15만원(=1백5십만원*1/10)이다. 위 2개의 상한액을 모두 초과하지 않아야 하는바, 2만 5천원을 기준으로 3개월 동안 총 7만 5천원을 감액할 수 있다. <답 ②>

15. 근로기준법상 취업규칙에 관한 설명으로 옳지 않은 것은? (다툼이 있는 경우에는 판례에 의함) <사시 2010년>

① 취업규칙의 작성과 변경에 관한 권한은 원칙적으로 사용자에게 있다.
② 해당 사업 또는 사업장에 근로자의 과반수로 조직된 노동조합이 있는 경우 사용자가 취업규칙을 불리하게 변경하려면 노동조합 대표자와 조합원 과반수의 동의를 모두 받아야 한다.
③ 사용자는 근로자에게 유리하게 취업규칙을 변경할 때도 근로자측의 의견을 들어야 한다.
④ 사용자는 단시간근로자에게 적용되는 취업규칙을 통상근로자에게 적용되는 취업규칙과 별도로 작성할 수 있다.
⑤ 사용자는 취업규칙을 근로자가 자유롭게 열람할 수 있는 장소에 항상 게시하거나 갖추어 두어 근로자에게 널리 알려야 한다.

《해 설》 ① 대판 1977.7.26, 77다355. ② 노동조합의 동의만 받아도 된다(근기법 제94조 1항). ③ 동법 제94조 1항. ④ 동법 시행령 별표 2 5호 가목. ⑤ 동법 제14조 1항. <답 ②>

16. 취업규칙에 관한 설명 중 틀린 것은? <노무사 2003년, 사시 2004년 변형>

① 상시 10인 이상의 근로자를 사용하는 사용자에게 취업규칙 작성의무가 있다.
② 취업규칙은 법령 또는 단체협약에 반할 수 없다.
③ 고용노동부장관은 법령 또는 단체협약에 저촉되는 취업규칙의 변경을 명할 수 있다.
④ 취업규칙에 정한 기준에 미달하는 근로조건을 정한 근로계약은 그 부분에 관하여는 무효로 한다.
⑤ 취업규칙에서 감급의 제재를 정할 경우에는 그 감액은 1회의 액이 평균임금의 1일분의 3분의 1을, 총액이 1임금지급기에 있어서의 임금총액의 10분의 1을 초과하지 못한다.

《해 설》 ① 근기법 제93조. ② 동법 제96조 1항. ③ 동법 제96조 2항. ④ 동법 제97조. ⑤ 3분의 1이 아니라 2분의 1이다(동법 제95조). <답 ⑤>

17. 취업규칙에 관한 판례의 태도 중 올바른 것은?

① 취업규칙이 근로자의 집단적 동의 없이 불이익하게 변경된 당시에 근로자가 다른 직종으로 전직하기 위하여 자유로운 의사에 따라 사직하고, 익일 신규채용형식으로 재입사함으로써 근로관계가 단절된 경우에, 그 재입사 당시에 시행중인 법규적 효력을 갖는 취업규칙은 그 근로자의 최초입사일에 적용되었던 취업규칙이다.

② 취업규칙의 불이익변경(특히 퇴직금지급규정의 불이익변경) 후 노동조합의 소급동의를 인정하는 경우, 퇴직금규정(취업규칙)의 변경이 있은 때부터 노조의 동의가 있는 그 사이에 퇴직한 근로자는 불리하게 변경된 퇴직금규정의 적용을 받는다.

③ 단체협약에서 취업규칙의 변경은 노조의 동의를 요한다는 정함이 있으면 근로조건이 유리하게 변경되더라도 노조의 동의가 있어야 한다.

④ 개개 근로자가 이미 알고 있는 상태라도 별도의 고지가 없으면 그 취업규칙은 효력이 발생하였다고 할 수 없다.

⑤ 취업규칙에 규정이 없던 사항에 대한 개정은 근로자의 동의를 요하지 않는다.

《해 설》 ① 취업규칙이 근로자의 동의 없이 불이익하게 변경된 후에 이루어진 자의에 따른 사직 및 재입사로 근로관계가 단절된 근로자에 대하여 재입사 후 적용되는 취업규칙은 변경된 취업규칙이다(대판 1996. 10. 15, 95다53188). ② 퇴직금제도의 변경에 관하여 근로자들의 집단적 의사결정방법에 의한 동의가 있기 전에 퇴직한 근로자들에게는 종전의 퇴직금제도가 적용되고, 동의가 있은 다음에 퇴직하는 근로자들에게는 변경된 퇴직금제도가 적용된다(대판 1993. 3. 23, 92다52115). ③ 단체협약에 정함이 있더라도 유리한 변경의 경우는 그 동의가 필요 없다(대판 1994. 12. 23, 94누3011). ④ 회사가 단체협약 및 사규를 게시하여 소속 근로자들이 주지할 수 있도록 조치를 하였다면 이를 근로자에게 별도로 고지하지 아니하였다거나 근로자가 실제로는 그 내용을 알지 못하였다고 하여도 근로자는 그 무효를 주장하거나 그 적용을 거부할 수 없다(대판 1992. 6. 23, 92누4253). ⑤ 단체협약에 명문으로 징계규정을 별도로 제정하기로 하였고, 그 규정에 의하여 징계규정이 만들어진 이상 다시 구체적인 징계규정의 내용에 관하여 회사와 근로자간에 합의가 있어야 한다고 말할 수 없다(대판 1994. 9. 30, 94다21337). <답 ⑤>

18. 취업규칙의 불이익변경에 관한 설명으로 옳은 것은? (다툼이 있는 경우에는 판례에 의함) <노무사 2010년>

① 하나의 취업규칙의 적용을 받는 근로자들 가운데 일부의 근로자에게 유리하고 일부의 근로자에게 불리한 경우 전체근로자들의 집단적 동의를 받아야 할 필요는 없고 불리한 근로자집단의 동의를 받으면 족

하다.

② 노사협의회의 의결만을 거친 경우 그 변경은 효력이 있다.

③ 사회통념상 합리성이 있는 경우에도 근로자 집단의 동의를 받지 못한 변경은 효력이 없다.

④ 근로자의 집단적 동의를 받지 못한 경우 그 변경 이후 신규로 입사한 자에게 효력이 있다.

⑤ 근로자의 집단적 동의를 받지 못하고 사회통념상 합리성이 없는 변경의 경우에도 개인적으로 찬성한 근로자에게는 효력이 있다.

《해 설》 ① 일부 근로자에게는 유리하고 일부 근로자에게는 불리하여 근로자 상호간에 유·불리에 따른 이익이 충돌하는 경우에는 전체적으로 보아 근로자에게 불리한 것으로 취급하여 종전의 규정의 적용을 받고 있던 근로자들의 집단적 동의를 얻어야 한다(대판 1997. 8. 26, 96다1726). ② 노사협의회의 근로자위원들이 취업규칙의 불이익변경에 동의한 경우는 그 근로자위원들이 자기가 소속한 각 부서의 근로자들의 의견을 집약·취합하여 동의권을 행사한 것이 아닌 한 동의의 효력이 인정되지 않는다(대판 1994. 6. 24, 92다28556). ③ 근로조건의 변경을 위한 취업규칙 개정이 사회통념상 합리성이 있다고 인정된다면 근로자의 집단적 동의를 얻지 않아도 유효하다(대판 1978. 9. 12, 78다카1046; 대판 2005. 11. 10, 2005다21494). ④ 사용자가 취업규칙에서 정한 근로조건을 근로자에게 불리하게 변경함에 있어서 근로자의 동의를 얻지 않은 경우에 그 변경으로 기득 이익이 침해되는 기존의 근로자에 대한 관계에서는 그 변경의 효력이 미치지 않게 되어 종전 취업규칙의 효력이 그대로 유지되지만 그 변경 후에 변경된 취업규칙에 따른 근로조건을 수용하고 근로관계를 갖게 된 근로자에 대한 관계에서는 당연히 변경된 취업규칙이 적용되어야 하고 기득이익의 침해라는 효력 배제 사유가 없는 변경 후의 취업 근로자에 대해서까지 그 변경의 효력을 부인하여 종전 취업규칙이 적용되어야 한다고 볼 근거가 없다(대판 1992. 12. 22, 91다45165).
<답 ④>

19. 취업규칙의 불이익변경에 관한 설명으로 옳지 않은 것은? (다툼이 있는 경우에는 판례에 의함) <사시 2009년 변형, 노무사 2009년 변형>

① 사업장에 근로자 과반수로 조직된 노동조합이 있는 경우 그 노동조합의 대표자는 조합원 과반수의 동의 없이는 노동조합을 대표하여 동의할 수 없다.

② 사업장에 근로자 과반수로 조직된 노동조합이 취업규칙의 불이익변경에 동의한 경우 비조합원에게도 불이익하게 변경된 취업규칙이 당연히 적용된다.

③ 사용자가 취업규칙을 변경한 경우에는 고용노동부장관에게 신고하여야 한다.

④ 불이익하게 변경된 취업규칙규정이 동의를 얻지 못하고 있다가 사후에 단체협약에서 소급 승인한 경우(위 단체협약시행일 이전에 발생한 모든 사항은 위 협약에 의한 것으로 본다)에는 불이익하게 변경한 취업규칙의

규정을 노동조합이 소급 동의한 것으로 인정된다.

⑤ 근로자의 과반수의 동의를 받아 불리하게 변경된 취업규칙은 그 변경에 반대한 근로자에게도 효력이 있다.

《해 설》 ① 근로자의 과반수로 조직된 노동조합의 동의는 그 노동조합의 대표자의 동의로 족하고 별도로 조합원 과반수의 동의를 받을 필요는 없다(대판 1997. 5. 16, 96다2507). ② 대판 2008. 2. 29, 2007다85997. ③ 근기법 제93조. ④ 대판 1992. 7. 24, 91다34073. <답 ①>

20. 근로기준법상 취업규칙 불이익변경에 관한 설명 중 옳지 않은 것은? <사시2003년 변형>

① 취업규칙은 그 명칭에 관계없이 근로조건 등에 관하여 사용자가 일방적으로 작성한 것이면 모두 취업규칙에 해당하며 그 형식에서도 하나의 서면으로 작성할 필요가 없다.

② 근로자 과반수로 조직된 노동조합이 있는 경우에는 그 노동조합의, 그와 같은 노동조합이 없는 경우에는 근로자들의 회의방식에 의한 과반수의 동의가 있어야 하고, 여기서 말하는 근로자의 과반수라 함은 기존 취업규칙의 적용을 받는 근로자 집단의 과반수를 뜻한다.

③ 하나의 사업장 내에서도 근로조건·근로형태 등에 따라서 근로자 일부에 적용되는 별도의 사업규칙을 정할 수 있으며, 이 경우 별도의 사업규칙을 모두 합한 것이 그 사업장의 취업규칙으로 된다.

④ 노동조합이 없고 전체 근로자 회의가 불가능한 경우라고 하더라도 각 부서별로 자유롭게 의견을 교환하고 찬반의견을 집약한 후 이를 전체적으로 취합하는 동의방식는 허용되지 않는다.

⑤ 근로자집단의 동의를 대신할 만한 사회통념상의 합리성이 있는지를 판단함에 있어서는 취업규칙 개정 당시의 상황을 근거로 하여야 한다.

《해 설》 ① 대판 1994. 5. 10, 93다30181. ② 대판 2008. 2. 29, 2007다85997. ③ 대판 1992. 2. 28, 91다30828. ④ 노동조합이 없고 전체 근로자 회의가 불가능한 경우에는 각 부서별로 자유롭게 의견을 교환하고 찬반의견을 집약한 후 이를 전체적으로 취합하는 동의방식도 허용된다(대판 1992. 2. 25, 91다25055). ⑤ 대판 2004. 7. 22, 2002다57362. <답 ④>

21. 다음은 대법원 판례에 대한 설명이다. 틀린 것은?

① 취업규칙의 하나인 인사규정의 작성·변경에 관한 권한은 원칙적으로 사용자에게 있으므로 사용자는 그 의사에 따라 인사규정을 작성·변경할 수 있고, 인사규정을 종전보다 근로자에게 불이익하게 변경하는 경우가 아니더라도 근로자의 동의나 협의 또는 의견청취절차를 거치지 아니하고 인사규정을 변경하였다면 그 인사규정의 효력은 부정된다.

② 근로계약에 의하여 근로자의 근무내용과 근무장소가 한정되어 있어 그

에 대한 변경이 중대한 근로조건의 변경이 된다고 하더라도 회사의 업무부문이 다른 회사로 통합됨에 따라 근로자가 근로를 제공할 사업장이 없어지게 되어 그 근로자를 배치전환하는 경우에는 근무장소와 근무내용이 한정되어 있었음을 이유로 그의 동의를 얻을 필요가 없다.

③ 같은 정도의 비위를 저지른 자들 사이에 있어서도 그 직무의 특성 등에 비추어 개전의 정이 있는지 여부에 따라 징계의 종류의 선택과 양정에 있어서 차별적으로 취급하는 것은, 사안의 성질에 따른 합리적 차별로서 이를 자의적 취급이라고 할 수 없는 것이어서 평등원칙 내지 형평에 반하지 아니한다.

④ 취업규칙에 신규 채용하는 근로자에 대한 시용기간의 적용을 선택적 사항으로 규정하고 있는 경우에는 그 근로자에 대하여 시용기간을 적용할 것인가의 여부를 근로계약에 명시하여야 하고, 만약 근로계약에 시용기간이 적용된다고 명시하지 아니한 경우에는 시용 근로자가 아닌 정식 사원으로 채용되었다고 보아야 한다.

⑤ 시용계약관계는 그 목적에 비추어 정식채용 된 통상의 근로계약관계에 비해 해고제한의 법리가 완화되어 객관적으로 합리적인 이유가 존재하면 회사는 정식채용을 거절할 수 있다.

《해 설》 ① 인사규정을 종전보다 근로자에게 불이익하게 변경하는 경우가 아닌 한 근로자의 동의나 협의 또는 의견청취절차를 거치지 아니하고 인사규정을 변경하였다고 하여 그 인사규정의 효력이 부정될 수는 없다(대판 1999. 6. 22, 98두6647; 대판 1994. 12. 23, 94누3001). ② 대판 1996. 4. 12, 95누7130. ③ 대판 1999. 8. 20, 99두2611. ④ 대판 1999. 11. 12, 99다30473. ⑤ 대판 1994. 1. 11, 92다44695. <답 ①>

22. 다음은 근로계약 및 취업규칙에 대한 판례의 태도이다. 맞는 것은?

① 채용내정 후 경영상의 이유로 내정자를 취업시킬 수 없을 때 근로기준법 제24조 3항(근로자대표와의 사전협의조항)은 적용되지 않는다.

② 정당한 사유 없는 채용내정의 취소라 하더라도 불법행위는 성립하지 않는다.

③ 근로조건이 이원화되어 있어 변경된 취업규칙이 적용되어 직접적으로 불이익을 받게 되는 근로자집단 이외에 변경된 취업규칙의 적용이 예상되는 근로자집단이 없는 경우에도 변경된 취업규칙이 적용되어 불이익을 받는 근로자집단뿐만 아니라 전체 근로자의 과반수 동의를 얻어야 한다.

④ 취업규칙 중 퇴직금 지급률에 관한 규정의 변경이 근로자에게 불이익함에도 불구하고 사용자가 근로자의 집단적 의사결정 방법에 의한 동의를 얻지 아니한 채 변경을 함으로써 기득이익을 침해하게 되는 기존의 근로자에 대하여도 새로운 퇴직금 지급률이 적용되어야 한다.

⑤ ④의 경우 노동조합이 사용자측과 변경된 퇴직금 지급률을 따르기로 하는 내용의 단체협약을 체결한 경우에는, 기득이익을 침해하게 되는 기존의 근로자에 대하여 종전의 퇴직금 지급률이 적용되어야 함을 알았다면 원칙적으로 그 협약의 적용을 받게 되는 기존의 근로자에 대해서는 종전의 퇴직금 지급률이 적용되어야 한다.

《해 설》 ① 피고회사의 취업규칙에 비추어 신규채용 된 자들의 채용내정시부터 정식 발령까지 사이에는 사용자에게 근로계약의 해약권이 유보되어 있다고 할 것이어서 원고들에 대하여는 근로기준법 제24조 3항이 적용되지 않는다고 보아야 한다(대판 2000. 11. 28, 2000다51476). ② 사용자가 채용내정을 통지한 후 정당한 사유 없이 채용내정을 취소하는 경우에는 불법행위가 성립 한다(대판 1993. 9. 10, 92다42897). ③ 근로조건이 이원화되어 있어 변경된 취업규칙이 적용되어 직접적으로 불이익을 받게 되는 근로자집단 이외에 변경된 취업규칙의 적용이 예상되는 근로자집단이 없는 경우에는 변경된 취업규칙이 적용되어 불이익을 받는 근로자집단만이 동의 주체가 된다(대판 2009. 5. 28, 2009두2238). ④ 취업규칙 중 퇴직금 지급률에 관한 규정의 변경이 근로자에게 불이익함에도 불구하고 사용자가 근로자의 집단적 의사결정 방법에 의한 동의를 얻지 아니한 채 변경을 함으로써 기득이익을 침해하게 되는 기존의 근로자에 대하여는 종전의 퇴직금 지급률이 적용되어야 한다. ⑤ 이런 경우에도 노동조합이 사용자측과 변경된 퇴직금 지급률을 따르기로 하는 내용의 단체협약을 체결한 경우에는, 기득이익을 침해하게 되는 기존의 근로자에 대하여 종전의 퇴직금 지급률이 적용되어야 함을 알았는지 여부에 관계없이 원칙적으로 그 협약의 적용을 받게 되는 기존의 근로자에 대하여도 변경된 퇴직금 지급률이 적용되어야 한다(대판 1997. 8. 22, 96다6967). <답 ①>

23. 다음은 근로조건의 명시에 관한 설명이다. 틀린 것은? <사시 2004년 유사>

① 명시된 근로조건이 사실과 다른 경우에는 근로자는 근로관계를 즉시 해제할 수 있다.

② 명시된 근로조건이 사실과 다른 경우에는 근로자는 근로조건의 위반을 이유로 노동위원회에 손해배상청구를 신청할 수 있다.

③ 부당해고로 인한 손해배상청구도 노동위원회에 신청할 수 있다.

④ 근로자가 근로관계를 해제 또는 해지하고 귀향하는 경우에 그 근로자가 취업을 목적으로 거주를 변경하는 때에는 사용자는 그에게 귀향여비를 지급하여야 한다.

⑤ ④의 경우에는 사용자는 신뢰이익도 배상하여야 한다.

《해 설》 ① 근기법 제19조 1항. ② 동법 제19조 2항. ④ 동법 제19조 2항. ⑤ 민법 제393조. ③ 근로계약체결시에 명시된 근로조건위반 이외의 이유로 노동위원회에 대하여 손해배상청구를 신청할 수 없다(대판 1983. 4. 12, 82누507). 그러므로 부당해고로 인한 손해배상청구는 노동위원회에 신청할 수 없고, 일반법원의 소의 제기를 통하여 해결할 수 있다. <답 ③>

24. 다음의 설명 중 틀린 것은?

① 전차금이란 취업한 후에 임금에서 변제할 것을 예정하여 근로계약체결 시에 사용자가 근로자 또는 친권자에게 대부하는 금전을 말한다.

② 근로계약체결 후에 대여하는 대금을 임금에 의하여 상계하도록 하는 것은 전차금상계금지규정에 위배되지 않는다

③ 임금의 가불과 같이 임금의 일부를 임금지불기일 전에 지급하고 임금에서 그 상당액을 상계하는 것은 임금가불이 임금의 일부를 지급한 데 지나지 않으므로 전차금상계금지규정위반이 아니다.

④ 임금과는 별개의 반대채권인 경우, 예를 들어 주택구입을 위한 대금의 경우에는 근로기준법 제21조의 취지로 보아 임금과의 상계가 허용될 수 없다.

⑤ 사용자가 근로자의 위탁을 받아 근로자의 저축금을 관리하게 될 경우에는 저축의 종류 · 기간 및 금융기관을 근로자가 결정하고, 근로자 본인의 이름으로 저축하며, 근로자가 저축증서 등 관련 자료의 열람 또는 반환을 요구할 때에는 즉시 이에 따라야 한다.

《해 설》 ② 근로기준법 제21조가 규정하고 있는 금지대상은 전차금 등의 대여 자체가 아니라, 전차금 기타 근로할 것을 조건으로 하는 전대채권과 임금과의 상계이므로 근로계약체결 후에 대여하는 임금에 의하여 순차적으로 상계하는 것은 동조위반이라고 할 수 없다. ④ 임금과는 별개의 반대채권인 경우 강제노동의 위험이 없는 한 상계는 허용된다(예: 근로자의 자녀를 위한 학자대여금, 주택구입을 위한 대금). ⑤ 근기법 제22조 2항. <답 ④>

25. 근로계약 당사자의 의무에 관한 설명으로 옳지 않은 것은? <사시 2007년>

① 근로제공은 근로자가 자신의 노동력을 사용자가 처분할 수 있는 상태에 두는 것을 의미한다.

② 근로자가 근로제공의무를 게을리하더라도 그 이행을 위한 직접강제가 허용되지 않는다.

③ 근로계약상 구체적인 내용이 없으면 사용자는 근로자에 대해 안전배려 의무를 부담하지 않는다.

④ 쟁의행위에 참가하여 근로를 제공하지 아니한 근로자에 대하여 사용자는 그 기간중의 임금을 지급할 의무가 없다.

⑤ 근로자는 근로제공과 관련하여 알게 된 경영상의 비밀을 타인에게 누설하지 아니할 신의칙상의 의무를 부담한다.

《해 설》 ① 근로제공은 반드시 현실적인 근로급부의 실현을 의미하는 것이 아니라, 근로자 자신의 노동력을 사용자의 처분가능 한 상태에 두는 것으로 충분하다. ② 근로자의 근로제공의무는 직접강제는 물론 간접강제도 그 성질상 인정되지 않는다. 왜냐하면 근로제공의무에 대한 강제이행은 근로자의 자유의사에 반하여 강제하는 것이

므로 도의관념이나 인격존중사상에 비추어 허용될 수 없기 때문이다. ③ 사용자의 안전배려의무의 구체적 내용은 당사자의 약정이나 취업규칙 · 단체협약 등에 의하여 결정되지만, 이러한 규정이 없는 경우에는 개별적 근로관계와 관련하여 거래통념상 타당한 범위 내에서 인정되어야 한다. ④ 노조및조정법 제44조 1항. ⑤ 근로자는 사용자의 이익을 보호하고 침해해서는 안 된다는 신의칙상의 부수적 의무를 부담하는데, 대체로 부작위의무와 작위의무로 나뉜다. 그리고 부작위의무의 대표적인 예로서는 비밀유지의무와 경업금지의무를 들 수 있다. <답 ③>

26. **다음은 근로자의 근로계약상의 의무에 관한 설명이다. 틀린 것은?**

① 근로자의 경업금지의무는 근로관계가 존속하는 동안에만 성립한다.

② 근로자의 경업금지의무의 위반의 경우에는 사용자는 부작위를 내용으로 하는 집행권원을 얻어 간접강제의 방법으로 침해행위를 저지할 수 있다.

③ 사정이 급박하여 근로자가 직접 보안조치를 취하지 않는다면 사용자의 이익이 침해될 우려가 있는 경우에는 비록 그 행위가 근로제공의무의 범위를 벗어난다 하더라도 신의칙상 보안작업을 수행할 작위의무를 부담한다.

④ 근로자가 그의 과실로 불량 작업을 반복하는 때에는 정당한 해고사유가 인정될 수 있다.

⑤ 근로자는 계속적 채권관계에서 발생하는 부수적 의무, 즉 충실의무를 부담한다.

《해 설》 ① 경업금지의무는 근로관계가 존속하는 동안은 물론 근로관계가 종료한 후에도 당사자간의 약정으로 존립할 수 있다. ② 경업금지의무와 같은 부작위의무를 근로자가 계속적으로 위반하는 때에는 사용자는 부작위를 내용으로 하는 집행권원을 얻어 간접강제의 방법으로 침해행위를 저지할 수 있다(민법 제389조). ③ 근로계약상의 의무를 지고 있는 작업이 아니더라도 긴급을 요하거나 보안상 필요한 작업에 대해서는 각 근로자는 이에 적극 임해야 할 작위의무를 부담한다. ④ 행태상의 사유로 인정된다. ⑤ 근로자는 계속적 채권관계에서 발생하는 부수적 의무를 부담한다. 즉, 근로자는 사용자의 이익을 보호하고 침해해서는 안 된다는 신의칙상의 의무로서 작위의무와 부작위의무를 부담한다. 이것은 근로관계에 있어서 근로자에게 요구되는 충실의무라고 이해할 수 있다. <답 ①>

27. **다음은 근로자의 책임에 관한 설명이다. 다음 설명 중 틀린 것은?**

① 근로자가 근로제공과정에서 근로자의 귀책사유로 사용자에게 손해를 발생케 한 경우에는 채무불이행책임과 불법행위책임을 부담하게 된다.

② 근로자가 직접 기업체의 이익을 위하여 작업을 수행하거나 기업과 밀접히 관련된 노무제공을 하는 경우에 근로자의 책임은 경감될 수 있다.

③ 가해자인 근로자는 손해의 원인, 과책 특히 자신의 과실 정도의 증표가 되는 사실들에 대한 증명책임을 부담해야 한다.

④ 기업 활동과 관련된 작업을 수행하는 중에 제3자에게 발생한 손해에 대

해서 근로자는 사용자에게 면책청구를 할 수 있어야 한다.
⑤ 근로자가 관리하고 있는 금고 또는 창고에 있는 금전이나 물품이 근로자의 과책으로 인하여 결손 된 경우에도 근로자의 책임을 경감시키는 방안이 강구되어야 한다.

《해 설》 ② 기업상의 활동으로 인하여 발생된 손해에 대한 근로자의 책임제한이 문제된다. 근로자가 직접 기업체의 이익을 위하여 작업을 수행하거나 기업과 밀접히 관련된 노무제공을 하는 경우에 근로자의 책임은 경감될 수 있다. 기업경영 내지 활동과 관련해서 발생된 일종의 위험을 근로자에게 부담시킴으로써 사용자가 이익을 취하는 것은 정당하지 않으므로 사용자 자신도 손해를 함께 분담해야 한다는 것을 그 근거로 하고 있다. ③ 사용자는 근로자의 과책정도를 주장 · 증명해야 할 책임을 부담한다. 채무자인 근로자가 해당작업에 보다 가까운 거리에 있으므로 근로자 자신이 증명책임을 부담한다는 증거거리설(證據距離說)은 이 경우에 적용되지 않는다. 기업 활동의 운영과 조직은 사용자의 권한사항에 속하기 때문이다. 그러나 손해를 발생케 한 행위가 기업 활동으로 인한 것이라는 사실은 근로자가 증명해야 한다. ④ 근로자는 그의 책임이 경감 또는 면제되는 한도 내에서 사용자에게 제3자에 대한 책임을 면제해 줄 것을 요구할 수 있다. ⑤ 결손책임의 문제이다. <답 ③>

28. 사용자의 근로기준법상의 의무가 아닌 것은?

① 근로자명부 작성의무 ② 연소자증명서 비치의무
③ 재해보상 관계서류 보존의무 ④ 임금대장 작성의무
⑤ 경업금지의무

《해 설》 ① 근기법 제 41조 1항. ② 동법 제66조. ③ 동법 제91조. ④ 동법 제48조. ⑤ 경업금지의무는 근로자의 근로계약상의 부수적 의무이다. <답 ⑤>

29. 다음은 근로계약상의 사용자의 의무에 관한 설명이다. 틀린 것은?

① 사용자는 근로의 대상으로 임금을 지급할 의무를 진다.
② 사용자는 자신의 지배하에 들어온 근로자의 생명 · 신체 · 건강에 대하여 적절한 보호조치를 강구하여야 할 안전배려의무가 있다.
③ 근로의 제공을 위해 사업장 내에 갖고 들어오는 근로자의 물건에 대하여 적절한 조치를 취할 의무도 안전배려의무의 하나이다.
④ 해고의 정당한 사유에 해당하는 다수의 근로자들 중에서 일정한 수의 근로자를 해고하게 될 경우에 여성근로자를 위주로 해고한다면 균등대우원칙위반에 문제된다.
⑤ 관리직과 생산직의 근로자에 대해 퇴직금지급규정을 달리하는 것은 균등대우원칙상의 예외로서 인정된다.

《해 설》 ②③ 안전배려의무는 예상되는 생산시설의 위험으로부터 근로자를 안전하게 보호하기 위해 적절한 조치를 강구해야 하는 적극적 의무를 말한다. 근로자가 근로의 제공을 위해 사업장 내에 갖고 들어오는 근로자의 물건에 대하여도 사용자는 적절한 보관조치를 취할 의무를 부담한다. 즉 이러한 물건들을 도난 훼손으로부터 방지해야 할 사용자의 보관의무도 넓은 의미의 안전배려의무로 파악되고 있다. ⑤ 생산직근로자와 관리직근로자의 경우에 있어서는 능력과 학력상의 차이가 있는 한 어느 정도의 합리적인 차별이 있을 수 있지만 근로자 퇴직급여보장법 제4조 2항은 퇴직금제도를 설정함에 있어서 차등제도의 설정을 금지하고 있으므로 직종에 따라 퇴직금지급규정을 달리하는 것은 근로기준법위반이다. <답 ⑤>

30. 근로기준법상 사용자가 근로자대표와 협의하여야 할 사항으로만 묶인 것은? <노무사 2009년>

ㄱ. 경영상 이유에 의한 해고	ㄴ. 임산부의 야간근로
ㄷ. 취업규칙의 불이익변경	ㄹ. 2주 단위의 탄력적 근로시간제

① ㄱ, ㄴ ② ㄴ, ㄷ ③ ㄴ, ㄹ
④ ㄷ, ㄹ ⑤ ㄱ, ㄷ

《해 설》 ㄷ. 취업규칙을 근로자에게 불리하게 변경하는 경우에는 근로자 과반수로 조직된 노동조합이 있는 경우에는 그 노동조합, 근로자 과반수로 조직된 노동조합이 없는 경우에는 근로자의 과반수의 동의를 받아야 한다(근기법 제94조 1항 단서). ㄹ. 2주 단위의 탄력적 근로시간제는 사용자가 취업규칙에서 정하는 바에 따라 실시할 수 있다(동법 제51조 1항). <답 ①>

31. 임금대장 등 근로계약에 관한 중요한 서류의 보존기간과 임금채권의 소멸시효가 옳게 연결된 것은? <사시 2001년>

	보존기간	소멸시효		보존기간	소멸시효
①	1년	1년	②	1년	3년
③	1년	10년	④	3년	3년
⑤	3년	10년			

《해 설》 근기법 제42조 및 제49조. <답 ④>

32. 근로계약에 관한 서류를 보존할 때에 보존기간을 계산함에 있어 기산일이 잘못 설명된 것은? <노무사 1993년 · 2003년 유사>

① 근로자명부에 있어서는 근로자의 해고 · 퇴직 또는 사망한 날
② 임금대장에 있어서는 최후에 기입을 한 날
③ 연소자의 증명에 관한 서류에 있어서는 14세가 되는 날
④ 기타 서류에 있어서는 그 완결한 날
⑤ 고용 · 해고 또는 퇴직한 서류에 있어서는 근로자가 해고되거나 퇴직한 날

《해 설》 ① 근기법 시행령 제22조 2항 1호. ② 동법 시행령 제22조 2항 3호. ③ 18세다(동법 시행령 제22조 2항 7호). ④ 동법 시행령 제22조 2항 8호. ⑤ 동법 시행령 제22조 2항 4호. <답 ③>

33. 근로계약에 관한 근로기준법 규정에 관한 설명 중 옳은 것은?

<노무사 2004년 변형>

① 사용자는 기간제근로자와 근로계약을 체결할 때에 근로일 및 근로일별 근로시간까지도 서면으로 명시하여야 한다.

② 사용자는 근로자에 대하여 임금, 근로시간 기타의 근로조건에 대하여는 근로계약의 체결 이후라도 이를 반드시 명시하여야 한다.

③ 근로자는 명시된 근로조건이 사실과 다를 경우 근로조건 위반을 이유로 손해배상을 청구하는 경우에는 1차적으로 노동위원회에 이를 청구하여야 한다.

④ 단시간근로자의 경우, 근로계약의 체결형식에는 특별한 제한이 없다.

⑤ 사용자는 근로자의 위탁에 의한 저축금 관리는 가능하나 근로계약에 부수하여 저축금 관리를 규정하는 계약을 체결하는 것은 불가능하다.

《해 설》 ① 단시간근로자에 한한다(기단법 제17조 단서). ② 명시의 시기는 근로계약체결시이다(근기법 제17조). ③ 노동위원회에 신청할 수 있다. 임의적이다(동법 제19조 2항). ④ 제한이 있다. 사용자는 단시간근로자를 고용할 경우에 임금, 근로시간, 그 밖의 근로조건을 명확히 적은 근로계약서를 작성하여 근로자에게 내주어야 한다(동법 시행령 별표 2 1호 가목). ⑤ 동법 제22조. <답 ⑤>

34. 근로조건명시의무 위반의 효과로서 근로기준법상 규정된 것이 아닌 것은?

<노무사 1999년>

① 사용자에 대한 벌칙의 부과

② 손해배상의 청구

③ 근로계약의 해제

④ 귀향여비의 지급청구

⑤ 강제이행의 청구

《해 설》 ① 500만원 이하의 벌금(근기법 제114조 1호). ②③④ 동법 제19조. <답 ⑤>

35. 다음 지문 중 옳지 않은 것은?

① 사용자는 18세 미만인 자에 대하여 친권자 또는 후견인의 동의와 근로자대표와의 협의를 거친 경우에는 야간근로를 시킬 수 있다.

② 1년을 초과하는 기간을 정하여 근로계약을 체결한 경우 사용자는 1년의 기간이 경과하였음을 이유로 근로관계의 종료를 주장할 수 없다.

③ 일정한 사업완료를 목적으로 하는 경우 근로계약기간이 2년을 초과할 수 있다.

④ 사용자는 취업규칙을 작성하는 경우 고용노동부장관에게 신고하여야 한다.

⑤ 사용자는 근로자의 근로조건 · 근로형태 · 직종 등의 특수성에 따라 근로자 일부에게 적용되는 별도의 취업규칙을 작성할 수 있다.

《해 설》 ① 본인의 동의와 고용노동부장관의 인가를 얻은 경우에는 야간근로를 시킬 수 있다(근기법 제70조 2항). ② 대판 1996. 8. 29, 95다5783. ③ 기단법 제4조 1항 1호. ④ 근기법 제93조. ⑤ 대판 2000. 2. 25, 98다11628. <답 ①>

36. 근로감독관에 대한 설명 중 옳지 않은 것은?

① 근로조건의 기준을 확보하기 위하여 고용노동부와 그 소속 기관에 근로감독관을 둔다.
② 의사인 근로감독관이나 근로감독관의 위촉을 받은 의사는 취업을 금지하여야 할 질병에 걸릴 의심이 있는 근로자에 대하여 검진할 수 있다.
③ 근로감독관을 그만둔 경우에도 직무상 알게 된 비밀을 엄수하여야 한다.
④ 근로기준법에 따른 임검, 서류의 제출, 심문 등이 수사는 검사만이 전담하여 수행한다.
⑤ 임검 또는 검진지령서에는 그 일시, 장소 및 범위를 분명하게 적어야 한다.

《해 설》 ① 근기법 제101조 1항. ② 동법 제102조 2항. ③ 동법 제103조. ④ 검사와 근로감독관이 전담하여 수행한다(동법 제105조). ⑤ 동법 제102조 4항. <답 ④>

37. 사용자가 부담하는 근로기준법상의 의무 중 맞는 것은? <노무사 2003년>

① 사용기간이 30일 미만인 일용근로자들에 대해서도 근로자명부를 작성하여야 한다.
② 사용자는 근로기준법상의 재해보상에 관한 중요한 서류를 5년간 보존하여야 한다.
③ 근로기준법에 의하여 발하는 대통령령의 요지는 사용자가 이를 근로자에게 주지시켜야 할 의무는 없다.
④ 15세 미만인 자를 사용하는 사용자가 취직인허증을 비치한 경우에는 호적증명서와 법정대리인의 동의서를 비치한 것으로 본다.
⑤ 임금대장은 근로계약에 관한 중요한 서류이므로 5년간 보존하여야 한다.

《해 설》 ① 사용기간이 30일 미만인 일용근로자에 대해서는 근로자명부를 작성하지 아니할 수 있다(근기법 시행령 제21조). ② 사용자는 재해보상에 관한 중요한 서류를 재해보상이 끝나지 아니하거나 재해보상 청구권이 시효로 소멸되기 전에 폐기하여서는 아니 된다(근기법 제91조). ③ 근로기준법에 의하여 발하는 대통령령의 요지는 사용자가 이를 근로자에게 주지시켜야 한다(동법 제14조 1항). ④ 동법 시행령 제38조 1항. ⑤ 3년간 보존하여야 한다(동법 제42조). <답 ④>

38. 근로자를 채용함에 있어 최초 3개월의 시용기간을 거치도록 하고 그 기간중의 평가에 따라 합격기준 이상의 점수를 얻은 경우에만 본채용하기로 한 경우, 다음 중 옳은 것은? (다툼이 있는 경우에는 판례에 의함) <노무사 2009년>

① 시용기간중 해고하는 경우에도 근로기준법상 해고예고규정이 적용된다.
② 3개월이 만료된 시점에서 본채용을 거부할 경우, 그 사유는 통상의 근로자에게 요구되는 해고의 정당한 사유보다 넓다고 보아야 한다.
③ 근로계약은 본채용시부터 성립되므로 3개월의 시용기간은 연차유급휴가

의 산정에 있어 근속기간에 포함되지 않는다.

④ 해당 사업 또는 사업장의 일반근로자와 비교하여 임금 등의 근로조건에 차별을 두어서는 아니 된다.

⑤ 본채용이 거부된 근로자는 노동위원회에 부당해고구제신청을 할 수 없다.

《해 설》 ① 근기법 제35조에 해당하므로 해고예고규정은 적용되지 않는다. ② 대판 2006. 2. 24, 2002다62432 ③ 근로계약은 시용기간부터 성립되어 연차유급휴가 산정의 근속기간에 시용기간도 포함된다(해약권이 유보된 근로관계). ④ 근기법 제6조. ⑤ 시용근로관계에서도 근기법 제23조가 적용되므로 정당한 이유 없이 부당해고에 대한 구제신청을 할 수 있다(동법 제28조 1항). <답 ②>

39. 다음 중 틀린 것은?

① 채용내정자가 종업원의 지위를 취득한 후에는 회사에 대해서 임금청구권은 당연히 발생하는 권리이므로, 채용내정자가 채용발령연기에 대해 사전에 동의하고 이에 대하여 부제소합의를 하였다면 임금채권까지 포기한 것이다.

② 사용자는 특별한 사정이 없는 한 근로자와 사이에 근로계약의 체결을 통하여 자신의 업무지휘권 · 업무명령권의 행사와 조화를 이루는 범위 내에서 근로자가 근로제공을 통하여 참다운 인격의 발전을 도모함으로써 자신의 인격을 실현시킬 수 있도록 배려하여야 할 신의칙상의 의무를 부담한다.

③ 사용자가 근로자의 의사에 반하여 정당한 이유 없이 근로자의 근로제공을 계속적으로 거부하는 경우에는 근로자의 인격적 법익을 침해한 것이 되므로, 사용자는 그로 인한 근로자의 정신적 고통에 대하여 배상할 의무를 부담한다.

④ 매월 지급받은 임금 및 3회의 상여금 중 50%를 사내예금으로 회사의 관리에 맡기는 것을 조건으로 하는 근로계약은 무효이다.

⑤ 근로계약기간은 1년으로 할 것을 조건으로 하는 근로계약은 무효가 아니다.

《해 설》 ① 채용내정자가 종업원의 지위를 취득한 후에는 회사에 대해서 임금청구권은 당연히 발생하는 권리이므로, 채용내정자가 채용발령연기에 대해 사전에 동의하고 이에 대하여 부제소합의를 하였다 하더라도 임금채권까지 포기한 것이라고 볼 수 없다(대판 2002. 12. 10, 2000다25910). ② 대판 1996. 4. 23, 95다6823. ③ 대판 1993. 12. 21, 93다11463; 대판 1994. 2. 8, 92다893. ④ 사내예금도 근로기준법 제29조 위반에 해당하여 무효이다. ⑤ 기단법 제4조. <답 ①>

제 3 절 임 금

1. 근로기준법상의 임금이라고 보기 어려운 것은? <사시 2000년>

① 휴업수당
② 전문직에게 정기적으로 지급하는 연구비
③ 연차휴가수당
④ 근로자의 자녀가 혼인하는 경우 지불하는 축하금
⑤ 야간근로수당

《해 설》 근로기준법상 임금이라 할 때에는 그것이 근로의 대가로 지급된 것을 말하므로(제2조 1항 5호), 위 사안 중에서 근로의 대가로서가 아니라 은혜적이며 호의적인 의미로 지급되는 금품은 임금에 해당하지 않게 된다. 이런 점에서 ④의 축하금은 근로의 대상이라기 보다는 은혜적인 것으로 봄이 타당하다. 임금이 아닌 것은 다음과 같다. (ⅰ) 해고예고에 갈음하여 지급하는 수당, (ⅱ) 경조금 · 위로금(축하금 · 격려금), (ⅲ) 사업주부담의 의료보험료(대판 1994. 7. 29, 90다30801), (ⅳ) 근로자의 재해에 대한 보상, (ⅴ) 근로자를 위한 복리후생적 급여와 실비변상적 급여, (ⅵ) 근로자가 고객으로부터 호의적으로 받은 팁. <답 ④>

2. 다음 보기에서 임금에 해당하는 것을 모두 고르시오.

≪보 기≫
㉠ 물가수당, ㉡ 통근수당, ㉢ 경조금, ㉣ 사업주부담의 의료보험료,
㉤ 재해보상, ㉥ 근로자를 위한 복리후생적 급여, ㉦ 김장값,
㉧ 손님이 지급 한 팁, ㉨ 출장비

① ㉠, ㉡, ㉢ ② ㉡, ㉢, ㉦ ③ ㉠, ㉡, ㉦
④ ㉢, ㉣, ㉤ ⑤ ㉥, ㉦, ㉧

《해 설》 근로자가 고객으로부터 호의적으로 받은 팁은 사용자로부터 받는 것이 아니므로 임금이 아니다. 그런데 종래의 판례(대판 1992. 4. 18, 91누8104)는 골프장의 캐디피와 같이 캐디피를 봉사료의 명목으로 고객(골프장의 내장객)으로부터 사용자가 일단 받아서 이를 다시 종업원(캐디)에게 분급한다면 근로의 대가로 볼 수 있다고 하여 캐디가 받는 봉사료를 임금으로 인정하였다. 그런데 최근의 판례(대판 1996. 7. 30, 96누587)에서는 캐디의 근로기준법상의 근로자성을 부인하는 논거의 하나로서 다음과 같은 판단을 하고 있다. 즉 「캐디는 내장객으로부터 직접 캐디피라는 명목으로 봉사료만을 수령하고 있을 뿐 골프장시설운용자로부터는 어떠한 금품도 지급받지 아니하고… 그 봉사료의 액수는 원칙적으로 내장객이 임의로 정하는 것이어서 동일한 용역을 제공한 캐디에게 지급하는 봉사료가 반드시 내장객마다 일정한 것은 아니며 골프장시설운용자가 그 봉사료의 액수를 결정하고 있지도 아니하는 점 등에 비추어 골프장시설운용자가 캐디피의 지급의무를 부담하고 있다고 할 수 없다.」 최근의 판례의 전제가 된 사안이 캐디의 봉사료를 사용자가 일괄징수한 후 캐디에게 분급하는 경우는 아니지만 캐디의 봉사료(캐디피)에 대하여 임금의 성격을 부인하고 있다고 할 수 있으므로 종래의 판례와 모순되는 판결이라 할 수 있다. 임금은 사용자가 근로

의 대상으로 지급하는 명칭을 불문한 일체의 금품이므로 실비변상적인 성격의 금원(예: 출장비, 판공비, 작업복구입비 등)은 임금이 아니다. <답 ③>

3. 임금과 관련한 판례의 태도 중 틀린 것은?

≪보 기≫

㈎ 임금이라고 할 수 있기 위해서는 근로의 대가로서 지급되어야 하며, 다시 근로의 대가로 인정되기 위해서는 적어도 근로자에게 계속적 · 정기적으로 지급되어야 한다.
㈏ 근로자가 특수한 근무조건이나 환경에서 직무를 수행함으로써 추가로 소요되는 비용을 변상하기 위하여 지급되는, 이른바 실비변상적 급여는 '근로의 대가'로 지급되는 것이라고 볼 수 있기 때문에 임금에 포함된다.
㈐ 근로자에게 지급되는 금품이 평균임금 산정의 기초가 되는 임금 총액에 포함될 수 있으려면 그 명칭의 여하를 불문하고, 또 그 금품의 지급이 단체협약, 취업규칙, 근로계약 등이나 사용자의 방침 등에 의하여 이루어진 것이라 하더라도 그 지급의무의 발생이 근로제공과 직접적으로 관련되거나 그것과 밀접하게 관련된 것으로 볼 수 있는 것이어야 한다.
㈑ 사용자가 근로의 대가로 근로자에게 지급하는 일체의 금품으로서, 근로자에게 계속적 · 정기적으로 지급되며 그 지급에 관하여 단체협약, 취업규칙, 급여규정, 근로계약, 노동관행 등에 의하여 사용자에게 그 지급의무가 지워져 있고, 또한 일정요건에 해당하는 근로자에게 일률적으로 지급하는 것이라면 그 명칭 여하를 불문하고 평균임금 산정의 대상이 되는 임금이라고 보아야 한다.

① ㈎ ② ㈏ ③ ㈑
④ ㈎ ㈏ ⑤ ㈎ ㈏ ㈐

《해 설》 ㈎ 대판 2002. 12. 10, 2002다54615 등. ㈏ 근로제공과 관련하여 사용자에게 지급의무가 있어야 한다. 따라서 근로자가 특수한 근무조건이나 환경에서 직무를 수행함으로써 추가로 소요되는 비용을 변상하기 위하여 지급되는, 이른바 실비변상적 급여는 '근로의 대상'으로 지급되는 것이라고 볼 수 없기 때문에 임금에 포함될 수 없다(대판 1990. 11. 9, 90다카4683). ㈐ 대판[전원합의체] 1999. 5. 12, 95다5015. ㈑ 대판 2003. 2. 11, 2002다50828. <답 ②>

4. 다음 중 근로기준법상 임금에 대한 설명으로 틀린 것은? <노무사 2003년>

① 종속노동관계에서 근로의 대상으로 지급되는 것인가의 여부가 중요한 기준이 된다.
② 법령, 단체협약, 취업규칙, 근로계약, 관행 등에 의해 사용자에게 지급

의무가 지워져 있는 것을 말한다.
③ 은혜적 · 호의적으로 지급되는 금품은 임금에 포함되지 않는다.
④ 일체의 금품을 말하므로 출장소요경비의 지급도 임금에 포함된다.
⑤ 근로자에 정기적 · 일률적으로 소정근로에 대하여 지급하기로 정하여진 시간급 금액은 통상임금에 해당된다.

《해 설》 실비변상적 급여는 '근로의 대가'로 지급되는 것이라고 볼 수 없기 때문에 임금에 포함될 수 없다(대판 1990. 11. 9, 90다카4683). 근로의 대가가 아닌 기업시설이나 그 보수비, 실비변상적인 경비(보안장비구입비, 작업복구입비, 판공비, 출장비 등), 은혜적인 급부(경조금, 장려금, 위로금 등) 등은 임금이 아니다(1997. 3. 28, 노동부예규 제327호). 보안장비구입비 등과 같이 생산수단구입을 위한 실비변상적인 금품은 임금이 아니다. 작업복구입비, 작업용품대금, 출장비, 여비, 판공비, 기밀비, 정보비 등도 마찬가지이다(1981. 12. 22, 근기 1455-37763). 다만, 어떤 실적에 따른 실비변상적인 성격이 강한 경비(출 · 퇴근교통비, 연구수당, 학생지도수당 등)도 모든 근로자에게 일정액을 계속적 · 정기적으로 지급하였다면 임금이다(대판 1997. 9. 28, 77다300). <답 ④>

5. 임금에 관한 설명 중 옳지 않은 것은? (다툼이 있는 경우에는 판례에 의함)

<노무사 2003년>

① 일정한 직급에 종사하는 근로자에게 고정적으로 지급하는 상여금은 임금에 해당한다.
② 근로자가 자신의 임금채권을 제3자에게 양도한 경우에도 사용자는 그 근로자에게 임금을 직접 지급해야 한다.
③ 전액지급의 원칙은 단체협약에서 그 예외를 설정할 수 없다.
④ 연봉제 하에서도 임금은 매월 1회 이상 정기적으로 지급하여야 한다.
⑤ 이미 발생한 임금청구권은 단체협약이 아니라 개별 근로자의 동의를 통해 포기할 수 있다.

《해 설》 ① 대판 2003. 2. 11, 2002다50828. ② 임금은 반드시 직접 근로자에게 지급하여야 한다. 이것은 근로자에 의한 임금의 수령을 확실하게 하기 위한 것으로 예외는 인정되지 않는다(근기법 제43조 1항 단서). 따라서 근로자가 그의 임금채권을 양도한 경우라고 할지라도 사용자는 직접 근로자에게 임금을 지급하지 아니하면 안 된다(대판 1988.12.13, 87다카2803). ③ 근기법 제43조 1항 단서에 따라 법령 또는 단체협약에 특별한 규정이 있는 경우에는 일부를 공제하여 지급할 수 있다. ④ 연봉제 하에서 임금을 1월 이상의 기간을 정하여 지급하는 경우에는 근기법 제43조 2항의 매월 1회 이상 정기지급의 원칙에 반한다. ⑤ 권리의 포기는 원칙적으로 당연히 허용되는 단독행위이다. 특히 채권의 포기는 면제(민법 제506조)라고 한다. 따라서 채권자가 채무자에게 채무를 면제하는 의사를 표시한 때에는 채권은 소멸한다. <답 ③>

6. 다음 설명 중 옳은 것은? (다툼이 있는 경우에는 판례에 의함)

<노무사 2010년>

① 임금은 사실상 근로를 제공한 데 대하여 지급받는 교환적 부분과 근로자로서의 지위에 기하여 받는 생활보장의 부분으로

구분된다.

② 회사가 차량 보유를 조건으로 차량유지비를 지급한 경우에 그 차량유지비는 임금에 해당한다.

③ 운송회사가 택시운전 근로자들로부터 사납금과 함께 초과수입금을 납부받았다가 추후에 초과수입금을 근로자들에게 지급한 경우 그 초과수입금 부분은 퇴직금 산정의 기초가 되는 평균임금에 포함되는 것으로 볼 수 없다.

④ 회사가 단체협약에 따라 전체 근로자들에게 개인연금보조금을 정기적·계속적으로 지급하여 왔다면 이는 임금에 해당한다.

⑤ 해고무효확인소송 계속중 사용자가 근로자에게 일정 금액을 지급하되 근로자는 그 나머지 청구를 포기하기로 하는 내용의 소송상 화해가 이루어졌다면 이러한 화해금의 성질은 임금으로 보아야 한다.

《해 설》 ① 생활보장적 임금을 인정했던 종전의 판례(대판 1992. 3. 27, 91다36307)은 대법원에 의해 폐지되었다(대판[전합] 1995. 12. 21, 94다26721). ② 차량 보유 여부와 관계없이 교통비 명목으로 지급한 경우 임금성을 인정하였다(대판 1995. 5. 21, 94다55934). ③ 회사가 사납금 초과수입금을 관리하고 지배할 수 있다면 사납금 초과수입금은 퇴직금 산정의 기초가 되는 평균임금에 포함 된다(대판 2006. 11. 9, 2006다42313). ④ 대판 2006. 5. 26, 2003다54322. ⑤ 해고무효확인소송 계속중 사용자와 해고된 근로자 사이에 일정 금액을 지급하기로 하는 내용의 소송상 화해가 이루어진 경우의 화해금이 소득세법 소정의 근로소득금액, 퇴직소득이나 계약의 위약 등으로 인하여 받는 위약금 등에 해당한다고 볼 수 없다(대판 1991. 6. 14, 90다11813). <답 ④>

7. 근로기준법상 임금과 관련된 대법원 판례의 내용으로 옳지 않은 것은?

<노무사 2008년>

① 택시회사가 그 소속 운전사의 운송수입금 중 사납금을 공제한 잔액을 그 운전사 개인의 수입으로 하여 자유로운 처분에 맡겨 왔다면, 그 부분은 근로의 대가인 임금에 해당되지 아니한다.

② 근로자가 특수한 근무조건이나 환경에서 직무를 수행하는데 소요되는 비용을 변상하기 위하여 지급되는 실비변상적 급여는 임금에 포함되지 않는다.

③ 골프장 사업자가 고객으로부터 받은 금액 중 봉사료 상당금액의 전액을 캐디들에게 준 경우 이는 임금에 해당된다고 볼 수 있다.

④ 사회보험제도에 따라 사용자가 부담하는 보험료는 임금에 해당하지 아니한다.

⑤ 의학연구비가 실적에 따라 지급되어 온 것이 아니라 병원의 과장급 의사 전원에게 매년 정기적·계속적으로 지급되어 왔다면 임금에 해당된다.

《해 설》 ① 운송회사가 그 소속 운전사들에게 매월 실제 근로일수에 따른 일정액을 지급하는 이외에 그 근로형태의 특수성과 계산의 편의 등을 고려하여 하루의 운송수입금 중 회사에 납입하는 일정액의 사납금을 공제한 잔액을 그 운전사 개인의 수입으로 하여 자유로운 처분에 맡겨 왔다면 위와 같은 운전사 개인의 수입으로 되는 부분 또한 그 성격으로 보아 근로의 대가인 임금에 해당 한다(대판 1993. 12. 24, 91다36192). ② 대판 1990. 11. 9, 90다카4683. ③ 대판 1992. 4. 18, 91누8104. ④ 대판 1994. 7. 29, 92다30801. ⑤ 달리 의학연구비가 실적에 따른 실비변상조로 지급되어 온 것이 아니고 병원의 과장급 의사 전원에게 매년 정기적 계속적으로 지급되어 왔다면 의학연구비는 계속적 · 정기적으로 지급되는 급여의 일부이다(대판 1994. 9. 13, 94다21580). <답 ①>

8. 다음 최저임금법과 관련하여 틀린 설명은?

① 최저임금제는 뉴질랜드의 산업조정중재법을 그 효시로 하고 있다.

② 우리 최저임금법은 최저임금의 결정방식을 임금심의회방식으로 하고 있다.

③ 최저임금법은 근로자를 사용하는 모든 사업 또는 사업장에 적용한다. 다만, 동거하는 친족만을 사용하는 사업과 가사사용인에게는 적용하지 아니한다.

④ 매월 1회 이상 정기적으로 지급되는 임금 외의 임금 및 기타 최저임금액에 산입하는 것이 적당하지 아니한 임금 등은 최저임금의 범위에 포함되지 않는다.

⑤ 수습 사용 중에 있는 자로서 수습 사용한 날부터 3개월 이내인 사람에 대해서는 시간급 최저임금에서 100분의 30을 뺀 금액을 시간급 최저임금액으로 한다.

《해 설》 ① 최저임금제는 1894년 뉴질랜드에서 최저임금을 결정할 수 있는 권한을 중재재판소에 부여한 '산업조정중재법'의 제정을 그 효시로 하고 있다. ② 최저임금의 결정방식으로는 크게 단체협약의 적용확대방식과 임금심의회방식으로 나누어 볼 수 있다. 우리나라는 임금심의회방식을 채택하고 있으며, 최저임금위원회가 심의, 의결한 최저임금액을 고용노동부장관이 결정한다(최임법 제8조 1항). ③ 동법 제3조 1항. ④ 동법 제6조 4항. ⑤ 시간급 최저임금에서 100분의 10을 뺀 금액을 시간급 최저임금액으로 한다(동법 제5조 2항 1호; 동법 시행령 제3조 1항). <답 ⑤>

9. 최저임금법상 최저임금의 결정기준과 관련이 없는 것은?

① 사용자의 지불능력 ② 사업의 종류 ③ 근로자의 생계비
④ 유사근로자의 임금 ⑤ 노동생산성

《해 설》 최저임금은 근로자의 생계비, 유사근로자의 임금, 노동생산성 및 소득분배율 등을 고려하여 정한다. 이 경우 사업의 종류별로 구분하여 정할 수 있다(최임법 제4조 1항). <답 ①>

10. 최저임금법상의 최저임금에 관한 설명으로 옳지 않은 것은?

① 최저임금은 근로자의 생계비 등을 고려하여 사업의 종류별로 구분하여

정할 수 있다.

② 고용노동부장관은 최저임금을 결정한 때에는 1개월 이내에 그 내용을 고시하여야 한다.

③ 근로자가 자기의 사정으로 인하여 소정의 근로시간 동안 근로를 하지 아니한 경우에 최저임금을 사용자에게 강제할 수 없다.

④ 최저임금액에 미달하는 임금지급을 내용으로 하는 근로계약이 전부 무효로 되는 것은 아니다.

⑤ 고용노동부장관은 매년 8월 5일까지 당해 연도에 적용할 최저임금을 결정하여야 한다.

《해 설》 ① 최임법 제4조 1항. ② 고용노동부장관은 최저임금을 결정한 때에는 지체 없이 그 내용을 고시하여야 한다(동법 제10조 1항). 제1항에 따라 고시된 최저임금은 다음 연도 1월 1일부터 효력이 발생한다. 다만, 고용노동부장관은 사업의 종류별로 임금교섭시기 등을 고려하여 필요하다고 인정하면 효력발생 시기를 따로 정할 수 있다(동법 제10조 2항). ③ 동법 제6조 6항 1호. ⑤ 동법 제8조 1항. <답 ②>

11. 최저임금법상 최저임금에 관한 설명으로 옳지 않은 것은? <사시 2010년>

① 최저임금은 근로자의 생계비, 유사 근로자의 임금, 노동생산성 및 소득분배율 등을 고려하여 정한다.

② 최저임금법은 가사(家事)사용인에게는 적용하지 아니한다.

③ 감시 또는 단속적으로 근로에 종사하는 자에게는 최저임금법을 적용하지 아니한다.

④ 일·주 또는 월을 단위로 하여 최저임금액을 정할 때에는 시간급으로도 표시하여야 한다.

⑤ 고용노동부장관이 고시한 최저임금은 원칙적으로 다음 연도 1월 1일부터 효력이 발생한다.

《해 설》 ① 최임법 제4조 1항. ② 동법 제3조 1항. ③ 다음 각 호의 어느 하나에 해당하는 자에 대하여는 대통령령으로 정하는 바에 따라 제1항에 따른 최저임금액과 다른 금액으로 최저임금액을 정할 수 있다(동법 제5조 2항). 1. 수습 사용 중에 있는 자로서 수습 사용한 날부터 3개월 이내인 자. 2. 「근로기준법」 제63조 3호에 따라 감시(감시) 또는 단속적(단속적)으로 근로에 종사하는 자로서 사용자가 고용노동부장관의 승인을 받은 자. ④ 동법 제5조 1항. ⑤ 동법 제10조 2항. <답 ③>

12. 최저임금법상 최저임금에 관한 설명으로 옳지 않은 것은? <노무사 2010년>

① 최저임금은 근로자의 생계비, 유사 근로자의 임금, 노동생산성 및 소득분배율 등을 고려하여 정한다.

② 정신 또는 신체의 장애로 근로능력이 현저히 낮은 자로서 사용자가 대통령령이 정하는 바에 의하여 고용노동부장관의 인가를 받은 자에 대하

여는 최저임금의 효력에 관한 규정을 적용하지 아니한다.

③ 감시 또는 단속적으로 근로에 종사하는 자로서 고용노동부장관의 인가를 얻은 자에게 최저임금을 적용하지 아니한다.

④ 최저임금은 근로자를 사용하는 모든 사업 또는 사업장에 적용되므로 근로자 수와 상관없이 근로자에게 최저임금액 이상의 임금을 지급하여야 한다.

⑤ 수습사용중에 있는 자로서 수습사용한 날로부터 3개월 이내인 자의 최저임금은 시간급 최저임금액에서 10% 감액한 금액으로 한다.

《해 설》 ① 최임법 제4조. ② 동법 제7조. ③「근로기준법」제63조 3호에 따라 감시(監視) 또는 단속적(斷續的)으로 근로에 종사하는 자로서 사용자가 고용노동부장관의 승인을 받은 자에 대하여는 대통령령으로 정하는 바에 따라 제1항에 따른 최저임금액과 다른 금액으로 최저임금액을 정할 수 있다(동법 제5조 2항). ④ 근로자 수에 따른 적용 제한은 없다. 동거하는 친족만을 사용하는 사업과 가사(家事)사용인에게는 적용하지 아니한다(동법 제3조). ⑤ 동법 제5조 2항; 동법 시행령 제3조. <답 ③>

13. 다음 중 최저임금법에 대하여 틀린 것은? <노무사 1993년 · 사시 2004년 유사>

① 이 법은 근로자를 사용하는 모든 사업 또는 사업장에 적용한다. 다만 동거친족만을 사용하는 사업과 가사사용인에게는 적용하지 아니한다.

② 이 법은 선원법의 적용을 받는 선원 및 선박의 소유자에게도 적용한다.

③ 이 법의 목적은 근로자의 생활안정을 도모함에 있다.

④ 이 법은 근로자에 대하여 노동력의 질적 향상을 기함으로써 국민경제의 건전한 발전에 이바지하게 함을 목적으로 한다.

⑤ 사용자는 이 법에 의한 최저임금을 이유로 종전의 임금수준을 저하시켜서는 안 된다.

《해 설》 ① 최임법 제3조 1항. ② 이 법은 선원법의 적용을 받는 선원과 선원을 사용하는 선박의 소유자에게는 적용하지 아니한다(동법 제3조 2항). ③④ 동법 제1조. ⑤ 동법 제6조 2항. <답 ②>

14. 다음 임금액의 보호에 관한 설명 중 틀린 것은? <사시 2003년 유사>

① 최저임금은 최저임금위원회가 심의 · 의결한 최저임금 안에 따라 고용노동부장관이 결정한다.

② 사용자가 정당한 이유로 근로자에게 소정의 근로일에 근로를 시키지 아니한 경우에도 최저임금지급이 강제된다.

③ 사용자는 도급 기타 이에 준하는 제도로 사용하는 근로자에 대하여는 근로시간에 응하여 일정액의 임금을 보장하여야 한다.

④ 매월 1회 이상 정기적으로 지급하는 임금은 최저임금의 산정에 포함된다.

⑤ 최저임금액에 미달하여 무효로 된 근로계약 부분은 최저임금액과 동일한 임금을 지급하기로 정한 것으로 본다.

《해 설》 ① 최임법 제8조 1항. ② 근로자가 자기의 사정으로 인하여 소정의 근로를 하지 아니하거나, 사용자가 정당한 이유로 근로자로부터 소정의 근로를 수령하지 아니한 경우에는 최저임금이 적용되지 아니한다(동법 제6조 6항). ③ 근로기준법 제47조는「사용자는 도급 기타 이에 준하는 제도로 사용하는 근로자에 대하여는 근로시간에 응하여 일정액의 임금을 보장하여야 한다」고 규정하고 있다. ④ 동법 제6조 4항. ⑤ 동법 제6조 3항. <답 ②>

15. 임금의 지급에 관한 설명 중 옳은 것은? <사시 2006년>

① 사용자는 근로자에게 통화로 임금을 지급하여야 한다. 다만 개별 근로자의 동의가 있는 경우에는 통화 이외의 것으로 지급할 수 있다.
② 사용자는 근로자에게 매월 1회 이상 일정한 기일을 정하여 임금을 지급하여야 한다. 따라서 매 3월마다 상여금을 지급하는 것은 허용되지 않는다.
③ 사용자는 근로자에게 임금을 전액지급하여야 한다. 다만 법령 또는 단체협약에 특별한 규정이 있는 경우에는 임금의 일부를 공제하여 지급할 수 있다.
④ 사용자는 임금을 직접 근로자에게 지급하여야 한다. 다만 근로자의 청구가 있거나 단체협약에 특별한 규정이 있는 경우에는 제3자에게 지급할 수 있다.
⑤ 임금채권은 1년간 행사하지 아니하는 때에는 시효로 인하여 소멸한다.

《해 설》 ①③④ 근기법 제43조 1항 참조. ② 동법 제43조 2항 참조. ⑤ 임금채권은 3년간 행사하지 아니하면 시효로 소멸한다(동법 제49조). <답 ③>

16. 근로기준법상 임금 등에 관한 설명으로 옳은 것은? (다툼이 있는 경우에는 판례에 의함) <사시 2010년>

① 임금체불은 채무불이행에 지나지 않으므로 근로자의 의사에 상관없이 형사처벌의 대상이 아니다.
② 임금은 단체협약에 특별한 규정이 있는 경우에는 근로자에게 직접 지급하지 않을 수 있다.
③ 재해보상금은 사용자의 총재산에 대하여 저당권에 따라 담보된 채권보다 우선하여 변제받을 수 있다.
④ 시용(試用) 근로자에게는 휴업수당을 지급하지 않아도 된다.
⑤ 근로기준법에 따른 임금채권은 1년간 행사하지 않으면 시효로 소멸한다.

《해 설》 ① 임금체불을 한 사용자는 3년 이하의 징역 또는 2천만원 이하의 벌금에 처한다(근기법 제109조). 그러나 체불임금이 확인되더라도 피해자의 명시적인 '처벌불원 의사표시'가 있으면 체불임금의 일부 또는 전부가 청산되지 않았더라도 형사처벌을 할 수 없다. ② 임금은 반드시 직접 근로자에게 지급하여야 한다. 이것은 근로자에 의한 임금의 수령을 확실하게 하기 위한 것으로 예외는 인정되지 않는다. ③ 근기법 제38조 2항. ④ 시용기간에 대해 통설과 판례는 근로자의 업무부적격성을 이유로 사용자는 근로관계를 해지할 수 있는 권리를 유보한다는 해지권유보부 근로계약설을 취하고 있다. 즉, 시용근로자도 근로기준법 적용의 대상이 된다. ⑤ 임금채권은 3년간 행사하지 아니하면 시효로 소멸한다(근기법 제49조). <답 ③>

17. 근로기준법상 임금에 관한 규정을 위반한 경우가 아닌 것은? (다툼이 있는 경우에는 판례에 의함) <노무사 2010년>

① 근로자가 임금채권을 타인에게 양도한 것을 이유로 그 양수인에게 임금을 지급한 경우
② 근로자가 출산 비용에 충당하기 위하여 지급기일 전에 임금지급을 청구하였으나 사용자가 이미 제공한 근로에 대한 임금만을 지급한 경우
③ 단체협약에 특별한 규정 없이 취업규칙이 정하는 바에 따라 통화 대신 현물로 임금을 지급한 경우
④ 법정대리인의 동의 없이 미성년자가 독자적으로 청구한 임금지급을 거절한 경우
⑤ 연봉제계약을 체결한 근로자에게 매월 1회 이상 임금을 지급하지 않고 있는 경우

《해 설》 ① 임금 직접지급원칙에 위배된다(근기법 제43조 1항, 대판[전합] 1988. 12. 13, 87다카2803). ② 근기법 제45조: 비상시 지급이 인정되는 경우에도 사용자의 지급의무가 발생하는 범위는 지급기일 전에 근로자가 이미 제공한 근로에 대한 임금으로 제한된다. ③ 법령 또는 단체협약에 특별한 규정이 있어야 하므로 취업규칙만으로는 현물지급이 허용되지 않는다(근기법 제43조 1항). ④ 미성년자는 독자적으로 임금을 청구할 수 있다(근기법 제68조). ⑤ 연봉제 계약을 체결했다 하더라도 매월 1회 이상 임금을 정기적으로 지급하여야 한다(근기법 제43조 2항). <답 ②>

18. 임금에 관한 다음 기술 중 판례의 태도로 옳은 것만을 고른 것은? (견해대립이 있는 경우에는 판례에 의함)

a. 사용자가 근로의 대상으로 근로자에게 지급하는 일체의 금품으로서, 근로자에게 계속적·정기적으로 지급되며 그 지급에 관하여 단체협약, 취업규칙, 급여규정, 근로계약, 노동관행 등에 의하여 사용자에게 그 지급의무가 지워져 있고, 또한 일정요건에 해당하는 근로자에게 일률적으로 지급하는 것이라면 그 명칭 여하를 불문하고 평균임금 산정의 대상이 되는 임금이라고 보아야 한다.
b. 근로자가 그의 임금채권을 양도한 경우 사용자는 직접 근로자에게 임금을 지급할 수 있다.
c. 근로자의 불법행위로 인한 손해배상채권을 가지고 임금채권에 대하여

상계할 수 없다. 이때 사용자와 근로자 사이의 자유로운 의사를 기초로 하는 합의에 의한 상계도 인정되지 않는다.

d. 사용자의 임금미지급에 대한 책임과 관련하여, 인력을 공급한 자가 사업자를 대신하여 임금을 지급한 경우 사업자의 임금 미지급으로 인한 근로기준법 위반죄의 책임이 면책되지 않는다.

e. 실체법상 우선변제청구권이 있는 채권자가 배당요구의 종기까지 적법한 배당요구를 하지 아니한 경우 배당에서 제외되고, 배당요구서에 채권의 원인을 "임금"으로만 기재하였다가 배당요구 종기 후에 "퇴직금채권"을 추가하여 기재한 채권계산서를 제출한 경우, 배당요구한 채권에 퇴직금이 포함되지 않는다.

① a, b, d ② c, d, e ③ a, d, e
④ b, d, e ⑤ a, c, e

《해 설》 a. 대판 2003. 2. 11, 2002다50828. b. 근로자가 그의 임금채권을 양도한 경우라 할지라도 그 임금의 지급에 관하여는 같은 원칙이 적용되므로 사용자는 직접 근로자에게 임금을 지급하지 아니하면 안 된다(대판[전원합의체] 1988. 12. 13, 87다카2803). c. 근로자의 불법행위로 인한 손해배상채권을 가지고 임금채권에 대하여 상계할 수 없다. 이때 사용자와 근로자 사이의 자유로운 의사를 기초로 하는 합의에 의한 상계는 인정되어야 할 것이다(대판 1989. 11. 24, 88다카25038; 대판 2001. 10. 23, 2001다25184). d. 대판 2007. 6. 29, 2007도3436. e. 대판 2008. 12. 24, 2008다65242. <답 ③>

19. 다음은 임금의 직접불의 원칙에 대한 설명이다. 틀린 것은?

① 근로자가 제3자에게 임금수령을 위임하는 것은 무효이다.

② 임금채권을 제3자에게 양도한 경우라 하더라도 사용자는 임금을 근로자에게 지급하여야 한다.

③ 근로자가 제3자에 대한 채무의 변제를 사용자에게 위임한 경우에도 사용자가 제3자에게 직접 지급하는 것은 직접불원칙에 반한다.

④ 임금채권의 압류의 경우에도 임금은 근로자에게 지급하여야 한다.

⑤ 해상노동에 종사하는 선원에 대하여는 직접불의 원칙에 대한 예외가 인정된다.

《해 설》 ① 근로자가 제3자에게 임금수령을 위임 또는 대리하게 하는 법률행위는 무효이며, 사용자가 근로자의 임금을 근로자의 친권자 기타 법정대리인 또는 임의대리인에게 지급하는 것도 직접불의 원칙에 반한다. ②④ 임금채권의 양도(민법 제449조)의 경우: 임금채권을 제3자에게 양도한 경우라도 임금채권의 압류(민소법 제579조, 제579조의2)의 경우를 제외하고는 임금은 근로자에게 지급해야 한다(대판[전원합의체] 1988. 12. 13, 87다카2803 등). ③ 근로자가 제3자에 대한 채무의 변제를 사용자에게 위임한 경우에도 사용자가 제3자에게 직접 지급하지 못한다. ⑤ 해상근로에 종사하는 선원에 대하여는 선원법 제48조 2항에 예외규정이 있다. <답 ④>

20. **다음은 임금의 지급방법에 대한 설명이다. 틀린 것은?**

① 임금의 일부공제는 법령 또는 단체협약에 특별한 규정이 있는 경우에 한한다.

② 사용자는 근로자에 대한 채권 또는 채무불이행이나 불법행위로 인한 손해배상채권을 가지고 임금채권에 대하여 상계할 수 없다.

③ 임금을 현물로 급여하는 것은 근로기준법 제43조에 반한다.

④ 정근수당은 매월 1회 이상 일정기일지급의 원칙을 지키지 않고 지불하여도 상관없다.

⑤ 계산의 착오 등으로 임금이 초과지급 되었을 때 이 과불임금을 차기 임금채권에서 상계하는 것은 전액불의 원칙에 반한다.

《해 설》 ① 근기법 제43조 1항, 벌칙 제119조. ② 대판 1989. 11. 24, 88다카25038. ③ 임금은 법령 또는 단체협약에 특별한 규정이 있는 경우를 제외하고는 강제통용력이 있는 화폐로 지급되어야 한다(근기법 제43조 1항, 벌칙 제119조). ④⑤ 임시로 지급되는 수당이란 매월 1회 이상 정기지급의 원칙의 적용을 받지 않는다. 임시로 지급되는 임금 · 수당이란 (ⅰ) 1월을 초과하는 기간의 출근성적에 의하여 지급하는 정근수당, (ⅱ) 1월을 초과하는 일정기간의 계속근로에 대하여 지급되는 근속수당, (ⅲ) 1월을 초과하는 기간에 걸친 사유에 의하여 산정되는 장려금 · 능률수당 · 상여금, (ⅳ) 기타 부정기적으로 지급되는 제수당(시행령 제18조)을 말한다. (ⅴ) 지각 · 결근 등의 임금감액사유가 임금지급일에 임박해서 발생함으로써 임금이 불가피하게 초과지급되었거나 또는 착오로 인하여 초과지급된 경우 이 과불임금을 근로자의 차기임금채권에서 상계할 수 있는가에 대하여 임금정산의 시기 · 방법 · 금액 등에 비추어 근로자의 경제생활의 안정을 해치지 않는 한, 전액불원칙에 의한 상계금지의 예외로서 허용된다고 해야 한다. 왜냐하면 과불임금의 정산은 임금 그 자체의 계산에 관한 것이므로 전액불원칙의 위반으로 볼 수 없기 때문이다(동지: 대판 1995. 6. 29, 94다18553). <답 ⑤>

21. **다음은 임금의 지급에 관한 판례의 태도를 설명한 것이다. 틀린 것은?**

① 회사의 대표이사의 구속에 따른 자금사정의 악화와 많은 근로자들이 단기간 내에 퇴직한 점 등에 비추어 퇴직금을 기일 내에 지급할 수 없는 불가피한 사정이 있는 경우에는 임금체불에 대한 위법성은 조각된다.

② 노동조합은 조합원인 근로자를 대위하여 사용자에 대해서 임금청구권을 행사할 수 있다.

③ 사용자가 근로자에 대한 채무명의의 집행을 위하여 근로자의 임금채권 중 2분의 1 상당액에 관하여 압류, 전부명령을 받은 경우에는 이를 임금채권에서 공제할 수 있다.

④ 사용자는 근로자의 퇴직금채권에 관하여 그가 근로자에 대하여 가지고 있는 불법행위를 원인으로 하는 채권으로 상계할 수 없다.

⑤ 계산의 착오 등으로 임금이 초과지급 되었을 때 그 행사의 시기가 초과지급 된 시기와 임금의 정산 조정의 실질을 잃지 않을 만큼 합리적으로 밀

접되어 있고 금액과 방법이 미리 예고되는 등 근로자의 경제생활의 안정을 해할 염려가 없는 경우 초과지급 된 임금의 반환청구권을 자동채권으로 하여 임금을 공제할 수 있다.

《해 설》 ① 대판 1993. 7. 13, 92도2089. ② 노동조합이라 하더라도 그 조합원인 근로자를 대위하여 사용자에 대해서 임금청구권을 행사할 수 없다(대판 1960. 11. 17, 4293민상326). ③ 대결 1994. 3. 16, 93마1822 · 1823. ④ 대판 1976. 9. 28, 75다1768. ⑤ 대판 1995. 6. 29, 94다18553. <답 ②>

22. 근로기준법상 임금지급의 원칙에 관한 설명으로 옳은 것은? <노무사 2005년>

① 상품교환권은 현금과 같이 유통되므로 임금으로 지급할 수 있다.
② 임금채권을 타인에게 양도하는 계약도 유효하므로 사용자는 임금채권의 양수인에게 임금을 직접지급할 수 있다.
③ 임금채권이 압류된 경우 사용자가 압류채권자에게 해당분을 지급하는 것은 직접지급의 원칙에 반하지 않는다.
④ 사용자는 물론이고 근로자가 스스로 임금채권을 상계하는 것도 허용되지 않는다.
⑤ 연봉제 근로계약을 체결한 경우에는 매월 1회 이상 지급하지 않고 분기 또는 반기별로 나누어 지급할 수 있다.

《해 설》 ① 강제통용력 있는 화폐로만 지급할 것이라는 통화불의 원칙에 반한다. ② 직접불의 원칙에 반한다(대판[전원합의체] 1988. 12. 13, 87다카2803 등). ③ 민집법 제246조 참조. ④ 사용자와 근로자 사이의 자유로운 의사를 기초로 하는 합의에 의한 상계는 인정된다(대판 2001. 10. 23, 2001다25184). ⑤ 근로기준법은 제43조 2항 본문에서 임금은 매월 1회 이상 일정한 기일을 정하여 지급해야 한다고 하여 매월 1회 이상 정기불의 원칙을 규정하고 있는데 동 규정은 예외가 인정되지 않는다. 동 규정의 취지는 근로자의 생활보장을 위하여 근로자들이 매월 지출해야 하는 생활비, 학자금, 주택 구입비 등이 제때에 지급될 수 있도록 하기 위한 것이며 연봉제라고 해서 동 규정의 예외가 될 수는 없다. 따라서 연봉을 최소한 12로 나눈 금액으로 분할하여 월 1회 이상 지급해야 한다. 실무상으로는 연봉을 1/12 또는 1/16, 1/18, 1/20 등으로 매월 정기 지급하는 경우에는 법 위반의 문제는 발생하지 아니하나, 1월 이상의 기간을 정하여 지급하는 경우에는 근로기준법 위반의 문제가 발생한다. <답 ③>

23. 임금지급에 관한 설명 중 옳은 것(○)과 옳지 않은 것(×)을 바르게 조합한 것은? <사시 2008년>

가. 사용자가 미성년자인 근로자의 임금을 근로자의 부모에게 지급하는 것은 근로기준법 위반이 아니다.
나. 사용자가 근로할 것을 조건으로 근로자에게 빌려 준 돈과 임금을 상계하는 것은 근로기준법 위반이 아니다.
다. 사용자가 법령 또는 단체협약에 특별한 규정이 없는데도 임금을 통

화가 아닌 물품으로 지급한 경우 피해자의 명시적인 의사와 다르게 공소를 제기할 수 없다. 라. 사용자가 최저임금법상 최저임금의 적용을 받는 근로자에게 최저임금 이상의 임금을 지급하지 않으면 형사처벌을 받는다. 마. 남녀고용평등법은 동일가치노동 · 동일임금지급원칙을 명시하고 있다.

① 가(×), 나(×), 다(○), 라(○), 마(○)
② 가(○), 나(○), 다(×), 라(○), 마(○)
③ 가(×), 나(×), 다(×), 라(○), 마(○)
④ 가(○), 나(×), 다(○), 라(×), 마(○)
⑤ 가(×), 나(×), 다(○), 라(×), 마(×)

《해 설》 가. 직접불원칙에 위배된다(근기법 제43조 1항). 나. 전차금상계금지원칙에 위배된다(근기법 제21조). 다. 제36조(금품청산), 제43조(임금지급), 제44조, 제44조의2, 제46조 또는 제56조를 위반한 자에 대하여는 피해자의 명시적인 의사와 다르게 공소를 제기할 수 없다(근기법 제109조 2항). 라. 최임법 제28조. 마. 남녀고평법 제8조. <답 ①>

24. 다음은 임금의 지급에 관한 설명이다. 틀린 것은?

① 근속수당은 매월 1회 이상 일정기일지급의 원칙을 지키지 않고 지불하여도 상관없다.
② 임금이 체불되는 경우에는 별단의 합의가 없는 한, 근로자는 지연이자 연 5푼을 추가로 요구할 수 있다.
③ 회사의 대표이사의 구속으로 또는 많은 근로자들이 단기간 내에 퇴직하여 자금사정이 악화됨으로써 임금(퇴직금)이 체불된 경우에도 그 위법성은 조각되지 않는다.
④ 근로기준법 제36조를 위반하면 근로자 1인에 대한 위반행위로 1죄가 성립하여 10인에 대한 위반행위는 10죄가 된다.
⑤ 임금의 비상시지급에 있어서 비상시란 근로자 또는 그의 수입에 의하여 생계를 유지하는 자가 출산하거나 질병 또는 재해를 입었을 경우, 혼인 또는 사망한 경우, 부득이한 사유로 인하여 1주일 이상 귀향하게 되는 경우를 말하는데, 그의 수입에 의하여 생계를 유지하는 자란 근로자가 부양의무를 지고 있는 친족에 한정하는 것이 아니라, 동거인이라도 무방하다.

《해 설》 ① 근기법 제43조 2항 참조. ③ 회사의 대표이사의 구속에 따른 자금사정의 악화와 많은 근로자들이 단기간 내에 퇴직한 점 등에 비추어 퇴직금을 기일 내에 지급할 수 없는 불가피한 사정이 있는 경우에는 임금체불에 대한 위법성은 조각된다(대판 1993. 7. 13, 92도2089). ④ 근기법 제36조는 개개 근로자의 임금확보를 위한 것이므로 근로자 1인에 대한 위반행위로 1죄가 성립하게 되어, 예컨대 10인에 대한 위반행위는 10죄가 된다(동지: 대판 1995. 4. 14, 94도1724). ⑤ 근기법 시행령 제20조

참조. <답 ③>

25. 임금지급의 원칙에 관한 설명으로 옳지 않은 것은? (다툼이 있는 경우에는 판례에 의함 <노무사 2009년>

① 퇴직금청구권을 사전에 포기하거나 사전에 민사상 소송을 제기하지 않겠다는 부제소특약은 무효이다.

② 사용자는 근로자에 대하여 가지는 불법행위를 원인으로 발생한 채권으로써 근로자의 임금채권과 상계하지 못한다.

③ 사용자는 근로자의 자유로운 의사에 터잡아 동의가 이루어진 경우에도 근로자에 대한 채권을 가지고 근로자의 임금채권과 상계할 수 없다.

④ 임금정산의 시기, 방법, 금액 등에 비추어 근로자의 경제생활에 안정을 해할 염려가 없는 경우 초과지급한 임금을 근로자의 차기임금 채권과 상계할 수 있다.

⑤ 파업참가근로자에게 파업참가일수를 제외한 근로제공일수에 대한 임금만을 지급하여도 전액지급원칙에 반하지 않는다.

《해 설》 ② 사용자가 근로자에 대한 자동채권으로 근로자의 임금채권과 상계하는 것은 근기법 제43조 1항 본문에 의하여 원칙적으로 금지된다. ③ 근기법 제21조에서는 전차금상계를 금지하고 있는데, 상계란 전차금 변제부분을 근로자의 임금채권에서 소멸시키는 일방적 의사표시를 말하므로 근로자의 자유로운 의사에 의한 동의가 있는 경우에는 임금채권에 대한 상계가 가능하다. ④ 대판 1976. 9. 28, 75다1768. ⑤ 파업기간 중에는 근로제공의 거부라는 사실관계에 따라 근로관계의 주된 권리와 의무가 정지되므로 파업참가근로자에게는 임금채권이 발생하지 않는다. 따라서 사용자는 근로일수에 대한 임금만을 지급하면 된다. <답 ③>

26. 임금의 지급에 관한 근로기준법 제43조의 규정과 맞지 아니하는 것은? (이견이 있을 경우 판례에 의함)

① 근로자가 제3자에게 임금채권의 수령위임의 대리를 한 경우에는 직접불원칙에 반하지 않는다.

② 압류의 경우에는 임금채권의 양도금지의 예외가 인정된다.

③ 근로자의 불법행위로 인한 손해배상채권을 가지고 임금채권에 대하여 상계할 수 없으나, 사용자와 근로자 사이의 자유로운 의사를 기초로 하는 합의에 의한 상계는 인정된다.

④ 이른바 가불임금은 이미 임금이 지급된 것으로 볼 수 있다.

⑤ 주식이나 어음으로 임금을 지급하는 것은 통화불 원칙에 반한다.

《해 설》 ① 임금은 직접 근로한 근로자에게 지급하는 것이 원칙이므로 근로자가 그의 임금채권을 양도한 경우라도 사용자는 직접 근로자에게 임금을 지급해야 한다(대판 1988. 12. 13, 87다카2803). ② 민사소송법에 의한 임금채권의 압류 또는 행정관청이 국세징수법에 의해 임금을 압류 처분한 경우에 사용자가 이를 일괄 공제하여 납부하는 것은 임금채권양도금지의 예외로 인정된다. 다만, 이러한 경우에도 임금총액의 1/2을 초과하지 않은 금액에 한해서 압류할 수 있다. ③ 대판 1989. 11. 24, 88다카25038; 대판 2001. 10. 23, 2001다25184. ④ 가불임금은 이미 제공한 근로에 대해 임금지급기일 전에 지급된 임금이므로 이를 제외한 나머지 임금만을 지급하여도 근기법 제43조에 위반이 되지 않는다. ⑤ 은행에 의해 그 지급이 보장되어 있는 보증수표는 통화로 인정될 수 있으나 주식이나 어음은 가치하락 또는 부도의 위험이 있으므로 근로자들의 실질적인 임금확보에 지장을 주는 것으로서 통화로 볼 수 없다. <답 ①>

27. 근로기준법상 평균임금을 산정기준으로 삼는 급여로만 묶인 것은?

<사시 2003년>

(ㄱ) 시간외근로수당	(ㄴ) 휴업수당	(ㄷ) 휴일근로수당
(ㄹ) 해고예고수당	(ㅁ) 퇴직금	(ㅂ) 장해보상

① (ㄱ), (ㄴ), (ㄷ) ② (ㄱ), (ㄴ), (ㄹ) ③ (ㄴ), (ㄷ), (ㄹ)
④ (ㄴ), (ㄷ), (ㅁ) ⑤ (ㄴ), (ㅁ), (ㅂ)

《해 설》 평균임금은 퇴직금, 휴업수당, 연차휴가수당, 재해보상금과 제재로서의 감급액을 산출하는 기초로 사용된다. 해고예고수당과 시간외근로수당 그리고 휴일근로수당은 통상임금으로 산출된다. <답 ⑤>

28. 다음 중 평균임금의 산정기초가 되는 임금총액에 포함되는 것은?

① 사용자의 귀책사유로 휴업한 기간의 임금
② 수습기간중의 임금
③ 질병의 요양을 위해 휴업한 기간의 임금
④ 결혼축하금
⑤ 임원의 직책수당

《해 설》 ①②③ 근기법 시행령 제2조 참조. ④ 평균임금산정의 기초인 임금에 포함되지 않는 것: 임시적 · 은혜적으로 지급되는 것(결혼축하금, 조의금, 재해위문금), 작업수행을 위하여 필수적으로 지급되는 현물급여나 복지후생시설로서의 현물급여. ⑤ 평균임금산정의 기초인 임금에 포함되는 것: 기본급, 연 · 월차 유급휴가수당, 연장 · 야간 · 휴일 근로수당, 특수작업수당 · 위험작업수당 · 기술수당, 임원의 직책수당, 일 · 숙직수당, 장려 · 정근 · 개근 · 생산장려수당, 단체협약 또는 취업규칙에서 전근로자에게 일률적으로 지급하도록 명시되어 있거나 관례적으로 지급된 급여(상여금, 식대와 주식보조비, 연료수당, 지역수당, 교육수당, 별거수당, 물가수당 등), 가족수당이 전근로자에게 일률적으로 지급되는 경우. <답 ⑤>

29. 다음 보기는 평균임금산정사유의 발생일을 설명한 것이다. 맞는 것을 모두 고른 것은?

≪보 기≫

㉠ 퇴직금지급에 있어서는 퇴직한 날

ⓛ 임의퇴직의 경우 사직원이 수리된 날
ⓒ 사용자가 사직원의 수리를 고의적으로 거부하거나 지연하는 경우 사표제출일로부터 1개월 또는 1임금지급기간이 경과되는 날
ⓔ 휴업수당지급에 있어서는 휴업한 날
ⓜ 휴업이 2일 이상 지속되는 경우에는 휴업하는 첫 날
ⓑ 연차유급휴가에 있어서는 근로자가 연차유급휴가를 청구한 날
ⓢ 재해보상에 있어서는 사상의 원인이 되는 사고가 발생한 날 또는 진단에 의하여 질병이 발생되었다고 확정된 날
ⓞ 감급의 제재에 있어서는 제재의 의사표시를 발신한 날

① ㉠, ㉡, ㉢, ㉣, ㉤, ㉥ ② ㉡, ㉢, ㉣, ㉤, ㉥, ㉦
③ ㉢, ㉣, ㉤, ㉥, ㉦, ㉧ ④ ㉠, ㉡, ㉢, ㉣, ㉤, ㉧
⑤ ㉠, ㉡, ㉢, ㉣, ㉤, ㉦

《해 설》 평균임금산정의 사유발생일은 다음과 같다. (ⅰ) 퇴직금지급에 있어서는 퇴직한 날: 임의퇴직의 경우 사직원이 수리된 날, 사용자가 사직원의 수리를 고의적으로 거부하거나 지연하는 경우 사표제출일로부터 1개월 또는 1임금지급기간이 경과되는 날, (ⅱ) 휴업수당지급에 있어서는 휴업한 날, 휴업이 2일 이상 지속되는 경우에는 휴업하는 첫 날, (ⅲ) 연차유급휴가에 있어서는 근로자에게 연차휴가를 준 날, (ⅳ) 재해보상에 있어서는 사상의 원인이 되는 사고가 발생한 날 또는 진단에 의하여 질병이 발생되었다고 확정된 날, (ⅴ) 감급의 제재에 있어서는 제재의 의사표시가 당해 근로자에게 도달된 날이다. <답 ⑤>

30. 평균임금산정의 기초인 임금에서 제외되는 것은?

① 월차 · 연차유급휴가를 사용하지 않고 근무하였을 경우 그 근로에 대한 임금
② 식대와 주식보조비
③ 종업원에게 일률적으로 지급된 하기휴가비
④ 상여금
⑤ 학자보조금

《해 설》 평균임금산정의 기초인 임금에서 제외되는 예로는 다음과 같다. '사용자가 근로자에게 지급하는 금품이 평균임금산정의 기초가 되는 임금총액에 포함될 수 있는 임금에 해당하려면 먼저 그 금품이 근로의 대가로 지급되는 것이어야 하므로 비록 그 금품이 계속적 · 정기적으로 지급된 것이라 하더라도 근로의 대가로 지급된 것으로 볼 수 없다면 임금에 해당한다고 할 수 없다. 여기서 어떤 금품이 근로의 대상으로 지급된 것이냐를 판단함에 있어서는 그 금품지급의무의 발생이 근로제공과 직접적으로 관련되거나 그것과 밀접하게 관련된 것으로 볼 수 있어야 할 것이고, 이러한 관련 없이 그 지급의무의 발생이 개별 근로자의 특수하고 우연한 사정에 의하여 좌우되는 경우에는 그 금품의 지급이 단체협약 · 취업규칙 · 근로계약 등이나 사용자의 방침 등에 의하여 이루어진 것이라 하더라도 그 금품은 근로의 대상으로 지급된

것으로 볼 수 없다. 일시적 또는 일부 근로자에게 지급되는 교통비, 자가운전보조비, 자녀가 있을 때만 지급하는 학자보조금 등과 같은 순수한 의미의 복리후생비는 근로의 대가로 볼 수 없으므로 제외 된다'(대판 1995. 5. 12, 94다55934). <답 ⑤>

31. 평균임금산정에서 공제되지 않는 기간은? <노무사 2003년 · 2004년 유사>

① 산전산후휴가기간

② 쟁의행위기간

③ 개인적 범죄행위로 구속 기소되어 직위해제 되었던 기간

④ 업무외 부상으로 인하여 사용자의 승인을 얻어 휴업한 기간

⑤ 남녀고용평등법에 의한 육아휴직기간

《해 설》 ①②④⑤ 근기법 시행령 제2조 참조. ③ 근로자의 귀책사유로 인한 휴업기간과 개인적인 범죄로 구속기소 되어 직위해제 되었던 기간은 기간의 총일수에서 제외되지 아니하고 그로 인하여 산출된 평균임금액이 통상임금액보다 저액일 경우에는 근로기준법 제2조 2항에 따라 통상임금을 평균임금으로 하여야 한다(대판 1994. 4. 12, 92다20309). <답 ③>

32. 평균임금의 산정기준이 되는 기간과 임금의 총액에서 각각 제외되는 기간으로 근로기준법령에 직접 명시된 것이 아닌 것은? <노무사 2009년>

① 근로기준법 제35조 제5호에 따른 수습사용 중인 기간

② 남녀고용평등과 일 · 가정 양립지원에 관한 법률 제19조에 따른 육아휴직기간

③ 대기발령기간 및 직위해제기간

④ 업무 외 부상으로 사용자의 승인을 받아 휴업한 기간

⑤ 근로기준법 제78조의 업무상 부상으로 요양하기 위하여 휴업한 기간

《해 설》 ①②④⑤ ① 「근로기준법」(이하 "법"이라 한다) 제2조 1항 6호에 따른 평균임금 산정기간 중에 다음 각 호의 어느 하나에 해당하는 기간이 있는 경우에는 그 기간과 그 기간 중에 지급된 임금은 평균임금 산정기준이 되는 기간과 임금의 총액에서 각각 뺀다. 〈개정 2008. 6. 5〉 1. 법 제35조 5호에 따른 수습사용 중인 기간. 2. 법 제46조에 따른 사용자의 귀책사유로 휴업한 기간. 3. 법 제74조에 따른 산전후휴가 기간. 4. 법 제78조에 따라 업무상 부상 또는 질병으로 요양하기 위하여 휴업한 기간. 5. 「남녀고용평등과 일 · 가정 양립 지원에 관한 법률」 제19조에 따른 육아휴직 기간. 6. 「노동조합 및 노동관계조정법」 제2조 6호에 따른 쟁의행위기간. 7. 「병역법」, 「향토예비군설치법」 또는 「민방위기본법」에 따른 의무를 이행하기 위하여 휴직하거나 근로하지 못한 기간. 다만, 그 기간 중 임금을 지급받은 경우에는 그러하지 아니하다. 8. 업무 외 부상이나 질병, 그 밖의 사유로 사용자의 승인을 받아 휴업한 기간(근기법 시행령 제2조 1항). <답 ③>

33. 평균임금에 관한 설명 중 틀린 것은?

① 평균임금의 산정에 있어서 기간의 총일수는 근로일수이다.

② 산출된 평균임금이 통상임금보다 저액일 경우에는 통상임금이 평균임금으로 된다.
③ 아직 지급되지 않았다 하더라도 사유발생일에 이미 채권으로 확정된 임금은 평균임금을 산출하는 임금총액의 범위에 포함된다.
④ 평균임금을 산정할 수 없는 경우란 관계규정에 의하여 평균임금을 산정하는 것이 부적당한 경우까지 포함한다.
⑤ 근로기준법 시행령 제2조 2항에서 규정한 임시로 지불된 임금과 수당은 평균임금산정의 기초인 임금총액에 산입되지 않는다.

《해 설》 ① 평균임금산정에 있어서 기간의 총일수는 曆上의 일수이며, 지급사유가 발생한 당일은 포함되지 않는다(민법 제157조). ② 근기법 제2조 2항. ③ 평균임금산정에 있어서 임금총액이란 근로시간의 장단에 의한 임금의 다소에 불구하고 평균임금을 산출해야 할 사유가 발생하기 전의 당해 기간 중에 근로의 대가로서 지급된 임금의 총액으로 이해해야 한다. 또한 아직 지급되지 않았다 하더라도 사유발생일에 이미 채권으로 확정된 임금도 포함해야 한다. ④ 평균임금을 산정할 수 없는 경우에는 고용노동부장관이 정하는 바에 의한다(근기법 시행령 제4조). 이 경우는 문자 그대로 그 산정이 기술상 불가능한 경우에만 한정할 것이 아니고 위 관계규정에 의하여 그 평균임금을 산정하는 것이 현저하게 부적당한 경우까지도 포함한다(대판 1995. 2. 28, 94다8631). 특히 근로자가 의도적으로 평균임금을 높이기 위하여 비정상적인 연장근로를 한 경우가 이에 해당한다. 이때에는 '퇴직금의 기초가 되는 평균임금은 평균임금의 산정기준에서 제외하여야 할 기간을 뺀 그 직전 3개월간의 임금을 기준으로 하여 근로기준법이 정하는 방식에 따라 산정한 금액 상당액이라고 하여야 할 것이다' (대판 1995. 2. 28, 94다8631) <답 ①>

34. 근로기준법 소정의 통상임금을 기초로 산정하는 것이 아닌 것은?

<사시 2002년 · 2005년 유사>

① 장해보상금
② 해고예고수당 ③ 연장근로수당
④ 휴일근로수당 ⑤ 야간근로수당

《해 설》 통상임금은 해고예고에 갈음하는 지급, 시간외 야간 및 휴일근로시의 할증임금, 연차유급휴가수당의 산출기초가 되며, 평균임금은 퇴직금, 휴업수당, 연차유급휴가수당, 재해보상금과 제재로서의 감급액을 산출하는 기초로 사용된다. 평균임금과 통상임금을 구별하는 실익은 일반적으로 평균임금액이 통상임금액을 상회하므로 일정한 지급사유가 발생한 경우 근로자에게 평균임금을 보장해 주기 위함에 있다. <답 ①>

35. 다음 보기 중 통상임금의 범위에 속하지 않는 것을 모두 고르시오.

≪보 기≫

㉠ 작업수당, ㉡ 기술수당, ㉢ 위험수당, ㉣ 연장근로수당, ㉤ 야간수당, ㉥ 식대보조비, ㉦ 직원자녀에 대하여 지급되는 학비보조금, ㉧ 부양가족이 있는 근로자에게 지급되는 가족수당, ㉨ 매년 1회 일정시기에 전직원에게 지급되는 체력단련비, ㉩ 항공기승무원에 대하여 지급되는 비행수당.

① ㉢, ㉣, ㉤, ㉦, ㉩ ② ㉣, ㉤, ㉥, ㉦, ㉧
③ ㉣, ㉤, ㉦, ㉧, ㉩ ④ ㉤, ㉥, ㉦, ㉧, ㉩
⑤ ㉥, ㉦, ㉧, ㉨, ㉩

《해 설》 통상임금은 정기적 일률적으로 지급되는 것이어야 한다. 여기서 일률적으로 지급되는 것이라 함은 모든 근로자에게 지급되는 것뿐만 아니라 일정한 조건 또는 기준에 달하는 모든 근로자에게 지급되는 것도 포함된다(대판 1993. 5. 27, 92다20316). 통상임금의 범위에 속하는 것으로는 작업수당 · 기술수당 · 위험수당 · 전근로자에게 일률적으로 지급되는 가족수당과 주택수당 등이 있고, 통상임금의 범위에 속하지 않는 것으로는 연장근로수당 · 야간수당 · 근로자자녀에 대한 학비보조금, 항공기 승무원에 대한 비행수당(대판 1996. 5. 28, 95다36817) 등이 있다. <답 ③>

36. 근로기준법령상 통상임금과 평균임금에 관한 설명 중 옳은 것은?

① 성과에 따라 차등지급 되는 상여금의 경우에는 통상임금에서 제외된다.
② 시간급 통상임금을 주급 통상임금으로 산정하고자 하는 경우 주급 통상임금을 주의 소정근로시간으로 나누면 된다.
③ 통상임금을 일급금액으로 산정하고자 하는 경우, 시간급 통상임금에 법정근로시간을 곱하여 계산한다.
④ 대법원 판례에 따르면, 평균임금 산정기간 중에 근로자가 의도적으로 업적을 집중적으로 올려 임금을 올린 경우에도 전액이 평균임금 산정기초임금에 포함된다.
⑤ 업무상 재해로 인한 휴업보상을 산정하는 기초인 평균임금을 계산함에 있어서, 당해 근로자와 동일한 직종의 근로자의 임금변동과 연동되는 조정제도는 행해지지 아니한다.

《해 설》 ① 통상임금의 범위에 들어가기 위해서는 당해 상여금이 정기적 · 일률적으로 지급되어야 하는데, 성과에 따라 차등지급 되었으므로 통상임금에서 제외된다. ② 시간급 통상임금을 주의 통상임금 산정기준시간수(주의 소정근로시간과 소정근로시간 외의 유급처리 되는 시간을 합산한 시간)을 곱하면 된다(근기법 시행령 제6조 2항 3호 참조). ③ 1일의 소정근로시간수를 곱하여 계산한다(근기법 시행령 제6조 3항). ④ 평균임금은 평균임금의 산정기간에서 제외하여야 할 기간을 뺀 그 직전 3개월간의 임금을 기준으로 하여 근기법이 정하는 방식에 따라 산정한 금액 상당액이라고 할 것이다(대판 1995. 2. 28, 94다8631). ⑤ 조정제도는 근기법 시행령 제5조에 규정되어 있다. <답 ①>

37. 임금에 관한 판례의 태도 중 옳지 않은 것은?

① 운송회사의 운전사들이 운송수입금 중 사납금을 공제한 잔액을 운전사 개인의 수입으로 하여 온 경우, 그 사납금 초과 수입금은 임금에 해당한다.
② 퇴직금 산정의 기초가 되는 평균임금은 근로자가 얻는 총수입 중 사용자가 관리 가능하거나 지배 가능한 부분에 한정된다.

③ 운송회사의 운전사들이 사납금 초과 수입금을 개인 수입으로 자신에게 직접 귀속시킨 경우 그 사납금 초과 수입금이 퇴직금 산정의 기초가 되는 평균임금에 포함되지 않는다.

④ 운송회사의 운전사들이 운송수입금 중 사납금을 초과하는 부분을 운송회사에 납부하였다가 다시 운송회사로부터 지급받은 경우라도 그 사납금 초과수입금은 퇴직금 산정의 기초가 되는 평균임금에 포함되지 않는다.

⑤ 평균임금에 포함될 수 있는 급여를 퇴직금 산정의 기초로 하지 아니하기로 하는 노사간 합의에 따라 산정한 퇴직금액이 근로기준법이 보장한 하한에 미달하는 경우, 위 합의의 효력은 무효이다.

《해 설》 대판 2007. 7. 12, 2005다25113의 태도이다: ① 운송회사가 그 소속 운전사들에게 매월 실제 근로일수에 따른 일정액을 지급하는 이외에 그 근로형태의 특수성과 계산의 편의 등을 고려하여 하루의 운송수입금 중 회사에 납입하는 일정액의 사납금을 공제한 잔액을 그 운전사 개인의 수입으로 하여 자유로운 처분에 맡겨 왔다면 위와 같은 운전사 개인의 수입으로 되는 부분 또한 그 성격으로 보아 근로의 대가인 임금에 해당한다 할 것이므로, 사납금 초과수입금은 특별한 사정이 없는 한 퇴직금 산정의 기초가 되는 평균임금에 포함된다. ②③ 평균임금 산정기간 내에 지급된 임금이라 하더라도, 퇴직금 산정의 기초가 되는 평균임금을 산출함에 있어서는, 사용자의 퇴직금 출연에 예측가능성을 기할 수 있게 하기 위하여 사용자가 관리 가능하거나 지배가능한 부분이 아니면 그 범위에서 제외하여야 하므로 근로자들이 사납금 초과수입금을 개인 수입으로 자신에게 직접 귀속시킨 경우, 그 개인 수입 부분의 발생 여부나 그 금액 범위 또한 일정하지 않으므로 운송회사로서는 근로자들의 개인 수입 부분이 얼마가 되는지 알 수도 없고, 이에 대한 관리가능성이나 지배가능성도 없다고 할 것이어서 근로자들의 개인 수입 부분은 퇴직금 산정의 기초인 평균임금에 포함되지 않는다. ④ 근로자들이 총운송수입금을 전부 운송회사에 납부하는 경우에는 근로자들이 사납금 초과수입금을 개인 자신에게 직접 귀속시킨 경우와 달리, 운송회사로서는 사납금 초과수입금의 발생 여부와 금액 범위를 명확히 확인·특정할 수 있어 사납금 초과수입금을 관리하고 지배할 수 있다고 보아야 할 것이고, 운송회사가 추후에 근로자들로부터 납부 받은 사납금 초과수입금 상당의 금원을 근로자들에게 지급하였다고 하여 달리 볼 것이 아니라 할 것이므로, 운송회사가 근로자들로부터 납부 받은 사납금 초과수입금은 퇴직금 산정의 기초가 되는 평균임금에 포함되는 것으로 보아야 한다. ⑤ 퇴직금 급여에 관한 근로기준법의 규정은 사용자가 퇴직하는 근로자에게 지급하여야 할 퇴직금액의 하한을 규정한 것이므로, 노사간에 급여의 성질상 근로기준법이 정하는 평균임금에 포함될 수 있는 급여를 퇴직금 산정의 기초로 하지 아니하기로 하는 별도의 합의가 있는 경우에 그 합의에 따라 산정한 퇴직금액이 근로기준법이 보장한 하한을 상회하는 금액이라면 그 합의가 구 근로기준법(2005. 1. 27. 법률 제7379호로 개정되기 전의 것) 제34조에 위반되어 무효라고 할 수는 없다. 그러나 만약 그 합의에 따라 산정한 퇴직금액이 근로기준법이 보장한 하한에 미달하는 금액이라면, 그 합의는 구 근로기준법 제34조에 위반되어 무효이다. <답 ④>

38. 다음 중 근로기준법상 임금에 대한 설명으로 옳지 않은 것은?

① 임금이란 사용자가 근로의 대가로 근로자에게 임금·봉급, 그 밖에 어

떠한 명칭으로든지 지급하는 일체의 금품을 말한다.

② 택시운전자들에게 매월 실제근로일수에 따른 일정액의 급료를 지급하는 외에 사납금을 제외한 운송수입금을 개인의 수입으로 한 경우 산재보험상 급여의 기준인 평균임금산정에 사납금을 제외한 나머지 수입금도 임금총액에 포함시켜야 한다.

③ 특별상여금이나 후생적 복지비 또는 연월차휴가수당은 근로의 대가인 임금의 성질을 가지는 것으로 당해 사업장의 급여규정에서 특별히 제외하기로 한 바가 없는 이상, 퇴직금 산정의 기초가 되는 평균임금에 당연히 포함된다.

④ 일시적 또는 일부 근로자에게 지급되는 교통비·자가운전보조비, 자녀가 있을 때만 지급하는 학자금보조금 등과 같은 복리후생비는 근로 대가의 일부분이므로 평균임금의 산정시 그 기초로 삼을 수 있다.

⑤ 고열작업수당이 일정한 공정에 종사하는 모든 근로자들에 대해서 일정한 조건이 충족되면 일정한 금액이 매년 정기적·일률적으로 지급되는 것이라면 통상임금에 포함된다.

《해 설》 ① 근기법 제2조 1항 5호. ② 대판 2000. 4. 25, 98두15269. ③ 대판 2005. 3. 11, 2003다27429. ④ 사용자가 근로자에게 지급하는 금품이 평균임금산정의 기초가 되는 임금총액에 포함될 수 있는 임금에 해당하려면 먼저 그 금품이 근로의 대상으로 지급되는 것이어야 하므로 비록 그 금품이 계속적·정기적으로 지급된 것이라 하더라도 근로의 대상으로 지급된 것으로 볼 수 없다면 임금에 해당한다고 할 수 없다. 일시적 또는 일부 근로자에게 지급되는 교통비·자가운전보조비, 자녀가 있을 때만 지급하는 학자금보조금 등과 같은 순순한 의미의 복리후생비는 근로의 대가로 볼 수 없으므로 제외된다(대판 1995. 5. 12, 94다55934). ⑤ 대판 2005. 9. 9, 2004다41217.

<답 ④>

39. 휴업수당에 대한 설명 중 옳지 않은 것은? <사시 1998년, 노무사 2007년 유사>

① 사용자의 귀책사유로 인하여 휴업하는 경우 사용자는 휴업기간 중 당해 근로자에 대하여 평균임금의 100분의 70 이상의 수당을 지급하여야 한다.

② 사용자가 휴업수당을 지급하여야 할 사유는 그에게 고의·과실이 있는 경우에만 적용된다.

③ 휴업이란 근로자에게 노무제공의 능력과 의사가 있음에도 불구하고 사용자측의 사정으로 그 이행이 거부된 것을 말한다.

④ 휴업수당을 기일 내에 지급하지 않은 사용자는 3년 이하의 징역 또는 2,000만원 이하의 벌금에 처한다.

⑤ 휴업수당의 지급은 근로자에 대하여 평균임금의 100분의 70 이상을 지급하여야 하나, 다만 평균임금의 100분의 70에 상당하는 금액이 통상임금을 초과하는 경우에는 통상임금을 휴업수당으로 지급할 수 있다.

《해 설》 ① 근기법 제46조 1항. ② 근로기준법상의 사용자의 귀책사유는 민법상의 귀책사유와는 그 개념이 다르다. 즉 사용자의 고의·과실뿐만 아니라 사용자의 세력범위 내에서 발생한 경영장애까지 사용자의 귀책사유에 해당한다. ④ 동법 제109조. ⑤ 동법 제46조 1항 단서. <답 ②>

40. 다음은 휴업수당에 관한 설명이다. 틀린 것은? (이견이 있는 경우 판례의 태도에 따름)

① 근로기준법 제46조의 사용자의 '귀책사유'는 사용자의 고의·과실 또는 이것과 동등시할 만한 사유에 한정되는 것이 아니라, 경영장애 등과 같이 사용자의 세력범위에 속하는 사유도 포함한다.

② 자금난에 의한 휴업, 배급유통기구의 차질에 의한 휴업 등은 부득이한 사유로 사업계속이 불가능한 경우에 해당하여 노동위원회의 승인을 얻은 경우에는 평균임금의 100분의 70 이하의 범위 내에서 휴업수당을 지급하여야 한다.

③ 불가항력 기타 부득이한 사유에 대한 입증책임은 사용자가 부담해야 한다.

④ 사용자의 귀책사유로 노무제공이 불가능하게 된 기간 동안 그 근로자가 다른 직장에서 얻은 이익(이른바 중간수입)과 관련하여 근로기준법 제46조에 의한 휴업수당은 강행적으로 설정된 기준금액이므로 공제에 의한 그 이하의 지급은 허용되지 않는다.

⑤ 사용자의 고의·과실이 인정되는 사유에 의한 휴업의 경우에는 근로기준법 제45조에 의한 휴업수당청구권과 민법의 규정에 의한 임금 전액에 대한 청구권이 동시에 발생되어 이 두 청구권은 경합관계에 서게 된다.

《해 설》 ② 천재·사변·전쟁 등과 같은 불가항력 기타 부득이한 사유로 인하여 사업계속이 불가능하게 된 경우에는 사용자에게 경영위험의 책임을 물을 수 없다. 현행 근로기준법 제46조 2항에는 「부득이한 사유로 사업계속이 불가능하여 노동위원회의 승인을 얻은 경우에는 100분의 70 이하의 휴업지불을 할 수 있다」는 규정을 두고 있다. 여기서 문언상 '할 수 있다'는 표현은 휴업수당을 반드시 지급하여야 한다는 의미로 해석될 수 없으므로, 휴업한 사유가 부득이하고 휴업수당의 지급을 기대할 수 없는 때에는 노동위원회의 승인을 얻어 수당을 지급하지 않더라도 동조위반 행위라고 볼 수 없을 것이다(통설). ③ 대판 1970.2.24, 69다1568. ④ 사용자의 귀책사유로 노무제공이 불가능하게 된 기간 동안 그 근로자가 다른 직장에 종사하여 얻은 이익(이른바 중간수입)은 민법 제538조 2항에 의하면 임금액에서 공제될 수 있는데, 근로기준법 제46조에 의한 휴업수당(평균임금의 100분의 70)은 강행적으로 설정된 기준금액이므로 공제에 의한 그 이하의 지급은 허용되지 않는다(대판 1993. 11. 9, 93다37915 등). <답 ②>

41. 근로기준법상 휴업수당에 관한 설명으로 옳은 것은? <노무사 2010년>

① 사용자의 귀책사유는 민법상 채무불이행에서의 책임사유와 동일하게 해

석된다.

② 휴업은 1개월 이상인 경우를 의미하고 1일 또는 1주일의 경우는 제외된다.

③ 휴업수당이 통상임금을 초과하는 경우에는 통상임금을 휴업수당으로 지급할 수 있다.

④ 휴업수당을 받은 근로자는 사용자에게 채무불이행에 의한 금전청구를 할 수 없다.

⑤ 근로자가 휴업수당을 지급받기 위해서는 근로의 현실적 제공이 있어야 한다.

《해 설》 ① 근기법 제46조의 귀책사유는 민법상의 귀책사유에 해당할 수 없는 경영상의 위험까지도 포함하는 넓은 개념이다. ② 근기법 제46조의 "휴업기간"의 길이에는 제한이 없다. 따라서 1일 단위뿐만 아니라 시간단위의 휴업도 인정된다. ③ 근기법 제46조 1항 단서. ④ 휴업에 대하여 사용자에게 민법상 귀책사유의 요건이 갖추어진 경우라면 근기법 제46조에도 불구하고 근로자는 임금전액을 청구할 수 있다. ⑤ 사용자의 귀책사유로 휴업하게 된 경우를 말하므로 휴업수당을 지급받기 위해서 근로자가 현실적으로 근로를 제공하여야 하는 것은 아니다. 판례는 다른 곳에 취업한 경우에도 휴업수당 지급을 인정하고 있다(대판 1991. 12. 13, 90다 18999). <답 ③>

42. A공장은 사업주의 과실로 소실되어 약 한 달간 휴업하게 되었다. 한 달간 일할 수 없게 된 A공장의 근로자 甲은 다른 공장 B에서 임시직으로 한 달 일하여 100만원의 임금을 받았다. 다음 설명 중 틀린 것은? (판례의 태도에 따름)

① A공장의 휴업으로 근로자 甲은 한 달 동안 근로를 제공하면 받을 수 있는 평균임금의 100분의 70 이상을 휴업수당으로 청구할 수 있다.

② 사업주의 과실로 인한 휴업은 노동위원회의 승인을 얻더라도 평균임금의 100분의 70 이하로 휴업지급을 할 수 없다.

③ 이 경우 사용자의 과실에 의한 휴업에 해당하므로 임금 전액에 대한 민법상의 청구권도 발생한다.

④ ③의 경우 한 달간 B공장에서 일하여 받은 100만원은 이른바 중간수입에 해당하므로 한 달간의 평균임금이 100만원이라면 30만원만 A공장의 사용자가 지급하면 된다.

⑤ ③의 경우 한 달간 B공장에서 일하여 받은 100만원은 이른바 중간수입에 해당하더라도 한 달간의 평균임금이 100만원이라면 70만원 이상을 사용자가 지급해야 한다.

《해 설》 위의 사례는 사업주의 과실에 의한 휴업의 경우이다. 따라서 사용자의 고의·과실이 인정되는 사유에 의한 휴업의 경우에는 근로기준법 제46조에 의한 휴업수당청구권과 민법의 규정에 의한 임금전액청구권이 동시에 발생되므로 이 두 청구권은 경합관계에 서게 된다. 이때에 휴업수당지급의 한도 내에서는 민법상의 청구권은 소멸하고, 임금지급이 평균임금의 100분의 70 이상이 되는 부분에 대해서는 휴업수당청구권이 당연히 성립할 수 없다. 다만 사용자의 귀책사유로 노무제공이 불가능하게 된 기간 동안 그 근로자가 다른 직장에 종사하여 얻은 이익(이른바 중간수입)은 민법 제538조 2항에 의하면 임금액에서 공제될 수 있는데, 근로기준법 제46조에 의한 휴업수당(평균임금의 100분의 70)은 강행적으로 설정된 기준금액이므로 공제에 의한 그 이하의 지급은 허용되지 않는다(대판 1993. 11. 9, 93다37915 등). 이는 부당해고기간중 다른 직장에서 근무하여 이른바 중간수입을 얻은 경우에도 마찬가지인바, 이 경우도 근로기준법 제46조에서 정한 휴업수당을 초과하는 금액의 범위 내에서만 공제할 수 있다(대판 1991. 12. 13, 90다18999). <답 ④>

43. 다음은 임금에 관한 판례의 태도이다. 틀린 것은?

① 회사의 업무집행권을 가진 이사 등 임원이 일정한 보수를 받는 경우, 이를 근로기준법 소정의 임금이라 할 수 없다.

② 회사의 규정에 의하여 이사 등 임원에게 퇴직금을 지급하는 경우, 근로기준법 제49조 소정의 임금채권의 시효에 관한 규정이 적용된다.

③ 새마을금고이사장의 퇴직금청구권은 일반채권의 시효규정이 적용된다.

④ 정당성을 갖지 못한 파업의 경우에는 휴업수당지급의 예외사유인 '부득이한 사유로 사업계속이 불가능한 경우'에 해당할 수 있다.

⑤ 근로기준법 제46조 2항의 규정은 사용자의 휴업수당지급의무의 예외를 정한 것이고, 그 경우에 휴업수당액의 하한이 별도로 정해져 있지 않은 이상 사정에 따라서는 사용자가 휴업수당을 전혀 지급하지 않을 수도 있다.

《해 설》 ①②③ 회사의 업무집행권을 가진 이사 등 임원은 회사로부터 일정한 사무처리의 위임을 받고 있는 것이므로 사용자의 지휘감독아래 일정한 근로를 제공하고 소정의 임금을 지급 받는 고용관계에 있는 것이 아니며 따라서 일정한 보수를 받는 경우에도 이를 근로기준법 소정의 임금이라 할 수 없다(대판 1998. 6. 14, 87다카2268). 회사의 규정에 의하여 이사 등 임원에게 퇴직금을 지급하는 경우에도 그 퇴직금은 근로준법 소정의 퇴직금이 아니라 재직중의 직무집행에 대한 대가로 지급되는 보수의 일종이라 할 것이므로 이사 등 임원의 퇴직금청구권에는 근로기준법 제49조 소정의 임금채권의 시효에 관한 규정이 적용되지 아니하고 일반채권의 시효규정이 적용되어야 한다(대판 1998. 6. 14, 87다카2268. 새마을금고이사장의 퇴직금도 동일하게 판단한 판례: 대판 2001. 2. 23, 2000다61312). ④⑤ 정당성을 갖지 못한 파업의 경우를 '부득이한 사유로 사업계속이 불가능한 경우' 에 해당한다고 한 사례(대판 2000. 11. 24, 99두4280). <답 ②>

44. 도급사업에 있어서 임금채권의 보호와 관련한 설명 중 틀린 것은?

① 도급이 1차에 걸쳐 행하여져 도급인과 수급인만이 있는 경우에는 도급인은 근로기준법 제44조의 '직상수급인'에 해당하지 아니한다.

② 근로기준법 제44조의 '직상수급인의 귀책사유'에는 정당한 사유없이 도급계약에 의한 원자재공급을 지연하거나 공급하지 않는 경우도 포함된다.

③ 근로기준법 제44조에서의 직상수급인은 당해 하수급인과 연대책임을 부담한다.
④ 직상수급인이 연대책임을 면하기 위해서는 그에게 '정당한 사유'가 있었음을 입증해야 한다.
⑤ 도급이 수차에 걸쳐 행하여진 경우에는 도급을 준 상수급인이 복수가 되므로 책임을 부담하는 상수급인의 범위를 한정하여 직상수급인에게만 연대책임을 지게 한다는 의미로 해석해야 한다.

《해 설》 ①⑤ 도급이 수차례에 걸쳐 행하여진 경우에는 도급을 준 상수급인이 복수가 되므로 책임을 부담하는 상수급인의 범위를 한정할 필요가 있다. 근기법 제44조는 상수급인의 범위를 직상수급인에게 한정하여 연대책임을 지게하고 있다. 그러므로 '직상수급인'이란 도급이 수차례에 걸쳐 행하여진 경우에는 바로 위의 수급인을 말한다. 반면에 도급이 1차에만 행해진 경우에는 도급인도 직상수급인에 해당한다고 해석된다. ② 직상수급인의 귀책사유의 범위(근기법 시행령 제24조)는 다음과 같다. (i) 정당한 사유없이 도급계약에 의한 도급금액지급일에 도급금액을 지급하지 않는 경우, (ii) 정당한 사유없이 도급계약에 의한 원자재공급을 지연하거나 공급하지 않는 경우, (iii) 정당한 사유없이 도급계약의 조건을 이행하지 아니함으로써 하수급인이 도급사업을 정상적으로 수행하지 못한 경우. ③ 근기법 제44조 1항. <답 ①>

45. A기업의 건축공사 전체를 도급받은 B기업은 건축물 내부의 인테리어공사를 영세업자인 C에게 하도급으로 맡겼다. 이에 C는 자신과 자신이 고용하고 있는 근로자 10명과 함께 인테리어공사를 마치고 도급대금지급기일에 도급대금 1억원을 지급받으려고 하였으나, B기업은 아무런 이유도 제시하지 않으면서 지급기일이 훨씬 경과한 후에도 대금을 지급하지 않고 있다. 이로 인하여 C는 자신의 근로자들에게 임금을 주지 못하고 있다. 다음 설명 중 틀린 것은?

① B가 아무런 이유도 제시함이 없이 도급금액지급일에 도급금액을 지급하지 않은 것은 근로기준법 제44조의 직상수급인의 귀책사유에 해당한다.
② 이 사례의 경우 B와 C는 C의 근로자의 임금에 대하여 연대채무를 진다.
③ B는 C의 근로자들이 임금지급을 청구한 때에는 C가 임금지급능력이 있다는 사실을 증명하여 먼저 C에게 임금지급을 청구할 것을 항변할 수 있다.
④ C의 근로자들은 B와 C 두 사람에 대하여 동시에 또는 순차적으로 임금채권의 전부 또는 일부의 이행을 청구할 수 있다.
⑤ A기업은 C의 근로자의 임금에 대하여 연대책임을 지는 직상수급인에 포함되지 않는다.

《해 설》 이 사례의 경우 A는 도급인, B는 직상수급인이고 C는 하수급인이다. 우선 ①처럼 B가 아무런 이유도 제시함이 없이 도급금액지급일에 도급금액을 지급하지 않은 것은 정당한 사유없이 도급계약에 의한 도급금액지급일에 도급금액을 지급하지 않는 경우에 해당하므로 근로기준법 제44조의 직상수급인의 귀책사유에 해당한다. ②③ 그러므로 직상수급인의 귀책사유와 하수급인의 임금체불 사이에 인과관계가 있을 때에는 직상수급인은 해당 하수급인과 임금지급에 대한 연대채무를 부담한다. 그리고 이러한 연대채무는 보증채무와는 달리 보충성이 없기 때문에 최고·검색의 항변권(민법 제437조)을 가질 수 없다. ④ 직상수급인과 하수급인은 근로자의 임금에 대하여 연대채무를 지기 때문에 근로자는 임의로 그 중 한 사람에 대하여 임금채권의 전부 또는 일부의 이행을 청구하거나 또는 그 두 사람에 대하여 동시에 또는 순차적으로 임금채권의 전부 또는 일부의 이행을 청구할 수도 있다(민법 제414조). <답 ③>

46. 건설업에서의 임금지급과 관련하여 틀린 설명은?

① 건설업에서 사업이 2차례 이상 「건설산업기본법」 제2조 8호에 따른 도급(이하 "공사도급"이라 한다)이 이루어진 경우에 같은 법 제2조 5호에 따른 건설업자가 아닌 하수급인이 그가 사용한 근로자에게 임금(해당 건설공사에서 발생한 임금으로 한정한다)을 지급하지 못한 경우에는 그 직상수급인은 하수급인과 연대하여 하수급인이 사용한 근로자의 임금을 지급할 책임을 진다.

② ①의 직상수급인이 「건설산업기본법」 제2조 5호에 따른 건설업자가 아닌 때에는 그 상위수급인 중에서 최하위의 같은 호에 따른 건설업자를 직상수급인으로 본다.

③ 공사도급이 이루어진 경우로서 직상수급인이 하수급인을 대신하여 하수급인이 사용한 근로자에게 지급하여야 하는 임금을 직접 지급할 수 있다는 뜻과 그 지급방법 및 절차에 관하여 직상수급인과 하수급인이 합의한 경우에는 직상수급인은 하수급인에게 지급하여야 하는 하도급 대금 채무의 부담 범위에서 그 하수급인이 사용한 근로자가 청구하면 하수급인이 지급하여야 하는 임금(해당 건설공사에서 발생한 임금으로 한정한다)에 해당하는 금액을 근로자에게 직접 지급하여야 한다.

④ 「건설산업기본법」 제2조 7호에 따른 발주자의 수급인(이하 "원수급인"이라 한다)으로부터 공사도급이 2차례 이상 이루어진 경우로서 하수급인(도급받은 하수급인으로부터 재하도급 받은 하수급인을 포함한다. 이하 이 항에서 같다)이 사용한 근로자에게 그 하수급인에 대한 집행권원이 있는 경우에는 근로자는 하수급인이 지급하여야 하는 임금(해당 건설공사에서 발생한 임금으로 한정한다)에 해당하는 금액을 원수급인에게 직접 지급할 것을 요구할 수 있다.

⑤ 직상수급인 또는 원수급인이 하수급인이 사용한 근로자에게 임금에 해당하는 금액을 지급한 경우라도 하수급인에 대한 하도급 대금 채무는 소멸하지 않는다.

《해 설》 근기법 제44조의2, 3. ⑤ 직상수급인 또는 원수급인이 1항 및 2항에 따라 하수급인이 사용한 근로자에게 임금에 해당하는 금액을 지급한 경우에는 하수급인에 대한 하도급 대금 채무는 그 범위에서 소멸한 것으로 본다(근기법 제44조의3 3항). <답 ⑤>

47. **임금과 관련한 판례의 태도 중 틀린 것은?**

① 근로자가 경락기일 전 배당요구를 하지 않은 경우에도 임금채권을 우선변제 받을 수 있다.

② 사용자가 재산을 취득하기 전에 설정된 담보권에 대하여까지 임금채권의 우선변제권이 인정되지는 않는다.

③ 근로자의 의사에 반하여 정당한 이유 없이 근로자의 근로제공을 계속적으로 거부하는 경우에는 근로자의 인격적 법익을 침해하는 것이 되므로, 사용자는 그로 인한 근로자의 정신적 고통에 대하여 배상할 의무를 부담한다.

④ 임금채무를 지고 있던 사용자가 영업양도를 하면서 근저당권목적물인 부동산을 타인에게 양도하고 그 영업양도에 따라 근로자들의 근로관계도 양수인에게 단절 없이 승계된 경우에는, 영업양도인에 대한 근로자들의 임금 등 우선변제권이 위 근저당권에 우선할 수 있는 것인 이상 근로관계를 그대로 승계한 영업양수인에 대한 관계에서도 영업양도 전과 동일하게 임금 등의 우선변제권이 유지된다.

⑤ 근로자가 구속되어 3개월 이상 휴직하였다가 퇴직함으로써 퇴직 3개월간 지급된 임금을 기초로 산정한 평균임금이 통상의 경우보다 현저하게 적은 경우, 휴직 전 3개월간의 임금을 기준으로 평균임금을 산정하여야 한다.

《해 설》 ① 배당요구채권자는 경락기일까지 배당요구를 한 경우에 한하여 비로소 배당받을 수 있고, 적법한 배당요구를 하지 아니한 경우에는 임금채권과 같이 실체법상 우선변제청구권이 있는 채권자라 하더라도 그 경락대금으로부터 배당을 받을 수 없다(대판 1996. 12. 20, 95다28304). ② 대판 1994. 1. 11, 93다30938. ③ 대판 1996. 4. 23, 95다6823 등. ④ 이러한 경우에까지 양수인에 대한 임금 등 우선변제권을 부정한다면 근저당권자의 지위를 영업양도 전보다 부당하게 강화하고 동일한 당사자 사이의 우열관계를 역전시키는 것이 되어 형평 및 근로자보호라는 공익적 요청에 반하게 될 것이다(대판 2002. 10. 8, 2001다31141). ⑤ 대판 1999. 11. 12, 98다49357.

<답 ①>

48. **A기업은 1993년 3월 1일 도산하였다. 이 경우에 A기업의 총재산에 대하여 변제를 받을 수 있는 채권 등의 순위를 보기 중에서 올바르게 지적한 것은?**

≪보 기≫

㉠ 납세의무가 성립한 법정기일이 1992년 6월 1일인 조세
㉡ 근로자의 최종 3개월분의 임금과 최종 3년간의 퇴직금 및 재해보상금
㉢ 최종 3개월분의 임금을 제외한 임금 기타 근로관계로 인한 채권
㉣ 저당권에 의하여 담보된 채권(저당권설정일: 1992년 1월 1일)
㉤ 일반채권

① ㉠, ㉡, ㉢, ㉣, ㉤ ② ㉡, ㉠, ㉤, ㉣, ㉢
③ ㉢, ㉣, ㉠, ㉡, ㉤ ④ ㉡, ㉢, ㉣, ㉠, ㉤
⑤ ㉡, ㉣, ㉢, ㉠, ㉤

《해 설》 질권 또는 저당권의 피담보채권이 조세·공과금보다 우선하는 경우(근기법 제38조 1항 단서; 근퇴법 제11조 2항)이다. 따라서 (i) 근로자의 최종 3개월분의 임금과 최종 3년간의 퇴직금 및 재해보상금, (ii) 질권·저당권에 의하여 담보된 채권, (iii) 최종 3월분의 임금을 제외한 임금 기타 근로관계로 인한 채권, (iv) 조세·공과금, (v) 질권 또는 저당권에 의하여 담보되지 않는 일반채권 순서로 우선변제를 받게 된다. <답 ⑤>

49. 甲은 乙을 비롯한 종업원 10명을 7개월간 고용하여 사업을 경영하다가 2007. 1. 1. 폐업하였고 동시에 乙 등과의 근로계약도 종료되었다. 폐업 당시 甲의 재산으로는 경기 용인시에 있는 80㎡토지가 유일하였고, 위 토지에는 이미 2006. 1. 1.자로 丙을 저당권자로 하는 피담보채권 1억원의 저당권설정 등기가 마쳐져 있었다. 甲이 폐업하자 丙의 임의경매신청으로 위 토지는 매각되었고, 배당할 금액은 1억 2,000만원이 되었다. 한편 경매절차에서는 대한민국이 국세 2,000만원의 배당신청(교부신청)을 하였다. 乙 등의 임금은 채용시부터 폐업시까지 매월 각 100만원이었고, 乙 등은 근무기간 동안 임금을 전혀 지급받지 못하였다. 위 경매절차에 참여한 乙을 비롯한 종업원 10명이 배당받을 수 있는 총금액은 얼마인가? <사시 2007년>

① 2,000만원 ② 3,000만원 ③ 4,000만원
④ 7,000만원 ⑤ 배당받을 수 없다.

《해 설》 근로기준법 제38조 1항에서는「임금, 재해보상금, 그 밖에 근로관계로 인한 채권은 사용자의 총재산에 대하여 질권 또는 저당권에 따라 담보된 채권 외에는 조세·공과금 및 다른 채권에 우선하여 변제되어야 한다. 다만 질권 또는 저당권에 우선하는 조세·공과금에 대하여는 그러하지 아니하다」고 규정하고 있고, 2항에서는「제1항에도 불구하고 '최종 3개월분의 임금'과 '재해보상금'에 해당하는 채권은 사용자의 총재산에 대하여 질권 또는 저당권에 따라 담보된 채권, 조세·공과금 및 다른 채권에 우선하여 변제되어야 한다」고 규정하고 있다. 또한 근로자퇴직급여보장법 제11조 1항에서는「퇴직금은 사용자의 총재산에 대하여 질권 또는 저당권에 따라 담보된 채권 외에는 조세·공과금 및 다른 채권에 우선하여 변제되어야 한다. 다만 질권 또는 저당권에 우선하는 조세·공과금에 대하여는 그러하지 아니하다」고 규정하고 있고, 2항에서는「제1항에도 불구하고 '최종 3년간의 퇴직금'은 사용자의 총재산에 대하여 질권 또는 저당권에 따라 담보된 채권, 조세·공과금 및 다른 채권에 우선하여 변제되어야 한다」고 규정하고 있다. 따라서 사용자의 총재산에 의한 변제순위는 다음과 같다.

(1) 최종 3개월분의 임금, 최종 3년간의 퇴직금, 재해보상금(최우선변제임금채권)
(2) 질권 또는 저당권에 우선하는 조세·공과금
(3) 질권 또는 저당권에 의하여 담보된 채권
(4) 최종 3월분의 임금을 제외한 임금과 최종 3년간의 퇴직금을 제외한 퇴직금 및 기타 근로관계로 인한 채권(일반우선변제임금채권)

(5) 일반조세 · 공과금
(6) 일반채권

일반적으로 근로자의 임금채권은 그 전액에 있어서는 '질권이나 저당권에 의하여 담보된 채권' 다음의 변제순위를 확보함으로써 조세 · 공과금보다 우선하는 제4의 순위에 있다. 그러나 최종 3월분의 임금과 최종 3년간의 퇴직금 및 재해보상금은 질권 · 저당권보다 우선하여 최우선변제를 받는 제1순위이다. 그러나 근로자가 퇴직금을 청구할 수 있기 위해서는 적어도 근로연수가 1년 이상이어야 하기 때문에, 본 문제의 사례에서 乙을 비롯한 종업원은 7개월간 고용된 경우이므로 퇴직금청구권은 애초 발생하지 않는다. 결국 乙 비롯한 종업원 10명은 총배당금액 1억 2,000만원에서 최종 3월분의 임금(3,000만원)만을 각각 300만원씩 최우선변제를 받는다. <답 ②>

50. 다음은 임금채권의 우선변제에 관한 설명이다. 틀린 것은?

① 임금채권의 우선변제제도는 1974년 1월 14일 대통령긴급조치 제3호 제19조에 그 기원을 두고 있다.

② 근로관계로 인한 채권에는 해고예고수당의 청구권(근기법 제26조 참조), 저축금반환청구권(근기법 제36조 참조) 등도 포함된다.

③ 대표이사인 사장의 개인재산은 사용자의 총재산에 포함되지 않는다.

④ 최우선변제가 인정되는 퇴직금은 퇴직금전액이다.

⑤ 공과금은 조세에 준해서 임금채권에 대한 우선 여부가 결정된다.

《해 설》 ① 임금채권의 우선변제제도는 1974년 1월 14일 대통령긴급조치 제3호 제19조에 그 기원을 두고 있으며, 1987년에는 최종 3월분의 임금에 대한 최우선변제규정(제2항)을 신설하였고, 1989년 3월의 개정시에는 재해보상금과 퇴직금을 추가하여 최우선변제되는 채권의 범위를 확대하였다. ② 근로기준법 제2조 1항 5호의 임금의 정의에 해당하는 일체의 금품에 대한 청구권을 말하며, 여기에는 기본임금 이외에 각종 수당 · 상여금 등에 대한 청구권과 해고예고수당의 청구권(근기법 제26조 참조), 저축금반환청구권(근기법 제36조 참조) 등도 포함된다. ③ 사용자의 총재산은 사용자가 회사(법인)인 경우에는 회사(법인)의 재산만을 가리키는 것이다. 대표이사인 사장의 개인재산은 이에 포함되지 않는다(대판 1996. 2. 9, 95다719). ④ 퇴직금의 최우선변제조항은 최종 3년간의 퇴직금에 대해서만 최우선변제 되는 것으로 개정되었다(구근기법 제37조 2항; 근퇴법 제11조 2항). ⑤ 공과금은 조세에 준해서 임금채권에 대한 우선 여부가 결정된다. 그것은 공과금의 체납도 국세 또는 지방세 체납시의 경우와 같이 이를 징수할 수 있도록 규정하고 있기 때문이다(예컨대 도시계획법 제65조 3항; 도로법 제78조). <답 ④>

51. 임금채권 우선변제에 관한 설명으로 옳은 것은? (단, 이견이 있는 경우 판례에 따름)

① 우선변제되는 채권은 임금 · 퇴직금 · 재해보상금에 한정된다.

② 임금 · 퇴직금 · 재해보상금 채권은, 사용자의 총재산에 대하여 질권 또는 저당권에 의하여 담보된 채권을 제외하고는 모든 조세 · 공과금 및 다른 채권에 우선하여 변제되어야 한다.

③ 다른 모든 채권에 우선하는 이른바 '최우선변제 임금채권'은 최종 3개월분의 임금과 퇴직금, 재해 보상금을 말한다.

④ 최우선변제되는 퇴직금은 1년에 30일분 평균임금으로 계산한 금액으로 한다.

⑤ 사용자가 재산을 취득하기 전에 설정된 담보권에 대하여도 임금채권의 우선변제권이 인정된다.

《해 설》 ① 그 밖에 근로관계로 인한 채권도 포함된다(근기법 제38조 1항). ② 다만 질권 또는 저당권에 우선하는 조세 · 공과금에 대하여는 그러하지 아니하다(근기법 제38조 1항 단서; 근퇴법 제11조 1항 단서). ③ 최종 3년간의 퇴직금이다(근퇴법 제11조 2항). ④ 동법 부칙 제4조, 제2조 3항. ⑤ 사용자가 재산을 취득하기 전에 설정된 담보권에 대하여도 임금채권의 우선변제권이 인정되지 않는다(대판 1994. 1. 11, 93다30938). <답 ④>

52. 임금채권의 우선변제에 관한 설명으로 옳지 않은 것은? (다툼이 있는 경우에는 판례에 의함) <노무사 2009년>

① 재해보상금은 그 전액이 질권 · 저당권에 따라 담보된 채권에 우선하여 변제되어야 한다.

② 사용자가 재산을 취득하기 전에 설정된 담보권에 대하여 임금채권의 우선변제권을 인정할 수 있다.

③ 근로자는 다른 채권자에 의하여 행하여진 압류처분의 효력까지 배제하여 우선적으로 직접 지급을 구할 수는 없다.

④ 임금은 항상 질권 · 저당권에 따라 담보된 채권보다 우선하는 것은 아니다.

⑤ 합자회사의 무한책임사원의 개인 소유재산은 임금우선변제의 대상이 되는 사용자의 총재산에 해당되지 않는다.

《해 설》 ① 근기법 제38조 2항. ② 대판 1994.1.11, 93다30938. ③ 동법 제38조 1항 · 2항. ④ 동법 제38조 1항. ⑤ 사용자의 총재산이라 함은 사용자가 회사인 경우에는 회사(법인)의 재산만을 가리키는 것이므로, 합자회사의 무한책임사원의 개인 소유재산은 이에 포함되지 않는다. <답 ③>

53. 헌법재판소가 헌법불합치결정을 내린 사항에 해당하는 것은? <사시 2000년>

① 공익사업의 직권중재제도

② 퇴직금 전액에 대한 최우선변제제도

③ 노동조합 설립신고제도

④ 노동조합 전임자에 대한 급여지급 금지제도

⑤ 주요 방위산업체 근로자의 쟁의행위 금지제도

《해 설》 ① 공익사업의 직권중재제도에 대해서 헌법재판소는 합헌결정을 내린 바가 있다(헌재결 1996. 12. 26, 93헌바17). 즉, 국민생활에 중대한 영향을 미치는 공익사업의 경우 근로자의 이익·권리확보에 비해 중재에 의한 신속한 분쟁해결로 국민의 일상생활을 보호해야 할 필요성이 현저히 크기 때문에 일반사업장의 근로자와 차별하는 것은 합리적 이유가 있다고 보았다. ② 퇴직금 전액에 대한 최우선변제를 규정하고 있던 구 근로기준법 제37조 2항에 대해서 헌법재판소는 헌법불합치결정을 내린 바 있고(헌재결 1997. 8. 21, 94헌바19, 95헌바34, 97헌가11), 이에 따라 1997년 12월 27일 근로기준법을 개정하여 담보물권에 대하여 우선변제 받을 수 있는 퇴직금의 범위를 최종 3년간의 퇴직금으로 한정하고, 부칙에서는 이러한 개정으로 말미암은 혼란을 방지하기 위하여 경과조치를 두었다. <답 ②>

54. 다음은 임금채권에 관한 판례의 태도이다. 틀린 것은?

① 사용자가 제3자에게 처분한 재산은 우선변제 되는 총재산에 포함시킬 수 없다.

② 사용자가 취득하기 전에 설정된 담보권에 대하여도 우선권이 미치지 않는다.

③ 우선변제의 특권의 보호를 받는 임금채권의 범위는, 임금채권에 대한 근로자의 배당요구 당시 근로자의 사용자의 근로계약관계가 이미 종료하였다면 그 종료시부터 소급하여 3개월 사이에 지급사유가 발생한 임금 중 미지급분을 말한다.

④ 해고무효확인의 소를 제기한 경우에도 임금채권의 소멸시효가 중단된다.

⑤ 대표이사인 사장의 개인재산은 임금채권의 우선변제의 대상이 되는 사용자의 총재산에 포함된다.

《해 설》 ①② 사용자의 제3자에 대한 채권도 근로기준법 제38조의 사용자의 총재산에 포함된다. 그러나 사용자가 제3자에게 처분한 재산은 우선변제 되는 총재산에 포함시킬 수 없다(대판 1994. 12. 27, 94다19242). 그리고 사용자가 취득하기 전에 설정된 담보권에 대하여도 우선권이 미치지 않는다(대판 1994. 1. 11, 93다30938). ③ 대판 2008. 6. 26. 2006다1930. ④ 임금채권의 시효중단에 관해서는 다른 규정이 없으므로 민법의 규정에 따르면 될 것이다. 판례에 따르면 해고무효확인의 소를 제기한 경우에도 임금채권의 소멸시효가 중단된다고 한다(대판 1994. 5. 10, 90다21606). ⑤ 사용자의 총재산이라 함은 사용자가 회사인 경우에는 회사(법인)의 재산만을 가리키는 것이므로, 대표이사인 사장의 개인 소유재산은 이에 포함되지 않는다. <답 ⑤>

55. 다음 설명 중 틀린 것은?

① 사업의 인적조직·물적시설이 그의 동일성을 유지하면서 일체로서 이전되어 형식적으로 경영주체의 변경이 있을 뿐 개인병원과 의료법인 사이에 실질적인 동일성이 인정되는 경우에는 담보된 재산만이 특정승계된 경우와는 달라서, 고용이 승계된 근로자는 물론 법인 전환 후에 신규로 채용된 근로자들도 사용자가 재산을 취득하기 전에 설정된 담보권에 대하여 임금 등의 우선변제권을 가진다.

② 상여금채권은 그 상여금에 관한 권리가 발생하는 때부터 시효가 진행한다.
③ 사업장 내의 퇴직금차등제도의 금지와 관련하여 여기서 '사업'이라 함은 경영상의 일체를 이루는 기업체로서, 예컨대 법인체 또는 개인사업체를 말하는 것이라고 해석해야 한다.
④ 퇴직금은 임의퇴직이든 사용자에 의한 해고이든 그 원인을 묻지 않고 지급되어야 한다.
⑤ 계속근무기간의 중간에 직종이나 직류의 변경이 있고 그 직종이나 직류에 따라 퇴직금지급률에 차이가 있는 경우에는 이에 관하여 단체협약이나 취업규칙에 특별규정이 없는 때에는 변경 전후의 직종이나 직류의 지급률에 따라 달리 퇴직금을 계산하여야 한다.

《해 설》 ① 대판 2004. 5. 27, 2002다65905. ② 임금채권의 시효기간은 그 채권을 행사할 수 있는 날부터 진행하므로, 예컨대 상여금채권은 그 상여금에 관한 권리가 발생하는 때부터, 퇴직금에 관한 권리는 퇴직한 다음 날부터(민법 제157조) 진행한다. ③ 여기서 '사업'이라 함은 경영상의 일체를 이루는 기업체로서, 예컨대 법인체 또는 개인사업체를 말하는 것이라고 해석해야 한다(대판 1993. 2. 9, 91다21381). 그러므로 경영상의 일체를 이루면서 조직상 유기적으로 운영되는 지점·출장소·공장 등은 모두 하나의 사업으로 총괄하여 파악되어야 한다. ④ 대판 1972. 4. 11, 71다1033. ⑤ 계속근무기간의 중간에 직종이나 직류의 변경이 있고 그 직종이나 직류에 따라 퇴직금지급률에 차이가 있는 경우에는 이에 관하여 단체협약이나 취업규칙에 특별규정이 있고 그 규정이 근로기준법 제34조에 위반하지 않는 한 그 규정에 따른다. 그러나 다른 정함이 없는 때에는 퇴직 당시의 직종이나 직류의 지급률에 따라 지급하여야 한다(대판 1995. 7. 11, 93다26168). <답 ⑤>

56. 임금의 비상시지급에 관한 설명 중 틀린 것은?

① 임금의 비상시지급을 청구할 수 있는 사유는 출산, 재해, 질병, 혼인 또는 사망 등이다.
② 근로자의 수입에 의하여 생계를 유지하는 자의 출산, 질병 또는 재해도 비상시지급청구의 사유가 된다.
③ ②의 경우 근로자의 수입에 의하여 생계를 유지하는 자에는 동거인도 포함된다.
④ 근로자는 기왕의 근로에 대한 임금뿐만 아니라 장래의 근로에 대한 대가도 청구할 수 있다.
⑤ 비상지급을 청구할 수 있는 사유에는 부득이한 사정으로 1주일 이상 귀향하게 되는 경우도 포함한다.

《해 설》 ①②⑤ 비상시지급을 청구할 수 있는 사유는 근로자 또는 그의 수입에 의하여 생계를 유지하는 자가 출산하거나 질병 또는 재해를 입었을 경우, 혼인 또는 사망한 경우, 부득이한 사정으로 인하여 1주일 이상 귀향하게 되는 경우 등이다(근기법 시행령 제25조). ③ 그의 수입에 의하여 생계를 유지하는 자란 근로자가 부양의무를 지고 있는 친족에 한정되는 것이 아니라, 동거인이라도 무방하다(통설). ④ 기왕의 근로에 대한 임금이라 함은 이미 급부된 근로에 대한 임금을 말하고 장래의 근로에 대한 대가는 이에 포함되지 않는다. <답 ④>

57. 임금채권보장법과 관련한 내용 중 틀린 것은?

① 근로자의 체불임금을 현실적으로 확보해 줌으로써 이들의 기본생활의 안정을 도모하기 위하여 1998년 2월 20일 제정되었고, 시행은 동년 7월 1일부터이다.

② 동법은 국가가 근로자들을 위하여 별도로 조성된 재원(임금채권보장기금)으로부터 사업주를 대신하여 그 지급을 보장하는 것이다.

③ 동법은 산업재해보상보험법 제6조의 규정에 의한 사업 또는 사업장에 적용된다.

④ 지급이 보장되는 임금채권의 범위는 근로기준법 제38조 2항에 규정된 임금과 퇴직금 그리고 재해보상금이다.

⑤ 고용노동부장관은 근로자의 청구가 있는 경우 민법 제469조의 규정(제3자의 변제)에 불구하고 사업주를 대신하여 근로자의 미지급 임금과 퇴직금을 임금채권보장기금에서 지급하고 그 지급한 금액의 한도 안에서 당해 사업주에 대한 당해 근로자의 미지급 임금 및 퇴직금청구권을 대위한다.

《해 설》 ①② 임채보법 제1조, 부칙 제1조 참조. ③ 동법 제3조. ④ 사업주가 파산 등 대통령령이 정하는 사유에 해당하는 경우에 퇴직한 근로자가 지급받지 못한 임금 및 퇴직금으로서 근로기준법 제38조 2항 1호에 규정된 임금과 근로자퇴직급여보장법에 규정된 최종 3년간의 퇴직금과 근로기준법 제46조에 규정된 최종 3개월분의 휴업수당이다(동법 제7조 2항). 따라서 퇴직금 전부는 임금채권보장법상 지급이 보장되는 임금채권의 범위에 해당하지 않는다. ⑤ 동법 제7조 1항, 제8조 1항. <답 ④>

58. 임금채권보장법에 의해서 그 지급이 보장되는 것은? <사시 1999년>

① 최종 3개월분의 임금　② 최종 6개월분의 임금

③ 250일분의 평균임금　④ 최종 5년간의 퇴직금

⑤ 재해보상금

《해 설》 임금채권보장법에 의해서 그 지급이 보장되는 것은 근로기준법 제38조 2항 1호에서의 최종 3개월분의 임금과 근로자퇴직급여보장법 제11조 2항에서의 최종 3년간의 퇴직금, 그리고 근로기준법 제46조의 규정에 의한 최종 3월분의 휴업수당이다(제7조 2항). <답 ①>

59. 임금채권보장법상 체불임금의 지급사유와 관련하여 틀린 설명을 모두 고르시오.

① 채무자 회생 및 파산에 관한 법률에 의한 파산의 선고

② 화의법에 의한 화의개시의 결정
③ 채무자 회생 및 파산에 관한 법률에 의한 회생절차개시의 결정
④ 고용노동부장관의 도산 등 사실인정
⑤ 회사의 대표이사의 구속에 따른 자금사정의 악화로 인하여 부득이하게 단기간 내에 많은 근로자들이 퇴직하게 된 경우

《해 설》 임금채권보장법상 체불임금의 지급사유(제7조 1항; 시행령 제4조)로는 채무자 회생 및 파산에 관한 법률에 의한 파산의 선고, 채무자 회생 및 파산에 관한 법률에 의한 회생절차개시의 결정, 시행령 제5조의 규정에 의한 고용노동부장관의 도산 등 사실인정이다. <답 ②, ⑤>

60. 임금채권보장법에 관한 설명으로 옳은 것은? <노무사 2010년>

① 체당금의 범위에 재해보상금은 포함되지 않는다.
② 체당금의 범위에 속하는 휴업수당은 최종 3개월분에 한정되지 아니한다.
③ 고용노동부장관이 체당금으로 퇴직금을 지급하여 사업주에 대하여 그 청구권을 대위하더라도 퇴직금채권 우선변제권을 주장하지 못한다.
④ 5명 이상 근로자를 사용하는 사업 또는 사업장에 적용한다.
⑤ 채무자 회생 및 파산에 관한 법률에 의한 회생절차개시의 결정이 있는 경우에는 체당금을 지급하지 않는다.

《해 설》 ①② 체당금의 범위에는 근기법 제38조 2항 1호에 따른 임금 및 근로자퇴직급여보장법 제11조 2항에 따른 최종 3년간의 퇴직금, 근로기준법 제46조에 따른 휴업수당(최종 3개월분으로 한정한다) 등이 포함된다. 재해보상금은 포함되지 않는다. ③ 퇴직금채권에 대해서도 우선변제권을 주장할 수 있다(임채보법 제8조 2항). ④ 근로자를 사용하는 모든 사업 또는 사업장에 적용된다(동법 제3조). ⑤ 사업주가 채무자 회생 및 파산에 관한 법률에 의한 파산의 선고 및 회생절차개시 결정을 받은 경우를 재판상 도산이라고 하며, 이와 같은 사용자의 파산은 체당금 지급사유가 된다(동법 제7조; 동법 시행령 제4조). <답 ①>

61. 임금채권보장법과 관련한 내용 중 틀린 것은?

① 고용노동부장관이 대위하는 미지급 임금 및 퇴직금청구권에 대해서는 근로기준법 제38조 2항에 의하여 확보된 우선변제채권으로서의 순위가 주어진다.
② 고용노동부장관이 사업주를 대신하여 지급하는 임금 및 퇴직금의 재원이 되는 임금채권보장기금은 사업주로부터 징수하는 부담금 등 기타의 재원으로 조성된다.
③ ②의 경우 사업주가 부담하여야 하는 부담금은 당해 사업에 종사하는 근로자의 임금총액의 1천분의 2의 범위 안에서 임금채권보장기금심의위원회의 심의를 거쳐 고용노동부장관이 정하는 부담금비율을 곱하여 산

정한 금액으로 한다.

④ 임금채권보장법상의 부담금 기타 징수금의 납부 및 징수(체당금의 반환요구는 포함하지 않는다)에 관해서는 산업재해보상보험법의 일부 규정을 준용한다.

⑤ 근로기준법 제43조 2항에 위반되는 임금체불이 있은 경우에는 임금채권보장법이 적용될 여지가 없다.

《해 설》 ① 임채보법 제8조 2항. ②③ 동법 제9조 1항 · 2항, 제17조, 제18조. ④ 임금채권보장법상의 부담금 기타 징수금의 납부 및 징수(체당금의 반환요구를 포함한다)에 관해서는 산업재해보상보험법의 일부 규정을 준용한다(동법 제16조). ⑤ 임금채권보장법은 경기의 변동 및 산업구조의 변화 등으로 사업의 계속이 불가능하거나 기업의 경영이 불안정하게 되어 임금을 지급받지 못하고 '퇴직한' 근로자에게 임금지급보장을 목적(제1조)으로 하는 것이기 때문에 근로기준법 제43조 2항에 위반되는 임금체불이 있은 경우에는 임금채권보장법이 적용될 여지가 없다(동법 제12조 참조).

<답 ④>

62. 연봉제와 관련한 설명 중 옳지 않은 것은? <노무사 2007년>

> ㉠ 연봉제란 임금 산출방식의 한 형태일 뿐만 아니라 근로관계의 존속 자체를 정하는 제도이다.
> ㉡ 연봉제를 실시하는 회사가 연봉을 그 해 1월에 연봉전액을 근로자에게 주는 경우에 근로기준법 위반의 문제가 생긴다.
> ㉢ 사용자가 근로자에게 연봉을 지급하면서 근로자 의사와 관계없이 연봉 내에 퇴직금이 포함되어 있다고 한다면 근로자는 퇴직할 때 퇴직금을 청구할 수 없다.
> ㉣ 연차휴가청구권이 소멸되지 않은 상태에서 사용자가 연차휴가근로수당을 미리 연봉제에 의하여 지급하는 것은 연차휴가제도의 취지에 반한다.
> ㉤ 성과를 중시하는 연봉제하에서는 별도의 규정이 없는 한 근무태도에 따라 임금을 공제하는 것은 허용되지 않는다.

① ㉠, ㉡ ② ㉠, ㉢ ③ ㉢, ㉣
④ ㉣, ㉤ ⑤ ㉡, ㉢

《해 설》 ㉠ 연봉제란 임금산출방식의 한 형태일 뿐 근로관계의 존속 자체를 정하는 제도는 아니다. 연봉제는 임금에 관한 제도이므로 원칙적으로 근로계약기간과는 아무 상관이 없기 때문이다. 따라서 연봉제 근로자라고 하더라도 1년의 기간이 끝났다 하여 정당한 이유 없이 연봉계약이 종료되었다고 볼 수 없다. 또한 기간의 정함이 없는 근로계약을 체결한 근로자에 대하여 연봉제를 시행한다고 해서 기존의 근로관계가 1년 단위의 기간의 정함이 있는 근로관계로 전환되는 것은 아니다. ㉡ 이는 임금지급원칙 중 매월 1회 이상 정기지급의 원칙에 반하는 것이다(근기법 제43조 2항). ㉢ (구)근로기준법 제34조 1항은 사용자에 대하여 퇴직하는 근로자에게 퇴직금을 지급할 수 있는 제도를 마련할 것을 규정하고 있고, 퇴직금이란 퇴직이라는 근로관계의 종료를 요건으로 하여 비로소 발생하는 것으로 근로계약이 존속하는 동안에는 원칙적으로 퇴직금 지급의무는 발생할 여지가 없는 것이므로, 사용자와 근로자들 사이에 매월 지급받은 임금 속에 퇴직금이란 명목으로 일정한 금원을 지급하기로 약정하고 사용자가 이를 지급하였다고 하여도 그것은 (구)근로기준법 제34조 1항에서 정하는 퇴직금 지급으로서의 효력은 없다(대판 2005. 3. 11, 2004도467; 대판 2002. 7. 26, 2000다27671; 대판 2002. 7. 12, 2002도2211 등). ㉣ 원래 연차휴가는 휴가로 사용하는 것이 원칙이며 수당으로 금액을 예정하는 것은 근로자의 휴가사용권을 침해하는 것이다. 따라서 휴가청구권이 소멸되지 않은 상태에서 사용자가 연차휴가수당을 미리 지급하는 것은 휴가에 대한 사전봉쇄로서 근로자의 휴가청구권을 제한하는 것이 되므로 연차휴가제도의 취지에 반한다. 다만 연차유급휴가수당을 사전에 임금에 포괄산정 하더라도 사용자가 이를 근로자의 휴가사용을 부인하는 근거로 사용하지 않는 한, 이와 같은 약정을 무효라고 할 수 없다(대판 1998. 3. 24, 96다24699). ㉤ 성과를 중시하는 연봉제하에서는 근로계약이나 취업규칙 등에 별도의 규정이 없는 한 사용자가 일방적으로 근로자의 지각 · 조퇴 · 결근 등 근무태도에 따라 임금을 공제하는 것은 허용되지 않는다고 보아야 한다. 또한 연봉제에 의하여 약정된 연봉액은 이미 전년도의 업적평가를 기초로 계산된 것이므로 결근 · 지각 등과 같이 아직 반영되지 않은 근무평가를 기초로 하여 임금을 공제하는 것은 허용되지 않는다. <답 ②>

63. A병원은 중소병원의 관행상 진료과장의 경우 퇴직금을 매월 월급에 포함하여 지급하는 연봉제를 운영하였고, 이 병원의 가정의학과장으로 근무하다가 퇴직한 근로자 갑에 대하여 위와 같은 연봉제를 이유로 퇴직금을 지급하지 않았다. 이에 관한 설명 중 틀린 것은? (이견이 있는 경우 판례의 태도에 따른다)

① 퇴직금지급청구권은 퇴직이라는 근로관계의 종료를 요건으로 하여 비로소 발생하는 것으로 근로계약이 존속하는 한 퇴직금지급의무는 발생할 여지가 없다.

② 이 사안의 경우 퇴직금의 지급으로서의 효력이 없다.

③ 매월의 월급이나 매일의 일당 속에 퇴직금을 포함시켜 지급받기로 하는 약정은 최종 퇴직시 발생하는 퇴직금청구권을 사전에 포기하는 것이다.

④ 이 사안의 경우 퇴직한 근로자에 대한 퇴직금의 지급을 거절하는 경우 사용자가 퇴직금을 지급하지 아니한 데에 상당한 이유가 있는 경우라고 볼 수 있다.

⑤ 이 사안의 경우 사용자에게 근로기준법 제109조, 제36조 소정의 임금 등의 기일 내 지급의무 위반죄에 관한 고의가 있다.

《해 설》 퇴직금지급청구권은 퇴직이라는 근로관계의 종료를 요건으로 하여 비로소 발생하는 것으로 근로계약이 존속하는 한 퇴직금지급의무는 발생할 여지가 없으므로 매월 지급받은 월급이나 매일 지급받는 일당 속에 퇴직금이란 명목으로 일정한 금원을 지급하였다고 하여도 그것은 구 근로기준법 제34조에서 정하는 퇴직금의 지급으로서의 효력은 없을 뿐만 아니라, 그와 같이 매월의 월급이나 매일의 일당 속에 퇴직금을 포함시켜 지급받기로 하는 약정은 최종 퇴직시 발생하는 퇴직금청구권을 사전에 포기하는 것으로서 강행법규인 구 근로기준법 제34조에 위반되어 무효이다. 사용자가 사법상의 효력이 없는 '매월의 월급이나 매일의 일당 속에 퇴직금을 포함시켜 지급한다'는 내용의 약정을 내세워 퇴직한 근로자에 대한 퇴직금의 지급을 거절하는 경우, 이를 퇴직금지급의무의 존부에 관하여 다툴 만한 근거가 있어 사용자가 퇴직금을 지급하지 아니한 데에 상당한 이유가 있는 경우라고 볼 수 없고, 이러한 사용자에게 근로기준법 제109조, 제36조 소정의 임금 등의 기일 내 지급의무 위반죄에 관한 고의가 없다고 할 수는 없다(대판 2007. 8. 23, 2007도4171). <답 ④>

64. 연봉제에 대한 설명으로 옳지 않은 것은?

① 연봉제란 근로자에 대한 임금의 전부 또는 상당 부분을 당해 근로자의 업적 등에 관한 목표의 달성도를 평가하여 연단위로 설정하는 제도를 말한다.

② 매월 지급받기로 한 임금 속에 퇴직금이라는 명목으로 일정액을 지급하기로 약정하고 사용자가 이를 지급하였다면 근로자퇴직급여보장법상의 퇴직금지급으로서의 효력이 있다.

③ 퇴직금 중간정산이 근로자의 불이익을 엄격하게 고려하여 그 적용요건이 적법하여 월 분할지급하는 경우라면 유효한 퇴직금의 지급으로 인정될 수 있다.

④ 퇴직금 지급요건 및 중간정산요건을 충족하지 않은 채 근로자에게 퇴직금명목으로 금품이 지급되었다고 하더라도 사용자가 이를 임금이나 퇴직금에서 공제하는 것은 근로기준법의 임금전액불원칙에 반한다.

⑤ 일부 근로자에 대해서만 연봉제를 도입하는 경우 이해관계의 당사자인 당해 근로자집단의 동의가 있으면 된다.

《해 설》 ② 근로자퇴직급여보장법상 퇴직금은 근속연수 1년이 경과한 근로자에게 퇴직할 때 지급하는 후불적 임금으로서 근로관계의 종료를 요건으로 하여 비로소 발생하게 되며, 근로관계의 존속중에는 원칙적으로 사용자의 퇴직금지급의무는 발생할 여지가 없다. 따라서 매월 지급받기로 한 임금 속에 퇴직금이라는 명목으로 일정액을 지급하기로 약정하고 사용자가 이를 지급하였다 하더라도 근로자퇴직급여보장법상의 퇴직금지급으로서의 효력이 없으며, 그와 같이 매월의 임금 속에 퇴직금을 포함시켜 지급받기로 하는 약정은 최종 퇴직시 발생하는 퇴직금청구권을 사전에 포기하는 것으로서 강행법규인 근로자퇴직급여 보장법 제8조 1항에 위반되어 무효라고 판시하고 있다(대판 2002. 7. 12, 2002도2211; 대판 2002. 7. 26, 2000다27671; 대판 2007. 8. 23, 2007도4171). ③ 서울지법 의정부지판 2002. 5. 8, 2002가소1707; 인천지판 2008. 10. 31, 2008나7130; 창원지판 2009. 4. 28, 2008가단45791; 인천지판 2009. 5. 19, 2007가단75562. ⑤ 대판 1990. 12. 7, 90다카19647. <답 ②>

65. 지연이자제와 관련하여 틀린 설명은?

① 사망 또는 퇴직으로 근로관계가 종료된 근로자가 그 대상이다.

② 미지급된 임금 및 퇴직금 그리고 '기타 금품'에도 적용된다.

③ 지급사유가 발생한 날(퇴사일)로부터 14일이 지난 날(15일째 되는 날)을

기산일로 하여 실제 지급일(변제일)까지 이자율이 적용된다.

④ 당사자간 지급기일 연장에 대하여 유효한 합의가 있었을 경우 근로기준법 제36조에 위반되는 것은 아니지만, 지연이자는 면할 수 없다.

⑤ 근로기준법 제37조 1항에서 '대통령령이 정하는 이율'이라 함은 연 100분의 20을 밀한다.

《해 설》 ① 근기법 제36조, 제37조. ② 미지급된 임금 및 퇴직금에 적용되며, '기타 금품'에는 적용되지 않는다. ③④ 지급사유가 발생한 날(퇴사일)로부터 14일이 지난 날(15일째 되는 날)을 기산일로 하여 실제 지급일(변제일)까지 이자율이 적용된다. 그리고 당사자간 지급기일 연장에 대하여 유효한 합의가 있었을 경우 근로기준법 제36조에 위반되는 것은 아니지만, 지연이자는 면할 수 없다. 다시 말하면 당사자간에 합의한 기간 중에도 지급사유가 발생한 날로부터 15일째 되는 날을 기산일로 하여 실제 지급한 날까지 지연이자가 발생한다. ⑤ 근기법 시행령 제17조. <답 ②>

66. 지연이자제 적용제외와 관련하여 틀린 설명은?

① 천재·사변, 기업 도산 등의 사유로 사용자가 도저히 임금을 지급기일 안에 지급할 능력이 없는 경우에는 그 사유가 존속하는 기간에 대하여 지연이자의 이율적용이 면제된다.

② 적용제외 사유가 존속하는 기간에는 근로기준법 제37조에 의한 지연이자는 적용되지 않을 뿐만 아니라 민법 제379조에 따른 이자(연 5%)까지 면제된다.

③ 임금채권보장법 시행령 제4조 각 호의 어느 하나에 해당하는 경우, 즉 근로자가 체당금을 수령할 수 있는 경우로서 법률상 도산 및 사실상 도산의 경우 지연이자의 이율적용이 면제된다.

④ 채무자 회생 및 파산에 관한 법률, 국가재정법, 지방자치법 등 법령상의 제약에 의하여 임금 및 퇴직금 지급에 충당할 자금의 확보가 곤란한 경우 지연이자의 이율적용이 면제된다.

⑤ 적용제외 사유에 해당하는지의 입증책임은 사용자에게 있다.

《해 설》 ① 근기법 제37조 2항. ② 적용제외 사유가 존속하는 기간은 근로기준법 제37조에 의한 지연이자는 적용되지 않으나, 민법 제379조에 따른 이자(연 5%)까지 면제되는 것은 아니다. ③④ 적용제외 사유(근기법 제37조 2항; 동법 시행령 제18조 참조). ⑤ 적용제외 사유 해당 여부에 대한 판단 및 증명책임 : 시행령 세18조 각 호의 어느 하나에 해당하는지에 대한 판단은 일차적으로 근로자와 사용자 당사자의 의사에 따를 것이나, 당사자 간에 이견이 있는 경우는 최종적으로 법원에서 판단하며, 적용제외 사유에 해당하는지의 증명책임은 사용자에게 있다. <답 ②>

67. 아래의 규정을 위반한 경우 반의사불벌죄가 적용되지 않는 것은?

① 제23조 1항(해고제한) ② 제36조(금품청산)

③ 제43조(임금지불) ④ 제44조(도급사업에 대한 임금 지급)

⑤ 제46조(휴업수당)

《해 설》 근로기준법 제36조(금품청산), 제43조(임금지불), 제44조(도급사업에 대한 임금 지급), 제46조(휴업수당) 또는 제56조(연장, 야간, 휴일근무)의 규정을 위반한 자에 대하여는 피해자(진정인, 고소인 등)의 명시한 의사에 반하여 공소를 제기(형사처벌)할 수 없다(근기법 제109조 2항). <답 ①>

제 4 절 근로시간 · 휴게 · 휴일 및 휴가

1. 다음 중 근로기준법상의 근로시간에 해당하지 않는 것은?

① 호텔포터의 야간근무대기시간
② 시업 전의 기계점검시간
③ 여행원이 제복으로 갈아입는 시간
④ 종업 이후의 인수인계시간
⑤ 소정근로시간 외에 회사의 지시로 연수에 참가하는 시간

《해 설》 ① 근로를 하지 않고 대기하는 시간, 즉 근로대기상태(Arbeitsbereitschaft)에 있는 시간이 근로시간에 속하느냐 하는 것이 문제되는데, 근로자가 그 시간을 자유롭게 이용할 수 있는지의 여부에 따라 구체적으로 판단하여야 할 것이다(대판 1993. 5. 27, 92다24509 등). 따라서 작업도중의 정전 · 기계고장 · 원료공급중단 등으로 인한 대기시간, 자동차운전수 · 차장 · 식당접객원의 대기시간, 의사의 대기 근로시간, 호텔포터의 야간근무대기시간은 원칙적으로 임금이 지급되는 근로시간으로 보아야 한다. ② 작업에 필요한 지시를 받는 것이나 교대 · 인수 · 인계, 기계점검, 정리정돈 등은 통상적인 업무에 종사한 것으로 보아, 이른바 형식상의 '시업시' 이전에 행하여졌더라도 근로시간에 산입될 수 있다(대판 1993. 5. 27, 92다24509). ③ 작업복으로 갈아입는다든가 또는 보호구 · 보호모를 착용하는 시간이 근로시간에 포함되는지 여부가 문제되는데, 이는 '업무성'의 유무 또는 정도에 의하여 판단되어야 할 것이다. 즉, 당해 행위가 취업규칙 등으로 의무 지어져 있더라도 그 성질상 근로계약상의 의무를 이행하기 위하여 해야 할 준비행위에 속하는 경우에는 근로시간에 포함되지 않는다. ④ 형식적인 종업시 이후에 작업상 필요한 기계점검 · 청소 · 정리정돈 · 인수인계 등이 행하여졌다 하더라도 이는 업무의 최종부분으로서 근로시간에 산입된다. ⑤ 소정근로시간 외에 기업 밖에서 행하여지는 연수교육에 참가하거나 기업체의 행사에 참가하는 경우에 그 참가가 의무적이고 업무로서의 성격을 가진 것이면 근로시간에 산입된다. <답 ③>

2. 1주 40시간, 1일 8시간 근로의 원칙에 대한 설명 중 틀린 것은? (이견이 있는 경우 판례의 태도에 따름)

① 계속근로가 2일에 걸칠 경우에는 역일을 달리하더라도 하나의 근로로 보고 8시간 제한규정을 적용해야 한다.

② 출장이나 그 밖에 사업장 외에서 근로하여 근로시간을 산정하기 곤란한 경우에는 소정근로시간을 근로한 것으로 본다.
③ 1주 40시간, 1일 8시간 이상의 근로는 할 수 없으며, 이에 위반하는 계약은 전부 무효이다.
④ 근로기준법 제53조 1항은 「당사자 사이의 합의에 의하여 1주일에 12시간의 한도로 연장근로를 할 수 있다」고 규정하고 있는데, 이 경우 당사자의 의미는 근로자 개인과 사용자가 원칙이다.
⑤ 근로기준법 제53조 1항과 관련하여 1주 12시간을 초과하지 않는 범위 내에서의 1일의 제한시간은 없는 것으로 보아야 할 것이다.

《해 설》 40시간근로의 원칙과 그 예외와 관련한 문제이다. ① '1일'의 의미는 역일의 1일(0시부터 24시까지)을 의미하며, 계속근로가 2일에 걸칠 경우: 역일을 달리하더라도 하나의 근로로 보고 8시간 제한규정을 적용해야 한다. ② 근기법 제58조 1항. ③ 1주 40시간, 1일 8시간 이상의 근로는 할 수 없으며, 이에 위반하는 계약은 그 한도 내에서 무효이다. ④ 근로기준법 제53조 1항은 「당사자 사이의 합의에 의하여 1주일에 12시간의 한도로 연장근로를 할 수 있다」고 규정하고 있다. 판례(대판 1995. 2. 10, 94다192281)와 일부 견해(이병태, 803면)는 근로자 개인과 사용자가 연장근로를 합의할 수 있다고 하며, 다만 개별근로자의 연장근로에 관한 합의권을 박탈하거나 제한하지 아니하는 범위 내에서는 단체협약에 의한 합의도 가능하다고 한다. ⑤ 근로기준법 제53조 1항은 연장근로에 대한 시간적 제한을 1주에 대해서만 규정하고, 1일에 대한 제한을 하고 있지 않다. 다시 말하면 연장근로시간의 기준을 1일 단위로 하지 아니하고 1주 단위로 정한 것이다. 그러므로 1주 단위의 연장근로시간의 법정허용의도는 1주를 단위로 하여 사업 내지 기업의 사정에 적응하도록 융통성을 발휘한 일종의 변형근로시간제를 채택한 것이라고 생각된다. 따라서 1주 12시간을 초과하지 않는 범위 내에서의 1일의 제한시간은 없는 것으로 보아야 할 것이다(동지: 이병태, 804면; 하갑래, 287면; 1990. 9. 27, 근기 01254-13541). <답 ③>

3. 「근로기준법」상 근로시간에 관한 설명으로 옳은 것은? (1주 40시간의 법정근로시간제가 적용되는 사업장의 경우) <사시 2009년>

① 임신 중인 여성근로자는 선택적 근로시간제의 대상 근로자로 할 수 없다.
② 15세 이상 18세 미만의 근로자는 탄력적 근로시간제의 대상 근로자로 할 수 있다.
③ 근로자가 근로시간의 전부 또는 일부를 사업장 밖에서 근로하여 근로시간을 산정하기 어려운 경우에는 1주 40시간을 근로한 것으로 본다.
④ 업무수행방법을 근로자의 재량에 위임할 필요가 있는 업무는 소정(所定) 근로시간을 근로한 것으로 본다.
⑤ 감시 또는 단속적으로 근로에 종사하는 자로서 사용자가 고용노동부장관의 승인을 받은 자에 대하여는 근로시간에 관한 「근로기준법」의 규정(제4장과 제5장)을 적용하지 아니한다.

《해 설》 ① 근로기준법 제52조 1호에 의거 연소자만 적용대상 제외이지 임신 중인 여성근로자는 출퇴근시간을 자유롭게 정할 수 있기에 선택적 근로시간제의 대상 근로자가 될 수 있다. ② 15세 이상 18세 미만의 근로자나 임신 중인 여성근로자는 근로기준법 제51조 3항에 의거 탄력적 근로시간제의 대상 근로자로 할 수 없다. ③ 근로자가 근로시간의 전부 또는 일부를 사업장 밖에서 근로하여 근로시간을 산정하기 어려운 경우에는 근로기준법 제58조 1항에 의거 1주 40시간을 근로한 것으로 보는 것이 아니라 소정근로시간을 근로한 것으로 본다. ④ 업무수행방법을 근로자의 재량에 위임할 필요가 있는 업무는 근로기준법 제58조 3항에 의거 사용자가 근로자대표와의 서면합의로 정한 시간을 소정(所定)근로시간을 근로한 것으로 본다. ⑤ 근로기준법 제63조 3호. <답 ⑤>

4. 다음 중 옳은 것은? <노무사 2010년>

① 사용자는 임신 중의 여성이 명시적으로 청구하고 고용노동부장관의 인가를 받으면 휴일에 근로시킬 수 있다.

② 사용자는 18세 이상의 여성을 오후 10시부터 오전 6시까지의 시간에 근로시키려면 근로자대표와 서면으로 합의해야 한다.

③ 15세 이상 18세 미만인 자의 근로시간은 당사자 사이의 합의가 없는 한 1일에 7시간, 1주일에 35시간을 초과하지 못한다.

④ 감시 또는 단속적으로 근로에 종사하는 자의 경우 사용자가 근로자대표와 서면으로 합의하면 고용노동부장관의 인가 없이 근로시간, 휴게, 휴일에 관한 근로기준법의 규정을 적용하지 아니할 수 있다.

⑤ 의료 및 위생사업에서 사용자가 근로자에게 주12시간을 초과하여 연장근로를 시키려면 근로자대표와 서면으로 합의하고 고용노동부장관의 인가를 받아야 한다.

《해 설》 ① 근기법 제70조 2항 3호. ② 그 여성근로자의 동의를 받아야 한다(근기법 제70조 1항). ③ 1주일에 40시간을 초과하지 못한다(근기법 제69조). ④ 고용노동부장관의 승인을 받아야 한다(근기법 제63조 3호). ⑤ 근로자대표와 서면합의로 족하다(근기법 제59조 3호). <답 ①>

5. 탄력적(변형) 근로시간제도와 관련하여 틀린 것은?

① 탄력적 근로시간제란 일정한 단위기간 내에서 소정근로시간을 평균하여 법정기준근로시간을 초과하지 않는다면, 단위기간 내의 특정일이나 특정 주에 대해서 법정기준근로시간을 초과하여도 법정기준근로시간을 초과한 연장근로 내지 시간외근로로 보지 않는 제도이다.

② 탄력적 근로시간제는 일정한 조건하에 법정기준근로시간의 연장을 허용하고 연장된 근로시간에 대하여 할증임금을 지급하도록 하는 근로시간의 연장 또는 시간외근로제도와 성질이 동일하다.

③ 이 제도는 심야교대제근로와 같은 특수한 근무형태와 밀접한 관련이 있다.

④ 탄력적 근로시간제는 불규칙한 근로시간의 배분으로 인하여 근로자의 정상적인 사회생활 및 가정생활을 저해한다는 점도 문제로 지적되고 있다.
⑤ 현행근로기준법은 2주 단위 및 3개월 단위의 탄력적 근로시간제를 채택하고 있다.

《해 설》 일정단위기간을 평균한 근로시간이 법정기준근로시간을 초과하지 않는 조건으로 특정일이나 특정주의 근로시간이 법정기준근로시간을 초과하는 것을 허용하고 이에 대해 할증임금을 지급하지 않아도 된다는 점에서 탄력적 근로시간제는 일정한 조건하에 법정기준근로시간의 연장을 허용하고 연장된 근로시간에 대하여 할증임금을 지급하도록 하는 근로시간의 연장 또는 시간외근로제도와는 다르다. <답 ②>

6. 근로기준법상 탄력적 근로시간제에 관한 설명으로 옳지 않은 것은?

① 2주 단위의 탄력적 근로시간제는 취업규칙 <사시 2001년 · 2003년 유사>
(이에 준하는 것 포함)이 정하는 바에 의하여, 3개월 단위의 탄력적 근로시간제는 근로자대표와의 서면합의에 의하여 각각 실시한다.
② 2주 단위의 탄력적 근로시간제 하에서도 특정주의 근로시간은 48시간을 초과할 수 없다.
③ 3개월 단위의 탄력적 근로시간제 하에서 특정주의 근로시간은 52시간을, 특정일의 근로시간은 12시간을 초과할 수 없다.
④ 임신 중인 여자 근로자와 15세 이상 18세 미만의 근로자에 대해서는 탄력적 근로시간제를 실시할 수 없다.
⑤ 탄력적 근로시간제 하에서는 이미 법정근로시간의 초과가 허용된 것이므로 그 이상의 연장근로는 가능하지 않다.

《해 설》 ①②③④ 근기법 제51조 참조. ⑤ 근기법 제53조 2항. <답 ⑤>

7. 탄력적 근로시간제에 관한 설명으로 옳지 않은 것은? (다툼이 있는 경우에는 판례에 의함) <노무사 2009년>

① 탄력적 근로시간제 하에서도 당사자 간의 합의에 의한 연장근로가 가능하다.
② 탄력적 근로시간제 하에서도 임신 중인 여성근로자에 대해서는 적용되지 아니한다.
③ 탄력적 근로시간제를 실시하기 위해서는 언제나 근로자대표와 사용자 사이에 서면합의가 있어야 한다.
④ 탄력적 근로시간제를 실시하기 위하여 서면합의를 하는 경우에 대상 근로자의 범위에 대한 합의가 있어야 한다.
⑤ 탄력적 근로시간제를 실시하고자 하는 사용자는 기존의 임금수준이 낮아지지 아니하도록 임금보전 방안을 강구하여야 한다.

《해 설》 ①②④⑤ 근로기준법 제51조. ③ 3월 이내의 탄력적 근로시간제도는 근로자대표와 사용자 사이에 서면합의가 있어야 하지만, 2주 이내의 탄력적 근로시간제도는 사용자가 취업규칙 도는 취업규칙에 준하는 것에서 정하는 바에 따라 실시할 수 있다(근기법 제51조 1항 · 2항). <답 ③>

8. 선택적 근로시간제와 관련하여 틀린 설명은?

① 선택적 근로시간제는 기준근로시간제도에 대응하는 개념으로서 근로시간배분을 탄력화한 변형근로시간제의 일종이라 할 수 있다.

② 특정일 또는 특정 주에 법정기준근로시간보다 더 많이 일하고, 이렇게 초과 근로한 것을 연장근로로 본다.

③ 선택적 근로시간제라 함은 일반적으로 일정한 근로시간대에서 근로의 시기 및 종기를 근로자가 자유로이 결정하여 근무하도록 하는 근로시간제를 말한다.

④ 근로자의 과반수로 조직된 노조가 있는 경우에는 그 노조와, 그런 노조가 없는 경우에는 근로자 과반수의 대표자와 사용자 사이에 선택적 근로시간제의 내용에 관하여 서면합의가 이루어져야 한다.

⑤ 이 제도는 노사간의 협정이 있다고 하더라도 연소근로자(15세부터 18세 미만)에게는 적용되지 않는다.

《해 설》 ② 특정일 또는 특정 주에 법정기준근로시간보다 많이 일하고 이런 초과근로 한 것을 시간외근로(연장근로)로 보지 않는 점에서 탄력적 근로시간제와 같다(시간 자체의 변경). 그리고 탄력적 근로시간제는 소정의 근로일과 근로시간대가 정해지면 근로자들이 일률적으로 이에 따라 근로해야 하지만, 선택적 근로시간제는 반드시 근로해야 할 시간대(의무근로시간대)에만 일률적으로 근로하고 나머지 근로시간은 근로자 개인별로 자유롭게 선택할 수 있다. ③④⑤ 근기법 제52조. <답 ②>

9. 다음 설명 중 틀린 것은?

① 근로자가 출장 기타의 사유로 근로시간의 전부 또는 일부를 사업장 밖에서 근로하여 근로시간을 산정하기 어려운 때에는 소정근로시간을 근로한 것으로 본다.

② ①의 경우, 다만 당해 업무를 수행하기 위하여 통상적으로 소정근로시간을 초과하여 근로할 필요가 있는 경우에는 그 업무의 수행에 통상 필요한 시간을 근로한 것으로 본다.

③ ②에도 불구하고 당해 업무에 관하여 근로자대표와의 서면합의가 있는 때에는 그 합의에서 정하는 시간을 그 업무의 수행에 통상 필요한 시간으로 본다.

④ 업무의 성질에 비추어 업무수행방법을 근로자의 재량에 위임할 필요가 있는 업무로서 대통령령이 정하는 업무는 8시간을 근로한 것으로 본다.

⑤ 선택적 근로시간제와 재량근로제의 차이를 들면, 전자는 출근한 이상 사용자의 지시에 따라 업무를 수행해야 하지만 후자는 업무수행방법 자체가 재량에 맡겨진다.

《해 설》 ①②③ 근기법 제58조 1항 · 2항. ④ 업무의 성질에 비추어 업무수행방법을 근로자의 재량에 위임할 필요가 있는 업무로서 대통령령이 정하는 업무는 사용자가 근로자대표와 서면합의로 정한 시간을 근로한 것으로 본다(근기법 제58조 3항). <답 ④>

10. 선택적 근로시간제와 재량근로제의 차이점으로 틀린 것은?

① 전자는 전문직근로자는 물론 가정상의 이유를 가진 자에게 적용될 수 있지만, 후자는 전문직근로자에게만 적용된다.
② 전자는 출근한 이상 사용자의 지시에 따라 업무를 수행해야 하지만, 후자는 업무수행방법 자체가 재량에 맡겨진다.
③ 연소근로자에게는 두 제도를 도입할 수 없다.
④ 전자는 기준시간 자체의 변경이지만, 후자는 도급에서처럼 근로시간수를 따지지 않겠다는 것이다.
⑤ 전자는 근로시간배분과 관련된 개념이지만, 후자는 근로시간결정이 곤란한 경우에 있어서의 근로시간결정에 관한 문제이다.

《해 설》 선택적 근로시간제는 노사간의 합의가 있다고 하여도 연소근로자에게는 적용되지 않으나(근기법 제52조 1호 참조), 재량근로는 이와 관련된 규정이 없다. <답 ③>

11. 선택적 근로시간제에서 노사 사이의 서면합의사항이 아닌 것은?

① 사용자가 업무의 수행 수단에 관하여 근로자에게 구체적인 지시를 하지 아니한다는 내용
② 대상근로자의 범위
③ 1개월 이내에 정산기간
④ 정산기간에서의 총 근로시간
⑤ 반드시 근로해야 할 시간대를 정하는 경우에는 그 개시 및 종료시각

《해 설》 ①은 재량근로에서의 서면합의사항이다(근기법 제58조 3항). 선택적 근로시간제에서의 서면합의사항으로는 다음과 같다. (ⅰ) 대상근로자의 범위, (ⅱ) 1개월 이내의 정산기간, (ⅲ) 정산기간에서의 총 근로시간, (ⅳ) 반드시 근로하여야 할 시간대(의무근로시간대)를 정하는 경우에는 그 개시 및 종료시각, (ⅴ) 근로자가 그의 결정에 의하여 근로할 수 있는 시간대(선택근로시간대)를 정하는 경우에는 그 개시 및 종료시각, (ⅵ) 기타 대통령령이 정하는 사항: 표준근로시간(유급휴가 등의 계산 기준으로 사용자와 근로자대표가 합의하여 정한 1일의 근로시간)을 말한다(근기법 시행령 제24조). <답 ①>

12. 다음 연장근로와 관련한 설명 중 틀린 것은?

① 합의에 의한 연장근로는 1주 안에 12시간을 초과할 수 없다.

② 탄력적 근로시간제에서도 합의에 의한 연장근로는 1주간에 12시간을 초과할 수 없다.
③ ②의 경우 당해 연장근로에 대하여는 할증임금이 지급되지 않는다.
④ 선택적 근로시간에서 시간외근로로 되는 시간은 정산기간에서의 법정기준근로시간의 총계를 초과하는 부분이다.
⑤ ④의 경우 1주간에 12시간을 넘는 시간외근로는 허용되지 않는다.

《해 설》 ③ 근로기준법 제53조 2항은 특정 주 이외의 다른 주에서 당사자 간의 합의로 12시간을 연장근로 할 수 있는 규정으로서 당해 12시간의 연장근로에 대해서는 할증임금이 지급되어야 한다(근기법 제56조의 적용). <답 ③>

13. 근로기준법상 연장근로에 관한 설명으로 옳은 것은?

<노무사 2005년, 사시 2008년 유사>

① 개별 근로자와의 연장근로에 관한 합의는 근로계약으로 사전에 미리 약정할 수 있다는 것이 판례의 태도이다.
② 탄력적 근로시간제를 적용하고 있는 사업장에서는 당사자 간의 합의가 있더라도 연장근로를 실시할 수 없다.
③ 사회복지사업의 사용자는 근로자의 동의를 얻어 1주간에 12시간을 초과하여 연장근로를 시킬 수 있다.
④ 주문량의 증가로 연장근로가 필요한 때에는 고용노동부장관의 인가와 근로자의 동의를 얻어 1주간에 12시간을 초과하여 연장근로를 시킬 수 있다.
⑤ 위법한 연장근로로 벌칙을 적용받게 된 경우에는 사용자는 별도로 연장시간에 대한 가산임금지급의무는 부담하지 않는다.

《해 설》 ① 대판 1995. 2. 10, 94다19228. ② 탄력적 근로시간제를 적용하고 있는 사업장에서도 당사자 간의 합의가 있더라도 연장근로를 실시할 수 있다(근기법 제53조 2항 전단). ③ 사회복지사업의 사용자는 근로자대표와 서면합의를 한 때에는 1주간에 12시간을 초과하여 연장근로를 시킬 수 있다(근기법 제59조; 시행령 제32조). ④ 사용자는 특별한 사정이 있는 경우에는 고용노동부장관의 인가와 근로자의 동의를 얻어 1주간에 12시간을 초과하여 연장근로를 시킬 수 있다(근기법 제53조 3항). 특별한 사정이란 천재지변 그 밖에 이에 준하는 재해와 긴급·불가피한 사고로서 업무운영상 통상적으로 예상할 수 없는 경우로서 주문량의 증가의 경우에는 해당되지 아니한다. ⑤ 근기법 제56조의 가산임금지급의 원칙은 연장근로가 위법하게 행하여진 경우에도 적용된다. <답 ①>

14. 다음 중 근로자대표와의 서면합의에 의하지 않는 것은?

<사시 2002년, 노무사 2003년 유사>

① 선택적 근로시간제
② 재량근로에 의한 인정근로시간제
③ 유급휴가의 대체

④ 사업장 외에서의 근로에 대한 인정(외근)근로시간제
⑤ 3개월 단위의 탄력적 근로시간제

《해 설》 근로자대표와의 서면합의로 체결해야 할 것으로는 3개월 이내의 탄력적 근로시간제, 선택적 근로시간제, 재량근로에 의한 인정근로시간제, 근로시간 및 휴게시간의 특례, 보상휴가제, 유급휴가의 대체 등이다. <답 ④>

15. 근로기준법상 '근로자대표와의 서면합의'가 유효요건이 아닌 것은? (1주 40시간의 법정근로시간제가 적용되는 사업장의 경우) <사시 2006년>

① 3개월 단위 탄력적 근로시간제(제51조 제2항)
② 보상휴가제(제57조)
③ 재량근로의 근로시간 계산의 특례(제58조 제3항)
④ 근로시간 및 휴게시간의 특례(제59조 제1항)
⑤ 법정근로시간에 대한 연장근로의 합의(제53조 제1항)

《해 설》 ① 3개월 단위 탄력적 근로시간제의 경우 근로자대표와의 서면합의가 필요하지만 2주 단위 탄력적 근로시간제의 경우에는 취업규칙에 정하고 있으면 가능하다. ② 사용자는 근로자대표와의 서면합의에 따라 연장근로 · 야간근로 및 휴일근로에 대하여 임금을 지급하는 것을 갈음하여 휴가를 줄 수 있다. ③ 업무의 성질에 비추어 업무수행방법을 근로자의 재량에 위임할 필요가 있는 업무로서 대통령령이 정하는 업무는 사용자가 근로자대표와 서면합의로 정한 시간을 근로한 것으로 본다. ④ 근로기준법 제59조에서 정하는 사업에 대하여 사용자가 근로자대표와 서면합의를 한 경우에는 연장근로나 휴게시간의 변경이 가능하다. ⑤ 당사자간에 합의만 있으면 1주간에 12시간을 한도로 근로시간을 연장할 수 있다. <답 ⑤>

16. 3개월 이내의 탄력적 근로시간제와 관련한 설명 중 틀린 것은?

① 요건으로 요구되는 근로자대표와의 서면합의란 당해 사업장에 근로자의 과반수로 조직된 노동조합이 있는 경우에는 그 노동조합, 근로자의 과반수로 조직된 노동조합이 없는 경우에는 근로자의 과반수를 대표하는 자와의 합의를 말하며, 노사협의회를 통한 노사협정은 서면합의에 갈음할 수 없다.
② 탄력적 근로시간제는 법정근로시간을 일정한 조건하에 변형할 수 있도록 법률로 인정하는 제도이므로 특정 주에 40시간, 특정일에 8시간을 넘어 근로하더라도 초과된 부분은 시간외근로에 해당되지 아니한다.
③ 1주 40시간, 1일 8시간을 초과한 근로시간이 정해진 특정 주 또는 특정일에 대해서는 그 정해진 시간을 초과한 근로시간만이 시간외근로가 된다.
④ 1주 40시간, 1일 8시간 이하의 근로시간이 정해진 주 또는 일에 대해서는 법정근로시간인 1주 40시간, 1일 8시간을 초과한 때에 시간외근로가

된다.

⑤ 위의 ④의 경우에도 1주 또는 1일의 근로시간연장이 법정근로시간의 범위 내라 하더라도 단위기간의 법정근로시간의 총합을 초과한 때에는 초과된 근로시간은 시간외근로가 된다.

《해 설》 ① 여기서 근로자대표와의 서면합의란 당해 사업장에 근로자의 과반수로 조직된 노동조합이 있는 경우에는 그 노동조합, 근로자의 과반수로 조직된 노동조합이 없는 경우에는 근로자의 과반수를 대표하는 자(근기법 제24조 3항 참조)와의 합의를 말하며, 노사협의회를 통한 노사협정도 서면합의에 갈음할 수 있다. 다만 노사협의회의 근로자 측 위원 중의 대표자를 근로자대표로 인정하는 것은 허용될 수 없다고 생각된다. ②③④⑤ 탄력적 근로시간제 하에서의 시간외근로가 되는 경우는 다음과 같다. (ⅰ) 1주 40시간, 1일 8시간을 초과한 근로시간이 정해진 특정 주 또는 특정일에 대해서는 그 정해진 시간을 초과한 근로시간만이 시간외근로가 된다. (ⅱ) 1주 40시간, 1일 8시간 이하의 근로시간이 정해진 주 또는 일에 대해서는 법정근로시간인 1주 40시간, 1일 8시간을 초과한 때에 시간외근로가 된다. (ⅲ) 위의 (ⅱ) 의 경우에도 1주 또는 1일의 근로시간연장이 법정근로시간의 범위 내라 하더라도 단위기간의 법정근로시간의 총합을 초과한 때에는 초과된 근로시간은 시간외근로가 된다. 다만, 법정근로시간을 상회하는 특정일의 근로시간은 12시간을, 특정주의 근로시간은 52시간을 초과할 수 없다(근기법 제51조 2항 단서). <답 ①>

17. 근로기준법상 근로시간에 관한 설명으로 옳지 않은 것은?<노무사 20010년 변형>

① 농림사업에 종사하는 근로자에 대하여는 근로시간에 관한 근로기준법 규정이 적용되지 않는다.

② 탄력적 근로시간제는 주 평균 근로시간이 법정근로시간을 초과하지 아니할 것을 요건으로 하므로 특정한 주나 특정한 날에 대한 근로시간의 제한은 없다.

③ 선택적 근로시간제는 임신 중의 여성근로자에게도 적용할 수 있다.

④ 선택적 근로시간제의 경우에는 노사협정에서 정산기간 동안의 최고연장근로시간이 정해질 수 있는데, 이때에도 원칙적으로 주당 12시간을 넘지 않는 범위 내에서 정하여야 한다.

⑤ 탄력적 근로시간제와 선택적 근로시간제는 모두 15세 이상 18세 미만의 근로자에 대해서는 적용되지 않는다.

《해 설》 ① 토지의 경작 · 개간, 식물의 재식 · 재배 · 재취 사업, 그 밖의 농림사업의 경우 근로시간, 휴게와 휴일에 관한 근로기준법의 규정이 적용되지 않는다(근기법 제63조 1호). ② 3개월 단위 탄력적 근로시간제 하에서 특정일의 근로시간은 12시간을 초과할 수 없다(근기법 제51조 2항 단서). ③⑤ 근기법은 탄력적 근로시간제가 18세 미만의 근로자와 임신 중인 여성근로자에게 대해서는 적용되지 않는다(근기법 제51조 3항)고 명시하고 있으나, 선택적 근로시간제에서는 그와 같은 제한규정이 없다. ④ 근기법 제53조 2항 후단. <답 ②>

18. 다음 근로시간계산의 특례와 관련한 설명 중 틀린 것은?

① 근로시간이 산정되기 어려운 사업장외 근로에 있어서는 소정근로시간을 근로한 것으로 본다.

② 근로시간의 일부를 사업장 내에서 수행하여, 사업장 밖에서 일부 근로하고 사업장 내에서도 일부 근로한 결과 사업장이 근로와 사업장내근로가 혼합되어 있는 경우도 소정근로시간을 근로한 것이다.

③ 사업장 밖에서 일부 근로한 경우라도, 사업장 내에서의 근로가 이미 소정근로시간을 초과하는 경우 사업장외 근로가 포함된 근로시간의 소정근로시간을 취업한 것으로 보고, 종업시각 후의 사업장내근로는 별도로 가산하는 것이 타당하다.

④ 당해 업무를 수행하기 위하여 통상적으로 소정근로시간을 초과하여 근로할 필요가 있는 경우, 그 업무의 수행에 통상 필요한 시간을 근로한 것으로 본다.

⑤ 당해 업무의 수행에 통상 필요한 시간을 근로한 것으로 보는 경우에도 당해 업무에 관하여 근로자대표와 서면합의가 있는 경우, 그 업무의 수행에 통상 필요한 시간을 근로한 것으로 본다.

《해 설》 ① 근기법 제58조 1항 본문. ② 근로시간의 일부를 사업장 내에서 수행한 경우(예컨대 오전 4시간을 사업장 내에서 근로하고 오후에 사업장외 근로를 수행한 경우, 반대로 오전 및 낮 시간에 사업장 밖에서 근로하고 귀사하여 3시간을 더 근무한 경우), 사업장 밖에서 일부 근로한 것은 사업장 내에서도 일부 근로한 것이므로 사업장외 근로와 사업장내 근로가 혼합되어 있는 경우도 소정근로시간을 근로한 것임을 규정하고 있는 것으로 해석된다. ④ 근기법 제58조 1항 단서. ⑤ 서면합의에서 정하는 시간을 그 업무의 수행에 통상 필요한 것으로 본다(근기법 제58조 2항). <답 ⑤>

19. 재량근로에 의한 인정근로시간제와 관련하여 재량근로의 대상이 되지 않는 업무는? <노무사 2004년 유사>

① 신상품 또는 신기술의 연구개발업무

② 정보처리시스템의 설계 또는 분석업무

③ 공업제품 등의 고안업무

④ 신문사업에 있어서 조판업무

⑤ 의복 · 실내상식 · 공업제품 · 광고 등의 디자인 또는 고안업무

《해 설》 근기법 시행령 제31조. (i) 신상품 또는 신기술의 연구개발이나 인문사회과학 또는 자연과학분야의 연구업무, (ii) 정보처리시스템의 설계 또는 분석업무, (iii) 신문 · 방송 또는 출판사업에 있어서 기사의 취재 · 편성 또는 편집업무, (iv) 의복 · 실내장식 · 공업제품 · 광고 등의 디자인 또는 고안업무, (v) 방송프로 · 영화 등의 제작사업에 있어서 프로듀서 또는 감독업무, (vi) 기타 고용노동부장관이 정하는 업무. <답 ④>

20. 다음은 법정기준근로시간에 대한 설명이다. 틀린 것은?

① 유해 · 위험작업에 종사하는 근로자에 대하여는 1일 6시간, 1주 34시간을 초과하여 근로하게 하여서는 아니 된다.

② 15세 이상 18세 미만의 근로자는 1일에 7시간, 1주에 40시간을 초과하지 못한다.

③ ②의 경우 당사자 사이의 합의에 의해 1일에 1시간, 1주일에 6시간을 한도로 연장할 수 있다.

④ 18세 이상의 여자에 대하여는 1일에 2시간, 1주일에 6시간, 1년에 150시간을 초과하여 근로하게 하여서는 아니 된다.

⑤ 유해 · 위험작업에 종사하는 근로자는 1일에 1시간, 1주일에 6시간 한도로 연장근로 할 수 없다.

《해 설》 ①⑤ 산안보법 제46조. 그리고 동 작업에 종사하는 근로자에 대하여 시간외근로에 대한 예외규정이 없으므로 유해 · 위험작업에서는 시간외근로가 금지된다. ② 근기법 제69조. ③ 근기법 제69조 단서. ④ 산후 1년이 지나지 않은 여성의 경우이다. 근기법 제71조. <답 ④>

21. 근로기준법상 시간외근로에 관한 설명으로 옳지 않은 것은? <사시 2001년>

① 야간근로라 함은 오후 10시부터 오전 6시까지 사이의 근로를 말한다.

② 연소자의 근로시간은 1일 7시간, 1주 40시간을 초과하지 못한다. 다만 당사자의 합의에 의하여 1일에 1시간, 1주일에 6시간을 한도로 연장할 수 있다.

③ 사용자는 18세 이상의 여성에 대하여 단체협약이 있는 경우에도 1일에 2시간, 1주일에 6시간을 초과하는 시간외의 근로를 시킬 수 없다.

④ 여성근로자의 야간근로에는 그 근로자의 동의를 필요로 한다.

⑤ 사용자는 휴일근로에 대하여는 통상임금의 100분의 50 이상을 가산하여 지급하여야 한다.

《해 설》 ① 근기법 제56조 및 제70조 참조. ② 근기법 제69조. ③ 근기법 제71조에 의하면, 산후 1년이 지나지 아니한 여성에 대하여는 단체협약이 있는 경우라도 1일에 2시간, 1주일에 6시간, 1년에 150시간을 초과하는 시간외근로를 시키지 못한다. ④ 근기법 제70조 1항. ⑤ 근기법 제56조 참조. <답 ③>

22. 다음은 시간외근로에 대한 설명이다. 틀린 것은?

① 법내초과근로를 하는 경우 근로기준법의 시간외근로에 관한 규제를 받지 않으며, 따라서 시간외근로에 따른 할증임금을 지급하지 않아도 무방하다.

② 사용자는 특별한 사정이 있는 경우에는 고용노동부장관의 인가와 본인의 동의를 얻어 1주 12시간으로 정해진 법 소정의 연장근로시간을 초과

할 수 있다.

③ ②의 경우 사태가 급박하여 인가를 얻을 여지가 없을 경우에는 사후에 지체없이 승인을 얻어야 한다.

④ 사전인가를 받지 않고 행한 연장근로가 부적당하다고 인정될 경우 고용노동부장관은 그 후 연장시간에 상당하는 휴게 또는 휴일을 줄 것을 명할 수 있다.

⑤ 근로기준법 제56조의 할증임금지급의 원칙은 시간외근로가 위법하게 행하여진 경우에도 적용된다. 그리고 그 경우에 할증임금이 지급된다면 위법성이 조각되므로 정당한 시간외근로로 인정된다.

《해 설》 ① 실근로시간이 근로기준법상의 최고근로시간보다 근로자에게 유리하게 정해진 경우(예를 들어, 1일 7시간제)에 약정근로시간을 초과하여 법정기준근로시간 내인 8시간까지 근로시간을 연장하는 것을 법내초과근로라 한다. 법내초과근로를 하는 경우 근로기준법의 시간외근로에 관한 규제를 받지 않으며, 따라서 시간외근로에 따른 할증임금을 지급하지 않아도 무방하다(대판 1991. 6. 28, 90다카14758). ②③ 근기법 제53조 3항. ④ 代休命令(근기법 제53조 4항). 대휴명령에 위반하면 벌칙이 적용된다(근기법 제110조). ⑤ 근로기준법 제56조의 할증임금지급의 원칙은 시간외 · 야간 · 휴일근로가 위법하게 행하여진 경우에도 적용된다. 그리고 시간외 · 야간 · 휴일근로에 대하여 할증임금이 지급된다고 해서 위법한 시간외 · 야간 · 휴일근로가 정당화되는 것은 아니다. <답 ⑤>

23. 할증임금제에 관한 설명으로 거리가 먼 것은?

① 할증임금의 지급사유는 연장근로, 야간근로, 휴일근로의 세 경우이다.

② 숙직근무의 모습이 그 내용과 질에 있어서 통상근무의 모습과 마찬가지라고 인정될 때에 한하여 숙직근무를 통상의 근로로 보아 통상임금 및 근로기준법 제56조 소정의 할증임금을 지급하도록 하여야 할 것이다.

③ 위법한 휴일근로에 대해 근로자가 처벌을 받은 경우에도 할증임금은 지급하여야 한다.

④ 아파트 보일러공과 같이 격일제 24시간 근무자는 연장근로를 제외한 휴일 · 야간근로에 대하여는 수당을 지급하여야 한다.

⑤ 2주간 이내의 탄력적 근로시간제를 채택한 경우 48시간을 근무하는 주의 토요일 근무 8시간은 연장근로에 해당하지 않으므로 할증임금을 지급할 필요가 없다.

《해 설》 ① 근기법 제56조. ② 숙 · 일직근무가 전체적으로 보아 근로의 밀도가 낮은 대기성의 단속성 업무에 해당할 경우에는 숙 · 일직근무 중 실제로 조제 등의 업무에 종사한 시간에 한하여 근로기준법 소정의 할증임금을 지급하도록 하여야 할 것이다(대판 1990. 12. 26, 90다카13465). ④ 아파트 경비원 또는 보일러공으로 1일 24시간씩 격일근무하기로 하고 채용되어 소정임금을 매월 지급받아 온 경우에 있어서 위 근로계약은 아파트 경비 · 관리라는 근로형태의 특수성 때문에 근로기준법상의 기준근로시간을 초과한 연장근로와 야간 · 휴일근로가 당연히 예상되는 근로계약이었으므로 위 지급임금에는 근로기준법상 기준근로시간에 대한 연장근로와 휴일 · 야간근로에 대한 수당도 포함된 것으로 보아야 할 것이다(대판 1983. 10. 25, 83도1050). ⑤ 근기법 제51조 1항. <답 ④>

24. 다음 보기 중 근로기준법 제56조의 할증임금의 지급원칙과 관련하여 맞는 것을 모두 고르시오.

≪보 기≫

㈎ 근로기준법 제53조 3항에 의해 근로시간이 연장된 경우에도 연장된 시간외근로에 대하여는 할증임금이 지급되어야 한다.
㈏ 사용자는 연장시간근로와 야간근로 또는 휴일근로에 대하여는 통상임금의 100분의 50 이상을 가산하여 지급하여야 한다.
㈐ 유급휴일에 근로를 하는 경우: 유급으로서 당연히 지급되는 임금(100%)과 해당일에 근로한 임금(100%)에 할증임금(50%)을 합한 임금(250%)을 지급해야 한다.
㈑ 무급휴일에 근로를 하는 경우: 통상임금을 기준으로 하여 할증임금을 가산하여(150%) 지급하면 된다.
㈒ 연장시간근로와 야간근로가 겹치는 경우: 연장근로수당과 야간근로수당을 함께 지급해야 한다.
㈓ 연장시간근로와 휴일근로가 겹치는 경우: 연장근로수당과 휴일근로수당을 함께 지급해야 한다. 예컨대 유급휴일근로시 해당근로시간에 대한 임금지급률은 유급으로 당연히 지급되는 통상임금 100% 및 해당시간근로의 대가 100%와 휴일근로수당 50%, 연장근로수당 50%로서 합계 300%가 되는 것이다.

① ㈎, ㈏
② ㈎, ㈏, ㈐
③ ㈎, ㈏, ㈐, ㈑
④ ㈎, ㈏, ㈐, ㈑, ㈒
⑤ ㈎, ㈏, ㈐, ㈑, ㈒, ㈓

《해 설》 ㈎ '특별한 사정이 있는 경우'의 시간외근로의 연장된 시간외근로에 대하여는 할증임금이 지급되어야 한다(근기법 제56조). ㈏ 사용자는 연장시간근로와 야간근로(오후 10시부터 오전 6시까지의 근로) 또는 휴일근로에 대하여는 통상임금의 100분의 50 이상을 가산하여 지급하여야 한다(근기법 제56조). ㈐ 유급휴일에 근로를 하는 경우: 유급으로서 당연히 지급되는 임금(100%)과 해당일에 근로한 임금(100%)에 할증임금(50%)을 합한 임금(250%)을 지급해야 한다. ㈑ 무급휴일에 근로를 하는 경우: 통상임금을 기준으로 하여 할증임금을 가산하여(150%) 지급하면 된다. ㈒ 연장시간근로와 야간근로가 겹치는 경우: 연장근로수당과 야간근로수당을 함께 지급해야 한다. ㈓ 연장시간근로와 휴일근로가 겹치는 경우: 연장근로수당과 휴일근로수당을 함께 지급해야 한다(대판 1991. 3. 22, 90다6545). 예컨대 유급휴일근로시 해당근로시간에 대한 임금지급률은 유급으로 당연히 지급되는 통상임금 100% 및 해당시간근로의 대가 100%와 휴일근로수당 50%, 연장근로수당 50%로서 합계 300%가 되는 것이다. <답 ⑤>

25. 다음 설명 중 틀린 것은? (이견이 있는 경우 판례의 태도에 따름)

① 갱내에서의 입 · 출갱 소요시간은 근로시간에서 제외된다.

② 1주 40시간, 1일 8시간 기준근로시간제하에서의 교대제근로는 3조 3교대제 및 4조 3교대제 모두 허용된다.

③ 교대제근로의 경우에 3교대제를 실시하고 있는 사업장에 있어서 연속하여 24시간을 휴식하면 근로기준법 제55조의 휴일이 된다.

④ 교대제근로에 있어서도 야간근로와 휴일근로에 대하여는 할증임금을 지급해야 한다.

⑤ 정액수당제도에 의한 수당의 금액이 실제상의 시간외근로에 대한 할증임금보다 높은 경우에는 동 제도는 근로기준법 제3조의 규정에 의하여 유효하다.

《해 설》 ① '갱내에서의 식사 및 휴식시간과 입 · 출갱 소요시간은 근로시간에서 제외된다' (대판 1993. 3. 9, 92다22770; 대판 1993. 12. 28, 93다38529; 대판 1992. 2. 25, 91다18125). 더욱이 광산노조와 사용자 사이의 단체협약에서 1일 6시간근로를 정하고 있는 것에 대하여 '구 근로기준법 제43조 규정이 삭제된 현행근로기준법이 시행된 이후에도 근로자들이 소속되어 있는 노조와 사용자 사이에 체결된 단체협약이 갱내근로자의 근로시간을 1일 정미 6시간으로 규정하고 있는 것은 구 근로기준법 시행령 제27조 2항의 규정취지에 따라 입갱 및 출갱에 요하는 시간을 근로시간에서 제외하는 것을 그 전제로 한 것으로 보이고, 따라서 그 경우 현행근로기준법이 시행된 이후부터는 입 · 출갱에 소요된 시간도 실근로시간에 포함되어야 한다고 판단한 것은 위법하다' 고 판시하고 있다(대판 1994. 12. 23, 93다53276). ② 교대제근로의 형태의 대표적인 것은 3조 3교대제와 4조 3교대제이다. 8시간근로의 원칙을 관철하려면 4조 3교대제를 채택해야 한다. ③ 교대제근로의 경우에 3교대제를 실시하고 있는 사업장에 있어서 연속하여 24시간을 휴식하면 근로기준법 제55조의 휴일이 된다(1969. 6. 7, 기준 1455. 9-6327). ⑤ 업종(예컨대, 운송업) 또는 업태(예컨대, 신문기자 · 섭외사원 · 현장작업원)에 따라서 시간외근로시간수를 확정하는 것이 곤란한 경우에 정액수당제도를 채택(또는 약정)하는 수가 있다. 정액수당제도는 근로기준법 제56조의 규정에 반하는 것인가? 동 조항은「통상임금의 100분의 50 이상을 지급하여야 한다」고 규정하고 있으므로 소정금액 이상의 할증임금이 실질적으로 지급되고 있는 한, 산정방법이나 지급방법 자체는 문제삼을 필요가 없다. 따라서 정액수당제도에 의한 수당의 금액이 실제상의 시간외근로에 대한 할증임금보다 높은 경우에는 동제도는 근로기준법 제3조의 규정에 의하여 유효하지만, 실제의 할증임금보다 낮은 경우에는 근로기준법 제15조 · 제50조 · 제56조의 규정에 반하므로 위법 · 무효이다(대판 1991. 4. 23, 8다카32118 등). <납 ②>

26. 근로기준법에 의하면 일정한 사업에 대해서는 사용자가 근로자대표와 서면합의를 한 때에는 같은 법 제53조 1항의 규정에 의한 주 12시간을 초과하여 연장근로하게 하거나 같은 법 제54조의 규정에 의한 휴게시간을 변경할 수 있다. 그러한 사업에 해당하지 않은 것은? <사시 2005년>

① 건설업 ② 운수업 ③ 통신업

④ 접객업 ⑤ 영화제작업

《해 설》 근로시간 및 휴게의 특례가 인정되는 해당사업은 다음과 같다. (i) 운수업, 물품판매 및 보관업, 금융보험업, (ii) 영화제작 및 흥행업, 통신업, 교육연구 및 조사사업, 광고업, (iii) 의료 및 위생사업, 접객업, 소각 및 청소업, 이용업, (iv) 사회복지사업. <답 ①>

27. 다음은 근로시간 및 휴게의 특례에 관한 설명이다. 틀린 것은? (이견이 있는 경우 판례의 태도에 따름)

① 사회복지사업에서 사용자가 근로자대표와 서면합의를 한 때에는 근로기준법 제53조 1항의 규정에 의한 주 12시간을 초과하여 연장근로하게 하거나 동법 제54조의 규정에 의한 휴게시간을 변경할 수 있다.

② 근로시간 및 휴게의 특례가 인정되는 해당 사업으로는 운수업, 물품판매 및 보관업, 금융보험업 등이 해당한다.

③ 사용자는 대통령령이 정하는 바에 따라 서면합의 내용을 고용노동부장관에게 신고할 필요가 없다.

④ 유해 · 위험작업의 분야와 연소근로자에 대해서도 근로시간 및 휴게의 특례규정(근로기준법 제59조)은 적용될 수 있다.

⑤ 근로시간 및 휴게시간의 특례가 필요한 업종에 대하여 근로기준법 제52조 1항에 의한 주 12시간의 연장근로 한도를 초과할 수 있다. 그리고, 동 연장근로시 가산임금이 지급된다.

《해 설》 ①②③ 근기법 제59조. 사회복지사업도 근로시간 및 휴게의 특례가 적용되는 사업이다(근기법 시행령 제32조). ④ 유해 · 위험작업의 분야와 연소근로자에 대해서는 근로기준법 제58조는 적용될 수 없다(통설). ⑤ 근기법 제56조. <답 ④>

28. 근로시간규제의 예외규정(근기법 제63조)과 관련한 설명 중 타당하지 않은 것은? (이견이 있는 경우 판례의 태도에 따름)

① 감시 또는 단속적으로 근로에 종사하는 자는 근로시간규제의 적용에서 제외되는 근로자이다.

② 사업의 종류에 불구하고 감독이나 관리의 지위에 있는 자 또는 기밀의 사무를 취급하는 자 또한 근로시간규제의 적용에서 제외되는 근로자이다.

③ 근로기준법 제63조의「근로시간 · 휴게와 휴일에 관한 규정」속에는 동법 제56조의 규정 중에서 야간근로에 관한 부분과 동법 제70조의 규정이 포함되지 않는다.

④ 연차유급휴가에 관한 동법 제60조의 규정은 동법 제63조의「근로시간 · 휴게와 휴일에 관한 규정」속에 포함되지 않으므로 해당사업과 근로자들에게는 연차유급휴가의 규정이 적용된다.

⑤ 총무과 직원으로서 그의 본래의 직무가 주간에 '庶務'를 수행하는 것인데 매월 2회씩 야간에 숙직을 서는 경우에 숙직근무시간에 대하여는 근

로기준법 제63조가 적용되어 당해시간에 대하여 근로기준법 제56조에 의한 할증임금을 지급하지 않아도 무방하다.

《해 설》 ③ 근로기준법 제63조의 적용으로 인하여 동법 제50조 1항, 제54조, 제55조, 제59조는 적용되지 않는다. 그리고 동법 제53조 1항 및 3항, 제56조 중 연장시간근로 및 휴일근로에 관한 부분, 제69조와 제71조도 그 적용이 배제된다. 그러나 근로기준법 제63조의 '근로시간 · 휴게와 휴일에 관한 규정' 속에는 동법 제56조의 규정 중에서 야간근로에 관한 부분과 동법 제70조의 규정이 포함되지 않는다. ④ 위의 지문은 통설의 태도이다. 판례는 과거 월차유급휴가의 경우 근기법 제5장의 근로시간 · 휴게 · 휴일의 규정을 전제로 하는 것이므로 동법 제63조 2호의 수산업의 근로자에 대해서 적용되지 않는다고 하였다(대판 1966. 6. 3, 66다592). ⑤ 주간근무자가 그의 본래 근무내용에 해당하지 않는 사업장시설의 감시, 긴급문서 또는 전화의 수수 등의 감시적 내지 단속적 근로를 행하는 경우에 근로기준법 제63조가 적용될 것인가의 문제인데, 판례와 행정해석은 이러한 근무가 본래의 업무의 연장이 아니라는 이유에서 동 규정의 적용을 긍정하고 있다(대판 1990. 12. 26, 90다카13465; 1988. 3. 4, 근기 01254-3286. 이에 대한 비판은 김형배, 「근로기준법」, 406면 참고). 판례의 요지는 다음과 같다. 「대학병원 약사의 숙 · 일직근무의 내용이 통상의 근로에 해당한다고 인정하기 위하여는 숙 · 일직시의 근무가 통상의 근무시간의 구속으로부터 완전히 벗어난 것인지 여부 또는 통상의 근무의 태양이 그대로 계속된 것인지 여부, 숙 · 일직근무중 본래의 업무에 종사하게 되는 빈도 내지 시간의 장단, 숙직근무시 충분한 수면시간이 보장되는지의 여부 등을 충분히 심리하여 숙 · 일직근무의 태양이 그 내용과 질에 있어서 통상근무와 마찬가지로 인정될 때에 한하여 숙 · 일직근무를 통상의 근로로 보아 이에 대하여 통상임금 및 근로기준법 제56조 소정의 할증임금을 지급하여야 한다.」 <답 ④>

29. 다음 보기 중 근로시간 · 휴게 및 휴일에 관한 규정이 적용되지 않는 사업과 근로자를 모두 고른 것은? <노무사 2005년 유사>

≪보 기≫

(가) 토지의 경작 · 개간, 식물의 재식 · 재배 · 채취사업, 기타의 농림사업
(나) 동물의 사육, 수산동식물의 체포 · 양식사업, 기타의 축산 · 양잠 · 수산사업
(다) 접객업 · 금융보험업
(라) 감시 또는 단속적으로 근로에 종사하는 자로서 사용자가 고용노동부장관의 승인을 받은 자: 수위업무, 물품감시근로를 하는 자
(마) 국장 · 부장 · 공장장
(바) 비서

① (가), (나), (다), (라), (마)　　② (가), (다), (라), (마), (바)
③ (가), (나), (라), (마), (바)　　④ (나), (다), (라), (마), (바)
⑤ (가), (나), (다), (마), (바)

《해 설》 근로시간 · 휴게 및 휴일에 관한 규정이 적용되지 않는 사업과 근로자는 다음과 같다. (i) 토지의 경작 · 개간 · 식물의 재식 · 재배 · 채취사업, 기타의 농림사업,

(ii) 동물의 사육, 수산동식물의 채포 · 양식사업, 기타의 축산 · 양잠 · 수산사업, (iii) 감시 또는 단속적으로 근로에 종사하는 자로서 사용자가 고용노동부장관의 승인을 얻은 자: 수위업무, 화재 · 수로 등의 감시, 물품감시, 계수기 감시 등, (iv) 대통령령으로 정한 사업에 종사하는 근로자(근기법 시행령 제34조 참조): 예컨대 국장 · 부장 · 공장장 등과 같이 근로조건의 결정 기타 노무관리에 대하여 경영자와 일체적 지위에 있으면서 출근 · 퇴근 등에 엄격한 제한을 받지 않는 자를 말한다. 기밀의 사무를 취급하는 자란 비서와 같이 그 직무가 경영자 또는 관리의 지위에 있는 자의 활동과 불가분하게 이루어짐으로써 출근 · 퇴근 등에 있어서 엄격한 제한을 받지 않는 자를 말한다. 접객업 · 금융보험업은 근로시간 및 휴게의 특례가 인정되는 사업이다. <답 ③>

30. 근로기준법 또는 남녀고용평등법상 사용자가 근로자의 청구가 없는 경우에도 반드시 주어야 하는 것만으로 묶인 것은? (1주 40시간의 법정 근로시간제가 적용되는 사업장의 경우) <사시 2008년>

① 휴게 — 주휴일
② 주휴일 — 생리휴가
③ 연차 유급휴가 — 생리휴가
④ 연차 유급휴가 — 유산 · 사산보호휴가(임신 16주 이후 유산 · 사산한 경우)
⑤ 육아휴직 — 유산 · 사산보호휴가(임신 16주 이후 유산 · 사산한 경우)

《해 설》 휴게, 주휴일은 근로기준법상 반드시 주어야 한다(제54조 1항, 제55조). 연차유급휴가 · 생리휴가 · 유산 · 사산보호휴가 · 육아휴직은 근로자의 청구가 있는 경우에 주게 된다. <답 ①>

31. 근로기준법상 휴게와 휴일에 관한 설명 중 옳지 않은 것은? <사시 2007년>

① 사용자는 근로시간 8시간에 대하여 1시간 이상의 휴게시간을 주어야 한다.
② 휴게시간은 근로자가 근로시간 도중 사용자의 지휘 또는 명령으로부터 벗어나 자유로이 이용할 수 있는 시간을 의미한다.
③ 관공서의 공휴일에 관한 규정에 의한 공휴일은 근로기준법상 휴일에 해당하므로 근로제공의무가 없다.
④ 근로자가 1주간의 소정근로일수를 개근하지 않으면 사용자는 1주일에 1회 이상의 유급휴일을 부여할 의무가 없다.
⑤ 작업상의 사정으로 대기하는 시간은 근로시간에 포함된다.

《해 설》 ① 근기법 제54조 1항. ② 휴게시간자유이용의 원칙(근기법 제54조 2항 참조). ③ 근로기준법 제55조에서의 휴일은 반드시 일요일이거나 법정공휴일이어야 하는 것은 아니다(대판 1991. 5. 14, 90다14089). ④ 근기법 시행령 제30조 참조. ⑤ 근로시간은 근로자가 사용자의 지휘 · 감독 하에 있는 시간일 뿐이지 현실적으로 근로계약상의 근로까지 제공하고 있어야 하는 것은 아니다. 대법원 판례도 근로자가 출근하여 근로태세를 갖추고 있을 때에는 설령 근로자가 근로하지 않았다 하더라도 근로시간에 포함된다고 보았고, 근로자가 근로하지 않은 것이 사용자가 지시권을 행사하지 않음으로 인해 발생하였다면 사용자의 귀책사유(민법 제538조)에 의한 채권자지체(수령지체)로서 사용자는 근로자에게 임금지급의무를 부담한다고 하였다(대판 1965. 2. 4, 64누162). <답 ③>

32. 다음 휴게 · 휴일에 관한 설명 중 맞는 것은?

① 휴게시간을 주는 방법에 대해서는 명문의 규정은 없으므로 휴게시간을 세분화하여 줄 수 있다.

② 휴게시간을 근로자가 자유롭게 이용할 수 있다 하더라도 휴게시간 중에 조합활동의 일환으로서 유인물배포행위 등을 하는 것은 허용되지 않는다.

③ 근로자가 소정근로일수를 모두 근무하지 않은 경우에는 근로자에게 1주일에 1회 이상의 무급휴일을 부여하지 않아도 된다.

④ 주 1회의 유급휴일을 가질 수 있는 자는 1주간의 소정근로일수를 개근한 자에 한한다.

⑤ 휴일은 반드시 일요일이어야 한다.

《해 설》 ① 휴게시간을 주는 방법에 대해서는 명문의 규정은 없으나, 휴게는 원칙적으로 일시에 주어야 할 것이다. 그러므로 휴게시간을 세분화하여 준다면 휴게 본래의 취지를 충족할 수 없고, 오히려 이러한 세분화된 휴게시간은 근로시간에 포함된다고 해야 한다. ② 휴게시간은 근로자가 자유롭게 이용할 수 있는 것이므로 휴게시간 중에 조합활동의 일환으로서 유인물배포행위 등을 하는 것은 시설관리상의 목적을 해하지 않는 한 인정된다(대판 1991. 11. 12, 91누4146). ③ 근기법 제55조: 「사용자는 근로자에게 1주일에 평균 1회 이상의 유급휴일을 주어야 한다」(근기법 벌칙 제110조). 이는 1주일에 1회 이상의 휴일을 의무화하는 한편, 성실근로를 유도 · 보상하기 위하여 소정의 근로일수를 개근하는 경우에 유급으로 할 것을 정한 것이다. 따라서, 근로자가 소정의 근로일수를 모두 근무하지 아니하였다 하더라도 사용자에 대하여 유급휴일로 처리하여 줄 것을 청구할 수 없을 뿐 휴일 자체가 보장되지 않는다고 볼 수는 없다. 나아가 근로기준법 제55조, 동법 시행령 제30조의 해석상 사용자는 근로자가 소정근로일수를 모두 근무한 경우에는 근로자에게 1주일에 1회 이상의 유급휴일을 부여해야 하고, 근로자가 소정근로일수를 모두 근무하지 않은 경우에도 근로자에게 적어도 1주일에 1회 이상의 무급휴일을 부여해야 한다(대판 2004. 6. 25, 2002두2857). ④ 주 1회의 유급휴일을 가질 수 있는 자는 1주간의 소정근로일수를 개근한 자에 한한다(근기법 시행령 제25조 참조). ⑤ 휴일은 단체협약이나 취업규칙으로 특정되는 것이 일반적이며, 반드시 일요일일 필요는 없다. <답 ④>

33. 근로시간 및 휴일 등에 관한 다음 기술 중 틀린 것은? (견해가 대립할 경우에는 판례에 의할 것)

① 교대제 근무자의 근무기간 중의 비번일은 전날의 근무일에 정상적인 근무가 이루어진 경우에 인정되는 휴일일 뿐 전날의 정상적인 근무여부와 상관없이 인정되는 휴일이 아니다.

② 교대제 근무자에게 비번일과 별도로 월 5~6일씩 부여되는 주휴일은 그 전의 소정근로일수를 모두 정상근무한 것을 전제로 인정되는 것이 아니

라 그 전의 정상근무와 상관없이 근로의무 자체가 없는 날이므로 이를 결근일수에 포함시킬 수 없다.

③ 1회의 휴일은 24시간의 역일(0시부터 24시까지)을 의미하는 것이지만, 3교대작업을 하는 경우에는 계속 24시간의 휴식을 주면 1일의 휴일이 된다.

④ 휴게시간은 근로자가 자유롭게 이용할 수 있는 것이므로 휴게시간 중에 조합활동의 일환으로서 유인물 배포행위 등을 하는 것은 시설관리상의 목적을 해하지 않는 한 인정된다.

⑤ 단체협약에 근거가 있고, 근로자가 동의했더라도 공휴일에 일하고 주중에 쉬더라도 공휴일 근무는 통상의 근로가 되므로 휴일수당을 따로 지급해야 한다.

《해 설》 ①② 대판 2004. 6. 25, 2002두2857. ③ 대판 1991. 7. 26, 90다카11636. ④ 대판 1991. 11. 12, 91누4146. ⑤ 단체협약에 근거가 있고, 근로자가 동의했다면 공휴일에 일하고 주중에 쉬더라도 공휴일 근무는 통상의 근로가 되므로 휴일수당을 따로 지급할 필요가 없다(대판 2008. 11. 13, 2007다590). <답 ⑤>

34. 근로기준법상 근로시간과 휴식에 관한 설명으로 옳지 않은 것은? <사시 2010년>

① 사용자는 근로시간이 8시간인 경우에는 1시간 이상의 휴게시간을 근로시간 도중에 주어야 한다.

② 사용자는 여성근로자가 청구하지 않으면 생리휴가를 주지 않아도 된다.

③ 사용자는 야간근로에 대하여는 통상임금의 100분의 50 이상을 가산하여 지급하여야 한다.

④ 사용자는 근로자대표와의 서면 합의에 따라 휴일근로에 대하여 임금을 지급하는 것을 갈음하여 휴가를 줄 수 있다.

⑤ 15세 이상 18세 미만인 자의 근로시간은 1주일에 40시간을 초과하지 못하며, 당사자 사이의 합의가 있더라도 그 시간을 연장할 수 없다.

《해 설》 ⑤ 15세 이상 18세 미만인 자의 근로시간은 1일에 7시간, 1주일에 40시간을 초과하지 못한다. 다만, 당사자 사이의 합의에 따라 1일에 1시간, 1주일에 6시간을 한도로 연장할 수 있다(근기법 제69조). <답 ⑤>

35. 다음 중 틀린 설명은?

① 사용자는 근로자대표와의 서면합의에 의하여 연장·야간 및 휴일근로에 대하여 지급되는 임금에 갈음하여 휴가를 부여할 수 있다.

② 보상휴가제를 채택한 이유로는 근로자와 사용자의 임금과 휴가에 대한 선택의 폭을 확대하는 데 그 취지가 있다고 한다.

③ 어떠한 이유에서든지 보상휴가를 부여하지 않은 경우에는 그에 대한 임금이 지급되어야 한다.

④ 1일 8시간씩 소정근로하는 사업장의 경우, 예를 들면 월요일부터 금요일까지 8시간씩 근로한 경우, 근로하지 않는 토요일은 휴일에 해당하므로 현행근로기준법은 주 5일근무제를 상정(규정)하고 있다.

⑤ 1일 8시간씩 소정근로하는 사업장의 경우, 예를 들면, 월요일부터 금요일까지 8시간씩 근로한 경우, 근로하지 않는 토요일은 근로면제일로서, 이 날에 근로하는 경우 휴일근로시의 가산임금(근기법 제55조)은 발생하지 않는다.

《해 설》 ①② 근기법 제57조. 이 제도를 신설한 이유로는 근로자와 사용자의 임금과 휴가에 대한 선택의 폭을 확대하는 데 그 취지가 있다고 한다. ③ 휴가를 사용하지 않을 경우 임금지급과 관련하여 보상휴가제는 임금지급에 갈음하여 휴가를 부여하는 제도이므로 어떠한 이유로든 휴가를 부여하지 않은 경우에는 그에 대한 임금이 지급되어야 한다. 다시 말하면 연차유급휴가와는 달리 사용자가 휴가사용촉진조치(근기법 제61조 참조)를 통해 임금지급의무를 면제받을 수 없다. ④⑤ 1일 8시간씩 소정근로하는 사업장의 경우, 예를 들면, 월요일부터 금요일까지 8시간씩 근로한 경우, 근로하지 않는 토요일은 휴일인가? 다시 말하면 주 40시간으로의 단축이 곧 주 5일근무제(다시 말하면 주휴 2일제)를 의미하는가의 문제이다. 법정기준근로시간의 단축을 통하여 현행 근로기준법상의 주 6일근무제를 주 5일근무제로, 주휴 1일제를 주휴 2일제로 바꾸겠다는 적극적인 입법의사는 결여된 것으로 해석된다. 개정근로기준법이 주 5일근무제(주휴 2일제)를 채택하고 있다는 근거는 어디에서도 발견되지 않는다. 따라서 1일의 유급휴일 외에 소정근로일에서 제외되는 1일은 근로시간 단축으로 인해 자연적으로 발생된 근로하지 않는 날, 다시 말하면 근로면제일, 이른바 비번일 또는 휴무일로 해석될 수밖에 없다. 결론적으로 이번의 법정기준근로시간의 단축은 주 5일근무제(주휴 2일제)를 근로기준법이 상정하고 있다고 이해하는 것은 오해이며, 주 5일근무제는 법률개념이 아닌 사실개념에 불과한 것이다. 개정근로시간제는 '1주 40시간근로제'라는 표현이 정확한 것이다. 따라서 소정근로일에서 제외되는 근로면제일에 근로하는 경우 휴일근로시의 가산임금(근기법 제56조)은 발생하지 않으며 주 40시간을 초과하였거나 1일 8시간을 초과한 경우 연장근로시의 가산임금(근기법 제56조)만 발생하게 된다. <답 ④>

36. 계속근로연수가 1년 이상인 근로자의 연차유급휴가와 관련한 설명 중 틀린 것은?

① 근로자가 전근로일을 1년간 8할 이상 출근한 경우에는 15일의 연차유급휴가권이 당연히 발생한다.

② 1년간 8할 이상의 출근이라고 하는 것은 1년의 총일수에서 휴일을 제한 일수, 즉 전근로일을 8할 이상 출근한 것을 말한다.

③ 근로자가 업무상 부상 또는 질병으로 휴업한 기간과 산전 · 산후의 여성이 제74조의 규정에 의하여 휴업한 기간은 출근한 것으로 본다.

④ 1년간 8할 이상 출근하는 것의 기산점은 당해 근로자의 채용일(입사일)부터이다.

⑤ 사용자가 사업장의 모든 근로자의 연차휴가를 획일적으로 산정하기 위

하여 어느 특정일을 산정마감일로 정하는 것은 근로기준법에 위배된다.

《해 설》 ① 근기법 제60조 1항. ③ 제60조 6항 2호. ⑤ 사용자가 사업장의 모든 근로자의 연차휴가를 획일적으로 산정하기 위하여 어느 특정일을 산정마감일로 정할 수도 있다. 다시 말하면 사용자가 노무관리의 편의를 위해 회계연도 등을 기준으로 전 근로자에게 일률적으로 연차휴가를 부여할 수도 있는 것이다. 그러나 이 경우에도 근로자에게 불이익을 주지 말아야 하므로 회계연도 중 입사자에 대해서는 다음 회계연도 1월 1일에 근속기간에 비례하여 미리 휴가를 부여해야 한다. <답 ⑤>

37. **「근로기준법」상 연차유급휴가제도에 관한 설명으로 옳지 않은 것은?** (1주 40시간의 법정근로시간제가 적용되는 사업장의 경우) (다툼이 있는 경우에는 판례에 의함) <사시 2007년 · 2009년 변형>

① 계속근로연수에 따라 휴가일수가 가산되는 제도를 도입하고 있으며, 연차유급휴가의 총일수는 25일을 한도로 한다.

② 근속 1년 미만인 근로자에 대해서는 1개월간 개근시 1일의 유급휴가를 주어야 한다.

③ 사용자가 근로자에게 연차휴가기간에 근로를 시킨 경우에는 가산임금을 지급해야 한다.

④ 연차휴가제도와 관련해서는 근로자가 업무상 부상 또는 질병으로 휴업한 기간은 출근한 것으로 본다.

⑤ 연차휴가는 사용자의 귀책사유 없이 근로자가 1년간 행사하지 아니하면 소멸된다.

《해 설》 ① 최초 1년간에 대해 15일의 유급휴가를 주고, 계속근로연수 매 2년에 대해 1일을 가산한다. 단, 가산휴가를 포함한 총 휴가일수는 25일을 넘지 못한다(근기법 제60조 4항). ② 근기법 제60조 2항. ③ 사용자는 근로자가 지정한 시기에 연차유급휴가를 부여할 의무가 있다. 따라서 사용자는 근로자가 지정한 연차휴가기간에 근로를 시켜서는 안 된다. 다만 근로자의 휴가시기지정이 '사업운영에 막대한 지장이 있는 경우'에 시기변경권을 행사할 수 있을 뿐이다(근기법 제60조 5항). ④ 근기법 제60조 6항 1호. ⑤ 연차휴가는 법 제60조 7항에 의거 사용자의 귀책사유 없이 근로자가 3년간이 아니라 1년간 행사하지 아니하면 소멸된다. 연차유급휴가수당청구권이 3년의 소멸시효에 걸린다. <답 ③>

38. **다음 설명 중 맞는 것은?**

① 사용자가 사업장의 모든 근로자의 연차휴가를 획일적으로 산정하기 위하여 어느 특정일을 산정마감일로 정할 수 있다. 다시 말하면 사용자가 노무관리의 편의를 위해 회계연도 등을 기준으로 전 근로자에게 일률적으로 연차휴가를 부여할 수 있는 것이다. 그러므로 회계연도 중 입사자에 대해서는 다음 회계연도 1월 1일에 근속기간에 비례하여 미리 휴가를 부여할 필요가 없다.

② 정년퇴직자가 다시 촉탁으로 채용되는 경우에는 계속근로 한 것으로 보지 않는다.

③ 휴직 중에도 계속근로한 것으로 보지 않는다.

④ 5년째 근로하는 근로자가 5년 되던 해에 8할 이상 출근한 때에는 15일의 유급휴가와 과거 4년에 대한 2일의 유급휴가(매 2년에 대하여 1일을 가산)를 합쳐 17일의 유급휴가를 취득한다.

⑤ 5년째 근로하는 근로자가 5년 되던 해에 8할 미만을 출근한 때에는 최근 1년간의 근로에 대해 연차휴가권이 발생하지 않으나 근속연수에 대한 2일의 휴가권은 발생한다.

《해 설》 ① 사용자가 사업장의 모든 근로자의 연차휴가를 획일적으로 산정하기 위하여 어느 특정일을 산정마감일로 정할 수도 있다. 다시 말하면 사용자가 노무관리의 편의를 위해 회계연도 등을 기준으로 전 근로자에게 일률적으로 연차휴가를 부여할 수도 있는 것이다. 그러나 이 경우에도 근로자에게 불이익을 주지 말아야 하므로 회계연도 중 입사자에 대해서는 다음 회계연도 1월 1일에 근속기간에 비례하여 미리 휴가를 부여해야 한다. ②③ 계속근로는 실질적으로 판단되어야 하므로, 예컨대 임시근로자가 정규사원으로 채용되거나, 정년퇴직자가 다시 촉탁으로 채용되거나, 단기근로계약이 여러 차례 갱신되는 경우에는 해당 근로자는 계속근로 한 것으로 보아야 한다. 그리고 계속근로는 재적(=근로관계의 존속)으로 충분한 것이므로 휴직 중에서도 계속근로한 것으로 해석해야 한다. ④⑤ 이상의 요건은 3년 이상 계속근로한 근로자의 최근 1년간의 근로에 대하여도 그대로 적용된다. 예컨대 5년째 근로하는 근로자가 5년 되던 해에 8할 이상 출근한 때에는 15일의 유급휴가와 과거 4년에 대한 2일의 유급휴가(매 2년에 대하여 1일을 가산)를 합쳐 17일의 유급휴가를 취득하지만, 8할 미만을 출근한 근로자에게는 최근 1년간의 근로에 대해 연차휴가권이 발생하지 않으므로 근속연수에 대한 2일의 휴가권도 발생하지 않는다. 근속연수에 의한 휴가와 1년간 8할 이상 출근한 때에 발생하는 연차휴가는 이른바 종된 권리와 주된 권리라 할 수 있다. 따라서 주된 권리인 연차휴가권이 발생하지 않은 때에는 당연히 종된 권리인 근속연수에 의한 휴가는 발생하지 않는다. <답 ④>

39. 계속근로연수가 1년 미만인 근로자의 연차유급휴가에 관한 설명 중 틀린 것은?

① 계속근로연수가 1년 미만인 근로자에 대해서도 1개월간 개근시 다음 달 첫날에 1일의 연차휴가가 발생한다.

② 근로자가 최초 1년간 8할 이상 출근한 경우 1개월 당 1일을 포함하여 15일의 연차휴가가 발생하는데, 1년 미만의 근속기간 중에 1개월당 1일씩 발생하는 휴가를 이미 사용한 경우에는 그 사용한 휴가일수 만큼 15일에서 공제한다.

③ 1년 미만 근속기간 중 발생하는 휴가는 발생일로부터 1년간 사용할 수 있다.

④ 최초의 1년간 8할 이상 출근한 경우에는 그 다음 날에 동 휴가를 포함한 연차휴가가 발생하므로 새로이 발생하는 연차휴가 전체에 대해 다시

1년간의 사용기간이 주어지게 된다.

⑤ 1년 미만 근속기간 중 발생한 휴가를 사용하지 못하고, 1년 미만 근속기간 중 퇴직하는 경우에는 그 미사용한 휴가에 대해 연차휴가근로수당을 지급할 필요가 없다.

《해 설》 ① 근기법 제60조 2항. ② 근기법 제60조 3항 후단. ③ 근기법 제60조 7항. ④ 다만, 최초의 1년간 8할 미만 출근한 경우에는 그 다음 날에 새로이 발생하는 연차휴가가 없으므로 1년 미만 근속기간 중 발생한 연차휴가에 대해서만 각각 그 발생한 때로부터 1년간 사용할 수 있다. ⑤ 1년 미만 근속기간 중 발생한 휴가를 사용하지 못하고, 1년 미만 근속기간 중 퇴직하는 경우에는 그 미사용한 휴가에 대해 연차휴가근로수당을 지급해야 한다. 1년간 근무하고 퇴직하는 경우에도 동일하게 연차휴가근로수당을 지급해야 한다. <답 ⑤>

40. 다음의 경우 2009년에 갑에게 주어야 하는 연차유급휴가일수는?

<노무사 2009년>

ㄱ. 갑은 1998년 1월 1일 입사하여 2008년 12월 31일까지 11년 근속했다.
ㄴ. 갑은 2008년 1년간 9할 이상 출근했다.
ㄷ. 이 사업장은 상시 100명의 근로자를 사용하는 사업장이다.

① 10일 ② 15일 ③ 20일
④ 25일 ⑤ 26일

《해 설》 갑은 3년 이상 계속근로하였으므로, 최초 1년을 초과하는 계속근로연수 매2년에 대하여 1일을 가산한 유급휴가를 주어야 하므로(근기법 제60조 4항), 최초연도인 1998년에 15일, 2000년에 16일, 2002년에 17일, 2004년에 18일, 2006년에 19일 2008년에 20일의 연차유급휴가를 부여하게 된다. <답 ③>

41. 연차유급휴가에 관한 설명 중 괄호 안에 들어갈 것으로 옳게 짝지어진 것은?

사용자는 1년간 8할 이상 출근한 근로자에 대하여는 (A)일의 유급휴가를 주어야 한다. 사용자는 (B)년 이상 계속근로 한 근로자에 대하여는 15일의 휴가에 1년을 초과하는 계속근로연수 매 (C)년에 대하여 1일을 가산한 유급휴가를 주어야 한다. 이 경우 가산휴가를 포함한 총 휴가일수는 (D)일을 한도로 한다.

	A	B	C	D
①	20	2	1	30
②	15	2	1	25
③	15	3	1	30
④	15	3	2	25
⑤	20	3	2	30

《해 설》 근기법 제60조 1항 및 4항. <답 ④>

42. 2008년 6월 1일 현재 상시 근로자 수가 300인인 사업장의 연차유급휴가에 관한 설명 중 옳은 것은? <노무사 2008년>

① 7년 이상 계속근로하였고 그 7년째에 모두 출근한 근로자의 8년째의 연차유급휴가 일수는 18일 이상이어야 한다.

② 연차유급휴가권의 발생여부를 판단함에 있어서 근로자가 업무상 재해로 휴업한 기간은 근로대상일에서 제외한다.

③ 연차유급휴가를 부여받기 위해서는 1년간 9할 이상 출근해야 한다.

④ 가산휴가를 포함한 총 연차유급휴가일수는 30일을 한도로 한다.

⑤ 사용자가 연차유급휴가일에 갈음하여 특정한 근로일에 근로자를 휴무시키기 위해서는 해당 근로자의 개별적 동의를 얻으면 된다.

《해 설》 ① 7년째에 모두 출근하였다면 15일의 유급후가와 과거 6년에 대한 3일의 유급휴가(매 2년에 대하여 1일을 가산)를 합쳐 18일의 유급휴가를 취득한다. ② 근로자가 업무상의 부상 또는 질병으로 휴업한 기간, 임신 중의 여성이 제74조 1항 또는 2항에 따른 보호휴가로 휴업한 기간은 출근한 것으로 본다(근기법 제60조 6항). ③ 8할 이상 출근하면 된다(근기법 제60조 1항). ④ 25일을 한도로 한다(근기법 제60조 4항). ⑤ 사용자는 근로자대표와의 서면 합의에 따라 제60조에 따른 연차유급휴가일을 갈음하여 특정한 근로일에 근로자를 휴무시킬 수 있다(근기법 제62조). <답 ①>

43. 휴가사용촉진제도와 관련하여 틀린 설명은?

① 근로자가 연차유급휴가를 사용하지 않고 근로한 경우에는 유급으로 당연히 지급되는 임금과 유급휴가일의 근로에 대한 소정의 통상임금(휴일근로수당)이 지급되어야 한다.

② 휴가사용기간(1년)이 경과한 후 연차휴가청구권은 소멸하지만, 여전히 휴가근로수당청구권은 존속한다(3년의 소멸시효).

③ 사용자의 적극적인 사용권유에도 불구하고 근로자가 휴가를 사용하지 아니하여 소멸된 경우(1년간의 휴가청구권의 소멸시효 경과)에는 사용자는 그 미사용 휴가에 대하여 보상할 의무가 없다.

④ 차유급휴가 중 계속근로연수가 1년 미만인 근로자에게 발생하는 연차유급휴가도 휴가사용촉진조치의 대상이 된다.

⑤ 휴가사용촉진조치를 하는 경우에도 근로자의 시기지정권과 사용자의 시기변경권은 인정되시만, 휴가사용촉신조치는 휴가사용기간이 얼마 남지 않은 상태에서 이루어지는 것이므로 동 권리의 행사도 제한을 받게 된다.

《해 설》 ③ 휴가제도의 본래의 취지에 맞게 휴가제도를 개선하고 휴가사용을 제고할 필요성이 발생하게 되어, 개정근로기준법에서는 사용자의 적극적인 사용권유에도 불구하고 근로자가 휴가를 사용하지 않는 경우 사용자의 금전보상의무를 면제하는 연차유급휴가의 사용촉진(근기법 제61조)이라는 규정이 신설되었다. ④ 연차유급휴가 중 계속근로연수가 1년 미만인 근로자에게 발생하는 연차유급휴가(근기법 제60조 2항)는 휴가사용촉진조치의 대상이 아님에 유의해야 한다(근기법 제61조 본문). 다만,

1년 이상 계속근로 함으로써 발생하는 연차휴가에 대해서는 동 휴가에 1년 미만의 근속기간 중 발생하는 연차휴가가 포함되어 있더라도 그 전체휴가일수에 대해서는 휴가사용촉진조치를 할 수 있다. <답 ④>

44. 휴가사용촉진제도와 관련하여 맞는 설명을 모두 고른 것은?

① 사용자가 유급휴가(제60조 1항 · 3항 및 4항의 규정에 의한)의 사용을 촉진하기 위하여 제61조의 조치를 하였음에도 불구하고 근로자가 휴가를 사용하지 아니하여 소멸된 경우(1년간의 휴가청구권의 소멸시효 경과)에도 사용자는 그 미사용 휴가에 대하여 보상할 의무가 있다.

② 근로자가 사용자의 휴가시기 지정촉구에 따라 휴가시기를 지정한 경우에는 원칙적으로 그 지정한 시기에 휴가를 사용해야 하며, 다른 시기에도 시기지정권을 행사할 수 있다.

③ 또한 근로자가 휴가시기를 지정하지 않아 사용자가 그 휴가시기를 지정한 경우에도 사용자는 원칙적으로 그 지정한 시기를 변경할 수 있다.

④ 사용자는 지정된 휴가일에 근로자가 출근한 경우 노무수령 거부의사를 명확히 표시하여야 하며, 명확한 노무수령 거부의사에도 불구하고 근로를 제공한 경우에는 연차휴가근로수당을 지급할 의무가 없다.

⑤ 사용자가 노무수령 거부의사를 명확히 표시하지 않아서 근로자가 근로를 제공한 경우에도 연차휴가근로수당을 지급할 의무가 없다.

《해 설》 ① 근기법 제61조에 의하면 "사용자의 조치로는 첫째, 휴가청구권의 소멸시효기간(제60조 7항 본문)이 끝나기 3개월 전을 기준으로 10일 이내에 사용자가 근로자별로 미사용 휴가일수를 알려 주고, 근로자가 그 사용 시기를 정하여 사용자에게 통보하도록 서면으로 촉구할 것, 둘째, 이러한 촉구에 불구하고 근로자가 촉구를 받은 때부터 10일 이내에 미사용 휴가의 전부 또는 일부의 사용 시기를 정하여 사용자에게 통보하지 아니한 경우에는 제60조 7항 본문의 규정에 의한 기간이 끝나기 2월 전까지 사용자가 미사용 휴가의 사용 시기를 정하여 근로자에게 서면으로 통보할 것이다."와 같은 사용자의 조치를 요구하며, 이러한 조치를 취하였음에도 근로자가 휴가를 사용하지 않아서 동법 제60조 7항의 소멸시효가 완성된 경우 사용자는 그 미사용 휴가에 대해 보상할 의무가 없다. ② 휴가사용촉진조치를 하는 경우에도 근로자의 시기지정권과 사용자의 시기변경권은 인정되지만, 휴가사용촉진조치는 휴가사용기간이 얼마 남지 않은 상태에서 이루어지는 것이므로 동 권리의 행사도 제한을 받게 된다. 따라서 근로자가 사용자의 휴가시기 지정촉구에 따라 휴가시기를 지정한 경우에는 원칙적으로 그 지정한 시기에 휴가를 사용해야 하며, 다른 시기에 시기지정권을 행사할 수 없다. ③ 또한 근로자가 휴가시기를 지정하지 않아 사용자가 그 휴가시기를 지정한 경우에 사용자는 원칙적으로 그 지정한 시기를 변경할 수 없다. 다만, 사용자가 법 제61조에 따라 근로자로부터 휴가사용시기를 지정받은 경우에 그 지정받은 대로 휴가를 부여하는 것이 사업운영에 막대한 지장을 초래하는 때에는 휴가시기를 조정하여 지정할 수 있을 것이다. ④ 사용자는 지정된 휴가일에 근로자가 출근한 경우 노무수령 거부의사를 명확히 표시하여야 하며, 명확한 노무수령 거부의사에도 불구하고 근로를 제공한 경우에는 연차휴가근로수당을 지급할 의무가 없다. ⑤ 사용자가 노무수령 거부의사를 명확히 표시하지 않았거나 근로자에 대하여 업무지시 등을 하여 근로자가 근로를 제공한 경우에는 휴가일 근로를 승낙한 것으로 보아야 하므로 연차휴가근로수당을 지급해야 할 것이다 <답 ④>

45. 근로시간 또는 휴가에 관한 X군의 제도와 이를 실시하기 위하여 필요한 Y군의 법적 요건이 올바르게 짝지어진 것은? <사시 2004년>

[X 군]
A. 2주 이내 단위기간의 탄력적 근로시간제
B. 연차유급휴가에 갈음하는 특정 근로일 휴무
C. 업무수행 방법을 근로자의 재량에 맡긴 경우의 간주근로시간
[Y 군]
가. 당사자간의 합의 나. 취업규칙
다. 근로자대표와의 서면합의

① A—가, B—가, C—나
② A—가, B—나, C—다
③ A—나, B—다, C—다
④ A—나, B—다, C—가
⑤ A—다, B—나, C—가

《해 설》 A- 나: 2주간 이내의 탄력적 근로시간제는 취업규칙에 정하는 바에 의한다(근기법 제51조 1항). B- 다: 유급휴가의 대체는 근로자대표와의 서면합의에 의한다(근기법 제62조). C- 다: 재량근로의 인정근로시간제는 근로자대표와의 서면합의에 의한다(근기법 제58조 3항). <답 ③>

46. 다음은 유급휴가에 관한 판례의 태도이다. 맞는 것은?

① 휴가기간중 근로를 제공하는 경우에는 통상임금의 50%를 가산하여 지급해야 한다.
② 취업규칙 등에서 휴가를 가기 원하는 일정시일 전에 시기지정을 하도록 하는 규정을 두고 있는 경우 이는 위법하다.
③ 근로자가 연차유급휴가를 사용하지 아니하고 1년의 기간이 경과한 때에는 근로자의 유급 '휴가'는 소멸되는데, 이때에 유급휴가를 사용하지 아니하고 계속근로한 근로자에게 그 휴가일수에 해당하는 임금을 더 지급해야 한다.
④ 근로자가 업무 외의 부상으로 출근하지 아니하면서 회사에 전화상으로 치료기간을 연차휴가로 대체해 줄 것으로 요청한 경우에도 당연히 연차휴가권의 행사는 정당하다.
⑤ 연차유급휴가청구권이 소멸하기 전에 근로자가 퇴직한 경우에도 휴가일수에 해당하는 임금은 퇴직시에 소멸한다.

《해 설》 ① '근로기준법 제56조가 시간외 · 야간 · 휴일근로에 대하여 경제적 보상을

해주려는 것인 데 반하여, 동법 제60조의 휴가제도는 근로자의 정신적 · 육체적 휴양을 통하여 문화적 생활의 향상을 기하려는 취지이므로 그 취지가 다르고, 법조문의 표현에 있어서도 휴일과 휴가를 구별하고 있는 점에 비추어 제56조의 휴일에는 제60조의 연차휴가는 포함되지 않아서 연차휴가시의 근로에 대해서는 가산임금을 지급할 의무가 없다'(대판 1990. 12. 26, 90다카13465 등). ② 취업규칙 등에서 휴가를 가기 원하는 일정시일 전에 시기지정을 하도록 하는 규정을 두고 있는 경우 이는 적법한가? 이와 같은 규정이 근로자의 시기지정권의 내용을 침해하지 않는 것인 한 위법한 것으로 볼 수 없다(동지: 대판 1992. 6. 23, 92다7542). ③ 근로자가 연차유급휴가를 사용하지 아니하고 1년의 기간이 경과한 때에는 근로자의 '유급휴가'는 소멸된다(근기법 제60조 본문). 그러나 원래 유급휴가제도는 임금을 지급하면서 휴가를 주려는 것이므로 휴가를 청구할 수 없게 되었다고 해서 당연히 임금청구권까지 소멸되었다고 할 수 없을 것이다(대판 1991. 6. 28, 90다카14758). ④ '근로자가 업무 외의 부상으로 출근하지 아니하면서 회사에 전화상으로 치료기간을 연차휴가로 대체해 줄 것으로 요청한 경우, 취업규칙에 연차휴가청구절차에 관하여 달리 정함이 없는 경우에는(전화상의 청구도) 적법하므로 이에 대하여 회사가 근로기준법 제60조 3항 단서에 의한 시기변경권을 행사하였다고 볼 만한 자료가 없다면 위의 연차휴가권의 행사는 정당한 것이다'(대판 1992. 4. 10, 92누404)라는 대법원의 판단이 있다. 이는 근로자가 결근일을 휴가일로 지정할 수 있는 권리를 당연히 가진다고 볼 수는 없으나, 다만 사용자가 이에 동의한 때에는 휴가일로의 대체를 허용한다는 것이다. ⑤ 연차유급휴가청구권이 소멸하기 전에 근로자가 퇴직한 경우에도 휴가일수에 해당하는 임금은 퇴직시에 소멸하지 않는다(대판 1991. 7. 26, 90다카11636 등). <답 ③>

47. 다음은 연차유급휴가에 관한 설명이다. 틀린 것은?

① 근로자의 시기지정권에 대하여 사용자는 사업운영에 심대한 지장이 있는 경우에는 시기를 변경할 수 있다.

② 연차휴가의 사용목적과 관련하여 근로자가 휴가 중에 유상근로에 종사하는 것은 휴가제도의 목적에 반하여 허용될 수 없다.

③ '일제휴가투쟁'(一齊休暇鬪爭)은 그 실질에 있어서는 연차휴가라는 이름을 빌린 파업에 지나지 않으며, 본래적인 의미의 연차유급휴가권의 행사라고 할 수 없다.

④ 근로자의 청구시기는 근로자가 연차유급휴가권을 취득한 뒤, 즉 1년간의 근로를 마친 다음 날부터 1년 이내에 근로자가 희망 또는 지정하는 시기에 주어야 하는 것으로 해석해야 한다.

⑤ 근로자가 사용자의 귀책사유로 근로자가 유급휴가를 사용하지 못한 경우에는 1년이 경과한 후에도 유급휴가를 청구할 수 있다.

《해 설》 ① 근기법 제60조 5항 단서. ② 연차휴가의 사용목적에 관해서는 근로기준법이 관여할 사항이 아니며, 근로자가 자유롭게 결정할 수 있으므로 사용자가 간섭할 일이 아니다. ③ 근로자가 그가 소속하는 사업장에서 업무의 정상한 운영을 저해할 목적으로 전원이 일제히 휴가신청서를 제출하고 직장을 이탈하는 '일제휴가투쟁'은 그 실질에 있어서는 연차휴가라는 이름을 빌린 파업에 지나지 않으며, 본래적인 의미의 연차유급휴가권의 행사라고 할 수 없다. 이에 대해서는 사용자의 시기변경권의 행사도 필요하지 않으므로, 일제히 명목상의 휴가권을 행사하면서 파업에 들어간 근로자들에게는 노동조합 및 노동관계조정법이 적용되어야 할 것이다. 왜냐하면 연차휴가권의 행사는 단순히 명목상의 것에 지나지 아니하고, 그 실질에 있어서는 의도적인 집단적 단체행동의 실시라고 보아야 하기 때문이다(상세한 설명은 제4장 제4절 참고). ④ 대판 1972. 11. 28, 72다1758 등. <답 ②>

48. A사 제조공장(종업원 2,000명)의 근무시간은 월요일부터 금요일까지 오전 8시 시업, 12시부터 1시까지 휴게시간, 오후 5시에 종업으로 되어 있다. 다음 중 A사가 종업시각 이후의 근무에 대하여 근로기준법상 할증임금을 그 근로자에게 지불할 필요가 없는 경우는?

① 근로자가 월요일에 오후 6시까지 근무하였다.
② 근로자가 수요일의 종업시각에 30분 지각해서 이를 메우기 위해 오후 5시 30분까지 근무하였다.
③ 근로자가 금요일에 할증임금을 받지 않고 잔업하고 싶어해서 오후 7시까지 근무하였다.
④ 근로자가 토요일에 출근해서 4시간 근무하였다.
⑤ 근로자가 법정휴일인 일요일에 출근해서 오후 1시까지 근무하였다.

《해 설》 ① 1일 8시간을 넘으므로, 근로기준법 제56조에 의해 할증임금을 지급하여야 한다. ② 이 경우에는 1일의 실근무시간을 통산해서 근로기준법 제51조 2항의 근로시간을 넘지 않는 이상, 종업시각을 넘어 근로하여도 할증임금을 사용자는 지급할 의무가 없는 것이다. ③ 근로기준법상의 규정은 강행성을 가지고 있기 때문에 사용자가 이에 위반할 수 없음은 물론이며 근로자라 하더라도 근로기준법상의 권리를 포기할 수 없다(근기법 제15조; 대판 1990. 12. 21, 90다카24496). 그러므로 근로자는 근로기준법상의 할증임금(제56조)을 포기할 수 없으므로, 이 경우에도 사용자는 할증임금을 지급하여야 한다. ④ 실근무시간이 1주 40시간을 넘으므로 사용자는 할증임금을 지급하여야 한다. ⑤ 휴일근로이므로 근로기준법 제56조에 의해 사용자는 당연히 할증임금을 지급하여야 한다. <답 ②>

49. 다음 중 ( ) 안에 들어갈 내용이 다른 것은? <노무사 2008년>

① 평균임금이란 이를 산정하여야 할 사유가 발생한 날 이전 ( ) 동안에 그 근로자 에게 지급된 임금의 총액을 그 기간의 총일수로 나눈 금액을 말한다.
② 노동위원회에 대한 부당해고 구제신청은 부당해고 등이 있었던 날부터 ( ) 이내에 하여야 한다.
③ 연차휴가의 미사용에 대한 사용자의 귀책사유로 인정되지 않으려면 연차휴가 청구권이 있는 기간이 끝나기 전 ( ) 전을 기준으로 10일 이내에 사용자가 근로자별로 사용하지 아니한 휴가일수를 알려주어야 한다.
④ 최종 ( ) 분의 임금 채권은 최우선변제되어야 한다.
⑤ 선택적 근로시간제에서의 정산기간은 ( ) 이내의 일정한 기간으로 정

하여야 한다.

《해 설》 ① "평균임금"이란 이를 산정하여야 할 사유가 발생한 날 이전 3개월 동안에 그 근로자에게 지급된 임금의 총액을 그 기간의 총 일수로 나눈 금액을 말한다(근기법 제2조 6호). ② 구제신청은 부당해고 등이 있었던 날부터 3개월 이내에 하여야 한다(근기법 제28조 2항). ③ 연차휴가의 미사용에 대한 사용자의 귀책사유로 인정되지 않으려면 연차휴가청구권이 있는 기간이 끝나기 전 3개월 전을 기준으로 10일 이내에 사용자가 근로자 별로 사용하지 아니한 휴가 일수를 알려 주여야 한다(근기법 제61조 1호). ④ 최종 3개월분의 임금 채권은 최우선변제 되어야 한다(근기법 제38조). ⑤ 선택적 근로시간제에서의 정산기간은 1개월 이내의 일정한 기간으로 정하여야 한다(근기법 제52조). <답 ⑤>

제 5 절 안전과 보건, 기능자양성 및 기숙사

1. 다음 보기 중에서 근로기준법상 임산부와 연소근로자에게만 해당되는 노동법상의 특별보호조치를 모두 고른 것은?

> (가) 야간 · 휴일근로의 규제
> (나) 도덕상 또는 보건상 유해 · 위험사업에 대한 사용규제
> (다) 갱내근로의 규제
> (라) 임금채권의 우선변제
> (마) 시간외근로의 규제

① (가), (나) ② (가), (라) ③ (가), (마)
④ (다), (마) ⑤ (라), (마)

《해 설》 임산부(임신 중이거나 산후 1년이 경과되지 아니한 여성)나 18세 미만의 연소자에 대해서는 야간 · 휴일근로(제70조), 도덕상 또는 보건상 유해 · 위험 사업에 대한 사용(제65조)이 공통적으로 규제된다. 갱내근로의 경우에는 원칙적으로 일반여성과 연소자 모두에 대해서 원칙적으로 규제하고 있으며(제72조), 임금채권의 우선보호규정은 근로기준법이 적용되는 모든 근로자에게 적용되는 것이다(제38조). 시간외근로의 경우에는 임산부(제71조)에 대해 규제하고 있다. <답 ①>

2. 「근로기준법」상 임산부의 보호에 관한 설명으로 옳은 것은? (유산 또는 사산하지 않은 경우) <사시 2009년>

① 사용자는 임신 중의 여성근로자에게 산전과 산후를 통하여 60일의 보호휴가를 주어야 한다.
② 사용자는 산전후휴가의 기간과 그 후 90일 동안은 해고하지 못한다.
③ 사용자는 임신 중인 여성근로자게에 시간외근로를 하게 할 수 있다.

④ 사업주는 산전후휴가가 종료된 여성근로자를 휴가 전과 동일한 업무 또는 동등한 수준의 임금을 지급하는 직무에 복귀시켜야 한다.
⑤ 사용자는 산후 1년이 지나지 아니한 여성근로자에 대해 단체협약이 있는 경우를 제외하고는 1일에 1시간, 1주일에 6시간을 초과하는 시간외근로를 시키지 못한다.

《해 설》 ① 사용자는 임신 중의 여성근로자에게 산전과 산후를 통하여 60일이 아니라 90일의 보호휴가를 주어야 한다(근기법 제74조 1항). ② 사용자는 산전후휴가의 기간과 그 후 90일이 아니라 30일 동안은 해고하지 못한다(근기법 제23조 2항). ③ 사용자는 임신 중인 여성근로자에게 어떠한 경우에도 제74조 4항에 의거 시간외근로를 하게 할 수 없다. ④ 법 제74조 5항. ⑤ 사용자는 산후 1년이 지나지 아니한 여성근로자에 대해 단체협약이 있는 경우라도 1일에 1시간이 아니라 2시간, 1주일에 6시간, 1년에 150시간을 초과하는 시간외근로를 시키지 못한다(근기법 제71조). <답 ④>

3. 고용평등법상의 여성보호규정에 관한 다음 설명 중 거리가 먼 것은?

① 근로여성의 임신, 출산, 수유 등 모성보호를 위한 조치를 취하는 경우에는 차별로 보지 아니한다.
② 직무의 성격에 비추어 특정성이 불가피하게 요구되는 경우 차별로 보지 아니한다.
③ 고용노동부장관은 남녀고용평등과 일 · 가정의 양립을 실현하기 위한 정책을 수립 · 시행하여야 한다.
④ 사업주는 성희롱과 관련하여 피해근로자에게 고용상의 불이익한 조치를 하여서는 아니 된다.
⑤ 국가는 사업주가 근로자에게 육아휴직이나 육아기 근로시간 단축을 허용 한 경우 그 근로자의 생계비용과 사업주의 고용유지비용의 일부를 지원하여야 한다.

《해 설》 ①② 남녀고평법 제2조 1호. ③ 남녀고평법 제6조 1항. ⑤「국가는 사업주가 근로자에게 육아휴직이나 육아기 근로시간 단축을 허용한 경우 그 근로자의 생계비용과 사업주의 고용유지비용의 일부를 지원할 수 있다」고 규정하고 있으므로 노력규정일 뿐이다(남녀고평법 제20조 1항). <답 ⑤>

4. 다음 중 사용자가 개별근로자와 합의하거나 노동조합과 단체협약에 의하여 정할 수 없는 것은?

① 1주 12시간 한도의 연장근로
② 연소근로자에 대한 1일 1시간, 1주 6시간 한도의 연장근로
③ 유해 · 위험작업에 대한 1일 2시간, 1주 12시간 한도의 연장한도
④ 산후 1년이 경과되지 아니한 여성에 대한 1일 2시간, 1주 6시간 한도의 시간외근로

⑤ 금품청산의 기일연장

《해 설》 ① 근기법 제53조 1항. ② 근기법 제69조 단서. ③ 유해 · 위험작업에 있어서는 시간외근로에 대한 예외규정이 없으므로(산안보법 제46조 참조) 연장근로 자체가 금지된다. ④ 근기법 제71조 단서. ⑤ 특별한 사정이 있는 경우에는 당사자간의 합의에 의하여 지급기일을 연장할 수 있다(근기법 제36조 단서). <답 ③>

5. 근로기준법상 여성보호에 관한 설명으로 옳지 않은 것은?

① 임산부가 아닌 18세 이상의 <사시 2003년, 노무사 2003년 · 2005년 유사> 여성을 야간 및 휴일에 근로시키려면 당해 근로자의 동의를 얻어야 한다.

② 임신 중의 여성에 대하여는 산전후를 통하여 80일의 보호휴가를 주어야 한다.

③ 임신 중의 여성이 명시적으로 청구하는 경우에는 고용노동부장관의 인가를 얻어 야간 및 휴일근로를 시킬 수 있다.

④ 임산부가 아닌 18세 이상의 여성은 보건상 임신 또는 출산에 관한 기능에 유해 · 위험한 사업에 사용하지 못한다.

⑤ 산후 1년 미만의 여성에 대하여는 단체협약이 있는 경우라도 1일에 2시간, 1주일에 6시간, 1년에 150시간을 초과하는 시간외의 근로를 시키지 못한다.

《해 설》 ① 근기법 제70조 1항. ② 임신 중의 여성에 대하여는 산전후를 통하여 90일의 보호휴가를 주어야 한다(근기법 제74조 1항). ③ 근기법 제70조 2항. ④ 근기법 제65조 2항. ⑤ 근기법 제71조. <답 ②>

6. 다음 보기는 여성근로자의 특별보호에 관한 설명이다. 옳은 것은?

≪보 기≫

(가) 생리일에 출근한 경우에 특별수당을 지급하는 약정은 생리휴가 자체를 부인하여 사실상 취업하게 하는 것이므로 근로기준법 제73조 위반이 된다.

(나) 생리휴가는 유급휴가이다.

(다) 여자근로자가 사전에 생리휴가의 청구 없이 결근한 경우에 사후에 출근해서 생리로 인한 결근이었다는 것을 통고하는 것은 권리남용에 해당한다.

(라) 생리휴가제도에 있어서도 휴가의 '적치'(積置) 문제가 발생한다.

(마) 생리휴가제도는 개근 여부, 주 5일제근로 등 근로일수, 상용근로자인지 일용근로자인지의 여부와 관계없이 적용된다.

(바) 사용자는 임신 중의 여성에 대하여 산전후를 통하여 90일의 보호휴가를 주어야 한다. 이 경우 휴가기간의 배치는 산후에 45일 이상이 되어야 한다. 산전 · 산후휴가 중 최초 60일은 유급으로 한다.

(사) 산전 · 산후에 있어서 모두 해당 여자근로자의 청구가 있을 때에 사용자는 휴가를 줄 수 있다.
(아) 법정유급휴가일을 채우지 않고 근로자가 취업하는 경우에는 — 벌칙의 적용은 별 문제로 하고 — '유급으로서 당연히 지급되는 임금과 당해 유급휴일이 근로에 대한 소정의 통상임금'을 주어야 한다.
(자) 임신중의 여자근로자의 청구가 있을 경우에는 가벼운 근로에 전환시켜야 하며, 시간외근로를 시키지 못한다.
(차) 사업주는 육아휴직 종료 후에는 휴직 전과 동일한 업무 또는 동등한 수준의 임금을 지급하는 직무에 복귀시켜야 하고, 또한 육아휴직기간은 근속기간에 포함된다.
(카) 육아휴직기간은 산전 · 산후유급휴가기간을 포함한 1년 이내의 기간이다.

① (가), (나), (다), (라), (마), (바), (사) ② (가), (다), (라), (마), (바), (사), (아)
③ (가), (다), (마), (바), (사), (아), (자) ④ (가), (다), (마), (바), (아), (자), (차)
⑤ (가), (다), (마), (바), (아), (차), (카)

《해 설》 생리휴가와 관련되어 (가) 생리일에 출근한 경우에 특별수당을 지급하는 약정은 생리휴가 자체를 부인하여 사실상 취업하게 하는 것이므로 근로기준법 제73조 위반이 된다. (나) 생리휴가는 무급휴가이다(근기법 제73조의 개정). (다) 여자근로자가 사전에 생리휴가의 청구 없이 결근한 경우 사후에 출근해서 생리로 인한 결근이었다는 것을 통고하는 것은 권리남용에 해당한다. 그러나 단체협약에 「월 중 1일 결근은 생리유급휴가로 대체하고 결근으로 간주하지 아니 한다」라고 규정되어 있는 경우, 여자근로자가 생리휴가의 청구 없이 무단결근을 하더라도 이를 생리휴가로 대체해 줄 것을 희망하는 때에는 사용자는 월 1일에 한하여 이를 무단결근으로 처리할 수 없다(대판 1991. 3. 27, 90다15631). (라) 생리휴가를 사용하지 않은 경우 그 달이 지나면 생리휴가권은 소멸한다. 다시 말하면 생리휴가제도에 있어서는 휴가의 '적치'(積置) 문제는 발생되지 않는다. (마) 근로기준법 제73조는 개근 여부, 주 5일제근로 등 근로일수, 상용근로자인지 일용근로자인지의 여부와 관계없이 적용된다. (바) 근기법 제74조. (사) 산전에 있어서는 해당 여자근로자의 청구가 있을 때 휴가를 줄 수 있지만, 산후에 있어서는 청구가 없어도 주어야 한다. (아) 법정유급휴가일을 채우지 않고 근로자가 취업하는 경우에는 —벌칙의 적용은 별 문제로 하고— '유급으로서 당연히 지급되는 임금과 당해 유급휴일의 근로에 대한 소정의 통상임금'을 주어야 한다. (자) 임신중의 여자근로자의 청구가 있을 경우에는 가벼운 근로에 전환시켜야 하며, 시간외근로를 시키지 못한다(근기법 제74조 2항, 벌칙 제110조). (차) 남녀고평법 제19조 4항. (카) 육아휴직기간은 1년 이내로 한다(동법 제11조 2항). 육아휴직기간에는 산전 · 산후휴가기간은 포함되지 않는다. <답 ④>

7. 근로기준법상 모성보호에 관한 설명으로 옳은 것은? <노무사 2009년>

① 상시 100명 이상의 근로자를 사용하는 사업장의 사용자는 여성근로자가 청구한 일수만큼 생리휴가를 주어야 한다.

② 사용자는 임신한 여성근로자가 청구하지 않더라도 모자보건법에 따른 임산부 정기건강진단을 받는 데 필요한 시간을 부여하여야 한다.
③ 사용자는 임신 중인 여성근로자에 대해 산전후휴가 전 기간을 유급으로 부여하여야 한다.
④ 사업주는 산전후휴가 종료 후에 해당 근로자를 반드시 보호휴가 전과 동일한 업무에 복귀시켜야 한다.
⑤ 사용자는 임산부 정기건강진단 시간을 이유로 그 근로자의 임금을 삭감하여서는 아니 된다.

《해 설》 ① 근기법 제73조, 사용자는 여성근로자가 청구하면 월 1일의 생리휴가를 주어야 한다. ② 근기법 제74조의2, 사용자는 임신한 여성근로자가 모자보건법 제10조에 따른 임산부 정기건강진단을 받는 데 필요한 시간을 청구하는 경우 이를 허용하여 주어야 한다. ③ 근기법 제74조 3항, 산전후휴가 최초 60일만 유급으로 한다. ④ 근기법 제74조 5항, 사업주는 산전후휴가 종료 후에는 휴가 전과 동일한 업무 또는 동등한 수준의 임금을 지급하는 직무에 복귀시켜야 한다. ⑤ 근기법 제74조의2 2항. <답 ⑤>

8. 근로기준법상 18세 미만인 근로자에 관한 규정 중 옳지 않은 것은? (1주 40시간의 법정근로시간제가 적용되는 사업장의 경우) <사시 2006년>

① 법정근로시간은 1일에 7시간, 1주일에 40시간이다.
② 사용자는 단체협약에 의하여 1일에 2시간, 1년에 150시간 한도로 시간외근로를 시킬 수 있다.
③ 사용자는 근로자의 동의와 고용노동부장관의 인가를 얻어 야간근로를 시킬 수 있다.
④ 사용자는 근로자의 동의가 있더라도 도덕상 또는 보건상 유해·위험한 사업에 사용할 수 없다.
⑤ 사용자는 법령에서 정하는 경우가 아니면 원칙적으로 갱내에서 근로시키지 못한다.

《해 설》 ①② 당사자 사이의 합의에 따라 1일 1시간, 1주일 6시간 한도로 연장할 수 있다(근기법 제69조). ③ 근기법 제70조 2항. ④ 산안보법 제46조. ⑤ 근기법 제72조. <답 ②>

9. 근로기준법상 연소자 또는 미성년자의 근로관계에 관한 설명으로 옳은 것은? <사시 2008년>

① 친권자나 후견인은 미성년자의 동의를 얻어 미성년자의 근로계약을 대리할 수 있다.
② 사용자는 18세 미만자의 동의만으로 18세 미만자를 오후 10시부터 오전 6시까지의 시간에 근로시킬 수 있다.
③ 고용노동부장관은 근로계약이 미성년자에게 불리하다고 인정하는 경우에도 이를 해지할 수 없다.

④ 사용자는 15세 미만인 자가 취직인허증이 없는 경우 근로자로 사용하지 못한다.

⑤ 미성년자는 독자적으로 임금을 청구할 수 없다.

《해 설》 ①③ 친권자나 후견인은 미성년자의 근로계약을 대리할 수 없고, 친권자, 후견인 또는 고용노동부장관은 근로계약이 미성년자에게 불리하다고 인정하는 경우에는 이를 해지할 수 있다(근기법 제67조). ② 18세 미만자의 동의만으로 부족하고 고용노동부장관의 인가를 받아야 한다(근기법 제70조 2항). ④ 15세 미만인 자(「초·중등교육법」에 따른 중학교에 재학 중인 18세 미만인 자를 포함한다)는 근로자로 사용하지 못한다. 다만, 대통령령으로 정하는 기준에 따라 고용노동부장관이 발급한 취직인허증(就職認許證)을 지닌 자는 근로자로 사용할 수 있다(근기법 제64조 1항). ⑤ 미성년자는 독자적으로 임금을 청구할 수 있다(근기법 제68조). <답 ④>

10. 다음은 여성 및 연소자의 특별보호에 대한 설명이다. 틀린 것은?

① 사용자는 여성근로자의 동의가 있을 때에는 당해 근로자에게 야간근로를 시킬 수 있다.

② 사용자는 18세 미만자의 동의가 있더라도 휴일근로를 시킬 수 없다.

③ 사용자가 사업을 계속할 수 없게 된 경우에는 산전·산후의 휴업기간이더라도 여성근로자를 해고할 수 있다.

④ 임신중의 여성근로자에 대해서는 예외없이 시간외근로가 금지된다.

⑤ 생후 1년 미만의 유아를 가진 여성근로자의 청구가 있는 경우에는 1일 2회 각각 30분 이상의 유급수유시간을 주어야 한다.

《해 설》 ①② 임산부 이외의 18세 이상의 여성근로자에 대해서는 당해 근로자 본인의 동의가 있으면 사용자는 야간근로 및 휴일근로를 시킬 수 있다(근기법 제70조 1항). 그러나 사용자는 임산부와 18세 미만자를 야간(오후 10시부터 오전 6시) 및 휴일에 근로시키지 못한다. 다만, (i) 18세 미만자의 동의가 있는 경우, (ii) 산후 1년이 경과되지 아니한 여성의 동의가 있는 경우, (iii) 임신 중의 여성이 명시적으로 청구하는 경우로서 고용노동부장관의 인가를 얻은 경우에는 야간 및 휴일근로를 시킬 수 있다(근기법 제70조 2항). ③ 근기법 제23조 2항: 사용자는 근로자가 업무상 부상 또는 질병의 요양을 위하여 휴업한 기관과 그 후 30일 동안 또는 산전·산후의 여성이 이 법에 따라 휴업한 기간과 그 후 30일 동안은 해고하지 못한다. 다만, 사용자가 제84조에 따라 일시보상을 하였을 경우 또는 사업을 계속할 수 없게 된 경우에는 그러하지 아니하다. ④ 근기법 제74조 4항 후단. ⑤ 근기법 제75조. <답 ②>

11. 여성과 연소자의 보호에 관한 설명으로 옳지 않은 것은? <사시 2001년>

① 15세 미만의 자는 어떠한 경우에도 근로자로 채용될 수 없다.

② 18세 미만의 자를 사용하는 경우에는 사업장에 연소자증명서를 비치하여야 한다.

③ 임산부는 도덕상 또는 보건상 유해·위험한 사업에 사용할 수 없다.

④ 친권자 또는 후견인은 미성년자의 근로계약을 대리할 수 없다.

⑤ 고용노동부장관은 근로계약이 미성년자에게 불리하다고 인정되는 경우 이를 해지할 수 있다.

《해 설》 ① 고용노동부장관의 취직인허증을 소지한 자는 채용될 수 있다(근기법 제64조 단서). ② 근기법 제66조. ③ 근기법 제65조. ④ 근기법 제67조 1항. ⑤ 근기법 제67조 2항. <답 ①>

12. 근로기준법상 여성과 소년의 보호에 관한 설명 중 옳지 않은 것은? <사시 2004년>

① 선택적 근로시간제도는 임신 중의 여성근로자 및 18세 미만의 연소근로자에게도 적용된다.
② 임신 중의 여성이 명시적으로 청구하는 경우 근로자대표와 협의를 거쳐 고용노동부장관의 인가를 얻어 야간근로를 시킬 수 있다.
③ 임산부가 아닌 18세 이상의 여성이 동의하는 경우 휴일근로를 시킬 수 있다.
④ 임신 중의 여성에 대하여 산전 · 후를 통하여 90일의 휴가를 주되 휴가기간의 배치는 산후에 45일 이상이 되어야 한다.
⑤ 생후 1년 미만의 유아를 가진 여성근로자의 청구가 있는 경우에는 1일 2회 각각 30분 이상의 유급수유시간을 주어야 한다.

《해 설》 ① 선택적 근로시간제도는 18세 미만의 연소근로자에게 적용되지 않는다(근기법 제52조 1호). ② 근기법 제70조 2항 · 3항. ③ 근기법 제70조 1항. ④ 근기법 제74조 1항. ⑤ 근기법 제75조. <답 ①>

13. 다음 중 산전 · 후휴가에 관한 설명 중 틀린 것은?

① 사용자는 임신 중인 여성이 유산 또는 사산한 경우에 그 근로자가 청구하면 보호휴가를 주어야 하지만 그 청구는 임신 20주 이후에 유산 · 사산한 경우로 한정된다.
② ①의 경우 모자보건법이 적용되지 않는 한 인공임신중절수술에 따른 유산의 경우에는 보호휴가를 줄 의무가 없다.
③ 국가는 근로기준법상 산전 · 후휴가 또는 유산 · 사산휴가를 사용한 근로자 중 일정한 요건에 해당하는 자에게 당해 휴가기간에 대하여 통상임금에 상당하는 금액을 지급할 수 있다.
④ ③에 따라 지급된 산전 · 후휴가급여 등은 그 금액의 한도 안에서 사업주가 지급한 것으로 본다.
⑤ 산전 · 후휴가급여 등을 지급하기 위하여 필요한 비용은 재정 및 사회보장기본법에 의한 사회보험에서 분담할 수 있다.

《해 설》 ①② 2005년 근로기준법 개정에 의해 임신 중인 여성은 산전 · 후휴가 외에 유산 또는 사산한 경우에도 청구를 통해 휴가를 부여받을 수 있게 되었다. 다만 임신

16주 이후 유산 또는 사산한 경우에 가능하다(근기법 제74조 2항). ③ 남녀고평법 제18조 1항. ④ 남녀고평법 제18조 2항. ⑤ 남녀고평법 제18조 3항. <답 ①>

14. 다음 설명 중 옳은 것은? <노무사 2008년>

① 임신한 근로자가 법상 허용되지 아니하는 인공 임신중절수술에 따른 유산을 하였더라도 그 임신기간이 16주 이상이었다면 사용자는 근로자의 청구에 대하여 보호휴가를 주어야한다.

② 미성년자가 체결한 근로계약이 미성년자에게는 불리하다고 인정되더라도 친권자는 이를 해지할 수 없다.

③ 사용자는 여성근로자의 산전후 휴가가 종료된 후 휴가전과 동일한 업무 또는 동등한 수준의 임금을 지급하는 직무에 복귀시켜야 한다.

④ 임신 중인 여성근로자의 경우 본인의 명시적 청구가 있으면 연장근로가 허용된다.

⑤ 사용자는 단체협약에 규정이 있는 경우 성년인 여성근로자를 상시적으로 갱내에서 근로시킬 수 있다.

《해 설》 ① 사용자는 임신 중인 여성이 임신 16주 이후 유산 또는 사산한 경우로서 그 근로자가 청구하면 대통령령으로 정하는 바에 따라 보호휴가를 주어야 한다. 다만, 인공 임신중절 수술(「모자보건법」 제14조 1항에 따른 경우는 제외한다)에 따른 유산의 경우는 그러하지 아니하다(근기법 제74조 2항). ② 근기법 제67조 2항. ③ 사업주는 산전산후휴가 종료 후에는 휴가 전과 동일한 업무 또는 동등한 수준의 임금을 지급하는 직무에 복귀시켜야 한다(근기법 제70조 5항)〈신설 2008. 3. 28〉. ④ 본인의 명시적 청구뿐만 아니라 고용노동부장관의 인가를 받아야 한다(근기법 제70조 2항). ⑤ 사용자는 여성과 18세 미만인 자를 갱내(坑內)에서 근로시키지 못한다. 다만, 보건 · 의료, 보도 · 취재 등 대통령령으로 정하는 업무를 수행하기 위하여 일시적으로 필요한 경우에는 그러하지 아니하다(근기법 제72조). <답 ③>

15. 근로기준법상 여성과 소년의 보호에 관한 설명 중 옳지 않은 것은?

① 사용자는 18세 미만인 자에 대하여는 그 연령을 증명하는 가족관계기록사항에 관한 증명서와 친권자 또는 후견인의 동의서를 사업장에 갖추어 두어야 한다.

② 사용자는 20세 미만인 자와 근로계약을 체결하는 경우에는 제17조에 따른 근로조건을 서면으로 명시하여 교부하여야 한다.

③ 산전 · 산후휴가 중 최초 60일은 유급으로 한다. 다만, 「남녀고용평등과 일 · 가정 양립 지원에 관한 법률」 제18조에 따라 산전 · 후휴가급여 등이 지급된 경우에는 그 금액의 한도에서 지급의 책임을 면한다.

④ 사업주는 산전 · 산후보호휴가 종료 후에는 휴가 전과 동일한 업무 또는 동등한 수준의 임금을 지급하는 직무에 복귀시켜야 한다.

⑤ 사용자는 임신한 여성근로자가 「모자보건법」 제10조에 따른 임산부 정

기건강진단을 받는 데 필요한 시간을 청구하는 경우 이를 허용하여 주어야 한다.

《해 설》 ① 근기법 제66조. ② 사용자는 18세 미만인 자와 근로계약을 체결하는 경우에는 제17조에 따른 근로조건을 서면으로 명시하여 교부하여야 한다(근기법 제67조 3항). ③ 근기법 제74조 3항. ④ 근기법 제74조 5항. ⑤ 근기법 제74조의2 1항. <답 ②>

16. **일과 가정의 양립지원에 대한 설명으로 옳지 않은 것은?**

① 사업주는 근로자가 만 6세 이하의 초등학교 취학 전 자녀를 양육하기 위하여 휴직을 신청하는 경우에 이를 허용하여야 한다.

② 사업주는 육아휴직을 이유로 해고나 그 밖의 불리한 처우를 하여서는 아니 되며, 육아휴직 기간에는 그 근로자를 해고하지 못한다.

③ 육아휴직은 원칙적으로 무급휴직이지만 근로자가 생활 걱정을 하지 않고 육아를 돌볼 수 있도록 국가는 생계비용의 일부를 지원할 수 있다.

④ 사업주는 육아휴직을 마친 후에는 근로자를 휴직 전과 같은 업무 또는 같은 수준의 임금을 지급하는 직무에 복귀시켜야 하며 그 기간은 근속기간에 포함된다.

⑤ 사업주는 육아기 근로시간 단축을 하고 있는 근로자에게 어떠한 경우에도 단축된 근로시간 외에 연장근로를 요구할 수 없다

《해 설》 ① 남녀고평법 제19조 1항. ② 남녀고평법 제19조 3항. ③ 남녀고평법 제20조 1항. ④ 남녀고평법 제19조 4항. ⑤ 단축근로를 하고 있는 근로자는 원칙적으로 연장근로를 요구할 수 없으나, 근로자가 명시적으로 요구하는 경우(필수적인 생활비가 필요하거나 연장근로를 해야 할 다른 합리적 이유가 있는 경우)에는 사업주는 주 12시간 이내에서 연장근로를 시킬 수 있다(남녀고평법 제19조의3 3항). <답 ⑤>

17. **남녀고용평등과 일·가정 양립지원에 관한 법률이 규정하고 있는 내용이 아닌 것은?** <노무사 2010년>

① 육아휴직급여

② 산전후휴가에 대한 지원

③ 직장 내 성희롱 예방교육

④ 배우자 출산휴가

⑤ 직장보육시설 설치

《해 설》 ① 고보법 제70조. ② 남녀고평법 제18조. ③ 남녀고평법 제13조. ④ 남녀고평법 제18조의2. ⑤ 남녀고평법 제21조. <답 ①>

18. **산업안전보건법의 목적에 해당되지 않는 것은?** <노무사 2003년>

① 쾌적한 작업환경의 조성

② 산업재해의 예방

③ 산업안전 · 보건에 관한 기준의 확립
④ 산업재해의 구제 및 급여의 지급
⑤ 산업안전 · 보건에 관한 책임소재의 명확화

《해 설》 ④ 산재보험법의 목적(제1조)이다. <답 ④>

19. 산업안전보건법상의 안전보건관리체제에 속하지 않는 자는?

① 작업환경측정자 ② 안전관리자 ③ 산업보건의
④ 산업안전보건위원회 ⑤ 안전보건관리책임자

《해 설》 ②⑤ 상시 100인 이상을 사용하는 사업과 100인 미만을 사용하는 사업 중 고용노동부령이 정하는 사업에는 안전보건관리책임자(관리책임자)를 두어야 하고(산안보법 제13조 1항 · 3항; 동법 시행령 제9조; 동법 시행규칙 제12조), 대통령령이 정하는 일정한 사업에는 안전관리자와 보건관리자를 두어야 한다(동법 제15조 1항 · 2항, 제16조 1항 · 2항; 동법 시행령 제12조, 제16조). ③ 그리고 보건관리자가 의사가 아닌 경우에는 근로자의 건강관리, 보건관리자의 업무를 지도하기 위하여 산업보건의를 두어야 한다(동법 제17조 1항). ④ 사업주는 안전보건관리책임자가 담당할 업무의 내용을 심의하기 위하여 상시 100인 이상의 근로자를 사용하는 사업에는 근로자 · 사용자 동수로 구성되는 산업안전보건위원회를 설치 · 운영하여야 하되, 당해 사업에 노사협의회가 설치되어 있는 경우에는 당해 노사협의회를 산업안전보건위원회로 본다(동법 제19조 1항). 이 외에 관리감독자(산안보법 제14조 1항) · 보건관리자(산안보법 제16조 1항) · 안전보건총괄책임자(산안보법 제18조)가 있다. <답 ①>

20. 산업안전보건법상 사업의 일부가 도급에 의하여 행해지면서 도급인의 근로자와 수급인의 근로자가 동일한 장소에서 함께 작업을 하는 경우에는 무엇을 두어야 하는가?

① 관리책임자 ② 안전관리자 ③ 보건관리자
④ 안전보건총괄책임자 ⑤ 산업안전보건위원회

《해 설》 사업의 일부가 도급에 의하여 행해지면서 도급인의 근로자와 수급인의 근로자가 동일한 장소에서 함께 작업을 하는 경우에는 안전보건업무를 총괄하기 위하여 안전보건총괄책임자를 두어야 한다(산안보법 제18조 1항). <답 ④>

21. 산업안전보건법상 유해 · 위험방지조치의 내용과 관련하여 틀린 것은?

① 산재발생의 급박한 위험이 있을 때 사업주는 즉시 작업을 중지시키고 근로자를 작업장소로부터 대피시키는 등 필요한 안전 · 보건상의 조치를 행한 후 작업을 재개하여야 한다.
② 사업주의 예방조치를 기다릴 수 없을 정도로 재해발생위험이 급박한 때에는 근로자는 작업을 중지하고 대피할 수 있다.
③ 사업주는 산재발생의 급박한 위험이 있다고 믿을 만한 합리적인 근거가 있는 때에는 ②의 경우 작업을 중지하고 대피한 근로자에 대하여는 이

를 이유로 해고 기타 불리한 처우를 해서는 아니 된다.

④ 근로자도 사업주가 행한 안전상의 조치 및 보건상의 조치를 준수하여야 하나, 이를 위반한 경우에 대해서 벌칙은 적용되지 않는다.

⑤ 일정한 유해위험작업에 대해서는 고용노동부장관의 인가를 받지 않고서는 그 작업만을 분리하여 도급 또는 하도급을 줄 수 없다.

《해 설》 ① 산안보법 제26조 1항. ② 산안보법 제26조 2항. ③ 산안보법 제26조 3항. ④ 산안보법 제25조. 준수의무규정은 근로자의 인명의 존중이라는 사상을 구현하기 위하여 마련된 것으로 이를 위반한 근로자는 과태료 300만원에 처해진다(산안보법 제72조 2항). ⑤산안보법 제28조 1항. <답 ④>

22. 산업안전보건법에 관한 설명으로 옳지 않은 것은? <노무사 2010년>

① 모든 사업 또는 사업장에 적용하되 국가 또는 지방자치단체에 적용하지 아니할 수 있다.

② 산업안전보건위원회가 설치되어 있지 아니한 사업장의 경우 안전보건관리규정의 작성 또는 변경시 근로자대표의 동의를 받아야 한다.

③ 사업주는 근로기준법상 사용자의 개념과 동일하지 않다.

④ 근로자는 근로기준법상 근로자의 개념과 동일하다.

⑤ 사업주는 잠함(潛艦) 또는 잠수작업 등 높은 기압에서 하는 작업에 종사하는 근로자에게 1일 6시간, 1주 34시간을 초과하여 근로하게 하여서는 아니 된다.

《해 설》 ① 산업안전보건법과 이 법에 따른 명령은 국가 · 지방자치단체 및 「공공기관의 운영에 관한 법률」 제5조에 따른 공기업에 적용한다(산안보법 제3조 2항). ② 산안보법 제21조. ③ 산업안전보건법상 "사업주"란 근로자를 사용하여 사업을 하는 자를 말한다(산안보법 제2조 3호). ④ 산안보법 제2조 2호. ⑤ 산안보법 제46조; 시행령 제32조의8. <답 ①>

23. 산업안전보건법에 관한 설명으로 옳은 것은? <노무사 2008년>

① 산업안전보건법은 국가, 지방자치단체 및 정부투자기관에는 적용하지 아니한다.

② 근로자는 사업장에서 산업안전보건법 위반사실이 있는 때에는 그 사실을 고용노동부장관에게 신고할 수 있다.

③ 사업주는 작업환경측정시 원칙적으로 근로자대표를 입회시켜야 한다.

④ 사업주는 질병자의 근로금지, 제한 규정에 의하여 근로가 금지된 근로자가 건강을 회복한 때에는 즉시 취업할 수 있도록 노력해야 한다.

⑤ 사업주는 산업재해가 발생한 때에는 재해발생원인 등을 기록하여 5년간 보존해야 한다.

《해 설》 ①이 법과 이 법에 의한 명령은 국가 지방자치단체 및 정부투자기관에 이를 적용한다(산안보법 제3조 2항). ② 사업장에서 이 법 또는 이 법에 의한 명령에 위반한 사실이 있는 때에는 근로자는 그 사실을 고용노동부장관 또는 근로감독관에게 신고할 수 있다(산안보법 제 52조 1항). ③ 사업주는 유해인자로부터 근로자의 건강을 보호하고 쾌적한 작업 환경을 조성하기 위하여 인체에 해로운 작업을 행하는 작업장으로서 노동부령이 정하는 작업장에 대하여 노동부령이 정하는 자격을 가진 자로 하여금 작업환경측정을 하도록 한 후, 그 결과를 노동자대표의 요구가 있을 때에는 작업환경 측정시 노동자대표를 입회시켜야 한다(산안보법 제42조 1항). ④사업주는 근로를 금지 또는 제한받은 근로자가 건강을 회복한 때에는 지체없이 취업하게 하여야 한다(산안보법 제45조 2항). <답 ②>

24. 육아시간에 관한 다음 설명 중 틀린 것은? <노무사 2004년 유사>

① 육아시간을 청구할 수 있는 사람은 생후 1년 미만의 유아를 가진 여자 근로자이다.

② 유아라 함은 여자근로자가 출산한 자녀에 한정된다.

③ 육아시간을 청구할 수 있는 여자근로자는 기혼 · 미혼을 불문한다.

④ 수유시간은 1일 2회 각각 30분 이상을 주어야 한다.

⑤ 수유시간은 반드시 수유만의 시간을 의미하는 것이 아니라 여자근로자가 기타 유아를 보살피는 데 필요한 시간을 말한다.

《해 설》 근로기준법 제75조는 「생후 1년 미만의 유아를 가진 여자근로자의 청구가 있는 경우에는 1일 2회 각각 30분 이상의 유급수유시간을 주어야 한다」고 규정하고 있다. ② 유아라 함은 여자근로자가 출산한 자녀이든 또는 자기가 출산한 자녀가 아니든 이를 불문한다(통설). <답 ②>

제 6 절 재해보상

1. 산업재해보상보험제도에 관한 설명 중 옳은 것은? <사시 2006년>

① 사용자와 근로자가 보험료를 각각 반반씩 부담한다.

② 사용자의 고의나 과실이 없는 경우에도 근로자가 보험급여를 받을 수 있다.

③ 상시 5인 이상의 사업장에만 적용된다.

④ 보험급여에는 노령급여, 실업급여 및 유족급여가 포함되어 있다.

⑤ 보험료 산정에는 해당 업체의 영업실적을 감안한다.

《해 설》 ① 산업재해보상보험법은 산업재해보상보험의 보험료를 사용자가 부담하도록 규정하고 있다(보험료징수법 제13조 1항). ② 재해보상에서는 업무상 재해만 있으면 사용자의 귀책사유를 묻지 않고, 그에 대한 보상이 지급된다. ③ 산업재해보상보험법은 근로자를 사용하는 모든 사업장에 적용된다(산재보험법 제6조). ④ 산업재해보상보험법상 보험급여의 종류는 7가지가 있는데, 요양급여, 휴업급여, 장해급여, 간병급여, 유족급여, 상병보상연금, 장의비이다. 따라서 노령급여는 해당되지 않고, 실업급여는 고용보험법상 보험급여에 해당하는 것이다. ⑤ 보험료액을 결정하는 요소는 한 사업장에서 지급되는 임금의 총액과 동종의 사업에 적용되는 보험료율이다(보험료징수법 제13조 5항). <답 ②>

2. 근로기준법상의 재해보상제도의 특색으로 틀린 것은? <노무사 2003년>

① 근로기준법이 적용되는 모든 사업장에 적용된다.
② 사용자의 고의 · 과실을 요건으로 하지 않는 무과실책임주의이다.
③ 손해액의 입증을 요하지 않으며 보상액은 획일적으로 법정화되어 있다.
④ 근로자에게 경과실이 있는 경우는 물론 중과실이 있는 경우에도 사용자는 모든 재해보상을 할 의무가 있다.
⑤ 민사소송과는 별도로 신속히 구제받을 수 있도록 행정관청의 심사 · 중재 등 행정구제제도가 있으며, 위반시 벌칙규정도 두고 있다.

《해 설》 ②③ 재해보상제도가 개인사용자의 무과실책임과 보상 자체가 법률상 정형화되어 있음은 이 제도의 사회적 성격을 잘 나타내고 있다. ④ 재해발생에 대해 근로자의 중대한 과실이 없어야 한다(근기법 제81조). 근로자의 중대한 과실로 인한 재해에 대하여 사용자는 제한적 책임만을 부담한다. ⑤ 근기법 제88조, 제89조. <답 ④>

3. 산재보험급여청구권의 보호에 관한 설명으로 옳지 않은 것은?

① 산재보험급여청구권의 불가변성 <사시 1994년, 노무사 2007년 유사>
② 산재보험급여청구권의 양도금지
③ 산재보험급여청구권에 대한 질권설정금지
④ 산재보험급여청구권의 3년 소멸시효
⑤ 산재보험급여청구권의 위임수령금지

《해 설》 산재보상청구권은 퇴직을 이유로 소멸되지 않으며 양도 또는 압류할 수 없다(산재법 제88조). <답 ⑤>

4. 업무수행 중 사고를 당하였을 때 산업재해보상보험법상 보상을 받을 수 있는 자는? <노무사 2008년>

① 총톤수 6톤의 선박에 승선하여 근로하는 선원
② 가사서비스업에 종사하는 외국인근로자
③ 공무원연금법의 적용을 받는 계약직 공무원
④ 주택법에 의한 주택건설업자가 시공하는 연면적 400제곱미터이고 총 공사금액이 2억원인 공사현장에서 근로하는 일용근로자
⑤ 개인사업자가 운영하고 상시 근로자 3인이 근무하는 굴양식장에서 근로하는 근로자

《해 설》 산재보험법 적용제외사업장은 다음과 같다: 1.「공무원연금법」 또는「군인연금법」에 따라 재해보상이 되는 사업 2.「선원법」,「어선원 및 어선 재해보상보험법」 또는「사립학교교직원 연금법」에 따라 재해보상이 되는 사업 3.「주택법」에 따른 주택건설사업자,「건설산업기본법」에 따른 건설업자,「전기공사업법」에 따른 공사업자,「정보통신공사업법」에 따른 정보통신공사업자,「소방시설공사업법」에 따른 소방시설업자 또는「문화재보호법」에 따른 문화재수리업자가 아닌 자가 시공하는 다음 각 목의 어느 하나에 해당하는 공사 가.「고용보험 및 산업재해보상보험의 보험료징수 등에 관한 법률 시행령」 제2조 1항 2호에 따른 총공사금액(이하 "총공사금액"이라 한다)이 2천만원 미만인 공사. 나. 연면적이 330제곱미터 이하인 건축물의 건축 또는 대수선에 관한 공사. 4. 가사서비스업. 5. 제1호부터 제4호까지의 사업 외의 사업으로서 상시근로자 수가 1명 미만인 사업. 이 경우 상시근로자 수의 산정방법은 노동부령으로 정한다. 6. 농업, 임업(벌목업은 제외한다), 어업 및 수렵업 중 법인이 아닌 자의 사업으로서 상시근로자 수가 5명 미만인 사업(산재법 제6조; 시행령 제2조 1항). <답 ④>

5. 산업재해보상보험법의 내용에 관한 설명 중 맞는 것은? <노동부 5급승진>

① 산업재해보상보험법상 보험급여의 종류는 8종이다.
② 부상 또는 질병이 경미하여 1일 이내의 요양으로 치료될 수 있는 때에는 요양급여를 지급하지 아니한다.
③ 취업하지 못한 기간이 3일 이내인 때에도 휴업급여를 지급한다.
④ 유족보상일시금은 평균임금의 1,340일분에 상당하는 금액이다.
⑤ 장의비는 평균임금의 100일분에 상당하는 금액으로 한다.

《해 설》 ① 산재법 제36조 1항에는 총 8종의 급여가 규정되어 있고, 다시 각 급여에 대해서는 산재법 제40조 이하에 규정되어 있다. ② 부상 또는 질병이 3일 이내의 요양으로 치유될 수 있는 때에는 요양급여를 지급하지 아니한다(산재법 제40조 3항). ③ 취업하지 못한 기간이 3일 이내인 때에는 휴업급여를 지급하지 아니한다(산재법 제52조 단서). ④ 유족보상일시금은 평균임금의 1,300일분에 상당하는 금액으로 한다(산재법 제62조 2항 및 별표 3 참조). ⑤ 장의비는 평균임금의 120일분에 상당하는 금액을 지급한다(산재법 제71조). <답 ①>

6. 다음 판례의 태도와 다른 설명은?

① 가해자와 피해자 사이의 사적인 관계에 기인한 경우 또는 피해자가 직무의 한도를 넘어 상대방을 자극하거나 도발한 경우에는 업무기인성을 인정할 수 없다.
② 회사직원 중 일부가 자신들의 친목을 도모하기 위하여 스스로 비용을 갹출하여 야유회를 갖고 또 야유회의 전반적인 과정이 회사의 지배나 관리 하에 있다고 볼 수 없는 경우에 야유회의 참가로 인하여 발생한 재해는 업무상 재해가 아니다.
③ 사용자가 적어도 요양보상의 사유가 발생한 달의 말일까지 요양보상을 행하지 아니한 때에는, 그때부터 이 규정에 위반한 자에 해당한다.

④ 휴업급여기간은 요양기관에서의 요양기간은 포함되지만 실제로 취업하지 못한 自家에서의 요양기간은 포함되지 않는다.

⑤ 산업재해보상보험법상의 수급권은 상속재산에 포함되지 아니하므로 다른 상속인의 상속대상이 되지 않는다.

《해 설》 ① 대판 1995. 1. 24, 94누8587. ② 대판 1992. 10. 9, 92누11107. ③ 근기법 제78조 1항은 사용자가 요양보상을 하여야 할 시기에 관해서는 정하지 않고 있으나, 위의 규정의 취지에 비추어 볼 때 요양보상의 사유가 발생하게 되면 지체없이 보상을 하여야 하는 것으로 해석함이 상당한 바, 사용자가 적어도 요양보상의 사유가 발생한 달의 말일까지 요양보상을 행하지 아니한 때에는, 그때부터 이 규정에 위반한 자에 해당하여 같은법 제111조 1호에 따라 처벌을 받을 수 있게 된다고 보아야 한다(대판 1992. 2. 11, 91도2913). ④ 휴업급여기간은 요양기관에서의 요양기간뿐만 아니라 실제로 취업하지 못한 自家에서의 요양기간도 포함한다(대판 1989. 6. 27, 88누2205). ⑤ 대판 1996. 9. 24, 95누9945. <답 ④>

7. 다음 산업재해보상보험법상의 보험급여의 내용 중 틀린 설명은?

① 보험급여의 종류는 7종이다.

② 대통령령이 정하는 노동력을 완전히 상실한 장해등급(1급에서 3급)의 근로자에 대하여는 장해보상연금을 지급한다.

③ 상병보상연금 수급권자에게는 휴업급여를 지급하지 아니한다.

④ 보험가입자의 고의 또는 과실로 발생한 업무상 재해로 인하여 근로자가 대통령령이 정하는 장해등급(1급에서 3급)에 해당하는 장해를 입은 경우에 수급권자가 민법에 의한 손해배상청구에 갈음하여 장해특별급여를 청구할 수 있다.

⑤ 수급권자가 장해특별급여를 받은 때에는 동일한 사유에 대하여 보험가입자에게 민법 기타 법령의 규정에 의한 손해배상을 청구할 수 없다.

《해 설》 ① 보험급여의 종류(제36조): 보험급여의 종류는 (i) 요양급여, (ii) 휴업급여, (iii) 장해급여, (iv) 간병급여, (v) 유족급여, (vi) 상병보상연금, (vii) 장의비 (viii) 직업재활급여로 나누어진다. 그러므로 8종이다. ② 산재법 시행령 제53조 5항. ③ 산재법 제66조. ④⑤ 산재법 제78조. <답 ①>

8. 산업재해보상보험의 보험료를 부담하는 자는? <사시 2000년>

① 정 부 ② 정부와 사업주 ③ 사업주
④ 사업주와 근로자 ⑤ 근로자

《해 설》 산업재해보상보험법은 근로자의 업무상 재해에 대비한 사회보험으로 보험료는 사용자가 부담하게 된다(징수법 제13조 1항). 이에 반하여 고용보험의 경우는 실업급여에 관해서는 근로자와 사용자, 그리고 고용안정사업 및 직업능력개발사업과 관련해서는 사용자가 각각 일정한 비율에 따른 보험료를 납부한다(고보법 제6조). <답 ③>

9. 산업재해보상보험법상 업무상 재해로 인정하기 어려운 것은? <사시 2002년>

① 근로자 소유의 승용차로 퇴근 도중 발생한 교통사고
② 작업시간 중 용변을 보다가 발생한 사고
③ 회사가 주최한 운동경기 도중의 사고
④ 작업시간중 제3자의 행위로 인하여 발생한 사고
⑤ 과로사

《해 설》 ① 사용자의 출근경로에 대한 지배관리가 부정되므로 업무상 재해로 인정되기 어렵다. 대판 1993. 5. 11, 92누16805. ② 시행령 제27조 1항 2호 '업무수행과정에서 하는 용변 등 생리적 필요행위'. ③ 시행령 제30조 '행사 중의 사고'. ④ 시행규칙 제38조 2항. ⑤ 재해보상을 위하여 과로사의 업무기인성, 즉 업무와의 인과관계가 요구되나 판례는 비교적 넓게 인정하고 있다(대판 1996. 4. 16, 95구27044 참고). <답 ①>

10. 산업재해보상보험법상 '업무상 재해'에 해당되지 않는 것은? <사시 2004년>

① 사업장 내에서 작업시간 중에 작업을 하던 중 근로자의 경미한 과실로 발생한 사고로 인한 부상
② 회사가 주최하는 행사의 기획업무를 담당하고 있는 근로자가 그 업무의 수행 중에 발생한 사고로 인한 부상
③ 사업장 내에서 화재가 발생하여 사회통념상 예견될 수 있는 구조행위를 하고 있을 때 발생한 사고로 인한 사망
④ 출장 중 사업주의 구체적 지시를 위반한 행위로 인한 부상
⑤ 출장지시를 받아 사업장 밖에서 업무를 수행하다 발생한 사고로 인한 부상

《해 설》 ④ 업무상 재해로 볼 수 없는 경우이다(산재법 시행령 제27조 2항 단서).
<답 ④>

11. 제3자의 귀책사유로 인한 업무상의 재해에 대한 판례의 태도로 옳지 않은 것은?

① 공단은 제3자의 행위에 따른 재해로 보험급여를 지급한 경우에는 그 급여액의 한도 안에서 급여를 받은 자의 제3자에 대한 손해배상청구권을 대위한다.
② 구상에 응한 제3자가 장차 보험가입자에게 그 과실비율에 따라 그 부담부분의 재구상을 할 것까지 미리 예상하여 보험가입자의 부담 부분에 대하여는 구상권을 행사할 수 없다고 볼 것은 아니다.
③ 근로자가 동일한 사업주에 의하여 고용된 동료근로자의 행위로 인하여 업무상 재해를 입은 경우, 그 동료근로자는 산재보험법에서의 제3자에 해당한다.
④ 대위할 수 있는 대상채권은 재해근로자가 입은 노동력의 상실 등 재산

상의 손해배상채권에 한정되고, 위자료청구권과 같은 정신적 손해의 전보는 제외된다.

⑤ 수급권자가 제3자로부터 동일한 사유로 보험급여에 상당한 손해배상을 받으면 공단은 그 배상액을 대통령령으로 정하는 방법에 따라 환산한 금액의 한도 안에서 보험급여를 지급하지 않는다.

《해 설》 ① 산재법 제87조 1항. ② 대판 1989. 9. 26, 87다카3109; 대판 1992. 12. 8, 92다23360; 대판 1996. 1. 26, 95다19751. ③ 근로자가 동일한 사업주에 의하여 고용된 동료근로자의 행위로 인하여 업무상 재해를 입은 경우, 그 동료근로자는 산재보험법 제87조 1항 본문(구법 제54조 1항 본문)에서의 '제3자'에 해당하지 않는다고 한다. 판례에 의하면 제3자라 함은 피재근로자와 산업재해보상보험관계가 없는 자를 말한다. 동료근로자는 보험가입자인 사업주와 함께 직·간접적으로 재해근로자와 산업재해보상보험관계를 가지는 자이므로 제3자가 될 수 없다(대판 2004. 12. 24, 2003다33691; 대판 2007. 1. 12, 2006다60793). 동료근로자에 의한 가해행위로 인하여 다른 근로자가 입은 재해는 그 사업장이 갖는 하나의 위험이라고 볼 수 있기 때문이다(대판 2004. 12. 24, 2003다33691). ④ 대판 2008. 12. 11, 2006다82793 참고. ⑤ 산재법 제87조 2항. <답 ③>

12. 산업재해보상보험법상의 급여에 해당하지 않는 것은?

<사시 2000년 · 2005년 유사, 노무사 2005년 유사>

① 요양급여 ② 장해급여 ③ 상병보상연금
④ 분만급여 ⑤ 장의비

《해 설》 ①②③⑤에 관하여는 산업재해보상보험법 제36조 1항에 규정되어 있는 급여내용이며, 이 밖에도 휴업급여, 유족급여와 장해특별급여, 유족특별급여, 간병급여 등이 있다. <답 ④>

13. 산업재해보상보험법상 업무상 재해에 해당하지 않는 것은? (다툼이 있는 경우에는 판례에 의함) <사시 2008년>

① 업무와 관련하여 발생한 재해로 인한 기존 질병의 악화
② 회사의 출장업무 수행 중 발생한 사고로 인한 부상
③ 회사가 제공한 통근버스를 타고 출근하던 중 발생한 교통사고로 인한 사망
④ 근로시간 종료 후 노동조합이 개최한 체육대회경기 중 사고로 인한 부상
⑤ 회사가 주최한 야유회에 참가 중 발생한 부상으로 인한 신체장해

《해 설》 ④ 노동조합의 전임자인 근로자가 임금협상을 앞두고 노동조합 간부들의 단결과시를 위하여 노동조합이 근무시간 종료 후에 개최한 체육대회에 참가하여 경기도중 부상을 당한 사안에서, 사회통념상 그 행사의 전반적인 과정이 사업주의 지배, 관리를 받는 상태에 있다고 볼 수 없어 그와 같은 부상은 노동조합업무의 수행 중 그 업무에 기인하여 입은 것이 아니라고 보아 산업재해보상보험법 제4조 제1호 소정의 업무상 재해에 해당하지 않는다(대판 1997. 3. 28, 96누16179). <답 ④>

14. 업무상 재해 중 업무기인성에 대한 설명 중 옳지 않은 것은?

① 업무기인성은 반드시 의학적 · 자연과학적으로 명백히 입증되어야만 하는 것이 아니고, 근로자의 취업 당시의 건강상태, 작업장에 질병을 일으키거나 악화시킬 수 있는 원인물질이 있었는지 여부 등 여러 가지 사정을 고려하여 판단하여야 한다.

② 업무와 관련이 없는 기존질병이 업무와 관련하여 발생한 과로가 질병의 주된 원인이 겹쳐서 유발 내지 악화된 경우 업무기인성이 인정된다.

③ 업무수행 중 재해가 발생하였으나 그 사인이 분명하지 않은 경우에 이를 업무에 기인한 것으로 추정할 수 있다.

④ 평소에는 정상적인 근무가 가능한 기초질병이지만 기존질병이 업무과중으로 급속히 악화된 경우 업무기인성이 인정된다.

⑤ 가해자와 피해자 사이의 사적인 관계에 기인한 경우 또는 피해자가 직무의 한도를 넘어 상대방을 자극하거나 도발한 경우에는 업무기인성을 인정할 수 없다.

《해 설》 ① 대판 1993. 10. 12, 93누9408. ② 대판 1993. 3. 12, 92누17471. ③ 업무수행 중 재해가 발생하였으나 그 사인이 분명하지 않은 경우에 이를 업무에 기인한 것으로 추정된다고 할 수 없다 고하여 업무수행성이 있더라도 언제나 업무기인성이 추정되는 것은 아니라고 한다(대판 1990. 10. 23, 88누5037). ④ 대판 1993. 3. 12, 92누17471. ⑤ 대판 1995. 1. 24, 94누8587. <답 ③>

15. 산업재해보상보험법상 업무상 재해로 볼 수 없는 것은? (다툼이 있는 경우에는 판례에 의함) <사시 2007년>

① 통근버스를 놓쳐 택시를 타고 퇴근하던 중 발생한 사고

② 노사화합을 위해서 사업주가 주최하는 운동대회 중의 재해

③ 휴게시간 중 사업장의 시설 하자로 발생한 재해

④ 업무상 스트레스로 인하여 정신과 치료를 받던 중 자살한 경우

⑤ 노조간부가 일상적인 조합활동 중 과로로 사망한 경우

《해 설》 ① 대판 1994. 4. 12, 93누24186. 출퇴근 도중의 사고에 있어서 근로자는 사업주가 제공하는 교통수단을 이용한 경우이거나 사업주가 이에 준하는 교통수단을 이용하도록 한 경우에 한하여 업무상 재해로 인정된다. ② 산재법 시행규칙 제37조. ③ 산새법 세37조. ④ 대판 2000. 1. 28, 99두10438. ⑤ 노조간부가 노동조합의 업무를 수행하던 중 육체적 · 정신적 과로로 인하여 사망한 경우에는 특별한 사정이 없는 한 근로기준법상 재해보상이 되는 업무상 재해로 보아야 한다(대판 1996. 6. 28, 96다12733). <답 ①>

16. 산업재해보상보험법상 "업무상 사고"나 "업무상 질병"에 해당하지 않는 것은? <사시 2010년>

① 업무수행 과정에서 하는 용변 등 생리적 필요 행위를 하던 중에 발생한

사고
② 사업주가 제공한 시설물 등을 이용하던 중 그 시설물 등의 결함으로 발생한 사고
③ 업무상 부상이 원인이 되어 발생한 질병
④ 매월 통근수당을 지급받고 시내버스로 출근하던 중 발생한 사고
⑤ 업무상 부상으로 요양을 하고 있는 근로자에게 요양급여와 관련하여 발생한 의료사고

《해 설》 ② 산재법 제37조 1항 1호 나목. ③ 산재법 제37조 1항 2호 나목. ④ 근로자가 출퇴근 하던 중에 발생한 사고가 "1. 사업주가 출퇴근용으로 제공한 교통수단이나 사업주가 제공한 것으로 볼 수 있는 교통수단을 이용하던 중에 사고가 발생하였을 것" 및 "2. 출퇴근용으로 이용한 교통수단의 관리 또는 이용권이 근로자 측의 전속적 권한에 속하지 아니하였을 것"의 요건 모두에 해당하면 업무상 사고로 본다(산재법 시행령 제29조). <답 ④>

17. 산업재해보상법상 '업무상 사고'에 해당하지 않는 것은?

① 근로자가 근로계약에 따른 업무나 그에 따르는 행위를 하던 중 발생한 사고
② 사업주가 제공한 시설물 등을 이용하던 중 그 시설물 등의 결함이나 관리소홀로 발생한 사고
③ 사업주가 제공한 교통수단이나 그에 준하는 교통수단을 이용하는 등 사업주의 지배 · 관리 하에서 출퇴근 중 발생한 사고
④ 사업주가 주관하거나 사업주의 지시에 따라 참여한 행사나 행사준비 중에 발생한 사고
⑤ 회식 후 만취운전 중 사망한 경우

《해 설》 ② 대판 2009. 3. 12, 2008두19147. ③ 대판 2009. 2. 12, 2008두17899. ④ 대판 2009. 5. 14, 2007두24548; 대판 2009. 5. 14, 2009두58; 대판 2008. 10. 9, 2007두21082. ⑤ 회식 후 만취운전 중 사망한 경우 업무상 재해를 부인한 사례(대판 2009. 4. 9, 2009두508). <답 ⑤>

18. 산업재해보상보험법상 보험급여에 관한 다음 설명 중 옳은 것은?

① 일용근로자 등 근로형태가 특이한 근로자에 대해서도 보험급여산정은 근로기준법상의 평균임금을 적용한다.
② 요양 또는 재요양을 받고 있는 근로자가 그 요양기간 중 일정기간 또는 단시간 취업을 하는 경우에는 그 취업한 날 또는 취업한 시간에 해당하는 그 근로자의 평균임금에서 그 취업한 날 또는 취업한 시간에 대한 임금을 뺀 금액의 100분의 90에 상당하는 금액을 지급할 수 있다.
③ 간병급여는 요양을 받는 기간에만 요양급여로서 지급된다.

④ 유족급여는 원칙적으로 유족보상일시금으로 지급하되, 연금으로 지급할 수도 있다.
⑤ 장의비는 평균임금의 90일분에 상당하는 금액으로 한다.

《해 설》 ① 제36조 5항. ② 제53조 1항 신설. ③ 종전에는 요양을 받는 기간에만 부득이한 경우에 요양비로서 간병료를 지급하였으나(구법 제40조), 법개정(1999. 12. 31)에 의해 치료 후 의학적으로 상시 또는 수시로 간병이 필요한 경우에는 보험급여로서 간병급여를 지급한다(제61조 신설). ④ 유족보상일시금은 근로자가 사망할 당시 제63조제1항에 따른 유족보상연금을 받을 수 있는 자격이 있는 자가 없는 경우에 지급한다(제62조 2항). ⑤ 장의비는 평균임금의 120일분에 상당하는 금액을 그 장제를 행하는 자에게 지급한다(제71조 1항). <답 ②>

19. 다음 중 보험급여에 대한 설명으로 옳지 않은 것은?

① 요양급여는 근로자가 업무상의 사유로 부상을 당하거나 질병에 걸린 경우에 그 근로자에게 지급한다.
② 요양급여를 받는 근로자가 요양을 시작한 지 2년이 지난 날 이후에 규정요건 모두에 해당하는 상태가 계속되면 휴업급여 대신 상병보상연금을 그 근로자에게 지급한다.
③ 장해보상연금과 장해보상일시금은 원칙적으로 수급권자의 선택에 따라 지급하되, 대통령령이 정하는 자에게는 장해보상연금을 지급한다.
④ 상병보상연금을 받는 경우에도 휴업급여를 지급한다.
⑤ 장해급여는 근로자가 업무상의 사유로 부상을 당하거나 질병에 걸려 치유된 후 신체 등에 장해가 있는 경우에 그 근로자에게 지급한다.

《해 설》 ① 산재법 제40조 1항. ② 산재법 제66조 1항. ③ 대통령령이 정하는 노동력을 완전히 상실한 장해등급의 근로자에 대하여는 장해보상연금을 지급한다(산재법 제57조 3항 단서). ④ 상병보상연금수급권자에게는 휴업급여를 지급하지 아니한다(산재법 제66조 1항). ⑤ 산재법 제57조 1항. <답 ④>

20. 산업재해보상보험법상 보험급여에 관한 설명 중 틀린 것은? <노무사 2004년>

① 요양급여는 근로자가 부상을 당하거나 질병에 걸린 경우에 당해 근로자에게 지급하는 현물급여로써 현금 급여는 인정되지 않는다.
② 휴업급여는 취업하지 못한 기간이 3일 이내인 때에는 지급하지 않는다.
③ 장해급여의 경우 장해보상연금 또는 장해보상일시금으로 지급하나 노동력을 완전히 상실한 장해등급의 근로자에게는 전자에 한정되는 것을 원칙으로 한다.
④ 간병급여는 실제로 간병을 받는 자에게 지급한다.
⑤ 요양급여에는 당해 근로자에 대한 이송도 포함된다.

《해 설》 ① 부득이한 경우에는 요양에 갈음하여 요양비를 지급할 수 있다(산재법 제

40조 2항 단서). ② 산재법 제52조 단서. ③ 산재법 제57조 3항. ④ 산재법 제61조 1항. ⑤ 산재법 제40조 4항 7호. <답 ①>

21. 다음 중 업무상 재해와 관련한 판례의 태도 중 틀린 것은?

① 회사직원 중 일부가 자신들의 친목을 도모하기 위하여 스스로 비용을 갹출하여 야유회를 갖고 또 야유회의 전반적인 과정이 회사의 지배나 관리 하에 있다고 볼 수 없는 경우에 야유회의 참가로 인하여 발생한 재해는 업무상 재해가 아니다.

② 팀장인 근로자가 직원의 인사이동에 따른 1차 회식을 가진 후 여직원들의 요청으로 1차 회식 참가자들 중 일부와 함께 나이트클럽으로 가서 2차 회식까지 마치고 야간근로자들의 작업상태를 확인하기 위하여 음주한 채 자신의 승용차를 운전하여 귀사하던 도중 교통사고로 사망한 사안에 대하여는 업무상 재해에 해당하지 아니한다.

③ 업무상 재해로 5년 가까이 요양생활을 하면서 장기간의 입원치료와 척추수술을 받는 과정에서 그로 인한 운동부족과 정신적 스트레스가 원인이 되어 관상동맥경화가 유발되었거나 그 진행이 촉진되었다면 그로 인한 급성심근경색으로 사망한 것은 업무상 재해에 해당한다.

④ 원칙적으로 업무상 과로의 입증책임은 사용자측에서 부담해야 한다.

⑤ 손해배상청구권의 대위(구상권)는 제3자와 보험가입자(사업주) 또는 그 소속 근로자의 공동불법행위로 인하여 발생한 경우에도 행사할 수 있는 것이고, 이 경우에도 보험가입자 또는 그 피용자의 과실 비율에 따른 부담 부분에 관계없이 구상권을 행사할 수 있다.

《해 설》 ① 대판 1992. 10. 9, 92누11107. ② 팀장인 근로자가 직원의 인사이동에 따른 1차 회식을 가진 후 여직원들의 요청으로 1차 회식 참가자들 중 일부와 함께 나이트클럽으로 가서 2차 회식까지 마치고 야간근로자들의 작업상태를 확인하기 위하여 음주한 채 자신의 승용차를 운전하여 귀사하던 도중 교통사고로 사망한 사안에 대하여, 위 2차 회식은 참석이 강제되지 아니하여 사업주의 지배나 관리를 받는 상태에 있지 않았고, 회식 후 귀사 행위도 망인의 임의적 행위이며, 사고 자체가 망인 자신의 자동차 운전행위에 매개된 음주운전으로 발생한 것이므로 업무수행을 위한 귀사 과정에서 통상 수반하는 위험의 범위 내의 것이라고 보기 어렵다(대판 1996. 6. 14, 96누3555). ③ 대판 1997. 8. 29, 97누7530. ④ 원칙적으로 업무상 과로의 입증책임은 이를 주장하는 측에서 부담해야 한다(대판 1998. 4. 24, 98두3033). ⑤ 공동불법행위와 손해배상청구권의 대위(구상권)와의 관계: 「손해배상청구권의 대위(구상권)는 제3자와 보험가입자(사업주) 또는 그 소속 근로자의 공동불법행위로 인하여 발생한 경우에도 행사할 수 있는 것이고, 이 경우에도 보험가입자 또는 그 피용자의 과실 비율에 따른 부담 부분에 관계없이 구상권을 행사할 수 있으며, 구상에 응한 제3자가 장차 보험가입자에게 그 과실 비율에 따라 그 부담 부분의 재구상을 할 것까지 미리 예상하여 보험가입자의 부담 부분에 대하여는 구상권을 행사할 수 없다고 볼 것은 아니다」(대판 1989. 9. 26, 87다카3109; 대판 1992. 12. 8, 92다23360; 대판 1996. 1.

26, 95다19751). <답 ④>

22. 업무상 재해에 대한 설명으로 옳지 않은 것은?

① 업무상 재해란 업무상의 사유에 따른 근로자의 부상 · 질병 · 재해 또는 사망을 말한다.

② 업무수행성은 반드시 근로자가 현실적으로 업무수행에 종사하는 동안만 인정할 수 있는 것이 아니라 사업장에서 업무시간 중 또는 그 전후에 휴식하는 동안에도 인정할 수 있다.

③ 업무수행이라 함은 사용자의 지배 또는 관리 하에서 이루어지는 업무수행 및 그에 수반되는 통상적인 활동과정에서 재해의 원인이 발생한 것을 말한다.

④ 상가 경비원이 근무시간 중 같은 건물 내의 자신의 순찰경비구역 내에 위치한 아파트경비실에 앉아 술을 마시고 있던 중 화재로 인하여 사망하였다면 업무상 재해라 인정할 수 없다.

⑤ 작업도구를 공사현장에 옮겨놓는 업무준비행위 중 발생한 재해도 업무상 재해에 해당한다.

《해 설》 ① 산재법 제5조 1호. ② 대판 1993. 3. 12, 92누17471. ③ 대판 1993. 1. 19, 92누13073; 대판 1997. 5. 23, 96누18748. ④ 상가 경비원이 근무시간 중 같은 건물 내의 자신의 순찰경비구역 내에 위치한 아파트경비실에 앉아 술을 마시고 있던 중 화재로 인하여 사망하였다 하더라도, 평소에 아파트 경비실에 수시로 들러 업무협의를 하거나 잠시 휴식을 취하는 것이 통상적인 업무방식으로 용납되었으며… 중간 중간의 휴식도 어느 정도 당연히 포함되는 것이므로 근무 장소를 이탈한 사적 행위가 아닌 상가경비업무 수행 중으로 사망한 것으로 보아 업무수행성이 인정된다고 할 것이다(대판 1998. 3. 27, 98두465). ⑤ 대판 1996. 10. 11, 96누9034. <답 ④>

23. 업무상 재해를 당한 근로자가 산업재해보상보험급여를 지급받으려면 어느 기관에 신청하여야 하는가? <사시 2000년>

① 근로복지공단 ② 근로감독관
③ 고용노동부장관 ④ 노동위원회
⑤ 노동부에 설치된 산업재해보상보험심사위원회

《해 설》 산새법 제10조 이하에 규정되어 있는 근로복지공단이 고용노동부장관의 위탁을 받아 산업재해보상보험 업무를 관장한다. <답 ①>

24. 산업재해보상보험법상의 보험가입 및 소멸에 관한 설명 중 틀린 것은?

① 산업재해보상보험법의 적용을 받지 않은 사업의 <노무사 2004년>
사업주도 근로복지공단의 승인만 얻으면 임의로 산업재해보상보험을 가입할 수 있다.

② 산업재해보상보험법의 적용을 받는 사업의 사업주가 사업규모의 변동 등으로 동법의 적용을 받지 않게 된 경우에는 그 해당된 날부터 임의보험에 가입한 것으로 된다.
③ 보험급여청구는 5년으로 그 소멸시효가 완성된다.
④ 도급사업에 있어서는 원칙적으로 원수급인이 보험가입자이다.
⑤ 산업재해보상보험관계는 사업이 폐지 또는 종료된 다음 날에 소멸한다.

《해 설》 ①②④⑤ 징수법 제5조~제10조. ③ 보험료 기타 이 법에 의한 징수금을 징수하거나 그 반환을 받을 권리 및 보험급여를 받을 권리는 3년간 행사하지 아니하면 소멸시효가 완성된다(산재법 제112조 1항). <답 ③>

25. 산업재해보상보험법에 관한 다음 설명 중 틀린 것은?

① 유족보상일시금은 근로자가 사망할 당시 제63조제1항에 따른 유족보상연금을 받을 수 있는 자격이 있는 자가 없는 경우에 지급한다.
② 장의비는 평균임금의 120일분으로 하되, 최고·최저한도의 제한을 두고 있다.
③ 산업재해보상보험법상 보험급여지급은 사업주에게는 적용되지 않는다.
④ 사업주가 보험의 당연가입자가 되는 사업에 있어서는 보험관계의 성립일은 당해 사업이 개시된 날이 된다.
⑤ 유족보상연금의 수급권자가 원하는 경우에는 유족보상일시금의 100분의 50에 상당하는 금액을 일시금으로 지급한다.

《해 설》 ①⑤ 산업재해보상보험법은 유족급여를 연금으로 지급하는 것을 원칙으로 하되, 연금수급권자의 선택에 의하여 100분의 50에 상당하는 금액을 일시금으로 지급할 수 있도록 하고 있다(제62조 2항 및 3항). ② 저소득근로자의 사망시와 고소득근로자의 사망시 장의비 지급액의 현격한 차이를 줄일 수 있도록 장의비 지급액의 최고·최저한도를 정하고 있다(제71조 제2항). ③ 사실상 근로에 종사함으로써 근로자와 같이 재해의 위험에 노출된 중·소기업사업주의 보호를 위하여 2000년 7월 1일부터는 중·소기업사업주가 재해를 입은 경우에도 산업재해보상보험의 보험급여를 받을 수 있도록 동 사업주에 대한 특례제도를 신설하였다(제124조 신설). ④ 징수법 제7조. <답 ③>

26. 다음 (　) 안에 들어갈 내용으로 옳은 것은? <노무사 2008년>

산업재해보상보험법상 휴업급여의 1일당 지급액은 (A) 임금의 (B)에 상당하는 금액으로 한다. 다만, 취업하지 못한 기간이 (C) 이내이면 지급하지 아니한다.

① A : 평균　B : 100분의 60　C : 3일
② A : 평균　B : 100분의 70　C : 3일
③ A : 통상　B : 100분의 60　C : 3일

④ A : 통상 B : 100분의 70 C : 7일
⑤ A : 평균 B : 100분의 70 C : 7일

《해 설》 휴업급여는 업무상 사유로 부상을 당하거나 질병에 걸린 근로자에게 요양으로 취업하지 못한 기간에 대하여 지급하되, 1일당 지급액은 평균임금의 100분의 70에 상당하는 금액으로 한다. 다만, 취업하지 못한 기간이 3일 이내이면 지급하지 아니한다(산재법 제52조). <답 ②>

27. 다음 근로기준법상의 재해보상의 내용 중 틀린 것은?

① 근로자가 중대한 과실로 업무상 재해를 입은 경우에는 휴업보상 또는 장해보상을 하지 않아도 된다.
② 요양개시 후 2년이 경과하여도 완치되지 않는 경우에는 일시보상에 의하여 보상책임을 면할 수 있는데, 이 경우 민사상의 손해배상책임은 당연히 면제되는 것은 아니다.
③ 장해보상 및 휴업보상은 분할보상이 가능하다.
④ 장의비를 지급받는 자는 실제로 장제를 주최하는 자로 새겨야 한다.
⑤ 요양보상채무와 휴업보상채무는 부상 등이 있었던 달의 말일에 이행지체가 된다.

《해 설》 ① 근로기준법 제81조는 「근로자가 중대한 과실로 인하여 업무상 부상 또는 질병에 걸리고 또한 사용자가 그 과실에 대하여 노동위원회의 인정을 받은 경우에는 휴업보상 또는 장해보상을 행하지 아니하여도 무방하다」고 규정하고 있다. ② 근로자가 요양개시 후 2년을 경과하여도 부상 또는 질병이 완치되지 않는 경우에는 평균임금(근기법 제2조 1항 6호)의 1,340일분의 일시보상을 행하여 그 후의 이 법에 의한 모든 보상책임을 면할 수 있다(근기법 제84조). 그러나 이 규정에 의하여 일시보상이 행하여진 경우라도 예컨대, 민사상의 손해배상책임이나 위자료지급책임이 당연히 면제되지는 않는다. ③ 근로기준법 제85조의 규정에 따라 분할보상이 가능한 것은 유족보상과 장해보상이다. ⑤ 휴업보상지급채무도 요양보상지급의 경우와 같은 기한의 도래에 의하여 이행지체가 된다. <답 ③>

28. 산업재해보상보험법상 유족급여에 관한 설명 중 틀린 것은? <노무사 2005년>

① 유족급여는 근로자가 업무상의 사유에 의하여 사망한 경우에 유족에게 지급한다.
② 유족보상 연금수급자격자가 유족보상연금을 받을 권리의 순위는 배우자 · 자녀 · 부모 · 손 · 조부모 및 형제자매의 순서로 한다.
③ 유족보상 연금수급자격자인 유족이 사망근로자와의 친족관계가 종료된 때에는 그 수급자격을 상실한다.
④ 유족보상 연금수급권자가 1년 이상 행방불명인 경우에는 대통령령이 정하는 바에 따라 연금의 지급을 정지하고 다음 순위자에게 이를 지급한다.
⑤ 유족보상 연금수급권자를 결정함에 있어 사망 당시 사실상 혼인관계에

있는 배우자는 제외된다.

《해 설》 ① 제62조 1항. ② 제65조 1항 ③ 제64조 1항 3호. ④ 제64조 3항. ⑤ 제63조(유족보상연금 수급자격자의 범위) 1항: 유족보상연금을 받을 수 있는 자격이 있는 자는 유족으로서 근로자의 사망 당시 그에 의하여 부양되고 있던 자 중 처(사실상 혼인관계에 있는 자를 포함한다)와 다음 각 호의 1에 해당하는 자로 한다. 1. 남편(사실상 혼인관계에 있는 자를 포함한다. 이하 같다)·부모 또는 조부모로서 60세 이상인 자. 2. 자녀 또는 손으로서 18세 미만인 자. 3. 형제자매로서 18세 미만이거나 60세 이상인 자. 4. 제1호 내지 제3호의1에 해당하지 아니하는 남편·자녀·부모·손·조부모 또는 형제자매로서 장애인복지법 제2조의 규정에 의한 장애인 중 고용노동부령이 정하는 장애등급 이상에 해당하는 자. <답 ⑤>

29. 다음 근로기준법상의 재해보상의 내용에 대한 설명 중 틀린 것은?

① 근로자가 중대한 과실로 인하여 업무상 부상 또는 질병에 걸리고 또한 사용자가 그 과실에 대하여 노동위원회의 인정을 받은 경우라도 유족보상과 장의비는 지급하여야 한다.

② 요양보상은 매월 1회 이상 행하여야 한다.

③ 근로자가 업무상의 부상 또는 질병으로 인하여 취업하지 못할 경우에 사용자는 그 요양기간중 평균임금의 100분의 70의 휴업보상을 지급하여야 한다.

④ 근로자가 업무상 부상 또는 질병에 걸려 완치된 후 신체에 장해가 있는 경우에 사용자는 그 장해 정도에 따라 평균임금에 별표에 정한 일수를 곱하여 얻은 금액의 장해보상을 행하여야 한다.

⑤ 근로자가 업무상 사망한 경우에는 사용자는 그 유족에 대하여 평균임금의 1,000일분의 유족보상을 행하여야 한다.

《해 설》 ① 근로기준법 제81조에 의하면「근로자가 중대한 과실로 인하여 업무상 부상 또는 질병에 걸리고 또한 사용자가 그 과실에 대하여 노동위원회의 인정을 받은 경우에는 휴업보상 또는 장해보상을 행하지 아니하여도 무방하다」고 규정하고 있다. 그러나 유족보상과 장사비의 지급에 관한 사용자의 책임은 면제되지 않는다. ② 근기법 시행령 제42조. ③ 근로자가 업무상의 부상 또는 질병으로 인하여 취업하지 못할 경우에 사용자는 그 요양기간중 평균임금(근기법 제19조)의 100분의 60의 휴업보상을 지급하여야 한다(근기법 제79조, 벌칙 제110조). ④ 근기법 제80조, 벌칙 제113조. ⑤ 근기법 제82조, 벌칙 제110조. <답 ③>

30. 다음 보기 중 업무상 재해로 인정될 수 없는 것을 모두 고른 것은? (이견이 있는 경우에는 판례의 태도에 따름)

(가) 업무상 재해인 질병에 기인하여 심신상실 내지 정신착란의 상태에 빠져 그 상태에서 자살이 이루어진 경우
(나) 정당한 쟁의활동 중의 재해

(다) 인원감축을 반대하기 위하여 노조원이 취업을 강행하다가 부상한 경우
(라) 노조전임자가 노조업무를 수행하던 중에 재해를 당한 경우
(마) 통근 방법과 경로가 근로자의 선택에 맡겨져 있는 통근도중의 재해
(바) 공무원의 통근도중의 재해

① (가), (나), (다) ② (나), (다), (라) ③ (나), (다), (마)
④ (다), (라), (마) ⑤ (다), (마), (바)

《해 설》 (가) '업무상 재해인 질병에 기인하여 심신상실 내지 정신착란의 상태에 빠져 그 상태에서 자살이 이루어진 것인 한 사망과 업무 사이에 상당인과관계가 있다…' (대판 1993. 12. 14, 93누9392). (나)(다) 판례(대판 1996. 6. 28, 96다12733)는 정당한 쟁의활동중의 재해에 대하여 업무상 재해로 인정하지 않고 있으나 이에 대해서는 의문이 있다. 한편 반대로 인원감축을 반대하기 위하여 노조원이 취업을 강행하다가 부상한 경우에도 사용자의 지휘 · 명령이 없으므로 업무상 재해로 인정되지 않는다. (라) 노조전임자가 노조업무를 수행하던 중에 재해를 당하거나 질병이 발생한 경우 업무상 재해로 인정 된다(대판 1994. 2. 22, 92누14502). (마)(바) 통근 도중의 재해는 일반적으로 통근의 방법과 경로가 근로자의 선택에 맡겨져 있기 때문에 사업주가 제공한 교통수단을 이용하거나 또는 이에 준하는 교통수단을 이용하도록 하는 등 근로자의 통근과정이 사업주의 지배 · 관리하에 있다고 볼 수 있는 경우에만 업무상의 재해로 인정된다(대판 1993. 5. 11, 92누16805 등). 판례는 공무원의 통근도중의 재해에 대하여는 공무상(업무상) 재해로 보고 있다(대판 1993. 10. 8, 93다16161). <답 ③>

31. 산업재해보상보험법이 적용되는 사업은? <노무사 2005년>

① 사립학교교직원연금법에 의하여 재해보상이 행하여지는 사업
② 선원법에 의하여 재해보상이 행하여지는 사업
③ 가사서비스업
④ 고용노동부령이 정하는 바에 따라 상시근로자수가 1인 이상이 되지 아니하는 사업
⑤ 근로자가 모두 65세 이상인 사업

《해 설》 근로자의 연령에 관계없이 1인 이상의 근로자를 고용하고 있으면 산재보험법 적용사업장이다. <답 ⑤>

32. 다음 설명 중 틀린 것은?

① 업무상의 부상 · 질병 또는 사망의 인정, 요양방법, 보상금액의 결정 기타 보상실시에 관하여 이의가 있는 자는 고용노동부장관에게 심사 또는 중재를 청구할 수 있다.
② 이러한 청구가 있을 때에는 고용노동부장관은 1월 이내에 심사 또는 중재를 하여야 한다.
③ 고용노동부장관은 필요에 의하여 직권으로 심사 또는 사건의 중재를 할

수 있고, 필요하다고 인정되는 경우에는 의사에게 진단 또는 검안을 시킬 수 있다.

④ 산업재해보상보험법에 의한 보험급여에 불복이 있는 자는 근로복지공단에 심사를 청구할 수 있는데, 위 청구에 대하여 근로복지공단은 1월 이내에 심사청구에 대한 결정을 하여야 한다.

⑤ 근로복지공단의 결정에 불복이 있는 자는 산업재해보상보험재심사위원회에 심사청구에 대한 결정이 있음을 안 날로부터 90일 이내에 재심심사를 청구할 수 있다.

《해 설》 ① 근기법 제88조 1항. ② 근기법 제88조 2항. ③ 근기법 제88조 3항 · 4항. ④ 산업재해보상보험법에 의한 보험급여에 불복이 있는 자는 근로복지공단에 보험급여결정이 있음을 안 날로부터 90일 이내에 심사를 청구할 수 있다(산재법 제103조 1항 · 3항). 위 청구에 대하여 근로복지공단은 60일 이내에 심사청구에 대한 결정을 하여야 한다(산재법 제105조 1항). ⑤ 근로복지공단의 결정에 불복이 있는 자는 산업재해보상보험심사위원회에 심사청구에 대한 결정이 있음을 안 날로부터 90일 이내에 재심사를 청구할 수 있다(산재법 제106조 1항 · 3항). <답 ④>

33. 산업재해보상보험법상 장해급여에 관한 설명으로 옳은 것은?<노무사 2008년>

① 근로자가 업무상 사유로 부상을 당하거나 질병에 걸린 경우 지급된다.

② 노동력을 완전히 상실한 장해등급의 근로자에게는 장해보상연금을 지급하고 그 외에는 장해보상일시금으로 지급한다.

③ 장해보상연금은 선지급이 허용될 수 없다.

④ 장해보상연금의 수급권자가 사망하는 경우에도 그 수급권은 소멸되지 아니한다.

⑤ 장해보상연금의 수급권자가 재요양을 받는 경우 재요양이 결정된 날이 속하는 달의 다음 달부터 재요양이 끝난 날이 속하는 달까지 장해보상연금의 지급은 정지된다.

《해 설》 ① 장해급여는 근로자가 업무상의 사유로 부상을 당하거나 질병에 걸려 치유된 후 신체 등에 장해가 있는 경우에 그 근로자에게 지급한다(산재법 제57조 1항). ② 장해보상연금 또는 장해보상일시금은 수급권자의 선택에 따라 지급한다. 다만, 대통령령으로 정하는 노동력을 완전히 상실한 장해등급의 근로자에게는 장해보상연금을 지급하고, 장해급여 청구사유 발생 당시 대한민국 국민이 아닌 자로서 외국에서 거주하고 있는 근로자에게는 장해보상일시금을 지급한다(산재법 제57조 3항). ③ 장해보상연금은 수급권자가 신청하면 그 연금의 최초 1년분 또는 2년분(제3항 단서에 따른 근로자에게는 그 연금의 최초 1년분부터 4년분까지)의 2분의 1에 상당하는 금액을 미리 지급할 수 있다(산재법 제57조 4항). ④ 장해보상연금의 수급권자가 다음 각 호의 어느 하나에 해당하면 그 수급권이 소멸한다. 1. 사망한 경우 2. 대한민국 국민이었던 장해보상연금 수급권자가 국적을 상실하고 외국에서 거주하고 있거나 외국에서 거주하기 위하여 출국하는 경우 3. 대한민국 국민이 아닌 장해보상연금의 수급권자가 외국에서 거주하기 위하여 출국하는 경우 4. 장해등급이 변경되어 장해보

상연금의 지급 대상에서 제외되는 경우(산재법 제58조). <답 ⑤>

34. 다음 설명 중 옳지 않은 것은?

① 근로관계종료 후에 새로이 발생한 질병 등도 근로관계 중에 그 원인이 인정되는 경우에는 산재보험법상의 보험급여를 받을 권리를 근로자에게 인정하고 있다.

② 근로계약에 수반하는 신의칙상의 부수적 의무로서 안전 · 배려의무, 즉 사용자의 보호의무를 인정하고 있다.

③ 보호의무위반을 이유로 사용자에게 손해배상책임을 인정하기 위해서는 특별한 사정이 없는 한 그 사고가 피용자의 업무와 관련성을 가지고 있어야 하고 예측가능 한 것이어야 한다.

④ 위자료의 지급은 재해보상액에 대하여 아무 영향을 줄 수 없으며, 또한 재해보상을 가지고 위자료지급책임을 면할 수도 없다.

⑤ 근로자가 업무상 재해로 사망함에 따라 유족급여를 수급권자에게 지급한 경우 보험가입자의 손해배상책임은 소멸한다.

《해 설》 ① 대판 1992. 5. 12, 91누10466. ② 대판 2006. 9. 28, 2004다44506. ③ 대판 2006. 9. 28, 2004다44506. ④ 대판 1985. 5. 14, 85누12. ⑤ 근로자가 업무상 재해로 사망함에 따라 유족급여를 수급권자에게 지급한 경우, 수급권자가 아닌 다른 공동상속인들에 대한 보험가입자의 손해배상책임은 제80조 2항에 의하여 당연히 소멸된다고 할 수 없다(대판 전원합의체 2009. 5. 21, 2008다13104). <답 ⑤>

35. 산업재해보상보험법상 휴업급여에 관한 설명으로 옳지 않은 것은?

① 요양 또는 재요양을 받고 있는 근로자가 그 요양기간 중 일정기간 또는 단시간 취업을 하는 경우에는 그 취업한 날 또는 취업한 시간에 해당하는 그 근로자의 평균임금에서 그 취업한 날 또는 취업한 시간에 대한 임금을 뺀 금액의 100분의 90에 상당하는 금액을 지급할 수 있다.

② 1일당 휴업급여 지급액이 최저 보상기준 금액의 100분의 80보다 적거나 같으면 그 근로자에 대하여는 평균임금의 100분의 90에 상당하는 금액을 1일당 휴업급여 지급액으로 한다.

③ 휴업급여를 받는 근로자가 61세가 되면 그 이후의 휴업급여는 별표 1에 따라 산정한 금액을 지급한다.

④ 재요양을 받는 자에 대하여는 재요양 당시의 임금을 기준으로 산정한 평균임금의 100분의 70에 상당하는 금액을 1일당 휴업급여 지급액으로 한다.

⑤ 재요양 기간 중의 휴업급여를 산정할 때에도 저소득근로자의 휴업급여 규정(제54조)를 적용한다.

《해 설》 ① 산재법 제53조 1항. ② 산재법 제54조 1항. ③ 산재법 제55조. ④ 산재법 제56조 1항. ⑤ 재요양 기간 중의 휴업급여를 산정할 때에는 제54조를 적용하지 아니한다(산재법 제56조 4항). <답 ⑤>

36. 산업재해보상보험법상 직업재활급여에 관한 설명으로 옳지 않은 것은?

① 직업재활급여의 종류는 4종이다.

② 직업훈련비용의 금액은 고용노동부장관이 훈련비용, 훈련기간 및 노동시장의 여건 등을 고려하여 고시하는 금액의 범위에서 실제 드는 비용으로 하되, 직업훈련비용을 지급하는 훈련기간은 12개월 이내로 한다.

③ 직업훈련수당은 제73조제1항에 따라 직업훈련을 받는 훈련대상자에게 그 직업훈련으로 인하여 취업하지 못하는 기간에 대하여 지급하되, 1일당 지급액은 최저임금액에 상당하는 금액으로 한다.

④ 직장복귀지원금, 직장적응훈련비 및 재활운동비는 장해급여자에 대하여 고용을 유지하거나 직장적응훈련 또는 재활운동을 실시하는 사업주에게 각각 지급한다.

⑤ 직장복귀지원금은 고용노동부장관이 임금수준 및 노동시장의 여건 등을 고려하여 고시하는 금액의 범위에서 사업주가 장해급여자에게 지급한 임금액으로 하되, 그 지급기간은 12개월 이내로 한다.

《해 설》 ① 직업재활급여의 종류는 5종이다: 장해급여를 받은 자(이하 "장해급여자"라 한다) 중 취업을 위하여 직업훈련이 필요한 자(이하 "훈련대상자"라 한다)에 대하여 실시하는 직업훈련에 드는 비용 및 직업훈련수당. 업무상의 재해가 발생할 당시의 사업장에 복귀한 장해급여자에 대하여 사업주가 고용을 유지하거나 직장적응훈련 또는 재활운동을 실시하는 경우에 각각 지급하는 직장복귀지원금, 직장적응훈련비 및 재활운동비(산재법 제72조 1항). ② 산재법 제73조 3항. ③ 산재법 제74조 1항. ④ 산재법 제75조 1항. ⑤ 산재법 제75조 2항. <답 ①>

37. 산업재해보상보험법상 보험급여 등에 관한 설명으로 옳은 것은?

<노무사 2008년>

① 근로자에게 중대한 과실이 있는 경우 노동위원회의 인가를 받아 휴업급여를 지급하지 아니할 수 있다.

② 근로기준법의 재해보상과는 달리 현실적으로 발생한 모든 손해에 대한 전보를 급여의 내용으로 하고 있다.

③ 적용사업의 사업주가 보험료를 납부하지 아니한 경우 보험급여를 지급하지 아니한다.

④ 수급권자가 보험급여를 받을 수 있는 경우 보험가입자는 동일한 사유에 대하여 근로기준법에 따른 재해보상책임이 면제된다.

⑤ 근로복지공단은 거짓이나 그 밖의 부정한 방법으로 보험급여를 받은 자에게 그 급여액에 상당하는 금액을 징수해야 한다.

《해 설》 ③ 이 경우 공단은 피재근로자에게 보험급여를 지급하고 보험가입자인 사업주에게 그 금액의 전부 또는 일부를 대통령령이 정하는 바에 따라 징수할 수 있다. ④ 수급권자가 이 법에 따라 보험급여를 받았거나 받을 수 있으면 보험가입자는 동일한 사유에 대하여 「근로기준법」에 따른 재해보상 책임이 면제된다(산재법 제80조 1항). ⑤ 공단은 보험급여를 받은 자가 다음 각 호의 어느 하나에 해당하면 그 급여액에 해당하는 금액(제1호의 경우에는 그 급여액의 2배에 해당하는 금액)을 징수하여야 한다. 이 경우 공단이 제90조 2항에 따라 국민건강보험공단 등에 청구하여 받은 금액은 징수할 금액에서 제외한다. 1. 거짓이나 그 밖의 부정한 방법으로 보험급여를 받은 경우. 2. 수급권자 또는 수급권이 있었던 자가 제114조 2항부터 4항까지의 규정에 따른 신고의무를 이행하지 아니하여 부당하게 보험급여를 지급받은 경우. 3. 그 밖에 잘못 지급된 보험급여가 있는 경우(산재법 제84조 1항). <답 ④>

38. 산업재해보상보험법상 보험급여에 관한 설명이다. ( ) 안에 들어갈 올바른 용어를 고르시오. <사시 2010년>

( )는 업무상 사유로 부상을 당하거나 질병에 걸린 근로자에게 요양으로 취업하지 못한 기간에 대하여 지급하되, 1일당 지급액은 평균임금의 100분의 70에 상당하는 금액으로 한다.

① 요양급여 ② 휴업급여 ③ 장해급여
④ 직업재활급여 ⑤ 생계급여

《해 설》 ② 휴업급여는 업무상 사유로 부상을 당하거나 질병에 걸린 근로자에게 요양으로 취업하지 못한 기간에 대하여 지급하되, 1일당 지급액은 평균임금의 100분의 70에 상당하는 금액으로 한다. 다만, 취업하지 못한 기간이 3일 이내이면 지급하지 아니한다(산재법 제 52조). <답 ②>

39. 다음은 근로기준법상의 재해보상과 타 권리와의 관계를 설명한 것이다. 틀린 것은?

① 피재근로자는 재해가 사용자의 귀책사유, 즉 사용자의 고의 또는 과실로 발생한 경우에는 근로기준법상의 재해보상 이외에 사용자에게 민법상의 채무불이행책임을 물을 수 있다.
② 민법상의 채무불이행책임을 사용자에게 묻기 위해서 피재근로자는 손해(재해)가 사용자의 안전배려의무위반으로 발생하였다는 사실만을 입증하면 된다.
③ 근로기준법상(또는 산업재해보상보험법상)의 보상이 행하여진 경우에는 사용자는 민법상 근로자에 대하여 부담하는 손해배상책임에 대하여도 동일한 성질의 손해에 관한 한 그 가액의 한도 내에서 책임을 면한다.
④ 근로기준법상의 재해보상을 받을 수 있는 요건을 모두 갖춘 경우 민법상의 손해배상청구를 할 수 있다.
⑤ 위자료의 지급은 재해보상액에 대하여 아무 영향을 줄 수 없으며 또한

재해보상을 가지고 위자료지급책임을 면할 수도 없다.

《해 설》 ① 민법 제390조. 일반적으로 사용자는 주된 임금지급의무 외에 근로자의 생명 · 신체 · 건강 등을 보호하여야 할 신의칙상의 부수적 의무, 즉 안전배려의무를 부담하여야 한다. 그러므로 사용자가 이러한 안전배려의무를 위반하여 근로자에게 손해(재해)를 발생케 한 경우에는 적극적 채권침해에 따른 책임을 져야 한다. ② 피재근로자는 손해(재해)가 사용자의 안전배려의무위반으로 발생하였다는 사실만을 입증하면 된다. 다시 말하면 손해가 발생한 원인된 사실이 사용자의 보호 · 안전 · 배려 · 주의 · 통고의무의 범위 내에 속하는 것임을 입증하면 된다. ③ 근로기준법상(또는 산업재해보상보험법상)의 보상이 행하여진 경우에는 사용자는 민법상 근로자에 대하여 부담하는 손해배상책임(민법 제390조, 제393조 이하 참조)에 대하여도 동일한 성질의 손해에 관한 한 그 가액의 한도 내에서 책임을 면한다(산재법 제52조 2항; 대판 1986. 1. 21, 85누101 등). ④ 채무불이행으로 인한 손해배상과 근로기준법 소정의 재해보상은 그 책임의 성질 및 요건을 달리하는 것이므로 근로기준법상의 재해보상을 받을 수 있다 하여 언제나 민법상의 손해배상청구를 할 수 있는 것은 아니다. 예컨대, 사용자의 귀책사유가 없더라도 근로기준법상의 재해보상청구권은 발생할 수 있다. ⑤ 위자료는 재해보상의 범위에 속하는 것이 아니므로 위자료의 지급은 재해보상액에 대하여 아무 영향을 줄 수 없으며 또한 재해보상을 가지고 위자료지급책임을 면할 수도 없다(대판 1985. 5. 14, 85누12 등). <답 ④>

40. A는 1992년 1월 1일부터 B회사(창고업체)에 입사하여 창고에서 지게차로 하물을 쌓는 작업을 하여 왔다. 1993년 3월 1일에 A는 야간작업을 하다가 실수로 쌓여 있는 화물상자를 무너뜨려 옆에 쌓아 놓은 다른 화물상자들을 파손하였고, 주변에서 작업하던 동료 근로자 C에게 상해를 입혔다. 이때 A 자신도 무너지는 화물상자에 부딪혀 다리에 골절상을 입었다. 그런데, B회사의 창고는 장소가 매우 협소하고, 조명 등의 전기설비가 미비하여 작업환경이 좋지 못한 편이었다. 이 경우 다음 설명 중 옳지 않은 것은?

① A는 C에게 불법행위에 의한 손해배상책임을 부담한다.
② C에 대한 상해는 A의 업무수행중에 발생하였으므로 업무집행관련성이 인정된다.
③ B회사는 피해근로자인 C에게 사용자책임을 부담하지 않는다.
④ B회사는 근로자 A의 업무감독에 대한 주의의무를 다한 것으로 볼 수 없다.
⑤ 근로자 C에게는 근로기준법상의 재해보상청구권이 인정된다.

《해 설》 재해로 인하여 피해를 입은 근로자는 가해근로자의 고의 · 과실이 있는 경우에는 가해근로자에 대해서도 불법행위책임을 물을 수 있으며(민법 제750조) 동시에 사용자에 대해서는 이른바 사용자책임(민법 제756조)을 물을 수 있다. 이 경우에 가해근로자와 사용자의 손해배상의무는 부진정연대채무관계에 있다. <답 ③>

41. 근로자 甲은 乙이 경영하는 주점에서 종업원으로 일하던 중 乙의 지시로 동료 근로자인 丙과 함께 시너를 이용하여 페인트가 묻어 있는 화장실 바닥을 청소하다가 라이터로 시너가 뿌려져 있는 바닥에 불이 붙게 함으로써

화재를 일으켜 그곳에 있던 丙으로 하여금 우측 옆구리 등에 화상을 입게 하였다(이 사업장은 산재보험법가입사업장이다). 이 경우 다음 설명 중 옳지 않은 것은?

① 甲은 丙에게 불법행위에 기한 손해배상책임을 부담한다.

② 丙은 근로복지공단에 대해 산재보험법에 의한 보험급여를 청구할 수 있다.

③ 근로복지공단이 보험급여를 지급한 경우 甲에 대해 丙이 가지고 있는 손해배상청구권을 대위행사(구상권 행사)할 수 있다.

④ 乙은 丙에게 사용자책임을 부담할 수 있다.

⑤ 丙에 대한 상해는 甲의 업무수행중에 발생하였으므로 업무상 재해이다.

《해 설》 이 사례의 경우 동료근로자 甲의 중대한 과실로 피해근로자 丙이 상해를 입은 경우로서 甲은 불법행위책임을 부담하며, 사용자 乙 또한 사용자책임(민법 제756조)을 부담할 수 있다. 그런데 동료 근로자에 의한 가해행위로 인하여 다른 근로자가 재해를 입어 그 재해가 업무상 재해로 인정되는 경우에 있어서는 그러한 가해행위는 마치 사업장 내 기계기구 등의 위험과 같이 사업장이 갖는 하나의 위험이라고 볼 수 있으므로, 그 위험이 현실화하여 발생한 업무상 재해에 대하여는 근로복지공단이 궁극적인 보상책임을 져야 한다고 보는 것이 산업재해보상보험의 사회보험적 내지 책임보험적 성격에 부합하고, 여기에다가 사업주를 달리한다고 하더라도 하나의 사업장에서 어떤 사업주의 근로자가 다른 사업주의 근로자에게 재해를 가하여 근로복지공단이 재해 근로자에게 보험급여를 한 경우, 근로복지공단은 법 제60조 1항 단서에 의하여 가해 근로자 또는 그 사용자인 사업주에게 구상할 수 없다는 점(대판 1994. 10. 11, 94다29225 참조)까지 감안하면, 근로자가 동일한 사업주에 의하여 고용된 동료 근로자의 행위로 인하여 업무상의 재해를 입은 경우에 그 동료 근로자는 보험가입자인 사업주와 함께 직·간접적으로 재해 근로자와 산업재해보상보험관계를 가지는 자로서 법 제60조 1항에 정한 '제3자'에서 제외된다고 봄이 상당하다. 따라서 丙과 함께 같은 사업주의 종업원인 甲은 근로복지공단의 손해배상청구권의 대위행사(구상권 행사)의 상대방이 되는 제3자에 해당한다고 할 수 없다. <답 ③>

42. 건축공사 일부를 재하수급한 건설회사가 중기임대업자로부터 운전기사와 함께 기중기를 빌려 작업을 하던 중 그 운전기사의 잘못으로 위 건설회사의 근로자가 사망하자 원수급인의 보험자인 근로복지공단이 근로자의 유족에게 장의비 등을 지급하고 기중기에 관한 자동차종합보험계약의 보험자에게 구상금을 청구하였다. 다음 설명 중 틀린 것은? (이견이 있는 경우 판례에 따름)

① 산업재해보상보험법 제87조 제1항에서 말하는 '제3자'는, 보험자·보험가입자(사업주) 및 해당 수급권자를 제외한 자 중 보험가입자인 사업주와 함께 직·간접적으로 재해 근로자와 산업재해보상보험관계가 없는 자를 말한다.

② 산업재해보상보험법 제87조 제1항 단서에 정한 '하나의 사업'은 보험가입자인 2인 이상의 사업주가 각각 같은 법 제5조의 사업을 행하되, 동일 장소, 동일 위험권 내에서 같은 사업(목적물)의 완성을 위하여 행하

는 것을 의미한다.

③ 산업재해보상보험법 제87조 제1항 단서에 정한 '분할하여 각각 행하다'라는 것은 2인 이상의 사업주 중 일방의 사업이 타방의 사업의 일부를 구성하지 아니하고, 그 각 사업이 서로 중복되지 아니하여 각 사업 자체가 분리되어 행하여지는 것을 의미한다.

④ 기중기에 관한 자동차종합보험계약의 보험자에게 구상금을 청구한 것은 정당하지 않다.

⑤ 구 산업재해보상보험법(2003. 12. 31. 법률 제7047호로 개정되기 전의 것) 제9조 제1항은 "사업이 수차의 도급에 의하여 행하여지는 경우에는 그 원수급인을 이 법의 적용을 받는 사업의 사업주로 본다. 다만, 원수급인이 서면계약으로 하수급인에게 보험료의 납부를 인수하게 하는 경우에 원수급인의 신청에 의하여 근로복지공단이 이를 승인한 때에는 그 하수급인을 이 법의 적용을 받는 사업의 사업주로 본다"라고 규정하고 있는데, 그 하수급인에는 공사현장에 운전기사를 제공하면서 중기를 잠시 임대하는 임대업자는 포함되지 아니한다.

《해 설》 대판 2008. 4. 10, 2006다32910에 따른 내용이다. ①④ 산업재해보상보험법 제87조 제1항에서 말하는 '제3자'는, 보험자 · 보험가입자(사업주) 및 해당 수급권자를 제외한 자 중 보험가입자인 사업주와 함께 직 · 간접적으로 재해 근로자와 산업재해보상보험관계가 없는 자로서 피해 근로자에 대하여 불법행위책임 내지 자동차손해배상 보장법이나 민법 또는 국가배상법의 규정에 의하여 손해배상책임을 지는 자를 말한다. 따라서 기중기 운전기사는 위 건설회사에 소속된 근로자가 아니고, 원수급인과 함께 직 · 간접적으로 피해 근로자와 산업재해보상보험관계가 없으므로, 위 구상청구는 정당하다. <답 ④>

43. 다음은 산업재해보험법상의 보험급여에 관한 판례의 태도 중 옳지 않은 것은?

① 제3자의 불법행위에 의한 재해로 산업재해보상보험법상 보험급여를 받게 된 자가 제3자에 대한 재산상 손해배상청구를 포기하거나 그 의무를 면제하여 준 경우, 수급권자가 그 재해로 인하여 제3자로부터 배상받을 수 있는 진정한 재산상 손해액(보험급여 항목과 관련된 범위에 국한된다)의 한도 내에서 근로복지공단은 보험급여의 지급의무를 면하게 된다.

② 제3자의 불법행위로 재해를 입은 근로자가 제3자로부터 장해급여일시금을 초과하는 액수의 일실수입 상당 손해배상금을 수령할 수 있었음에도 그 중 일부만을 수령하고 나머지 청구는 포기하기로 합의하였다면, 근로자가 장해보상일시금과 장해보상연금 중 어느 것을 선택하였는지와 무관하게 근로복지공단의 장해급여 지급의무가 전부 소멸한다.

③ 퇴직한 근로자에게 직업병 진단이 확정되어 그 직업병 진단 확정일을 평균임금 산정 사유 발생일로 하여 평균임금을 산정하고 이에 따라 산

업재해보상보험법상 보험급여를 지급하는 경우, 그 근로자의 퇴직일 이후 평균임금 산정 사유 발생일, 즉 진단 확정일까지 기간은 평균임금 산정 기간에서 제외하여야 한다.

④ 산업재해보상보험법 제87조 제1항에서 말하는 '제3자'는, 보험자 · 보험가입자(사업주) 및 해당 수급권자를 제외한 자 중 보험가입자인 사업주와 함께 직 · 간접적으로 재해 근로자와 산업재해보상보험관계가 없는 자를 말한다.

⑤ 근로자가 동일한 사업주에 의하여 고용된 동료 근로자의 행위로 인하여 업무상의 재해를 입은 경우에 그 동료 근로자는 산업재해보상보험법 제87조 제1항에 정한 '제3자'에 해당한다.

《해 설》 ①② 제3자의 불법행위에 의한 재해로 인하여 산업재해보상보험법상의 보험급여 지급의무가 발생한 경우 보험급여의 수급권자가 보험급여와 제3자에 의한 손해배상에 의하여 중복전보를 받는 것과 유책의 제3자가 그 책임을 면탈하는 것을 방지하고 보험재정의 확보를 꾀하려는 데 목적이 있는 산업재해보상보험법 제54조 2항(현행 제87조)의 입법 취지와 그 규정 내용에 비추어 볼 때, 보험급여의 수급권자가 제3자로부터 자신의 재산상 손해배상과 관련된 일정한 금원을 지급받고 나머지 청구를 포기 또는 면제하기로 하였거나 혹은 이를 전혀 지급받지 않은 채 제3자의 재산상 손해배상의무 전부를 면제하여 주었다면, 수급권자가 그 재해로 인하여 제3자로부터 배상받을 수 있는 진정한 재산상 손해액(보험급여 항목과 관련된 범위에 국한된다)의 한도 내에서 근로복지공단은 보험급여의 지급의무를 면하게 되고, 산업재해보상보험법상 장해급여인 장해보상일시금과 장해보상연금은 지급방법에 차이가 있을 뿐 그 전체로서의 가치는 동일하므로 장해급여 지급의무 소멸 범위를 판단함에 있어 양자는 동일하게 취급되어야 한다. 제3자의 불법행위로 재해를 입은 근로자가 제3자로부터 장해급여일시금을 초과하는 액수의 일실수입 상당 손해배상금을 수령할 수 있었음에도 그 중 일부만을 수령하고 나머지 청구는 포기하기로 합의한 사안에서, 근로자가 장해보상일시금과 장해보상연금 중 어느 것을 선택하였는지와 무관하게 근로복지공단의 장해급여 지급의무가 전부 소멸한다(대판 2007. 6. 15, 2005두7501). ③ 대판 2007. 4. 26, 2005두2810 ⑤ 동료근로자에 의한 가해행위로 인하여 다른 근로자가 재해를 입어 그 재해가 업무상 재해로 인정되는 경우에 있어서는 그러한 가해행위는 마치 사업장 내 기계기구 등의 위험과 같이 사업장이 갖는 하나의 위험이라고 볼 수 있으므로, 그 위험이 현실화하여 발생한 업무상 재해에 대하여는 근로복지공단이 궁극적인 보상책임을 져야 한다고 보는 것이 산업재해보상보험의 사회보험적 내지 책임보험적 성격에 부합하고, 여기에다가 사업주를 달리한다고 하더라도 하나의 사업장에서 어떤 사업주의 근로자가 다른 사업주의 근로자에게 재해를 가하여 근로복지공단이 재해 근로자에게 보험급여를 한 경우, 근로복지공단은 산업재해보상보험법 제54조 1항 단서(현행 제87조)에 의하여 가해 근로자 또는 그 사용자인 사업주에게 구상할 수 없다는 점까지 감안하면, 근로자가 동일한 사업주에 의하여 고용된 동료 근로자의 행위로 인하여 업무상의 재해를 입은 경우에 그 동료 근로자는 보험가입자인 사업주와 함께 직 · 간접적으로 재해 근로자와 산업재해보상보험관계를 가지는 자로서 같은 법 제54조 1항(현행 제87조)에 정한 '제3자'에서 제외된다고 봄이 상당하다(대판 2004. 12. 24, 2003다33691). <답 ⑤>

제 7 절 인사이동 및 근로관계의 이전

1. 다음 중 배치전환에 관한 설명 중 틀린 것은?

① 배치전환이라 함은 동일기업 내에서 근로자의 직종 내지 근무지가 상당히 장기간에 걸쳐 변경되는 것을 말한다.

② 배치전환은 그 행사시 근로자의 동의를 필요로 하지 않으므로 사용자가 일방적으로 근로자의 직종 내지 근무지를 변경할 수 있는 근로계약상 사용자의 고유한 권리이다.

③ 배치전환이 사용자의 업무상 필요성에 비해 근로자의 불이익이 통상 감수해야 할 정도를 현저히 넘는 경우에는 권리남용이 인정된다.

④ 배치전환으로 인해 조합원이 노조활동을 못하게 된 경우에는 조합원의 생활상 불이익이 통상 감수해야 할 정도를 현저히 넘지 않았더라도 정당한 인사권이라고 볼 수 없다.

⑤ 언론사가 사전에 협의나 동의절차 없이 경영진에 비판적인 입장을 취하였던 기자직 직원을 업무직 직원으로 전직발령 한 것은 권리남용에 해당한다.

《해 설》 ① 직종의 변경을 전직이라 하고 근무지의 변경을 전근이라 하기도 한다. ② 배치전환은 사용자 지시권의 대표적인 예이고, 근로계약상 사용자의 고유한 권리로서 원칙적으로 근로자의 동의를 필요로 하지 않는다. ③ 대판 1997. 7. 22, 97다18165; 대판 1996. 4. 12, 95누7130 등. ④ 「전보명령으로 인해 노조활동을 못한다고 해도 생활상의 불이익이 감수해야 할 정도를 벗어나지 않았다면 정당한 인사권에 해당하고, 해당 조합원이 노동조합원으로서의 활동을 하지 못하게 되는 불이익을 감안하더라도 전보명령으로 인한 해당 조합원의 불이익이 전보명령에 따라 근로자의 통상 감수해야 할 정도를 현저히 벗어난 것은 아니다」라고 판단하였다(대판 2004. 2. 12, 2003두13250). ⑤ 전직발령이 업무상 필요성이 그다지 크지 않는 데 반하여 근로자에게 생활상의 불이익이 크다는 점과 전직발령을 하는 과정에서 신의칙상 요구되는 절차를 거치지 아니하였다는 점을 들어 권리남용이라고 보았다(대판 2000. 4. 11, 99두2963). <답 ④>

2. 다음 설명 중 판례의 태도와 다른 것은?

① 전보처분 등을 함에 있어서 근로자 본인과 성실한 협의절차를 거쳤는지의 여부는 정당한 인사권의 행사인지의 여부를 판단하는 하나의 요소로서 그러한 절차를 거치지 아니하였다면 전보처분 등은 권리남용에 해당하여 당연히 무효가 된다.

② 영업양도에 의하여 승계되는 근로관계는 계약체결일 이전에 해당 영업부문에서 근무하다가 해고된 근로자로서 해고의 효력을 다투는 근로자와의 근로관계까지 승계되는 것은 아니다.

③ 영업양도시에 해고되어 실제로 그 영업부문에서 근무하고 있지 아니한 근로자라 하더라도 그 영업양도 이전에 이미 판결을 통하여 당해 해고가 무효임이 객관적으로 명확하게 된 경우에는 그 근로관계가 승계되는 것이다.

④ 시내버스회사가 회사경영의 악화로 그 소유버스를 다른 회사에 양도하면서 버스와 함께 운전사를 양수회사가 인수하기로 양수회사와 합의함에 따라 해당 운전사에게 양수회사에서 근무하도록 통지한 것은 전적명령에 해당한다.

⑤ 전적명령을 받은 근로자들이 전적명령에 동의하지 아니함으로써 전적명령 자체가 아무런 효력을 갖게 될 수 없음이 객관적으로 명확하게 된 경우, 양수회사가 이 사건 영업양수를 할 당시 근로자들에 대한 전적명령이 아무런 효력이 없게 된 사실을 알고 있었음이 명백한 경우에는, 특별한 사정이 없는 한 근로자들과의 근로관계를 그대로 승계한다고 하여야 한다.

《해 설》 ① 최근에 와서 대법원은 위에서 판시한 내용 이외에 「근로자 측과의 협의 등 그 전보처분 등의 과정에서 신의칙상 요구되는 절차를 거쳤는지의 여부를 종합적으로 고려하여 결정하여야 한다」(대판 2000. 4. 11, 99두2963)고 함으로써 근로자와의 협의절차를 추가하여 판단하고 있다. 그러나 판례(대판 2004. 2. 12, 2003두13250; 대판 1998. 12. 22, 97누5435; 대판 1997. 7. 22, 97다18165 · 18172)는 「업무상의 필요에 의한 전보 등에 따른 생활상의 불이익이 근로자가 통상 감수하여야 할 정도를 현저하게 벗어난 것이 아니라면 이는 정당한 인사권의 범위 내에 속하는 것으로서 권리남용에 해당하지 않고, 전보처분 등을 함에 있어서 근로자 본인과 성실한 협의절차를 거쳤는지의 여부는 정당한 인사권의 행사인지의 여부를 판단하는 하나의 요소라고는 할 수 있으나, 그러한 절차를 거치지 아니하였다는 사정만으로 전보처분 등이 권리남용에 해당하여 당연히 무효가 된다고는 볼 수 없다」고 판시함으로써, 여전히 포괄적 합의설의 태도를 취하고 있다. ② 대판 1995. 9. 29, 94다54245. ③ 대판 1994. 6. 28, 93다33173. ④⑤ 대판 1996. 4. 26, 95누1972. <답 ①>

3. 다음은 배치전환에 관한 설명이다. 틀린 것은?

① 근로자가 자신이 담당하고 있는 업무를 수행할 능력이 없거나 또는 능력을 상실한 경우 사용자는 근로자를 배치전환 할 수 있다.

② 보일러기사로 채용되어 장기간 동 직종에 근무하던 자에 대하여 사용자가 일방적으로 다른 직종으로 전환명령 하는 것은 정당하지 않다.

③ 동일한 사업장 내지 작업장 내에서의 근무장소의 변경에 관하여는 사용자의 지시가 있는 경우에는 이에 따라야 한다.

④ 배치전환으로 인하여 근로자가 생활상의 불이익을 주장하면 사용자는 배치전환을 할 수 없다.

⑤ 해당 근로자의 노동조합활동을 방해할 목적으로 배치전환 하는 것은 부

당하다.

《해 설》 ① 근로자가 자신이 담당하고 있는 업무를 수행할 능력이 없거나 또는 능력을 상실한 경우, 여자근로자가 임신으로 인하여 경이한 업무를 담당할 것이 요청되는 경우(근기법 제74조 4항)에는 사용자는 전직을 고려할 수 있다. ② 근로계약의 체결시 또는 그 전개과정에서 당해 근로자의 직종이 특정되어 있는 경우에는 직종의 일방적 변경은 정당하다고 할 수 없다. 특별한 양성훈련을 거쳐 일정한 기능을 습득하고 장기간 그 직종에 종사해 온 근로자에 대한 타 직종의 전환명령도 마찬가지이다(서울고법 1995. 11. 7, 94구29463 참고). ③④ 전직이나 전보는 원칙적으로 사용자의 권한에 속하여 업무상 필요한 범위 내에서는 상당한 재량을 인정하여야 하고, 이것이 근로기준법 제23조 1항 또는 제104조 2항에 위반하거나 권리남용에 해당하는 등 특별한 사정이 없는 한 당연무효라고 할 수는 없고, 업무상의 필요성이 있는 이상 전보명령에 근로자의 동의를 필요로 한다고 할 수 없으며, 전보명령의 업무상의 필요성과 그로 인해 근로자가 입게 될 생활상의 불이익을 비교 · 교량하여 보더라도 근로자가 입게 되는 생활상의 불이익이 사회통념상 통상의 전보에 따르는 정도를 현저히 넘어서지 않는 한 권리남용이 되지 않는다(대판 1995. 10. 13, 94다52928 등). 판례는 사용자의 배치전환명령을 근로계약 등 당사자의 약정에서 근거 짓는 것이 아니라 처음부터 사용자의 인사권에 기하여 인정하고 있는 것이며, 사용자의 일방적 의사표시에 의하여 배치전환의 효력을 발생케 한다는 점에서 이른바 포괄적 합의설에 기초하고 있다. ⑤ 사용자가 근로자의 정당한 노동조합활동을 실질적 이유로 삼으면서도 표면적으로는 업무상 필요성을 들어 전보명령 한 것으로 인정되는 경우에는 부당노동행위라고 보아야 할 것이다(대판 1995. 11. 7, 95누9792 등). <답 ④>

4. 전직에 관한 설명으로 옳은 것은? <노무사 2008년>

① 해고와 달리 법령상의 명시적인 제한이 없다.
② 대법원 판례에 의하면 전직의 정당성 판단에 있어서 근로자의 생활상의 불이익은 고려하지 않아도 된다.
③ 대법원 판례에 의하면 근로계약상 근무지를 특정한 경우 근로자의 동의 없이 전직명령을 할 수 없다.
④ 정당한 전직명령에 대한 불응은 감봉사유는 되지만 해고사유는 될 수 없다.
⑤ 정당한 사유 없이 근로자를 전직한 때에는 형사처벌의 대상이 된다.

《해 설》 ①⑤ 근기법 제23조 1항에 명시적인 제한규정이 있고, 이에 관한 벌칙규정은 없다. ③ 근로자에 대한 전직이나 전보는 원칙적으로 사용자(인사권자)의 권한에 속하므로 업무상 필요한 범위 안에서는 상당한 재량을 사용자에게 인정하여야 할 것이나, 그것이 근로기준법 제27조 1항 또는 제105조(현행 제23조, 제104조)에 위반하거나 권리남용에 해당하는 등 특별한 사정이 있는 경우에는 허용되지 않는다고 할 것이고(대판 1991. 2. 22, 90다카27389 참조), 또 근로계약상 근로의 장소가 특정되어 있는 경우에 이를 변경하는 전직이나 전보명령을 하려면 근로자의 동의가 있어야 할 것이다(대판 1992. 1. 21, 91누5204). <답 ③>

5. 전직에 관한 설명으로 옳은 것은? (다툼이 있는 경우에는 판례에 의함) <노무사 2009년>

① 전직처분의 업무상 필요성과 전직에 따른 근로자의 생활상의 불이익 등을 비교하여 전직이 사용자의 권리남용에 해당하는지 여부를 판단한다.

② 전직처분시 근로자 본인과의 협의절차를 거쳤는지 여부는 중요한 판단요소이므로, 그러한 절차를 거치지 아니하였다는 사정만으로 권리남용에 해당한다.

③ 근로계약상 근로자의 직무내용이나 근무지를 특정한 경우에도 사용자의 일방적 전직명령은 유효하다.

④ 사용자가 근로자에게 정당한 이유없이 전직처분을 한 경우 근로기준법의 벌칙규정이 적용된다.

⑤ 전직은 근로계약 당사자의 변경을 초래하므로 근로자의 개별적 동의를 필요로 한다.

《해 설》 ② 전직에 있어서 근로자 본인과의 성실한 협의 등 신의칙상 요구되는 절차를 거쳤는지 여부가 정당한 인사권의 행사 여부를 판단하는 하나의 요소가 되지만, 그러한 절차를 거치지 아니하였다는 사정만으로 전직이 당연무효로 되는 것은 아니다(대판 1997. 7. 22, 97다18165 · 18172). ③ 근로계약상 근로자의 직무내용이나 근무지가 특정된 경우에는 전직시 근로자의 동의가 있어야 한다(대판 1992.1.21, 91누5204). ④ 사용자가 근로자에게 정당한 이유 없이 전직처분을 한 경우 부당노동행위에 해당하여 노동조합 및 노동관계조정법의 벌칙규정이 적용된다. ⑤ 판례는「전직은 근로자에게 불이익한 처분이 될 수 있지만, 이는 원칙적으로 사용자의 권한에 속하여 업무상 필요한 범위 내에서는 상당한 재량을 인정해야 하고 다만 이것이 근로기준법 제23조 제1항 또는 제104조에 위반하거나 권리남용에 해당하는 등 특별한 사정이 없는 한 당연무효라고 볼 수는 없다」(대판 1998. 12. 22, 97누5435)고 판시하여 근로계약의 내용에 근로자가 그의 노동력 사용을 사용자에게 맡기는 포괄적 합의가 포함되어 있다는 포괄적 합의설을 취하고 있다. 따라서 근로자의 개별적 동의를 요하지 않는다. <답 ①>

6. 다음은 전출 및 전적에 대한 설명이다. 틀린 것은?

① 전출에 있어서는 원래의 기업과의 관계에서는 휴직이 되는 경우가 가장 전형적이다.

② 전적은 원래의 기업(A기업)과의 근로계약관계를 종료시키고 다른 기업(B기업)과 근로계약관계를 성립시키는 점에서 원래의 기업과의 근로계약관계를 존속시키는 전출과 구별된다.

③ 전출 · 전적명령은 근로자의 사전적 · 포괄적 동의를 필요로 한다.

④ 전출의 경우 산업안전보건법상의 사업주 책임은 현실적으로 노무급부를 받고 있는 전출기업이 부담한다.

⑤ 전적에 있어서는 근로계약상의 사용자는 물론 근로기준법상의 사용자도

원래의 기업이 아닌 전적기업뿐이다.

《해 설》 ① 전출이라 함은 근로자가 자기의 당초 소속기업(A기업)에 재적한 채 타기업(B기업)의 사업장에서 상당히 장기간 업무에 종사하는 것을 말한다. 전출에 있어서는 원래의 기업과의 관계에서는 휴직이 되는 경우가 가장 전형적이며, 근로시간 · 휴일 · 휴가 등의 근무형태는 근무장소의 기업(B기업)의 취업규칙에 따라 정하여지며 노무수행의 지휘 · 명령권도 근로장소의 기업이 가진다. ② 전적이라 함은 외형상 근로자가 원래의 기업에서 타기업으로 적을 옮겨서 업무에 종사하는 것은 전출과 같지만, 원래의 기업(A기업)과의 근로계약관계를 종료시키고 다른 기업(B기업)과 근로계약관계를 성립시키는 점에서 원래의 기업과의 근로계약관계를 존속시키는 전출과 구별된다. ③ 전출은 근로자의 사전적 · 포괄적 동의를 필요로 한다. 그러나 전적은 원래 기업과의 근로계약관계를 종료시키고 새로이 다른 기업과 근로계약을 체결하는 것이므로 당해 근로자의 개별적 · 구체적 동의를 요한다(대판 1993. 1. 26, 92다11695 등). 전적명령의 유효요건에 관한 판례의 요지: 「전적은 이적하게 될 회사와 새로운 근로계약을 체결하는 것이거나 근로계약상의 사용자의 지위를 양도하는 것이므로 동일기업 내의 인사이동적인 전근이나 전직과는 달리 특별한 사정이 없는 한 근로자의 동의를 얻어야 효력이 생기는 것이다. … 기업그룹 내의 전적에 관하여 근로자의 포괄적인 사전동의를 얻은 경우에도 전적할 기업을 특정하고 이적기업에서 종사해야 할 업무에 관한 사항과 기타 기본적인 근로조건을 명시하여 근로자의 동의를 얻어야 한다」(대판 1993. 1. 26, 92다11695; 대판 1994. 6. 28, 93누22463). ④ 전출의 경우 누가 근로기준법 · 산업안전보건법 · 산업재해보상보험법 등 노동보호법상의 책임을 부담하는지 문제되는바, 당해 사항에 관하여 실질적 권한을 가지고 있는 자가 누구인가에 따라서 결정된다. 산업안전보건법상의 사업주 책임은 현실적으로 노무급부를 받고 있는 전출기업인 B가 부담한다. 산업재해보상보험법상의 사업주도 원칙적으로 B가 되지만 A, B의 합의에 의해 A로 하는 것도 가능하다. ⑤ 전적의 경우는 근로계약상의 사용자는 물론 근로기준법상의 사용자도 B기업뿐이다. <답 ③>

7. B건설회사의 근로자 甲은 1993년 3월 1일 입사하였는데, 입사시 3년 이내에 C전자회사로 전출될 수 있다는 것을 상무이사로부터 들었고 甲 또한 이에 동의한 바 있다. 그 후 1995년 3월 1일자로 甲은 C전자회사로 전출명령을 받았다. 다음 법률관계 중 틀린 것은?

① 위의 사례의 경우 근로자 甲의 전출명령에 대한 사전적 · 포괄적 동의가 있는 것으로 추단되므로 위의 전출명령은 정당하다.

② C전자회사에서 근로자 甲의 노무제공이 이루어지므로 산업재해보상보험법상의 사업주도 원칙적으로 C가 된다.

③ 안전배려의무 등 계약상의 부수적 의무는 C기업에 노무를 제공하는 현실에 비추어 당연히 인정되어야 한다.

④ 임금의 결정 · 지불이 종전과 같이 B기업에 의해서 행하여지고 있는 경우에는 甲과 C기업 간에는 포괄적 근로계약관계가 인정될 수 없을 것이다.

⑤ C기업이 작업지시권을 행사하고 임금을 지급하고, B기업이 인사고과 · 징계 · 해고 · 복귀 등의 인사권을 행사하고 있는 경우에는 C기업과 甲

사이에 포괄적 근로관계가 성립할 수 있다.

《해 설》 ② 당해 사항에 관하여 실질적 권한을 가지고 있는 자가 누구인가에 따라서 결정된다. 산업안전보건법상의 사업주 책임은 현실적으로 노무급부를 받고 있는 전출기업인 C가 부담한다. 산업재해보상보험법상의 사업주도 원칙적으로 C가 되지만 B, C의 합의에 의해 B로 하는 것도 가능하다. ③ 안전배려의무 등 계약상의 부수적 의무는 C기업에 노무를 제공하는 현실에 비추어 당연히 인정되어야 한다. ④⑤ 그러면 C기업과 근로자 사이에 포괄적인 근로계약관계가 인정될 수 있는가? C기업이 취득하는 권한의 실태에 따라 결정될 수밖에 없다. 임금의 결정 · 지불이 전과 같이 B기업에 의해서 행하여지고 있는 경우에는 전출근로자와 C기업 간에는 포괄적 근로계약관계가 인정될 수 없을 것이다. C기업이 작업지시권을 행사하고 임금을 지급하지만 인사고과 · 징계 · 해고 · 복귀 등의 인사권은 B기업이 모두 장악하고 있는 경우에도 C기업과 전출근로자 사이에 포괄적 근로관계는 성립할 수 없다. <답 ⑤>

8. 다음은 기업변동과 관련된 판례의 태도이다. 틀린 것은?

① 영업양도란 일정한 영업목적에 의하여 조직화된 총체, 즉 물적 · 인적 조직을 그 동일성을 유지하면서 일체로서 이전하는 것으로서, 영업양도 당사자 사이의 명시적 또는 묵시적 계약이 있어야 한다.

② 상법 제42조 1항의 영업이란 일정한 영업목적에 의하여 조직화된 유기적 일체로서의 기능적 재산을 말한다.

③ 회사의 합병에 의하여 근로관계가 승계되는 경우에는 종전의 근로계약상의 지위가 그대로 포괄적으로 승계된다.

④ 영업이 포괄적으로 양도되면, 반대의 특약이 없는 한 양도인과 근로자 간의 근로관계도 원칙적으로 양수인에게 포괄적으로 승계된다.

⑤ 근로자가 반대의 의사를 표시함으로써 양수기업에 승계되는 대신 양도기업에 잔류하거나 양도기업과 양수기업 모두에서 퇴직할 수도 있는 것이고, 영업이 양도되는 과정에서 근로자가 일단 양수기업에의 취업을 희망하는 의사를 표시하였다면 그 승계취업이 확정되기 전이라 할지라도 취업희망 의사표시를 철회할 수 없다.

《해 설》 ① 대판 1997. 6. 24, 96다2644. ② 여기서 말하는 유기적 일체로서의 기능적 재산이란 영업을 구성하는 유형 · 무형의 재산과 경제적 가치를 갖는 사실관계가 서로 유기적으로 결합하여 수익의 원천으로 기능한다는 것과 이와 같이 유기적으로 결합한 수익의 원천으로서의 기능적 재산이 마치 하나의 재화와 같이 거래의 객체가 된다는 것을 뜻하는 것이므로, 영업양도가 있다고 볼 수 있는지의 여부는 양수인이 유기적으로 조직화된 수익의 원천으로서의 기능적 재산을 이전받아 양도인 하던 것과 같은 영업적 활동을 계속하고 있다고 볼 수 있는지의 여부에 따라 판단되어야 한다(대판 2005. 7. 22, 2005다602). ③ 따라서 합병 당시 취업규칙의 개정이나 단체협약의 체결 등을 통해서 합병 후 근로자들이 근로관계의 내용을 단일화 하기로 변경조정하는 새로운 합의가 없는 한, 합병 후 존속회사나 신설회사는 소멸회사에 근무하던 근로자에 대한 퇴직금 관계에 관하여 종전과 같은 내용으로 승계하는 것이라고 보아야 한다(대판 1994. 6. 28, 93다33173). ④⑤ 영업양도에 의하여 양도인과 근로자 사이의 근로관계는 원칙적으로 양수인에게 포괄승계 되는 것이지만 근로자가 반대의 의사를 표시함으로써 양수기업에 승계되는 대신 양도기업에 잔류하거나 양도기업과 양수기업 모두에서 퇴직할 수도 있는 것이고, 영업이 양도되는 과정에서 근로자가 일단 양수기업에의 취업을 희망하는 의사를 표시하였다고 하더라도 그 승계취업이 확정되기 전이라면 취업희망 의사표시를 철회하는 방법으로 위와 같은 반대의사를 표시할 수 있는 것으로 보아야 한다(대판 2002. 3. 29, 2000두8455). <답 ⑤>

9. 다음 중 판례의 태도와 다른 것은?

① 영업양도시에 근로기준법 제23조 1항 소정의 '정당한 이유'를 갖추지 못하는 한 일부 근로자의 근로관계의 승계를 배제하는 것은 효력이 없다고 한다.

② 영업양도 등에 의하여 근로계약관계가 포괄적으로 승계된 경우에는 하나의 사업 내에 별개의 퇴직금제도를 운용하는 것으로 되었다고 하더라도, 차등 있는 퇴직금제도를 설정한 경우에 해당한다고 할 수는 없다.

③ 포괄승계 합의시에 종업원의 퇴직금 산정기간에 한하여 종전의 근속기간은 승계회사의 근속연수에 산입하지 않기로 하는 단서 조항을 삽입하였다 하여도, 근로자의 동의가 없는 한 근로자에게 구속력이 미치지 않는다.

④ 회사의 합병의 경우 해산된 회사의 노동조합은 존속회사 또는 신설회사에 그대로 존속하게 된다.

⑤ 일반적으로 근로자를 그대로 승계하는 영업양도의 경우에 있어서는 특별한 사정이 없는 한 종전의 단체협약은 승계되지 않는다.

《해 설》 ① 판례(대판 2001. 7. 27, 99두2680)는 자산양도의 형식을 취하여 영업재산을 매수하면서 (자산)양도인의 근로자들 중 상당수를 (자산)양수인이 채용하지 아니한 사안(이른바 삼미특수강사건)에서 자산양도와 영업양도의 구별기준을 '조직의 동일성유지' 여부에 의하여 판단하고 있다. ② 대판 1997. 12. 26, 97다17575. ③ 영업양도시 근로자동의 없는 근속기간 미산입조항은 무효라고 한 사례(대판 1991. 11. 12, 91다12806). ④ 대판 1992. 5. 12, 90누9421. ⑤ 영업양도의 경우에도 판례는 「일반적으로 근로자를 그대로 승계하는 영업양도의 경우에 있어서는 특별한 사정이 없는 한 종전의 단체협약도 잠정적으로 승계되어 존속하는 것으로 보아야 한다」고 한다(대판 1989. 5. 23, 88누4508). <답 ⑤>

10. 다음 판례의 태도 중 틀린 것은?

① 회사합병의 법리에 비추어 보면 회사합병이 있는 경우에는 피합병회사의 권리의무는 사법상의 관계나 공법상의 관계를 불문하고 그 성질상 이전을 허용하지 않는 것을 제외하고는 모두 합병으로 인하여 존속한 회사에 승계되는 것으로 보아야 한다.

② 영업양도 당사자 사이에 근로관계의 일부를 승계의 대상에서 제외하기로 하는 특약이 있는 경우에는 그에 따라 근로관계의 승계가 이루어지지 않을 수 있으나, 그러한 특약은 실질적으로 해고와 다름이 없다 할 것이므로 근로기준법 제23조 1항 소정의 정당한 이유가 있어야 유효하다.

③ 문제의 행위(양도계약관계)가 영업의 양도로 인정되느냐 안 되느냐는 단지 어떠한 영업재산이 어느 정도로 이전되었는가에 의하여 결정되어야 하는 것이 아니고 거기에 종래의 영업조직이 유지되어 그 조직이 전부 또는 중요한 일부로서 기능할 수 있는가에 의하여 결정되어야 하는 것이다.

④ 영업의 일부양도시에 근로관계는 양도회사로부터 양수회사에 승계되는 것을 전제로 승계를 거부하는 근로관계가 여전히 양도하는 기업과의 사이에 존속한다.

⑤ 양수인은 인수된 근로자들의 근로조건이 보다 유리한 경우에는 이를 자신의 종래의 근로자들의 근로조건에 맞추어 일방적으로 조정할 수 있다.

《해 설》 ① 대판 1980. 3. 25, 77누265; 대판 1994. 3. 8, 93다1589; 대판 1994. 10. 25, 93누21231. ② 대판 1994. 6. 28, 93다33173. ③ 판례는(대판 2001. 7. 27, 99두2680(이른바 삼미특수강사건)) 자산양도의 형식을 취하여 영업재산을 매수하면서 (자산)양도인의 근로자들 중 상당수를 (자산)양수인이 채용하지 아니한 사안에서「문제의 행위(양도계약관계)가 영업의 양도로 인정되느냐 안 되느냐는 단지 어떠한 영업재산이 어느 정도로 이전되었는가에 의하여 결정되어야 하는 것이 아니고 거기에 종래의 영업조직이 유지되어 그 조직이 전부 또는 중요한 일부로서 기능할 수 있는가에 의하여 결정되어야 하는 것」이라고 함으로써 자산양도와 영업양도의 구별기준을 '조직의 동일성유지' 여부에 의하여 판단하고 있다. ④ 근로관계의 승계에 대하여 근로자의 동의가 필요한 것인가에 대해서 판례(대판 2000. 10. 13, 98다11437)도 부정설(동의불필요설)의 태도를 취하는 것으로 생각된다. 판례는 일부양도시에 근로관계는 양도회사로부터 양수회사에 승계되는 것을 전제로 승계를 거부하는 근로관계가 여전히 양도하는 기업과의 사이에 존속한다고 하고 있다. ⑤ 양수인은 인수된 근로자들의 근로조건이 보다 유리한 경우에는 이를 자신의 종래의 근로자들의 근로조건에 맞추어 일방적으로 조정할 수 없다. 판례는 이 경우에 해당 근로자들의 집단적 동의(근기법 제94조 1항 단서)를 얻어 근로조건을 조정할 수 있다고 한다(대판 1997. 12. 26, 97다17575; 대판 1995. 12. 26, 95다41659). <답 ⑤>

11. 영업양도의 노동법적 효과와 관련한 설명 중 옳은 것은? (다툼이 있는 경우에는 판례에 의함) <사시 2007년>

① 양도회사의 퇴직금 규정보다 양수회사의 퇴직금 규정이 불리하더라도, 하나의 사업 내에 퇴직금의 차등제도를 둘 수 없기 때문에, 양도회사의 근로자에게 양수회사의 퇴직금제도가 적용된다.

② 영업양도가 아닌 자산양도의 경우에 있어서도 근로관계가 양수인에게 포괄적으로 승계된다.

③ 영업양도의 결과 양도회사의 노동조합은 소멸하고 그 노동조합과 양도회사간에 체결한 단체협약도 효력을 상실한다.
④ 영업양도 당사자 사이에 양도회사에서의 근속기간은 양수회사의 근로년수에 산입하지 않기로 하는 특약이 존재하더라도, 근로자의 동의가 없는 한 효력이 없다.
⑤ 영업양도 당사자 사이에 일부 근로자를 승계의 대상에서 제외하기로 하는 특약이 인정되므로 승계에서 제외된 근로자는 이의를 제기할 수 없다.

《해 설》 ① 영업양도에 의하여 근로계약관계가 포괄적으로 승계된 경우에는 근로자의 종전 근로계약상의 지위도 그대로 승계되는 것이므로, 승계 후의 퇴직금 규정이 승계 전의 퇴직금 규정보다 근로자에게 불리하다면 당해 근로자집단의 집단적인 의사결정 방법에 의한 동의 없이는 승계 후의 퇴직금 규정을 적용할 수 없고(근기법 제97조 1항 단서), 또한 법적으로 하나의 사업 내에 차등 있는 퇴직금제도의 설정을 금하고 있지만, 이는 하나의 사업 내에서 직종, 직위, 업종별로 퇴직금에 관하여 차별하는 것을 금하고자 하는 데 그 목적이 있는 것이므로, 위와 같이 근로관계가 포괄적으로 승계된 후의 새로운 퇴직금제도가 기존 근로자의 기득 이익을 침해하는 것이어서 그들에게는 그 효력이 미치지 않고 부득이 종전의 퇴직금 규정을 적용하지 않을 수 없어서 결과적으로 하나의 사업 내에 별개의 퇴직금제도를 운용하는 것으로 되었다고 하더라도, 이러한 경우까지 차등 있는 퇴직금제도를 설정한 경우에 해당한다고 할 수는 없다(대판 1997. 12. 26, 97다17575). ② 영업양도가 아닌 자산양도에 있어서는 영업양도에 대한 합의가 존재하지 않으므로 근로관계의 포괄적 승계에 관한 양도인·양수인 사이의 합의가 추정될 수 없다. 다만 영업양도와 구별되는 자산양도의 경우 양수인에게 근로관계가 포괄적으로 승계되지는 않는다고 보았다(대판 2001. 7. 27, 99두2680). ③ 영업양도시 단체협약의 승계문제를 직접 다루고 있는 대법원 판례는 아직 없다. 다만 하급심 판례는「영업양도가 이루어진 경우에는 원칙적으로 해당 근로자들의 근로관계가 양수인에게 승계되고, 이때 승계되는 근로관계는 사용자와 근로자 사이의 개별적 근로관계뿐만 아니라 양도인과의 관계에서 형성된 집단적 근로관계도 포함되고, 노동조합도 양수인 사업장의 노동조합으로 존속한다고 봄이 상당하기 때문에 단체협약상의 권리·의무는 당연히 승계된다」고 보고 있다(서울지판 1998. 11. 24, 98가단28156). ④ 종전 사업장에서의 근속기간을 승계회사의 근속기간에 산입하지 않기로 하는 사업양도에 관한 당사자의 합의조항은 근로자들의 동의가 없는 한 무효이다(대판 1991. 11. 12, 91다12806). ⑤ 영업양도 당사자 사이에 근로관계의 일부를 승계의 대상에서 제외하기로 하는 특약이 있는 경우에는 그에 따라 근로관계의 승계가 이루어지지 않을 수 있으나, 그러한 특약은 실질적으로 해고나 다름이 없다 할 것이므로 근로기준법 제23조 1항 소정의 정당한 이유가 있어야 유효하다(대판 1994. 6. 28, 93다33173). <답 ④>

제 8 절 근로관계의 종료

1. A교사는 교직의 계속적인 수행이 어려워 사직하기로 결심하고 작성일자를 3개월 뒤로 한 사직원을 제출하였다가 사직원의 작성일자 이전에 학교측에 대하여 다시 근무할 것을 희망하는 의사를 밝혔으나 학교측이 위 사직원을 근거로 면직처분(학교장이 사직을 수리함)을 하였을 경우 이에 따른 사직원의 효력에 대한 설명으로 타당하지 아니한 것은? (이견이 있을 경우 판례에 의함)

① 사직원의 제출이 합의해지의 청약이라면 승낙의 의사표시가 도달하기 전까지 철회가 가능하다.

② 사직원제출이 일방적 사직의 의사표시라면 그 의사표시가 상대방에 도달한 후에는 철회가 불가능하다.

③ 합의해지와 일방적 사직의 구별은 특별한 사정이 없는 한, 합의해지의 청약이라고 해석된다.

④ 위 사례의 경우 사직원 제출은 사용자에 대하여 근로계약관계의 합의해지를 청약한 경우에 해당한다고 볼 것이고, 학교측에 대하여 다시 근무할 것을 희망하는 의사를 밝힌 것은 종전의 사직의사표시를 철회한 것으로 보아야 할 것이다.

⑤ 합의해지의 청약이라고 하더라도 학교측의 승낙의사가 형성되었으므로 위 사직의사의 철회는 적법한 철회라 할 수 없다.

《해 설》 ⑤ 판례(대판 1992. 4. 10, 91다43138)에 의하면 학교장은 학교법인의 기관이 아니고 수령대리인이므로 학교법인이사회가 개최되기 전 사직원 제출 철회의 의사는 학교측의 내부적인 승낙의사가 형성되기 전에 이루어진 것으로서 특별히 위 사직의사표시의 철회를 허용하는 것이 학교측에 대한 불측의 손해를 주게 되는 등 신의칙에 반한다고 인정되는 특별한 사정이 없는 한 적법하게 그 철회의 효력이 생긴 것이라고 보아야 하고 따라서 학교측이 위 교사의 사직의사 철회 이후에 비로소 종전의 사직원에 기하여 그를 의원면직처분한 것은 무효라고 판결하였다. <답 ⑤>

2. 근로자의 사직에 관한 설명으로 옳지 않은 것은? (다툼이 있는 경우에는 판례에 의함)

<노무사 2009년>

① 사용자가 사직의 의사가 없는 근로자로 하여금 어쩔 수 없이 사직서를 작성 · 제출하게 한 경우에는 해고에 해당한다.

② 근로자와 사용자가 명예퇴직을 합의한 후 당사자 일방은 임의로 그 의사표시를 철회할 수 없다.

③ 명예퇴직 합의 후 명예퇴직 예정일 이전에 근로자에게 중대한 비위행위가 있는 경우 사용자는 명예퇴직의 승인을 철회할 수 있다.

④ 회사 경영이 악화되어 근로자가 당시로서는 최선이라고 판단하여 희망퇴직원을 제출하고 회사가 이를 수락함으로써 퇴직처분이 이루어진 경

우 해고에 해당한다.

⑤ 근로자가 명예퇴직 신청 당시의 상황에서는 그것이 최선이라고 판단하여 그 의사표시를 하였을 경우에는 내심의 효과의사가 결여된 진의 아닌 의사표시라고 할 수 없다.

《해 설》 ④ 근로자가 사직을 선뜻 받아들일 수 없었다 할지라도 그 당시의 경제상황, 회사의 구조조정계획, 회사가 제시하는 희망퇴직의 조건, 퇴직할 경우와 계속 근무할 경우에 있어서의 이해관계 등을 종합적으로 고려하여 당시의 상황으로서는 그것이 최선이라고 판단한 결과 사직원을 제출한 것으로 봄이 상당하고, 따라서 근로자와 회사 사이의 근로관계는 근로자가 회사의 권유에 따라 사직의 의사표시를 하고 피고회사가 이를 받아들임으로써 유효하게 합의해지 되었다고 할 수 있다(대판 2003. 4. 22, 2002다65066). <답 ④>

3. 근로관계의 종료에 관한 다음 기술 중 틀린 것으로만 알맞게 짝지은 것은?
(견해가 대립할 경우에는 판례에 의할 것)

a. 사직원에 의하여 신청한 명예퇴직에 있어서 명예퇴직의 신청을 하였다면 이에 대한 사용자의 승낙이 있어 근로계약이 합의해지 되기 전이라 해도 근로자가 임의로 그 청약의 의사표시를 철회할 수 없다.
b. 진의 아닌 의사표시에 있어서의 진의란 특정한 내용의 의사표시를 하고자 하는 표의자의 생각을 말하는 것이지 표의자가 진정으로 마음에서 바라는 사항을 뜻하는 것이 아니므로, 표의자가 의사표시의 내용을 진정으로 마음속에서 바라지 아니하였다고 하더라도 당시의 상황에서 그것을 최선이라고 판단하여 그 의사표시를 하였을 경우에는 이를 내심의 효과의사가 결여된 진의 아닌 의사표시라고 할 수 없다.
c. 원고들은 사직을 선뜻 받아들일 수는 없었으나 그 당시의 경제상황, 피고회사의 구조조정계획, 피고회사가 제시하는 희망퇴직의 조건, 퇴직할 경우와 계속 근무할 경우에 있어서의 이해관계 등을 종합적으로 고려하여 당시의 상황으로서는 그것이 최선이라고 판단한 결과 사직원을 제출한 경우 유효하게 합의해지가 이루어졌다고 볼 수는 없다.
d. 공로퇴직을 전제로 한 근로자의 퇴직 의사표시에 대하여 사용자가 공로퇴직을 거절하고 일반퇴직으로 처리한 경우 공로퇴직을 전제로 한 근로계약의 합의해지에 관하여 쌍방의 의사표시가 합치되었다고 할 수 있고, 이와 같은 퇴직은 해고에 해당한다고 할 수 없다.
e. 사업의 폐지를 위하여 해산한 기업이 그 청산과정에서 근로자를 해고하는 것은 정리해고에 해당한다.

① a, c, d, e ② a, b, d, e ③ a, b, c, e
④ b, c, d, e ⑤ a, b, c, d

《해 설》 a. 사직원에 의하여 신청한 명예퇴직은 근로자가 명예퇴직의 신청(청약)을 하면 사용자가 요건을 심사한 후 이를 승인(승낙)함으로써 합의에 의하여 근로관계를 종료시키는 것으로 명예퇴직의 신청은 합의해지의 청약에 불과하여 이에 대한 사용자의 승낙이 있어 근로계약이 합의해지 되기 전에는 근로자가 임의로 그 청약의 의사표시를 철회할 수 있다(대판 2003. 4. 22, 2002다11458). b. 대판 2001. 1. 19, 2000다51919 · 51926 c. 원고들은 사직을 선뜻 받아들일 수는 없었을지라도 그 당시의 경제상황, 피고회사의 구조조정계획, 피고회사가 제시하는 희망퇴직의 조건, 퇴지할 경우와 계속 근무할 경우에 있어서의 이해관계 등을 종합적으로 고려하여 당시의 상황으로서는 그것이 최선이라고 판단한 결과 사직원을 제출한 것이라면, 원고들과 피고회사 사이의 근로관계는 원고들이 피고회사의 권유에 따라 사직의 의사표시를 하고 피고회사가 이를 받아들임으로써 유효하게 합의해지 되었다고 볼 수 있다(대판 2003. 4. 22, 2002다65066). d. 근로자의 공로퇴직신청에 대하여 사용자가 이를 승인하여 근로관계를 종료시키는 형태의 공로퇴직제도에 있어서의 공로퇴직은 근로계약의 합의해지에 해당한다고 할 것이고, 공로퇴직을 전제로 한 근로자의 퇴직 의사표시에 대하여 사용자가 공로퇴직을 거절하고 일반퇴직으로 처리하였다고 하더라도, 공로퇴직을 전제로 한 근로계약의 합의해지에 관하여 쌍방의 의사표시가 합치되었다고 할 수 없고, 또한 근로자가 공로퇴직 의사와 별도로 그 일반퇴직에 대하여 별도로 승낙함으로써 일반퇴직에 관한 합의가 이루어졌다고 인정되지 않는다면, 위와 같은 일반퇴직은 실질적으로 사용자의 일방적인 의사에 의하여 근로계약관계를 종료시키는 것이어서 해고에 해당한다고 할 것이다(2007. 11. 30, 2005다21647 · 21654). e. 법인의 파산과 해고: 정리해고는 긴급한 경영상의 필요에 의하여 기업에 종사하는 인원을 줄이기 위하여 일정한 요건 아래 근로자를 해고하는 것으로서 기업의 유지 · 존속을 전제로 그 소속 근로자들 중 일부를 해고하는 것을 가리키는 것인바, 이와 달리 사업의 폐지를 위하여 해산한 기업이 그 청산과정에서 근로자를 해고하는 것은 기업경영의 자유에 속하는 것으로서 정리해고에 해당하지 않으며, 해고에 정당한 이유가 있는 한 유효하다(대판 2001. 11. 13, 2001다27975).
<답 ①>

4. 다음 설명 중 옳지 않은 것은?

① 상시 4인 이하의 근로자를 사용하는 사업 또는 사업장의 사용자가 근로자와 기간의 정함이 없는 근로계약을 체결한 경우 그 근로계약의 해지에 적용되는 법규(민법 제660조 1항) 및 위 근로계약의 체결시 해고제한의 특약 을 한 경우 그 특약을 위반한 해고는 무효이다.

② 정년에 도달하여 당연퇴직하는 근로자에게 정년연장을 요구할 수 있는 권리는 없다.

③ 근로자가 해고기간중에 노동조합기금으로 지급받은 금액은 근로자가 노무제공을 면한 것과 상당인과관계가 있는 이익이라고 볼 수 없다.

④ 금품청산에 있어서 사용자가 지급을 연기할 수 있는 특별한 사정이라 함은 천재 · 사변 기타 이에 준하는 부득이한 사정과 사용자가 성의와 전력을 다하여 체불이 방지될 수 있도록 노력하였음에도 불구하고 체불을 막을 수 없었던 상황을 말한다.

⑤ 1임금지급기에 수회의 기업질서위반행위에 대하여 수회의 감급을 하는 것은 무방하며, 이 경우에는 그 감급총액이 1임금지급기의 임금총액의

1할을 초과할 수 있다.

《해 설》 ① 상시 4인 이하의 근로자를 사용하는 사업 또는 사업장에 대하여는 사용자가 정당한 이유 없이 근로자를 해고하지 못한다는 같은 법 제30조 1항(현행 제23조 1항)이 적용되지 않고, 이 경우 그 근로계약이 기간의 정함이 없는 것이라면 민법 제660조 1항을 적용할 수 있게 되어 사용자는 사유를 불문하고 언제든지 근로계약의 해지를 통고할 수 있다. 그러나 민법 제660조 1항은 당사자의 의사에 의하여 그 적용을 배제할 수 있는 임의규정이므로, 상시 4인 이하의 근로자를 사용하는 사업 또는 사업장의 사용자가 근로자와 기간의 정함이 없는 근로계약을 체결하면서 해고의 사유를 열거하고 그 사유에 의해서만 근로자를 해고할 수 있도록 하는 해고제한의 특약을 하였다면, 근로자에 대한 해고는 민법 제660조 1항이 아닌 위 해고제한의 특약에 따라야 하고 이러한 제한을 위반한 해고는 무효라고 보아야 한다(대판 2008. 3. 14, 2007다1418). ② 취업규칙 등에 명시된 정년에 도달하여 당연퇴직하게 된 근로자에 대하여 사용자가 그 정년을 연장하는 등의 방법으로 근로관계를 계속 유지할 것인지 여부는 특별한 사정이 없는 한 사용자의 권한에 속하는 것으로서, 해당 근로자에게 정년연장을 요구할 수 있는 권리가 있다고 할 수 없고, 사용자가 해당 근로자에게 정년연장을 허용하지 아니한 조치의 정당성은 사용자의 행위가 법률과 취업규칙 등의 규정 내용이나 규정 취지에 위배되는지 여부에 의하여 판단해야 하며, 단지 정년연장을 허용하지 아니하는 것이 해당 근로자에게 가혹하다든가 혹은 다른 근로자의 경우에 비추어 형평에 어긋난다는 사정만으로 그 정당성이 없는 것으로 단정할 수는 없다(대판 2008. 2. 29, 2007다85997). ② 대판 2003. 7. 22, 2002도7225. ③ 대판 1991. 5. 14, 91다2656. ④ 대판 1989. 2. 9, 87도2509. ⑤ 1임금지급기에 수회의 기업질서위반행위에 대하여 수회의 감급을 하는 것은 무방하나, 그 감급총액이 1임금지급기의 임금총액의 1할을 초과할 수 없으므로 이를 초과한 감급은 근로기준법 제95조 위반이며, 위법하게 감급된 부분은 환급되어야 한다(1994. 3. 22, 근기 68207-488).
<답 ⑤>

5. 근로기준법상 근로자대표에 관한 설명으로 옳지 않은 것은? (1주 40시간의 법정 근로시간제가 적용되는 사업장의 경우) <사시 2008년>

① 당해 사업장에 근로자의 과반수로 조직된 노동조합이 있는 경우에는 그 노동조합이 근로자대표이다.

② 당해 사업장에 근로자의 과반수로 조직된 노동조합이 없는 경우에는 근로자의 과반수를 대표하는 자가 근로자대표이다.

③ 경영상의 이유에 의한 해고를 하고자 할 경우 사용자는 반드시 근로자대표에게 해고하고자 하는 날의 30일 전까지 통보하여야 한다.

④ 3개월 단위의 탄력적 근로시간제를 실시하려면 사용자는 반드시 근로자대표와 서면합의를 하여야 한다.

⑤ 선택적 근로시간제를 실시하려면 사용자는 반드시 근로자대표와 서면합의를 하여야 한다.

《해 설》 ①② 근기법 제24조 3항. ③ 해고를 하려는 날의 50일 전까지 통보하고 성실하게 협의하여야 한다(근기법 제24조 3항 후단).
<답 ③>

6. 해고예고를 하여야 하는 근로자는? <사시 1992년 · 1998년 · 2001년 유사>

① 계절적 업무에 5개월 이내의 기간을 정하여 사용된 자
② 월급근로자로서 4개월이 되지 못한 자
③ 2개월 이내의 기간을 정하여 사용된 자
④ 수습사용기간이 4개월이 된 근로자
⑤ 일용근로자로서 2개월을 계속 근로하지 아니한 자

《해 설》 해고예고제도가 적용되지 않는 근로자는 다음과 같다(근기법 제35조). (ⅰ) 일용근로자로서 3개월을 계속 근로하지 아니한 자, (ⅱ) 2개월 이내의 기간을 정하여 사용된 자, (ⅲ) 월급근로자로서 6개월이 되지 못한 자, (ⅳ) 계절적 업무에 6개월 이내의 기간을 정하여 사용된 자, (ⅴ) 수습사용중의 근로자. ④ 근기법 제35조 5호에 규정된 '수습사용중의 근로자'라 함은 수습사용한 날로부터 3월 이내인 자를 말한다(근기법 시행령 제12조). <답 ④>

7. 근로기준법상 해고예고에 관한 규정에 위반되는 것은? <노무사 2010년>

① 근로자를 해고하려는 날의 45일 전에 예고한 경우
② 해고예고를 하지 아니하고 40일분의 통상임금을 지급한 경우
③ 해고예고를 하지 아니하고 35일분의 통상임금을 상회하는 평균임금을 지급한 경우
④ 근로자를 해고하려는 날의 30일 전에 예고하였으나 그 예고를 서면에 의하지 아니한 경우
⑤ 해고예고를 하지 아니하고 근로자가 과실로 사업에 막대한 지장을 초래한 것을 이유로 해고예고 수당을 지급하지 않는 경우

《해 설》 ① 적어도 30일 전에 예고하면 족하다(근기법 제26조). ②③ 30일분 이상의 통상임금을 지급하면 족하다(근기법 제26조). ④ 해고는 서면으로 통지해야 하지만 해고예고의 통지 방법에는 제한이 없다. ⑤ 해고예고 또는 해고예고에 갈음하는 수당은 천재 · 사변 또는 그 밖의 부득이한 사유로 사업계속이 불가능하거나 근로자가 고의로 사업에 막대한 지장을 초래하거나 재산상 손해를 끼친 경우로써 고용노동부령으로 정하는 사유에 해당하는 경우에는 적용되지 아니한다(근기법 제26조 단서). <답 ⑤>

8. 다음 중 해고의 예고에 대한 설명으로 옳지 않은 것은?

① 사용자가 근로자를 해고하고자 할 때에는 적어도 30일 전에 예고를 하거나 또는 30일분 이상의 통상임금을 지급하여야 한다.
② 경영상 이유에 의한 해고의 경우에도 적용된다.
③ 해고의 정당한 이유가 없는 때에는 해고의 예고를 하였다고 하더라도 유효한 해고가 되지 않는다.
④ 근로자가 고의로 사업에 막대한 지장을 초래한 경우로서 고용노동부령이 정하는 사유에 해당하는 경우에는 해고의 예고를 하지 않아도 무방

하다.

⑤ 해고수당과 함께 퇴직금을 수령하였다면 해고에 대한 이의를 보류하였다 하더라도 해고처분을 승인하였다고 볼 수 있다.

《해 설》 ① 근기법 제26조. ④ 근기법 제26조 단서. ⑤ 근로자가 징계해고 직후에 회사가 변제공탁한 퇴직금과 해고수당을 수령하였으나 묵시적으로 이의를 유보하였으므로 위 공탁물을 수령한 행위만으로 징계해고를 유효한 것으로 승인하였다고는 할 수 없고, 또 위 공탁물을 수령하고 2년이 경과한 후에 비로소 해고무효확인의 소를 제기하였다는 사정만으로는 회사에 대하여 징계해고를 유효한 것으로 승인하였다는 신뢰의 기반을 제공하였다고 단정할 수도 없다고 본 원심의 조치를 수긍한 사례(대판 1991. 5. 14, 91다2663). <답 ⑤>

9. 해고사유 등의 서면통지에 관해 틀린 것은?

① 종래 해고의 의사표시는 구두로도 가능했지만 2007년 7월 1일부터는 서면으로 통지하도록 의무화하였다.

② 해고사유뿐만 아니라 해고시기도 서면으로 통지하도록 의무화하였다.

③ 해고의 서면방식주의를 도입한 이유는 해고와 관련된 법적 분쟁시 입증이 용이하고, 사용자가 근로자를 해고할 경우 신중을 기하게 할 수 있기 때문이다.

④ 해고의 서면은 사용자의 서명 또는 날인이 있어야 유효하다.

⑤ 공인전자서명이 포함된 전자문서의 경우에는 이를 서면이라고 볼 수 없다.

《해 설》 ①②③④ 2007년 개정근로기준법 제27조의 입법취지와 내용이다. ⑤ 공인전자서명이 포함된 전자문서도 전자서명법 제3조 1항에 의하여 서면으로 인정된다. <답 ⑤>

10. 근로기준법상 금품청산에 관한 다음 설명 중 틀린 것은?

① 퇴직시에 임금·보상금 기타 일체의 금품의 청산을 요구할 수 있는 자는 근로자 본인이다.

② 근로자의 사망시의 금품청산요구자는 사망근로자의 상속인이다.

③ 징계해고의 경우는 근로자의 금품청산을 요구할 수 없다.

④ 금품청산의 요구가 있으면 사용자는 14일 이내에 이를 이행해야 한다.

⑤ 특별한 사정이 있는 경우에는 당사자의 합의에 의하여 청산기간을 연장할 수 있다.

《해 설》 ①④「근로자가 사망 또는 퇴직한 경우에는 그 지급사유가 발생한 때로부터 14일 이내에 임금, 보상금 기타 일체의 금품을 지급하여야 한다」(근기법 제36조, 벌칙 제109조). ③ 근로자의 금품청산요구는 근로관계의 종료원인 여하, 다시 말하면 해고·퇴직원인 여부를 묻지 않는다. ⑤ 특별한 사정이 있는 경우에는 당사자간의 합의에 의하여 지급기일을 연장할 수 있다. <답 ③>

11. 다음 중에서 원칙적으로 해고의 행태상의 사유에 해당하지 않는 것은?

① 결근 및 지각 · 조퇴
② 근로의 거부
③ 하자있는 근로의 제공
④ 부정행위 또는 비윤리적 행위
⑤ 업무상 특별히 요구되는 근로자에 대한 신뢰나 품위 또는 사용자의 명예가 손상되는 경우

《해 설》 ④⑤ 부정행위 또는 비윤리적 행위는 원칙적으로 일신상 또는 행태상의 사유에 해당하지 않지만 업무의 성격이나 직무에 비추어 요구되는 특별한 신뢰나 명예를 손상시킨 경우에는 행태상의 사유로 고려될 수 있다. 또한 근로자의 범법행위는 직접 사용자에 대한 의무위반이 아니며 제3자에 대해서 행해진 것이긴 하지만 그것이 노무급부의무에 영향을 미칠 수 있는 경우에는 해고사유가 될 수 있다(예: 유죄판결을 받음으로 인하여 장기간 노무급부가 불가능하게 되어 계약의 목적이 달성될 수 없는 경우, 업무상 특별히 요구되는 근로자에 대한 신뢰나 품위 또는 사용자의 명예가 손상됨으로써 근로관계의 유지가 기대될 수 없는 경우). <답 ④>

12. 근로계약관계의 종료에 관한 설명 중 가장 옳은 것은? <사시 2000년>

① 근로자에 의한 해지의 의사표시도 근로기준법의 제한을 받는다.
② 판례에 의하면, 사용자가 해고의 예고 없이 한 해고는 무효이다.
③ 사업양도에 의하여 근로관계는 당연히 종료된다.
④ 업무상 부상의 요양을 위하여 휴업한 기간과 그 후 30일간은 해고가 금지되는 것이 원칙이다.
⑤ 해고예고수당은 30일분 이상의 평균임금을 기준으로 산정되어야 한다.

《해 설》 근로관계 종료와 관련한 근로기준법의 근로자 보호규정은 사용자의 해지권을 제한하고 있을 뿐이다. 해고의 정당한 사유가 있음에도 사용자가 해고예고를 함이 없이 근로자를 해고한 경우에 대해서 견해가 나뉘어지는데, 이중 판례는 근로기준법 제26조는 단순한 단속규정에 지나지 않으므로 예고위반의 해고도 사법상의 효력을 발생한다고 보고 있다(대판 1994. 3. 22, 92누2418). 사업양도시 근로관계는 원칙적으로 승계되는 것으로 보는 것이 판례와 다수설의 입장이며, 해고예고수당은 30일분의 통상임금으로 산정된다(근기법 제26조 1항). 업무상 요양을 위하여 휴업한 기간과 그 후 30일간은 근로기준법 제23조 2항에 따라 해고가 금지되지만, 사용자가 근로기준법 제84조에 따른 일시보상을 행한 경우에는 해고가 가능하다. <답 ④>

13. 근로관계의 종료 중 '사직'과 관련한 판례의 태도 중 옳지 않은 것은?

① 근로자의 해지의 의사표시(사직)가 효력을 발생하기 위한 해지기간에 대해서는 민법의 규정이 적용된다.
② 취업규칙에서 민법의 규정과 달리 짧은 해지기간을 둔 때에도 이 규정은 적용되지 않는다.

③ 근로계약해지의 효력이 발생한 후 사용자가 근로자에 대하여 한 근로계약의 소멸의 통지는 관념의 통지에 불과하고 이를 해고라고 할 수 없다.
④ 근로기준법의 해고에 관한 규정(제23조 내지 제26조)은 합의해지에 적용되지 않는다.
⑤ 사용자가 자연인인 경우 자연인의 사망의 경우에는 근로계약상의 지위는 일신전속적인 것이지만 근로관계가 이전되는 경우가 예외적으로 있다.

《해 설》 ① 대판 1996. 7. 30, 95누7765. ② 취업규칙에서 민법의 규정과 다른 규정(짧은 해지기간)을 둔 때에는 이 규정이 적용 된다(대판 1997. 7. 8, 96누5087). ③ 대판 1996. 7. 30, 95누7765. ④ 합의해지는 근로자와 사용자가 합의에 의하여 근로계약을 장래에 대해서 소멸시키는 계약을 의미한다. 근로기준법의 해고에 관한 규정(제23조 내지 제26조)은 합의해지에 적용되지 않는다. ⑤ 사용자가 자연인인 경우 자연인의 사망 또는 근로자 자신의 사망의 경우에는 근로계약상의 지위는 일신전속적인 것으로서 상속되지 않으므로(민법 제657조) 근로관계는 원칙적으로 당연히 이전되지 않는다. 그러나 사용자가 사망하더라도 그 기업이 상속인에게 상속되어 계속 운영되며 사용자와 근로자 사이의 인적관계가 문제되지 않는 경우에는 근로관계는 종료되지 않는다. <답 ②>

14. 근로관계의 종료 중 '퇴직'에 대해 옳지 않은 것은?

① 명예퇴직은 정년연령에 도달하지 않은 근로자들에게 일정한 보상이나 가산퇴직금 또는 위로금을 지급하면서 정년 전에 퇴직케 하는 것을 말한다.
② 명예퇴직의 신청은 합의해지의 청약에 불과하여 이에 대한 사용자의 승낙이 있어 근로계약이 합의해지되기 전에는 근로자가 임의로 그 청약의 의사표시를 철회할 수 있다.
③ 조건부퇴직이란 근로자측에 징계해고사유에 해당하는 비위사실이 있거나 외부의 압력에 의하여 퇴직하는 것을 말한다.
④ 명예퇴직의 합의의 효력은 명예퇴직대상자로 확정된 때 그 효력이 발생한다.
⑤ 회사가 퇴직희망자를 모집하는 행위는 청약의 유인이라고 볼 수 있고, 퇴직희망자들의 신청행위는 청약이며, 회사의 희망퇴직자 결정은 승낙이다.

《해 설》 ② 대판 2003. 4. 25, 2002다11548. ③ 대판 2000. 4. 25, 99다34475 ④ 명예퇴직의 합의의 효력(근로관계의 종료)은 명예퇴직대상자로 확정된 때가 아니라 명예퇴직일자에 발생한다(대판 2002. 8. 23, 2000다60890). ⑤ 대판 2002. 8. 23, 2000다60906. <답 ④>

15. 해고의 일신상의 사유에 관한 설명이다. 가장 옳지 않은 설명은?

① 직업상 요구되는 자격증이 없거나, 직무상 요구되는 시험이나 검사의

불합격, 전문적 지식이나 기능의 부족 등이 이에 해당한다.

② 자격상실의 흠이 단기간에 회복 또는 치유될 수 있는 경우에는 해고사유가 되지 않는다.

③ 악단의 지휘자가 통솔능력이 부족한 경우도 해고사유가 된다.

④ 업무상 재해로 인하여 신체장애가 생긴 경우에는 해고사유가 된다.

⑤ 해당 근로자와 가까운 친척 또는 친교관계에 있는 자가 경쟁기업체에 있는 경우 일신상의 사유가 인정된다.

《해 설》 ① 업무에 대한 적성에 흠이 있거나 직무능력이 부족한 것은 일신상의 사유에 해당할 수 있다. 예를 들면, 직업상 요구되는 자격증이 없거나, 직무상 요구되는 시험이나 검사의 불합격, 전문적 지식이나 기능의 부족 등이 이에 해당 한다(대판 1989. 7. 25, 88다카25595 참고). ② 다만 자격상실의 흠이 단기간에 회복 또는 치유될 수 있는 경우에는 해고사유가 되지 않는다고 보아야 한다. ③ 근로자의 성격상의 사유에서 비롯된 개인적 부적격성도 일신상의 사유에 해당한다. 예컨대, 악단의 지휘자가 통솔능력이 부족한 경우, 업무의 성격상 구성원의 긴밀한 협동정신이 요구되는 경우에 성격상의 결함으로 말미암아 그에 적응하지 못하는 경우가 이에 해당한다. ④ 계약상의 노무급부를 곤란하게 하는 질병도 일신상의 사유에 해당한다. 그러나 질병을 이유로 하는 해고는 그로 인하여 사용자의 경영상의 이익이 침해되는 경우에만 고려되어야 한다. 따라서 질병에 걸린 근로자를 輕易한 근로에도 취업시킬 수 없음을 입증하여야 한다. 다시 말하면「재해보상이 완료되었으나 신체장애로 인하여 객관적으로 업무수행이 불가능하다고 인정되는 경우에는 근로계약을 해제할 수 있다고 보나 경이한 작업으로 전환할 수 있는 여지가 있음에도 불구하고 해고하는 경우에는 근로기준법 제30조 규정에 위배 된다」(1970. 10. 14, 근지 1455-9717). ⑤ 기업경영상 비밀유지가 요구되는 지위에 있는 근로자가 경쟁기업주와 인척관계에 있거나, 해당 근로자와 가까운 친척 또는 친교관계에 있는 자가 경쟁기업체에 있는 경우 그로 인하여 사업상의 기밀이 누설될 위험이 있을 때에는 일신상의 사유가 인정된다. <답 ④>

16. **「근로기준법」상 해고에 관한 설명으로 옳은 것은?** <사시 2009년>

① 해고의 정당한 이유가 있는 경우에는 사용자가 해고사유와 해고시기를 구두로 통지하여도 그 해고는 효력이 있다.

② 일용근로자에 대하여는 3개월을 계속 근무하지 않았더라도 사용자는 해고의 예고를 하여야 한다.

③ 노동위원회는 부당해고에 대한 구제명령을 내릴 때 해당 근로자의 복직을 사용자가 원하지 않으면 금전으로 보상하고 근로관계를 청산하도록 명령할 수 있다.

④ 사용자가 노동위원회로부터 부당해고의 구제명령을 받고도 이행기한까지 구제명령을 이행하지 않으면 노동위원회는 사용자에게 이행강제금을 부과한다.

⑤ 노동위원회에 부당해고의 구제를 신청한 근로자는 그 해고에 대해 법원에 해고무효 확인의 소(訴)를 제기할 수 없다.

《해 설》 ① 구두아닌 서면으로 하여야 효력이 있다(근기법 제27조). ② 일용근로자에 대하여는 3개월을 계속 근무하지 않았으면 예고해고의 적용예외자로서 사용자는 해고의 예고를 하지 아니하고 즉시 해고할 수 있다(근기법 제35조). ③ 금전보상제는 사용자가 아닌 근로자가 원할 경우에만 적용된다. ④ 근기법 제33조 1항. ⑤ 노동위원회에 부당해고의 구제를 신청한 근로자는 그 해고에 대해 노동위원회와는 별도로 법원에 해고무효 확인의 소(訴)를 제기할 수 있다. <답 ④>

17. 해고에 관한 설명으로 옳지 않은 것은? (다툼이 있는 경우에는 판례에 의함) <사시 2010년>

① 근로기준법상 해고제한 규정은 단시간근로자에게도 적용된다.

② 사용자가 경영상 이유에 의하여 기간제근로자를 해고하는 경우에도 긴박한 경영상의 필요가 있어야 한다.

③ 근로기준법 제26조 제1항(해고의 예고)에 위반한 해고는 그 자체로 무효이다.

④ 근로자가 업무상 부상 또는 질병의 요양을 위하여 휴업한 기간과 그 후 30일 동안은 해고하지 못함이 원칙이다.

⑤ 영업양도 계약 체결일 이전에 해고된 근로자로서 해고의 효력을 다투는 근로자와의 근로관계는 양수인에게 승계되지 않는다.

《해 설》 ③ 판례의 태도는 해고의 사법상 효력은 원칙적으로 정당한 해고사유의 존부에 따라 판단해야하고, 해고예고의무규정(근기법 제26조)은 효력규정이 아니라 단속규정이므로 동조 위반의 해고는 유효하다는 견해를 취하고 있다(대판 1993. 9. 24, 93누4199; 대판 1994. 3. 22, 32누2418). <답 ③>

18. 근로기준법상 해고 등의 제한에 관한 설명으로 옳지 것은? (다툼이 있는 경우에는 판례에 의함) <노무사 2010년>

① 해고의 정당성에 관한 입증책임은 이를 주장하는 자가 부담한다.

② 전직이 징계성이 인정되면 정당한 이유가 있어야 한다.

③ 대기명령이 징계성이 인정되면 정당한 이유가 있어야 한다.

④ 근로자에 대한 해고는 그 사유와 시기를 서면으로 통지하여야 효력이 있다.

⑤ 근로자의 사직은 근로관계의 종료이므로 정당한 이유가 있어야 한다.

《해 설》 ① 대판 1995. 2. 14, 94누5069; 대판 1999. 4. 27, 99두202. 따라서 사용자가 부당해고가 아니라는 것을, 근로자가 부당해고라는 사실을 각각 입증하여야 한다. ②③ 근기법 제23조 1항. 대기명령이 징계로서 행해진다면 근기법 제23조 1항의 '징벌'에 해당한다. ④ 근기법 제27조. ⑤ 사직은 근로자가 근로관계 종료의 의사표시를 하는 것이므로 정당한 이유를 요하지 않는다. <답 ⑤>

19. 다음 설명 중 옳은 것은? (이견이 있는 경우 판례의 태도에 따름)

① 노동조합에서 발행되는 신문의 편집국장이 반노동조합적 기사를 실은

경우라도 표현의 자유는 기본권으로 보장되는 것이므로 사용자(노조위원장)는 편집국장을 해고할 수 없다.

② 입사 당시에 존재하였던 이유를 내세워 가정적 인과관계(과거에 그 사실을 알았더라면 해고했었을 것으로 판단되는 인과관계)를 근거로 해고하는 것은 그 이유가 현재 아무 의미가 없는 한 정당하지 않다.

③ 사용자가 어떤 사유의 발생을 당연퇴직 또는 면직사유로 규정하고 그 절차를 통상의 해고나 징계해고와 달리한 경우에 근로관계의 자동소멸사유로 보이는 경우를 제외하고는 이에 따른 당연퇴직처분은 근로기준법 제23조 소정의 제한을 받는 해고라고 할 것이다

④ 사용자는 부당해고 기간 동안 근로자가 다른 직장에 종사하여 얻은 이익(이른바 중간수입)을 공제할 수 없다.

⑤ 부당해고에 대한 사용자의 처분행위를 다룰 경우에 근로자는 일반법원에 무효확인의 소만을 제기할 수 있다.

《해 설》 ① 경향사업에 종사하는 근로자에 대한 해고제한의 특례와 관련된 문제이다. 경향사업에 대한 이와 같은 특례는 원칙적으로 근로기준법 제23조 1항의 적용에 있어서도 인정될 수 있다고 생각된다. 그러나 특례의 적용과 근로기준법상의 정당한 이유있는 해고의 차이는 해고를 인정하는 정도의 차이에 지나지 않는 경우가 많을 것이다(예컨대, 노동조합에서 발행되는 신문의 편집국장이 반노동조합적 기사를 실은 경우에 사용자 〈노조위원장〉은 편집국장을 해고할 수 있을 것이다). ② 해고의 정당한 이유는 해고 당시에 현존하는 것이어야 하며, 과거에는 존재하였으나 현재는 더 이상 존재하지 않는 이유는 정당한 것이 될 수 없다. 예컨대 입사 당시에 존재하였던 이유를 내세워 가정적 인과관계(과거에 그 사실을 알았더라면 해고했었을 것으로 판단되는 인과관계)를 근거로 해고하는 것은 —그 이유가 현재 아무 의미가 없는 한— 정당하지 않다(그러나 판례는 가정적 인과관계를 근거로 해고하는 것 또한 정당하다고 한다〈대판 1989. 1. 31, 87다카2410 등〉).③ 사용자가 어떤 사유의 발생을 당연퇴직 또는 면직사유로 규정하고 그 절차를 통상의 해고나 징계해고와 달리한 경우에 그 당연퇴직사유가 근로자의 사망이나 정년, 근로계약기간의 만료 등 근로관계의 자동소멸사유로 보이는 경우를 제외하고는 이에 따른 당연퇴직처분은 구 근로기준법(2007. 4. 11. 법률 제8372호로 전문 개정되기 전의 것) 제30조 소정의 제한을 받는 해고라고 할 것이고, 위와 같이 취업규칙 등에 당연퇴직사유로서 근로관계의 자동소멸사유에 해당하지 아니하는 사유를 규정한 경우 그 의미는 그 규정 취지나 다른 당연퇴직사유의 내용 등에 비추어 합리적으로 판단하여야 한다(대판 2007. 10. 25, 2007두2067). ④ (ⅰ) 사용자의 부당한 해고처분이 무효이거나 취소된 때에는 그 동안 피해고자의 근로자로서의 지위는 계속되고 있었던 것이 되고, 근로자가 그 간 근로의 제공을 하지 못한 것은 사용자의 귀책사유로 인한 것이므로 근로자는 민법 제538조 1항에 의하여 계속근로 하였을 경우에 받을 수 있었던 임금의 지급을 청구할 수 있다(대판 1981. 12. 22, 81다626). (ⅱ) 다만, 부당해고기간 동안 근로자가 다른 직장에 종사하여 얻은 이익(이른바 중간수입)은 민법 제538조 2항에 의하여 공제될 수 있다(중간수입의 공제: 대판 1996. 4. 23, 94다446). ⑤ 부당해고에 대한 사용자의 처분행위를 다룰 경우에 근로자는 일반법원에 무효확인의 소를 제기할 수 있을 뿐만 아니라 부당해고의 구제에 대하여 노동위원회가 관할할 수 있도록 하

고 있다(근기법 제28조). <답 ③>

20. 반드시 서면으로 하도록 근로기준법에 명시되어 있는 사항이 아닌 것은 ?

① 근로계약 체결시 연차유급휴가에 관한 사항 <사시 2000년>
② 근로자를 해고하고자 할 경우 해고사유와 해고시기
③ 부당해고 구제명령신청에 대한 노동위원회의 구제명령
④ 연차유급휴가의 사용촉진을 위한 사용자의 통보
⑤ 임신 중인 여성의 산전,산후휴가의 청구

《해 설》 ① 근기법 제17조. ② 근기법 제27조. ③ 근기법 제30조 2항. ④ 근기법 제61조 2호. <답 ⑤>

21. 부당해고의 구제에 관한 설명 중 옳지 않은 것은? <사시 2000년>

① 법원에 소를 제기하기 위해서는 반드시 노동위원회의 구제절차를 거쳐야 한다.
② 경우에 따라서는 불법행위로 인한 위자료청구를 할 수 있다.
③ 노동위원회는 구제명령을 이행하지 아니한 사용자에게 이행강제금을 부과할 수 있다.
④ 노동위원회의 확정된 구제명령을 이행하지 아니하는 경우에는 1년 이하의 징역 또는 1천만원 이하의 벌금을 부과한다.
⑤ 해고에 정당한 이유가 있다는 점에 대하여는 이를 주장하는 자가 입증책임을 부담한다.

《해 설》 ① 부당해고에 관한 근로기준법상 특별규정(제28조)은 근로자로 하여금 손쉽게 권리를 구제할 수 있도록 하기 위한 편의적인 구제제도일 뿐, 이것이 전치주의의 역할을 담당하거나 이를 통해 일반법원에의 소송을 배척하는 것은 전혀 아니다. 근로자는 근로기준법 제28조에 따라 노동위원회에 부당해고 규제신청을 제기함과 관계없이 법원에 소를 제기할 수 있다. ② 부당해고의 구제를 일반법원에 신청할 경우, 우리 판례는 경우에 따라서는 불법행위로 인한 정신적 고통에 대한 손해배상(위자료지급)도 인정하고 있다(대판 1993. 12. 24, 91다36192). ③④ 2007년 개정근로기준법에서는 부당해고에 대한 처벌조항을 삭제하되 사용자의 해고권남용을 방지하기 위해 노동위원회의 구제명령에 대한 이행강제금의 부과 및 확정된 이행명령 불이행시 벌칙규정을 도입하였다. <답 ①>

22. 근로기준법상 노동위원회를 통한 부당해고 등의 구제에 관한 설명으로 옳지 않은 것은? <사시 2010년>

① 노동위원회는 해고에 대한 구제명령을 할 때에 사용자의 신청이 있으면 원직복직 대신 금전보상을 명할 수 있다.
② 구제신청은 부당해고 등이 있었던 날로부터 3개월 이내에 하여야 한다.
③ 노동위원회의 구제명령, 기각결정 또는 재심판정은 중앙노동위원회에 대

한 재심신청이나 행정소송 제기에 의하여 그 효력이 정지되지 아니한다.

④ 노동위원회는 구제명령을 받은 후 이행기한까지 구제명령을 이행하지 아니한 사용자에게 이행강제금을 부과한다.

⑤ 노동위원회는 최초의 구제명령을 한 날을 기준으로 2년을 초과하여 이행강제금을 부과 · 징수하지 못한다.

《해 설》 ① 노동위원회는 제1항에 따른 구제명령(해고에 대한 구제명령만을 말한다)을 할 때에 근로자가 원직복직(원직부직)을 원하지 아니하면 원직복직을 명하는 대신 근로자가 해고기간 동안 근로를 제공하였더라면 받을 수 있었던 임금 상당액 이상의 금품을 근로자에게 지급하도록 명할 수 있다(근기법 제30조 3항). ② 근기법 제28조 2항. ③ 근기법 제32조. ④ 근기법 제33조 1항. ⑤ 근기법 제33조 5항. <답 ①>

23. 근로기준법상 부당해고의 구제절차에 관한 설명 중 틀린 것은?

① 부당해고의 판정, 구제명령 및 기각결정은 사용자와 근로자에게 각각 서면으로 통지하여야 한다.

② 노동위원회는 부당해고의 구제명령을 할 때에 직권으로 원직복직을 명하는 대신 근로자가 해고기간 동안 근로를 제공하였더라면 받을 수 있었던 임금 상당액 이상의 금품을 근로자에게 지급하도록 명할 수 있다.

③ 지방노동위원회의 구제명령이나 기각결정에 불복하는 사용자나 근로자는 구제명령서나 기각결정서를 통지받은 날부터 10일 이내에 중앙노동위원회에 재심을 신청할 수 있다.

④ 중앙노동위원회의 재심판정에 대하여 사용자나 근로자는 재심판정서를 송달받은 날부터 15일 이내에 행정소송법의 규정에 따라 소를 제기할 수 있다.

⑤ 노동위원회의 구제명령, 기각결정 또는 재심판정은 중앙노동위원회에 대한 재심신청이나 행정소송 제기에 의하여 그 효력이 정지되지 아니한다.

《해 설》 종래에는 부당해고에 대한 구제신청 및 구제절차에 관하여 노조및조정법 제82조 내지 86조의 규정을 준용하도록 하였다(구 근기법 제33조 2항). 그러나 2007년 개정근로기준법에서는 이러한 준용규정을 삭제하고, 부당해고에 대한 구제신청이나 구제절차에 관한 규정(근기법 제28조 내지 33조)이 개정근로기준법에 포함되었다. ① 근기법 제30조 2항. ② 노동위원회의 구제명령으로서 금전보상제도는 근로자가 원직복직을 원하지 않는 경우에 한하여 인정되는 것이다. ③ 근기법 제31조 1항. ④ 근기법 제31조 2항. ⑤ 근기법 제32조. <답 ②>

24. 근로기준법상 부당해고 구제절차에 관한 설명이다. (   )에 들어갈 내용으로 옳게 짝지어진 것은? <사시 2008년>

사용자가 근로자를 부당하게 해고하면 (A) 해고가 있었던 날부터 (B) 이내에 노동위원회에 구제를 신청할 수 있다.

	A	B
①	근로자 또는 노동조합은	3개월
②	노동조합은	1개월
③	근로자는	6개월
④	근로자 또는 노동조합은	6개월
⑤	근로자는	3개월

《해 설》 사용자가 근로자에게 부당해고등을 하면 근로자는 노동위원회에 구제를 신청할 수 있고, 이에 따른 구제신청은 부당해고 등이 있었던 날부터 3개월 이내에 하여야 한다(근기법 제28조). <답 ⑤>

25. 해고에 관한 설명으로 옳지 않은 것은? <노무사 2009년>

① 근로자가 업무상 질병의 요양을 위하여 휴업한 기간과 그 후 30일 동안은 해고하지 못함이 원칙이다.

② 부당해고 구제명령은 사용자와 근로자에게 각각 서면으로 통지하여야 한다.

③ 부당해고 구제신청은 부당해고가 있었던 날부터 3개월 이내에 하여야 한다.

④ 해고는 해고사유와 해고시기를 서면으로 통지하여야 효력이 있다.

⑤ 부당해고 구제명령은 중앙노동위원회에 대한 재심 신청에 의하여 그 효력이 정지된다.

《해 설》 ① 근기법 제23조 2항. ② 근기법 제30조 2항. ③ 근기법 제28조 2항. ④ 근기법 제27조. ⑤ 노동위원회의 구제명령, 기각결정 또는 재심판정은 제31조에 따른 중앙노동위원회에 대한 재심 신청이나 행정소송 제기에 의하여 그 효력이 정지되지 아니한다(근기법 제32조). <답 ⑤>

26. 다음 중 금전보상제도의 설명으로 타당하지 아니한 것은?

① 금전보상제도는 노동위원회의 부당해고구제신청에 대하여 제한적으로만 허용된다.

② 근로자와 사용자간의 신뢰관계의 파괴로 근로관계의 유지가 객관적으로 불가능한 경우, 사용자 또는 근로자는 금전보상신청을 할 수 있다.

③ 원직복직을 대신하는 금전보상의 범위에 관하여 법률은 '임금상당액 이상의 금품'으로 규정하고 있다.

④ 원직복직을 대신하는 '임금상당액 이상의 금품'은 해고기간 동안의 임금상당액과 위로금을 포함한 것이다.

⑤ 원직복직을 대신하는 '임금상당액 이상의 금품'의 액수는 당사자의 귀책사유와 해고의 부당성의 정도 등을 고려하여 노동위원회가 결정한다.

《해 설》 ① 만일 법원에서 민사소송으로 해고의 정당성을 다투는 경우에는 그 해고가 부당하다고 판단되더라도 법관은 원직복직을 대신하여 금전보상을 명할 수 없다. ② 금전보상제도는 우리나라 노사관계의 여건상 사용자에 의한 해고의 남용을 초래할 수 있다는 지적이 있어 금전보상의 신청사유를 '근로자가 원직복직을 원하지 아니하는 경우'로 한정하고 있다. 또한 신청주체도 사용자를 배제한 '근로자'로 한정하고 있다. ③④⑤ 원직복직을 대신하는 '임금상당액 이상의 금품'에 관한 내용이다. 금전보상은 이미 해고가 부당하다고 판정된 후에 원직복직을 대신하여 내려지는 구제명령이므로 해고기간 동안의 임금은 소급해서 지급되어야 한다. 따라서 그에 추가하여 지급되는 위로금이 실질적 의미에서의 보상금으로서의 성격을 지닌다. 다만 개정근로기준법 제30조 3항에서는 보상금의 한도를 규정하고 있지 않을 뿐만 아니라 당사자 일방이 노동위원회가 결정한 보상금액에 불복하는 경우 그 불복절차에 대해서도 규정하고 있지 않은 문제점이 있다. <답 ②>

27. 근로기준법상 노동위원회의 이행강제금 부과 등에 관한 설명으로 옳지 않은 것은? <사시 2008년>

① 구제명령의 확정 여부와 관계없이 이행강제금을 부과할 수 있다.

② 이행강제금을 부과하기 30일 전까지 이행강제금을 부과한다는 뜻을 사용자에게 문서로 알려주어야 한다.

③ 구제명령을 받은 자가 구제명령을 이행하면 이미 부과된 이행강제금은 징수하지 아니한다.

④ 중앙노동위원회의 재심판정에 따라 구제명령이 최소 되면 이미 징수한 이행강제금과 소정 이자를 반환해야 한다.

⑤ 최초의 구제명령을 한 날을 기준으로 매년 2회의 범위에서 구제명령이 이행될 때까지 반복하여 이행강제금을 부과할 수 있으며, 이 경우 이행강제금은 2년을 초과하여 부과 · 징수하지 못한다.

《해 설》 ② 근기법 제33조 2항. ③ 노동위원회는 구제명령을 받은 자가 구제명령을 이행하면 새로운 이행강제금을 부과하지 아니하되, 구제명령을 이행하기 전에 이미 부과된 이행강제금은 징수하여야 한다(근기법 제33조 6항). ⑤ 근기법 제33조 5항. <답 ③>

28. 다음은 부당해고의 효과에 관한 설명이다. 틀린 것은? (이견이 있는 경우 판례의 태도에 따름)

① 정당한 이유 없이 근로자를 해고한 경우에 당해 해고는 사법상 무효로 된다.

② 사용자의 부당한 해고처분이 무효인 때에는 근로자는 부당해고기간 동안 계속근로 하였을 경우에 받을 수 있었던 임금의 지급을 청구할 수 있다.

③ 부당해고기간 동안 근로자가 다른 직장에 종사하여 얻은 이익(이른바 중간수입)은 공제되지 않는다.

④ 부당한 해고로 인하여 취업할 수 없었던 휴업기간도 근로기준법 제46조

의 사용자의 귀책사유로 인한 '휴업'에 해당하므로 같은 조 소정의 휴업수당액(평균임금의 100분의 70 이상)을 저하시키는 공제는 허용되지 않는다.

⑤ 정당한 이유 없는 해고 등의 구제에 대하여 노동위원회가 관할할 수 있다.

《해 설》 ① 정당한 이유 없이 근로자를 해고한 경우에 그 해고는 사법상 당연히 무효이다. ② (i) 사용자의 부당한 해고처분이 무효이거나 취소된 때에는 그 동안 피해고근로자로서의 지위는 계속되고 있었던 것이 되고, 근로자가 그간 근로의 제공을 하지 못한 것은 사용자의 귀책사유로 인한 것이므로 근로자는 민법 제538조 1항에 의하여 계속 근로하였을 경우에 받을 수 있었던 임금의 지급을 청구할 수 있다(대판 1981. 12. 22, 81다626). (ii) 다만, 부당해고기간 동안 근로자가 다른 직장에 종사하여 얻은 이익(이른바 중간수입)은 민법 제538조 2항에 의하여 공제될 수 있다(중간수입의 공제). ③④ 중간수입의 공제와 관련하여 판례는 다음과 같은 견해를 취하고 있다. 즉 부당한 해고로 인하여 취업할 수 없었던 휴업기간도 근로기준법 제46조의 사용자의 귀책사유로 인한 '휴업'에 해당하므로 같은 조 소정의 휴업수당액(평균임금의 100분의 70 이상)은 사용자가 이를 당연히 지급해야 하기 때문에 그 휴업수당액을 저하시키는 공제는 허용되지 않는다(대판 1996. 4. 23, 94다446 등). ⑤ 근기법 제28조.
<답 ③>

29. 다음은 해고의 제한에 관한 설명이다. 옳은 것은?

① 부당노동행위로서의 해고는 벌칙의 적용은 있으나 사법상 유효하다.

② 결혼을 이유로 한 해고는 유효하다.

③ 사용자가 근로기준법과 동시행령 등을 위반하였음을 근로감독관에게 통고한 것을 이유로 근로자에게 해고하는 경우, 동 해고는 무효이다.

④ 근로자가 출근을 하여 취업하면서 업무상의 질병 또는 부상을 치료받기 위하여 병원에 통원하는 일부휴업의 경우에는 근로기준법 제23조 2항의 해고가 금지되는 휴업기간에 해당하지 않는다.

⑤ 해고금지기간중에는 즉시해고사유가 존재하고 있더라도 예외없이 즉시 해고하지 못한다.

《해 설》 ① 부당노동행위로서의 해고는 사법상 무효이다(노조및조정법 제81조 1호 참조). ② 근로기준법 제6조는 남녀의 차별적 대우나 국적·신앙 또는 사회적 신분을 이유로 한 근로조건상의 차별적 대우를 금지하고 있다(벌칙: 근기법 제114조; 고평법 제8조, 제23조). 따라서 결혼을 이유로 한 해고나 국적·신앙 또는 사회적 신분을 이유로 한 해고는 무효이다. ③ 근로기준법 제104조 2항은 사용자가 근로기준법과 동시행령 등을 위반하였음을 근로감독관에게 통고한 것을 이유로 근로자에게 해고 또는 기타 불이익처우를 하지 못한다고 규정하고 있다(벌칙: 근기법 제110조). 따라서 동조 위반의 해고도 무효이다. ④ 근로자가 출근을 하여 취업하면서 업무상의 질병 또는 부상을 치료받기 위하여 병원에 통원하는 일부휴업의 경우도 근로기준법 제23조 2항의 해고가 금지되는 휴업기간에 해당하는가에 대하여 업무상 상병자가 완치될 때까지 부분적으로 휴업하지 않을 수 없는 경우에 근로기준법 제23조 2항의 적용을 배제한다고 하면 동 규정의 취지에 어긋나게 되며, 동 조항 단서에서 휴업기간이 장기화될 때 사용자가 일시보상을 함으로써 동 규정의 해고제한을 배제할 수 있는 예외규정이 있으므로 일부휴업의 경우에도 해고가 금지된다고 해석하는 것이 타당할 것이다. ⑤ 해고금지의 예외사유(근기법 제23조 2항 단서)의 문제이다. 해고금지기간중이라도 사용자가 제84조에 규정된 일시보상을 지급하였을 경우 또는 사업을 계속할 수 없게 된 경우에는 근로자를 해고할 수 있다(벌칙: 근기법 제107조). <답 ③>

30. 다음 설명 중 옳은 것은?

① 여성근로자가 출산 전에 휴업을 청구하지 않고 계속 취업하고 있는 경우에는 해고가 금지되지 않는다.
② 해고의 예고를 하였다면 정당한 이유 없이도 해고할 수 있다.
③ 불확정한 기한이나 조건을 붙인 예고도 예고로서의 효력이 있다.
④ 예고기간중에는 근로자가 새로운 직장을 구하기 위하여 부득이 결근한 경우라도 사용자는 이에 대한 임금을 지급해야 한다.
⑤ 천재 · 사변 기타 부득이한 사유로 사업계속이 불가능한 경우에 대해서는 고용노동부장관의 승인을 받아야만 즉시 해고할 수 있다.

《해 설》 ① 여성근로자가 출산 전에 휴업을 청구하지 않고 계속 취업하고 있는 경우에도 해고가 금지된다. ② 해고의 예고는 정당한 이유가 있는 경우에 적용되는 것이므로 해고의 예고를 했다 하여 정당한 이유없이 해고할 수 있는 것은 아니다. ③ 해고의 예고에 있어서는 반드시 해고될 날을 명시하여야 한다. 불확정한 기한이나 조건을 붙인 예고는 예고로서의 효력이 없다. ④ 예고기간중에는 근로자와 사용자가 여전히 정상적인 근로관계에 있으므로 임금 또는 근로를 청구할 수 있음은 물론이나 근로자가 새로운 직장을 구하기 위하여 부득이 결근한 경우라도 사용자는 이에 대한 임금을 지급해야 한다. ⑤「천재 · 사변 기타 부득이한 사유로 사업계속이 불가능한 경우 또는 근로자가 고의로 사업에 막대한 지장을 초래하거나 재산상 손해를 끼친 경우로서 고용노동부령이 정하는 사유에 해당하는 경우」(근기법 제26조 1항 단서)에는 즉시 해고할 수 있다. 한편, 고용노동부장관의 승인을 얻도록 했던 근기법 제26조 2항은 1999년 개정시에 삭제되었다. <답 ④>

31. 해고예고제도에 관한 설명으로 옳은 것은? <노무사 2009년>

① 천재 · 사변, 그 밖의 부득이한 사유로 사업계속이 불가능한 경우에는 해고예고의 예외가 인정된다.
② 해고예고는 급박한 해고로부터 근로자를 보호하기 위한 규정이므로 근로자가 고의로 사업에 막대한 지장을 초래한 경우라도 해고예고는 하여야 한다.
③ 경영상 이유에 의한 해고에 대해서는 근로기준법상 해고예고조항이 적용되지 않는다.
④ 근로자를 해고한 경우 적어도 30일 전에 해고예고를 하고 동시에 30일분의 통상임금을 주어야 한다.
⑤ 기간의 정함이 있는 근로계약이라 하더라도 근로계약기간이 종료되기

30일 전에 해고예고를 하여야 한다.

《해 설》 ① 근기법 제26조 단서. ② 근로자가 고의로 사업에 막대한 지장을 초래하거나 재산상 손해를 끼친 경우로서 노동부령으로 정하는 사유에 해당하는 경우에는 해고예고를 하지 않아도 된다(근기법 제26조 단서). ③ 근로기준법 제26조 본문에서는 경영상 이유에 의한 해고의 경우에도 해고예고제도가 적용된다고 명시하고 있다. ④ 30일 전에 해고예고를 하지 아니하였을 때 30일분 이상의 통상임금을 지급하여야 한다(근기법 제26조 본문). ⑤ 근로관계의 성질상 기간의 정함이 있는 근로계약의 경우 그 기간의 만료로 그 근로계약관계는 당연히 종료된다. <답 ①>

32. 다음은 정년퇴직에 관한 설명이다. 틀린 것은?

① 정년제는 정년에 도달한 시점에서 근로자의 의사와 관계없이 정년 도달을 이유로 하여 근로계약관계가 소멸되는 것이다.
② 정년이 되어 사용자가 퇴직통지를 하는 것은 신분을 상실시키는 새로운 형성적 행위이다.
③ 관행으로서만 정년제가 존재하는 경우 이를 근로계약에 명시하지 않는 한 근로계약의 내용이 될 수 없다.
④ 기존의 취업규칙을 적용받고 있는 근로자에 대하여 정년연령의 인하를 발생시키는 취업규칙의 변경은 근로조건의 불이익 변경이 된다.
⑤ 정년해고제는 우리나라에서 활용되고 있지 않다.

《해 설》 ① 정년제라 함은 취업규칙 또는 근로계약에서 정한 일정한 연령(정년)에 도달하면 근로자의 근로계속의 의사 및 능력 여하에 불구하고 근로계약관계를 종료시키는 제도이다. ② 「정년이 되어 사용자가 퇴직통지를 한 것은 해당 근로자가 정년으로 인하여 당연퇴직 하였음을 확인하여 알려주는 사실의 통지에 불과한 것이지, 징계파면이나 면직과 같이 신분을 상실시키는 새로운 형성적 행위가 아니다」(대판 1994. 12. 27, 91누9244). ③ 정년제가 취업규칙 등에 명문으로 규정되어 있으면 사용자는 채용시에 정년제를 명시한 것이 된다. 그러나 관행으로서만 정년제가 존재하는 경우에는 이를 근로계약에 명시하지 않는 한 근로계약의 내용이 될 수 없다. ④ 기존의 취업규칙을 적용받고 있는 근로자에 대하여 정년연령의 인하를 발생시키는 취업규칙의 변경은 근로조건의 불이익변경이 된다. 따라서 이에 대한 취업규칙의 조항이 효력을 가지려면 노동조합 또는 근로자집단의 집단적 동의를 얻지 않으면 안된다(근기법 제94조 1항 단서). ⑤ 정년해고제는 주로 일본에서 행하여지고 있는 제도로서 우리나라에서는 활용되고 있지 않다. <답 ②>

33. 정년제에 관한 다음 기술 중 옳은 것으로만 짝지어진 것은? (견해대립이 있는 경우에는 판례에 의할 것)

a. 정년이 되어 사용자가 퇴직통지를 한 것은 해당 근로자가 정년으로 인하여 당연퇴직 하였음을 확인하여 알려주는 사실의 통지에 불과한 것이지, 징계파면이나 면직과 같이 신분을 상실시키는 새로운 형성적 행위가 아니다.

b. 정년을 앞둔 시점에서 호적정정을 한 후 정정된 호적상의 생년월일을 기준으로 정년의 연장을 요구하는 것은 신의성실의 원칙에 반하지 않는다.
c. 정년규정은 해당 사업장에 있어서 근로자가 제공하는 근로의 성질, 내용, 근무형태 등 제반 여건에 따라 합리적인 기준을 둔다면 같은 사업장 내에서도 직책 또는 직급에 따라 서로 차이가 있을 수 있는 것이다.
d. 교환직렬에서의 인력의 잉여 정도, 연령별 인원 구성, 정년 차이의 정도, 차등정년을 실시함에 있어서 노사간의 협의를 거쳤더라도 여성전용직종인 교환직렬에 대하여 다른 일반직 직원과 비교하여 5년간의 차등을 둔 것은 사회통념상 합리성이 없으므로 근로기준법 제6조 및 남녀고용평등법 제8조 1항에 위배된다.
e. 여성전용직종인 전화교환직렬직종에 종사하는 근로자들에 대해서만 다른 일반직군에 비하여 10년 이상의 차등을 두어 조기정년제를 실시하는 것은 합리적 이유없는 차별대우로서 근로기준법 제6조에 위반되어 무효이다.
f. 근로자가 정년이 지난 후에도 사용자의 동의 아래 기간의 정함이 없이 사용자와의 근로관계를 계속 유지하여 왔다면, 사용자는 특별한 사정이 없는 한 단순히 당해 근로자가 정년이 지났다거나 고령이라는 이유만으로 근로관계를 해지할 수는 없고, 당해 근로자를 해고하기 위해서는 근로기준법 제30조 1항 소정의 정당한 이유가 있어야 한다.

① a, b, d ② b, c, e ③ a, b, c, d
④ b, c, e, f ⑤ a, b, c, e, f

《해 설》 a. 대판 1994. 12. 27, 91누9244. b. 대판 2009. 3. 26, 2008두21300. c. 대판 1991. 4. 9, 90다16245. d. 교환직렬의 정년을 53세이고 일반직군의 정년은 58세인 경우 균등처우에 반하는가? 「교환직렬에서의 (i) 인력의 잉여 정도, (ii) 연령별 인원 구성, (iii) 정년 차이의 정도, (iv) 차등정년을 실시함에 있어서 노사간의 협의를 거친 점, (v) 현재의 정년에 대한 교환직렬의 의견 등에 비추어 보아 교환직렬(여성전용직종이라 하더라도)에 대하여 다른 일반직 직원과 비교하여 5년간의 차등을 둔 것이 사회통념상 합리성이 있으므로 근로기준법 제6조 및 남녀고용평등법 제8조 1항에 위배되지 않는다」(대판 1996. 8. 23, 94누13589). e. 대판 1988. 12. 27, 85다카657. f. 대판 2003. 12. 12, 2002두12809. <답 ⑤>

34. 근로계약종료 후의 법률관계에 관한 설명으로 옳지 않은 것은?<사시 2001년>

① 임금청구권이나 재해보상청구권은 근로관계의 종료 후에도 소멸시효가 완성될 때까지는 여전히 존속한다.
② 근로관계의 종료 후에 근로자는 그가 보관했던 물품을 반환하고 회사서

류를 인도할 의무가 있다.

③ 사용자는 근로자에게 금품청산의무가 발생하며, 그 지급사유가 발생한 때로부터 14일 이내에 지급하여야 한다.

④ 금품청산의무는 특별한 사정이 있는 경우 당사자간의 합의에 의하여 기일을 연장할 수 있다.

⑤ 사용자는 근로자가 퇴직 후에도 사용증명서를 청구한 때에는 즉시 교부하여야 하며, 근로자가 요구하지 않는 사항일지라도 사실대로 정확하게 기입하여야 한다.

《해 설》 ①② 근로관계가 종료한 경우에 유기적 법률관계로서의 근로관계 자체가 소멸하는 것은 당연한 일이지만, 근로관계로부터 파생된 개별적인 권리 · 의무는 만족을 얻거나 이행되지 않는 한 소멸되지 않는다. 따라서 만족을 얻지 못한 임금청구권이나 재해보상청구권은 근로관계의 종료 후에도 소멸시효가 완성(근기법 제49조, 제92조)할 때까지 여전히 존속한다. 그리고 근로관계의 종료 후에 근로자는 그가 보관했던 물품의 반환의무나 회사서류의 인도의무가 있음은 물론이다. ③ 근기법 제36조. ④ 근기법 제36조 단서. ⑤ 근기법 제39조 2항 참조. <답 ⑤>

35. 근로관계종료 후 근로기준법 제36조의 금품청산에 관한 설명으로 옳지 않은 것은? <사시 2007년>

① 사용자는 근로자가 사망 또는 퇴직한 경우에는 그 지급사유가 발생한 때부터 14일 이내에 임금 · 보상금 그 밖에 일체의 금품을 지급해야 한다.

② 특별한 사정이 있는 경우에는 당사자간의 합의에 의하여 지급기일을 연장할 수 있다.

③ 사용자가 제36조의 규정을 위반한 경우에도 근로자의 명시한 의사에 반하여 공소를 제기할 수 없다.

④ 근로자가 금품청산을 요구하지 아니하여도 이에 관한 사용자의 의무는 근로관계의 종료시에 발생한다.

⑤ 근로자가 징계해고를 당한 경우에는 제36조의 규정이 적용되지 않는다.

《해 설》 ① 근기법 제36조 본문. ② 근기법 제36조 단서. ③ 근기법 제109조 2항. ④ 사용자의 금품청산의무는 근로자의 요구가 없더라도 퇴직시에 발생한다. ⑤ 근기법 제36조에서 사용자의 금품청산의무는 근로자가 사망 또는 퇴직한 경우에 발생하는데, 이는 사용자와 근로자 사이의 근로관계가 종료되는 경우로서 근로자의 사망 또는 근로자의 사직, 합의해지뿐만 아니라 사용자에 의한 해고(징계해고를 포함한다)의 경우에도 발생한다. <답 ⑤>

36. 다음 보기는 근로관계종료 후의 근로자의 청구권에 관한 설명이다. 맞는 것을 모두 고른 것은?

(가) 금품청산에서 '그 밖에 일체의 금품'이라 함은 적립금 · 보증금 · 저축

금 · 퇴직금 등 명칭 여하를 불문하고 근로자에게 귀속할 일체의 금품을 말한다.
(나) 사용자의 금품청산의무는 근로자의 요구의 유무에 불구하고 퇴직시에 발생하며, 특별한 사정이 있는 경우에는 당사자간의 합의에 의하여 지급기일을 연장할 수 있다.
(다) 근로자가 해고되거나 퇴직한 경우 사용자는 근로자의 청구의 유무에 불구하고 사용기간, 업무의 종류, 지위, 임금, 기타 필요한 사항에 관한 증명서를 사실대로 기입하여 즉시 교부하여야 한다.
(라) 사용자는 근로자의 취업기간중의 경력사항과 상벌관계를 객관적으로 기재하여야 한다.
(마) 누구든지 근로자의 취업을 방해할 목적으로 비밀기호 또는 명부를 작성 · 사용하거나 통신을 하여서는 아니 된다.
(바) 사용증명서를 청구할 수 있는 근로자는 적어도 계속 60일 이상을 근무했어야 하며, 청구시기는 퇴직 후 2년 이내이어야 한다.

① (가), (나), (다) ② (가), (나), (라) ③ (다), (라), (마)
④ (라), (마), (바) ⑤ (가), (나), (마)

《해 설》 (가)(나) 사용자의 금품청산의무는 근로자의 요구의 유무에 불구하고 퇴직시에 발생한다. 특별한 사정이 있는 경우에는 당사자간의 합의에 의하여 지급기일을 연장할 수 있다. (다) 근로자가 해고되거나 퇴직한 경우라도 사용자는 근로자의 청구가 있을 때에는 사용기간, 업무의 종류, 지위, 임금, 기타 필요한 사항에 관한 증명서를 사실대로 기입하여 즉시 교부하여야 한다(근기법 제39조 1항, 벌칙 제114조). (라) 사용자는 근로자가 요구하지 않는 사항을 기재해서는 아니 된다(근기법 제39조 2항). (마) 근기법 제40조. (바) 사용증명서를 청구할 수 있는 근로자는 적어도 계속 30일 이상을 근무했어야 하며, 청구 시기는 퇴직 후 3년 이내이어야 한다(근기법 시행령 제19조). <답 ⑤>

37. 다음 중 근로관계종료 후의 근로자의 청구권과 관련이 없는 것은?

① 퇴직금청구권 ② 임금우선변제청구권 ③ 귀향여비
④ 사용증명서 ⑤ 휴가청구권

《해 설》 근로관계가 종료한 경우에 만족을 얻지 못한 임금청구권이나 재해보상청구권은 소멸시효가 완성(근기법 제49조, 제92조)할 때까지 여전히 존속하며, 임금우선변제청구권, 귀향여비(근기법 제19조 2항)와 사용증명서(근기법 제39조 1항)는 근로관계종료 후의 근로자의 청구권과 관련이 있다. <답 ⑤>

38. 근로관계 종료 후의 사용자의 의무에 관한 설명으로 옳은 것을 모두 묶은 것은? <사시 2010년>

가. 근로자가 퇴직한 후라도 사용 기간, 업무 종류, 지위와 임금, 그 밖

에 필요한 사항에 관한 증명서를 청구하면 근로자가 요구한 사항만 을 사실대로 적은 증명서를 즉시 내주어야 한다.
나. 퇴직금을 지급하여야 할 경우에는 퇴직일로부터 원칙적으로 14일 이내에 지급하여야 한다.
다. 근로기준법 제17조에 따라 명시된 근로조건이 사실과 달라 근로계약이 해제되었을 경우에는 취업을 목적으로 거주를 변경하는 근로자에게 귀향 여비를 지급하여야 한다.

① 가 ② 가, 나 ③ 가, 다
④ 나, 다 ⑤ 가, 나, 다

《해 설》 가. 근기법 제39조. 나. 사용자는 근로자가 사망 또는 퇴직한 경우에는 그 지급 사유가 발생한 때부터 14일 이내에 임금, 보상금, 그 밖에 일체의 금품을 지급하여야 한다(근기법 제36조). 다. 근기법 제19조 2항. <답 ⑤>

39. **퇴직금제도에 관한 설명 중 틀린 것은?**

① 근속연수 1년 미만일 경우에는 퇴직금을 지급하지 않을 수 있다.
② 퇴직금제도를 설정함에 있어서 하나의 사업 내에 차등제도를 두어서는 아니 된다.
③ 퇴직금산정을 위한 기초가 되는 평균임금의 산정시 임금의 총액에는 상여금도 포함된다.
④ 퇴직금제도를 설정할 때에는 누진제를 채택할 수 있다.
⑤ 근속연수 5년 6개월 20일인 경우에는 5년 6개월에 대해서만 퇴직금을 지급하며 단수가 日인 경우에는 계산에 포함하지 아니한다.

《해 설》 ① 근퇴법 제4조 1항 단서. ② 근퇴법 제4조 2항. ③ 상여금 명목의 금원이 계속적 · 정기적으로 지급되고, 그 지급액이 확정되어 있다면 근로자에 대한 근로의 대상으로 지급되는 임금의 성질을 가지는 것으로서 평균임금 산정의 기초가 되는 임금총액에 포함될 수 있다(대법원 2002. 10. 25, 2000두1717). ④ 퇴직금 규정을 두는 경우 누진제를 채택하는 것이 일반적이다. ⑤ 계속근로연수가 1년 이상으로 1년이 안 되는 단수가 있는 경우에도 모두 계산하여 퇴직금을 지급하여야 한다(대판 1971. 5. 11, 71다985). <답 ⑤>

40. **퇴직금에 관한 설명으로 옳지 않은 것은?** <사시 2001년>

① 최종 3년간의 퇴직금에 대해서는 근로자퇴직급여 보장법 제11조 2항의 최우선변제의 효력이 인정된다.
② 임시직으로서 1년 이상 근로한 근로자에 대하여도 퇴직금을 지급하여야 한다.
③ 고의로 사업에 막대한 지장을 초래하거나 재산상 손해를 끼친 근로자를 해고하는 경우에는 퇴직금을 지급할 필요가 없다.

④ 근로자가 퇴직연금에 가입한 경우에는 퇴직금 제도를 설정한 것으로 본다.

⑤ 근로자가 퇴직금의 중간정산을 요구한 때에 사용자가 반드시 이에 응할 필요는 없다.

《해 설》 ① 헌재결 1997. 8. 21, 94헌바19, 95헌바34, 97헌가11 참고. ② 근로자퇴직급여보장법 제8조 1항은 계속근로연수가 1년 이상이면 무조건 지급하도록 규정하고 있다. ③ 판례에 의하면, 근로자가 범죄행위로 퇴직하는 경우에 퇴직금을 감액할 수는 있으나, 법정퇴직금미만으로는 감액할 수 없다고 하고 있으므로 틀린 내용이다(대판 1995. 10. 12, 94다36186). ④ 근퇴법 제4조 1항 참조. ⑤ 근퇴법 제8조 2항 참조.
<답 ③>

41. 근로기준법상 퇴직금에 대한 설명으로 옳지 않은 것은?

① 퇴직금지급의무를 지는 사용자에 해당하려면 사용자와 근로자사이에 계약의 형식이나 관련 법규의 내용에 관계없이 실질적인 근로관계가 존재하여야 한다.

② 근로자는 퇴직하기 전이라도 자신의 요청에 의하여 기왕에 계속근로한 기간에 대한 퇴직금을 미리 정산하여 지급받을 수 있다

③ 퇴직금이 중간정산되면 그 정산시점부터 그 후의 퇴직금산정을 위한 계속근로기간이 새로이 기산된다.

④ 근로자가 적극적으로 중간정산을 먼저 요구한 경우에만 유효하게 된다고 볼 것은 아니다.

⑤ 아직 근로하지 아니한 장래의 기간에 대하여 미리 중간정산을 약정하여도 중간정산으로써 그 효력이 있다.

《해 설》 ① 대판 1999. 2. 9, 97다56235. ② 근퇴법 제8조 2항. ③ 근퇴법 제8조 2항. ④ 대판 2003. 12. 26, 2003다48891.⑤ 사용자가 근로자들과 근로계약을 체결하면서 매월 임금에 퇴직적립금을 합산하여 지급하기로 약정하고 그들로부터 '매월 급여 수령 시 퇴직금을 정산하여 지급받기를 희망하며 퇴직 시 회사에 퇴직금에 관한 일체의 이의를 제기하지 않을 것을 확약 합니다' 라는 내용의 '퇴직금 중간정산 신청서' 를 받았다 하더라도, 퇴직금 지급 내지 퇴직금 중간정산의 효력을 인정할 수 없다(대판 2007. 11. 16, 2007도3725).
<답 ⑤>

42. 다음은 퇴직금산정을 위한 '계속근로연수'에 관하여 판례의 태도를 기술한 것이다. 이 중 판례의 태도와 다른 것은?

① 근로자가 취업규칙의 개정 등 회사의 경영방침에 따라 퇴사 · 재입사의 형식을 취하는 경우도 계속근로가 인정된다.

② 근로자가 회사에 재직하던 중 군복무를 위하여 휴직하게 된 기간은 계속근로로 인정된다.

③ 임시직근로자로서 근무하다가 정식사원으로 임명되어 계속해서 근무한

경우에는 고용형태를 달리했더라도 계속근로가 인정된다.

④ 기업의 합병 또는 영업양도의 경우에도 기업이 동일성을 유지하면서 포괄적으로 승계되어 근로관계의 계속성이 유지된 경우에는 계속근로로 통산된다.

⑤ 승급을 목적으로 당사자 사이에 퇴직금의 중간정산을 합의한 경우에는 이를 계속근로로 인정할 수 없다.

《해 설》 ①⑤ 근로관계가 종료한 후 새로운 계약을 체결하여 재입사하는 이른바 중간퇴직의 경우, 이를 계속근로로 인정할 수 있는가에 대해서는 종래의 근로계약과 새로운 근로계약의 동일성 여부 및 기간단절 등의 사정을 고려하여 판단하여야 한다. 계속근로로 인정되는 경우로는 (ⅰ) 해외취업근로자의 경우로서 기업의 업무상의 형편에 따라 근로자의 의사에 반하여 퇴직절차를 밟게 하고 다시 재입사의 형식을 취하는 경우(대판 1988. 4. 25, 86다카1124 등), (ⅱ) 취업규칙의 개정 등 회사의 경영방침에 따라 퇴사 · 재입사의 형식을 취하는 경우(대판 1990. 11. 27, 89다카15939)이다. 계속근로로 인정되지 않는 경우로는 (ⅰ) 근로자가 경제적 필요에 의하여 자유의사로 재입사형식을 빌어 퇴직금을 수령하고자 하는 경우(대판 1991. 5. 28, 90다20398), (ⅱ) 승급이나 승진 등 근로자의 경제적 이익 또는 신분상의 이익을 목적으로 당사자 사이에 중간정산을 합의한 경우(대판 1992. 5. 22, 92다2295)이다. ② 군복무를 위하여 휴직하게 된 기간은 퇴직금지급을 위한 근속기간으로 산입하지 않는 것이 일반적 견해이다(대판 1993. 1. 15, 92다41986). ③ 고용형태가 변경(임시고용에서 정규고용으로)된 경우라도 실질적인 근로계약관계가 존속된 한에서는 근로의 계속이 인정되어야 할 것이다(대판 1995. 7. 11, 93다26168). ④ 기업의 합병 · 분리 또는 영업양도와 같이 사업주체가 변경되었으나 기업의 동일성이 유지되면서 포괄적으로 근로관계가 승계되어 계속되는 경우에는 그 근로기간은 계속근로로 통산되어야 한다. 다만 근로자가 그의 자발적 의사에 의하여 근로관계를 종료시키고 재입사형식을 갖추면서 근로관계를 유지하는 경우에는 계속근로로 보지 않는다(대판 1991. 12. 10, 91다12035). <답 ②>

43. A는 2002년 5월에 甲회사에 입사하여 근무하던 중 2002년 11월에 甲회사가 乙사에 하청을 주자 甲사의 일방적 지시에 의해 근로조건의 변동 없이 乙사에서 근무하게 되었다. 甲사와 乙사의 사업주는 법률상 다른 주체였다. A가 乙사로 옮길 당시에는 甲사의 일방적 지시에 의해 퇴사 및 재입사의 형식을 취하도록 하였다. 그러나 A가 乙사로 옮긴 이후 전적에 대한 동의서를 써주었으며, 甲사와의 퇴직절차를 필하지 않았다. 그 후 A는 乙사를 퇴직하게 되었다. 퇴직금계산에 있어서 기산점은 어느 시점인가?

① 2002년 5월 甲회사 입사시

② 甲사가 乙사에 하청을 준 시점

③ 乙사로 재입사한 시점

④ 乙사에서 근무를 시작한 시점

⑤ 전적동의서 제출시

《해 설》 ① 甲사에서 乙사로의 전출을 시키기 위해서는 근로자의 동의를 얻어야 한다(서울고법 1992. 2. 19, 91나13436). 사례에서처럼 근로자의 동의 없이 회사의 일방적 경영방침에 의해 퇴사 및 재입사가 이루어진 경우라면 이는 형식에 불과할 뿐 A에게는 근로관계를 단절한 의사가 없는 것으로 보아야 한다(대판 1997. 3. 28, 95다51397). 따라서 A는 甲사의 입사시점이 퇴직금 산정에 있어서 기산점이 된다. 전적동의서를 접수한 甲사는 근로관계 종료에 따른 퇴직절차 및 금품청산을 하지 않았으므로 근로관계가 완전히 소멸되었다고 볼 수도 없을 것이다 <답 ①>

44. 다음 중 퇴직금에 관한 판례의 태도와 다른 것은?

① 단체협약 등으로 재직기간 중 일부를 퇴직금 산정의 기초가 되는 근속기간에서 제외하는 것은 특별한 사정이 없는 한 허용될 수 없다.

② 사용자가 명예퇴직 신청을 받아 명예퇴직을 명함으로써 명예퇴직자로 확정시킴과 동시에 그때부터 일정기간 전직(轉職) 지원 교육을 실시하기로 하고 그 기간을 유급휴직기간으로 처리하되 퇴직금 산정의 기초가 되는 근속기간에서는 제외하기로 단체협약이나 취업규칙에서 정한 경우라면, 그러한 취지를 정한 단체협약 등의 규정은 근로기준법에 위배되지 아니하여 유효하다.

③ 장기근속자의 정년 이전 조기 퇴직을 유도하기 위하여 퇴직일부터 정년까지의 기간이 길수록 많은 금액이 지급되는 내용의 명예퇴직금제도를 설정하여 운영하는 경우, 그 명예퇴직금은 후불임금이라기보다는 조기퇴직에 대한 사례금 또는 장려금적인 성격이 농후하다 할 것이다.

④ ③의 명예퇴직금제도는 법정퇴직금제도와는 그 성질을 달리하는 것이어서 퇴직금차등금지원칙이 적용된다고 보기 어렵다.

⑤ ③의 명예퇴직금 지급조건을 유리하게 변경하는 단체협약을 체결하면서 이미 명예퇴직이 확정된 근로자에 대하여도 그 적용을 배제할 수는 없다.

《해 설》 판례(대판 2007. 11. 29, 2005다28358)의 태도는 다음과 같다: ①② 퇴직금에 관한 구 근로기준법(2005. 1. 27. 법률 제7379호로 개정되기 전의 것) 제34조 1항에서 말하는 계속근로연수란 원칙적으로 근로자의 재직기간을 말하므로, 단체협약이나 취업규칙으로 재직기간 중 일부를 퇴직금 산정의 기초가 되는 근속기간에서 함부로 제외하는 것은 그와 같이 하여 산정한 퇴직금의 액수가 근로기준법에 정한 산정방법을 적용하여 산정한 퇴직금의 액수 이상인 경우 등의 특별한 사정이 없는 한 허용될 수 없다. 다만, 사용자가 명예퇴직 신청을 받아 명예퇴직을 명함으로써 명예퇴직자로 확정시킴과 동시에 그때부터 일정기간 전직(轉職) 지원 교육을 실시하기로 하고 그 기간을 유급휴직기간으로 처리하되 퇴직금 산정의 기초가 되는 근속기간에서는 제외하기로 단체협약이나 취업규칙에서 정한 경우라면, 그 휴직기간은 사용자의 업무와 관련된 일반적인 근로관계는 사실상 마무리된 상태에서 명예퇴직자들의 이익을 위하여 특별히 설정된 기간이라는 점을 고려할 때, 그러한 휴직기간은 그 성질상 근로기준법상의 퇴직금 산정의 기준이 되는 계속근로연수에서 제외되어야 하므로, 그러한 취지를 정한 단체협약 등의 규정은 근로기준법에 위배되지 아니하여 유효하다. ③④ 사용자가 근속기간과 평균임금을 산정기초로 삼는 퇴직금제도 외에 별도로 명예퇴직금제도를 두고 그에 따라 지급하는 명예퇴직금은 그 지급대상, 지급요건 및 산정방법 등이 다양하여 그 성격을 한 가지로만 규정할 수는 없는데, 장기근속자의 정년 이전 조기 퇴직을 유도하기 위하여 퇴직일부터 정년까지의 기간이 길수록 많은 금액이 지급되는 내용의 명예퇴직금제도를 설정하여 운영하는 경우, 그 명예퇴직금은 후불임금이라기보다는 조기 퇴직에 대한 사례금 또는 장려금적인 성격이 농후하다 할 것인바, 그러한 명예퇴직금제도는 구 근로기준법(2005. 1. 27. 법률 제7379호로 개정되기 전의 것) 제34조에서 규율하고 있는 퇴직금제도와는 그 성질을 달리하는 것이어서 같은 조 2항에 정한 차등금지원칙이 적용된다고 보기 어렵다. ⑤ 원래 노동조합은 사용자와 단체협약에 의하여 근로조건을 자유로이 결정할 수 있으므로, 당해 사업체의 명예퇴직금이 후불임금이라기보다 조기 퇴직에 대한 사례금 또는 장려금적인 성격이 농후한 상황에서 명예퇴직금 지급조건을 유리하게 변경하는 단체협약을 체결하면서 이미 명예퇴직이 확정된 근로자에 대하여는 그 적용을 배제하기로 하였다고 하더라도, 그것이 현저히 합리성을 결하여 노동조합의 목적을 벗어난 것으로 평가될 정도의 특별한 사정이 없는 한, 그러한 노사합의의 효력을 부정할 수는 없다. <답 ⑤>

45. 다음 중 판례의 태도와 다른 것은?

① 회사가 소속운전기사들에게 매월 실제근로일수에 따른 일정액을 지급하는 이외에 근로형태의 특수성과 계산의 편의 등을 고려해 일정액의 사납금을 공제한 잔액을 운전기사의 개인수입으로 인정해 왔다면 이와 같은 운전기사 개인수입부분은 근로의 대가인 임금에 해당한다.

② 연차유급휴가를 받게 된 원인이 '퇴직하기 전해 1년간'의 일부가 평균임금 산정기간인 퇴직한 날 이전 3월간 내에 포함되지 아니하는 한 연차유급휴가근로수당은 퇴직금의 산출기준이 되는 평균임금에 포함시킬 수 없다.

③ 사용자는 근로자의 퇴직금채권에 대하여 그가 근로자에 대하여 가지고 있는 불법행위를 원인으로 상계할 수는 없다.

④ 임시직근로자도 퇴직금제도의 적용을 받는다.

⑤ 사업 또는 사업장이 근로기준법의 퇴직금적용대상이 아니었던 기간 동안에 근로자가 근로한 기간은 그 후에 당해 사업 또는 사업장이 근로기준법상의 퇴직금적용대상이 되었다면 퇴직금산정의 기초인 계속근로연수에 산입할 수 있다.

《해 설》 ① 대판 1993. 12. 24, 91다36192. ② 대판[전원합의체] 1993. 4. 27, 92다37161. ③ 대판 1976. 9. 28, 95다1768. ④ 임시직근로자(대판 1995. 7. 11, 93다26168 등), 성과급·능률급과 같이 임금산정방법이 불규칙한 도급근로자 또는 수련의 등과 같은 전문직업인 등도 퇴직금제도의 적용을 받는다. ⑤ 사업 또는 사업장이 근로기준법의 퇴직금적용대상이 아니었던 기간 동안에 근로자가 근로한 기간은 그 후에 당해 사업 또는 사업장이 근로기준법상의 퇴직금적용대상이 되었다 하더라도 퇴직금산정의 기초인 계속근로연수에 산입할 수 없다(대판 1996. 12. 10, 96다42024). <답 ⑤>

46. 근로기준법상 퇴직금에 대한 설명 중 옳은 것은? <사시 1997년 · 2002년 변형>

① 퇴직금은 근속연수 1년에 대하여 통상임금의 30일분 이상이 되어야 한다.
② 회사재산의 횡령으로 징계해고 된 자라도 법정퇴직금을 감액할 수는 없다.
③ 근로자가 퇴직하기 전에는 퇴직금을 중간정산 할 수 없다.
④ 퇴직금은 후불임금이 아니라 사회보장적 급여로 보아야 한다.
⑤ 사용자는 퇴직금 재원을 매년 적립해 둘 의무가 있다.

《해 설》 ② 판례(대판 1995. 10. 12, 94다36186)의 태도는 징계해고된 경우에는 퇴직금을 감액할 수는 있으나 법률에 규정된 기준 미만으로 감액할 수는 없다고 한다. ④ 헌법재판소는 대법원이 최근 판례(대판 1995. 10. 12, 94다36186)에서 「퇴직금은 후불임금의 성격 이외에도 사회보장적 급여로서의 성격과 공로보상으로서의 성격을 아울러 가진다」고 판시한 예가 있어도 기본적으로는 후불임금으로서의 성격을 지닌다는 점에는 변동이 없으며, 따라서 퇴직금은 임금과 동일한 성질을 가지고 있다고 판시한 바 있다(헌재결 1998. 6. 25, 96헌바27). ⑤ 퇴직금은 받아야 할 임금 중에서 그 일부가 적치된 것이지만, 그렇다고 사용자가 퇴직금 재원을 매년 적립해 둘 의무가 있는 것은 아니다. <답 ②>

47. 다음 판례에 대한 설명 중 틀린 것은?

① 임금채권 최우선변제대상에는 미지급 임금에 대한 지연손해금은 포함되지 않는다.
② 근로자에게 초과지급 된 임금의 반환채권을 가지고 근로자의 임금채권과 상계할 수 있다.
③ 근로자에 대한 임금은 직접 근로자에게 전액을 지급하여야 하는 것이므로 사용자가 근로자에 대하여 가지는 대출금이나 불법행위를 원인으로 한 채권을 가지고 근로자의 임금채권과 상계하지 못한다.
④ 하나의 사업 내에 퇴직금차등제도 설정금지에 있어서 '사업'이란 특별한 사정이 없는 한 경영상의 일체를 이루는 기업체 그 자체를 의미한다.
⑤ 경영상의 일체를 이루는 기업체라고 하더라도 업종이 다르면 서로 다른 퇴직금제도를 둘 수 있다.

《해 설》 ① 근로기준법의 규정에는 최우선변제권이 있는 채권으로 원본채권만을 열거하고 있는 점 등에 비추어 볼 때, 임금 등에 대한 지연손해금 채권에 대하여는 최우선변제권이 인정되지 않는다고 봄이 상당하다(2000. 1. 28, 99마5143). ②③ 대판 1999. 7. 13, 99도2168. ④⑤ 판례는 학교법인 산하의 사립대학교와 그 부속의료원 · 병원이 하나의 직제규정에 의하여 조직되고 회계와 인사 등에 있어서도 동일한 총장 및 이사회의 지시 내지 결의에 의하여 유기적으로 일체를 이루면서 운영되어 온 경우, 사립대학교와 그 부속의료원 · 병원은 동일한 사업이며, 대학교와 그 부속의료원 · 병원 내에 차등적인 퇴직금 제도를 설정할 수 없다고 하였다(대판 1999. 8. 20, 98다765). <답 ⑤>

48. 퇴직금에 관한 설명 중 틀린 것은? <노무사 2004년>

① 퇴직금은 퇴직 후 14일 이내에 지급되어야 한다.
② 기존근로자와 신규채용근로자간에 취업규칙에 의하여 서로 다른 퇴직금제도가 적용되는 경우에도 이는 퇴직금차등금지의 원칙에 위배되지 아니한다는 것이 판례의 입장이다.
③ 근로자퇴직급여 보장법상의 퇴직금산정방법과 취업규칙상의 퇴직금산정방법이 다른 경우에도 취업규칙상의 퇴직금총액이 근로자퇴직급여 보장법상의 퇴직금총액을 상회하는 경우에는 취업규칙상의 퇴직금제도는 유효하다.
④ 근로자가 퇴직금 중간정산을 요구한 경우 사용자는 이를 지급할 수 있다.
⑤ 퇴직금은 계속근로연수 1년에 대하여 30일분 이상의 통상임금을 지급하여야 한다.

《해 설》 ① 근퇴법 제9조. ② 대판[전원합의체] 1992. 12. 22, 92다45165. ③ 대판 1987. 2. 24, 84다카1409 등. ④ 근퇴법 제8조 2항. ⑤ 퇴직금은 계속근로연수 1년에 대하여 30일분 이상의 평균임금을 지급하여야 한다(근퇴법 제8조 1항). <답 ⑤>

49. 근로자퇴직급여 보장법상 퇴직급여에 관한 설명 중 옳지 않은 것은?

<사시 2007년>

① 사용자가 퇴직급여제도의 종류를 선택하거나 선택한 퇴직급여제도를 다른 종류의 퇴직급여제도로 변경하고자 하는 경우에는 근로자대표의 의견을 들어야 한다.
② 퇴직연금제도의 종류로는 확정급여형과 확정기여형이 있다.
③ 같은 법에 의한 퇴직금을 받을 권리는 3년간 행사하지 아니하면 시효로 인하여 소멸한다.
④ 사용자는 퇴직급여제도 중 하나 이상의 제도를 설정하여야 하는데, 사용자가 이를 설정하지 아니하는 경우에는 퇴직금제도를 설정한 것으로 본다.
⑤ 퇴직금제도를 설정하고자 하는 사용자는 계속근로기간 1년에 대하여 30일분 이상의 평균임금을 퇴직금으로 퇴직하는 근로자에게 지급할 수 있는 제도를 설정하여야 한다.

《해 설》 ① 사용자가 퇴직급여제도의 종류를 선택하거나 선택한 퇴직급여제도를 다른 종류의 퇴직급여제도로 변경하고자 하는 경우에는 당해 사업에 근로자의 과반수로 조직된 노동조합이 있는 경우에는 그 노동조합, 근로자의 과반수로 조직된 노동조합이 없는 경우에는 근로자대표의 동의를 얻어야 한다(근퇴법 제4조 3항). ② 근로자퇴직급여 보장법상 퇴직급여제도는 퇴직금제도와 퇴직연금제도를 말한다. 퇴직연금제도에는 확정급여형퇴직연금제도와 확정기여형퇴직연금제도가 있다(동법 제2조 6호 내지 8호). ③ 근퇴법 제10조. ④ 근퇴법 제5조. ⑤ 근퇴법 제8조 1항. <답 ①>

50. 근로자퇴직급여 보장법과 관련하여 틀린 설명은?

① 현행 퇴직금제도를 근로기준법에서 분리, 새로이 도입하는 퇴직연금제와 함께 근로자퇴직급여 보장법에 포괄하였다.

② 퇴직금과 퇴직연금을 퇴직급여제도로 총칭하였다.

③ 사용자는 퇴직하는 근로자에게 급여를 지급하기 위하여 퇴직급여제도 중 하나 이상의 제도를 설정하여야 한다.

④ 사용자가 퇴직급여제도의 종류를 선택하거나 선택한 퇴직급여제도를 다른 종류의 퇴직급여제도로 변경하고자 하는 경우에는 근로자대표의 동의를 얻어야 한다.

⑤ 사용자가 선택되거나 변경된 퇴직급여제도의 내용을 변경하고자 하는 경우에는 근로자대표의 동의를 얻어야 한다.

《해 설》 ② '퇴직급여제도'라 함은 제2장의 규정에 의한 퇴직금제도 및 제3장의 규정에 의한 퇴직연금제도를 말한다(제2조 6호). ③ 제4조 1항. ④ 그리고 사용자가 퇴직급여제도의 종류를 선택하거나 선택한 퇴직급여제도를 다른 종류의 퇴직급여제도로 변경하고자 하는 경우에는 당해 사업에 근로자의 과반수로 조직된 노동조합이 있는 경우에는 그 노동조합, 근로자의 과반수로 조직된 노동조합이 없는 경우에는 근로자의 과반수(이하 '근로자대표'라 한다)의 동의를 얻어야 한다(동조 3항). ⑤ 사용자가 제3항의 규정에 따라 선택되거나 변경된 퇴직급여제도의 내용을 변경하고자 하는 경우에는 근로자대표의 의견을 들어야 한다. 다만, 근로자에게 불이익하게 변경하고자 하는 경우에는 근로자대표의 동의를 얻어야 한다(동조 4항). <답 ⑤>

51. 다음은 근로자퇴직급여 보장법상 퇴직금제도에 관한 설명이다. 옳은 것으로만 묶인 것은? (다툼이 있는 경우 판례의 태도에 따른다)

ㄱ. 퇴직금은 본질적으로 후불적 임금의 성질을 지닌다.
ㄴ. 5인 미만 사업장의 경우 퇴직하는 근로자에게 급여를 지급하기 위한 퇴직급여제도를 설정할 의무가 없다.
ㄷ. 사용자는 원칙적으로 근로자에 대하여 가지는 채권으로써 근로자의 퇴직금과 상계를 하지 못한다.
ㄹ. 사용자와 근로자가 매월 지급하는 월급과 함께 퇴직금으로 일정한 금원을 미리 지급하기로 약정한 것은 원칙적으로 무효이다.
ㅁ. 퇴직금 분할약정에 따라 근로자에게 지급되는 금원은 임금으로서의 성격을 가질 뿐 퇴직금이라 볼 수 없으므로 사용자는 이에 대해 부당이득반환청구권을 행사할 수 없다.

① ㄱ, ㄴ, ㄷ ② ㄱ, ㄷ, ㄹ ③ ㄴ, ㄷ, ㄹ
④ ㄴ, ㄷ, ㅁ ⑤ ㄷ, ㄹ, ㅁ

《해 설》 ㄱ. 대판 2007. 3. 30, 2004다8333. ㄴ. 근로자퇴직급여 보장법은 5인 미만 사업장에 대해서도 적용된다(근퇴법 제3조). ㄷ·ㄹ. 대판[전원합의체] 2010. 5. 20,

2007다90760. ㅁ. 무효인 퇴직금 분할약정에 의하여 이미 지급한 퇴직금 명목의 금원이 부당이득에 해당하는지에 대해 판례는 이를 긍정하였다(대판[전원합의체] 2010. 5. 20, 2007다90760). <답 ②>

52. 근로자퇴직급여 보장법에 관한 설명으로 옳은 것은? (다툼이 있는 경우에는 판례에 의함) <노무사 2010년>

① 자본시장과 금융투자업에 관한 법률에 따른 투자매매업자는 퇴직연금 사업자가 될 수 없다.
② 가입자라 함은 퇴직연금에 가입하거나 개인 퇴직계좌를 설정한 사용자를 말한다.
③ 사용자는 퇴직급여제도를 설정함에 있어서 하나의 사업안에서 차등을 둘 수 없다.
④ 사용자는 근로자가 형사처벌을 받는 경우 취업규칙에 따라 법정퇴직금을 감액할 수 있다.
⑤ 퇴직연금의 급여를 받을 권리는 양도할 수 있지만 담보로 제공할 수 없다.

《해 설》 ① 투자매매업자도 퇴직연금 사업자가 될 수 있다(근퇴법 제14조 1호). ② "가입자"라 함은 퇴직연금에 가입하거나 개인퇴직계좌를 설정한 근로자를 말한다(근퇴법 제2조 10호). ③ 근퇴법 제4조 2항. ④ 형사처벌을 이유로 법정퇴직금을 감액할 수 없다. ⑤ 퇴직연금의 급여를 받을 권리는 양도하거나 담보로 제공할 수 없다. 다만, 주택구입 등 대통령령이 정하는 사유와 요건을 갖춘 경우에는 고용노동부령이 정하는 한도 안에서 담보로 제공할 수 있다(근퇴법 제7조). <답 ③>

53. 근로자퇴직급여 보장법과 관련하여 틀린 설명은?

① 이 법은 근로자를 사용하는 모든 사업 또는 사업장(이하 '사업'이라 한다)에 적용한다. 다만, 동거의 친족만을 사용하는 사업 및 가사사용인에 대하여는 적용하지 아니한다.
② 퇴직금제도를 설정하고자 하는 사용자는 계속근로기간 1년에 대하여 30일분 이상의 평균임금을 퇴직금으로 퇴직하는 근로자에게 지급할 수 있는 제도를 설정하여야 한다.
③ 퇴직연금제도를 설정하는 경우 근로자대표의 동의를 얻어 '퇴직연금규약'을 작성하여 고용노동부장관의 허가를 얻어야 한다.
④ 확정급여형(Defined Benefit)이란 근로자의 연금급여가 사전에 확정되며, 사용자의 적립부담은 적립금 운용결과에 따라 변동하는 제도를 말한다.
⑤ 확정기여형(Defined Contribution)이란 사용자의 부담금이 사전에 확정되고, 근로자의 연금급여는 적립금 운용결과에 따라 변동하는 제도를 말한다.

《해 설》 ① 제3조. ② 제8조 1항. ③ 퇴직연금제도를 설정하는 경우 근로자대표의 동의를 얻어 '퇴직연금규약'을 작성하여 고용노동부장관에게 신고하여야 한다(제12조, 제13조). <답 ③>

54. 다음은 징계에 관한 설명이다. 틀린 것은?

① 근로기준법은 사용자의 징계권의 근거를 명시적으로 규정하고 있지 않다.
② 현실적으로는 취업규칙이나 단체협약에서 징계사유와 징계종류를 규정하여 이를 기초로 사용자가 징계권을 행사하고 있다.
③ 징계의 종류의 하나인 경고에 있어서는 상대방을 훈계할 뿐 시말서의 제출이 수반되지 않으며, 승진·배치전환 등의 인사고과에서 불이익한 영향도 미치지 않는다.
④ 징계의 종류인 감급에 있어서 감급의 한도는 1회의 위반사항에 대해서는 1일 평균임금의 반액, 1임금지급기의 임금총액의 10분의 1 이상을 초과할 수 없다.
⑤ 징계의 종류의 하나인 출근정지에 있어서 출근정지기간중에는 임금이 지급되지 않으나 이 기간은 근속연수에 산입된다.

《해 설》 ① 근로기준법은 사용자의 징계권의 근거를 명시적으로 규정하고 있지는 않지만 징벌(제23조, 제26조) 또는 제재(제93조, 제95조)라는 표현을 사용함으로써 징계제도의 존재를 예정하고 있음을 알 수 있다. ② 현실적으로는 취업규칙이나 단체협약에서 징계사유와 징계종류를 규정하여 이를 기초로 사용자가 징계권을 행사하고 있다. ③ 경고에 있어서는 상대방을 훈계할 뿐 시말서의 제출이 수반되지 않으며, 승진·배치전환 등의 인사고과에서 불이익한 영향을 미칠 수 있다. ④ 근기법 제95조. <답 ③>

55. 징계해고에 대한 설명 중 틀린 것은?

① 노사협정이나 단체협약에 규정된 절차를 거치지 않거나 불성실한 징계심사절차에 의한 사용자의 징계처분은 무효가 된다.
② 징계절차규정을 두고 있지 않은 경우 징계절차를 밟지 않았다고 해서 징계가 무효가 되는 것은 아니다.
③ 근로기준법 제23조 1항은 근로계약에 기한 일반해고에 대해서뿐만 아니라 징계에 대하여도 근로자보호규정으로서의 강행적 효력을 갖는다.
④ 징계의 정당한 이유의 판단과 관련하여 법원이 징계사유와 처분의 적정성에 대하여 심리할 수는 없다.
⑤ 징계처분의 적정성, 절차의 구비 및 징계의 적정성에 관한 입증책임은 사용자에게 있고 징계사유의 부존재에 관한 입증책임은 근로자에게 있다.

《해 설》 ① 대판 1991. 7. 9, 90다8077 등. ② 대판 1995. 7. 14, 95누11491 등. ③ 근로기준법 제23조 1항은 근로계약에 기한 일반해고에 대해서뿐만 아니라 징계에 대하여도 근로자보호규정으로서의 강행적 효력을 갖는다. 즉 이 조항은 징계에 대한 정당한 이유에 관해서는 노사협정이나 단체협약의 규정에 불구하고 법원이 법률의 기본취지에 따라 독립적으로 판단한다는 것을 의미한다. ④ 근로기준법 제23조 1항의 규정은 강행적 효력을 가지므로 징계의 '정당한 이유'의 판단과 관련하여 법원이 징계사유와 처분의 적정성에 대하여도 심리할 수 있다. 따라서 노사협정이나 단체협약에 규정된 사유와 처분이 균형을 상실한 때에는 제23조 1항에 의하여 그 효력이 인정되지 않는다. ⑤ 서울高判 1983. 12. 7, 82나3003; 서울民地判 1991. 1. 24, 90가합4464. <답 ④>

56. 징계해고와 관련한 판례의 태도 중 틀린 것은? (이견이 있을 경우 판례에 의함)

① 운수회사가 근로자를 징계해고함에 있어서 운행경로이탈, 배차거부, 지시불응, 운행 중 장시간 무단주차, 교통사고재발 등의 단체협약과 취업규칙 소정의 징계사유를 이유로 한 것은 정당하다.

② 근로자가 배포한 유인물이 허위사실을 적시하여 사용자에 대한 적개심을 유발시킬 염려가 있으며, 이 유인물을 사용자의 공장 내에 은밀히 뿌렸으므로 이를 이유로 한 징계해고는 정당하다.

③ 시말서제출요구의 거부와 그에 대한 해고처분은 균형을 상실한 것으로서 무효이다.

④ 엄격한 의미에서의 경력사칭은 근로계약체결시에 문제되는 것이므로 이미 체결된 계약에 대한 의무위반행위라고 할 수는 없으며, 또한 근로계약의 존재를 전제로 하는 직장질서의 위반이라고도 할 수 없다. 그러므로 경력사칭으로 인한 징계해고는 무효이다.

⑤ 징계위원회의 개최일시와 장소를 개최하기 30분 전에 통고한 후 징계해고 한 것은 무효이다.

《해 설》 ① 대판 1990. 10. 23, 89누6792. ②「근로자가 배포한 유인물이 허위사실을 적시하여 사용자에 대한 적개심을 유발시킬 염려가 있으며, 이 유인물을 사용자의 공장 내에 은밀히 뿌렸으므로 사용자의 시설관리권을 침해하고 직장질서를 문란시킬 구체적인 위험성이 있기 때문에 이를 이유로 한 징계해고는 정당하다」(대판 1992. 6. 23, 92누4253). ③ 대판 1991. 1. 11, 90다카21176. ④ 근로자가 근로계약체결시에 학력·경력·직력 등을 사칭하여 입사한 경우에 징계해고가 가능한가에 대하여 판례는 징계해고의 '정당한 이유'의 존부문제를 채용 당시로 소급하여 경력사칭과 사용자의 주관적 판단 사이의 인과관계에 의하여 결정하고 있다. 즉「사용자가 근로자를 고용함에 있어서 경력을 기재한 이력서를 요구하는 것은 노동력평가의 조사자료뿐만 아니라 직장에 대한 정착성, 기업질서에 대한 적응성, 기타 인격의 조사자료로 삼고자 함에 있으므로 근로자가 허위기재 또는 은폐한 이력 이 두 가지 중 어느 것에 관계되든 간에 그 허위 또는 은폐한 내용이 사전에 발각되었다면 고용계약을 체결하지 않았을 것으로 인정될 때에는 징계해고의 사유가 된다」(대판 1985. 4. 9, 83다카2202 등)고 하고 있다. ⑤ 대판 1991. 7. 9, 90다8077. <답 ④>

57. 징계 및 해고에 관한 판례의 태도를 설명한 것이다. 다음 중 판례의 태도와 다른 것은?

① 노사협정이나 단체협약에 징계절차규정을 두고 있지 않은 경우에는 그러한 절차를 밟지 않았다고 해서 징계가 무효로 되는 것은 아니다.
② 직위해제를 당한 근로자는 직위의 부여가 중지되었으므로 출근의무가 없다.
③ 긴박한 경영상의 필요에 의한 해고에서 긴박함의 정도는 객관적으로 보아 경영합리화조치의 합리성이 인정되는 것으로 충분하다.
④ 부당해고기간중에 중간수입을 얻은 경우에는 근로기준법 제46조에서 정한 휴업수당을 초과하는 금액의 범위 내에서만 공제할 수 있다.
⑤ 근로자가 근로계약체결시에 학력 등을 사칭하여 입사한 경우 징계해고할 수 있다.

《해 설》 ① 대판 1995. 7. 14, 95누11491 등. ② 직위해제를 당한 근로자들은 단순히 직위의 부여가 중지되었던 것에 불과하고 근로관계가 종료된 것이 아니어서 당연히 출근의 의무가 있다(대판 2003. 5. 16, 2002두8138). ③ 대판 1991. 12. 10, 91다8647 등. ④ 대판 1996. 4. 23, 94다446 등. ⑤ 대판 1985. 4. 9, 83다카2202 등. <답 ②>

58. 징계처분에 관한 다음 기술 중 틀린 것은? (견해대립이 있는 경우에는 판례에 의할 것)

① 시말서 제출요구의 거부와 그에 대한 해고처분은 균형을 상실한 것으로서 무효이다.
② 동료직원이 만취하여 난동을 벌인 결과로 작업장을 이탈한 근로자에 대해서 작업복귀 지시불이행을 이유로 한 징계해고는 무효이다.
③ 버스운전사의 운행질서위반이 징계의 사유는 되지만 그 내용 · 성질 · 정도 등을 종합하여 보면 그 징계사유와 징계해고 사이에 사회통념상 요구되는 균형성이 없으므로 그 해고는 무효이다.
④ 항공사 객실승무원들이 단독노조 설립을 위하여 모금한 후원금의 모금 및 관리 · 사용과 관련하여 객실노동조합 설립추진위원회 객실승무원들 사이에 발생한 분쟁을 이유로 회사가 추진위원회 핵심 임원들을 해고한 것은 사회통념상 고용관계를 계속할 수 없을 정도로 근로자에게 책임이 있는 경우에 해당한다고 볼 수 있고 사용자의 재량권의 범위를 일탈한 것이라고 볼 수 없다.
⑤ 종래의 관행에 따르다가 무단결근에 이르게 된 경위, 무단결근으로 인하여 회사의 배차 업무 등에 별다른 피해를 주지 않은 점, 회사가 노동조합의 활성화를 막기 위한 수단으로 결근을 불허가한 측면이 있는 점 등을 고려하면 산숙적 · 형식적으로 무든 결근 일수만을 고려해 징계해고한 것은 재량권의 범위를 일탈 · 남용한 것이다.

《해 설》 ① 대판 1991. 1. 11, 90다카21176. ② 대판 1993. 3. 12, 92누12933. ③ 대

판 1993. 5. 25, 92다52139. ④ 항공사 객실승무원들이 단독노조 설립을 위하여 모금한 후원금의 모금 및 관리 · 사용과 관련하여 객실노동조합 설립추진위원회 객실승무원들 사이에 발생한 분쟁을 이유로 회사가 추진위원회 핵심 임원들을 해고한 것은 사회통념상 고용관계를 계속할 수 없을 정도로 근로자에게 책임이 있는 경우에 해당한다고 볼 수 없고 사용자의 재량권의 범위를 일탈한 것이다(대판 2009. 4. 9, 2008두22211). ⑤ 대판 2009. 1. 15, 2008두16094. <답 ④>

59. 다음은 징계해고에 관한 판례의 태도이다. 판례의 태도와 맞지 않는 것은?

① 사용자는 근로자의 기업질서 위반행위에 대하여 근로기준법 등의 관련법령에 반하지 않는 범위 내에서 이를 규율하는 취업규칙을 제정할 수 있다.

② 근로자를 해고함에 있어서 사용자는 취업규칙에서 단체협약 소정의 해고사유와는 관련이 없는 새로운 해고사유를 정할 수 있고, 그 해고사유에 터잡아 근로자를 해고할 수 있다.

③ 징계절차 위반을 이유로 해고무효판결이 확정된 경우 동일한 사유를 들어 징계해고 할 수 없다.

④ 취업규칙 등에 면직처분과 징계처분이 따로 규정되어 있는 경우, 사용자가 면직처분을 함에 있어 징계절차를 거칠 필요가 없다.

⑤ 징계혐의사실이 회사의 복무규정에 규정된 각 징계사유에 해당함은 물론이고, 근로자와 회사 사이에 더 이상 신뢰관계를 지속할 수 없어 사회통념상 근로관계를 계속할 수 없을 정도의 중대한 사유에 해당한다면 근로자를 징계면직한 것은 정당하고 사유발생 후 1년이 지난 뒤 징계사유에 포함시켰다 해도 징계권 남용으로 볼 수 없다.

《해 설》 ①② 판례는「기업 질서는 기업의 존립과 사업의 원활한 운영을 위하여 필요 불가결한 것이고, 따라서 사용자는 이러한 기업질서를 확립하고 유지하는 데 필요하고도 합리적인 것으로 인정되는 한 근로자의 기업질서 위반행위에 대하여 근로기준법 등의 관련 법령에 반하지 않는 범위 내에서 이를 규율하는 취업규칙을 제정할 수 있고, 근로자를 해고함에 있어서 해고사유 및 해고절차를 단체협약에 의하도록 명시적으로 규정하고 있거나 동일한 징계사유나 징계절차에 관하여 단체협약상의 규정과 취업규칙 등의 규정이 상호 저촉되는 경우가 아닌 한 사용자는 취업규칙에서 단체협약 소정의 해고사유와는 관련이 없는 새로운 해고사유를 정할 수 있고, 그 해고사유에 터잡아 근로자를 해고할 수 있다」(대판 1999. 3. 26, 98두4672; 대판 2000. 9. 29, 99두10902)고 판시함으로써, 법규범설과 같은 태도를 취하고 있는 것으로 보인다. ③ 징계해고에 관한 절차 위반을 이유로 해고무효판결이 확정된 경우 소급하여 해고되지 아니한 것으로 보게 될 것이지만, 그 후 같은 징계사유를 들어 새로이 필요한 제반 징계절차를 밟아 다시 징계처분을 한다고 하여 일사부재리의 원칙이나 신의칙에 위배된다고 볼 수는 없다는 것이 판례의 태도이다(대판 1995. 12. 5, 95다36138). ④ 취업규칙에서 면직처분과 징계처분이 따로 규정되어 있으면서도 면직처분에 관하여는 일반의 징계처분과 달리 아무런 절차규정도 두고 있지 아니하고 그 면직사유가 동일하게 징계사유로 규정되어 있는 것도 아니라면, 사용자가 면직처분을 함에 있어 일반의 징계절차를 거쳐야 한다고 할 수 없고, 면직처분을 함에 있어 징계규정이 정한 징계기준에 구속받을 리도 없다(대판 1995. 6. 30, 94다35350; 대판 2000. 6. 23, 99두4235). ⑤ 원고는 영업소 소장으로서 영업소 직원의 업무를 감독하고 지휘함과 아울러 이들에게 모범을 보여야 할 지위에 있음에도 불구하고, 지점 상사의 적법한 업무행위에 항의하면서 그를 폭행하고 후임 영업소장으로 발령받은 사람의 부임을 방해하면서 자신에 대한 정당한 인사명령에 불응하였다. 이 같은 징계혐의사실은 참가인 회사의 복무규정에 규정된 각 징계사유에 해당함은 물론이고, 원고와 참가인 회사 사이에 더 이상 신뢰관계를 지속할 수 없어 사회통념상 근로관계를 계속할 수 없을 정도의 중대한 사유에 해당하므로 참가인이 원고를 징계면직 한 것은 정당하고, 한편 위 폭행사건이 있은 지 1년이 지난 뒤에 이를 징계사유에 포함시켰다 하여 신뢰이익을 침해한다거나 징계권을 남용한 것이라고 볼 수 없다(대판 2000. 8. 22, 2000두3634). <답 ③>

60. 징계해고에 관한 설명으로 옳지 않은 것은? (다툼이 있는 경우에는 판례에 의함 <노무사 2009년>

① 단체협약의 규정에 따른 징계처분이라 하여 모두 정당한 것은 아니다.

② 징계해고절차 위반을 이유로 해고무효판결이 확정되었다면, 다시 제반 징계절차를 밟더라도 동일한 징계사유로 징계해고 할 수 없다.

③ 취업규칙에서 단체협약과 다른 징계사유를 규정하더라도 단체협약상의 제한에 저촉되지 않으면 징계규정은 유효하다.

④ 사용자가 징계절차의 하자를 인정하여 스스로 징계처분을 취소할 수 있고, 나아가 새로이 적법한 징계처분을 하는 것도 가능하다.

⑤ 근로자의 경력사칭의 경우 사용자가 이러한 경력사칭을 알았다면 근로계약을 체결하지 않았을 것으로 인정될 때에는 근로자를 징계해고할 수 있다.

《해 설》 ② 법원에서 징계절차의 위반 여부만이 다투어졌을 뿐 해고사유에 정당한 이유가 있는지의 여부에 관해서는 실체적 판단이 이루어지지 않았다면, 그 후 동일한 징계사유를 들어 필요한 제반절차를 준수하여 다시 징계해고를 하더라도 이는 일사부재리의 원칙이나 신의칙에 반하지 않으며 확정판결의 기판력에도 저촉되지 않는다(대판 1981. 5. 26, 80다2945). <답 ②>

61. 경영상 이유에 의한 해고에 관한 기술로 옳지 않은 것은?

<사시 2001년, 노무사 2003년 · 2004년 유사>

① 근로기준법에서 그 요건이 법정화되기 이전에도 대법원판례에 의하여 경영상 이유에 의한 해고의 정당성이 인정되었다.

② 경영악화를 방지하기 위한 사업의 양도 · 인수 · 합병은 긴박한 경영상의 필요가 있는 것으로 본다.

③ 해고를 피하기 위한 노력을 다하여야 하며 합리적이고 공정한 해고의 기준을 정하고 이에 따라 그 대상자를 선정하여야 한다.

④ 일정규모 이상의 인원을 해고하고자 할 때에는 고용노동부장관에게 신

고하여야 한다.

⑤ 근로자를 해고한 날부터 2년 이내에 근로자를 채용하고자 할 때에는 해고된 근로자가 원하는 경우 그 근로자를 의무적으로 고용하여야 한다.

《해 설》 ① 근기법 제24조는 판례에서 인정되어 왔던 경영상 이유에 의한 해고를 입법한 것이므로 맞는 지문이다. ② 근기법 제24조 1항 2문 참조. ③ 근기법 제24조 2항 1문 참조. ④ 근기법 제24조 4항 및 동 시행령 제9조의2 참조. ⑤ 근기법 제25조. 경영상 이유에 의한 해고(근기법 제24조)에 따라 근로자를 해고한 사용자는 근로자를 해고한 날부터 3년 이내에 해고된 근로자가 해고 당시 담당하였던 업무와 같은 업무를 할 근로자를 채용하려고 할 경우 근기법 제24조에 따라 해고된 근로자가 원하면 그 근로자를 우선적으로 고용하여야 한다. <답 ⑤>

62. 긴박한 경영상의 필요에 의한 해고와 관련된 규정의 내용 중 맞는 것은?

① 일정규모 이상의 인원을 해고하고자 할 때에는 대통령령이 정하는 바에 따라 고용노동부장관에게 신고하여야 하며, 이에 위반한 해고는 벌칙이 적용된다.

② 동 해고의 경우 해고일 90일 전까지 당해 사업장의 근로자대표에게 그 사실을 알려야 한다.

③ 근로자를 해고한 사용자는 그 사실을 알린 날부터 3년 이내에 근로자를 채용하고자 할 때에는 해고된 근로자가 원하는 경우 해고 전의 직책 등을 감안하여 그 근로자를 우선적으로 고용하도록 노력하여야 한다.

④ 동 해고의 경우 해고예고규정이 적용된다.

⑤ 사용자는 해고를 피하기 위한 방법 및 해고의 기준 등에 관하여 근로자대표와 성실하게 협의하여야 하나 이를 위반하였다 하여 동 해고가 무효가 되는 것은 아니다.

《해 설》 ① 사용자는 제1항에 따라 대통령령으로 정하는 일정한 규모 이상의 인원을 해고하려면 대통령령으로 정하는 바에 따라 고용노동부장관에게 신고하여야 한다(근기법 제24조 4항). 그러나 이러한 신고제도를 둔 것은 대량해고에 대한 행정적 감시와 지도를 하기 위한 것으로 판단되므로, 사용자가 고용노동부장관에게 신고를 하지 않았다고 하여 동 해고의 효력에 영향을 미치지는 않는다. 또한 동 규정을 위반한 경우 벌칙의 적용이 없으므로 일종의 훈시규정이라고 할 것이다. ② 현행근로기준법은 근로자대표에 대하여 해고일 50일 전에 해고회피방법과 해고기준을 통보하고 성실하게 협의할 것을 규정하고 있다(근기법 제24조 3항). ③ 종래에는 사용자에게 재고용을 위해 노력할 의무를 부여했지만 2007년 개정근로기준법은 사용자의 재고용 의무를 규정하고 있다(근기법 제25조). ④ 근기법 제26조. ⑤의 태도는 판례와 같으나, 현행근로기준법에서는 위의 요건은 동 해고의 유효요건 중의 하나이다(근기법 제24조 5항 참조). <답 ④>

63. 다음은 긴박한 경영상의 필요에 의한 해고에 관한 판례의 태도이다. 판례의 태도와 일치하지 않는 것은?

① 경영상의 필요는 회사 전체의 경영사정을 종합적으로 검토하여 판단되

어야 하므로 일개 영업부문이나 영업상의 수지만을 기준으로 결정하여서는 안 된다.

② 긴박성의 정도는 기업의 도산을 회피하기 위한 정도까지 요구하지는 않고 객관적으로 볼 때 경영합리화조치의 합리성이 인정되는 정도로 족하다.

③ 신입사원이 모집중지, 시간외근로의 중단, 분업, 조업단축, 희망퇴직 등으로 잉여노동력을 흡수할 수 있는 경영상의 가능성이 존재하는 한 근로자의 해고는 정당하지 않다.

④ 해고대상자를 선발하기 위해서는 근속연수, 연령, 부양의무상의 부담, 기타의 재산정도 · 건강상태 등이 일차적으로 고려되어야 하고, 근무성적 · 업무능력 등 사용자측의 이해관계와 관련된 사항들은 부차적으로 고려되어야 한다.

⑤ 긴박한 경영상의 필요에 의하여 하는 이른바 정리해고의 실시는 사용자의 경영상의 조치라고 할 것이므로 원칙적으로 단체교섭의 대상이 될 수 없고, 단체교섭사항이 될 수 없는 사항을 달성하려는 쟁의행위는 그 목적의 정당성을 인정할 수 없다.

《해 설》 ① 대판 1990. 3. 13, 89다카24445. ② 대판 1991. 12. 10, 91다8647; 대판 1992. 5. 12, 90누9421 등. ③ 대판 1992. 12. 22, 92다14779. ④ 판례의 태도는 해고근로자의 공정한 선발기준으로는 근속연수, 연령, 근무성적, 기능의 숙련도 등 근로자측의 기준과 사용자측의 기준을 함께 제시하고 있다(대판 1987. 5. 12, 85누690 등). 특히 인사고과에 의한 근무성적만을 기준으로 한 정리해고의 정당성을 인정한 판례도 있다(대판 1992. 11. 10, 91다19463). 위의 ④의 경우는 서울지판 1995. 12. 15, 94가합106585의 요지로서 선발기준의 사회적 관점을 적용하고 있다. ⑤ 경영상 이유에 의한 해고는 단체교섭 및 쟁의행위의 대상이 될 수 없다고 한 예(대판 2001. 4. 24, 99도4893).

<답 ④>

64. 경영상 이유에 의한 해고와 관련하여 틀린 것은?

① 경영악화를 방지하기 위한 사업의 양도, 기업의 합병 · 인수는 이를 긴박한 경영상의 필요에 의한 것으로 간주한다.

② ①의 경우 사업의 양도시에는 원칙적으로 인수인이 해고권자라고 해석된다.

③ 해고회피노력을 하는 데 있어서, 또는 해고기준에 따른 해고자의 공정한 선정에 있어서 남녀의 性을 이유로 차별을 해서는 아니 되며, 차별을 한 경우 당해 해고는 무효이다.

④ 근로기준법 제31조 3항의 규정에 의한 근로자대표와의 사전협의기간(50일)중에는 해고예고는 할 수 없다.

⑤ 정부는 경영상의 필요에 의하여 해고된 근로자에 대하여 생계안정 · 재취업 · 직업훈련 등 필요한 조치를 우선적으로 취하여야 한다.

《해 설》 ①② 사업의 양도시에는 원칙적으로 인수인이 해고권자라고 해석된다. 왜냐하면 해당사업의 조직·운영에 관해서는 양수인측이 그 결정권을 행사하는 것이 타당하기 때문이다(근기법 제24조 1항 후단). ③ 해고회피노력을 하지 않거나 해고기준을 공정하게 적용하지 않음으로써 여성근로자가 해고를 당하는 차별대우를 받지 않도록 하기 위한 규정이다(남녀고평법 제11조 1항 참조)(근기법 제24조 2항 2문). ④ 근로기준법 제24조 3항의 규정에 의한 사전협의기간(50일)중에도 해고예고는 할 수 있을 것이다. 그러므로 사용자는 '해고하고자 하는 날'의 50일 전까지 근로자대표에게 해고회피방법 및 해고기준 등을 통보하고 근로자대표와 협의를 진행하다가 30일이 지난 후에도 협의의 결과가 마땅치 않을 때에는 당해근로자에게 바로 해고예고를 할 수 있게 되고, 30일간의 해고예고기간이 종료하면 당연히 해고의 효력(근로관계의 종료)은 발생된다고 해석된다. ⑤ 근기법 제25조 2항. <답 ④>

65. 경영상 이유에 의한 해고에 관한 설명으로 옳지 않은 것은? (다툼이 있는 경우에는 판례에 의함) <사시 2008년>

① 대통령령으로 정하는 일정한 규모 이상의 인원을 해고하려면 최초로 해고하려는 날의 30일 전까지 고용노동부장관에게 신고하여야 한다.

② 근로자를 해고한 날부터 3년 이내에 해고된 근로자가 해고 당시 담당하였던 업무와 다른 업무를 할 근로자를 채용하고자 할 때에도 해고된 근로자가 원하면 그 근로자를 우선적으로 고용하여야 한다.

③ 경영악화를 방지하기 위한 사업의 양도·인수·합병은 긴박한 경영상의 필요가 있는 것으로 본다.

④ 연령만을 기준으로 해고대상자를 우선 선정하여 해고하는 것은 부당해고에 해당한다.

⑤ 근로자대표와의 사전협의와는 별도로 해고대상자로 선정된 근로자에게 해고예고를 하여야 한다.

《해 설》 ① 근기법 시행령 제10조 1항 ② 근로자를 해고한 사용자는 근로자를 해고한 날부터 3년 이내에 해고된 근로자가 해고 당시 담당하였던 업무와 같은 업무를 할 근로자를 채용하려고 할 경우 해고된 근로자가 원하면 그 근로자를 우선적으로 고용하여야 한다(근기법 제25조 1항). ⑤ 경영상 이유에 의한 해고의 경우에도 해고예고제도는 적용된다(근기법 제26조). <답 ②>

66. 경영상 이유에 의한 해고와 관련한 판례의 태도 중 틀린 것은?

① 경영상 이유에 의한 해고에 관한 각 요건의 구체적 내용은 확정적·고정적인 것이다.

② 사용자가 해고를 회피하기 위한 방법에 관하여는 노동조합 또는 근로자대표와 성실하게 협의하여 정리해고실시에 관한 합의에 도달하였다면 이러한 사정도 해고회피노력의 판단에 참작되어야 한다.

③ 합리적이고 공정한 기준은 확정적·고정적인 것은 아니고 당해 사용자가 직면한 경영위기의 강도와 정리해고를 실시하여야 하는 경영상의 이

유, 정리해고를 실시한 사업부문의 내용과 근로자의 구성, 정리해고 실시 당시의 사회경제상황 등에 따라 달라지는 것이다.

④ 근로기준법 제24조 3항에서의 50일 기간의 준수는 정리해고의 효력요건은 아니어서, 구체적 사안에서 통보 후 정리해고 실시까지의 기간이 그와 같은 행위를 하는 데 소요되는 시간으로 부족하였다는 등이 특별한 사정이 없으며, 정리해고의 그 밖의 요건은 충족되었다면 그 정리해고는 유효하다.

⑤ 기업의 존립과 관련된 구조조정의 실시 여부는 원칙적으로 합의의 대상이 될 수 없고, 단체교섭의 사항이 되지 않는다.

《해 설》 ① 최근의 대법원판결은 경영상 이유에 의한 해고가 정당하기 위해서는 근로기준법 제24조에 따라 '그것이 긴박한 경영상의 필요에 의한 것인지의 여부, 사용자가 해고회피를 위하여 상당한 노력을 하였는지의 여부, 객관적이고 합리적인 기준에 의하여 해고대상자를 선정하였는지의 여부, 그 밖에 노동조합이나 근로자측과 성실한 협의를 거쳤는지의 여부 등 여러 사정을 전체적·종합적으로 고려하여 당해 해고가 객관적 합리성과 사회적 상당성을 지닌 것으로 인정될 수 있어야 한다'(대판 2003. 11. 13, 2003두4119; 대판 2000. 9. 8, 99다42308; 대판 1999. 5. 11, 99두1809 등)고 하면서, 이와 같은 요건에 덧붙여 '위 각 요건의 구체적 내용은 확정적·고정적인 것이 아니라 구체적 사안에서 다른 요건의 충족 정도와 관련하여 유동적으로 정해지는 것이므로, 구체적 사건에서 경영상 이유에 의한 당해 해고가 위 각 요건을 갖추어 정당한지의 여부는 위 각 요건을 구성하는 개별 사정들을 종합적으로 고려하여 판단하여야 한다' (대판 2002. 8. 27, 2000두6756·2000두3061; 대판 2002. 7. 9, 2001다29452)고 판시함으로써 경영상 이유에 의한 해고의 유효요건을 유연하게 해석하고 있다. ② '사용자가 정리해고를 실시하기 전에 다하여야 할 해고회피노력의 방법과 정도는 확정적·고정적이 아니라 당해 사용자의 경영위기의 정도, 정리해고를 실시하여야 하는 경영상의 이유, 사업의 내용과 규모, 직급별 인원상황 등에 따라 달라지는 것이고, 사용자가 해고를 회피하기 위한 방법에 관하여는 노동조합 또는 근로자대표와 성실하게 협의하여 정리해고실시에 관한 합의에 도달하였다면 이러한 사정도 해고회피노력의 판단에 참작되어야 한다' (대판 2002. 7. 9, 2001다29452, 2000두9373). ③ '합리적이고 공정한 기준 역시 확정적·고정적인 것은 아니고 당해 사용자가 직면한 경영위기의 강도와 정리해고를 실시하여야 하는 경영상의 이유, 정리해고를 실시한 사업부문의 내용과 근로자의 구성, 정리해고 실시 당시의 사회경제상황 등에 따라 달라지는 것이고, 사용자가 해고의 기준에 관하여 노동조합 또는 근로자대표와 성실하게 협의하여 해고의 기준에 관한 합의에 도달하였다면 이러한 사정도 해고의 기준이 합리적이고 공정한 기준인지의 판단에 참작되어야 한다'(대판 2002. 7. 9, 2001다29452). ④ 판례(대판 2003. 11. 13, 2003두4119)는 '근로기준법 제24조 3항이 해고를 피하기 위한 방법과 해고의 기준을 해고실시 50일 이전까지 근로자대표에게 통보하게 한 취지는, 소속근로자의 소재와 숫자에 따라 그 통보를 전달하는 데 소요되는 시간, 그 통보를 받은 각 근로자들이 통보내용에 따른 대처를 하는 데 소요되는 시간, 근로자대표가 성실한 협의를 할 수 있는 기간을 최대한으로 상정·허여하자는 데 있는 것이고, 50일 기간의 준수는 정리해고의 효력요건은 아니어서, 구체적 사안에서 통보 후 정리해고 실시까지의 기간이 그와 같은 행위를 하는 데 소요되는 시간으로 부족하였다는 등의 특별한 사정이 없으며, 정리해고의 그 밖의 요건은 충족되었다면 그 정리해고는 유효하다'고 판시하고 있다. ⑤ 최근에 판례는 사용자의 경영권은 헌법상(제119조 1항, 제23조 1항, 제15조) 보장되어 있는 실체적 권리임을 강조하면서 기업의 구조조정에 의한 해고 전에 노조와 사용자가 협약상 '합의'를 하도록 약정하였더라도 이를 '협의'의 취지로 해석해야 한다는 견해를 명백히 하고 있다. 노조의 '합의'가 있을 경우에만 구조조정을 할 수 있다면 경영주체에 의한 고도의 경영상의 결단, 즉 경영권은 부인되는 결과를 가져올 수 있을 것이므로, 기업의 존립과 관련된 구조조정의 실시여부는 원칙적으로 합의의 대상이 될 수 없고, 단체교섭의 사항이 되지 않는다고 한다(대판 2003. 7. 22, 2000도7225. 또한 대판 2002. 2. 6, 99도5380; 대판 2003. 2. 11, 2000도4169; 대판 2003. 2. 28, 2002도5881; 대판 2003. 3. 14, 2002도5883; 대판 2003. 3. 28, 2002도6060 등). <답 ①>

67. 판례가 긴박한 경영상의 필요성을 인정한 구체적 사례를 모두 열거한 것은?

ⓐ 생산중단 · 축소로 인해 작업부서가 폐지된 경우.
ⓑ 계속된 적자로 일부 사업을 하도급제로 전환하면서 감축한 경우.
ⓒ 자금지원에 의존하는 기업체에서 자금지원이 중단된 경우.
ⓓ 경영합리화를 위한 직제개편을 한 경우.
ⓔ 노동조합의 파업으로 일시적 경영난에 빠진 경우.
ⓕ 일부영업부문의 적자가 발생하였을 뿐인 경우.

① ⓐ, ⓑ, ⓒ, ⓓ ② ⓑ, ⓒ, ⓓ, ⓔ ③ ⓒ, ⓓ, ⓔ, ⓕ
④ ⓐ, ⓑ, ⓒ, ⓔ ⑤ ⓑ, ⓒ, ⓓ, ⓕ

《해 설》 판례가 긴박한 경영상의 필요성을 인정한 구체적 사례: (i) 생산중단 · 축소로 인해 작업부서가 폐지된 경우, (ii) 정부투자기관의 민영화과정에서 종래의 방만한 경영개선을 위해 기구를 축소 · 개편한 경우, (iii) 계속된 적자로 일부 사업을 하도급제로 전환하면서 감축한 경우, (iv) 계속적인 노사분규로 인한 적자경영을 극복하기 위해 일부 단위 부서를 폐지한 경우, (v) 자금지원에 의존하는 기업체에서 자금지원이 중단된 경우, (vi) 경영합리화를 위한 직제개편을 한 경우. 긴박성을 인정하지 않은 사례: (i) 노동조합의 파업으로 일시적 경영난에 빠진 경우, (ii) 정리해고 이후 신규로 근로자를 채용하는 등 사실상 경영사정이 곤란했다고 볼 수 없는 사정이 있는 경우, (iii) 일부영업부문의 적자가 발생하였을 뿐인 경우, (iv) 적자가 만성적이면서 앞으로도 그러한 상태가 계속될 가능성이 없는 경우. <답 ①>

68. 근로계약의 종료에 관한 설명 중 옳지 않은 것은? <사시 2002년>

① 기간을 정한 근로계약서를 작성하였다 하더라도 기간의 정함이 형식에 불과하다는 사정이 인정되는 경우, 사용자의 정당한 사유 없는 갱신계약 체결 거절의 효력은 무효이다.
② 3회에 걸쳐 기간을 정하여 근로계약을 갱신하면서 근무하여 온 교열직 직원에게 교열부를 폐지하기로 하는 신문사의 아웃소싱 방침에 따라 기간 만료를 통지한 사안에서, 위 통지는 기간의 정함이 없는 근로자에 대한 해고에 해당한다.

③ 천재 · 사변 기타 부득이한 사유로 사업계속이 불가능한 경우에는 해고의 예고를 하지 않아도 된다.
④ 경영상 이유에 의한 해고에 있어서 사용자는 근로자 대표와 성실하게 협의하여야 하나, 이를 위반했다고 하여 해고가 무효로 되는 것은 아니다.
⑤ 부당한 해고에 대하여는 사용자가 근로자의 정신적 고통에 따른 손해를 배상해야 할 경우가 있다.

《해 설》 ①② 근로계약기간을 정한 근로계약서를 작성한 경우 처분문서인 근로계약서의 문언에 따라 특별한 사정이 없는 한 근로자와 사용자 사이에는 기간의 정함이 있는 근로계약을 맺었다고 보아야 하고, 이 경우 근로계약기간이 끝나면 그 근로관계는 사용자의 해고 등 별도의 조처를 기다릴 것 없이 당연히 종료함이 원칙이고, 다만 기간을 정한 근로계약서를 작성한 경우에도 예컨대 단기의 근로계약이 장기간에 걸쳐서 반복하여 갱신됨으로써 그 정한 기간이 단지 형식에 불과하게 된 경우 등 계약서의 내용과 근로계약이 이루어지게 된 동기 및 경위, 기간을 정한 목적과 채용 당시 계속근로의사 등 당사자의 진정한 의사, 근무기간의 장단 및 갱신 횟수, 동종의 근로계약 체결방식에 관한 관행 그리고 근로자보호법규 등을 종합적으로 고려하여 그 기간의 정함이 단지 형식에 불과하다는 사정이 인정되는 경우에는 계약서의 문언에도 불구하고 사실상 기간의 정함이 없는 근로계약을 맺었다고 볼 것이며, 이 경우 사용자가 정당한 사유 없이 갱신 계약 체결을 거절하는 것은 해고와 마찬가지로 무효이다. 3회에 걸쳐 기간을 정하여 근로계약을 갱신하면서 근무하여 온 교열직 직원에게 교열부를 폐지하기로 하는 신문사의 아웃소싱 방침에 따라 기간 만료를 통지한 사안에서, 그간의 경위에 비추어 보면 근로계약에서 정한 기간은 형식에 불과하므로 위 통지는 기간의 정함이 없는 근로자에 대한 해고에 해당하고, 그 해고에 정당한 사유가 없다(대판 2007. 9. 7, 2005두16901). ③ 근로기준법 제26조 1항 단서. ④ 근로기준법 제24조 3항. 구 근로기준법하의 판례에서는 특별한 사정이 있는 경우에는 사전협의절차를 거치지 않았다는 이유만으로 당해 정리해고를 무효로 할 수는 없다고 판시하기도 하였다. 그러나 현행법에서는 이를 정리해고의 정당화요건으로 명문화한 이상 이를 유효요건으로 보아야 한다. ⑤ 판례는 해고권의 남용이 우리의 건전한 사회통념이나 사회상규상 용인될 수 없음이 분명한 경우에 있어서는 그 해고가 근로기준법 제23조 1항에서 말하는 정당성을 갖지 못하여 효력이 부정되는 데 그치는 것이 아니라, 위법하게 상대방에게 정신적 고통을 가하는 것이 되어 근로자에 대한 관계에서 불법행위를 구성할 수 있다고 한다(대판 1993. 10. 12, 92다43586 등). <답 ④>

69. 근로기준법상 해고에 관한 기술 중 옳지 않은 것은? <사시 2007년>

① 18세 미만의 연소근로자를 해고하는 경우 친권자나 후견인의 동의를 얻어야 한다.
② 사용자는 산전 · 산후의 여성이 같은 법 제72조(임산부의 보호)의 규정에 의하여 휴업한 기간과 그후 30일간은 해고하지 못한다.
③ 경영상 해고의 경우 경영악화를 방지하기 위한 사업의 합병은 긴박한 경영상의 필요가 있는 것으로 본다.
④ 사용자가 해고를 한 경우 해당 근로자는 해고가 있은 날부터 3개월 이

내에 노동위원회에 부당해고 구제를 신청할 수 있다.

⑤ 월급근로자로서 근무기간이 6개월이 되지 못한 자에 대하여는 해고예고를 하지 않아도 된다.

《해 설》 ① 근로기준법상 사용자가 연소근로자를 해고하는 경우 친권자나 후견인의 동의를 필요로 하는 규정은 없다. 다만 친권자 · 후견인 또는 고용노동부장관은 근로계약이 미성년자에게 불리하다고 인정하는 경우에는 이를 해지할 수 있을 뿐이다(근기법 제67조 2항). ② 근기법 제23조 2항. ③ 근기법 제24조 1항 2문. ④ 근기법 제28조. ⑤ 근기법 제35조 3호. <답 ①>

70. **해고에 관한 설명 중 타당한 것은?** <노무사 2006년>

① 근로자의 과실로 사업에 막대한 지장을 초래하거나 재산상 손해를 끼친 경우에는 곧 사용자는 즉시해고를 할 수 있다.

② 3개월 이내 기간을 정하여 사용된 자는 해고예고나 해고예고수당을 지급하지 않고 해고할 수 있다.

③ 일반적인 사업의 양도 · 인수 · 합병의 경우에도 긴박한 경영상의 필요가 있는 것으로 본다.

④ 정당한 이유 없이 근로자를 해고한 경우 근로기준법상 벌칙이 적용되지만, 당해 해고는 사법상 유효하다.

⑤ 근로기준법 제32조에 규정된 해고예고절차를 위반한 경우에도 해고의 효력은 유효하다는 것이 대법원 판례이다.

《해 설》 ① 근로자가 고의로 사업에 막대한 지장을 초래하거나 재산상 손해를 끼친 경우로서 노동부령으로 정하는 사유에 해당하는 경우에는 즉시해고가 가능하다(근기법 제26조 단서). ② 2개월 이내의 기간을 정하여 사용된 자는 해고예고에 관한 근기법 제26조가 적용되지 않는다(근기법 제35조 2호). ③ 경영악화를 방지하기 위한 사업의 양도 · 인수 · 합병은 긴박한 경영상의 필요가 있는 것으로 본다(근기법 제24조 1항 2문). ④ 정당한 이유 없이 근로자를 해고한 경우에는 그 해고는 사법상 당연히 무효이다. 2006년 12월 근로기준법이 개정되기 전에는 부당해고(근기법 제23조 1항)에 대한 처벌조항(제110조)이 있었으나 개정을 통해 이 조항을 삭제하였다. 부당해고에 대하여는 사법상의 효력을 인정하지 아니함으로써 근로계약관계를 보호할 수 있고 그것으로 개별적 노동보호법의 목적도 충분히 달성될 수 있다. 벌칙규정을 통하여 사용자의 해고권행사의 당부에 관여하는 것은 사법질서의 기본원리에 부합하지 않으며 경우에 따라서는 정당한 해고권의 행사까지 제약하는 결과를 초래할 수 있을 것이다. 즉, 해고제한제도는 근로관계를 일방적으로 소멸시킬 수 있는 사용자의 형성권을 제한하는 것으로 그 목적이 달성되며 그 이외에 사용자를 처벌하는 것은 제도의 본래적 성격을 일탈하는 것이기 때문이다. 외국의 입법례를 보더라도 부당해고를 이유로 사용자를 처벌하는 경우는 거의 찾아보기 어렵다. ⑤ 근로기준법 제26조에 규정된 해고예고절차를 위반한 경우에도 해고의 효력이 있다는 유효설이 대법원 판례의 입장이다. 이에 반해, 예고위반의 해고는 무효라고 보는 무효설이 다수설이다. 이 외에도 예고위반의 해고가 즉시해고로서는 무효이지만 근로기준법 제26조의 요건을 결과적으로 갖추면 효력이 발생한다는 상대적 무효설도 있다. <답 ⑤>

71. 휴직과 관련한 설명 중 틀린 것은? (이견이 있는 경우 판례의 태도에 따름)

① 판례는 사용자에게 취업규칙 또는 단체협약상 일정한 사유를 근거로 한 휴직명령권이 주어져 있는 경우라도 '당해 휴직규정의 설정목적과 실제 기능, 휴직명령권 발동의 합리성 여부 및 그로 인한 근로자가 받게 될 신분상 · 경제상의 불이익 등 구체적인 사정을 모두 참작하여 근로자가 상당한 기간에 걸쳐 근로의 제공을 할 수 없다거나 근로제공을 함이 매우 부적당하다고 인정되는 경우에만 정당한 이유'가 있는 것으로 보고 있다.

② 휴직기간 만료 후 휴직사유가 해소되었음에도 불구하고 소정기간 내에 복직원을 제출하지 않거나, 휴직사유가 해소되지 아니하였음을 이유로 휴직연장원을 제출하지 아니한 경우에 자동퇴직 한 것으로 간주한다는 규정과 함께 그와 같은 사유가 발생한 경우에는 휴직기간 만료일을 퇴직일로 한다는 단체협약상의 규정이 있는 때에는 이에 해당하는 사유가 발생한 경우에 사용자의 별도의 처분없이 단체협약 소정의 날짜에 근로자에 대한 퇴직처분이 있는 것으로 볼 수 있다.

③ 근로자가 상사 · 동료의 폭행 · 협박으로 직장생활을 감당할 수 없음을 이유로 휴직신청을 했으나 회사가 이를 승인하지 않으므로 계속 그 승인을 요구하면서 무단결근을 한 경우, 사용자가 이에 대하여 징계면직 처분을 내린 것은 징계권의 남용 또는 형평의 원칙에 반하여 무효이다.

④ 근로자의 휴직사유가 소멸되면 사용자는 근로자를 즉시 복귀시켜야 한다. 복직은 원직복직이 원칙이므로, 경영상의 필요, 작업환경 등을 고려하여 종전의 업무나 작업장소가 크게 다르지 않은 일을 근로자에게 시키더라도 원직복직이 아니므로 근로계약위반이다.

⑤ 복직사유가 소멸(예컨대 질병의 완치)하여 근로자가 복직을 신청하면 사용자는 직무감당능력 · 직무복귀지연 등을 이유로 복직을 거부할 수 없다.

《해 설》 ① 대판 1992. 11. 13, 92다16690. ② 대판 1995. 4. 11, 94다4011. ③ 대판 1997. 7. 22, 95다53096. ④ 근로자의 휴직사유가 소멸되면 사용자는 근로자를 즉시 복귀시켜야 한다. 복직은 원직복직을 원칙으로 하는 것으로 해석되지만, 경영상의 필요, 작업환경 등을 고려하여 종전의 업무나 작업장소가 크게 다르지 않고 근로자에게 합당한 일을 시키는 것이라면 원직복직이 아니더라도 근로계약위반이라고 해석할 것은 아니다(동지: 대판 1997. 5. 16, 96다47074). 판례는 이 경우의 작업배치는 사용주의 고유권한인 경영권의 범위에 속하는 정당한 처분으로 판단하고 있다(대판 1997. 5. 16, 96다47074). ⑤ 대판 1992. 10. 27, 92다23933. <답 ④>

72. 근로기준법상 부당해고의 구제신청에 관한 설명으로 옳지 않은 것은?

<노무사 2010년>

① 지방노동위원회의 구제명령이나 기각결정에 불복하는 사용자나 근로자는 구제명령서나 기각결정서를 통지받은 날부

터 10일 이내에 중앙노동위원회에 재심을 신청할 수 있다.
② 구제신청은 부당해고가 있었던 날부터 3개월 이내에 제기해야 한다.
③ 노동위원회에 대한 구제신청의 주체는 해고된 근로자이다.
④ 사용자의 신청에 따라 노동위원회는 부당해고된 근로자의 원직복직에 갈음하여 임금 상당액의 지급으로 명령할 수 있다.
⑤ 중앙노동위원회의 판정에 대해 행정소송을 제기하여도 그 판정의 효력이 정지되지 아니한다.

《해 설》 ① 근기법 제31조 1항. ② 근기법 제28조 2항. ③ 근기법 제28조 1항. ④ 근로자가 원직복직을 원하지 아니하면 금전보상을 명하게 되며, 금전보상액은 임금 상당액 이상의 금품이다(근기법 제30조 3항). ⑤ 근기법 제32조. <답 ④>

제 4 장

集團的 勞使關係法

제 4 장 集團的 勞使關係法

제 1 절 집단적 노사관계의 개념

제 2 절 노동조합

1. 노동조합의 조합원은 어떠한 경우에도 (　　)·종교·성별·(　　) 또는 신분에 의하여 차별대우를 받지 아니한다. 이 경우 (　　) 안에 들어갈 가장 적당한 내용은?

① 국적, 신앙　　② 인종, 신앙　　③ 국적, 정당
④ 국적, 정당　　⑤ 인종, 정당

《해 설》 노조및조정법 제9조 참조. <답 ⑤>

2. 노동조합 및 노동관계조정법상 재적조합원의 과반수의 출석과 출석조합원 3분의 2 이상의 찬성으로 의결해야 하는 것이 아닌 것은? <사시 2001년>

① 규약의 제정　　② 규약의 변경　　③ 조직형태의 변경
④ 합병에 관한 사항　　⑤ 임원의 선거

《해 설》 노조및조정법 제16조 2항 참조.
노동조합총회의 의결정족수를 정리하면 다음과 같다. <답 ⑤>

재적과반수출석과 출석과반수찬성	일반의결(일반정족수)
재적과반수출석과 출석2/3의 찬성	규약의 제정·변경, 임원해임, 합병·분할·해산 및 조직형태변경
재적 1/2의 찬성	쟁의행위결정(노조및조정법 제41조 1항)

3. 노동조합 및 노동관계조정법상의 용어에 대한 설명으로 옳지 않은 것은?

① '근로자'라 함은 직업의 종류를 불문하고 임금· <노무사 2001년>
급료 기타 이에 준하는 수입에 의하여 생활하는 자를 말한다.

② '사용자단체'라 함은 노동관계에 관하여 그 구성원인 사용자에 대하여 조정 또는 규제할 수 있는 권한을 가진 사용자의 단체를 말한다.

③ '노동쟁의'라 함은 노동관계 당사자가 그 주장을 관철할 목적으로 행하

는 행위와 이에 대항하는 행위로서 업무의 정상적인 운영을 저해하는 행위를 말한다.

④ '노동조합' 이라 함은 근로자가 주체가 되어 자주적으로 단결하여 근로조건의 유지, 개선 기타 근로자의 경제적 · 사회적 지위의 향상을 도모함을 목적으로 조직하는 단체 또는 그 연합단체를 말한다.

⑤ '사용자' 라 함은 사업주, 사업의 경영담당자 또는 그 사업의 근로자에 관한 사항에 대하여 사업주를 위해 행동하는 자를 말한다.

《해 설》 ③ 쟁의행위에 대한 설명이다. 노동쟁의는 노동조합과 사용자 또는 사용자단체(이하 "노동관계 당사자"라 한다)간에 임금 · 근로시간 · 복지 · 해고 기타 대우 등 근로조건의 결정에 관한 주장의 불일치로 인하여 발생한 분쟁상태를 말한다(노조법 제2조 5호). <답 ③>

4. 노동조합 및 노동관계조정법상 노동조합의 총회에서 조합원의 직접 · 비밀 · 무기명투표에 의하여 의결해야 할 사항에 해당하는 것(○)과 해당하지 않는 것(×)을 옳게 표시한 것은? <사시 2002년, 노무사 2004년 유사>

ㄱ. 규약의 변경	ㄴ. 임원의 선거	ㄷ. 임원의 해임
ㄹ. 노동조합의 합병	ㅁ. 연합단체의 가입	

① ㄱ(○), ㄴ(○), ㄷ(×), ㄹ(×), ㅁ(○)
② ㄱ(×), ㄴ(×), ㄷ(○), ㄹ(○), ㅁ(×)
③ ㄱ(×), ㄴ(○), ㄷ(○), ㄹ(×), ㅁ(○)
④ ㄱ(○), ㄴ(×), ㄷ(○), ㄹ(○), ㅁ(×)
⑤ ㄱ(○), ㄴ(○), ㄷ(○), ㄹ(×), ㅁ(×)

《해 설》 노동조합 및 노동관계조정법 제16조 4항. 대의원의 선출(제17조 2항) 및 쟁의행위찬반투표(제 41조 1항) 도 조합원의 직접 · 비밀 · 무기명 투표에 의해야 한다. <답 ⑤>

5. 노동조합 및 노동관계조정법상 노동조합의 총회에서 재적조합원 과반수의 출석과 출석조합원 3분의 2 이상의 찬성이 있어야 함과 동시에 조합원의 직접 · 비밀 · 무기명 투표에 의하여 의결해야 할 사항으로 명시되어 있는 것은? <사시 2004년>

① 단체협약에 관한 사항 ② 노동조합의 해산
③ 임원의 해임 ④ 임원의 선거
⑤ 노동조합의 분할

《해 설》 노조및조정법 제16조 2항 및 4항. <답 ③>

6. 다음 설명 중 틀린 것은?

① 노동조합의 회의록, 재정에 관한 장부와 서류는 3년간 보존하여야 한다.

② 노동조합의 대표자는 회계연도마다 결산결과와 운영상황을 공표하여야 하며 조합원의 요구가 있을 때에는 이를 공개하여야 한다.
③ 행정관청은 노동조합의 규약이 노동관계법령에 위반한 경우에는 노동위원회의 의결을 얻어 그 시정을 명할 수 있다.
④ 행정관청은 노동조합의 결의 또는 처분이 규약에 위반된다고 인정할 경우에는 언제든지 노동위원회의 의결을 얻어 그 시정을 명할 수 있다.
⑤ 노동조합은 매년 1회 이상 총회를 개최하여야 한다.

《해 설》 ① 노조및조정법 제14조 2항. ② 노조및조정법 제26조. ③ 노조및조정법 제21조 1항. ④ 규약위반시의 시정명령은 이해관계인의 신청이 있는 경우에 한한다(노조및조정법 제21조 2항 단서). ⑤ 노조및조정법 제15조 1항. <답 ④>

7. 다음 설명 중 틀린 것은?

① 노동쟁의에 관한 사항은 총회의결사항이 아니다.
② 총회 또는 대의원회는 회의개최일 7일 전까지 그 회의에 부의할 사항을 공고하고 규약에 정한 방법에 의하여 소집하여야 한다.
③ 규약의 제정 · 변경, 임원의 해임, 합병 · 분할 · 해산 및 조직형태의 변경에 관한 사항은 재적조합원 3분의 2 이상의 출석과 출석조합원 3분의 2 이상의 찬성이 있어야 한다.
④ 임원의 선거에 있어서 출석조합원 과반수의 찬성을 얻은 자가 없는 경우에는 규약이 정하는 바에 따라 결선투표를 실시하여 다수의 찬성을 얻은 자를 임원으로 선출할 수 있다.
⑤ 노동조합의 업무에만 종사하는 자(이하 전임자라 한다)는 그 전임기간 동안 사용자로부터 어떠한 급여도 지급받아서는 아니 된다.

《해 설》 ① 총회의 의결사항은 (i) 규약의 제정과 변경에 관한 사항. (ii) 임원의 선거와 해임에 관한 사항. (iii) 단체협약에 관한 사항. (iv) 예산 · 결산에 관한 사항. (v) 기금의 설치 · 관리 또는 처분에 관한 사항. (vi) 연합단체의 설립 · 가입 또는 탈퇴에 관한 사항. (vii) 합병 · 분할 또는 해산에 관한 사항. (viii) 조직형태의 변경에 관한 사항. (ix) 기타 중요한 사항이다(노조및조정법 제16조 1항 1호 내지 9호). ② 노조및조정법 제19조. ③ 재적조합원 과반수의 출석과 출석조합원 3분의 2 이상의 찬성이 있어야 한다(노조및조정법 제16조 2항 단서). ④ 노조및조정법 제16조 3항. ⑤ 노조및조정법 제24조 2항. <답 ③>

8. 노동조합 및 노동관계조정법상 조합원의 직접 · 비밀 · 무기명투표를 요하는 것은? <사시 2009년>

① 조합원의 제명
② 임원의 선거
③ 기금의 처분
④ 조합원의 탈퇴승인
⑤ 임시총회의 요구

《해 설》 「노동조합 및 노동관계조정법」 제16조 4항상 조합원의 직접 · 비밀 · 무기명 투표를 요하는 것은 ② 임원의 선거만 해당된다. <답 ②>

9. 노동조합의 설립과 관련하여 틀린 것은? <노무사 2004년 · 2005년 유사>

① 행정관청은 설립신고서를 접수할 때에는 3일 이내에 신고증을 교부하여야 한다.

② 행정관청은 설립하고자 하는 노동조합이 노조의 결격요건에 해당하는 경우에는 설립신고서를 반려하여야 한다.

③ 행정관청은 설립신고서 또는 규약에 기재사항의 누락 등 보완이 필요한 경우에는 대통령령이 정하는 바에 따라 20일 이내의 기간을 정하여 보완을 요구하여야 한다.

④ ③의 경우 보완된 설립신고서 또는 규약을 접수한 때에는 지체없이 신고증을 교부하여야 한다.

⑤ 노동조합이 신고증을 교부받은 경우에는 설립신고서가 접수된 때에 설립된 것으로 본다.

《해 설》 ① 행정관청은 고용노동부장관 또는 특별시장 · 광역시장 · 도지사 · 특별자치도지사 또는 시장 · 군수 · 구청장을 말한다(노조및조정법 제12조 1항). ② 노조및조정법 제12조 3항. ③④ 행정관청은 설립신고서 또는 규약이 기재사항의 누락 등으로 보완이 필요한 경우에는 대통령령이 정하는 바에 따라 20일 이내의 기간을 정하여 보완을 요구하여야 한다. 이 경우 보완된 설립신고서 또는 규약을 접수한 때에는 3일 이내에 신고증으로 교부하여야 한다(노조및조정법 제12조 2항). ⑤ 노조및조정법 제12조 4항. <답 ④>

10. 노동조합설립신고에 관한 설명으로 옳지 않은 것은? <노무사 2004년>

① 2 이상의 특별시 · 광역시 · 도에 걸치는 단위노동조합은 고용노동부장관에게 노동조합의 설립신고를 한다.

② 노동조합설립신고시 누락사항이 있는 경우 행정관청은 10일 이내에 이를 보완하도록 요구하고 보완이 없을 경우 노동조합설립신고를 반려할 수 있다.

③ 설립단계의 노동조합은 사용자의 간섭으로부터 자유롭지 못한 것이 현실이므로 노동조합의 설립신고시 조합원 명부 · 숫자에 대해서는 신고할 필요가 없다.

④ 노동조합이 소속한 연합단체를 변경하는 경우 이를 30일 이내에 변경신고하여야 하며 그렇게 하지 아니하면 과태료가 부과된다.

⑤ 노동조합설립신고를 수리한 행정관청은 하자가 없으면 수리한 후 3일 이내에 신고증을 교부하여야 한다.

《해 설》 ① 노조및조정법 제10조 1항. ② 노동조합설립신고시 누락사항이 있는 경우 행정관청은 20일 이내에 이를 보완하도록 요구하고 보완이 없을 경우 노동조합설립 신고를 반려할 수 있다(노조및조정법 제12조 2항 및 3항). 따라서 ②는 틀린 설명이다. ③ 조합원명부에 대해서는 신고할 필요가 없으나 조합원수에 대해서는 신고하여야 한다(노조및조정법 제10조 1항 3호). 따라서 ③도 틀린 설명이다. ④ 노조및조정법 제13조 1항 및 제96조 2항. ⑤ 노조및조정법 제12조 1항. <답 ②, ③>

11. 노동조합의 해산사유만으로 묶인 것은? <사시 2006년>

ㄱ. 총회의 해산결의	ㄴ. 합병으로 인한 소멸
ㄷ. 소속 상부연합단체의 제명처분	ㄹ. 고용노동부장관의 해산명령
ㅁ. 규약에서 정한 해산사유의 발생	

① ㄱ, ㄷ, ㅁ ② ㄴ, ㄹ, ㅁ ③ ㄱ, ㄷ, ㄹ
④ ㄴ, ㄷ, ㄹ ⑤ ㄱ, ㄴ, ㅁ

《해 설》 노동조합의 해산사유(노조및조정법 제28조 1항)는 i) 규약에서 정한 해산사유가 발생한 경우, ii) 합병 또는 분할로 소멸한 경우, iii) 총회 또는 대의원회의 해산결의가 있는 경우(물론 이 경우에는 노조및조정법 제16조 2항 단서에 따라 재적조합원 과반수의 출석과 출석조합원 3분의 2 이상의 찬성이 있어야 한다), iv) 노동조합의 임원이 없고 노동조합으로서의 활동을 1년 이상 하지 아니한 것으로 인정되는 경우로서 행정관청이 노동위원회의 의결을 얻은 경우이다. <답 ⑤>

12. 다음 중 고용노동부장관이 단독으로 행사할 수 있는 권한은?

① 노조규약의 시정
② 위법한 내용의 단체협약의 시정
③ 단체협약의 지역적 구속력의 확장
④ 긴급조정의 결정
⑤ 보안작업의 거부에 대한 중지

《해 설》 긴급조정의 결정은 고용노동부장관이 단독으로 할 수 있다(노조및조정법 제76조 참조). <답 ④>

〈'행정관청'이 '노동위원회'의 의결을 얻어 행하는 사항〉

(i) 노조의 대표자가 총회 또는 대의원회를 기피 · 해태하는 경우의 소집권자 지명(제18조 3항): 노동위원회의 의결.
(ii) 규약이 노동관계법령위반시 시정명령(제21조 1항): 노동위원회의 의결.
(iii) 노동관계법령위반 · 규약위반의 노동조합결의 · 처분의 시정명령(제21조 2항): 노동위원회의 의결(규약위반의 경우에는 이해관계인의 신청필요).
(iv) 위법한 내용의 단체협약의 시정명령(제31조 3항): 노동위원회의 의결.
(v) 안전보호시설의 정폐를 수반하는 쟁의행위의 중지명령(제42조 3항): 노동위원회의의결(또는 사후승인).

13. **노동관계법령에 위반하거나 부당한 노동조합규약에 대하여 행정관청이 노동위원회의 의결을 얻어 취할 수 있는 조치는?** <사시 2001년>

① 위법한 내용에 대해서만 그 시정을 명할 수 있다.
② 위법한 내용에 대해서만 그 취소를 명할 수 있다.
③ 위법 및 부당한 내용에 대해 그 시정을 명할 수 있다.
④ 위법 및 부당한 내용에 대해 그 취소를 명할 수 있다.
⑤ 위법한 내용에 대해서는 그 취소를, 부당한 내용에 대해서는 그 시정을 명할 수 있다.

《해 설》 규약의 내용이 노동관계법령에 위법한 경우에는 시정명령을 발할 수 있다(노조및조정법 제21조 1항). 그러나 규약의 내용이 부당한 경우에는 노동조합 내부의 문제이므로 행정관청이 이에 관여하는 것은 원칙적으로 금지된다. 다만, 규약의 내용이 노동조합의 실질적 설립요건에 위배되는 것일 경우에는 반려사유가 된다(노조및조정법 제12조 3항 참조). <답 ①>

14. **다음 설립신고서 기재사항 중 변경신고사항이 아닌 것은?**

① 명 칭 ② 주된 사무소의 소재지
③ 대표자의 성명 ④ 소속된 연합단체의 명칭
⑤ 대표자의 주소

《해 설》 노동조합은 제10조 1항의 규정에 의하여 설립신고된 사항 중 다음 각호의 1에 해당하는 사항에 변경이 있는 때에는 그날로부터 15일 이내에 행정관청에게 변경신고를 하여야 한다. (ⅰ) 명칭, (ⅱ) 주된 사무소의 소재지, (ⅲ) 대표자의 성명, (ⅳ) 소속된 연합단체의 명칭(노조및조정법 제13조 1항). <답 ⑤>

15. **노동조합의 운영에 관한 설명 중 옳지 않은 것은?** <사시 2006년>

① 노동조합의 대표자는 매년 1회 이상 당해 노동조합의 모든 재원 및 용도 등에 대하여 외부회계감사를 받아야 한다.
② 노동조합의 회계감사원은 필요하다고 인정할 경우에는 당해 노동조합의 회계감사를 실시하고 그 결과를 공개할 수 있다.
③ 노동조합의 대표자는 회계연도마다 결산결과와 운영상황을 공표하여야 한다.
④ 노동조합은 행정관청이 요구하는 경우에는 결산결과와 운영상황을 보고하여야 한다.
⑤ 노동조합은 조합설립일부터 30일 이내에 법률에서 정하는 서류를 작성하여 그 주된 사무소에 비치하여야 한다.

《해 설》 ① 회계감사원으로 하여금 6월에 1회 이상 회계감사를 실시하게 하여야 한다(노조및조정법 제25조 1항). ② 노조및조정법 제25조 2항. ③ 노조및조정법 제26조. ④ 노조및조정법 제27조. ⑤ 노조및조정법 제14조. <답 ①>

16. 노동조합의 운영에 관한 설명 중 옳지 않은 것은? <노무사 2006년>

① 노동조합의 대표자는 조합원 또는 대의원의 4분의 1 이상이 회의의 소집을 요구한 때에는 지체없이 임시총회 또는 임시대의원회를 소집하여야 한다.

② 행정관청은 노동조합의 결의 또는 처분이 노동관계법령에 위반된다고 인정할 경우에는 직접 그 시정을 명할 수 있다.

③ 노동조합의 임원은 조합원 중에서 선출되며 그 임기는 3년을 초과할 수 없다.

④ 노동조합의 대표자는 회계감사의 결과를 전체 조합원에게 공개해야 한다.

⑤ 임원의 선거에 관한 사항은 재적조합원 과반수의 출석과 출석조합원 3분의 2 이상의 찬성이 있어야 한다.

《해 설》 ① 3분의 1 이상이다(노조및조정법 제18조 2항). ② 노동위원회의 의결을 얻어야 한다(노조및조정법 제21조 2항). ③ 노조및조정법 제23조. ④ 노동조합의 대표자는 그 회계감사원으로 하여금 6월에 1회 이상 당해 노동조합의 모든 재원 및 용도, 주요한 기부자의 성명, 현재의 경리 상황 등에 대한 회계감사를 실시하게 하고 그 내용과 감사결과를 전체 조합원에게 공개하여야 한다(노조및조정법 제25조 1항). ⑤ 임원의 선거와 해임에 관한 사항은 총회의 의결사항이고 재적조합원 과반수의 출석과 출석조합원 과반수의 찬성으로 의결한다(노조및조정법 제16조 1항 2호, 동조 2항). <답 ①>

17. 노동조합의 관리에 관한 설명으로 옳은 것은? <노무사 2006년>

① 노동조합은 6개월마다 1회씩 외부인에 의한 회계감사를 실시하고 그 결과를 공개하여야 한다.

② 규약이 노동관계법령에 위반하거나 공익을 해할 염려가 있는 경우에 행정관청은 노동위원회의 의결을 얻어 그 시정을 명할 수 있다.

③ 노동조합의 결의나 처분이 규약에 위반되는 경우 행정관청은 직권으로 그 시정을 명할 수 있다.

④ 행정관청이 노동조합에게 결산결과와 운영상황에 관한 자료를 요청하려면 노동위원회의 의결을 얻어야 한다.

⑤ 노동조합이 동일한 사업장내의 근로자로 구성된 경우에는 그 규약으로 총회소집의 법정공고기간을 단축할 수 있다.

《해 설》 ① 6월에 1회 이상이다(노조및조정법 제25조 1항). ② 행정관청은 노동조합의 규약이 노동관계법령에 위반한 경우에는 노동위원회의 의결을 얻어 그 시정을 명할 수 있다(노조및조정법 제21조 1항). ③ 노동위원회의 의결을 얻어야 한다(노조및조정법 제21조 2항). ④ 노동조합의 대표자는 회계연도마다 결산결과와 운영상황을 공표하여야 하며 조합원의 요구가 있을 때에는 이를 열람하게 하여야 한다(노조및조정법 제26조). ⑤ 노조및조정법 제19조 단서. <답 ⑤>

18. 노동조합 및 노동관계조정법상 노동조합에 관한 설명 중 옳은 것은?

<사시 2006년, 2008년 유사>

① 노동조합이 운영하는 영리사업체에 대해서는 조세를 부과하지 않는다.

② 노동조합의 대표자는 근로계약 소정의 근로를 제공하지 아니하고 노동조합의 업무에만 종사할 수 있는 전임자이어야 한다.

③ 노동조합은 그 명칭 등 법정사항에 변경이 있는 때에는 그 날부터 60일 이내에 행정관청에 변경신고를 하여야 한다.

④ 노동조합은 규약으로 총회에 갈음할 대의원회를 둘 수 있다.

⑤ 노동조합은 법인설립등기를 하여야 한다.

《해 설》 ① 노동조합이 운영하는 영리사업체에 대해서도 조세를 부과하고 있다. ② 노조법상 이러한 제한은 없다. ③ 노동조합은 명칭, 주된 사무소의 소재지, 대표자의 성명, 소속된 연합단체의 명칭에 변경이 있는 때에는 그 날부터 30일 이내에 행정관청에 변경신고를 하여야 한다(노조및조정법 제13조 1항). ④ 노조및조정법 제17조 1항. ⑤ 노동조합의 실체성은 조직의 목적에 부합하는 자주성과 민주성에 있기 때문에 법인격은 문제되지 않는다. 따라서 노동조합은 반드시 법인일 필요는 없고 법인이 아닌 노동조합도 가능하다. <답 ④>

19. A를 포함한 근로자 120인의 근로자가 B노동조합을 결성하고 A를 조합대표자로 선출하였다. 그 운영에 관한 설명 중 맞는 것은?

① 조합원 20명이 회의에 부의할 사항을 제시하고 회의소집을 요구한 때에는 A는 14일 이내에 임시총회를 소집해야 한다.

② A는 노동조합의 회계감사원으로 하여금 적어도 1년에 1회 이상 B노동조합의 회계감사를 실시하고 그 내용과 감사결과를 전 조합원에게 공개하여야 한다.

③ B노조는 조합원이 조합비를 제대로 납부하지 아니하더라도 그 조합원의 권리를 규약으로도 제한해서는 아니 된다.

④ 조합원 61인의 출석과 출석조합원 50인의 찬성으로 B노동조합의 해산을 결의할 수 있다.

⑤ A는 조합원 40인 이상이 요구한 때에 한하여 노동조합의 운영상태를 공개할 수 있다.

《해 설》 ① 노동조합의 대표자는 조합원 또는 대의원의 3분의 1 이상이 회의에 부의할 사항을 제시하고 회의의 소집을 요구한 때에는 지체없이 임시총회 또는 임시대의원회를 소집하여야 한다(노조및조정법 제18조 2항). 따라서 40인 이상의 요구가 필요하고 A는 지체없이 소집하여야 한다. ② 6월에 1회 이상이다(노조및조정법 제25조 1항 참조). ③ 노동조합은 그 규약으로 조합비를 납부하지 아니하는 조합원의 권리를 제한할 수 있다(노조및조정법 제22조 단서). ④ 노동조합의 해산은 재적조합원 과반수의 출석과 출석조합원 3분의 2이상의 찬성이 필요하므로 조합원 61인의 출석과 출석조합원 50인의 찬성은 정족수가 충족되어 해산결의된 것이다(노조및조정법 제28조

1항, 제16조 2항 참조). ⑤ 요구하는 조합원의 수에 제한이 없다(노조및조정법 제26조 참조). <답 ④>

20. 다음 연결사항 중 바르지 못한 것은?

① 회의록과 재정에 관한 장부와 서류 —— 3년간 보존
② 대의원과 노조임원의 임기 —— 3년
③ 단체협약의 유효기간 —— 2년
④ 노조의 해산사유로서 휴면기간 —— 1년
⑤ 노동위원회 위원의 임기 —— 1년

《해 설》 노동위원회 위원의 임기는 3년이다(노위법 제7조 1항). <답 ⑤>

21. 다음 연결 사항 중 바르게 연결된 것은?

① 설립신고서 또는 규약의 보완기간 —— 30일
② 노조설립신고사항의 변경신고 —— 30일
③ 규약 및 결의처분의 시정명령에 대한 이행 —— 20일
④ 일반사업에 있어서 노동쟁의조정기간 —— 15일
⑤ 긴급조정시 쟁의행위중지기간 —— 20일

《해 설》 노조및조정법 제13조 1항. <답 ②>

<노동조합 및 노동관계조정법상 유의해야 할 기간>

(i) 쟁의조정시 쟁의행위금지기간(제54조): 일반사업 10일, 공익사업 15일.
(ii) 중재회부시 쟁의행위금지기간(제63조): 15일.
(iii) 긴급조정결정시 쟁의행위금지기간(제77조): 30일.
(iv) 조정위원회 견해제시시 쟁의금지기간(제60조): 7일.
(v) 노조설립신고서 또는 규약의 보완기간(제12조 2항): 20일 이내.
(vi) 노동조합서류비치 개시일(제14조): 설립일로부터 30일 이내.
(vii) 노동관계법령위반의 규약, 노동관계법령위반 · 규약위반의 결의나 처분의 시정기간(제21조): 30일이내(연장가능).
(viii) 노동조합에 대한 회계감사(제25조):6개월에 1회 이상.
(ix) 노조의 해산사유 중 휴면노조 미활동기간(제28조): 1년.
(x) 노동조합총회의 개최(제15조): 매년 1회 이상.
(xi) 노동조합대의원 및 임원의 임기(제17조, 제23조): 3년 이내.
(xii) 단체협약의 유효기간(제32조): 2년 이내(임금협약도 마찬가지).
(xiii) 단체협약해석 제시기간(제34조): 30일 이내.

22. 노동조합 및 노동관계조정법상의 근로자 개념에 관한 설명 중 가장 옳은 것은? <사시 2000년>

① 근로기준법상의 근로자 개념과 동일하다.
② 일용근로자도 포함된다.

③ 휴직중에 있는 근로자는 포함되지 아니한다.
④ 해고된 근로자는 노동조합에 가입할 수 없다.
⑤ 국내에 사업장을 두고 있는 외국기업에 고용된 한국인 근로자는 노동조합에 가입할 수 없다.

《해 설》 노조및조정법 제2조 1호에서 말하는 근로자라 함은 현재 근로계약관계를 형성하고 있는 근로자(근로기준법상의 근로자) 외에 현재 취업중에 있지 아니한 실업중의 근로자도 포함하는 것으로 봄이 판례와 지배설의 입장이다. 그러므로 일용근로자는 당연히 노동조합을 조직하거나 노동조합에 가입할 수 있는 근로자이며, 휴직중에 있거나 해고된 근로자라 하더라도 조합원 가입자격을 갖추고 있는 경우에는 노동조합에 가입할 수 있는 것으로 봄이 타당하다. 그리고 노동관계법의 강행법규의 적용범위는 외국에 있는 국내기업이거나 국내에 있는 외국기업 모두에게 적용되므로, 국내에 있는 외국인 투자기업에 고용된 내국인 근로자도 당연히 노조및조정법에 따라 노동조합을 설립하거나 설립된 노동조합에 가입할 수 있다. <답 ②>

23. 다음의 근로자 중 현행법상 노동조합을 결성할 수 있는 자를 모두 고른 것은? <사시 2001년>

㉠ 기간의 정함이 있는 근로자
㉡ 취업기간이 6개월이 되지 않은 월급제 근로자
㉢ 단시간 근로자
㉣ 공립 고등학교 교사
㉤ 정부출연기관에 종사하는 근로자

① ㉠, ㉡, ㉢, ㉣　② ㉠, ㉡, ㉢, ㉤　③ ㉠, ㉡, ㉣, ㉤
④ ㉡, ㉢, ㉣, ㉤　⑤ ㉠, ㉡, ㉢, ㉣, ㉤

《해 설》 노조및조정법 제2조 1호의 근로자개념에 대하여, 판례는 실질적 근로계약관계가 전제된다고 함으로써 근로기준법상의 근로자개념과 동일하게 판단하고 있으나(대판 1992. 5. 26, 90누9438 등), 학설은 근로계약관계가 반드시 전제되는 것은 아니라고 한다. 한편 종래 국가공무원법(제66조 1항) 및 지방공무원법(제58조 1항)은 사실상 노무에 종사하는 공무원(국가공무원복무규정 제28조 참조)에 대하여 근로3권을 보장하였다. 그런데 2005년 1월 27일에 공무원의 노동조합 설립 및 운영 등에 관한 법률이 제정됨으로써(2006년 1월 28일부터 시행) 6급 이하의 공무원, 기능직공무원 및 고용직공무원(공무원노조및운영법 제6조 참조)에 대하여 단결권 및 단체교섭권이 인정되었다. 따라서 일정한 직급과 직능에 속하는 공무원에게는 일반적으로 단결권과 단체교섭권이, 그리고 정보통신부 소속의 현업기관과 국립의료원의 작업현장에서 사실상 노무에 종사하는 기능직공무원 및 고용직공무원에게는 근로3권이 주어져 있는 이원적 구조가 발생하게 되었다. 이러한 이원적 구조의 문제점에 관해서는 김형배, 노동법, 174면 참조. 또한 교사도 교원의 노동조합 설립 및 운영 등에 관한 법률에 의해 노동조합을 결성할 수 있으므로, 보기 다섯 개가 모두 해당한다. 정부출연기관에 종사하는 근로자는 공무원이 아니므로, 당연히 노동조합을 결성할 수 있다. <답 ⑤>

24. 노동조합에 관한 설명 중 옳지 않은 것은? <사시 2006년>

① 조합원이 아닌 자도 노동조합의 임원으로 선출될 수 있다.

② 노동조합의 조합원이 1인만 남게 된 경우 조합원이 증가될 일반적 가능성이 없는 한 노동조합으로서의 단체성을 상실하며 청산목적과 관련되지 않는 한 당사자능력이 없다.

③ 기업별 노동조합의 조합원인 근로자가 해고되어 노동위원회에 부당노동행위의 구제신청을 한 경우에는 중앙노동위원회의 재심판정이 있을 때까지는 근로자가 아닌 자로 해석하여서는 아니 된다.

④ 공제 · 수양 기타 복리사업만을 목적으로 하는 경우 노동조합으로 보지 않는다.

⑤ 노동조합이 신고증을 교부받은 경우에는 설립신고서가 접수된 때에 설립된 것으로 본다.

《해 설》 ① 노동조합의 임원은 그 조합원 중에서 선출되어야 한다(노조및조정법 제23조 1항). ② 노동조합은 2인 이상의 근로자로 구성된 민법상의 사단으로서의 조직성을 갖추어야 한다. 노동조합은 단체성이 요구되므로 중도에 조합원이 1인밖에 남지 아니하게 된 경우에는 그 조합원이 증가될 일반적 가능성이 없는 한, 노동조합으로서의 단체성을 상실하여 법적 당사자능력이 없다. ③ 노조및조정법 제2조 4호 라목 단서는 기업별 노동조합의 조합원이 사용자로부터 해고됨으로써 근로자성이 부인될 경우에 대비하여 마련된 규정으로서, 이와 같은 경우에만 한정적으로 적용되고, 원래부터 일정한 사용자에의 종속관계를 필요로 하지 않는 산업별 · 직종별 · 지역별 노동조합 등의 경우에까지 적용되는 것은 아니다(대판 2004. 2. 27, 2001두8568). ④ 노동조합은 공제 수양 기타 복리사업만을 목적으로 하여서는 아니 된다(노조및조정법 제2조 4항 단서 다목). 그러나 노동조합이 조합원의 근로조건의 유지 · 개선이라는 목적을 추구하면서 합리적인 범위 안에서 공제사업 기타 복리사업을 영위하는 것은 무방하다. ⑤ 노조및조정법 제12조 4항. <답 ①>

25. 노동조합의 임원 또는 조합원에 관한 설명으로 옳지 않은 것은? <노무사 2009년>

① 노동조합의 모든 조합원은 대의원회에서 안건에 관하여 표결할 권리가 있다.

② 노동조합의 규약으로 임원의 임기를 3년 이내로 정할 수 있다.

③ 노동조합은 규약으로 조합비를 납부하지 않는 조합원에 대해 권리를 제한할 수 있다.

④ 조합원이 아닌 자는 노동조합의 임원으로 선출될 수 없다.

⑤ 노동조합이 특정 조합원에 관한 사항을 표결할 때 그 조합원은 표결권이 없다.

《해 설》 ① 조합원은 총회에 출석하여 의결할 권한이 있다(노조및조정법 제16조 1항). ② 동법 제23조 2항. ③ 동법 제22조. ④ 동법 제23조 1항. ⑤ 동법 제20조. <답 ①>

26. **다음은 근로자개념과 관련한 판례의 태도이다. 틀린 것은?**

① 근로기준법은 현실적으로 근로를 제공하는 자에 대하여 국가의 관리·감독에 의한 직접적인 보호의 필요성이 있는가라는 관점에서 개별적 노사관계를 규율할 목적으로 제정된 것이다.

② 노조및조정법은 노무공급자들 사이의 단결권 등을 보장해 줄 필요성이 있는가라는 관점에서 집단적 노사관계를 규율할 목적으로 제정된 것이다.

③ 노조및조정법 제2조 1호 및 4호 라목 본문에서 말하는 근로자에는 특정한 사용자에게 고용되어 현실적으로 취업하고 있는 자뿐만 아니라, 일시적으로 실업상태에 있는 자나 구직중인 자도 근로3권을 보장할 필요성이 있는 한 그 범위에 포함된다.

④ 노조및조정법 제2조 4호 라목 단서 규정은 기업별 노동조합의 경우에만 적용되는 것은 아니다.

⑤ 노조및조정법 제2조 1호 및 4호 라목 본문은 원래부터 일정한 사용자에의 종속관계를 필요로 하지 않는 산업별·직종별·지역별 노동조합 등의 경우에까지 적용되는 것이다.

《해 설》 ①②③ 최근의 판례(대판 2004. 2. 27, 2001두8658)는 '근로기준법은 현실적으로 근로를 제공하는 자에 대하여 국가의 관리·감독에 의한 직접적인 보호의 필요성이 있는가라는 관점에서 개별적 노사관계를 규율할 목적으로 제정된 것인 반면에, 노조및조정법은 노무공급자들 사이의 단결권 등을 보장해 줄 필요성이 있는가라는 관점에서 집단적 노사관계를 규율할 목적으로 제정된 것으로서 그 입법목적에 따라 근로자의 개념을 상이하게 정의하고 있다'고 판시함으로써 노조및조정법상의 근로자를 근기법상의 근로자와 명확히 구분하고 있다. 이러한 점을 근거로 '노조및조정법 제2조 1호 및 4호 라목 본문에서 말하는 근로자에는 특정한 사용자에게 고용되어 현실적으로 취업하고 있는 자뿐만 아니라, 일시적으로 실업상태에 있는 자나 구직중인 자도 근로3권을 보장할 필요성이 있는 한 그 범위에 포함된다'고 판시하고 있다. ④⑤ 또한 위의 판례에서는 노조및조정법 제2조 1호 및 4호 라목 본문의 근로자와 달리 '제4호 라목 단서는 기업별 노동조합의 조합원이 사용자로부터 해고됨으로써 근로자성이 부인될 경우에 대비하여 마련된 규정으로서, 이와 같은 경우에만 한정적으로 적용되고, 원래부터 일정한 사용자에의 종속관계를 필요로 하지 않는 산업별·직종별·지역별 노동조합 등의 경우에까지 적용되는 것은 아니다'라고 판시하고 있다. 다시 말하면 제2조 4호 라목 단서의 근로자는 기업별 노조하에서 현재 근로계약관계(사용종속관계)에 있는 근로자를 전제하고 있음을 명확히 함으로써, 제2조 1호 및 4호 라목 본문의 근로자와는 그 개념이 다름을 밝히고 있다. <답 ④>

27. **노동관계의 당사자에 관한 설명으로 옳지 않은 것은?** <사시 2005년>

① 근로기준법과 노동조합및노동관계조정법은 각각 근로자의 정의에 관한 규정을 두고 있다.

② 근로기준법상의 근로자에 해당하는지의 여부를 판단할 때 계약의 형식보다 실질적인 종속관계의 존재유무를 중시하는 것이 판례의 태도이다.

③ 회사의 업무집행권을 가진 이사는 특별한 사정이 없는 한 근로기준법상의 근로자가 아니라는 것이 판례의 태도이다.
④ 일시적으로 실업상태에 있거나 구직중인 자는 지역별 노동조합에 가입할 자격이 없다는 것이 판례의 태도이다.
⑤ 당해 사업의 근로자에 관한 사항에 대하여 사업주를 위하여 행동하는 자는 노동조합및노동관계조정법상의 사용자이다.

《해 설》 ① 근기법 제2조 1항 1호; 노조및조정법 제2조 1호. ② 대판 1992. 6. 26, 92도674 등. ③ 대판 1992. 12. 22, 92다28228 등. ④ 대판 2004. 2. 27, 2001두8658. ⑤ 노조및조정법 제2조 2호. <답 ④>

28. 현행 법령의 해석상 노동조합의 조합원이 될 수 있는 자를 모두 고른 것은? <사시 2004년>

㉠ 초등학교 교사	㉡ 응급실 근무 병원간호사
㉢ 재래시장 노점상인	㉣ 은행 지점장
㉤ 아파트 경비원	

① ㉠, ㉢ ② ㉠, ㉣ ③ ㉢, ㉣
④ ㉠, ㉡, ㉤ ⑤ ㉡, ㉢, ㉤

《해 설》 ㉠ 초등학교교사는 교원의 노동조합 설립 및 운영 등에 관한 법률에 의한 교원노조의 조합원이 될 수 있다. ㉢ 재래시장 노점상인은 자영업자로서 노조및조정법상의 근로자가 아니다. ㉣ 은행지점장은 노조및조정법상의 사용자(제2조 2호)로서 노조의 조합원이 되는 것은 노조의 결격요건에 해당한다(노조및조정법 제2조 4호 단서 가목). <답 ④>

29. 노동조합 및 노동관계조정법상 노동조합의 설립과 관리에 관한 설명으로 옳은 것은? (다툼이 있는 경우에는 판례에 의함) <노무사 2010년>

① 노동조합 설립신고서에는 조합원의 성명과 주소를 기재하여야 한다.
② 조합원의 대의원 선출에 있어 간접적인 선출방법을 정한 규약은 무효이다.
③ 노동조합 임원의 임기는 규약으로 정하되 2년을 초과할 수 없다.
④ 설립신고서에 첨부된 규약에서 기재사항이 누락된 경우 행정관청은 설립신고서를 반려하여야 한다.
⑤ 설립신고증을 교부받은 노동조합은 30일 이내에 관할 등기소에 법인설립등기를 하여야 한다.

《해 설》 ① 임원의 성명과 주소를 기재하여야 하지만 조합원의 성명과 주소를 기재하여야 하는 것은 아니다(노조및조정법 제10조 1항). ② 대의원은 조합원의 직접투표에 의해 선출되어야 한다(노조및조정법 제17조 2항). ③ 노동조합 임원의 임기는 규약으로 정하되 3년을 초과할 수 없다(노조및조정법 제23조 2항). ④ 행정관청은 설립신고서 또는 규약이 기재사항의 누락등으로 보완이 필요한 경우에는 대통령령이 정하는 바에 따라 20일 이내의 기간을 정하여 보완을 요구하여야 한다. 이 경우 보완된 설립신고서 또는 규약을 접수한 때에는 3일 이내에 신고증을 교부하여야 한다(노조및조정법 제12조 2항). ⑤ 노동조합을 법인으로 할 것인가의 여부는 노동조합이 스스로 결정할 수 있는 것이다. <답 ②>

30. 설립신고제도에 대한 설명으로 타당하지 아니한 것은?

① 실질적 요건을 갖춘 근로자단체가 설립신고서에 규약을 첨부하여 행정관청에 설립신고를 하고 신고증을 교부받으면 그때부터 노조및조정법상 노동조합이 설립된 것으로 본다.

② 우리나라에서는 노동조합의 설립에 있어서 자유설립주의를 원칙으로 하고 신고제도를 가미한 것이다.

③ 근로조건의 결정권이 있는 독립된 사업장에 조직된 노동단체는 지부·분회 등의 명칭에도 불구하고 설립신고를 할 수 있다.

④ 설립신고에 의해 사용자에게 어떠한 공적 의무가 부과되는 것은 아니다.

⑤ 행정관청은 설립신고서 또는 규약이 기재사항의 누락 등으로 인해 보완이 필요한 경우 보완을 요구하여야 한다.

《해 설》 ① 노동조합이 신고증을 교부받은 경우에는 설립신고서가 접수된 때에 설립된 것으로 본다(노조및조정법 제12조 4항). ③ 노동조합의 하부단체인 분회나 지부가 독자적인 규약 및 집행기관을 가지고 독립된 조직체로서 활동을 하는 경우 당해 조직이나 그 조합원에 고유한 사항에 대하여는 독자적으로 단체교섭하고 단체협약을 체결할 수 있고, 이는 그 분회나 지부가 노조및조정법 시행령 제7조의 규정에 따라 그 설립신고를 하였는지 여부에 영향받지 아니한다(대판 2001. 2. 23, 2000도4299). ④ 노조및조정법에서 노동조합의 설립에 관하여 신고주의를 택한 것은 노동정책적 목적으로서 노동조합 설립신고의 수리 그 자체에 의해서 사용자에게 어떠한 공적 의무가 부과되는 것은 아니다(대판 1997. 10. 14, 96누9829). ⑤ 노조및조정법 제12조 2항. <답 ①>

31. 서울시에 소재하고 있는 A기업의 근로자 100명은 1999년 9월 1일 노동조합을 결성하기로 결의하고, 같은 해 12월 1일 창립총회를 개최한 후, 같은 달 10일 서울특별시장에게 설립신고서를 접수하여, 같은 달 20일 신고증을 교부받았다. A기업 노동조합이 설립된 시기는? <사시 2000년>

① 1999년 9월 1일 ② 1999년 12월 1일 ③ 1999년 12월 10일
④ 1999년 12월 13일 ⑤ 1999년 12월 20일

《해 설》 신고증을 교부받은 경우 신고서접수시에 소급하여 설립된 것으로 보고 있다(노조및조정법 제12조 4항). <답 ③>

32. 기업별 조합에 관한 설명 중 바르지 못한 것은?

① 기업격차가 큰 곳에서 일반적으로 활용된다.

② 각 직종간의 대립을 초래할 염려가 있다.
③ 유니온숍협정과 관련하여 특정노조가 조직을 독점할 가능성이 있다.
④ 횡단적 조직이라 할 수 있다.
⑤ 어용조합화의 우려가 가장 크다.

《해 설》 기업별 조합은 일정한 기업에서 사용하는 근로자에 의하여 결성되는 노동조합으로서 일개 기업이 조직상의 단위가 된다. 이와 같은 조직유형은 직종별 또는 산업별의 경우처럼 기업을 초월·횡단하지 못하므로 종단조직이라고 불리기도 한다. 그리고 기업별 조합은 근로자들의 공동의식이 아직 성숙되어 있지 못하고 또 동종산업 또는 직종이라 하더라도 그 단위기업 사이에 시설규모나 지급능력의 차이로 말미암아 기업격차가 큰 곳에서 일반적으로 활용되고 있다. <답 ④>

33. 노동조합의 결격요건에 해당되지 않는 것은? <사시 2001년 · 2005년 유사>

① 사용자의 이익대표자가 가입한 경우
② 노동조합 운영경비를 주로 사용자로부터 원조 받는 경우
③ 공제, 수양 기타 복리사업을 부수적으로 하는 경우
④ 항상 사용자의 이익을 대표하여 행동하는 자의 참가를 허용하는 경우
⑤ 주로 정치활동을 목적으로 하는 경우

《해 설》 노조및조정법 제2조 4호 참조. <답 ③>

34. 노동조합 및 노동관계조정법 제2조 4호 단서 나의 경비원조에 해당하는 것은?

① 복리기금의 기부
② 조합간부의 급여
③ 근로자가 근로시간중 사용자와 교섭한 경우의 임금지급
④ 후생자금의 기부
⑤ 최소한의 규모의 노동조합사무소의 제공

《해 설》 노조간부의 급여지급도 경비원조에 해당한다(노조및조정법 제81조 4호). 경비원조에 해당하지 않는 예로는 근로자가 근로시간중 사용자와 교섭한 경우의 임금지급·후생자금 또는 복리기금의 기부, 최소한의 규모의 노동조합사무소의 제공은 경비의 원조라고 할 수 없다. <답 ②>

35. 노동조합 및 노동관계조정법 제2조 제4호 단서 라목의 '해고된 자가 노동위원회에 부당노동행위의 구제신청을 한 경우에는 중앙노동위원회의 재심판정이 있을 때까지는 근로자가 아닌 자로 해석하여서는 아니 된다'는 규정에 관한 설명으로 옳지 않은 것은? <사시 2003년>

① 해고된 근로자를 둘러싼 노사분쟁의 장기화를 방지하기 위한 것이다.
② 사용자의 부당노동행위로 인하여 노동조합의 설립, 존속 또는 활동이 방해받는 것을 방지하기 위한 것이다.
③ 중앙노동위원회의 재심판정으로 부당노동행위의 불성립이 확정된 경우

에는 근로자의 자격이 유지되지 않는다.

④ 조합원의 지위가 유지되므로 해고된 근로자는 노동조합의 위원장선거에 출마할 수 있다.

⑤ 근로계약상 근로자로서의 지위도 유지된다고 보는 것이 대법원 판례의 기존 입장이다.

《해 설》 ④ 대판 1992. 3. 31, 91다14413. ⑤ 이 규정은 노조의 조합원으로서의 지위와 관련해서 적용되어야 할 것이고, 근로계약상 근로자로서의 지위의 유지를 목적으로 확대 · 원용되어서는 안 될 것이다(대판 1993. 6. 8, 92다42354 등). <답 ⑤>

36. 노사간에 분규가 자주 발생하던 甲방직회사의 이사진은 이 문제를 회사안에 건전한 노동조합을 육성하여 해결하기로 결정하였다. 그 결과 회사의 운수근로자 및 사무직근로자들을 중심으로 노동조합이 결성되고(이하 구 노동조합), 회사는 이 노조의 설립을 축하하여 노조사무실의 모든 비품을 마련해 주고 노조임원들에게 상당한 금일봉을 희사하였다. 그후 회사는 노동조합의 사무실 운영경비의 상당부분을 부담하였다. 이러한 회사의 태도에 반발한 근로자 A 등은 방적근로자들을 중심으로 새로운 노동조합(이하 신 노동조합)을 결성하였다(설립신고를 하지 않았다). 다음 설명 중 틀린 것은?

① 구 노동조합은 노동조합의 지위를 상실한다.

② 신 노동조합은 자주성과 민주성을 갖춘 노동조합이다.

③ 신 노동조합은 설립신고를 하지 않았으므로 법외노조이다.

④ 법외노조이므로 노동조합의 활동과 자격이 전적으로 부인된다.

⑤ 신노동조합이 회사에 단체교섭을 요구한 경우 이를 甲회사가 거부하더라도 甲노조는 부당노동행위구제신청을 할 수 없다.

《해 설》 ① 구 노동조합의 법적 지위: 경비원조금지규정(노조및조정법 제2조 4호 단서 나)은 노동조합이 사용자로부터 재정적인 자주성을 유지하기 위해 필요한 것이다. 경비원조의 범위에 관해 일체를 받아서는 안 된다는 견해와 '주로'의 해석을 통해 자주성을 침해하지 않는 정도의 원조를 받아도 된다는 견해로 나뉘어 있다. 회사가 노조의 비품이나 사무실 운영경비의 대부분을 부담한 사실 및 노조임원들에게 상당한 금일봉을 제공한 사실은 전자의 견해에 의하면 소극적 요건에 해당하여 노조의 자격이 부인되나, 후자의 견해에 의하면 노조의 자주성이 과연 침해되는지의 여부를 심사해야 한다. 본 사안에서는 구 노동조합이 회사의 건전한 '노동조합육성정책'에 의하여 결성된 노동조합으로서 근로자가 주체가 되어 자주적으로 단결하였다고 보기 어렵고(주체상의 요건의 하자), 회사의 노사분규를 해결하기 위하여 결성되었으므로 진정한 근로조건의 유지 · 개선을 위한 조직체라고 보기 어렵다(목적상의 요건의 하자). 따라서 소극적 요건의 해당 여부와 관계없이 적극적 요건을 충족하지 못하므로 노동조합의 지위를 상실한다. ②③ 노동조합 및 노동관계조정법상의 노동조합(노조및조정법 제7조)은 자주성(실질적 요건; 노조및조정법 제2조 4호)과 민주성(형식적 요건; 노조및조정법 제11조)을 갖추고 신고서와 규약을 첨부하여 행정관청에게 설립신고(노조및조정법 제12조)를 필한 노동조합을 말한다. 이때 노동조합이 이와 같은 신고를 하지 않거나 또는 신고를 하였으나 신고가 반려된 경우 이러한 노동조합은 어떠한 법적 지위를 갖는가가 문제이다. 노동조합이 노동조합 및 노동관계조정법 제2조 4호의 자주성과 민주성을 유지하고 있는 이상 설령 설립신고를 하지 않았다 하더라도 노동조합의 자격이 전면 부인되는 것은 아니다. 왜냐하면 이러한 설립신고를 하지 않은 노동조합 또한 헌법의 근로3권의 보호대상이며, 비록 노동조합 및 노동관계조정법상의 이익을 향유하지 못한다 하더라도 헌법이 보장한 이익의 향유마저 방해받는 것은 아니기 때문이다. 그러므로, 설립신고를 하지 않은 노동조합은 (i) 노동쟁의조정 및 부당노동행위에 대한 구제신청의 자격부인(노조및조정법 제7조 1항), (ii) 노동조합의 명칭사용불가(노조및조정법 제7조 3항), (iii) 단체협약 효력 확장의 부인(노조및조정법 제35조 및 제36조), 노동위원회에 근로자대표 추천자격 부인(노동위원회법 제6조 3항) 등의 불이익을 받는다. 이 밖에는 노동조합으로서의 활동을 할 수 있으므로 헌법이 보장한 근로3권을 향유하고, 단체협약체결능력이 인정되며, 정당한 쟁의행위시에는 민 · 형사상 면책을 받는다(노조및조정법 제3조, 제4조). 본 사안에서 신 노동조합은 설립신고를 하지 않았으므로 노동조합 및 노동관계조정법상의 노조, 즉 법내노조와는 구별되는 법외노조이며, 따라서 전술한 불이익은 받지만 노동조합의 활동과 자격을 전적으로 부인받지는 아니한다. ⑤ 甲회사는 이미 회사 내에 기존의 노동조합이 있는 것을 이유로 단체교섭을 거부하고 있다. 그러나, 구 노동조합은 노동조합으로서의 요건을 갖추고 있지 아니하므로 구 노동조합의 존재를 이유로 단체교섭을 거부하는 타당성을 갖고 있지 못하다. 그렇다고 부당노동행위를 바로 구성하지는 아니한다. 노동조합 및 노동관계조정법 제81조 3호의 부당노동행위가 성립하기 위해서는 '노동조합의 대표자 또는 그 위임을 받은 자'의 교섭요구를 정당한 이유없이 거부하는 것이 필요하다(단체교섭의 당사자적격). 이때 '노동조합'이라 함은 노동조합 및 노동관계조정법 제7조의 노동조합, 즉 설립신고를 마친 노동조합을 말한다. 따라서, 신 노동조합은 이에 해당하지 않으므로 단체교섭을 요구하더라도 甲회사는 이에 응할 의무가 없는 것이다. 그러므로 부당노동행위의 成否 및 구제신청의 문제는 발생하지 않으며, 단체교섭이 결렬된 상태이므로 신 노동조합은 쟁의행위에 돌입할 수 있다. <답 ④>

37. 실질적 요건을 갖추고 있는 법외노조에 관한 설명으로 옳지 않은 것은? (다수설에 의함) <사시 1999년, 노무사 2003년 유사>

① 민 · 형사면책에 관한 규정이 적용된다.
② 노동위원회에 근로자위원을 추천할 수 없다.
③ 사용자의 근로3권 침해행위에 대하여 사법적 구제를 신청할 수 있다.
④ 노동쟁의조정의 신청 및 부당노동행위의 구제신청을 할 수 없다.
⑤ 단체협약을 체결할 수 없다.

《해 설》 법외노조의 지위에 관한 문제이다. 법외노조는 헌법 제33조의 근로3권을 향유할 수 있는 주체로서 당연히 단체협약을 체결할 수 있다. <답 ⑤>

38. 노동조합의 실질적 요건을 갖추었으나 설립신고를 하지 않은 단결체(이하 '법외노조'라 한다)에 관한 설명 중 옳은 것(○)과 옳지 않은 것(×)을 올바르게 조합한 것은? (다툼이 있는 경우에는 판례에 의함) <사시 2009년>

가. 법외노조는 노동위원회에 노동쟁의의 조정을 신청할 수 없다.

나. 법외노조는 노동위원회에 부당노동행위 구제신청을 할 수 없다.
다. 법외노조는 어떠한 경우에도 단체교섭의 주체가 될 수 없다.
라. 법외노조는 노동조합이라는 명칭을 사용할 수 없다.

① 가(○), 나(○), 다(○), 라(○)
② 가(○), 나(×), 다(○), 라(○)
③ 가(○), 나(○), 다(×), 라(○)
④ 가(×), 나(×), 다(×), 라(○)
⑤ 가(×), 나(×), 다(○), 라(×)

《해 설》 가 · 나. 노조법 제7조 1항. 다. 법외노조는 어떠한 경우에도 단체교섭의 주체가 될 수 없는 것이 아니라 자주성을 가진 법외노조는 단체교섭의 주체가 될 수 있다. 라. 노조법 제7조 3항. <답 ③>

39. 다음은 노조전임자에 대한 설명이다. 틀린 것은?

① 현재 종업원만이 조합원이 될 수 있고 또한 조합임원이 될 수 있는 현행 노동조합 및 노동관계조정법 체제하에서는 사용자가 노조전임제를 승인할 의무를 부담하며 이를 승인하지 않을 경우 부당노동행위에 해당한다.
② 노조전임자에게도 출퇴근 등의 업무규율상의 사규가 적용된다.
③ 노조전임자가 노조업무수행중 육체적 · 정신적 과로로 재해를 입은 경우에 이는 업무상재해에 해당한다.
④ 노조전임자는 사업주에게 당연히 상여금지급이나 연차휴가수당을 청구할 수 없다.
⑤ 노조전임자에 대한 사용자의 급여지급은 현재 부당노동행위에 해당한다.

《해 설》 ① 제한적 협정설(이병태, 185면)에 의하면 노조전임제는 기업별 노조에서 중요시되지만 단결권의 내용으로부터 직접 그 헌법적 권리성이 도출될 수는 없으므로 사용자는 노조전임제를 승인할 반사적 의무를 부담하지 않는다고 한다. 다만 종업원만이 조합원이 될 수 있고 또한 조합임원이 될 수 있는 현행 노동조합 및 노동관계조정법 체제하에서는 사용자는 노조전임제를 승인할 의무를 부담하며 이를 승인하지 않을 경우 부당노동행위에 해당한다고 한다. 그러나 판례와 통설은 '조합전임제가 노동조합에 대한 사용자의 편의제공의 한 형태로서 사용자가 단체협약 등을 통하여 승인하는 경우에 인정되는 것이며 단순히 사용자와 노동조합이 단체교섭을 함에 있어 임의적으로 교섭할 수 있는 사항에 불과하다'는 점에 비추어 볼 때, 노조전임제의 인정 여부는 노사간의 자주적 협상에 의하여 결정되는 것이라는 협정설을 취하고 있다(대판 1996. 2. 23, 94누9177 등). ② 대판 1995. 4. 11, 95다58087. ③ 대판 1994. 2. 22, 92누14502. ④ 대판 1996. 2. 23, 94누9177. ⑤ 노조전임자에 대한 사용자의 급여지급을 부당노동행위로 보는 법률조항(노조및조정법 제81조 4호)의 적용을 유보하던 부칙이 개정되어 2010. 7. 1 이후 노조전임자에 대한 사용자의 급여지급이 금지되었다(노조및조정법 부칙 제8조). <답 ①>

40. 다음 설명 중 틀린 것은? (이견이 있으면 판례에 의함)

① 노조전임제도는 노사간의 자주적 협정에 의하여 결정될 사항으로서 사

용자와의 합의 없이 법적으로 당연히 보장되는 것은 아니다.

② 노조전임제는 이른바 임의적 교섭사항에 불과하므로 이에 관한 분쟁은 노동쟁의로서 조정의 대상이 되지 않는다.

③ 노조전임자의 지위를 휴직상태에 있는 근로자로 보지만 출퇴근 등 업무 규율상의 사규는 여전히 적용된다고 한다.

④ 근로시간을 대체하여 실시하는 교육 · 연수 · 훈련 등에 노조 전임자가 참가를 거부하더라도 이는 징계사유가 되지 않는다.

⑤ 현행법에 의하면 사용자는 정당하게 설립된 노동조합에 대하여 최소한의 규모의 노조사무소를 제공하여야 하며, 이는 경비원조에 해당하지 않는다.

《해 설》 ①② 대판 1996. 2. 23, 94누9177 등. ③ 대판 1995. 4. 11, 95다58087. ④ 판례는 사용자가 근로시간을 대체하여 근로자에 대하여 실시하는 교육 · 연수 · 훈련 등은 거기에 참가하는 것이 근로자의 의무로서 강제되는 한 근로제공과 다를 바 없으므로, 단체협약 등에 다른 정함이 없다면 근로제공의무가 면제된 노동조합 전임자가 그러한 교육 등에 참가하지 않았다 하여 바로 잘못이라고 보기는 어렵다고 한다(대판 1999. 11. 23, 99다45246). ⑤ 현행 노조및조정법 제81조 4호 단서에서 최소한의 규모의 노조사무소의 제공은 경비원조에 해당하지 않는다고 하였을 뿐 사용자의 법상 의무로 규정한 것은 아니다. <답 ⑤>

41. 노동조합의 전임자에 관한 설명으로 옳은 것은? (다툼이 있는 경우에는 판례에 의함) <노무사 2006년>

① 노동조합의 전임자는 노동조합 내부적으로 선출하면 당연히 그 지위가 인정되므로 별도로 단체협약이나 사용자의 동의를 필요로 하지 않는다.

② 전임기간중의 전임자의 법적 지위는 파견 상태에 있는 것으로 본다.

③ 노조전임자가 취업규칙 등에 정한 소정의 절차를 거치지 아니한 채 출근하지 아니하더라도 무단결근에 해당하지 않는다.

④ 노조전임자가 단체협약에 정한 바에 따라 받는 급여는 임금이 아니므로 쟁의행위 기간에 해당하는 급여를 청구할 수 있다.

⑤ 노동조합 및 노동관계조정법 제81조 4호는 사용자의 노조전임자 급여지원을 부당노동행위로 규정하고 있으나 2009년 12월 31일까지 그 적용이 유예되어 있다.

《해 설》 ② 노조전임자의 지위를 휴직상태에 있는 근로자의 지위와 유사하다고 본다. ④ 쟁의행위기간 중 급여청구는 할 수 없다. 그러나 사업주가 급여를 부담한다고 하여 노조전임자가 상여금지급을 요구하거나 연차휴가수당을 당연히 사업주에게 청구할 권리가 있는 것은 아니지만 단체협약에 그러한 급여를 부담할 의무가 명시된 경우에는 그 단체협약을 근거로 이를 청구할 수 있다(대판 1996. 2. 23, 94누9177). ⑤ 노조및조정법 부칙 제6조 1항은 2006년 12월 30일 재차 개정되어 유예기간이 2009년 12월 31일까지 연장되었다. 따라서 2009년 말까지는 노조전임제도는 여전히 존속하며 사용자에 의한 급여지원도 금지되지 않는다. 현재 개정되어 노조전임자에 대한 급여지원이 금지된다. <답 ⑤>

42. 노동조합 및 노동관계조정법상 단체협약으로 정하거나 사용자의 동의가 있어야 노동조합에 둘 수 있는 자는? <사시 2009년>

① 노동조합의 대표자
② 노동조합의 단체교섭 담당자
③ 노동조합 대위원회의 대의원
④ 노동조합의 회계감사원
⑤ 노동조합의 전임자

《해 설》 노동조합 및 노동관계조정법상 단체협약으로 정하거나 사용자의 동의가 있어야 노동조합에 둘 수 있는 자는 ⑤ 노동조합의 전임자(제24조)만 해당된다. <답 ⑤>

43. 노동조합 및 노동관계조정법상 전임자와 관련된 설명으로 옳지 않은 것은? (다툼이 있는 경우 판례에 의함) <노무사 2009년>

① 전임제는 사용자와 근로자 사이의 근로계약관계에 있어서 근로자의 대우에 관하여 정한 근로조건으로 보는 것이 판례의 입장이다.
② 근로자는 단체협약으로 정하거나 사용자의 동의가 있는 경우에는 근로계약 소정의 근로를 제공하지 아니하고 노동조합의 업무에만 종사할 수 있다.
③ 전임자의 지위는 휴직상태에 있는 근로자와 유사하다고 보는 것이 판례의 입장이다.
④ 단체협약에 특별한 규정을 두거나 특별한 관행이 없는 한 전임자도 출퇴근에 관한 사규의 적용을 받는다고 보는 것이 판례의 입장이다.
⑤ 전임자가 통상적인 조합활동을 하는 과정에서 사용자의 사업과 관련있는 업무에 기인하여 재해가 발생한 경우 업무상 재해로 인정하는 것이 판례의 입장이다.

《해 설》 ① 노조전임제는 노동조합에 대한 편의제공의 한 형태이고 사용자가 단체협약 등을 통하여 승인하는 경우에 인정되는 것으로서 사용자와 근로자 사이의 근로계약관계에 있어서 근로자의 대우에 관하여 정한 근로조건이라고 할 수 없다(대판 1997. 4. 25, 97다6926). ② 노조및조정법 제24조. ③ 대판 1996. 2. 23, 94누9177. ④ 대판 2005. 10. 13, 2005두5093. ⑤ 대판 1993. 1. 26, 92다11695. <답 ①>

44. 노동조합 전임자의 근로면제시간제도에 대해 옳지 않은 것은?

① 단체협약으로 정하거나 사용자가 동의하는 경우에는 사업 또는 사업장별로 조합원수 등을 고려하여 근로시간 면제한도를 초과하지 아니하는 범위에서 건전한 노사관계발전을 위한 노동조합의 유지 · 관리업무를 할

수 있다

② 근로시간의 면제한도는 사업 또는 사업장의 전체 조합원 수와 법 업무의 범위 등을 고려하여 시간단위로 정한다.

③ 근로시간 면제한도를 정하기 위해서 고용노동부에 근로시간면제심의위원회를 둔다.

④ 근로시간면제심의위원회는 근로시간면제한도를 심의 · 의결하고 이를 고용노동부장관이 고시하되, 매년마다 그 적정성 여부를 재심의하여 결정할 수 있다.

⑤ 근로시간면제나 그 대상업무는 개개근로자의 근로조건이 아니며 또한 쟁의행위의 대상이 될 수 없다

《해 설》 ④ 노조및조정법 제24조, 제124조의2 참조. 근로시간 면제한도는 위원회가 심의 · 의결한 바에 따라 고용노동부장관이 고시하되, 3년마다 그 적정성 여부를 재심의하여 결정할 수 있다(노조및조정법 제24조의2 2항). <답 ④>

45. 다음 설명 중 잘못된 사항은?

① 조합총회에 관한 규정은 대의원회에 준용한다.

② 노동쟁의에 관한 사항은 총회의 의결을 거칠 필요가 없다.

③ 조합비를 납부하지 않은 조합원의 권리는 제한될 수 있다.

④ 대의원은 조합원의 직접 · 비밀 · 무기명투표로 선거된다.

⑤ 조합임원의 선거는 대의원의 직접 · 비밀 · 무기명투표로 한다.

《해 설》 ④① 노조및조정법 제17조 4항. ② 구 노조법 제19조 1항 8호는 삭제되었다. ③ 노조및조정법 제22조 단서. ④ 노조및조정법 제17조 2항. ⑤ 규약의 제정 · 변경과 임원의 선거는 조합원의 직접 · 비밀 · 무기명투표에 의한다(노조및조정법 제16조 4항). <답 ⑤>

46. 노조및조정법상 대의원회를 두지 않은 노동조합의 임원에 관한 설명 중 옳지 않은 것은? <사시 2005년>

① 임원은 총회에서 재적조합원 과반수의 출석과 출석조합원 과반수의 찬성으로 선출하는 것을 원칙으로 한다.

② 임원은 조합원의 직접 · 비밀 · 무기명투표에 의해 선출한다.

③ 임원의 해임은 총회에서 재적조합원 과반수의 출석과 출석 조합원 3분의 2이상의 찬성이 있어야 한다.

④ 임원의 임기는 규약으로 정하되, 2년을 초과할 수 없다.

⑤ 임원의 성명과 주소는 노동조합을 설립할 때 제출하여야 할 신고서에 기재하여야 한다.

《해 설》 ① 노조및조정법 제16조 1항 · 2항. ② 노조및조정법 제16조 4항. ③ 노조및조정법 제16조 2항 단서. ④ 3년을 초과할 수 없다(노조및조정법 제23조 2항). ⑤ 노

조및조정법 제10조 1항 4호. <답 ④>

47. 노동조합의 정치활동에 관한 다음 설명 중 틀린 것은?

① 교원의 노동조합은 일체의 정치활동을 하여서는 아니 된다.

② 헌법재판소는 공직선거에 특정 정당이나 후보자를 지지 · 반대하거나 지지 · 반대할 것을 권유하는 선거운동을 노동조합에는 허용하는 내용으로 노동조합과 일반 결사인 각종 단체에 대하여 그 보호와 규제를 달리하는 것은 합리적인 차별로서 합헌이라고 판단하였다.

③ 헌법재판소는 노동단체에 대하여 정치자금을 기부할 수 없도록 규정하고 있는 구 정치자금에 관한 법률 제12조 5호가 노동단체의 표현의 자유와 결사의 자유의 본질적 내용을 침해한다고 하였다.

④ 헌법재판소는 구 정치자금에 관한 법률 제12조 5호는 사용자 및 사용자단체와의 관계에서 노동단체를 정치활동에 있어서 합리적인 이유 없이 차별하고 있어서 평등의 원칙에도 위반된다고 하였다.

⑤ 현행법상 사업 또는 사업장별로 조직된 단위노동조합은 정치자금을 기부할 수 있다.

《해 설》 ① 교원의 노동조합 설립 및 운영에 관한 법률 제3조. ②③④⑤ 헌법재판소[전원재판부] 1999. 11. 25, 95헌마154. 헌법재판소의 위헌결정에 따라 정치자금에 관한 법률 제12조 5호는 2000. 2. 16에 개정되었는데, 그 내용은 사업 또는 사업장별로 조직된 단위노동조합만 정치자금을 기부할 수 없도록 하고, 그 외의 정치자금 기부가 가능한 노동조합은 정치자금의 기부를 위한 별도의 기금을 설치 · 관리하도록 하였다(정치자금에 관한 법률 제19조 1항 및 2항). <답 ⑤>

48. 노동조합설립신고시 반드시 기재하여야 할 필요적 기재사항이 아닌 것은?

① 소속된 연합단체의 명칭 ② 임원의 성명과 주소
③ 노동조합의 명칭 ④ 조합원 수
⑤ 주된 사무소의 소재지

《해 설》 신고서에는 노동조합의 명칭, 주된 사무소의 소재지, 조합원 수, 임원의 성명과 주소, 소속된 연합단체가 있는 경우에는 그 명칭, 연합단체인 노동조합에 있어서는 그 구성노동단체의 명칭, 조합원 수, 주된 사무소의 소재지 및 임원의 성명 · 주소를 기재하여야 한다(노조및조정법 제10조 1항). <답 ①>

49. 노동조합조합원의 권리가 아닌 것은? <사시 2000년>

① 임원선거권 · 피선거권 ② 총회출석권 · 의결권
③ 임시총회소집요구권 ④ 조합운영상황공개요구권
⑤ 조합탈퇴시 조합재산분할청구권

《해 설》 노동조합도 사단이므로, 일반 사단의 기본원리가 그대로 적용된다. 단지 노동조합의 성격상 특별규정이 적용되는 것이라고 이해할 수 있다. 그러므로 노조및조정법에 규정된 특별규정의 내용에 따라, 그 이외의 경우에는 구성원과 사단 사이에 성립하는 일반적인 구성원관계에 따라 조합원의 권리 · 의무관계의 내용이 결정되게 된다. 이에 의하면 ③의 경우는 노조및조정법 제18조 2항의 규정에서 특별히 규정된 내용이며, ④의 경우도 동법 제26조의 규정에 의하여 조합원의 권리로 인정될 수 있으며, ①과 ②의 내용은 모든 사단의 조직유영상 기본원리를 이룬다고 볼 수 있으며, 특히 노조및조정법 제16조 2항 내지 4항, 제22조 및 제23조에서 이와 관련된 기본내용을 규정하고 있다. 노동조합은 권리능력 있는 법인 이외에도 권리능력 없는 사단으로도 존재할 수 있으며(노조및조정법 제6조 1항, 3항), 후자의 경우에 조합재산은 총유관계로 된다(민법 제275조 내지 제277조). 총유관계에서는 공동소유 내지 합유관계와는 달리 조합재산에 대해 분할을 청구할 수 있는 조합원의 권리가 인정되지 않는다. <답 ⑤>

50. 노동조합과 조합원의 관계에 관한 설명으로 옳지 않은 것은? <사시 2010년>

① 조합원이 아닌 자는 노동조합의 임원이 될 수 없다.

② 조합원은 어떠한 경우에도 인종, 종교, 성별, 연령, 신체적 조건, 고용형태, 정당 또는 신분에 의하여 차별대우를 받지 아니한다.

③ 노동조합은 규약으로 조합비를 납부하지 아니하는 조합원의 권리를 제한할 수 있다.

④ 노동조합이 특정 조합원에 관한 사항을 의결할 경우에는 그 조합원은 표결권이 없다.

⑤ 노동조합에 가입할 자유는 보장되지만 탈퇴의 자유는 보장되지 아니함이 원칙이다.

《해 설》 ⑤ 노동조합은 근로자의 자발적 결성을 기초로 하는 단체이기 때문에 조합원의 탈퇴의 자유는 단체의 성질상 당연한 논리적 귀결이다. 또한, 조합원의 탈퇴의 자유를 실질적으로 제한하는 조합규약은 무효라고 해석된다. 왜냐하면 단결권의 내용은 단결선택의 자유를 포함하고 있으므로 근로자가 원하지 않는 조합으로부터의 탈퇴의 자유도 함께 보호되지 않으면 안 되기 때문이다. <답 ⑤>

51. 다음의 노동조합에 관한 기술 중 옳은 것은?

① 남자인 조합원만이 조합간부가 된다.

② 노동조합 및 노동관계조정법에 의한 조합이 아니라도 노동조합이란 명칭을 사용할 수 있다.

③ 노동조합은 노동위원회의 승인이 있어야 법인으로 할 수 있다.

④ 법인이 아닌 노조도 소송당사자능력이 있다.

⑤ 노동조합비를 출자하여 설립한 사업체에는 조세부담이 면제된다.

《해 설》 ① 노조및조정법 제9조. ② 노조및조정법 제7조 3항. ③ 노조가 법인이 되고자 할 때에는 노동조합 및 노동관계조정법 시행령 제2조 내지 제6조의 규정에 따라 등기절차를 밟아야 한다(노조및조정법 제6조 2항). ④ 민사소송법은 법인이 아닌 사단으로서 대표자가 있으면 그 이름으로 당사자가 될 수 있다(민소법 제48조)고 규정하고 있으므로 해당 노조가 이 규정에 의한 사단으로서 인정되는 한 당사자능력을 가진다. ⑤ 노조및조정법 제8조. <답 ④>

52. 총회 또는 대의원회의 설명으로 타당하지 아니한 것은? (이견이 있을 경우 판례에 의함) <노무사 2008년 유사>

① 노동조합은 매년 1회 이상 총회를 개최하여야 한다.
② 행정관청은 노동조합의 대표자가 회의의 소집을 고의로 기피하거나 해태하는 경우 조합원 또는 대의원의 3분의 1 이상이 소집권자의 지명을 요구한 때에는 15일 이내에 노동위원회의 의결을 요청하고 노동위원회의 의결이 있는 때에는 지체없이 회의의 소집권자를 지명할 수 있다.
③ 대의원은 조합원의 직접, 비밀, 무기명투표에 의하여 선출된다.
④ 대의원의 선출방식은 강행규정이다.
⑤ 전국대의원회로 총회를 갈음하면서 조합원이 지부대의원을 선출하고 지부대의원이 전국대의원을 선출하는 방식은 조합원이 대의원의 선출에 직접 관여하지 못하도록 간접적인 선출방법을 정한 것으로 무효이다.

《해 설》 ② 소집권자를 지명할 수 있는 것이 아니라 지명하여야 한다(노조및조정법 제18조 3항). ③④ 대의원의 선출방식은 조합 내 민주주의를 실현하기 위한 것으로 강행규정이다(노조및조정법 제17조 2항). 따라서 다른 특별한 사정이 없는 한 위 법을 위반하여 조합원이 대의원회 선출에 직접 관여하지 못하도록 정한 규약이나 선거관리규정들은 무효이다. ⑤ 대판 2000. 1. 14, 97다41349. <답 ②>

53. 노동조합 및 노동관계조정법상 노동조합의 총회에 관한 설명으로 옳지 않은 것은? <노무사 2010년>

① 총회의 의장은 노동조합의 대표자가 된다.
② 규약의 제정과 변경에 관한 사항은 총회의 의결사항이다.
③ 임원 선거에서 재적조합원 과반수의 출석과 출석조합원 과반수의 찬성을 얻은 자가 없는 경우에는 규약이 정하는 바에 따라 결선 투표를 실시하여 다수의 찬성을 얻은 자를 임원으로 선출할 수 있다.
④ 노동조합은 규약으로 총회에 갈음할 대의원회를 둘 수 있으나 이때 대의원회에 관하여는 총회에 관한 규정과 달리 정해야 한다.
⑤ 행정관청은 노동조합에 대의원회의 소집권자가 없는 경우에 대의원 3분의 1이상이 회의에 부의할 사항을 제시하고 소집권자의 지명을 요구한 때에는 15일 이내에 회의의 소집권자를 지명하여야 한다.

《해 설》 ① 노조및조정법 제15조 2항. ② 노조및조정법 제16조 1항 1호. ③ 노조및조정법 제16조 3항. ④ 대의원회를 둔 때에는 총회에 관한 규정은 대의원회에 이를 준용한다(노조및조정법 제17조 4항). ⑤ 노조및조정법 제18조 4항. <답 ④>

54. 노동조합 및 노동관계조정법상 행정관청이 관여하는 사항이 아닌 것은?

① 규약의 시정 ② 조합결의 처분의 시정
③ 임시총회소집권자의 지명 ④ 단체협약의 시정
⑤ 단체협약의 일반적 구속력의 확장

《해 설》 ①② 노조및조정법 제21조. ③ 노조및조정법 제18조 3항. ④ 노조및조정법 제31조 3항. ⑤ 일반적 구속력의 확장은 노동조합 및 노동관계조정법 제35조의 요건이 갖추어지면 당연히 확장되는 것이다. <답 ⑤>

55. 우리나라의 노동조합에 관한 다음 기술 중 옳지 않은 것은?

① 노조의 규약에는 대표자에 관한 사항을 기재하여야 한다.
② 일정한 경우에 총회 또는 대의원회의 회의개최 공고기간을 규약으로 단축할 수 있다.
③ 노동조합의 설립은 행정관청에게 신고한다.
④ 조합비의 일정비율 이상을 조합원의 복지후생사업에 사용해야 한다.
⑤ 노동조합은 합병으로 인한 소멸로 해산한다.

《해 설》 ① 노조및조정법 제11조 8호. ② 노조및조정법 제19조 단서. ③ 노조및조정법 제10조. ④ 1980년 제정된 노동조합비 중 일정비율 이상을 조합원의 복지후생사업에 사용토록 하는 의무규정은 노동조합의 자율성 제고를 위하여 1986년 노동조합법 개정 당시에 삭제되었다. ⑤ 노조및조정법 제28조 1항. <답 ④>

56. 노동조합에 관한 설명으로 옳은 것은? <노무사 2009년>

① 노동조합의 조합원은 성별에 의한 차별대우뿐만 아니라 고용형태에 의한 차별대우도 받지 아니한다.
② 법인인 노동조합에 대하여는 노동조합 및 노동관계조정법에 규정된 것을 제외하고는 민법 중 재단법인에 관한 규정을 적용한다.
③ 노동조합에 대하여는 그 사업체를 포함하여 세법이 정하는 바에 따라 조세를 부과하지 아니한다.
④ 노동조합은 그 대표자의 결정에 따라 법인으로 할 수 있고, 법인으로 하는 경우에는 대통령령이 정하는 바에 의하여 등기를 하여야 한다.
⑤ 노동조합설립신고를 하지 아니한 경우라도 노동조합 및 노동관계조정법상의 노동조합이라는 명칭을 사용할 수 있다.

《해 설》 ① 노조및조정법 제9조. ② 사단법인에 관한 규정을 적용한다(동법 제6조 3항). ③ 노동조합에 대하여는 그 사업체를 제외하고 세법이 정하는 바에 따라 조세를 부과하지 아니한다(동법 제8조). ④ 노동조합은 그 규약이 정하는 바에 의하여 법인으로 할 수 있다(동법 제6조 1항). ⑤ 이 법에 의하여 설립된 노동조합이 아니면 노동조합이라는 명칭을 사용할 수 없다(동법 제7조 3항). <답 ①>

57. 노동조합 및 노동관계조정법상 노동조합의 관리에 관한 설명으로 옳은 것은?

① 노동조합의 재정에 관한 장부와 서류는 5년간 보존하여야 한다. <노무사 2009년>

② 노동조합의 조직형태의 변경에 관한 사항은 총회의 의결사항이며 재적조합원 과반수의 출석과 출석조합원 과반수의 찬성으로 의결하여야 한다.

③ 노동조합은 행정관청이 요구하는 경우에는 결산결과와 운영상황을 보고하여야 하며 불응하는 경우 형사처벌의 대상이 된다.

④ 노동조합의 대표자는 그 회계감사원으로 하여금 1년에 1회 이상 당해 노동조합의 모든 재원 및 용도 등에 대한 회계감사를 실시하게 하고 그 내용과 결과를 전체 조합원에게 공개하여야 한다.

⑤ 노동조합의 회계감사원은 필요하다고 인정할 경우에는 당해 노동조합의 회계 감사를 실시할 수 있다.

《해 설》 ① 3년간 보존해야 한다(노조및조정법 제14조 2항). ② 재적조합원 과반수의 출석과 출석조합원 2/3 이상의 찬성이 있어야 한다(동법 제16조 2항). ③ 500만원 이하의 과태료에 처한다(동법 제27조, 제96조). ④ 노동조합의 대표자는 그 회계감사원으로 하여금 6월에 1회 이상 당해 노동조합의 모든 재원 및 용도, 주요한 기부자의 성명, 현재의 경리 상황 등에 대한 회계감사를 실시하게 하고 그 내용과 감사결과를 전체 조합원에게 공개하여야 한다(동법 제25조 1항). ⑤ 동법 제25조 2항. <답 ⑤>

58. 「노동조합 및 노동관계조정법」상 노동조합의 설립과 운영에 관한 설명으로 옳지 않은 것은? <사시 2010년>

① 노동조합은 그 규약이 정하는 바에 의하여 법인으로 할 수 있다.

② 연합단체인 노동조합을 설립하고자 하는 자는 설립신고서 등을 고용노동부장관에게 제출하여야 한다.

③ 행정관청은 설립신고서를 제출한 단체가 사용자로부터 경비의 주된 부분을 원조 받는 경우 설립신고서를 반려하여야 한다.

④ 노동조합의 회계감사원은 회계감사를 종료한 경우 그 결과를 지체없이 노동위원회에 제출하여야 한다.

⑤ 노동조합이 신고증을 교부받은 경우에는 설립신고서가 접수된 때에 설립된 것으로 본다.

《해 설》 ② 노조및조정법 제10조 1항. ③ 노조및조정법 제12조 3항. ④ 노동조합의 대표자는 그 회계감사원으로 하여금 6월에 1회 이상 당해 노동조합의 모든 재원 및 용도, 주요기부자의 성명, 현재의 경리 상황 등에 대한 회계감사를 실시하게 하고 그 내용과 감사결과를 전체조합원에게 공개하여야 한다(노조및조정법 제25조). ⑤ 노조및조정법 제12조 4항. <답 ④>

59. 노동조합의 규약에 관한 설명으로 옳은 것은? <노무사 2009년>

① 노동조합의 규약에 관한 내용은 사용자와 협의하여 작성한다.
② 규약의 제정 · 변경은 조합원총회의 의결사항이며, 재적조합원 과반수의 출석과 출석조합원 3분의 2이상의 찬성이 있어야 한다.
③ 대의원회에 관한 규정이 없는 규약은 무효이다.
④ 규약이 노동관계법령에 위반하는 경우 노동위원회는 그 시정을 명령할 수 있다.
⑤ 조합원이 규약을 위반한 경우 사용자는 그 규약위반을 이유로 당해 조합원을 징계할 수 있다.

《해 설》 ① 노동조합의 규약은 그 조직의 자주적 · 민주적 운영을 보장하기 위한 것이므로 사용와의 협의 없이 노동조합이 자주적으로 작성할 수 있다. ② 노조및조정법 제16조 2항. ③ 대의원회를 두는 경우에만 대의원회에 관한 사항을 규정한다(동법 제11조 6호). ④ 행정관청은 노동조합의 규약이 노동관계법령에 위반한 경우에는 노동위원회의 의결을 얻어 그 시정을 명할 수 있다(동법 제21조). ⑤ 조합원이 조합규약을 위반한 경우 이는 순수한 조합 내부의 문제로서 조합에 의한 자체적인 제재를 받는 것이 원칙이다. <답 ②>

60. 다음은 복수노조에 대한 설명이다. 틀린 것은?

① 하나의 사업 또는 사업장에 제2의 노조가 설립되면 기존의 노동조합과 새로 설립된 노동조합은 복수노조의 지위에 있게 된다.
② 기존의 노동조합이 이미 사용자와 단체협약을 체결하고 있는 경우에는 새로 설립된 노동조합은 사용자에 대하여 단체교섭 또는 단체협약의 체결을 요구할 수 없다.
③ 복수노조를 설립할 경우에 기존의 노조가 설립되던 경우와는 달리 추가적 요건을 갖추어야 한다.
④ 기존 노동조합의 단체협약 유효기간 만료일 3개월 전부터 사용자에게 단체교섭을 요구할 수 있고, 단체교섭을 하기 위해서는 교섭창구단일화 절차를 거쳐야 한다.
⑤ 사용자가 교섭창구단일화 절차를 거치지 아니하고 개별교섭에 동의한 경우에는 복수의 노조와 개별 교섭할 수 있다.

《해 설》 ③ 노조및조정법의 개정으로 2011년 7월 1일부터 근로자들은 같은 사업장에 기존의 노조가 있더라도 조직대상을 같이하는 새로운 노동조합을 자유로이 설립할 수 있게 되었다. 따라서 복수노조를 설립할 경우에 기존의 노조가 설립되던 경우와는 달리 추가적 요건을 갖추어야 한다든가 그 밖의 제한이 가해질 수 없다(노조및조정법 제29조의2 1항 참조). <답 ③>

61. 다음은 조합총회에 관한 설명이다. 틀린 것은?

① 조합총회에서 이루어진 노동조합의 결의 또는 처분이 노동관계법령 또

는 규약에 위반된다고 인정되는 경우에는 행정관청은 즉시 그 시정을 명할 수 있다.

② 노동조합은 매년 1회 이상 총회를 개최하여야 한다.

③ 총회는 취업시간 이외의 시간에 개최하여야 한다.

④ 노동조합의 대표자는 적어도 회의 개최일 7일 전에 그 총회에 부의할 사항을 공고하고 소집하여야 한다.

⑤ 총회는 재적조합원 과반수의 출석과 출석조합원 과반수의 찬성으로 의결한다.

《해 설》 ① 노동조합의 결의 또는 처분이 노동관계법령 또는 규약에 위반된다고 인정되는 경우에는 행정관청은 노동위원회의 의결을 얻어 그 시정을 명할 수 있으며, 시정명령을 받은 노동조합은 30일 이내에 이를 이행하여야 한다(노조및조정법 제21조). ② 노조및조정법 제15조. ④ 노동조합의 대표자는 총회를 소집하며(노조및조정법 제18조 참조), 적어도 회의 개최일 7일 전에 그 회의에 부의할 사항을 공고하고 소집하여야 한다(노조및조정법 제19조 본문). ⑤ 노조및조정법 제16조 2항 본문. <답 ①>

62. 노동조합의 총회에 관한 설명으로 옳지 않은 것은? <노무사 2009년>

① 노동조합은 매년 1회 이상 총회를 개최하여야 하며, 노동조합의 대표자는 총회의 의장이 된다.

② 합병 · 분할에 관한 사항은 총회의 의결을 거쳐야 한다.

③ 대의원은 조합원의 직접 · 비밀 · 무기명투표에 의하여 선출되어야 하며, 대의원의 임기는 규약으로 정하되 3년을 초과할 수 없다.

④ 노동조합의 대표자는 조합원 또는 대의원의 3분의 1이상이 회의에 부의할 사항을 제시하고 회의의 소집을 요구한 때에는 지체없이 임시총회 또는 임시대의원회를 소집하여야 한다.

⑤ 행정관청은 노동조합에 총회 또는 대의원회의 소집권자가 없는 경우에 조합원 또는 대의원의 3분의 1이상이 회의에 부의할 사항을 제시하고 소집권자의 지명을 요구한 때에는 노동위원회의 의결을 거쳐 회의의 소집권자를 지명하여야 한다.

《해 설》 ⑤ 행정관청은 노동조합에 총회 또는 대의원회의 소집권자가 없는 경우에 조합원 또는 대의원의 3분의 1 이상이 회의에 부의할 사항을 제시하고 소집권자의 지명을 요구한 때에는 15일 이내에 회의의 소집권자를 지명하여야 한다(노조및조정법 제18조 4항). <답 ⑤>

63. 다음 설명 중 판례의 태도와 다른 것은?

① 업무의 특수성으로 인하여 조합활동이 불가피하고, 단체협약에 취업시간중의 조합활동을 허용하고 있는 때에는 취업시간중에도 총회를 개최할 수 있다.

② 총회는 재적조합원 과반수의 출석과 출석조합원 과반수의 찬성으로 의결하는 데 출석조합원 과반수의 찬성이란 기권자와 무효투표자를 제외한 유효투표자의 과반수의 찬성이다.
③ 대의원 대회소집에서 조합규약에 위반한 절차상 하자가 있더라도 동 대회에 모든 대의원이 참석하였고 거기서 다룬 안건의 상정에 관하여 어떤 이의도 없었으므로 위 하자는 경미한 것이어서 동 대회에서 한 결의는 유효하다.
④ 긴급히 조합총회나 대의원대회를 소집하여야 할 필요성으로 인하여 규약에 규정된 절차를 제대로 지키지 아니하고 회의를 소집하는 경우는 그와 같은 총회결의의 효력을 일률적으로 부인할 필요는 없을 것이다.
⑤ 소집권자의 지명요구에 대하여 행정관청이 이를 거부하는 조치를 취한 경우에도 그 자체로서 조합원에게 어떠한 권리 · 의무를 설정하거나 법률상의 이익에 직접적인 변동을 초래케 하는 처분이라고 할 수 없으므로 이는 행정소송의 대상이 되는 행정처분이 아니다.

《해 설》 ① 대판 1995. 3. 14, 94누5496. ② 출석조합원 과반수의 찬성이란 기권자와 무효투표자를 제외한 유효투표자의 과반수의 찬성이 아니고 총투표자수의 과반수를 말한다(대결 1995. 8. 26, 96마645). ③ 대판 1992. 3. 27, 91다29071. ④ 긴급히 조합총회나 대의원대회를 소집하여야 할 필요성으로 인하여 규약에 규정된 절차를 제대로 지키지 아니하고 회의를 소집하는 경우는 어떠한가에 대하여 규약상의 절차가 부득이하게 지켜지지 아니하였으나 그 원인이 사안의 성질상 긴급을 요하는 것이고, 소집공고기간이 규약의 규정보다 단축되었더라도 조합원이 총회에 부의할 안건을 이미 알고 있었으며, 그 안건에 대하여 자신의 의사를 결정할 시간적 여유를 충분히 가지고 있었고, 또한 조합원의 대다수가 총회에 참석하여 아무런 장애없이 의사결정을 하였다면 그와같은 총회결의의 효력을 부인한다거나 무효라고 해석할 필요는 없을 것이다(동지: 대판 1991. 3. 31, 91다14413 등). ⑤ 대판 1989. 11. 28, 84누3892. <답 ②>

64. 노동조합 및 노동관계조정법상 노동조합의 회계운영에 관한 설명으로 옳은 것은? <노무사 2010년>

① 노동조합의 대표자는 그 회계감사원으로 하여금 6월에 1회 이상 회계감사를 실시하게 하고 감사결과를 전체 조합원에게 공개하여야 한다.
② 노동조합의 회계감사원은 필요하다고 인정할 경우 회계감사를 실시할 수 있으나 감사결과를 공개하려면 총회나 대의원회의 사전승인이 필요하다.
③ 조합원이 결산결과를 열람하기 위해서는 재적조합원 3분의 1 이상의 동의가 있어야 한다.
④ 노동조합의 대표자는 조합원의 요구가 있는 때에만 운영상황을 공개하면 된다.
⑤ 노동조합은 행정관청에 대하여 정기적으로 결산결과를 보고하여야 한다.

《해 설》 ①② 노조및조정법 제25조 1항. ③④ 노동조합의 대표자는 회계연도마다 결산결과와 운영상황을 공표하여야 하며 조합원의 요구가 있을 때에는 이를 열람하게 하여야 한다(노조및조정법 제26조). ⑤ 노동조합은 행정관청이 요구하는 경우에는 결산결과와 운영상황을 보고하여야 한다(노조및조정법 제27조). <답 ①>

65. 다음 보기는 노동조합의 회계에 대한 설명이다. 틀린 것을 모두 고른 것은?

> ㉮ 노동조합의 대표자는 그 회계감사원으로 하여금 적어도 6월에 1회 이상 당해 노동조합의 모든 재원 및 용도, 주요한 기부자의 성명 및 현재의 경리상황에 대한 회계감사를 실시하게 하고, 그 내용과 감사결과를 전체조합원에게 공개하여야 한다. ㉯ 노동조합의 회계감사원도 필요하다고 인정하는 때에는 행정관청의 승인을 받아 당해 노동조합의 회계감사를 실시하고 그 결과를 공개할 수 있다. 행정관청은 필요하다고 인정하는 때에는 노동조합의 경리상황 기타 관계서류를 제출하게 하여 조사할 수 있다. 행정관청이 필요하다고 인정한 경우는 다음과 같다. ㉠ 당해 노동조합에 대하여 진정 · 고발 · 청원 등이 있는 경우, ㉡ 노동조합의 조직간 또는 조직 내부에 분규가 야기되어 조정 · 지도할 필요가 있는 경우, ㉢ 노동조합의 회계 · 경리상태나 기타 운영에 대하여 지도할 필요가 있는 경우, ㉰ 노동조합의 대표자는 회계연도마다 결산결과와 운영상황을 공표하여야 하며 조합원의 요구가 있을 때에는 이를 열람하게 한다. ㉱ 조합비의 액 · 지급시기 및 지급방법에 관하여는 원래 조합규약 속에 규정하도록 되어 있으며, ㉲ 노동조합은 조합비의 일정비율 이상을 조합원의 복지후생사업에 사용해야 한다.

① ㉮, ㉯ ② ㉯, ㉰ ③ ㉰, ㉱
④ ㉯, ㉲ ⑤ ㉰, ㉲

《해 설》 ㉮ 노조및조정법 제25조 1항. ㉯ 노동조합의 회계감사원도 필요하다고 인정하는 때에는 당해 노동조합의 회계감사를 실시하고 그 결과를 공개할 수 있다(노조및조정법 제25조 2항). 행정관청의 조사권 또한「노동조합은 행정관청이 요구하는 경우에는 결산결과와 운영상황을 보고하여야 한다」(노조및조정법 제27조)는 자료제출 규정으로 개정되었다. ㉰ 노조및조정법 제26조, ㉲ 1980년 제정된 노동조합비 중 일정비율 이상을 조합원의 복지후생사업에 사용토록 하는 의무규정은 노동조합의 자율성제고를 위하여 1986년 노동조합법 개정 당시에 삭제되었다. <답 ④>

66. 다음은 노동조합의 설립과 관련한 설명이다. 맞는 것은?

① 근로자는 기업별 · 산업별 · 직종별로 자유롭게 노동조합의 조직형태를 정할 수 없다.
② 노동조합에 대해서는 근로자 2인 이상이면 노동조합을 설립할 수 있다.
③ 근로조건의 결정권이 있는 독립된 사업(장)에 조직된 노동단체는 지부 · 분회 등의 명칭 여하에 불구하고 설립신고를 할 수 없다.

④ 산업별 연합단체나 총연합단체는 단체협약체결능력이 있어야만 노동조합설립에 필요한 서류를 행정관청에게 제출할 수 있다.

⑤ 노동조합 및 노동관계조정법은 노동조합의 설립에 대하여 허가주의를 채택하고 있다.

《해 설》 ① 현행 노동조합 및 노동관계조정법은 舊法과 달리 노동조합의 설립요건에 관하여 아무런 제한을 두고 있지 않다(노조및조정법 제10조). 따라서 근로자는 기업별 · 산업별 · 직종별로 자유롭게 노동조합의 조직형태를 정할 수 있다. ② 노동조합에 대해서는 민법상 사단법인에 관한 규정이 적용되므로 근로자 2인 이상이면 노동조합을 설립할 수 있다고 보아야 한다(민법 제40조 참조). ③ 근로조건의 결정권이 있는 독립된 사업 또는 사업장에 조직된 노동단체는 지부.분회 등 명칭 여하에 불구하고 노동조합 및 노동관계조정법 제13조 1항의 규정에 의한 노동조합의 설립신고를 할 수 있다(노조및조정법 시행령 제7조). 그러나 현행 노동조합 및 노동관계조정법 제10조 1항의 규정이 노동조합의 조직유형을 근로자들의 자율에 맡기고 있는 원칙규범이기 때문에 '지부' · '분회'에 대하여 독립된 노동조합설립신고를 할 수 있도록 하는 위 시행령규정은 기업별 노동조합조직을 지향하는 것으로서 모법 제10조 1항에 모순되는 것으로 해석된다. ④ 산업별 연합단체나 총연합단체는 단체협약체결능력의 보유 여하를 불문하고 노동조합설립에 필요한 서류를 행정관청에게 제출하여야 한다(노조및조정법 제10조 1항 · 2항). ⑤ 노동조합 및 노동관계조정법은 제10조의 규정에 의하여 설립신고서에 규약을 첨부하여 행정관청에 설립신고를 하고 신고증을 교부받도록 규정함으로써(노조및조정법 제12조) 노동조합의 설립에 대하여 신고주의를 채택하고 있다. 따라서 우리나라에 있어서는 노동조합의 설립에 있어서 자유설립주의를 원칙으로 하고 신고제도를 가미한 것이라 하겠다. <답 ②>

67. 다음은 노동조합의 심사에 대한 설명이다. 틀린 것은?

① 노동조합의 자격은 행정관청의 심사행위에 의하여 창설적으로 인정된다.

② 행정관청은 설립신고서를 접수한 날로부터 3일 이내에 신고증을 교부하여야 한다.

③ 설립신고서를 제출한 노동조합이 노동조합의 자주성을 규정한 법 제2조 4호 단서 각목의 1에 해당할 경우 행정관청은 설립신고서를 반려할 수 있다.

④ 행정관청은 설립신고서 또는 규약에 기재사항의 누락 등 보완이 필요한 경우에는 대통령령이 정하는 바에 따라 20일 이내의 기간을 정하여 보완을 요구하여야 한다.

⑤ 행정관청은 설립하고자 하는 노동조합이 ④에 의하여 보완을 요구하였음에도 불구하고 그 기간 내에 보완을 하지 아니하는 경우 설립신고서를 반려하여야 한다.

《해 설》 ① 노동조합의 자격은 노동조합이 현실적으로 자주성과 민주성을 갖추면 부여되는 것이므로 행정관청의 심사행위에 의하여 창설적으로 인정되는 것은 아니다. 왜냐하면 근로3권행사의 적격성 여부가 행정관청의 심사행위에 의하여 좌우될 수는

없기 때문이다. ②③④⑤ 노조및조정법 제12조. <답 ①>

68. 다음 설명 중 틀린 것은? (이견이 있는 경우 판례의 태도에 따름)

① 노동조합이 신고증을 교부받은 경우에는 설립신고서가 접수된 때에 설립한 것으로 본다.

② 행정관청이 3일 이내에 신고증을 교부하지 않은 경우에는 노조가 성립한 것으로 본다.

③ 어떤 근로자의 단체가 노동조합 및 노동관계조정법 제2조 4호의 자주성을 갖추고 또한 민주적 규약을 구비하고 있으나 절차상의 설립신고를 하지 않은 경우에는 그 단체가 노동조합으로서의 활동을 할 수 있는 자격이 전혀 없는 것은 아니다.

④ 노동조합 및 노동관계조정법 제2조 4호에 정한 자주성과 사단으로서의 조직성을 완전히 갖추지 못한 단체의 경우에는 어떠한 법의 보호도 받을 수 없다.

⑤ 근로자의 단체가 노동조합으로서의 자주성과 조직성올 갖추었으나 노동조합 및 노동관계조정법 제2조 4호 단서 각목의 소극적 요건(결격요건) 중의 하나에 해당하더라도 노동조합으로서의 자격을 전면 부인할 수는 없을 것이다.

《해 설》 ① 노조및조정법 제12조 4항. ② 행정관청이 3일 이내에 신고증을 교부하지 않은 경우(노조및조정법 제12조 참조)에, 판례는 행정관청은 그 기간(3일) 경과 후에도 설립신고서에 대하여 보완지시 또는 반려처분을 할 수 있다고 함으로써 노조가 설립되지 않은 것으로 본다(대판 1990. 10. 23, 89누3243). ④ 노동조합 및 노동관계조정법 제2조 4호에 정한 자주성과 사단으로서의 조직성을 완전히 갖추지 못한 단체의 경우, 법외적 단체이므로 노동조합이라는 명칭을 사용할 수 없음은 말할 것도 없고 그 활동에 대하여 어떠한 법의 보호도 받을 수 없다. ⑤ 근로자의 단체가 노동조합으로서의 자주성과 조직성을 갖추었으나 노동조합 및 노동관계조정법 제2조 4호 단서 각목의 소극적 요건(결격요건) 중의 하나에 해당하는 경우에도 노동조합으로서의 자격을 부인할 수는 없을 것이다. 따라서 이 문제는 구체적인 경우에 따라 자주성 확보의 정도를 기준으로 판단해야 한다. 왜냐하면 노동조합 및 노동관계조정법의 규정에 일부 저촉된다고 하여 곧바로 헌법의 근로3권보장에 의한 이익을 받지 못하게 한다는 것은 근로3권을 보장한 취지에 비추어 타당하지 않기 때문이다. <답 ②>

69. A기업의 근로자 100여명은 2002년 10월 20일에 노동조합 창립총회를 개최하고 11월 1일에 행정관청에 설립신고서를 접수하였다. 타당하지 아니한 것은? (이견이 있는 경우 판례에 의함)

① 보안사유나 반려사유가 없는 한 행정관청은 3일 이내에 신고증을 교부하여야 한다.

② 노동조합이 신고증을 교부받은 경우에는 11월 1일에 노동조합이 설립된

것으로 본다.

③ 설립신고신고증이 반려되었다고 해서 노동조합의 활동이 모두 위법하다고 할 수 없다.

④ 행정관청이 보완을 명한 경우 보완된 설립신고서 또는 규약을 접수한 때에는 행정관청은 즉시 신고증을 교부하여야 한다.

⑤ 3일 이내에 행정관청이 신고증을 교부하지 않은 경우에도 행정관청은 보완 지시 또는 반려 처분이 가능하다.

《해 설》 ④ 행정관청은 보완된 설립신고서 또는 규약을 접수한 때에는 3일 이내에 신고증을 교부하여야 한다(노조및조정법 제12조 2항 2문). ② 신고증의 교부를 조건으로 신고서접수시에 노동조합은 설립된 것으로 본다(노조및조정법 제12조 4항). ③ 설립신고증이 반려된 경우에도 노동조합이 실질적 요건을 갖춘 경우에는 헌법상의 근로3권 보장취지와 관련하여 노동조합활동에 대한 적법성 여부를 판단하여야 한다. ⑤ 지문의 내용은 판례(대판 1990. 10. 23, 89누3243)의 견해이다. 다만, 통설은 헌법 제33조 1항을 근거로 3일이 경과된 때에는 유효한 수리행위가 있는 것으로 본다. <답 ④>

70. 다음 중 옳은 설명은?

① 현행 노동조합 및 노동관계조정법에 따르면 신설노조의 경우에는 노조 전임자를 둘 수 없다.

② 현행 노동조합 및 노동관계조정법은 노동조합의 임원선거와 관련하여 결선투표제도를 두고 있지 않다.

③ 현행 노동조합 및 노동관계조정법에 의하여 교섭권을 위임하는 경우에는 단체협약체결권한까지 동시에 위임해야 한다.

④ 쟁의행위는 재적조합원 과반수의 출석과 출석조합원 과반수의 찬성으로 결정하도록 규정하고 있다.

⑤ 조폐사업은 공익사업이지만 필수공익사업은 아니다.

《해 설》 ① 다만 노조전임자에 대한 임금지급이 금지될 뿐이다. ② 노조및조정법 제16조 3항. ③ 현행 노조및조정법은 구법과 달리 위임의 범위와 한계를 정할 수 있으므로 교섭권만 위임할 수도 있다(노조및조정법 제29조 2항; 동 시행령 제14조 1항). ④ 출석조합원이 아닌 조합원과반수의 찬성을 요한다(노조및조정법 제41조). ⑤ 노조및조정법 제71조. <답 ⑤>

71. 다음은 근로자의 노동조합에의 가입과 탈퇴에 관한 설명이다. 틀린 것은?

① 미성년자인 근로자가 노동조합을 결성하거나 기존의 노동조합에 가입하려고 할 때에는 법정대리인의 동의를 얻어야 한다.

② 노동조합의 가입자격은 그 노동조합의 존립목적에 비추어 부당하게 제한되어서는 아니 되며, 정당한 이유없이 가입을 거부하는 것은 위법이다.

③ 해고의 효력을 다투고 있는 자는 중앙노동위원회의 재심판정이 있을 때

까지 조합원의 지위를 상실하지 않는다.

④ 조합원이 규약 소정의 절차에 따라 탈퇴의 의사표시를 했으면 조합의 승인이 없이도 탈퇴의 효력은 발생되는 것이다.

⑤ union shop협정 하에서 근로자가 그 노동조합을 탈퇴하여 새로운 노동조합을 조직한 경우에는 신분상의 불이익한 처분이 가해질 수 있다.

《해 설》 ① 근로계약이라 함은 채권관계의 성립을 목적으로 하는 것이며 개개 근로자와 사용자 사이의 이해의 대립이라는 법률관계의 발생을 의욕 하는 것이므로 미성년자를 위하여 의사의 보충이 필요할 것이지만, 노동조합의 결성과 가입에 있어서는 그러한 의미의 의사보충은 문제되지 않는다. 더욱이 단결권보장의 법리 속에는 근로자의 지위에 대하여 조합결성권과 가입권을 불가분적으로 부여하고 있는 것이라고 해석되기 때문에 미성년자의 조합결성행위와 가입행위를 분리하여 법정대리인의 동의를 얻는 경우에만 조합결성의 효력을 인정한다는 것은 수긍될 수 없다. ③ 대판 1992. 3. 31, 91다14413. ④ 조합의 승인행위는 조합원의 탈퇴의 의사표시에 대하여 확인적 효력을 가지는 데 그치는 것이므로 규약 소정의 절차에 따라 탈퇴의 의사표시를 했음에도 불구하고 조합이 정당한 이유없이 이를 승인하지 않는 경우에는, 조합원의 조합탈퇴의 자유가 부당한 제약을 받게 되기 때문에 조합의 승인이 없이도 탈퇴의 효력은 발생되는 것이다. ⑤ 2006년 12월 30일 노조및조정법 제81조 2호 단서의 개정으로 인해 union shop협정하에서 근로자가 그 노동조합에서 제명된 것뿐만 아니라 그 노동조합을 탈퇴하여 새로 노동조합을 조직하거나 다른 노동조합에 가입한 것을 이유로 근로자에게 신분상 불이익한 행위를 할 수 없다고 규정하고 있다. 다만 동법 부칙 제1조에서는 그 시행일을 2011년 7월 1일부터로 규정했다. <답 ①>

72. 다음은 노동조합의 통제권에 관한 설명이다. 틀린 것은?

① 조합의 통제 · 징계의 권능은 단결권보장의 취지에 따라 단결을 유지하고 조합의 목적달성상 필요한 한도 내에서 행사될 경우에만 정당하다.

② 통제권이 미치는 조합원의 기본적 의무들로서, 예컨대 규약의 준수의무, 결의 · 지시에 대한 복종의무, 조합비의 납부의무 등이 있다.

③ 노동조합이 그 조합원에 대하여 특정 정당이나 후보자를 지지 · 반대하거나 지지 · 반대할 것을 권유하거나 설득하는 정도를 넘어서 노동조합 총회의 결의 내용을 따르지 아니하는 조합원에 대하여는 노동조합의 내부적인 통제권에 기초하여 여러가지 불이익을 가하는 등 강력하게 대처하겠다는 내용의 속보를 제작 · 배포한 행위는 정당한다.

④ 사실을 왜곡하거나 집행부에 대한 중상 또는 악의적인 공격을 목적으로 불필요한 비판을 하는 것은 통제처분의 대상이 된다.

⑤ 노동조합의 행동통일에 관한 지시에 대하여 조합의 전략을 저해하는 독자적인 행동을 취한 경우에는 노동조합의 통제권이 행사될 수 있다.

《해 설》 ③ 노동조합은 정치활동을 목적으로 하는 정치적 결사체가 아니기 때문에 노동조합의 정치적 방침과 태도에 반대하는 조합원에 대하여 통제를 가한다는 것은 있을 수 없다. 따라서 노동조합이 그 조합원에 대하여 특정 정당이나 후보자를 지지 · 반대하거나 지지 · 반대할 것을 권유하거나 설득하는 정도를 넘어서 노동조합 총회의 결의 내용을 따르지 아니하는 조합원에 대하여는 노동조합의 내부적인 통제권에 기초하여 여러 가지 불이익을 가하는 등 강력하게 대처하겠다는 내용의 속보를 제작 · 배포한 행위는 조합원인 근로자 각자의 공직선거에 관한 의사결정을 방해하는 정도의 강요행위에 해당 한다(대판 2005. 1. 28, 2004도227). ④ 집행부나 조합의 방침을 건전하게 비판하는 조합원의 행위는 조합민주주의(union democracy)의 활성화 및 그 유지를 위하여 마땅히 허용되어야 한다. 그러나 사실을 왜곡하거나 집행부에 대한 중상 또는 악의적인 공격을 목적으로 불필요한 비판을 하는 것은 통제처분의 대상이 된다고 해석된다. <답 ③>

73. 다음은 노동조합의 통제권에 관한 설명이다. 틀린 것은?

① 제재절차에 중대한 흠이 있을 때에는 그 제재는 무효라고 판단해야 한다.

② 조합원에 대한 제재를 조합총회에서 의결하도록 조합규약 내에 규정하고 있는 경우에는 당연히 조합총회에서 결정해야 하며, 규약에서 정한 것과는 다른 기관이 제재권한을 행사하는 것은 용납되지 않는다.

③ 조합규약에 의하여 모든 제재권한이 집행위원회(또는 중앙위원회), 대의원회 등의 하급의결기관에 주어진 경우에는 그와 같은 규정 자체가 법적으로 정당하다.

④ 제명의 경우에 변명의 기회를 주지 않고 행한 처분은 그 절차상의 무효를 다툴 수 있다.

⑤ 조합규약에 적법한 징계사유와 절차에 관한 상세하고 구체적인 규정이 있는 경우에는 당해 처분이 징계사유로부터 현저하게 일탈되어 있다거나 또는 양형이 크게 잘못된 때가 아니면 법원은 조합의 자주적 결정을 존중해야 한다.

《해 설》 ② 징계처분은 조합원의 총의가 반영되는 조합총회의 결의에 의하는 것이 원칙이다. 조합원에 대한 제재를 조합총회에서 의결하도록 조합규약 내에 규정하고 있는 경우에는 당연히 조합총회에서 결정해야 하며, 규약에서 정한 것과는 다른 기관이 제재권한을 행사하는 것은 용납되지 않는다. ③ 조합규약에 의하여 제재권한이 집행위원회(또는 중앙위원회), 대의원회 등의 하급의결기관에 주어진 경우에는 그와 같은 규정 자체가 법적으로 정당한 것인가에 대하여, 제명 이외의 제재는 조합원의 자격을 박탈하는 것이 아니고 위반행위를 배제하려는 것에 지나지 않을 뿐만 아니라, 제재조치는 신속성을 요하는 경우가 많으므로 조합규약의 규정으로 이에 대한 권한을 하급의결기관에 일임하는 것이 합리적인 경우가 적지 않다. 그러나 제명은 조합원을 조합으로부터 몰아내는 처분이므로 제명처분은 조합의 최고의사결정기관인 조합총회의 전권사항이어야 하며, 다른 의결기관에 그 권한을 위양한다는 것은 허용되지 않는다. ④ 조합규약에는 피제재자에게 제재의 사유를 알리고 변명의 기회를 주는 절차규정을 두어야 하며, 이에 관한 규정이 없는 경우라도 변명의 기회를 주는 것이 심리의 공정성을 확보하는 불가결의 요건이라고 해석된다. <답 ③>

74. 노동조합의 통제권에 관한 설명으로 옳지 않은 것은? (다툼이 있는 경우에는 판례에 의함) <노무사 2010년>

① 노동조합이 공직선거에서 특정정당의 후보자를 지지하는 방침에 따르지 아니하는 조합원에게 통제권 차원에서 불이익을 예고하는 행위는 허용된다.

② 노동조합의 총회의 결의로 조합원을 제명한 처분은 사법심사의 대상이 될 수 있다.

③ 노동조합은 그 규약으로 조합비를 납부하지 아니하는 조합원의 권리를 제한할 수 있다.

④ 노동조합의 위법한 통제처분은 행정관청의 시정명령의 대상이 될 수 있다.

⑤ 조합원에 대한 규율과 통제에 관한 사랑은 반드시 규약에 기재하여야 한다.

《해 설》 ① 노동조합은 정치활동을 목적으로 하는 정치적 결사체가 아니기 때문에 노동조합의 정치적 방침과 태도에 반대하는 조합원에 대한 통제권은 행사될 수 없다(대판 2005. 1. 28, 2004도227). ② 자주적인 독립성을 가진 노동조합의 본질에 비추어 조합내부에서 결정된 문제에 대하여 법원이 개입하는 것은 바람직하지 못하다. 그러나 제명과 같이 조합원의 자격을 박탈하는 무거운 제재에 있어서는 그것이 가혹하게 과해졌거나 공정성을 잃고 있는 경우에는 사법심사의 대상이 될 수 있을 것이다(김형배, 노동법[제19판], 772면 참고). 이 지문에 대해서는 이견이 있을 수 있으나 지문 ①이 명백히 옳지 않은 설명이므로 지문 ②는 정답이 될 수 없다. ③ 조합비 납부는 조합원으로서의 기본적 의무이므로 이를 준수하지 않은 경우 노동조합의 통제권 행사가 가능하다. ④ 노동조합의 결의 · 처분이 위법한 경우 행정관청은 시정명령을 내릴 수 있다. ⑤ 노조및조정법 제11조 15호. <답 ①>

75. 다음은 노동조합의 해산과 조직변경에 관한 설명이다. 틀린 것은?

① 법인의 노동조합은 해산하더라도 그 청산의 목적범위 안에서는 권리가 있고 그 의무를 부담한다.

② 노동조합이 해산한 때에는 해산한 날로부터 15일 이내에 행정관청에게 이를 신고해야 한다.

③ ②를 위반하는 경우에 대하여 과태료가 부과된다.

④ 조직변경에 대하여는 노동조합 및 노동관계조정법 제16조에서 총회의 의결사항으로 규정하고 있다.

⑤ 조직형태의 변경에 관한 사항은 재적조합원 3분의 2 이상의 출석과 출석조합원 3분의 2 이상의찬성이 있어야 한다.

《해 설》 ① 노동조합의 해산이라 함은 조합이 소멸하게 되는 것을 말하며, 이미 소멸한 것을 의미하는 것은 아니다. 따라서 법인인 노동조합은 해산하더라도 그 청산의 목적범위 안에서는 권리가 있고 그 의무를 부담한다(민법 제81조 참조). ② 노조및조정법 제28조 제2항. ③ 노동조합 및 노동관계조정법 제96조는 제28조 2항을 위반하는 경우에 대하여 과태료를 부과하고 있다. 즉 이와 같이 해산신고를 벌칙으로서 강제하고 있는 법의취지는 집단적 노사관계질서의 주체적 역할을 담당하고 있는 노동조합의 존재를 노동행정적으로 마감하는 기준시점의 신고의무를 노동조합의 대표자에게 부과하고 있는 것으로 해석된다. ④⑤ 이에 대하여는 노동조합 및 노동관계조정법 제16조에서 총회의 의결사항으로 규정하고 있으며(8호), 조직형태의 변경에 관한 사항은 재적조합원 과반수의 출석과 출석조합원 3분의 2 이상의 찬성이 있어야 한다(2항). <답 ⑤>

76. 노동조합의 활동과 관련된 설명으로 옳은 것은? (다툼이 있는 경우에는 판례에 의함) <노무사 2008년>

① 조합원인 간호사가 근무중에 무단으로 위생복 위에 노동조합의 구호가 적힌 주황색 셔츠를 착용하는 것은 평상시 조합활동으로서 허용된다.

② 사용자의 명예를 훼손하는 내용의 유인물을 근무시간외에 사업장 밖에서 배포하였다면 그 정당성이 인정된다.

③ '족벌재단 퇴진'이라고 기재된 리본을 착용한 교직원노동조합 소속 교원들의 행위는 정당한 조합 활동이다.

④ 원칙적으로 근무시간중 노동조합의 집회는 사용자의 동의가 없더라도 정당한 조합 활동이다.

⑤ 직업의 특성상 취업시간중의 조합활동이 불가피하고 단체협약이 취업시간중의 조합활동을 허용하고 있다면, 취업시간중의 노동조합총회개최는 정당한 조합활동이다.

《해 설》 ① 병원에 근무하는 직원인 노동조합원들이 병원의 승인 없이 조합원들로 하여금 모든 직원이 착용하도록 되어 있는 위생복 위에 구호가 적힌 주황색 셔츠를 근무중에도 착용하게 함으로써 병원의 환자들에게 불안감을 주는 등으로 병원 내의 정숙과 안정을 해치는 행위를 계속하였고, 아울러 병원이 노동조합의 정당한 홍보활동을 보장하기 위하여 노동조합의 전용 게시판을 설치하여 이를 이용하도록 통보하였음에도 조합원들이 주동이 되어 임의로 벽보 등을 지정 장소 외의 곳에 부착하였고, 또한 노동조합이나 병원과는 직접적인 관련이 없는 전국병원노련위원장의 구속을 즉각 철회하라는 내용의 현수막을 병원 현관 앞 외벽에 임의로 각 설치한 후 병원의 거듭된 자진철거요구에 불응한 사실이 인정된다면, 조합원들의 이와 같은 행위는 병원의 인사규정 제51조 제1호 소정의 징계사유인 "직원이 법령 및 제 규정에 위배하였을 때"에 해당하거나 제4호 소정의 징계사유인 "직무상의 의무를 위반 및 태만히 하거나 직무상의 정당한 명령에 복종하지 아니한 경우"에 해당할 뿐만 아니라, 조합원들이 점심시간을 이용하여 집단행동을 하였더라도 그러한 집단행동이 병원의 질서와 규율을 문란하게 한 경우에는 복무규정을 위반한 것이 되어 역시 위 인사규정 제51조 제1호 소정의 징계사유에 해당한다고 본 사례(대판 1996. 4. 23, 95누6151). ③ 전국교직원노동조합 소속 교원들이 '족벌재단 퇴진' 등과 같은 내용의 리본, 배지, 조끼를 패용 · 착용한 행위는 단순히 노동조합의 내부적 단결을 위한 행위가 아니라 학교운영자들에게 유형적 위력을 보이는 외부적인 집단행동에 해당한다고 볼 수 있고, 설령 위와 같은 리본 등의 패용 · 착용행위가 '단결권'에 관한 것이라 하더라도 근로조건의 향상과 별다른 관계가 없는 내용이므로 이를 금지하는 것은 근로자나 노동조합의 적법한 단결권행사에 어떠한 제한을 부과하는 것이 아니라고 한 사례(대판 2006. 5. 26, 2004다62597). ⑤ 노동조합원들이 레미콘차량 운전기사로서 대부분의 시간을 회사 밖의 공사현장에서 보내고 있어 공사현장의 작업상황에 따라 회사의 규정근무시간 이후라도 임의로 작업을 종료할 수 없을 뿐 아니라 작업종료시간을 일률적으로 맞출 수 없는 업무의 특수성 등으로 인하여 취업시간중의 조합활동이 불가피하고, 회사의 단체협약도 취업시간중의 조합활동을 허용하고 있는 것이라면, 노동조합총회 등이 취업시간중에 개최되었다는 사유만으로 위 총회 등의 개최가 정당한 노동조합의 활동범위를 벗어났다고 할 수 없다(대판 1995. 3. 14, 94누5496). <답 ⑤>

77. 다음 보기는 노동조합의 해산에 관한 설명이다. 맞는 것을 모두 고른 것은?

> ㈎ 노동조합의 해산을, 예컨대 집행위원회의 의결에 의하도록 하는 규약조항은 해산의 성질상 무효라고 새겨야 한다.
> ㈏ 노동조합의 합병에는 구조합과 신조합간에 동일성이 인정되기 때문에 회사의 신설합병에 관한 규정을 유추적용하여 구조합의 재산이나 단체협약은 포괄적으로 신조합에 승계된다.
> ㈐ 집행부에 대한 반대 또는 비판적 입장을 취하는 조합원들이 탈퇴하여 새로운 조합을 결성하는 경우에는, 종래의 조합은 동일성을 유지하지 못하므로 종래의 조합과 사용자가 체결한 단체협약은 소멸한다.
> ㈑ 조합원 또는 대의원 과반수의 출석과 출석한 조합원 또는 대의원 3분의 2 이상의 찬성으로 행한 총회 또는 대의원회의 해산결의 또한 해산사유인데, 규약에 의하여 위의 요건을 경감시키는 것은 허용된다.
> ㈒ 노동조합의 대내적 통솔과 대외적 활동을 담당하는 기관인 위원장·부위원장 등이 없고, 1년 이상 노동조합으로서의 기능을 수행하지 못하여 앞으로 더 이상 조합활동을 기대할 수 없는 경우에도 노동조합의 해산사유가 된다.

① ㈎, ㈏, ㈐ ② ㈏, ㈐, ㈑ ③ ㈐, ㈑, ㈒
④ ㈎, ㈏, ㈑ ⑤ ㈎, ㈏ ,㈒

《해 설》 ㈏ 노동조합의 합병에는 구조합과 신조합간에 동일성이 인정되기 때문에 회사의 신설합병에 관한 규정을 유추적용하여 구조합의 재산이나 단체협약은 포괄적으로 신조합에 승계된다(상법 제235조 참조). ㈐ 집행부에 대한 반대 또는 비판적 입장을 취하는 조합원들이 탈퇴하여 새로운 조합을 결성하는 경우에는, 아무리 다수의 조합원이 탈퇴한다 하더라도 종래의 조합은 동일성을 유지하며, 탈퇴한 근로자들은 조합재산에 대하여 분할청구권을 가질 수 없다. 집단적 탈퇴의 경우에는 그로 인하여 조합원수가 격감했다 하더라도 노동조합의 동일성이 유지되기 때문에 단체협약은 여전히 효력을 가진다. ㈑ 노동조합 및 노동관계조정법 제28조 1항 3호의 요건을 경감시키는 것은 허용되지 않는다. 임의규정이 아니기 때문이다. <답 ⑤>

78. 노동조합의 해산사유인 것은? <사시 2008년, 노무사 2008년 유사>

① 노동조합이 합병으로 소멸 ② 노동조합의 파산
③ 소속 연합단체에 의한 제명 ④ 노동조합 대표자의 해산결정
⑤ 사용자의 사업양도

《해 설》 노동조합의 해산사유는 다음과 같다: 1. 규약에서 정한 해산사유가 발생한 경우 2. 합병 또는 분할로 소멸한 경우 3. 총회 또는 대의원회의 해산결의가 있는 경우 4. 노동조합의 임원이 없고 노동조합으로서의 활동을 1년 이상 하지 아니한 것으로 인정되는 경우로서 행정관청이 노동위원회의 의결을 얻은 경우(노조법 제28조 1항). <답 ①>

79. 노동조합의 해산과 관련된 설명으로 옳지 않은 것은? <노무사 2009년>

① 노동조합의 규약상 집행위원회의 의결에 의하여 노동조합을 해산하도록 규정한 조항은 무효이다.
② 노동조합의 임원이 없고 노동조합으로서의 활동을 1년 이상 하지 아니한 것으로 인정되는 경우로서 행정관청이 노동위원회의 의결을 얻은 경우 노동조합은 해산한다.
③ 노동조합의 해산 결의는 재적조합원 과반수의 출석과 출석조합원 3분의 2이상의 찬성이 있어야 한다.
④ 총회나 대의원회의 해산결의에 의해서 노동조합이 해산하게 되는 경우 15일 이내에 행정관청에 신고하여야 그 효력이 인정된다.
⑤ 법인인 노동조합이 해산하더라도 청산의 목적 범위 내에서 권리가 있고 의무를 부담한다.

《해 설》 ① 노동조합의 해산을 집행위원회의 의결에 의하도록 하는 규약조항은 해산의 성질상 무효라고 새겨야 한다(노조및조정법 제28조 1항 1호 · 3호). ② 동법 제28조 1항 4호. ③ 동법 제16조 2항. ④ 동법 제96조 2항은 노조설립신고를 하지 않은 경우 과태료를 부과하고 있는데, 해산신고를 벌칙으로서 강제하고 있는 법의 취지는 집단적 노사관계질서의 주체적 역할을 담당하고 있는 노동조합의 존재를 노동행정적으로 마감하는 기준시점에 대한 신고의무를 노동조합의 대표자에게 부과하고 있는 것으로 해석된다. 따라서 이를 효력요건이라고 볼 수는 없다. <답 ④>

80. 노동조합 및 노동관계조정법상 노동조합의 해산에 관한 설명으로 옳은 것은? <노무사 2010년>

① 노동조합이 규약에서 정한 해산사유가 발생하여 해산한 때에는 그 대표자는 해산한 날로부터 30일 이내에 행정관청에게 이를 신고하여야 한다.
② 노동조합의 설립신고서가 반려되면 노동조합은 해산된다.
③ 노동조합의 임원이 없고 노동조합으로서의 활동을 1년 이상 하지 아니한 것으로 인정되는 경우에는 행정관청의 청구로 법원이 노동조합의 해

산을 선고할 수 있다.

④ 노동조합이 합병 또는 분할로 소멸한 때에는 해산한다.

⑤ 총회의 결의로 노동조합을 해산하기 위해서는 재적조합원 과반수의 출석과 출석조합원 과반수의 찬성이 있어야 한다.

《해 설》 ① 15일 이내에 행정관청에게 이를 신고하여야 한다(노조및조정법 제28조 2항). ② 설립신고서가 반려되면 노조및조정법상 노조가 아닌 것이 될 뿐 노동조합이 해산되는 것은 아니다. ③ 휴면노조인 경우에는 행정관청이 노동위원회의 의결을 얻으면 해산된다(노조및조정법 제28조 1항). ④ 노동조합이 합병 또는 분할로 소멸한 경우에는 해산한다(노조및조정법 제28조 1항). ⑤ 노동조합이 해산하기 위해서는 재적조합원 과반수의 출석과 출석조합원 3분의 2 이상의 찬성이 있어야 한다(노조및조정법 제16조 2항). <답 ④>

81. 노동조합과 법인격에 관한 설명이다. 틀린 것은?

① 노동조합은 단체교섭 · 쟁의행위 및 단체협약의 체결 등에 있어서 반드시 법인격을 요건으로 하지 않는다.

② 노동조합이 법인이 되고자 할 때에는 노동조합 및 노동관계조정법 시행령 제2조 내지 제6조의 규정에 따라 등기절차를 밟아야 한다.

③ 노동조합이 등기 후 법인격을 취득하면 노동조합 및 노동관계조정법에 규정된 것을 제외하고는 민법 중 사단법인에 관한 규정이 준용된다.

④ 법인이 아닌 노동조합도 소송당사자능력을 가진다.

⑤ 법외조합의 경우 소송당사자능력을 인정할 수 없다.

《해 설》 ① 노동조합은 근로자의 경제적 · 사회적 지위의 향상을 목적으로 하는 단체이며 재산상의 거래관계에 있어서의 권리 · 의무의 주체가 되려고 하는 것은 아니다. 다시 말하면 노동조합의 목적활동은 자주성과 민주성을 유지하면서 사용자와의 집단적 교섭을 전개하는 것을 그 주된 내용으로 하므로 노동조합의 성립요건 내지 실체성의 인정에는 법인격이 반드시 문제되지 않는다(조직설). 따라서 노동조합은 단체교섭 · 쟁의행위 및 단체협약의 체결 등에 있어서 반드시 법인격을 요건으로 하지 않는다. ② 노조및조정법 제6조 2항. ③ 노조및조정법 제6조 3항. ④ 민사소송법은 법인이 아닌 사단으로서 대표자가 있으면 그 이름으로 당사자가 될 수 있다(민소법 제48조)고 규정하고 있으므로 해당 노동조합이 이 규정에 의한 사단으로 인정되는 한 당사자능력을 가진다. ⑤ 법인격이 없는 단체라 하더라도 사회생활을 함에 있어서 그 구성원으로부터 독립한 조직체를 이루면서 그 이름으로 활동하고 있는 경우에는 이에 대하여 소송의 주체성을 부여하는 것이 사회의 실정에 합당하며, 소송의 합리화에도 적합하다. 그러므로 노동조합이 이와 같은 입법취지에 부합하는 사단이라고 인정되는 때에는 노동조합 및 노동관계조정법상의 조합은 물론, 법외조합에 대하여도 당사자능력을 인정할 수 있다(대판 1966. 3. 22, 65누126; 대판 1979. 12. 11, 76누189). <답 ⑤>

82. 노동조합 및 노동관계조정법상 노동조합에 관한 설명으로 옳지 않은 것은?

<노무사 2009년>

① 항상 사용자의 이익을 대표하여 행동하는 자의

참가를 허용하는 경우 노동조합으로 보지 아니한다.

② 경비의 주된 부분을 사용자로부터 원조받는 경우 노동조합으로 보지 아니한다.

③ 공제 · 수양 기타 복리사업만을 목적으로 하는 경우 노동조합으로 보지 아니한다.

④ 근로자가 아닌 자의 가입을 허용하는 경우 노동조합으로 보지 아니한다.

⑤ 정치운동을 부수적인 목적으로 하는 경우 노동조합으로 보지 아니한다.

《해 설》 ①②③④⑤ 노동조합 및 노동관계에 관한 법률 제2조 4호. ⑤ 주로 정치운동을 목적으로 하는 경우에만 노동조합 및 노동관계조정법상 노동조합으로 보지 아니한다(동법 제2조 4호 마목). <답 ⑤>

83. 노동조합의 조직변경과 관련하여 틀린 설명은? (이견이 있는 경우 판례의 태도에 따름)

① 노조및조정법 제16조 1항 6호 · 8호가 정하고 있는 연합단체의 설립 · 가입 · 탈퇴는 조직변경에 해당되지 않는다.

② 조직변경은 총회의 의결을 거쳐야 하며(노조및조정법 제16조 1항 8호), 어느 경우를 막론하고 규약변경이 필수적이므로 노조및조정법 제16조 2항 및 4항이 적용되어, 재적조합원과반수의 출석과 출석조합원 3분의 2 이상의 찬성이 있어야 하고, 조합원의 직접 · 비밀 · 무기명투표에 의하여야 한다.

③ 조합의 동일성을 상실하지 않는 조직변경인 이상 그 효과도 종전대로 변화가 없는 것으로 된다. 다만, 그 '동일성 인정기준'이 문제가 되는데, 판례는 그 동일성의 인정기준에 대해 통일적 기준을 제시하고 있다.

④ 노동조합이 존속중에 그 조합원의 범위를 변경하는 조직변경은 변경 후의 조합이 변경 전의 조합의 재산관계 및 단체협약의 주체로서의 지위를 그대로 승계한다.

⑤ 노조에 대해 조직변경을 인정하는 이상 조직변경의 전후를 통해 조합이 법률상 동일성을 가지고 있는 것은 당연하므로 그 조합과 사용자와의 관계(단체협약의 주체로서의 지위 및 그 외의 사항)는 원칙적으로(조직변경에 대응해 당연히 변용을 가져오는 측면과는 별도로) 그대로 승계한다.

《해 설》 ③ 조합의 동일성을 상실하지 않는 조직변경인 이상 그 효과도 아래와 같이 종전대로 변화가 없는 것으로 된다. 다만, 그 '동일성 인정기준'이 문제가 된다. 판례는 그 동일성의 인정기준에 대해 통일적 기준을 제시한 바는 없으나, '노동조합은 구성원인 근로자가 주체가 되어 자주적으로 단결하고 민주적으로 운영되어야 하므로 어느 사업장의 근로자로 구성된 노동조합이 다른 사업장의 노동조합을 결성하거나 그 조직형태 등을 결정할 수는 없다는 이유로서 어느 노조가 조직을 변경하여 그 조합원의 자격을 다른 조합의 근로자에 대하여까지 확장하는 것은 우선 조합의 인적 구성에서 실질적 동일성이 유지되지 아니하여 허용될 수 없다'고 판시하고 있다(대판 1997. 7. 25, 95누4377; 대판 2002. 5. 10, 2000다31649). 다시 말하면 판례는 조직형태변경에 있어서 '실질적 동일성'의 의미를 적극적으로 설시하지는 않은 채, 다만 조합원의 인적 범위의 변경을 '실질적 동일성'에 대한 소극적인 요소로서 제시하고 있을 뿐이다. ④ 대판 1997. 7. 25, 95누4377; 대판 2002. 5. 10, 2000다31649. <답 ③>

84. 다음은 연합단체 또는 전국규모의 산업별 단위노동조합의 대의원회 구성에 관한 판례의 내용을 설명한 것이다. 틀린 것은? (대법원 판례에 따름)

① 노동조합의 최고의결기관인 총회에 갈음할 대의원회의 대의원을 조합원의 직접·비밀·무기명투표에 의하여 선출하도록 규정하고 있는 구 노동조합법 제20조 2항(현행 노조및조정법 제17조 2항)은 강행규정이다.

② 전국 규모의 산업별 단위노동조합에 있어서 특별한 사정이 없는 한 구 노동조합법 제20조 제2항(현행 노조및조정법 제17조 2항)에 위반하여 조합원이 전국대의원회의 대의원의 선출에 직접 관여하지 못하도록 간접적인 선출방법을 정한 규약이나 선거관리규정 등은 무효이다.

③ 전국 규모의 산업별 단위노동조합의 대의원회는 지부 또는 지방본부 단위로 조합원 수에 비례하여 전국 대의원 수를 배정하고 그 지부 또는 지방본부에서 조합원들이 직접·비밀·무기명투표에 의하여 총회에 갈음할 대의원회의 대의원들을 선출하여 구성하는 것은 가능하다.

④ 단위노조를 산하조직으로 하는 연합단체의 경우에는 규약상 최고의사결정기관인 전국대의원대회는 구 노동조합법 제20조(현행 노조및조정법 제17조)의 대의원회의 성격을 지닌 것이 아니라 단위노조의 총회와 같은 성격의 고유한 최고의사결정기관이므로 동 제20조는 당연히 적용된다.

⑤ 연합단체 산하 단위노조가 연합단체에 파견할 대의원을 선출함에 있어서 연합단체의 규약이 정하는 직접·비밀·무기명투표에 의하지 않았다고 하더라도, 그것이 단위노조 조합원들의 의사에 반하는 것이 아닌 한, 연합단체 및 다른 가맹 단위노조가 이를 이유로 그 단위노조의 대의원으로서의 자격을 다툴 수 없다.

《해 설》 ①②③은 전국 규모의 산업별 단위노동조합의 대의원회 구성에 관한 대법원 판결(대판 2000. 1. 14, 97다41349)이고, ④⑤는 연합단체에 관한 대법원 판결(대판 1995. 11. 24, 94다23982)의 내용이다. ④ 판례는 연합단체로서의 노동조합의 규약에서 그 전국대의원대회를 가맹 단위노조의 총회 또는 대의원대회에서 직접·비밀·무기명 투표에 의하여 선출된 대의원으로 구성하도록 규정하고 있는 취지는, 단위노동조합의 대의원회와는 달리 단위노동조합의 연합단체인 연맹의 총회로서, 그 연맹의 구성원인 각 단위노조가 연합단체의 최고의사결정기관인 대의원회의 구성원을 선출함에 있어서 그 소속 조합원들의 의사를 반영하도록 하기 위한 규정에 불과하다고 하면서 구 노동조합법 제20조 2항(현행 노조및조정법 제17조 2항)이 당연히 적용되는 것은 아니라고 한다. <답 ④>

제 3 절 단체교섭

1. 다음 설명 중 틀린 것은?

① 노동조합의 대표자는 그 노동조합 또는 조합원을 위하여 사용자나 사용자단체와 교섭하고 단체협약을 체결할 권한을 가진다.
② 노동조합과 사용자 또는 사용자로부터 교섭 또는 단체협약의 체결에 관한 권한을 위임받은 자는 그 노동조합과 사용자 또는 사용자단체를 위하여 위임받은 범위 안에서 그 권한을 행사할 수 있다.
③ 노동조합과 사용자 또는 사용자단체는 단체교섭 또는 단체협약의 체결에 관한 권한을 위임한 때에는 그 사실을 고용노동부장관과 상대방에게 통보하여야 한다.
④ 노동조합과 사용자 또는 사용자단체는 신의에 따라 성실히 교섭하고 단체협약을 체결하여야 하며 그 권한을 남용하여서는 아니 된다.
⑤ 근로자측이 성실교섭의무를 위반할 경우 벌칙의 제재는 가해지지 않으나 사용자측의 단체교섭거부의 정당성을 판단하는 기준이 된다.

《해 설》 노동조합과 사용자 또는 사용자단체는 제2항의 규정에 의하여 교섭 또는 단체협약의 체결에 관한 권한을 위임한 때에는 그 사실을 상대방에게 통보하여야 한다(노조및조정법 제29조 4항). <답 ③>

2. 단체교섭에 관한 다음 기술 중 틀린 것은?

① 현행 노동조합 및 노동관계조정법상 단체교섭의 방식에는 제한이 없다.
② 단체교섭권한이 있는 사용자단체라 함은 노사문제에 대하여 그 구성원인 사용자에 대하여 규제·조정할 수 있는 권한이 있는 단체라야 한다.
③ 노동조합이 단체교섭을 연합단체에 위임할 경우 총회나 대의원회의 의결을 거쳐야 하는 것으로 해석된다.
④ 단체교섭은 단체협약의 체결을 위한 노사의 사실적인 교섭행위를 의미하는 것으로서 사용자 또는 노동조합은 상대방의 단체교섭에 응해야 할 법률상 의무를 부담하지 않는다.
⑤ 노조로부터 위임을 받은 자의 교섭권한의 범위는 노조의 대표자와 달리 특정된 위임사항에 한정된다.

《해 설》 ② 노조및조정법 제29조 1항. ③ 구법에서는 노동조합이 교섭권한을 연합단체에 위임할 경우, 단위노동조합의 총회나 대의원회의 의결을 거쳐야 한다고 규정하고 있었으나(구 노조법 제33조 2항), 현행 노조및조정법은 노동조합으로부터 위임을 받을 수 있는 자의 범위와 절차에 관하여 아무런 제한을 두지 않고 있다. 그러나 단체협약에 관한 사항이 총회의 의결사항으로 규정되어 있으므로(노조및조정법 제16조 1항 3호), 교섭 및 협약체결의 위임은 총회나 대의원회의 의결을 거쳐야 하는 것으로 해석된다. ④ 좁은 의미의 단체교섭은 사실행위인 교섭행위만을 가리키는 것이나 넓게는 법률행위인 단체협약의 체결까지를 포함한다. 단체협약을 전제하지 않은 단체교섭은 아무 의미가 없기 때문이다. ⑤ 노조및조정법 시행령 제14조 1항 참조. <답 ④>

3. 단체교섭에 관한 설명 중 옳지 않은 것은? <사시 2000년 변형>

① 노동조합의 대표자는 사용자와 단체교섭을 하고 단체협약을 체결할 권한을 가진다.

② 노동조합과 사용자는 신의에 따라 성실히 교섭하여야 한다.

③ 단체교섭권한은 원칙적으로 제3자에게 위임할 수 없다.

④ 단체협약에 유일교섭단체조항이 있다 하더라도 사용자가 다른 노동조합과 교섭할 수 있다고 보는 것이 지배적인 견해이다.

⑤ 사용자는 노동조합의 요구에 응하여 단체협약을 체결할 의무까지 부담하는 것은 아니다.

《해 설》 ①은 노조및조정법 제29조 1항, 그리고 ②는 동법 제30조 1항의 규정내용이다. ③ 동법 제29조 2항의 규정에 의하면 단체교섭권한은 제3자에게 위임될 수 있다. ④ 단체협약 내에 유일교섭단체조항이 규정되어 있는 경우라 하더라도 이는 대외적인 효력을 가지지 못한다고 보는 것이 다수설의 입장이다. 사용자의 교섭의무는 어디까지나 성실하게 교섭에 응할 의무에 불과하다(동법 제30조, 제81조 3호). <답 ③>

4. 노동조합 및 노동관계조정법상 단체교섭에 관한 설명 중 옳지 않은 것은?

<사시 2002년 · 2005년 유사>

① 노동조합대표자는 단체교섭권한과 단체협약체결권한을 가진다.

② 노동조합이 단체교섭권한을 위임한 때에는 그 사실을 사용자에게 통보해야 한다.

③ 노동조합으로부터 교섭 또는 단체협약의 체결에 관한 권한을 위임받은 자는 그 노동조합을 위하여 모든 범위에서 권한을 행사할 수 있다.

④ 사용자뿐만 아니라 노동조합도 성실히 교섭하고 그 권한을 남용하여서는 아니 된다.

⑤ 단체교섭이 타결된 경우 사용자가 단체협약의 체결을 거부하면 부당노동행위에 해당한다.

《해 설》 ① 제29조 1항. ② 제29조 3항. ③ 권한을 위임받은 범위 안에서 그 권한을 행사할 수 있다(노조및조정법 제29조 2항 참조). ④ 제30조 1항. ⑤ 제30조 2항, 제81조 3호. <답 ③>

5. 단체교섭에 관한 설명 중 옳은 것으로 묶인 것은? <사시 2006년>

ㄱ. 사용자단체라 함은 노동관계에 관하여 그 구성원인 사용자에 대하여 조정 또는 규제할 수 있는 권한을 가진 사용자의 단체를 말한다.

ㄴ. 노동조합의 대표자는 단체교섭권한뿐만 아니라 단체협약을 체결할 권한도 가진다.
ㄷ. 노동조합이 정당한 이유없이 교섭 또는 단체협약의 체결을 거부하는 것은 부당노동행위에 해당한다.
ㄹ. 노동조합은 상부연합단체에게 교섭권한을 위임할 수 없다.

① ㄱ, ㄴ ② ㄱ, ㄷ ③ ㄴ, ㄷ
④ ㄴ, ㄹ ⑤ ㄷ, ㄹ

《해 설》 ㄷ. 사용자의 성실교섭의무를 위반하는 행위는 부당노동행위로서 처벌되는 데 반하여(노조및조정법 제81조 3호), 노동조합의 성실교섭의무위반에 대하여는 아무런 벌칙을 두고 있지 않다. ㄹ. 현행법상 기업별 단위노동조합의 상급단체인 연합단체도 노조및조정법 제4조 2호의 요건을 갖춘 경우에는 노동조합이 되며, 따라서 동법 제29조 1항에 의하여 단체교섭 당사자의 지위를 가질 수 있다고 보아야 한다. <답 ①>

6. 다음 보기에서 단체교섭의 방식과 그 내용을 바르게 연결한 것은?

≪보 기≫

㈎ 기업별 교섭 (A) 노동조합이 명실상부하게 산업별 또는 직종별로 조직되어 있어서 노동시장을 전국적으로 또는 지역적으로 지배하고 있는 경우에 취하는 교섭 형태
㈏ 통일교섭 (B) 특정기업 또는 사업장에 있어서의 노동조합과 그 상대방인 사용자간에 단체교섭이 행하여지는 것
㈐ 대각선교섭 (C) 산업별 노동조합에 대응할 만한 사용자단체가 없거나 또는 이러한 사용자단체가 있더라도 각 기업에 특수한 사정이 있을 때에 사용되는 방식
㈑ 공동교섭 (D) 기업별 단위노동조합의 대표자들이 연명으로 사용자단체와 단체교섭을 하는 경우
㈒ 집단교섭 (E) 지부의 교섭에 산업별 노동조합이 참가하는 것

① ㈎ — (A) ㈏ — (B) ㈐ — (C) ㈑ — (E) ㈒ — (D)
② ㈎ — (B) ㈏ — (A) ㈐ — (E) ㈑ — (C) ㈒ — (D)
③ ㈎ — (B) ㈏ — (A) ㈐ — (D) ㈑ — (C) ㈒ — (E)
④ ㈎ — (A) ㈏ — (B) ㈐ — (C) ㈑ — (D) ㈒ — (E)
⑤ ㈎ — (B) ㈏ — (A) ㈐ — (C) ㈑ — (E) ㈒ — (D)

《해 설》 (i) 기업별 교섭은 특정기업 또는 사업장에 있어서의 노동조합과 그 상대방인 사용자간에 단체교섭이 행하여지는 것을 말한다. (ii) 통일교섭은 노동조합이 명실상부하게 산업별 또는 직종별로 조직되어 있어서 노동시장을 전국적으로 또는 지역적으로 지배하고 있는 경우에 산업별 또는 직종별 노동조합과 그에 대응하는 사용자단체와의 통일적인 교섭형태를 취하는 것이다. (iii) 대각선교섭은 산업별 노동조

합에 대응할 만한 사용자단체가 없거나 또는 이러한 사용자단체가 있더라도 각 기업에 특수한 사정이 있을 때 사용된다. (ⅳ) 공동교섭은 지부의 교섭에 산업별 노동조합이 참가하는 것을 말한다. 다시 말하면 상부조합과 지부가 공동으로 사용자와 교섭하는 것을 의미한다. (ⅴ) 집단교섭은 기업별 단위노동조합의 대표자들이 연명으로 사용자단체와 단체교섭을 하는 경우이다. <답 ⑤>

7. 단체교섭에 관한 기술로서 틀렸다고 인정되는 것은? <노무사 2006년 유사>

① 단체교섭의 결과 합의가 성립하면서 사용자는 이를 단체협약으로 체결하여야 한다.
② 취업시간중에 단체교섭을 행하고 임금을 지급하면 노동조합의 운영비원조에 해당한다.
③ 단체교섭은 근로자들의 사회적 · 경제적 지위향상을 위해 행사할 수 있다.
④ 노동조합은 단체교섭권을 위임할 수 있다.
⑤ 단체교섭은 정당행위로서 형사상 면책된다.

《해 설》 ① 노조및조정법 제30조 2항, 제81조 3호. ② 취업시간중 단체교섭을 행한데 대하여 임금을 지급하더라도 경비원조에 해당되지 않는다(노조및조정법 제81조 4호 단서). ③ 노조및조정법 제1조. ④ 노동조합은 단체교섭권을 위임할 수 있다(노조및조정법 제29조 2항). ⑤ 노조및조정법 제4조. <답 ②>

8. 다음 중 단체교섭의 교섭사항에 관한 기술 중 틀린 것은? (이견이 있는 경우 판례에 의함)

① 근로조건에 관한 사항이 원칙적으로 단체교섭의 교섭사항이 된다.
② 복리후생적 사항이나 조직적 사항도 교섭대상이 될 수 있다.
③ 근로자로부터 청취한 고충사항도 교섭대상이 된다.
④ 인사 · 경영에 관한 사항은 원칙적으로 단체교섭의 교섭사항이 될 수 없다.
⑤ 근로자의 근로조건 기타 근로자의 대우 또는 당해 단체적 노사관계의 운영에 관한 사항으로 사용자가 처분할 수 있는 사항은 단체교섭사항이 된다.

《해 설》 ①② 단체교섭의 대상이 되는 단체교섭사항에 해당하는지 여부는 헌법 제33조 1항 및 노조및조정법 제29조에서 근로자에게 단체교섭권을 보장한 취지에 비추어 판단하여야 한다. ③ 단체교섭의 교섭사항은 집단적 성격을 가져야 하므로 개별근로자의 고충사항은 노사협의회의 고충처리위원이 담당한다(근참법 제25조 참조). ④ 사용자의 인사권 · 경영권과 관련된 인사 · 경영에 관한 사항은 원칙적으로 단체교섭의 교섭사항이 될 수 없다. 다만 일반적으로 구성원인 근로자의 근로조건과 직접 관계가 있는 인사 · 경영에 관한 사항은 노동조합의 참여에 의한 집단적 교섭의 대상이 될 수 있다. ⑤ 대판 2003. 12. 26, 2003두8906. <답 ③>

9. 단체교섭과 관련한 내용 중 틀린 것은? <사시 1992 · 2008년 유사>

① 가입한 연합단체인 노동조합에 교섭을 위임할 수 있다.

② 정당한 이유없이 단체교섭을 해태하는 경우에는 부당노동행위가 성립한다.

③ 유일교섭단체조항을 이유로 단체교섭을 거부할 수 없다.

④ 교섭권한 없는 자가 교섭을 요구하는 경우 거부할 수 있다.

⑤ 소수의 조합원으로 구성된 노동조합은 교섭권한이 없다.

《해 설》 ① 노조및조정법 제29조 2항. ③ 단체협약의 유일교섭단체조항을 이유로 사용자가 제2의 노동조합과 단체교섭을 거부하는 것은 정당하지 않으므로, 이를 거부하면 노동조합 및 노동관계조정법 제81조 3호의 부당노동행위가 된다. ④⑤ 노동조합은 적어도 노동조합으로서의 실질적 요건을 갖추어야 함은 물론이며, 사단으로서의 조직성을 갖추면 된다. 따라서 사용자와의 단체교섭을 할 수 있는 지위는, 예컨대 해당 기업체에 있어서 소수의 근로자를 대표하고 있다 하여 이를 부인할 수는 없다. <답 ⑤>

10. 단체교섭의 당사자자격에 대한 설명으로 타당하지 아니한 것은? (이견이 있을 경우 판례에 의함)

① 사용자는 원칙적으로 단체교섭권의 주체가 된다.

② 사용자측의 단체교섭의 당사자는 원칙적으로 근로계약상의 사용자이다.

③ 수산물 창고업자는 항운 노동조합에 대하여 단체교섭 당사자의 지위에 있지 않다.

④ 근로자측의 단체교섭의 당사자는 원칙적으로 개개근로자가 아니라 노동조합이다.

⑤ 노동조합의 실질적 요건을 갖춘 이른바 법외조합도 단체교섭의 당사자가 될 수 있다.

《해 설》 ① 단체교섭권은 근로자에게 보장된 권리이므로 원칙적으로 사용자는 단체교섭권의 주체가 될 수 없다. 다만, 사용자는 단체교섭의 상대방으로서의 지위를 갖는다. ②③ 학설은 사용자개념의 확대를 주장하고 있으나 판례는 단체교섭의 당사자지위를 판단함에 있어 명시적 또는 묵시적으로 체결된 개별적 근로계약관계가 존재할 것을 요구하였다(대판 1993. 11. 23, 92누13011; 대판 1997. 9. 5, 97누 3644). ③ 냉동 · 냉장창고 회사가 전국항운노동조합연맹 산하 단위노동조합에 대하여 단체교섭의무를 부담하는 사용자에 해당하지 않는다(대판 1997. 9. 5, 97누3644). ⑤ 단체교섭권은 헌법상 보장된 권리이므로 노조및조정법상의 형식적 요건까지 갖출 필요가 없다. 단, 일시적 쟁의단의 경우에는 판례는 당사자의 지위를 부정하고 있다. <답 ①>

11. 노동조합 및 노동관계조정법상 단체교섭에 관한 설명으로 옳은 것은? (다툼이 있는 경우에는 판례에 의함) <노무사 2010년>

① 노동조합의 대표자는 단체교섭의 당사자로서 사용자와 교섭할 수 있는 지위에 있다.

② 교섭에 관한 권한을 위임한 때에는 그 사실을 행정관청과 상대방에게 통보하여야 한다.

③ '교섭할 권한'이라고 함은 사실행위로서의 단체교섭을 할 수 있는 권한을 말하고, 교섭할 결과에 따라 단체협약을 체결할 권한까지를 포함하는 것은 아니다.
④ 노동조합의 하부단체인 분회나 지부는 노동조합 설립신고를 하여야만 단체교섭의 당사자가 될 수 있다.
⑤ 교섭당사자로서의 사용자단체란 노동관계에 관하여 그 구성원인 사용자에 대하여 조정 또는 규제할 수 있는 권한을 가진 사용자의 단체를 말한다.

《해 설》 ① 단체교섭의 당사자라고 하면 개개 근로자나 노동조합의 대표가 아니라 노동조합 그 자체를 말한다. ② 상대방에게만 통보하면 된다(노조및조정법 제29조 3항). ③ 교섭할 권한을 갖는 노동조합의 대표자는 단체교섭을 할 수 있는 권한뿐만 아니라 단체협약을 체결할 권한까지 포함하여 갖는다(대판[전원합의체] 1993. 4. 27, 91누12257; 대판 1998. 1. 20, 97도588 등). 또한 노조및조정법 제29조 1항 참고. ④ 노동조합의 하부단체인 분회나 지부가 독자적인 규약 및 집행기관을 가지고 독립된 조직체로서 활동을 하는 경우 당해 조직이나 그 조합원에 고유한 사항에 대하여는 독자적으로 단체교섭하고 단체협약을 체결할 수 있고, 이는 그 분회나 지부가 노조및조정법 시행령 제7조의 규정에 따라 그 설립신고를 하였는지 여부에 영향받지 아니한다(대판 2001. 2. 23, 2000도4299). ⑤ 대판 1999. 6. 22, 98두137. <답 ⑤>

12. 노동조합 및 노동관계조정법상 단체교섭에 관한 설명으로 옳은 것은? (다툼이 있는 경우에는 판례에 의함) <사시 2010년>

① 노동조합은 그 규약으로 대표자의 단체협약체결권한을 전면적·포괄적으로 제한할 수 있다.
② 노동조합의 지부는 어떠한 경우에도 단체교섭권한이 없다.
③ 노동조합이 단체교섭권한을 위임한 경우에도 그 노동조합의 단체교섭권한은 여전히 그 수임자의 단체교섭권한과 중복하여 경합적으로 존재한다.
④ 노동조합이 없는 사업장의 경우 개별근로자는 단체교섭의 당사자가 될 수 있다.
⑤ 정리해고나 부서·조직의 통·폐합 등 구조조정의 실시 여부는 원칙적으로 단체교섭의 대상이 된다.

《해 설》 ① 노동조합의 대표자는 그 노동조합 또는 조합원을 위하여 사용자나 사용자단체와 교섭하고 단체협약을 체결할 권한을 가진다(노조및조정법 제29조). 노동조합규약에서 노동조합대표자와의 협약체결권을 제한하거나 일정한 조건하에서 인정하는 경우에 노동조합대표자의 협약체결권은 사용자와의 대외적 관계에서 아무 영향을 받지 않는다. ② 노동조합의 하부단체인 분회나 지부가 독자적인 규약 및 집행기관을 가지고 독립된 조직체로서 활동을 하는 경우 당해 조직이나 그 조합원에 고유한 사항에 대하여는 독자적으로 교섭하고 단체협약을 체결할 수 있고, 이는 그 분회나 지부가 노조법시행령 제7조의 규정에 따라 설립신고를 하였는지 여부에 영향을 받지 아니한다(대판 2001. 2. 23, 2000도4299). ④ 헌법 제33조 1항은 근로자들이 단결하여 노동조합을 통해서 사용자와 단체교섭 할 권리를 보장하고 있다. 그러므로 단체교섭의 당사자라고 하면 개개 근로자가 아니라 노동조합 자체를 말한다. ⑤ 경영권의 본질적 내용을 이루는 사항은 단체교섭의 대상이 될 수 없다. 다만, 경영권의 행사와 근로3권의 보장과의 관계에서 비례성, 형평성에 반하는 경영조치는 교섭대상이 될 수 있다. <답 ③>

13. 다음은 단체교섭의 당사자에 대한 설명이다. 틀린 것은?

① 단체교섭의 당사자는 개개 근로자가 아닌 노동조합 자체를 말한다.

② 해당 기업체에 있어서 소수의 근로자를 대표하고 있는 노조라면 단체교섭을 사용자는 거부할 수 있다.

③ 쟁의단에 대하여는 노동조합으로서의 법적 지위가 부정된다.

④ 현행법상 기업별 단위노조의 상급단체인 연합단체도 노동조합 및 노동관계조정법 제2조 4호의 요건을 갖춘 경우, 단체교섭 당사자의 지위를 가질 수 있다.

⑤ 기업별 단위노동조합의 산하에 있는 노동조합지부도 노동조합규약에서 지부에 특유한 사항들에 관하여 교섭권한의 위임을 규정하고 있는 경우에는 단체교섭당사자로 인정될 수 있다.

《해 설》 ② 노동조합은 적어도 노동조합으로서의 실질적 요건을 갖추어야 함은 물론이며, 사단으로서의 조직성을 갖추면 된다. 따라서 사용자와의 단체교섭을 할 수 있는 지위는, 예컨대 해당 기업체에 있어서 소수의 근로자를 대표하고 있다 하여 이를 부인할 수는 없다. ③ 쟁의단에 대하여 노동조합으로서의 법적 지위를 부정한 판례: 「민주택시운전자협의회의 간부로서 임금협상에 참가하기 위하여 부득이 회사에 결근하였다 할지라도 그것은 비합법노동단체에 가입하여 활동한 것이므로 정당한 조합활동이 아니며, 따라서 취업규칙 등의 소정의 절차를 거치지 아니한 경우에는 무단결근이 되어 징계사유가 된다」(대판 1991. 6. 25, 90누2246). ⑤ 지부·분회의 단체협약체결권한은 이미 단위노조로부터 권능의 할양을 통해서 그 정당성의 기초가 주어져 있기 때문이다. <답 ②>

14. 단체교섭의 담당자에 관한 설명으로 옳은 것은? (다툼이 있는 경우에는 판례에 의함) <노무사 2006년>

① 단체교섭의 담당자라 함은 단체교섭을 직접 담당하는 자로서 노동조합 대표자는 단체교섭의 담당자가 될 수 없다.

② 노동조합의 대표자는 조합으로부터 특별히 권한을 위임받은 경우에만 한하여 예외적으로 단체교섭을 담당할 수도 있다.

③ 노동조합으로부터 위임받은 자라도 사용자의 동의 없이 교섭담당자가 될 수 없다.

④ 교섭권한위임사실에 대하여 사용자가 통보받지 아니한 경우, 위임의 존재를 증명하지 못하는 수임자에 대하여도 사용자는 단체교섭을 거부할

수 없다.

⑤ 사용자측의 단체교섭 담당자로는 사용자 또는 사용자단체의 대표자 또는 사용자로부터 교섭 내지 협약체결권한을 위임받은 자가 모두 포함된다.

《해 설》 ①②③ 단위노동조합의 대표자 또는 단위노동조합으로부터 위임을 받은 자는 교섭할 권한이 있으므로 단체교섭의 담당자가 될 수 있다(노조및조정법 제29조 1항 및 2항). ④ 단체교섭의 위임시에는 상대방 당사자에게 통보하여야 한다(노조및조정법 제29조 3항 참조). ⑤ 사용자측에서 보면, 사용자 또는 사용자단체의 대표자 또는 사용자로부터 교섭 내지 협약체결권한을 위임받은 자가 단체교섭의 담당자가 된다(노조및조정법 제29조 1항 및 2항). <답 ⑤>

15. 다음 설명 중 틀린 것은? (이견이 있는 경우 판례의 태도에 따름)

① 노동조합(단체)의 기관으로서의 조합대표자는 교섭권한뿐만 아니라 단체협약의 체결권한까지 갖는다.

② ①의 경우 노동조합의 대표자는 원칙적으로 교섭 및 체결권한을 함께 보유하지만 조합규약이나 총회의 결의에 의하여 체결권한을 제한하는 경우에는 단체협약체결권은 제한된다.

③ 조합의 위임을 받은 자에 관하여는 조합 내부의 자이건 외부의 자이건 이를 묻지 않는다.

④ 판례는 회사와 조합원과의 사이에 명시적 또는 묵시적으로 체결된 개별적 근로계약관계가 없다면 회사는 단체교섭의 당사자가 될 수 없다고 한다.

⑤ 사용자는 제3자위임금지조항의 체결을 이유로 연합단체인 노동조합과의 교섭을 적법하게 거부할 수 없다.

《해 설》 ①② 노조및조정법 제29조 1항. 판례 또한(대판[전원합의체] 1993. 4. 27, 91누12257 등) 「구 노조법 제33조 1항 본문의 "교섭할 권한"이라 함은 사실행위로서의 단체교섭권한 외에 교섭결과에 따라 단체협약을 체결할 권한도 포함하는 것으로 해석해야 한다」고 판시하고 있으며, 노동조합의 규약에서 정한 바에 따라 대표자를 선출하였거나 교섭권한을 위임한 때에 이미 조합의 자주적·민주적 운영이 실현된 것이므로 대표자의 협약체결권한을 다시 유보할 필요가 없다고 판시하고 있다. 이는 조합대표자가 노동조합에 의하여 민주적으로 선출되고, 단체교섭권한이 주어진 경우라면, 그 대표자가 서명·날인한 단체협약의 효력은 조합규약에 의하여 내부적으로 조합대표자의 협약체결권을 총회의 인준에 유보하고 있더라도 대외적으로 영향을 받을 수 없다는 뜻이다. 왜냐하면 대외적 협약자치를 보장하는 제도 자체의 흠이 없는 한, 노동조합 내부에서 발생되는 위험(Risiko)은 노동조합 스스로가 부담하여야 하기 때문이다. ③ 조합의 위임을 받은 자에 관하여는 특히 노동조합 및 노동관계조정법이 정하는 바 없으나 조합 내부의 자이건 외부의 자이건 이를 묻지 않는다. ④ 사용자는 근로계약에 의하여 근로자들을 채용한 계약상의 당사자는 물론이고, 근로계약의 사실적 존부와는 관계없이 계속적 취업관계에 있는 근로자들에 대하여 지배적 지위에 있으면서 그들의 근로조건을 결정하는 자도 단체교섭상의 사용자라 할 수 있다. 그러나 판례들은 항운노조 조합원의 노동력을 공급받아 하역작업을 수행하는 회사에 대하여 항운노조 조합원과의 사이에 명시적 또는 묵시적으로 체결된 개별적 근로계약관계가 없음을 이유로 단체교섭의 당사자지위를 부인하고 있다(대판 1986. 12. 23, 86누856; 대판 1993. 11. 23, 92누13011). ⑤ 노조및조정법 제10조 2항에서 말하는 연합단체인 노동조합은 단위노동조합과의 관계에서 보면 상부단체에 해당할 것이므로 그 노동조합을 제3자라고 할 수는 없을 것이며, 오히려 연합단체와 단위노동조합 사이의 내부관계에 있어서는 조직상의 일체성을 지니고 있는 것이다. 그러므로 제3자위임금지조항을 근거로 사용자는 연합단체인 노동조합에의 교섭위임에 따른 교섭요구를 거부할 수 없다고 해석된다. 더 나아가 단위노동조합의 교섭권을 연합단체에 위임하는 것을 금지하는 협약조항을 체결한다고 하면 이는 노동조합의 자율성을 부인하는 것이 되므로 무효라고 판단된다. <답 ②>

16. 단체교섭에 관한 다음의 설명 중 옳은 것만을 묶은 것은? (이견이 있을 경우 판례에 따름) <노무사 2005년>

> ㉠ 현행법상 동일 사업장에 복수의 교섭당사자가 존재할 수도 있다.
> ㉡ 상부연합단체는 고유한 단체교섭권을 가진다.
> ㉢ 단위노조의 위임이 있는 경우에 한하여 지부는 단체교섭권을 가진다.
> ㉣ 근로계약과 무관한 제3자에게 교섭권한을 위임할 수 없다.

① ㉠, ㉡ ② ㉠, ㉢ ③ ㉡, ㉢
④ ㉡, ㉣ ⑤ ㉢, ㉣

《해 설》 ㉠ 동일한 사업장이더라도 조직대상을 달리하는 노조가 둘 이상 존재할 수 있으므로 복수의 교섭 당사자가 존재할 수 있다. ㉡ 현행법상 기업별단위노동조합의 상급단체인 연합단체도 노조및조정법 제2조 4호의 요건을 갖춘 경우에는 노동조합이 되며, 따라서 동법 제29조 1항에 의하여 단체교섭 당사자의 지위를 가진다. ㉢. 지부나 분회가 독자적인 규약 및 집행기관을 가지고 독립된 조직체로서 활동하는 경우에도 독자적인 단체교섭권이 인정된다(대판 2001. 2. 23, 2000도4299). ㉣ 근로계약과 무관한 제3자에게 교섭권한을 위임할 수 있다. <답 ①>

17. 다음 중 단체교섭의 대상사항이 아닌 것은?

① 조합원 전체에 관한 임금에 관한 사항
② union shop조항
③ 노동조합에 대한 편의제공에 관한 사항
④ 단체교섭의 절차에 관한 사항
⑤ 개별근로자의 해고에 관한 사항

《해 설》 단체협약제도의 집단적 성질에 비추어 볼 때 교섭의 대상이 될 수 있는 사항은 모든 조합원에게 적용될 수 있는 공통적 근로조건에 관한 것이어야 한다. 단체교섭의 대상사항이 되는 것으로는 조합원 전체에 관한 임금·근로시간 기타 근로조건은 물론 작업시설, 근로환경·복리후생시설에 관한 사항과 조합활동, shop제도, 그리고 노동조합에 대한 편의제공, 단체교섭의 절차, 쟁의행위에 관한 절차, 노동조합과 사용자 사이의 여러 가지 관계 등에 관한 사항이다. 특정근로자의 채용 · 이동 · 징계 또는 해고에 관한 사항은 그것이 집단적 성격을 가지지 않는 한, 다시 말해서 조합원 전체의 인사에 관한 기준이나 절차에 관한 사항이 아닌 한 원칙적으로 단체교섭의 대상이 되지 않는다. <답 ⑤>

18. 단체교섭의 대상이 아닌 것은? (이견이 있을 경우 판례에 의함)

① 조합원의 차량별 고정승무발령, 배차시간, 대기기사 배차순서 및 일당기사 배차순서에 관하여 노조와 사전합의를 하도록 한 조항
② 기업의 경영과 인사에 관한 사항일지라도 근로자들의 근로조건이나 지위에 직접적으로 관련되거나 중대한 영향을 미치는 경우
③ 연구소장의 퇴진을 요구하였으나 이는 부차적이고 주목적은 조합원의 근로조건개선에 있는 경우
④ 회사의 휴폐업, 분할, 합병, 양도, 이전, 업종전환 등으로 조합원의 신분변동이 불가피할 경우 노조와의 협의조항
⑤ 공장이전에 따른 근로자의 이사비용 · 정착비용

《해 설》 ④ 노조와의 협의조항의 취지는 불가피한 휴폐업 등의 경우 그 사후대책에 관하여 노조와 교섭할 것을 정한 데 불과한 것일 뿐 휴폐업 등을 할 것인지의 여부 자체에 관하여 노조와 협의할 것을 정한 것은 아니다(대판 1994. 3. 25, 93다30242). ① 단체협약 중 조합원의 차량별 고정승무발령, 배차시간, 대기기사 배차순서 및 일당기사 배차순서에 관하여 노조와 사전합의를 하도록 한 조항은 그 내용이 한편으로는 사용자의 경영권에 속하는 사항이지만 다른 한편으로는 근로자들의 근로조건과도 밀접한 관련이 있는 부분으로서 사용자의 경영권을 근본적으로 제약하는 것은 아니라고 보여지므로 단체협약의 대상이 될 수 있다고 한다(대판 1994. 8. 23, 93누215124). ② 기업의 운영 관리와 경영 및 인사에 관한 사항은 원칙적으로 사용자에게 그 결정권이 있으므로 기업의 경영 및 인사에 관여하는 노동조합의 활동은 원칙적으로 정당한 조합활동의 범위를 일탈한 것이라 할 것이나 기업의 경영과 인사에 관한 사항일지라도 근로자들의 근로조건이나 지위에 직접적으로 관련되거나 중대한 영향을 미치는 경우에는 그 한도 내에서 이에 관하여 사용자와 노동조합사이에 단체교섭이나 합의가 이루어질 수 있고, 사용자가 이러한 합의를 하였음에도 이를 제대로 이행하지 않는 경우에 위 합의사항의 이행을 요구하는 것은 부당한 경영권 및 인사권 침해라고 할 수는 없다(서울민사지판 1991. 9. 12, 90가합5721). ③ 대판 1992. 5. 12, 91다34523. ⑤ 공장이전계획에 대한 사항은 경영권의 고유한 사항이므로 단체교섭대상이 될 수 없다(1993. 7. 1, 노조 01254-768). <답 ④>

19. 다음 중 단체교섭의 대상에 대한 설명으로 옳지 않은 것은?

① 단체교섭의 대상은 노동조합과 사용자가 교섭의 대상으로 삼을 수 있는 사항을 말한다.
② 단체교섭 내지 협약자치의 범위에 속할 수 있는 사항이면 교섭의 대상이 된다.
③ 단체교섭의 대상은 근로조건에 관한 사항에만 국한된다.

④ 단체교섭의 대상이 될 수 있는 사항은 모든 조합원에게 적용될 수 있는 공통적 근로조건에 관한 것이어야 한다.

⑤ 조합원 전체에 관한 임금 · 근로시간 기타 근로조건은 물론 작업시설 · 근로환경 · 복리후생시설에 관한 사항과 조합활동은 단체교섭의 대상이 된다.

《해 설》 ③ 단체교섭의 대상이 근로조건에 관한 사항에 국한되는 것만은 아니다. 왜냐하면 단체교섭권이 노동기본권의 하나로 보장되어 있는 한 그 대상은 노동조합 및 노동관계조정법의 목적과 관련하여 널리 유기적으로 해석되어야 하기 때문이다. <답 ③>

20. 단체교섭에 관한 설명 중 틀린 것은? (이견이 있을 경우 판례에 의함)

① 근로조건과 직접 관계가 있는 인사 · 경영에 관한 사항은 노동조합의 참여에 의한 집단적 교섭의 대상이 될 수 있다.

② 조합원의 배치전환 · 징계 · 해고 등의 인사의 기준이나 절차 등은 집단적 성질을 가지며 근로조건 기타 대우에 관한 사항이므로 의무적 교섭사항이 된다.

③ 영업양도, 회사의 폐쇄는 단체교섭의 대상이 될 수 있다.

④ 기업의 특정사업부의 해체결정은 경영상 불가피하게 취해진 조치로서, 이는 경영상의 의사결정에 의한 경영조직의 변경에 해당되므로 단체교섭의 대상이 되지 않는다.

⑤ 어떠한 경우에도 폭력이나 파괴행위로써 단체교섭을 할 수 없다.

《해 설》 ③ 영업양도, 회사의 폐쇄는 경영주체의 고유한 경영권한에 속하는 사항으로서 단체교섭의 대상이 될 수 없다. ④ 대판 1994. 3. 25, 93다30242. ⑤ 노조및조정법 제4조. <답 ③>

21. 단체교섭 사항에 관한 다음 설명 중 틀린 것은? (판례에 의함)<노무사 2003년>

① 노조전임자에 관한 사항은 노동조합을 위한 사항으로 의무적 교섭사항에 해당한다.

② 사업부의 폐지, 지점폐쇄 등과 같은 경영주체의 경영의사결정 자체는 원칙적으로 단체교섭사항이 될 수 없다.

③ 근로자들이 연구소 소장의 퇴진을 요구하였다고 하더라도 그것이 근로조건의 개선에 주된 목적이 있는 경우에는 단체교섭의 대상이 될 수 있다.

④ 사용자의 경영권에 속하는 사항이라도 근로조건과 밀접한 관련이 있는 부분으로서 사용자의 경영권을 근본적으로 제약하는 것이 아니라면 단체교섭의 대상이 될 수 있다.

⑤ 경영상의 이유에 의한 해고에 관한 노동조합의 요구내용이 사용자는 경영상의 이유에 의한 해고를 하여서는 아니 된다는 취지라면 이는 사용

자의 경영권을 근본적으로 제약하는 것이 되어 원칙적으로 단체교섭의 대상이 될 수 없다.

《해 설》 ① 노조전임제는 단순히 사용자와 노동조합이 단체교섭을 함에 있어 임의적으로 교섭할 수 있는 사항에 불과하다(대판 1996. 2. 23, 94누9177). ② 대판 1994. 3. 25, 93다30242. ③ 대판 1992. 5. 12, 91다34523. ④ 대판 1994. 8. 23, 93누215214. <답 ①>

22. 다음 중 단체교섭의 당사자가 될 수 없는 자는?

① 근로자 개인 ② 지역노동조합 ③ 사용자단체
④ 회사의 대표이사 ⑤ 노동조합연합체

《해 설》 단체교섭의 당사자는 개개 근로자가 아닌 노조 자체와 사용자 또는 사용자단체이다. 노동조합측으로는 자주성과 민주성을 갖춘 어떤 형태의 노동조합도 상관없으며, 사용자측으로는 개인사용자나 사용자단체가 될 수 있다. <답 ①>

23. 다음 중 단체교섭에서 복수노조 인정 시 교섭창구단일화 절차에 대한 설명으로 옳지 않은 것은?

① 교섭대표노동조합의 대표자는 교섭을 요구한 모든 노동조합 또는 조합원을 위하여 사용자와 교섭하고 단체협약을 체결할 권한을 가진다.
② 교섭대표노동조합을 결정함에 있어 교섭요구 사실, 조합원 수 등에 대한 이의가 있는 때에는 고용노동부장관은 대통령령으로 정하는 바에 따라 노동조합의 신청을 받아 그 이의에 대한 결정을 할 수 있다.
③ 교섭대표노동조합 결정 절차에 참여한 모든 노동조합은 대통령령으로 정하는 기한 내에 자율적으로 교섭대표노동조합을 정한다.
④ 교섭대표노동조합을 결정하지 못한 경우에는 교섭창구 단일화 절차에 참여한 모든 노동조합은 공동으로 교섭대표단을 구성하여 사용자와 교섭하여야 한다.
⑤ 공동교섭대표단의 구성에 합의하지 못할 경우에 노동위원회는 해당 노동조합의 신청에 따라 조합원 비율을 고려하여 이를 결정할 수 있다.

《해 설》 ① 노조및조정법 제29조의2 1항. ② 교섭대표노동조합을 결정함에 있어 교섭요구 사실, 조합원 수 등에 대한 이의가 있는 때에는 노동위원회는 대통령령으로 정하는 바에 따라 노동조합의 신청을 받아 그 이의에 대한 결정을 할 수 있다(노조및조정법 제29조의2 6항). ③ 노조및조정법 제29조의2 2항. ④ 노조및조정법 제29조의2 4항. ⑤ 노조및조정법 제29조의2 5항. <답 ②>

24. 다음 설명 중 틀린 것은? <노무사 2005년 유사>

① 노조전임자에 대한 사용자의 임금지급은 부당노동행위(경비원조)에 해당한다.
② 노조의 대표자는 단체협약체결권한이 있다.

③ 단체교섭의 위임시에는 상대방 당사자에게 통보해야 한다.
④ 성실교섭의무를 위반하면 노사 모두 부당노동행위 책임을 진다.
⑤ 단체협약의 해석 · 적용에 관련한 분쟁은 노동위원회가 판정한다.

《해 설》 ③ 노조및조정법 제29조 4항 참조. ④ 사용자의 성실교섭의무를 위반하는 행위는 부당노동행위로서 처벌되는 데 반하여(노조및조정법 제81조 3호), 노동조합의 경우에는 그러하지 아니하다. <답 ④>

25. 단체교섭의 성실교섭의무에 관한 설명으로 옳지 않은 것은? (다툼이 있는 경우 판례에 의함) <노무사 2009년>

① 교섭담당자의 현실적인 의견을 통한 대화 없이 문서의 접수 · 회신이나 전화 등을 통한 대화는 성실교섭이라 할 수 없다.
② 사용자에게 처분권한이 없는 사항에 대하여 노동조합이 교섭을 요구하는 경우에도 사용자는 당해 교섭사항에 대한 교섭을 거부할 수 없다.
③ 연봉제 교섭과 관련하여 노동조합이 사용자에게 전체 근로자의 개별 근무성적, 연봉액에 관한 자료를 요구하였으나 사용자가 거부한 경우 성실교섭의무를 위반한 것으로 단정할 수 없다.
④ 노동조합이 성실교섭의무를 위반하는 경우 노동조합 및 노동관계조정법상 벌칙이 적용되지 않는다.
⑤ 노동관계당사자는 신의에 따라 성실히 교섭하여야 하나 반드시 합의하여야 할 의무를 부담하는 것은 아니다.

《해 설》 ② 사용자에게 처분권한이 없는 사항은 단체교섭대상이 되지 아니하므로 사용자는 당해 교섭사항에 대한 교섭을 거부할 수 있다. <답 ②>

26. 현행법상 사용자 또는 사용자단체에 인정되지 않는 권리는?

① 긴급이행명령에 대한 취소신청
② 노조전임자 인정에 관한 동의
③ 단체교섭의 위임
④ 노동위원회의 사용자위원 추천
⑤ 조정위원회의 사용자대표위원 추천

《해 설》 ① 노조및조정법 제85조 5항. ② 노조및조정법 제24조. ③ 노조및조정법 제29조 3항. ④ 노동위원회법 제6조 3항. ⑤ 조정위원회는 교차추천제에 의해 구성된다(노조및조정법 제55조 3항 참조). <답 ⑤>

27. 운수업을 경영하는 A회사에는 당해 지역을 통괄조직하고 있는 지역노동조합의 분회인 A회사노동조합(이하 甲분회로 약함)이 조직되어 있었다. 그런데 A회사와 甲분회는 1997년 8월에 단체협약 및 임금협약을 체결한 다음, 동 협약에 따라 근로자들에게 임금이 지급되어 왔다. 그러던 중 1998년 3월부터 택시요금이 인상됨에 따라 위 단체협약과 임금협정에 근거하여 A회사와 甲분회는 운송수입금 최하한선을 인상하는 등의 내용을 합의하였고, 그

합의에 따라 A회사는 임금을 지급함에 있어 사납금을 공제한 나머지 금액을 지급하였다. 이에 대해 A회사가 인상된 사납금 일부를 공제하고 지급한 행위는 임금전액불 지불을 규정하고 있는 근기법 제42조에 위반한 행위라는 이유에서 형사소추되었다. 다음 설명 중 틀린 것은? (이견이 있는 경우 판례의 태도에 따름)

① 위 사안은 근기법 제42조 1항의 임금의 전액불원칙위반문제로서, 동조 단서의 예외 즉 단체협약을 통한 일부공제의 허용문제가 쟁점이다.

② 甲분회와 A회사가 체결한 단체협약이 진정한 단체협약으로 유효하게 성립된 것이라면, 이를 근거로 임금을 지불한 A회사의 행위는 정당한 행위가 될 것이며, 따라서 근로기준법 위반에 따른 벌칙의 적용(동법 제112조)이 인정되지 않을 것이다.

③ 甲분회가 독자적인 규약 및 집행기관을 가지고 독립된 조직체로서 활동을 하고 있다면, 이는 노동조합 및 노동관계조정법 제2조 4호 규정의 노동조합의 실질적 요건에 부합하는 것이다.

④ 甲분회는 노동조합 및 노동관계조정법 제10조 1항에 의한 노동조합의 설립신고를 한 바가 없어 지역노동조합의 위임을 받지 않고는 단체협약을 체결할 수 없는데, 위 합의 당시에는 그와 같은 위임을 받은 바 없으므로 위 합의는 단체협약으로서 효력이 없다.

⑤ 노동조합의 하부단체인 분회나 지부가 독자적인 규약 및 집행기관을 가지고 독립된 조직체로서 활동을 하는 경우 당해 조직이나 그 조합원에 고유한 사항에 대하여는 독자적으로 교섭하고 단체협약을 체결할 수 있고, 이는 그 분회나 지부가 노조및조정법 시행령 제7조의 규정에 따라 그 설립신고를 하였는지의 여부에 영향을 받지 아니한다.

《해 설》 위의 문제는 단위노동조합의 지부 또는 분회가 단위노동조합으로부터 단체교섭권한을 위임받지 않고 독자적으로 단체협약을 체결할 수 있는가를 묻는 문제로서, 판례(대판 2001. 2. 23, 2000도4299)는 「노동조합의 하부단체인 분회나 지부가 독자적인 규약 및 집행기관을 가지고 독립된 조직체로서 활동을 하는 경우 당해 조직이나 그 조합원에 고유한 사항에 대하여는 독자적으로 교섭하고 단체협약을 체결할 수 있고, 이는 그 분회나 지부가 노조및조정법 시행령 제7조의 규정에 따라 그 설립신고를 하였는지의 여부에 영향을 받지 아니한다」고 판시함으로써, 단위노조 하부에 분회가 존재하는 경우, 이 분회가 독자적인 노조로 인정되기 위한 요건을 제시하였다는 점과, 독자적인 노조로서의 분회가 가지는 협약능력이 상부 단위노조로부터의 위임과 관계없이 성립함을 밝히고 있다. <답 ④>

제 4 절 단체협약

1. 단체협약에 대한 설명 중 옳지 않은 것은? <사시 1997년 · 2005년 유사>

① 단체협약은 노사대표자의 협약이 아니라 노동조합과 사용자간의 집단의사의 합의이다.

② 단체협약의 내용은 서면으로 작성되어야 한다.

③ 노사 쌍방의 대표자가 서명 또는 날인하여야 한다.

④ 단체협약의 성질에 비추어 반드시 노동조합총회에서 비준을 얻어야 한다.

⑤ 단체협약은 그 성립과정에 있어서는 일종의 계약이며 그 기능은 자치적 입법기능을 갖는 법률행위이다.

《해 설》 ① 노조및조정법 제29조, 제31조 1항. ②③ 노조및조정법 제31조 1항. ④ 노동조합의 대표자가 단체교섭의 결과에 따라 사용자와 단체협약의 내용을 합의한 후 다시 협약안의 가부에 관하여 조합원총회의 의결을 거쳐야만 한다는 것은 대표자의 단체협약체결권한을 전면적 · 포괄적으로 제한함으로써 사실상 단체협약체결권한을 형해화하여 명목에 불과한 것으로 만드는 것이어서 노조및조정법 제29조 1항에 반한다(대판 2005. 3. 11, 2003다27429). <답 ④>

2. 단체협약에 대한 설명 중 옳지 않은 것은? <사시 2007년>

① 단체협약은 서면으로 작성하여 당사자 쌍방이 서명 또는 날인하여야 효력이 발생한다.

② 단체협약이라는 명칭을 반드시 사용할 필요는 없다.

③ 단체협약의 내용 중 징계의 기준에 관한 사항에 대해서는 규범적 효력이 인정된다.

④ 단체협약의 유효기간중에 그 단체협약의 내용을 개폐하기 위한 교섭을 요구하여서는 아니 된다.

⑤ 단체협약에 유효기간을 정하지 아니한 경우 그 유효기간은 2년이다.

《해 설》 ① 노조및조정법 제31조 1항. ② 대판 2005. 3. 11, 2003다27429. ③ 단체협약의 규범적 부분은 '근로조건 기타 근로자의 대우에 관하여 정한 부분' 이다. 따라서 예를 들면, 임금, 근로시간, 휴일, 휴가, 복리후생적 지급, 안전보건, 교육훈련, 근로관계의 종료, 복무규율. 징계에 관한 사항은 규범적 효력이 인정된다(노조및조정법 제33조 1항 참조). ④ 평화의무란 대체로 단체협약의 당사자가 협약의 유효기간중 협약내에 정한 근로조건 또는 기타 사항의 변경 · 폐지를 요구하는 쟁의행위를 하지 않을 의무를 말한다. 따라서 대법원 판례(대판 2003. 2. 11 2002두9919)에 따르면, 「단체협약유효기간중에도 노동조합은 차기의 협약체결을 위하여 기존의 단체협약에 규정되지 아니한 사항에 관하여 사용자에게 단체교섭을 요구할 수 있다고 할 것이고 또한 단체협약이 형식적으로는 유효한 것으로 보이지만 단체협약을 무효라고 주장할 만한 특별한 사정이 인정되는 경우에도 노동조합으로서는 단체협약의 유효기간 중에 사용자에게 단체협약을 무효라고 주장하는 근거를 제시하면서 기존의 단체협약의 개폐를

위한 단체교섭을 요구할 수 있다」고 한다. ⑤ 노조및조정법 제32조 2항. <답 ④>

3. 단체협약과 관련한 설명 중 틀린 것은?

① 고용노동부장관은 단체협약 중 위법한 내용이 있는 경우에는 노동위원회의 의결을 얻어 그 시정을 명할 수 있다.

② 단체협약의 해석 또는 이행방법에 관하여 관계 당사자간에 의견의 불일치가 있는 때에는 당사자 쌍방 또는 단체협약에 정하는 바에 의하여 어느 일방이 노동위원회에 그 해석 또는 이행방법에 관한 견해의 제시를 요청할 수 있다.

③ 노동위원회는 ②에 의한 요청을 받은 때에는 그 날부터 30일 이내에 명확한 견해를 제시하여야 한다.

④ ③에 의하여 노동위원회가 제시한 해석 또는 이행방법에 관한 견해는 중재재정과 동일한 효력을 가진다.

⑤ 행정관청에 대한 단체협약의 신고가 단체협약의 효력요건이 된다.

《해 설》 ① 노조및조정법 제31조 3항. ②③④ 노조및조정법 제34조. ⑤ 행정관청에 대한 신고가 단체협약의 효력요건은 아니다. <답 ⑤>

4. 단체협약의 효력에 관한 다음 기술 중 틀린 것은?

① 단체협약의 구속력의 범위는 원칙적으로 협약을 체결한 노동조합의 조합원 및 사용자(또는 사용자단체의 경우 그 구성원인 사용자)에 한한다.

② 단체협약상 평화조항이란 단체협약의 당사자가 협약의 유효기간 동안 협약 내에 정한 사항에 대하여는 쟁의행위를 하지 않을 것을 약정하는 조항을 말한다.

③ 현행법은 단체협약의 효력기간이 만료될 때까지 새로운 단체협약이 체결되지 않은 경우에 3월간 계속 효력을 갖고 있음을 인정하고 있다.

④ 단체협약 중 규범적 부분에 대하여는 직률적 효력이 인정되고 있다.

⑤ 단체협약의 사업장 단위의 일반적 구속력은 그 실질적 요건이 충족되면 노동위원회의 의결없이 성립한다.

《해 설》 ① 단체협약의 규범적 효력 또는 직률적 효력은 원칙적으로는 근로자들측에 있어서는 단체협약체결 당사자인 노동조합의 조합원들, 사용자측에 있어서는 사용자단체의 구성원 —개인사용자인 경우에는 그 사용자— 에게만 미치는데, 이것을 단체협약의 구속력범위라고 한다. 이와 같이 단체협약의 효력을 협약체결 당사자의 구성원에게 한정하는 것은 협약의 본래적 성격이라고 할 수 있다. ② 단체협약상 평화의무와 평화조항은 구별된다. 평화의무는 단체협약에 내재하는 의무임에 반해 평화조항은 협약 내에 구체적으로 이에 관한 규정을 둠으로써 효력이 발생된다. 평화의무는 단체협약에 내재하는 의무로서 단체협약의 당사자가 협약의 유효기간중 근로조건 또는 기타 사항의 변경 · 폐지를 요구하는 쟁의행위를 하지 않을 의무와 그의 통제하에 있는 구성원들이 이와 같은 쟁의행위를 행하지 못하게 하는 의무이다. 이에 반해 평화조항은 노사 쌍방이 쟁의행위를 미연에 방지하고 분쟁을 평화적으로 해결할 것을 목적으로, 예를 들면 단체교섭에서 쌍방이 성의를 가지고 노력했음에도 불구하고 해결을 보지 못한 경우에는 노사의 자주적인 조정기관에 조정을 신청한다는 등의 조항을 말한다. ③ 노조및조정법 제32조 3항. ④ 노조및조정법 제33조. ⑤ 노조및조정법 제35조. <답 ②>

5. 단체협약에 관한 설명으로 옳지 않은 것은? <사시 2004년 유사>

① 단체협약은 서면으로 작성하여 당사자 쌍방이 서명 또는 날인하여야 한다.

② 단체협약이라는 명칭을 사용해야 법적 효력이 발생한다.

③ 단체협약은 반드시 정식의 단체교섭절차를 거쳐서 이루어져야만 하는 것은 아니라고 할 것이다.

④ 기명서명한 단체협약도 유효하다.

⑤ 법정기간 내에 재심을 신청하지 아니하여 확정된 노동쟁의 중재재정의 내용은 단체협약과 동일한 효력을 가진다.

《해 설》 ①② 노조및조정법 제31조 1항. 단체협약의 방식을 요식행위로 한 취지는 노사 사이의 제반관계를 규율한 단체협약은 규범계약으로서의 성질을 가지므로, 그 내용을 둘러싸고 후일에 분쟁이 생길 것을 방지하기 위한 것이다. 다만, '합의서' 또는 '임금협정' 등의 제목을 붙이더라도 단체협약으로서의 효력에는 아무 영향을 주지 않는다. ③ 단체협약은 노동조합이 사용자 또는 사용자단체와 근로조건 기타 노사관계에서 발생하는 사항에 관한 협정(합의)을 문서로 작성하여 당사자 쌍방이 서명날인함으로써 성립하는 것이고, 그 협정(합의)이 반드시 정식의 단체교섭절차를 거쳐서 이루어져야만 하는 것은 아니라고 할 것이므로 노동조합과 사용자 사이에 근로조건 기타 노사관계에 관한 합의가 노사협의회의 협의를 거쳐서 성립되었더라도, 당사자 쌍방이 이를 단체협약으로 할 의사로 문서로 작성하여 당사자 쌍방의 대표자가 각 노동조합과 사용자를 대표하여 서명날인하는 등으로 단체협약의 실질적·형식적 요건을 갖추었다면 이는 단체협약이라고 보아야 할 것이다(대판 2005. 3. 11, 2003다27429). ④ 기명서명한 단체협약도 유효하다(대판 2005. 3. 11, 2003다27429). ⑤ 노조및조정법 제69조 3항·4항, 제70조 1항. <답 ②>

6. 단체협약의 작성에 관한 설명으로 옳지 않은 것은? <노무사 2009년>

① 단체협약은 서면으로 작성하여 당사자 쌍방이 서명 또는 날인하여야 한다.

② 판례는 단체협약 작성시 날인 대신 무인을 한 경우라도 단체협약의 진정성과 명확성이 담보되는 이상 유효하다는 입장이다.

③ 단체협약의 당사자는 단체협약의 체결일로부터 15일 이내에 이를 행정관청에게 신고하여야 한다.

④ 단체협약을 신고하지 않은 경우에도 그 단체협약의 효력 발생에는 아무

런 영향을 미치지 않는다.

⑤ 합의서, 각서 등의 표제에 의한 합의서면은 당사자 쌍방의 서명 또는 날인이 있더라도 단체협약으로 볼 수 없다.

《해 설》 ① 노조및조정법 제31조 1항. ② 대결 1995. 3. 10, 94마605. ③ 노조및조정법 제31조 2항. ④ 단체협약의 신고는 단체협약에 위법한 내용이 포함되어 있는지 여부를 행정관청이 심사하기 위한 자료 제출에 불과하기 때문이다. ⑤ 단체협약은 서면으로 작성해야 하지만, 그 명칭이나 표제는 단체협약으로서의 효력에 아무 영향을 주지 않는다. <답 ⑤>

7. 노동조합 및 노동관계조정법상 단체협약의 작성 및 유효기간에 관한 설명으로 옳은 것은? <노무사 2010년>

① 단체협약은 반드시 서면으로 작성하여야 하는 것은 아니다.

② 단체협약 체결일로부터 30일 이내에 이를 행정관청에 신고하여야 한다.

③ 행정관청에 대한 단체협약의 신고는 단체협약의 효력요건이 아니다.

④ 단체협약에 그 유효기간을 정하지 아니하면 그 단체협약은 무효이다.

⑤ 노동조합과 사용자는 별도의 약정으로도 종전 단체협약의 효력을 지속시킬 수 없다.

《해 설》 ① 단체협약은 서면으로 작성하여 당사자 쌍방이 서명 또는 날인하여야 한다(노조및조정법 제31조 1항). ② 15일 이내에 신고하여야 한다(노조및조정법 제31조 2항). ③ 단체협약은 행정관청에 신고하였는지 여부에 상관없이 당사자 사이에서 효력을 갖는다. ④ 단체협약에 유효기간을 정하지 아니한 경우 또는 2년을 초과하는 유효기간을 정한 경우에 그 유효기간은 2년으로 한다(노조및조정법 제32조 2항). ⑤ 단체교섭을 계속하였음에도 불구하고 새로운 단체협약이 체결되지 아니한 경우에는 별도의 약정이 있는 경우에는 그 약정에 따라 효력을 지속시킬 수 있다(노조및조정법 제32조 3항 단서). <답 ③>

8. 단체협약의 유효기간에 관한 내용으로 옳지 않은 것은? <노무사 2009년>

① 단체협약에는 2년을 초과하는 유효기간을 정할 수 없다.

② 단체협약에 유효기간을 정하지 아니한 경우 그 유효기간은 2년으로 한다.

③ 단체협약에 2년을 초과하는 유효기간을 정한 경우 그 유효기간은 2년으로 한다.

④ 단체협약의 유효기간이 만료된 후 새로운 단체협약이 채결되지 아니한 경우에는 별도의 약정이 있는 경우를 제외하고는 종전의 단체협약은 그 효력만료일부터 6월까지 계속 효력을 갖는다.

⑤ 단체협약에 그 유효기간이 경과한 후에도 새로운 단체협약이 체결되지 아니한 때에는 새로운 단체협약이 체결될 때까지 종전 단체협약의 효력을 존속시킨다는 취지의 별도의 약정이 있는 경우에는 그에 따르되, 당사자 일방은 해지하고자 하는 날의 6월전까지 상대방에게 통고함으로써

종전의 단체협약을 해지할 수 있다.

《해 설》 ① 노조및조정법 제32조 1항. ②③ 동법 제32조 2항. ④ 종전의 단체협약은 그 효력만료일부터 3월까지 계속 효력을 갖는다(동법 제32조 3항 본문). ⑤ 동법 제32조 3항 단서. <답 ④>

9. 단체협약의 규범적 부분과 관계없는 것은? <사시 2001년, 노무사 2004년 유사>

① 일반적 구속력 ② 여후효 ③ 평화조항
④ 근로조건 ⑤ 강행적 효력

《해 설》 단체협약의 규범적 부분과 채무적 부분에 대한 정리 <답 ③>

	개 념	내 용	효 력
규범적 부분	근로조건 기타 근로자의 대우에 관한 부분	임금, 근로시간 · 휴식 · 휴일 · 휴가, 징계 · 해고 · 휴직, 정년제, 승진 · 이동, 근무환경, 교육훈련, 복무규율 등	직률적 효력과 자동적 효력, 비조합원에게도 당연히 적용되는 것은 아님. 탈퇴노조원에게도 그 기준은 그대로 적용되나, 직률적 효력은 없음. 일반적 구속력과 지역적 구속력의 대상이 됨
채무적 부분	노조와 사용자간의 채권 · 채무관계	평화조항, shop조항, 조합활동조항, 쟁의조항, 전임자조항, 교섭절차조항 등	노조와 사용자간의 문제이므로, 당사자 사이에서만 효력을 갖고, 직률적 효력은 없음

10. 단체협약의 규범적 부분에 해당하는 것은? <사시 2000년>

① 노동조합 전임자를 두기로 한 조항
② 유니온 숍(union shop)조항
③ 쟁의절차조항
④ 평화조항
⑤ 연봉제 조항

《해 설》 단체협약의 규범적 부분이라 함은 개별 근로자의 근로조건 기타 근로자의 대우를 정한 부분을 말하는 것으로(노조및조정법 제33조 1항), 근로자의 임금의 구성항목, 계산방법 및 지불방법에 관한 내용(근기법 제17조 참조)을 정하는 연봉제가 이에 해당한다. <답 ⑤>

11. 단체협약의 효력 중 규범적 부분에 대한 설명으로 옳지 않은 것은?

① 단체협약 내에 '근로조건 기타 근로자의 대우에 관하여 정한 부분'을 이른바 규범적 부분이라고 한다.

② 단체협약에 관한 규정들은 개별적으로 비교할 것이 아니라 규율구조 전반을 통해서 종합적 · 실질적으로 비교해야한다.
③ 구 단체협약이 소멸하고 신 협약으로 대체되는 경우에도 유리한 조건 우선의 원칙은 적용된다.
④ 임금 · 근로시간 · 퇴직금 등 근로조건을 결정하는 기준에 관하여 소급적용을 규정하는 협약의 체결이 해소의 원칙에 반하는 것은 아니다.
⑤ 단체협약 내에 '근로조건 기타 근로자의 대우에 관하여 정한 부분'을 이른바 규범적 부분이라고 한다.

《해 설》 ① 노조및조정법 제33조. ③ 신 단체협약이 구 단체협약보다 전체적으로 또는 부분적으로 불리하더라도 신 단체협약이 그대로 적용된다. ④ 대판 2002. 4. 23, 2000다50701(소급적용을 정한 단체협약의 유효를 인정). ⑤ 사용자가 자발적으로 단체협약의 기준보다 유리한 급부를 하거나 또는 근로계약에 의하여 단체협약의 기준 이상의 급부를 약속하는 것은 얼마든지 유효하다. <답 ③>

12. 노동조합 및 노동관계조정법상 단체협약의 효력에 관한 설명 중 옳지 않은 것은? <사시 2002년>

① 단체협약에 정한 근로조건의 기준에 위반하는 취업규칙의 부분은 무효로 한다.
② 근로계약에 규정되지 아니한 사항은 단체협약에 정한 기준에 의한다.
③ 지역단위의 일반적 구속력은 노동위원회가 결정한다.
④ 단체협약의 규범적 부분이 비조합원에게 적용되는 경우가 있다.
⑤ 단체협약의 유효기간이 만료되더라도 그 효력이 일정기간 연장될 수 있다.

《해 설》 ③ 하나의 지역에 있어서 종업하는 동종의 근로자의 3분의 2 이상이 하나의 단체협약의 적용을 받게 된 때에는 행정관청은 당해 단체협약의 당사자의 쌍방 또는 일방의 신청에 의하거나 그 직권으로 노동위원회의 의결을 얻어 당해 지역에서 종업하는 다른 동종의 근로자의 그 사용자에 대하여도 당해 단체협약을 적용한다는 결정을 할 수 있다(노조및조정법 제36조 1항 참조). <답 ③>

13. 다음 설명 중 틀린 것은?

① 단체협약의 행정관청에의 신고는 단체협약의 효력요건은 아니다.
② 단체협약의 규범적 부분이 전무한 협정은 단체협약이라고 할 수 없다.
③ 단체협약의 강행적 효력에 의하여 개별적 근로계약의 일부가 무효로 되었다면 근로계약 전부가 무효로 된다.
④ 단체협약의 직접적 효력은 협약의 구속을 받는 근로자들의 이에 대한 개별적인 합의나 동의 또는 인식을 전제로 하지 않는다.
⑤ 신 단체협약이 구 단체협약보다 불리한 규정을 가지고 있더라도 신 단

체협약이 그대로 적용된다.

《해 설》 ② 단체협약의 규범적 부분은 근로조건의 개선을 목적으로 하는 단체협약의 핵심적 기능을 실현하는 개념본질적 부분이기 때문에 규범적 부분이 전무한 협정은 단체협약이라고 할 수 없다. ③ 단체협약의 강행적 효력에 의하여 개별적 근로계약의 일부가 무효로 되었다면 그 일부분만 무효로 하는 것이다. ⑤ 신 단체협약이 구 단체협약을 대치할 경우, 즉 하나의 집단적 질서가 다른 집단적 질서를 대치할 경우에는 '유리한 조건 우선의 원칙'은 적용되지 않는다. 즉 신 단체협약이 구 단체협약보다 불리한 규정을 가지고 있더라도 신 단체협약이 그대로 적용된다. 이러한 원칙을 질서의 원칙(Ordnungsprinzip)이라고 한다. <답 ③>

14. 단체협약의 규범적 효력에 관한 설명 중 틀린 것은?

① 강행적 효력이라 함은 근로조건 기타 근로자의 대우에 관한 기준에 위반하는 취업규칙 또는 근로계약의 부분을 무효로 하는 효력이다.

② 존속중의 근로계약을 단체협약에 위반하여 변경한 때도 단체협약이 강행적 효력을 미친다.

③ 개별적 근로계약에 아무 약정이 없는 경우 이를 직접적으로 보충하는 효력 또한 직접적 효력의 하나이다.

④ 단체협약 내에 어떤 금지규정만이 있고 그를 대치할 보충규정을 두고 있지 않더라도 그 부분의 단체협약은 강행적 · 직접적 효력 모두를 가진다.

⑤ 자동적 효력이라 함은 단체협약의 조항이 강행적 또는 직접적인 방법에 의하여 근로계약의 내용이 되는 것을 말한다.

《해 설》 규범적 부분은 개별적 근로관계에 강행적 · 직접적(보충적), 그리고 자동적으로 적용된다. 특히 강행적 · 직접적 효력을 직률적 효력(Unabdingbarkeit)이라고 한다. ①② 단체협약이 강행적 효력을 미치는 경우는 다음과 같다. (ⅰ) 존속중인 근로계약이 협약위반의 약정내용을 가지고 있을 때, (ⅱ) 근로계약이 단체협약에 위반하는 약정내용을 가지고 성립한 때, (ⅲ) 존속중의 근로계약을 단체협약에 위반하여 변경한 때, (ⅳ) 법률에 반하는 탈법행위에 의하여 단체협약의 강행적 효력을 회피하려는 약정을 한 때이다. ④ 직접적 효력과 강행적 효력은 근로계약관계에 대하여 동시에 발생하는 것이 보통이지만, 경우에 따라서는 그 중의 하나만이 발생하는 경우도 없지 않다. 즉, 개별적인 근로계약 내에 규범적 부분과 상충하는 규정이 전혀 없을 때에는 직접적 효력만이 생기게 된다. 단체협약 내에 어떤 금지규정만이 있고 그를 대치할 보충규정을 두고 있지 않는 한 그 부분의 단체협약은 강행적 효력만을 가진다. <답 ④>

15. 단체협약, 취업규칙 및 근로계약의 관계에 관한 설명으로 옳은 것은?

<사시 2003년>

① 단체협약, 취업규칙 및 근로계약의 유효기간은 2년을 초과할 수 없다.

② 단체협약에 정한 기준에 위반하는 근로계약과 취업규칙의 부분은 무효가 되고 단체협약에 정한 바에 의한다.

③ 취업규칙에서 정한 기준과 다른 근로조건을 정한 단체협약과 근로계약의 부분은 무효로 되고 취업규칙이 정하는 바에 의한다.
④ 근로계약에 규정되지 아니한 사항은 단체협약이나 취업규칙으로 정할 수 없다.
⑤ 단체협약, 취업규칙 및 근로계약의 내용이 서로 다를 때는 상호간의 효력은 신법우선의 원칙에 따른다.

《해 설》 ① 단체협약만이 유효기간이 있을 뿐이다(노조및조정법 제32조). ② 노조및조정법 제33조 1항과 2항. ④ 근로계약에 규정되지 아니한 사항은 단체협약에 정한 기준에 의한다(노조및조정법 제33조 2항). ⑤ 효력상의 계위가 다를 때에는 편면적용의 원칙 내지 유리한 조건우선의 원칙이 적용된다. <답 ②>

16. 단체협약의 규범적 효력에 대한 설명으로 타당하지 아니한 것은?

① 규범적 효력에는 강행적 효력과 직접적 효력이 있다.
② 단체협약의 규범적 부분의 모든 조항은 원칙적으로 강행적 효력을 가진다.
③ 강행적 효력에 의해 취업규칙 또는 근로계약의 일부가 무효가 되더라도 그 전체가 무효가 되는 것이 아니라 그 위반된 부분만이 무효가 된다.
④ 노동조합원이 아닌 자에 대하여는 노동조합 및 노동관계조정법 제35조, 제36조에 의하여 단체협약의 효력이 확장되는 경우가 아닌 한 단체협약의 규범적 효력이 미치지 아니한다.
⑤ 새로운 단체협약이 기존의 단체협약보다 불리한 경우에는 유리한 조건우선의 원칙에 의해서 기존의 단체협약이 그대로 적용된다.

《해 설》 ⑤ 같은 계위간에는 유리한 조건우선의 원칙이 적용되지 아니한다. 질서의 원칙에 의해 새로운 단체협약이 적용된다는 것이 일반적인 견해이다. ① 직접적 효력을 보충적 효력 또는 대체적 효력이라고 정의하는 견해도 있다. ④ 노동조합의 구성원(조합원)에게만 미치므로 사용자는 비조합원에게 단체협약을 준수할 의무가 없으며, 또한 비조합원은 사용자에게 청구할 권리도 없다. 다만, 노조및조정법에서는 일정한 경우 효력 확장을 인정하고 있다(노조및조정법 제35조, 제36조 ; 대판 2007. 6. 28, 2007노1539 참조). <답 ⑤>

17. 단체협약의 구속력 범위와 관련한 설명 중 틀린 것은?

① 단체협약의 규범적 효력은 원칙적으로 단체협약체결 당사자인 노동조합의 조합원들, 사용자단체의 구성원 또는 사용자에게만 미친다.
② 사용자는 단체협약을 비조합원에게 임의로 적용해 줄 수 있다.
③ 비조합원이 사용자와 단체협약의 기준보다 불리한 내용의 개별적 협정을 한다 하더라도 이것은 노동조합 및 노동관계조정법 제33조에 위반하는 것은 아니다.

④ 단체협약의 적용을 받는 조합원이 단체협약의 존속기간중에 노동조합으로부터 탈퇴하면 단체협약의 기준이 그대로 근로관계의 내용으로 유지되고 그 직률적 효력 또한 유지된다.

⑤ 어느 사용자가 사용자단체에 가입하는 경우에는 그 사용자는 당해 사용자단체가 체결한 단체협약의 구속력범위 내에 들어가게 된다.

《해 설》 ① 이것을 단체협약의 구속력범위라고 한다. 이와 같이 단체협약의 효력을 협약체결 당사자의 구성원에게 한정하는 것은 협약의 본래적 성격이라고 할 수 있다. ②③ 비조합원의 경우, 사용자는 비조합원에 대해서는 단체협약 내의 기준을 준수할 의무를 부담하지 않는다. 비조합원들에게 단체협약이 적용되는 것은 단체협약의 당연한 효력에 의한 것이 아니고 사용자가 개별적 근로관계의 평면에서 이를 임의로 적용해 주거나 단체협약이 마치 보통거래약관으로서의 작용을 하기 때문이다. 그러므로 비조합원인 근로자들은 노조및조정법 제33조에 기하여 단체협약의 근로조건 기타 근로자의 대우에 관한 기준을 당연히 청구할 권한이 없다. 다시 말하면 비조합원이 사용자와 단체협약의 기준보다 불리한 내용의 개별적 협정을 한다든가 또는 협약상의 기준에 상응하는 권리를 포기하더라도 이것은 노조및조정법 제33조에 위반하는 것은 아니다. ④ 협약의 적용을 받는 조합원이 단체협약의 존속기간중에 노동조합으로부터 탈퇴하면 단체협약의 기준이 그대로 근로관계의 내용으로 유지되지만 직률적 효력은 없다고 해석해야 한다. ⑤ 어느 사용자가 사용자단체에 가입하는 경우에는 그 사용자는 당해 사용자단체가 체결한 단체협약의 구속력범위 내에 들어가게 된다. 따라서 그 사용자의 사업장에서 취업하고 있는 근로자들 중에 당해 사용자단체와 단체협약을 체결한 노동조합의 조합원이 있을 때에는 그들에게도 그 단체협약은 적용된다. <답 ④>

18. 단체협약의 채무적 부분이 아닌 것은? <사시 2002년 변형>

① 평화조항 ② 조합활동에 관한 편의제공조항

③ 위임금지조항 ④ 쟁의행위에 관한 사항

⑤ 조합원의 퇴직금 및 복리후생에 관한 사항

《해 설》 단체협약의 채무적 부분은 일반적으로 평화의무, 평화조항, 유일교섭단체조항, 조합활동에 관한 편의제공조항(조합간부의 수, 조합사무실 기타 시설제공 등), 단체교섭의 절차 및 기타 규칙(위임금지조항, 단체교섭의 시간 · 순서 등), shop조항, 쟁의행위에 관한 사항(쟁의행위개시통지 및 절차 · 보안작업협정 등) 등이 이에 속한다. 단체협약의 규범적 부분과 채무적 부분에 관해서는 13번 해설 참조. <답 ⑤>

19. 단체협약의 채무적 부분 및 그 효력에 관한 설명 중 틀린 것은?

① 단체협약의 채무적 부분들은 노동조합의 조합원들의 근로관계에 대하여 직률적 효력을 미친다.

② 채무적 부분으로만 이루어지는 단체협약, 다시 말하면 규범적 부분이 없는 단체협약은 본래적인 의미의 단체협약이라고 할 수 없다.

③ 몇몇 조합원들이 단체협약에 위반하는 행위를 했다고 하여 곧 노동조합

의 영향의무를 문제삼을 수는 없다.

④ 단체협약을 위반(평화의무위반)하여 노동조합이 쟁의행위를 했을 경우에 노동조합이 손해배상책임을 져야 한다.

⑤ 단체협약이 새로 체결된 후 뚜렷한 무효사유를 제시하지 않은 채 단체협약의 전면무효화를 주장하면서 행한 쟁의행위는 평화의무위반으로 정당성이 상실된 노동조합활동이다.

《해 설》 ① 채무적 부분에 관한 규정들은 노동조합의 조합원들의 근로관계에 대하여 직률적 효력을 미치는 것이 아니라 협약체결 당사자에게만 그 효력이 국한된다. ② 채무적 부분의 내용은 단체협약에만 고유한 것은 아니기 때문에 채무적 부분으로만 이루어지는 단체협약, 다시 말하면 규범적 부분이 없는 단체협약은 본래적인 의미의 단체협약이라고 할 수 없다. ③ 원래 노동조합은 조합원 각자의 협약상의 의무위반행위에 대하여 직접 책임을 지지 않는 것이 원칙이므로, 몇몇 조합원들이 단체협약에 위반하는 행위를 했다고 하여 곧 노동조합의 영향의무를 문제삼을 수는 없다. ④ 단체협약을 위반(평화의무위반 또는 평화조항위반)하여 노동조합이 쟁의행위를 했을 경우에 그 쟁의행위는 정당성을 가지지 않기 때문에 그로 인하여 발생된 사용자의 경제적 손실에 대하여는 노동조합이 손해배상책임을 져야 한다. 왜냐하면 그와 같은 쟁의행위는 노동법의 보호영역 밖에 있는 것이며 위법한 행위이기 때문이다. ⑤ 대판 1992. 9. 1, 92누7733. <답 ①>

20. 단체협약 중 채무적 부분에 관한 설명으로 옳지 않은 것은?

① 단체협약은 집단적 노사관계와 관련하여 단체협약의 당사자의 권리 · 의무를 규정할 수 있다.

② 평화의무라 함은 단체협약의 당사자가 협약의 유효기간 중 근로조건 또는 기타 사항의 변경 · 폐지를 요구하는 쟁의행위를 하지 않을 의무를 말한다.

③ 평화조항은 노사쌍방이 쟁의행위를 미연에 방지하고 분쟁을 평화적으로 해결할 것을 목적으로 한다.

④ 징계절차조항이란 기업질서를 위반한 근로자에 대해 사용자가 징계처분을 할 때에는 일정한 징계절차를 거치도록 하는 규정이다.

⑤ 해고에는 정당한 이유가 있었으나 그 해고에 관하여 사전에 해고협의기구의 절차를 거치지 않은 경우 무효이다.

《해 설》 ⑤ 협의당사자 사이의 권리 · 의무를 정한 것으로서 채무적 효력을 갖는다. 따라서 사용자가 이 조항에 위반하여 해고를 하더라도 그 해고의 효력(개별적 근로관계의 소멸) 자체에는 아무 영향이 없다. 해고협의조항은 해고의 절차에 관한 약정으로서 해고사유의 실체적 기준을 정한 것이 아니므로 채무적 효력을 갖는다(대판 1993. 9. 28, 91다30620). <답 ⑤>

21. 평화의무에 관한 사항으로 가장 옳지 않은 것은?

① 평화의무는 단체협약의 유효기간중에는 협약에서 정한 근로조건의 변

경 · 폐지를 요구하는 쟁의행위를 하지 않을 노동조합의 의무이므로 일부조합원의 쟁의행위에 대해서는 그 의무나 효력이 미치지 않는다.

② 평화의무의 인정근거에 대해서는 내재설과 합의설이 있으나 내재설이 판례와 통설의 견해이다.

③ 평화의무는 단체협약에 규정한 사항에 한정된다.

④ 평화의무를 위반한 쟁의행위의 경우에 민사책임의 범위는 상당인과관계 있는 모든 손해에 미친다.

⑤ 노동조합의 통제를 벗어난 일부 조합원의 쟁의행위에 대해서는 노동조합은 책임지지 아니한다.

《해 설》 ① 평화의무는 단체협약의 유효기간중에는 쟁의행위를 하지 아니할 의무와 노동조합의 통제하에 있는 구성원들이 쟁의행위를 실행하지 못하게 할 의무를 포함한다. ③ 원칙적으로 단체협약에서 규정되어 있지 아니한 사항에 대해서는 평화의무가 미치지 아니한다(상대적 평화의무설). ④ 평화의무는 일종의 계약상의 채무에 해당하기 때문에 이에 대한 위반은 채무불이행에 해당하여 손해배상책임을 발생케 한다. <답 ①>

22. 다음 설명 중 옳은 것은?

① 평화조항이란 단체협약의 당사자가 협약의 유효기간중 근로조건 또는 기타 사항의 변경 · 폐지를 요구하는 쟁의행위를 하지 않을 의무를 정한 조항이다.

② 노동조합이 당해 사업장에 종사하는 근로자의 3분의 2 이상을 대표하고 있을 때에는 union shop조항의 체결을 인정하므로, 사용자는 근로자가 당해 노동조합에서 제명 · 탈퇴한 것을 이유로 불이익한 행위를 할 수 있다.

③ 일반적으로 취업시간중의 조합활동은 보장된다.

④ 해고에는 정당한 이유가 있었으나 단체협약에 해고협의조항이 있고 사용자가 이 조항에 위반하여 해고를 하는 경우 그 해고는 무효이다.

⑤ 면책특약의 범위 내에서는 농성기간중의 행위뿐만 아니라 그 농성과 일체성을 가지는 준비행위 · 유발행위에 대해서도 민사상의 책임은 물론 징계책임도 면제된다.

《해 설》 ① 평화조항이란 노사 쌍방이 쟁의행위를 미연에 방지하고 분쟁을 평화적으로 해결할 것을 목적으로, 예를 들면 단체교섭에서 쌍방이 성의를 가지고 노력했음에도 불구하고 해결을 보지 못한 경우에는 노사의 자주적인 조정기관에 조정을 신청한다는 등의 조항을 말한다. ①의 설명은 평화의무에 관한 설명이다. ② 현행 노동조합 및 노동관계조정법 제81조 2호 단서는 노동조합이 당해 사업장에 종사하는 근로자의 3분의 2 이상을 대표하고 있을 때에는 union shop조항의 체결을 인정하고 있다. 그러나 2006년 개정 노조및조정법에 따르면, 사용자는 근로자가 당해 노동조합에서 제명된 것 또는 그 노동조합을 탈퇴하여 새로 노동조합을 조직하거나 다른 노동조합에 가입한 것을 이유로 불이익한 행위를 할 수 없다(노조및조정법 제81조 2호 단서 후단). ③ 일반적으로 취업시간중의 조합활동은 근로자의 취업의무와 상반하므로 제한 또는 금지된다. ④ 사용자가 해고협의조항에 위반하여 해고를 하더라도 그 해고의 효력(개별적 근로관계의 소멸) 자체에는 아무 영향이 없다. 즉 해고협의조항은 해고의 절차에 관한 약정으로서 해고사유의 실체적 기준을 정한 것이 아니므로 채무적 효력을 갖는다(통설과 판례: 대판 1993. 9. 28, 91다30620 등). ⑤ 대판 1991. 1. 11, 90다카21176 등. <답 ⑤>

23. 조합활동에 관한 다음 설명 중 괄호 안에 들어갈 것으로 옳게 짝지어진 것은? <사시 2003년>

> 조합활동이 정당하려면 취업규칙이나 단체협약에 별도의 허용규정이 있거나, 관행이 존재하는 경우 그리고 사용자의 승낙이 있는 경우를 제외하고는 (A)에 행해져야 하며, 또한 (B) 조합활동에 있어서는 사용자의 (C)에 바탕을 둔 합리적인 규율이나 제약에 따라야 한다.

	A	B	C
①	취업시간 내	사업장 밖	시설관리권
②	취업시간 외	사업장 내	시설관리권
③	취업시간 내	사업장 내	노무지휘권
④	취업시간 내	사업장 밖	신의성실
⑤	취업시간 외	사업장 밖	노무지휘권

《해 설》 본문의 조합활동조항 참고. <답 ②>

24. 단체협약의 사업장 단위의 일반적 구속력에 대한 설명이다. 틀린 것은?

① 상시 사용되는 근로자란 개개 근로자의 근로관계가 상용적이냐 임시적이냐를 문제로 삼는 것은 아니다.

② 어느 특정 단체협약이 그 사업장의 반수 이상의 근로자에게 적용될 때에는 그 단체협약의 효력이 비조합원에게도 확장될 수 있다.

③ 하나의 사업장 내에 업종을 달리하는 근로자들이 각각 별개의 노동조합을 결성하고 있을 때에는 노동조합 및 노동관계조정법 제35조는 업종을 달리하는 각 노동조합의 단체협약을 단위로 각각 적용되어야 할 것이다.

④ 확장적용되는 단체협약은 규범적 부분에 국한된다.

⑤ 효력이 확장된 단체협약은 신규채용 또는 조합원의 탈퇴 등으로 '반수 이상의' 요건을 갖추지 못하게 되더라도 여전히 일반적 구속력을 갖는다.

《해 설》 ① '상시 사용되는 … 근로자'란 단체협약이 반수 이상의 근로자에게 적용되고 있느냐를 판단하는 기초가 되는 것으로서 상시 사용되고 있는 근로자들의 총수에 중점을 둔 것이며 개개 근로자의 근로관계가 상용적이냐 임시적이냐를 문제로 삼는 것은 아니다. ⑤ 사업장을 단위로 한 일반적 구속력은 반드시 반수 이상의 근로자가 단체협약의 적용을 받을 것을 요건으로 하기 때문에 비조합원의 신규채용 또는 조합원의 탈퇴 등으로 '반수 이상의' 요건을 갖추지 못하게 될 때에는 일반적 구속력은 당연히 종료하는 것으로 해석된다. <답 ⑤>

25. 다음은 단체협약의 지역단위의 일반적 구속력에 대한 설명이다. 틀린 것은?

① 노동조합 및 노동관계조정법 제36조 1항에서의 하나의 지역이라 함은 하나의 노동시장을 형성하고 있는 지역을 가리킨다.

② 지역단위의 일반적 구속력선언에서는 행정관청이 자신의 직권에 의하는 경우 노동위원회의 의결을 얻어 해당 단체협약의 확장을 결정하여야 한다.

③ 단체협약은 해당지역에서 종사하는 근로자뿐만 아니라 해당단체협약의 당사자가 아닌 사용자도 구속된다.

④ 해당지역 내의 동종의 근로자가 노동조합을 결성하고 있다면 지역단위의 일반적 구속력은 인정되지 않는다.

⑤ 행정관청의 단체협약확장의 결정은 공고하여야 한다.

《해 설》 ① '하나의 지역'이란 단체협약 당사자와 관련이 있는 동일한 경제적 지역, 즉 하나의 노동시장을 형성하고 있는 지역을 가리킨다. ②⑤ 지역을 단위로 하는 일반적 구속력선언에 있어서는 사업장을 단위로 하는 일반적 구속력과 달리 행정관청이 단체협약 당사자의 쌍방 또는 일방의 신청에 의하거나 또는 그 직권에 의하여 노동위원회의 의결을 얻어 해당 단체협약의 확장을 결정하여야 한다. 이 결정은 공고하여야 한다(노조및조정법 제36조 2항, 벌칙 제92조 1호). ③ 단체협약은 해당 지역에서 종사하는 동종의 근로자에게 적용된다. 따라서 제35조의 경우와는 달리 해당 단체협약의 당사자가 아닌 사용자도 구속하게 된다. ④ 해당 지역 내의 동종의 근로자가 노동조합을 결성하고 있더라도 지역단위의 일반적 구속력은 인정된다. 그러나 다른 노동조합이 이미 다른 단체협약을 체결하고 있을 때에는 이를 인정할 수가 없다(대판 1993. 12. 21, 92도2247). <답 ④>

26. 단체협약의 지역적 구속력에 관한 설명으로 옳은 것은? (대법원 판례에 의함) <노무사 2005년>

① 단체협약의 규범적 부분과 채무적 부분이 확장 적용된다.

② 하나의 지역에 있어서 종업하는 동종의 근로자 2분의 1 이상이 하나의 단체협약의 적용을 받는 경우이어야 한다.

③ 행정관청은 노동위원회의 의결을 얻어 결정하며 당해 단체협약의 당사자의 신청이 있어야 가능하다.

④ 지역단위의 일반적 구속력은 노동위원회가 결정한다.

⑤ 단체협약의 효력확장이 이루어진 후에도 소수노동조합이 별도의 단체협약을 체결하고 있는 경우 그 노동조합은 유리한 단체협약의 체결을 위해 단체행동권을 행사할 수 있다.

《해 설》 ① 규범적 부분만이 확장적용된다. ②③④ 노조및조정법 제36조(지역적 구

속력). ⑤ 대판 1993. 12. 21, 92도22247. <답 ⑤>

27. 노동조합 및 노동관계조정법 제36조에서 규정하고 있는 단체협약의 지역적 구속력의 요건과 효과에 관한 설명 중 옳게 묶인 것은?

<사시 2007년, 노무사 2005년 유사>

[X군 : 요건]
A. 하나의 지역에 있어서 종업하는 동종의 근로자 반수 이상이 하나의 단체협약의 적용을 받음
B. 행정관청이 당해 단체협약의 당사자의 쌍방 또는 일방의 신청에 의하거나 그 직권으로 노동위원회의 의결을 얻어 지역적 구속력 결정
C. 행정관청은 공고 후 지체없이 노동위원회의 승인을 받아야 함

[Y군 : 효과]
ㄱ. 당해 지역에서 종업하는 다른 동종의 근로자와 그 사용자에 대하여 당해 단체협약의 내용 중 근로조건에 관한 규정 적용
ㄴ. 당해 지역에서 종업하는 다른 동종의 근로자를 조직하고 있는 노동조합과 그 사용자에 대하여 당해 단체협약의 내용 중 조합활동의 보장에 관한 규정 적용
ㄷ. 당해 지역에서 종업하는 다른 동종의 근로자가 원하는 경우에만 그 사용자에 대하여 당해 단체협약 적용

① A — ㄱ ② A — ㄴ ③ B — ㄱ
④ B — ㄷ ⑤ C — ㄷ

《해 설》 하나의 지역에 있어서 종업하는 동종의 근로자 3분의 2 이상이 하나의 단체협약의 적용을 받게 된 때에는 행정관청은 당해 단체협약의 당사자의 쌍방 또는 일방의 신청에 의하거나 그 직권으로 노동위원회의 의결을 얻어 당해 지역에서 종업하는 다른 동종의 근로자와 그 사용자에 대하여도 당해 단체협약을 적용한다는 결정을 할 수 있다(노조법 제36조 1항). 그리고 행정관청은 지역적 구속력에 관한 결정을 한 때에는 지체없이 이를 공고하여야 한다(동법 제36조 2항). <답 ③>

28. 다음에서 단체협약의 종료 내지 실효사유가 될 수 없는 것은? (이견이 있는 경우 다수설의 태도에 따름)

① 회사가 해산한 때 ② 노동조합의 해산
③ 노동조합의 분열 ④ 단체협약 상대방의 평화의무의 위반
⑤ 기존 노동조합에서의 조합원들의 집단적 탈퇴

《해 설》 ① 단체협약은 회사의 해산 · 조직변경 · 합병에 의하여 당연히 종료하지 않는다. 그러나 회사가 해산한 때에는 청산절차중에 전체 근로자를 해고함으로써 단체협약은 실효된다. ② 노동조합이 해산되는 경우, 협약당사자의 실체가 없어지기 때문에 단체협약은 실효된다. ③ 조합이 분열하여 새로운 두 개의 조합이 결성된 경우,

종래의 조합은 소멸되기 때문에 단체협약도 당연히 소멸한다. ④ 협약의 상대방이 평화의무를 위반한다든가 또는 단체협약에 의하여 정립된 근로조건의 기준을 계속 무시하는 등과 같이 단체협약의 존재의의를 상실시킬 만한 중대한 위반행위를 한 때에는 다른 상대방은 협약을 해지하고 단체협약의 구속으로부터 벗어날 수 있을 것이다. ⑤ 노동조합에서 조합원들이 탈퇴하는 경우, 단체협약은 존속한다. <답 ⑤>

29. 다음 설명 중 틀린 것은?

① 단체협약에는 2년을 초과하는 유효기간을 정할 수 없다.

② 유효기간을 2년 미만으로 정하는 것은 무방하지만, 단체협약에 그 유효기간을 정하지 않거나 2년 이상의 기간을 정한 때에는 그 유효기간은 2년으로 된다.

③ 당사자 일방은 해지하고자 하는 날의 6개월 전까지 상대방에게 통고함으로써 종전의 단체협약을 해지할 수 있다.

④「이 협약의 기간만료 30일 전까지 당사자의 일방이 단체협약의 개폐의 의사표시 또는 변경안의 제시가 없는 경우에는 기간만료일로부터 다시 2년간 유효한 것으로 본다」고 하는 협정은 노동조합 및 노동관계조정법 제32조의 취지에 어긋나지 않는다.

⑤ '이 협약은 새 협약이 성립할 때까지 유효하다'는 내용의 협정은 노동조합 및 노동관계조정법 제32조 3항에 위반한다.

《해 설》 ① 노조및조정법 제32조 1항. ② 노조및조정법 제32조 2항. ③ 노조및조정법 제32조 3항 단서. ④ 자동갱신협정으로서 이 경우에 있어서는 구단체협약과 동일한 내용의 단체협약을 준수하겠다는 묵시적 의사표시가 있는 것으로 해석되므로 구협약의 유효기간의 만료와 함께 동일한 내용으로 새 단체협약이 체결되었다고 보아야 동 갱신협정은 노조및조정법 제32조의 취지에 어긋나지 않는다(대판 1993. 2. 9, 92다27102). ⑤ 자동연장협정의 내용으로서 자동연장협정에 의하여 연장되는 협약의 유효기간은 신협약 본래의 유효기간이 아니다. 이러한 해석에 의하면 노동조합 및 노동관계조정법 제32조 3항의 규정에 의하여 단체협약의 유효기간이 만료하고 다시 그 만료일로부터 3월이 경과했음에도 불구하고 새 협약이 체결되지 않은 경우 자동연장협정에 의하여 협약의 유효기간이 일정기간 연장되더라도 이는 노동조합 및 노동관계조정법 제32조 3항에 위반하지 않는다(대판 1992. 4. 14, 91누8364). 더욱이 이러한 자동연장협정은 현행 노조및조정법 제32조 3항 단서에서 명시적으로 도입되었다. <답 ⑤>

30. 단체협약의 유효기간 및 종료에 관한 설명으로 옳지 않은 것은?

<노무사 2003년 · 2004년 · 2005년 유사>

① 단체협약의 유효기간을 정하지 않은 경우에는 그 유효기간은 2년으로 본다.

② 단체교섭을 계속하였음에도 불구하고 단체협약의 유효기간이 만료된 때까지 새로운 단체협약이 체결되지 아니한 경우 종전의 단체협약은 그 효력만료일로부터 3월까지 계속 효력을 갖는다.

③ 자동갱신협정이 체결된 경우 당사자 일방의 단체협약개폐의사표시가 없

을 때에는 구 단체협약과 동일한 내용의 단체협약을 준수하겠다는 묵시적 의사표시가 있는 것으로 해석한다.

④ 단체협약의 효력이 3개월 동안 자동적으로 연장되는 것은 단체협약이 아닌 법률의 규정에 의한 것이다.

⑤ 자동연장협정이 존재하는 경우에는 어느 일방의 단체협약 해지통보가 있더라도 새로운 단체협약이 체결될 때까지는 계속하여 기존 단체협약의 효력이 연장된다.

《해 설》 ① 노조및조정법 제32조 2항. ② 노조및조정법 제32조 3항. ③ 대판 1993. 2. 9, 92다27102 참고. ④ 노조및조정법 제32조 3항. ⑤ 자동연장협정이 존재하는 경우에는 어느 일방이 해지하고자 하는 날의 6월전까지 상대방에게 통고함으로써 종전의 단체협약을 해지할 수 있다(노조및조정법 제32조 3항 단서). <답 ⑤>

31. 단체협약에 관한 설명으로 옳은 것은? (다툼이 있는 경우 판례에 의함)

① 단체협약의 당사자는 단체협약의 체결일로부터 <노무사 2008년>
20일 이내에 그 단체협약을 행정관청에게 신고하여야 한다.

② 단체협약에는 1년을 초과하는 유효기간을 정할 수 없다.

③ 이미 구체적으로 그 지급청구권이 발생한 임금이라도 노동조합이 근로자의 개별적 동의나 수권없이 단체협약으로 이에 대한 포기 등 처분행위를 유효하게 할 수 있다.

④ 근로조건 결정기준을 소급적으로 근로자에게 유리하게 변경하는 내용의 단체협약을 체결한 경우, 단체협약체결 이전에 이미 퇴직한 근로자에게는 그 효력이 미치지 않는다.

⑤ 단체협약의 당사자가 단체협약에서 일부 조합원들에게만 유리한 근로조건을 별도로 정할 수 있도록 명시한 경우, 그러한 협약상의 조항은 무효이다.

《해 설》 ③ 이미 구체적으로 그 지급청구권이 발생한 임금(상여금 포함)이나 퇴직금은 근로자의 사적 재산 영역으로 옮겨져 근로자의 처분에 맡겨진 것이기 때문에 노동조합이 근로자들로부터 개별적인 동의나 수권을 받지 않은 이상, 사용자와 사이의 단체협약만으로 이에 대한 포기나 지급유예와 같은 처분행위를 할 수는 없다(대판 2007. 6. 28, 2007도1539). ④ 단체협약은 노동조합이 사용자 또는 사용자단체와 근로조건 기타 노사관계에서 발생하는 사항에 관하여 체결하는 협정으로서, 노동조합이 사용자측과 기존의 임금, 근로시간, 퇴직금 등 근로조건을 결정하는 기준에 관하여 소급적으로 동의하거나 이를 승인하는 내용의 단체협약을 체결한 경우에 그 동의나 승인의 효력은 단체협약이 시행된 이후에 그 사업체에 종사하며 그 협약의 적용을 받게 될 노동조합원이나 근로자들에 대해서만 생기고 단체협약 체결 이전에 이미 퇴직한 근로자에게는 위와 같은 효력이 생길 여지가 없다(대판 2002. 5. 31, 2000다18127). <답 ④>

32. 「노동조합 및 노동관계조정법」상 단체협약에 관한 설명으로 옳은 것을 모두 묶은 것은? (다툼이 있는 경우에는 판례에 의함) <사시 2010년>

가. 단체협약은 서면으로 작성하여 당사자 쌍방이 서명 또는 날인하여야 하며 이는 그 효력요건이다.
나. 단체협약의 효력이 발생하기 위해서는 단체협약의 체결일부터 15일 이내에 이를 행정관청에게 신고하여야 한다.
다. 당사자 쌍방이 새로운 단체협약을 체결하고자 단체교섭을 계속하였음에도 불구하고 새로운 단체협약이 체결되지 아니한 경우에는 종전의 단체협약은 그 효력만료일로부터 6월까지 계속 효력을 갖는다.
라. 단체협약의 실효 후에도 임금 등 근로조건에 관한 부분은 그 단체협약의 적용을 받고 있던 근로자의 근로계약의 내용이 되어 별도의 사정이 없는 한 계속 존속한다.

① 가, 나 ② 가, 다 ③ 가, 라
④ 나, 다 ⑤ 다, 라

《해 설》 가. 단체협약은 반드시 서면으로 작성하여 당사자 쌍방이 서명·날인하여야 한다(노조및조정법 제31조 1항). 서면에 의하지 않은 단체협약은 아무 효력이 없다. 나. 단체협약의 당사자는 단체협약체결일로부터 15일 이내에 이를 행정관청에 당사자 쌍방의 연명으로 신고하여야 한다(노조및조정법 제31조 2항). 그러나 행정관청에 대한 신고가 단체협약의 효력요건은 아니다. 다. 단체협약의 유효기간이 만료되는 때를 전후하여 당사자 쌍방이 새로운 단체협약을 체결하고자 단체교섭을 계속하였음에도 불구하고 새로운 단체협약이 체결되지 아니한 경우에는 별도의 약정이 있는 경우를 제외하고는 종전의 단체협약은 그 효력만료일로부터 3월까지 계속 효력을 갖는다(노조및조정법 제32조 3항). 라. 단체협약 내의 근로조건 기타 근로자의 대우에 관한 부분은 그 협약의 발효와 더불어 개별적 근로관계의 내용이 되는 것이므로 그 단체협약이 실효하더라도 개별적 근로관계의 내용으로 화체된 부분은 여전히 존속하게 된다. <답 ③>

33. 단체협약의 효력에 관한 설명이다. ( ) 에 들어갈 내용으로 옳게 짝지워진 것은? <사시 2007년>

노동조합 및 노동관계조정법 제32조 제3항에 의하면 단체협약 유효기간 만료시를 전후하여 쌍방이 새로운 단체협약을 체결하고자 단체교섭을 계속하였음에도 불구하고 새로운 단체협약이 체결되지 아니한 때에는 종전의 단체협약은 그 만료일로부터 (A)개월까지 계속 효력을 갖는다. 그러나 자동연장협정이 있는 경우에는 이에 따르고 위 규정은 적용되지 않는다. 자동연장협정이란 단체협약에서 그 단체협약의 유효기간이 경과한 후에도 새로운 단체협약이 체결되지 아니한 때에는 새로운 단체협약이 체결될 때까지 종전 단체협약의 효력을 존속시킨다는 취지의 약정을 말

> 한다. 자동연장협정에 의하여 단체협약의 효력이 지속되는 경우에는 (B) 개월의 해지기간을 두고 (C) 단체협약의 효력을 종료시킬 수 있다.

	A	B	C
①	3	6	당사자 쌍방의 합의에 의해
②	6	6	당사자 쌍방의 합의에 의해
③	3	6	당사자 일방의 요구에 의해
④	6	6	당사자 일방의 요구에 의해
⑤	3	3	당사자 일방의 요구에 의해

《해 설》 단체협약의 유효기간은 2년을 원칙으로 한다(노조법 제32조 1항). 따라서 유효기간을 정하지 않거나 유효기간이 2년을 초과하는 경우에는 2년으로 한다(동법 제32조 2항). 다만 단체협약의 기간만료로 인해 무협약상태가 발생되는 것을 피하기 위해 효력만료일부터 3개월까지 효력을 연장하고 있고(동법 제32조 3항 본문), 자동연장협정을 체결할 수 있으며. 당사자 일방은 이를 해지하고자 하는 날의 6개월 전까지 상대방에게 통고하여 해지할 수 있다(동법 제32조 3항 단서). <답 ③>

34. 단체협약의 효력확장에 관한 설명으로 타당하지 아니한 것은?

<사시 2008년 유사>

① 사용자가 단체협약의 내용을 임의로 비조합원에게까지 확대·적용하는 것은 적법하다. 다만, 비조합원인 근로자들은 단체협약의 적용을 청구할 권리는 없다.

② 사업장 단위의 일반적 구속력은 강행규정이므로 이를 제한하거나 배제하는 단체협약 규정은 무효이다.

③ 하나의 지역에 있어서 종업하는 동종의 근로자 3분의 2 이상이 하나의 단체협약의 적용을 받게 된 때에는 별도의 절차없이 당해 지역에서 종업하는 다른 동종의 근로자에 대하여도 당해 단체협약이 적용된다.

④ 동종근로자 여부에 관한 요건은 사업장 단위의 일반적 구속력의 경우와 지역적 단위의 일반적 구속력의 경우 동일하다.

⑤ 효력이 확장되는 부분은 단체협약의 규범적 부분에 한정된다.

《해 설》 ④ 동종근로자의 의미는 사업장 단위나 지역적 단위나 동일하다. ③ 지역적 단위의 일반적 구속력의 확장은 노동위원회의 의결을 얻어 행정관청이 그 여부를 결정할 수 있다(노조및조정법 제36조 1항 참조)고 규정되어 있다. <답 ③>

35. 다음 중 옳은 것은?

① 하나의 사업 또는 사업장에 상시 사용되는 동종의 근로자 반수 이상이 하나의 단체협약의 적용을 받게 된 때에는 행정관청은 노동위원회의 의결을 얻어 당해 사업 또는 사업장에 사용되는 다른 동종의 근로자에 대하여도 당해 단체협약을 적용한다는 결정을 할 수 있다.

② 사업장 단위의 일반적 구속력에 의해 단체협약의 적용을 받게 되는 '동종의 근로자'란 단체협약의 적용 범위가 특정되지 않았거나, 협약조항이 모든 직종에 걸쳐서 공통적으로 적용되는 경우에는 직종의 구분 없이 사업장 내의 모든 근로자를 말한다.

③ '상시 사용되는 근로자'라 함은 사업장에서 상용직으로 계속적으로 사용되는 근로자를 의미한다.

④ 행정관청의 지역적 구속력 적용 결정에 대해서는 취소소송을 제기할 수 없다.

⑤ 일반적 구속력에 의해 확장 적용되는 단체협약은 규범적 부분 외에 채무적 부분도 포함된다.

《해 설》 ① 행정관청은 지역단위의 일반적 구속력 확장에 있어서만 관여하도록 되어 있다. ② 대판 1992. 12. 22, 92누13189; 대판 1999. 12. 10, 99두6927. ③ '상시 사용되는 근로자'란 근로자의 지위나 종류, 고용기간의 정함의 유무 또는 근로계약상의 명칭에 구애됨이 없이 사업장에서 사실상 계속적으로 사용되고 있는 동종의 근로자 전체를 의미한다(대판 1992. 12. 22, 92누13189). ④ 하급심 중에는 단체협약의 지역적 구속력적용결정취소소송의 판결선고시까지 효력을 정지해달라는 지역적 구속력 적용결정 효력정지신청 사례가 있다. 다만 이 사례에서는 그 집행을 정지하여야 할 긴급한 필요가 없다는 이유로 기각되었다(대구고법 1995. 3. 16, 95부94). ⑤ 확장 적용되는 단체협약은 규범적 부분에 국한된다. <답 ②>

36. 다음 중 사업장 단위의 일반적 구속력규정(제35조)에서 '동종의 근로자'에 관한 판례의 태도 중 틀린 것은?

① '동종의 근로자'란 당해 단체협약의 규정에 의해 그 협약의 적용이 예상되는 자를 가리키므로 단체협약규정에 의하여 조합원의 자격이 없는 자는 단체협약의 적용이 예상된다고 할 수 없어 단체협약의 적용을 받지 않는다.

② 경비원에 대하여 단체협약의 적용을 받는 생산직 근로자와 그 작업내용이나 형태가 같다거나 비슷하다고 볼 수 없어, 동종의 근로자라고 할 수 없다.

③ 고용직 및 기능직 직원을 위한 단체협약에서는 청원경찰을 동종의 근로자로 보지 않는다.

④ 일반직 사원의 경우에는 단체협약에 의하여 조합원가입자격이 없더라도 피고 회사의 단체협약의 일반적 구속력이 미치는 동종의 근로자라고 볼 수 있다.

⑤ 서로 다른 종류의 사업을 운영하던 회사들이 합병한 이후 근로자들의 근로관계 내용을 단일화하기로 변경 · 조정하는 새로운 합의가 있기 전에 그 중 한 사업부문의 근로자들로 구성된 노동조합이 회사와 체결한

단체협약은 그 사업부문의 근로자들에 대하여만 적용될 것이 예상되는 것이라 할 것이어서 다른 사업부문의 근로자들에게는 적용될 수 없다.

《해 설》 ① 대판 1997. 10. 28, 96다13415. ② 대판 1995. 12. 22, 95다39618. ③ 대판 1997. 4. 25, 95다4056. ④ 일반직 사원에 대해서도 회사의 단체협약에 의하여 조합원가입자격이 없어 피고 회사의 단체협약의 일반적 구속력이 미치는 동종의 근로자라고 볼 수 없다(대판 2004. 2. 12, 2001다63599). ⑤ 대판 2004. 5. 14, 2002다23185 · 23192. <답 ④>

37. 노동조합 및 노동관계조정법 제35조에 따른 단체협약의 일반적 구속력과 관련한 판례의 태도 중 틀린 것은?

① 노동조합 및 노동관계조정법 제35조에 따른 단체협약의 일반적 구속력이 인정되기 위한 요건인 '하나의 단체협약의 적용을 받는 근로자'란 단체협약의 본래적 적용대상자로서 단체협약상의 적용범위에 해당하는 자만을 일컫는 것으로 단체협약상 특별히 적용범위를 한정하지 않은 경우에는 당해 단체협약의 당사자인 노동조합의 조합원 전체를 말하고, 단체협약이 근로자 일부에게만 적용되는 것으로 한정하는 경우에는 그 한정된 범위의 조합원을 말한다.

② 노동조합이 사용자와 상여금 · 휴가비 등을 반납하기로 하는 내용의 노사공동결의서를 작성한 경우, 위 노사공동결의서로 상여금 · 휴가비 등에 관한 기존 단체협약이 변경되었다고 할 것이다.

③ ②의 노사공동결의서의 작성 당시 노동조합에 가입한 근로자의 수가 노동조합에 가입할 수 있는 총 근로자의 반수에 이르지 못하였더라도 위 단체협약에 노동조합 및 노동관계조정법 제35조에 따른 일반적 구속력을 부여할 수 있으므로 노동조합원이 아닌 근로자에게도 위 단체협약의 변경의 효력이 미친다.

④ 노동조합 및 노동관계조정법 제35조는 하나의 사업 또는 사업장에 상시 사용되는 동종의 근로자 반수 이상이 하나의 단체협약의 적용을 받게 된 때에는 당해 사업 또는 사업장에 사용되는 다른 동종의 근로자에 대하여도 당해 단체협약이 적용된다고 규정하는바, 이에 따라 단체협약의 적용을 받게 되는 동종의 근로자라 함은 당해 단체협약의 규정에 의하여 그 협약의 적용이 예상되는 자를 가리키며, 한편 단체협약 등의 규정에 의하여 조합원의 자격이 없는 자는 단체협약의 적용이 예상된다고 할 수 없어 단체협약의 일반적 구속력이 미치는 동종의 근로자라고 할 수 없다.

⑤ 택시회사와 노동조합 사이에 체결된 단체협약이 대무기사들이 단체협약의 규정 등에 비추어 노동조합에의 가입자격이 없는 것으로 볼 여지가

있다는 이유로 정규기사와 마찬가지로 그 택시회사의 일용 대무기사들에게 적용될 수 없다.

《해 설》 ①②③ 노조및조정법 제35조에 따른 단체협약의 일반적 구속력이 인정되기 위한 요건인 '하나의 단체협약의 적용을 받는 근로자'의 의미(대판 2005. 5. 12, 2003다52456)에 관한 판례의 요지이다: (ⅰ) 노조및조정법 제35조에 따른 단체협약의 일반적 구속력이 인정되기 위한 요건인 '하나의 단체협약의 적용을 받는 근로자'란 단체협약의 본래적 적용대상자로서 단체협약상의 적용범위에 드는 자만을 일컫는 것으로 단체협약상 특별히 적용범위를 한정하지 않은 경우에는 당해 단체협약의 당사자인 노동조합의 조합원 전체를 말하고 단체협약이 근로자 일부에게만 적용되는 것으로 한정하는 경우에는 그 한정된 범위의 조합원을 말한다. (ⅱ) 노동조합이 사용자와 상여금 · 휴가비 등을 반납하기로 하는 내용의 노사공동결의서를 작성한 경우, 위 노사공동결의서로 상여금 · 휴가비 등에 관한 기존 단체협약이 변경되었다고 할 것이지만, 위 노사공동결의서의 작성 당시 노동조합에 가입한 근로자의 수가 노동조합에 가입할 수 있는 총 근로자의 반수에 이르지 못하였던 이상 위 단체협약에 노동조합 및 노동관계조정법 제35조에 따른 일반적 구속력을 부여할 수 없으므로 노동조합원이 아닌 근로자에게는 위 단체협약의 변경의 효력이 미치지 않는다. ④⑤ 대판 2005. 4. 14, 2004도1108.
<답 ③>

38. 노동조합 및 노동관계조정법상 단체협약에 일반적 · 지역적 구속력에 관한 설명으로 옳은 것은? (다툼이 있는 경우에는 판례에 의함) <노무사 2010년>

① 하나의 사업장에서 일반적 구속력이 인정되기 위해서는 상시 사용되는 동종의 근로자 3분의 2 이상이 하나의 단체협약의 적용을 받아야 한다.
② 하나의 사업장에서 일반적 구속력이 인정되어 단체협약이 적용되는 '동종의 근로자'라 함은 당해 단체협약의 규정에 의하여 그 협약의 적용이 예상되는 자를 가리킨다.
③ 하나의 사업장에서 일반적 구속력이 인정되는 경우 행정관청은 지체없이 이를 공고하여야 한다.
④ 하나의 지역에 있어서 지역적 구속력이 결정된 경우 협약외의 노동조합은 유리한 단체협약 체결을 위하여 독자적으로 교섭하거나 쟁의행위를 할 수 없다.
⑤ 행정관청은 직권으로 노동위원회의 의결을 얻어 당해 지역에서 종업하는 다른 동종의 근로자에 대하여도 당해 단체협약을 적용하는 결정을 할 수 없다.

《해 설》 ① 사업장 단위 일반적 구속력의 적용 요건은 동종 근로자의 반수 이상이 하나의 단체협약의 적용을 받게 되는 것이다(노조및조정법 제35조). ② 대판 1997. 10. 28, 96다13415. ③ 지역적 구속력 확장의 경우에 해당하는 내용이다(노조및조정법 제36조 2항. ④ 지역적 구속력 제도의 목적을 어떠한 것으로 파악하건 적어도 교섭권한을 위임하거나 협약체결에 관여하지 아니한 협약외의 노동조합이 독자적으로 단체교섭권을 행사하여 이미 별도의 단체협약을 체결한 경우에는 그 협약이 유효하게 존속하고 있는 한 지역적 구속력 결정의 효력은 그 노동조합이나 그 구성원인 근로자에게는 미치지 않는다고 해석하여야 한다(대판 1993. 12. 21, 92도2247). ⑤ 행정관청은 당해 단체협약의 당사자의 쌍방 또는 일방의 신청이 없는 경우에도 그 직권으로 노동위원회의 의결을 얻어 당해 지역에서 종업하는 다른 동종의 근로자와 그 사용자에 대하여도 당해 단체협약을 적용한다는 결정을 할 수 있다(노조및조정법 제36조 1항). <답 ②>

39. 단체협약의 불익익변경과 관련하여 틀린 설명은?

① 근로조건을 불리하게 변경하는 내용의 단체협약이 현저히 합리성을 결하여 노동조합의 목적을 벗어난 것으로 볼 수 있는 경우와 같은 특별한 사정이 없는 한 그러한 노사간의 합의를 무효라고 할 수 없다.

② 노조와 사용자가 서명 또는 날인한 서면에 의하여 작성된 것으로서 근로조건에 대해서 집단적 효력을 미칠 것을 목적으로 한 협정이라고 하면 그 형식에 구애받음이 없이 단체협약으로 이해해야 할 것이다.

③ 단체협약이 존속하는 한 규범적 부분에 대한 불리한 개별적 변경(근로자 개인과의 근로계약에 의한 변경)은 허용되지 않는다.

④ 협약 당사자의 단체협약 불이익변경이 협약자치의 범위를 일탈하지 않는 것이라고 하면 사정변경의 원칙이 적용될 수 있는 경우와 같이 사용자에게 기존 협약내용의 준수를 기대할 수 없는 한, 그 합의의 효력은 인정되어야 한다. 이 경우에 불이익변경은 소급효를 가진다.

⑤ 단체협약이 현저히 합리성을 결여하였는지의 여부는 단체협약의 내용과 그 체결경위, 당시 사용자측의 경영상태 등 여러 사정에 비추어 판단해야 한다.

《해 설》 ① 기업의 경제적 위기 내지 기업의 도산을 막기 위한 단체협약의 불이익변경은 협약자치의 범위를 일탈하는 것으로 볼 수 없다. 위의 판례는 「근로조건을 불리하게 변경하는 내용의 단체협약이 현저히 합리성을 결하여 노동조합의 목적을 벗어난 것으로 볼 수 있는 경우와 같은 특별한 사정이 없는 한 그러한 노사간의 합의를 무효라고 할 수 없다」(대판 2002. 4. 12, 2001다41384; 대판 2000. 9. 29, 99다67536)고 한다. ② 노조와 사용자가 서명 또는 날인한 서면에 의하여 작성된 것으로서 근로조건에 대해서 집단적 효력을 미칠 것을 목적으로 한 협정이라고 하면 그 형식에 구애받음이 없이 단체협약으로 이해해야 할 것이다. 구 단체협약의 효력기간만료 후에 새로 작성된 새 협약만을 단체협약으로 볼 필요는 없을 것이다. 판례(대판 2002. 4. 12, 2001다41384. 또한 대판 2000. 9. 29, 99다67536)도 같은 태도를 취하고 있다. ③ 노조및조정법 제33조 1항. ④ 협약 당사자의 단체협약 불이익변경이 협약자치의 범위를 일탈하지 않는 것이라고 하면 사정변경의 원칙이 적용될 수 있는 경우와 같이 사용자에게 기존 협약내용의 준수를 기대할 수 없는 한, 그 합의의 효력은 인정되어야 한다. 이 경우에 불이익변경은 소급효를 가질 수 없는 것이 원칙이다. 따라서 불이익변경에 대한 합의서의 내용은 장래에 대해서 효력(ex nunc)을 가지며, 그 부분에 관한 기존 단체협약의 부분은 효력을 상실하거나 변경된 것으로 해석되어야 한다. 판례는 「이미 구체적으로 그 지급청구권이 발생한 임금(상여금 포함)은 근로자의 사적 재산영역으로 옮겨져 근로자의 처분에 맡겨진 것이기 때문에 노동조합이 근로자들로부터 개별적인 동의나 수권을 받지 않은 이상 사용자와 사이의 단체협약만으로 이에 대한 포기나 지급유예와 같은 처분행위를 할 수 없다」고 한다. 이미 근로자의 개인에게 귀속된 권리(사권)는 근로자만이 처분권을 가지는 개인의 재산(권)이다. 따라서 제3자인 노조와 사용자가 근로자의 권리를 소멸 또는 처분하는 약정을 한다면 이는 제3자에게 불리한 계약(Vertrag unzugunsten Dritter)으로서 무효이다. ⑤ 판례는 「단체협약이 현저히 합리성을 결여하였는지의 여부는 단체협약의 내용과 그 체결경위, 당시 사용자측의 경영상태 등 여러 사정에 비추어 판단해야 한다」(대판 2000. 9. 29, 99다67536)고 함으로써 계약법리에 따른 통제를 전제로 하고 있는 것으로 보인다. <답 ④>

40. 노동조합 및 노동관계조정법상 단체협약의 효력과 해석에 관한 설명으로 옳은 것은? (다툼이 있는 경우에는 판례에 의함) <노무사 2010년>

① 특별한 사정이 없는 한 근로조건을 불리하게 변경하는 내용의 단체협약 체결은 근로조건의 유지·개선이라는 단결의 목적에 반하므로 무효이다.

② 단체협약의 해석에 관하여 단체협약 당사자 어느 일방이 노동위원회에 견해의 제시를 요청한 경우, 노동위원회는 요청받은 그 날로부터 15일 이내에 명확한 견해를 제시해야 한다.

③ 단체협약의 이행방법에 관하여 노동위원회가 제시한 견해는 협약당사자가 동의하면 중재재정과 동일한 효력을 가지게 된다.

④ 단체협약에서 취업규칙상 유리한 조건의 적용을 배제하고 단체협약이 우선적으로 적용된다는 내용의 합의는 무효이다.

⑤ 이미 구체적으로 그 지급청구권이 발생한 임금은 노동조합이 근로자들로부터 개별적인 동의나 수권을 받지 않는 이상 사용자와의 단체협약만으로 이에 대한 포기나 지급유예와 같은 처분행위를 할 수는 없다.

《해 설》 ①④ 협약자치의 원칙상 노동조합은 사용자와 사이에 근로조건을 유리하게 변경하는 내용의 단체협약뿐만 아니라 근로조건을 불리하게 변경하는 내용의 단체협약을 체결할 수 있으므로, 근로조건을 불리하게 변경하는 내용의 단체협약이 현저히 합리성을 결하여 노동조합의 목적을 벗어난 것으로 볼 수 있는 경우와 같은 특별한 사정이 없는 한 그러한 노사간의 합의를 무효라고 볼 수는 없다(대판 2002. 4. 12, 2001다41384). ② 30일 이내(노조및조정법 제34조 2항). ③ 당사자의 동의가 필요없다(노조및조정법 제34조 3항). ⑤ 이미 구체적으로 그 지급청구권이 발생한 임금(상여금 포함)은 근로자의 사적 재산영역으로 옮겨져 근로자의 처분에 맡겨진 것이기 때문에, 노동조합이 근로자들로부터 개별적인 동의나 수권을 받지 않는 이상, 사용자와 사이의 단체협약만으로 이에 대한 포기나 지급유예와 같은 처분행위를 할 수 없다(대판 2000. 9. 29, 99다67536; 대판 2002. 4. 12, 2001다41384). <답 ⑤>

41. 다음은 단체협약의 효력 및 제조항과 관련한 판례의 태도를 설명한 것이다. 틀린 것은?

① 단체협약이 새로 체결된 후 뚜렷한 무효사유를 제시하지 않은 채 단체

협약의 전면무효화를 주장하면서 행한 쟁의행위는 평화의무위반으로 정당성이 상실된 노동조합활동이다.

② 단체협약에 징계가 행하여질 때에는 징계위원회의 의결이 있어야 한다는 규정이 있는 경우 징계위원회의 의결을 거치지 않은 징계처분은 당연히 무효라고 해야 한다.

③ 쟁의행위에 대한 찬반투표실시를 위하여 전체조합원이 참석할 수 있도록 근무시간 중에 노동조합 임시총회를 개최하고 3시간에 걸친 투표 후 1시간의 여흥시간을 가졌다 하더라도 그 임시총회의 개최행위는 전체적으로 노동조합의 정당한 행위에 해당한다.

④ 사용자가 해고를 함에 있어서 노동조합의 동의나 승낙을 얻어야 한다거나 노동조합과 합의하여 인사권을 행사하도록 규정된 경우에는 규범적 효력이 인정된다.

⑤ 면책특약의 범위 내에서는 농성기간중의 행위뿐만 아니라 그 농성과 일체성을 가지는 준비행위 · 유발행위에 대한 민사상의 책임이 포함되나 징계책임은 포함되지 않는다.

《해 설》 ① 대판 1992. 9. 1, 92누7733. ② 원칙적으로 제도적 부분은 규범적 효력을 가진다. 그러므로 단체협약에 징계가 행하여질 때에는 징계위원회의 의결이 있어야 한다는 규정이 있는 경우 징계위원회의 의결을 거치지 않은 징계처분은 당연히 무효라고 해야 한다(대판 1990. 12. 7, 90다6095 등). ③ 대판 1994. 2. 22, 93도613. ④ 대판 1994. 2. 23, 93다28553. ⑤ 면책특약의 범위 내에서는 농성기간중의 행위뿐만 아니라 그 농성과 일체성을 가지는 준비행위 · 유발행위에 대해서도 민사상의 책임은 물론 징계책임도 면제된다(대판 1991. 1. 11, 90다카21176 등). <답 ⑤>

42. 단체협약의 규범적 부분과 채무적 부분에 관한 예시가 올바르게 연결된 것은?

① 규범적 부분 : 성과상여금 지급기준에 관한 조항 <사시 2010년>

② 규범적 부분 : 평화조항

③ 규범적 부분 : 조합사무실 기타 시설제공에 관한 조항

④ 채무적 부분 : 임금의 지급방법에 관한 조항

⑤ 채무적 부분 : 정년 기준에 관한 조항

《해 설》 ①②③④⑤ 단체협약 내에 '근로조건 기타 근로자의 대우에 관하여 정한 부분'을 이른바 규범적 부분이라고 한다. 구체적인 예로는, 임금액, 임금지급방법, 근로시간, 유급휴일, 유급휴가, 상여금지급, 경조금지급 및 기타 후생에 관한 협정, 안전보건, 직장환경, 교육훈련, 복리후생, 재해보상의 종류 및 그 산정, 누진퇴직금지급협정, 정년제에 관한 협정 등이 있다. 채무적 부분이란 협약 당사자 상호간의 권리 · 의무를 규율하는 단체협약상의 규정들을 말한다. 그 구체적인 예로는 평화의무, 평화조항, 유일교섭단체조항, 조합활동에 관한 편의제공조항, 단체교섭의 절차 및 기타 규칙, shop조항, 쟁의행위에 관한 사항 등이 있다. <답 ①>

43. 다음은 단체협약상의 평화의무에 관한 설명이다. 틀린 것은?

① 평화의무란 단체협약의 당사자가 협약의 유효기간중 근로조건 또는 기타 사항의 변경 · 폐지를 요구하는 쟁의행위를 하지 않을 의무이다.
② 평화의무는 단체협약의 평화적 기능에 내재한 본래적 의무이다.
③ 협약의 존속기간중에 일체의 쟁의행위를 하지 않을 절대적 평화의무는 단체협약의 내재적 의무가 될 수 없다.
④ 단체협약의 평화의무에 대한 위반은 채무불이행으로 인한 손해배상책임을 발생케 한다.
⑤ 평화의무는 원래 노동조합 자체의 의무이므로 일부 조합원들이 위반행위를 한 경우에는 당연히 노동조합은 이에 대하여 책임을 진다.

《해 설》 ① 상대적 평화의무. ② 이른바 내재설: 통설과 판례(대판 1992. 9. 1, 92누7733)의 태도. ③ 협약의 존속기간중에 일체의 쟁의행위를 하지 않을 절대적 평화의무와는 구별된다. 절대적 평화의무는 특약이 있을 때에만 성립할 수 있는 것이나 그 특약이 유효한 것이냐에 관해서는 이론상 다툼이 있다. 절대적 평화의무는 단체협약의 내재적 의무가 될 수 없다는 것이 지배적 견해이다(Zöllner/Loritz, ArbR, 5. Aufl., S. 392). 절대적 평화의무가 성립하면 새로운 단체협약의 체결을 위한 쟁의행위라 하더라도 현재의 협약유효기간중에는 쟁의행위를 할 수 없게 된다. ④⑤ 단체협약의 평화의무는 일종의 계약상의 채무에 해당하기 때문에 이에 대한 위반은 채무불이행으로 인한 손해배상책임을 발생케 한다. 다만 평화의무는 원래 노동조합 자체의 의무이긴 하지만, 노동조합의 만류 · 설득에도 불구하고 일부 조합원들이 위반행위를 한 경우에는 노동조합은 이에 대하여 책임을 지지 않는다. <답 ⑤>

44. 평화의무에 관한 설명 중 가장 옳지 않은 것은? <사시 2000년>

① 단체협약의 유효기간중에 기존의 단체협약 내용을 개폐하기 위한 쟁의행위를 하지 않을 의무를 말한다.
② 단체협약에 명시적인 규정이 없더라도 평화의무는 발생한다.
③ 단체협약이 실효하더라도 평화의무는 소멸하지 않는다.
④ 단체협약의 당사자 쌍방이 부담하는 의무이다.
⑤ 평화의무에 위반하여 쟁의행위를 한 경우에는 손해배상책임이 발생한다.

《해 설》 평화의무는 단체협약의 평화적 기능에 내재한 본래적인 의무로 이해되고 있다. 따라서 단체협약이 유효하게 성립한 경우에는 동 협약에서 정한 근로조건에 대한 새로운 교섭은 유효기간 내에는 허용되지 않는다. 이를 위반한 쟁의행위는 정당하지 못한 것으로 된다. 평화의무는 유효하게 성립한 단체협약에 내재하는 것이므로 단체협약이 실효하게 되면 이에 따라 평화의무도 더 이상 존속하지 않게 된다. <답 ③>

45. 다음은 단체협약의 평화조항에 대한 설명이다. 틀린 것은?

① 단체교섭에서 쌍방이 성의를 가지고 노력했음에도 불구하고 해결을 보지 못한 경우에는 노사의 자주적인 조정기관에 조정을 신청한다는 등의

조항을 말한다.

② 평화조항위반의 쟁의행위의 위법성(계약위반)이 인정되는 한 그 유책한 행위로 인하여 발생된 경제적 손실에 대해서는 그 손해를 배상할 책임이 있다.

③ 평화조항을 위반한 쟁의행위에 참가한 자에 대하여 기업질서위반 또는 경영질서위반이라는 이유로 당연히 해고할 수 있다.

④ 조합간부가 평화조항에 위반하여 쟁의행위를 감행한 경우에는 해고의 대상이 될 수 있다.

⑤ 평화조항에 위반하는 당사자에 대하여 부작위청구를 인정할 수 있을 것이다.

《해 설》 ① 평화조항은 노사쌍방이 쟁의행위를 미연에 방지하고 분쟁을 평화적으로 해결할 것을 목적으로, 예를 들면 단체교섭에서 쌍방이 성의를 가지고 노력했음에도 불구하고 해결을 보지 못한 경우에는 노사의 자주적인 조정기관에 조정을 신청한다는 등의 조항을 말한다. ② 협약상의 의무위반으로 인한 민사상의 손해배상책임은 언제나 발생할 수 있다. 다시 말하면 평화조항위반의 쟁의행위의 위법성(계약위반)이 인정되는 한 그 유책한 행위로 인하여 발생된 경제적 손실에 대해서는 그 손해를 배상할 책임이 있다. ③ 통설은 평화조항은 객관적 법규범이 아니므로 평화조항을 위반한 쟁의행위에 참가한 자에 대하여 기업질서위반 또는 경영질서위반이라는 이유로 징계책임을 물을 수는 없다(異見: 박상필, 451면. 징계조치는 가능하나 해고는 할 수 없다)고 한다고 한다. ⑤ 단체협약상의 노사관계의 안정기능을 고려한다면 쟁의행위 중지를 위한 가처분청구가 허용될 수 있다고 보인다. <답 ③>

46. 해고협의조항에 관한 설명이다. 다음 중 옳은 설명은? (이견이 있는 경우 판례의 태도에 따름)

① 정당한 이유가 없더라도 근로기준법상 해고협의기구를 거쳤거나 또는 노동조합의 동의를 얻었다면 당해 해고는 효력이 있다.

② 해고에는 정당한 이유가 있었으나 그 해고에 관하여 사전에 해고협의기구의 절차를 거치지 않은 경우에는 당연히 효력이 없다.

③ 해고에는 정당한 이유가 있었으나 사용자가 해고처분 이전에 노동조합의 동의를 얻도록 규정하고 있는 해고'동의'조항을 위반한 경우에는 당해 해고는 효력이 없다.

④ 단체협약에 해고'합의'조항을 두고 있다면 그 절차를 거치지 않는다면 그것만으로 해고는 당연무효이다.

⑤ 노동조합이 아무런 합리적 이유를 제시함이 없이 해고동의를 거부한 경우라도 노동조합의 합의나 동의가 없다면 그 해고는 무효이다.

《해 설》 ① 근로기준법상 정당한 이유가 없는 해고의 경우, 근로기준법상 해고협의기구를 거쳤거나 또는 노동조합의 동의를 얻었다 하더라도 무효이다. 단체협약에 의한 노사자치가 해고의 정당성의 근거가 될 수 없다. 노동조합과 사용자는 근로기준법상의 강행규정의 효력을 부인하는 협정을 체결할 수는 없기 때문이다. ② 해고에는 정당한 이유가 있었으나 그 해고에 관하여 사전에 해고협의기구의 절차를 거치지 않은 경우, 이 조항은 협의당사자 사이의 권리·의무를 정한 것으로서 채무적 효력을 갖는다. 그러므로 사용자가 이 조항에 위반하여 해고를 하더라도 그 해고의 효력(개별적 근로관계의 소멸) 자체에는 아무 영향이 없다. 즉 해고협의조항은 해고의 절차에 관한 약정으로서 해고사유의 실체적 기준을 정한 것이 아니므로 채무적 효력을 갖는다(통설과 판례: 대판 1993. 9. 28, 91다30620 등). ③ 해고에는 정당한 이유가 있었으나 사용자가 해고처분 이전에 노동조합의 동의를 얻도록 규정하고 있는 해고 '동의'조항을 위반한 경우, 대부분의 판례는 해고'협의'조항과는 달리 해고'동의'조항은 규범적 효력을 가지며, 이를 위반한 해고는 무효라고 한다(대판 1993. 7. 13, 92다50263·92다46735; 대판 1993. 9. 28, 91다30620). ④「단체협약에 해고"합의"조항을 두고 있더라도 단체협약의 전체적인 체계 및 내용에 비추어 볼 때 사용자의 인사권을 전반적으로 제한하려는 취지에서 규정된 것이 아니라, 조합원에 대한 사용자의 자의적인 인사권행사를 방지하기 위하여 노동조합의 의견을 참고로 하게 하는 취지로 해석함이 상당하고, 따라서 노동조합과 합의가 없었다 하더라도 그것만으로 해고가 무효로 될 수는 없다. 반면에 사용자가 해고를 함에 있어서 노동조합의 동의나 승낙을 얻어야 한다거나 노동조합과의 의사의 합치를 거쳐 인사권을 행사하도록 규정된 경우에는 규범적 효력이 인정된다」(대판 1994. 2. 23, 93다28553). ⑤ 노동조합이 아무런 합리적 이유를 제시함이 없이 동의거부권을 남용할 경우에는 노동조합의 합의나 동의없이 행한 해고라도 유효하다고 해야 할 것이다(대판 1994. 9. 27, 94다21641; 대판 2003. 6. 10, 2001두3136). <답 ③>

47. 다음은 단체협약이 강행적 효력을 미치는 경우이다. 이와 관계없는 것은?

① 존속중인 근로계약이 협약위반의 약정내용을 가지고 있을 때
② 근로계약이 단체협약에 위반하는 약정내용을 가지고 성립한 때
③ 존속중의 근로계약을 단체협약에 위반하여 변경한 때
④ 법률에 반하는 탈법행위에 의하여 단체협약의 강행적 효력을 회피하려는 약정을 한 때
⑤ 개별적인 근로계약 내에 규범적 부분과 상충하는 규정이 전혀 없는 때

《해 설》 개별적인 근로계약 내에 규범적 부분과 상충하는 규정이 전혀 없을 때에는 직접적 효력만이 생기게 된다. <답 ⑤>

48. 다음 설명 중 틀린 것은?

① 단체협약 내에 어떤 금지규정만이 있고 그를 대치할 보충규정을 두고 있지 않는 한 그 부분의 단체협약은 강행적 효력만을 가진다.
② 근로계약이 단체협약 내의 기준보다 유리한 근로조건을 규정하고 있을 때에는 단체협약은 강행적 효력을 갖지 않는다.
③ 노동조합이 자주적으로 결정한 것이면 그 협정의 내용이 근로기준법의 기준에 위반되더라도 그 해당규정은 효력이 있다.
④ 신단체협약이 구단체협약을 대치할 경우, 즉 하나의 집단적 질서가 다

른 집단적 질서를 대치할 경우에는 '유리한 조건 우선의 원칙'은 적용되지 않는다.

⑤ 원칙적으로 규범적 부분의 모든 조항은 강행적 효력을 가진다.

《해 설》 ② 근로계약이 단체협약 내의 기준보다 유리한 근로조건을 규정하고 있을 때에는 단체협약은 강행적 효력을 갖지 않는다. 왜냐하면 단체협약은 근로자들을 보호하기 위하여 근로조건의 최저기준을 정한 것으로 이해되기 때문이다. 따라서 사용자가 자발적으로 단체협약의 기준보다 유리한 급부를 하거나 또는 근로계약에 의하여 단체협약의 기준 이상의 급부를 약속하는 것은 얼마든지 유효하다. 다시 말하면 단체협약의 조항과 다른 약정은 그것이 근로자들에게 유리한 그대로 유효한 것이다. 이와 같은 이유에서 단체협약의 조건을 최고기준이라고 합의한다고 하더라도 그것은 아무 효력이 없다. 마찬가지로 근로자는 단체협약상의 권리를 포기할 수 없다. ③ 아무리 노동조합이 자주적으로 결정한 것이라 하더라도 그 협정의 내용이 근로기준법의 기준에 위반되는 경우에는 그 해당규정은 효력이 없다고 해석된다. ④ 신단체협약이 구단체협약을 대치할 경우, 즉 하나의 집단적 질서가 다른 집단적 질서를 대치할 경우에는 '유리한 조건 우선의 원칙'은 적용되지 않는다. 즉 신단체협약이 구단체협약보다 불리한 규정을 가지고 있더라도 신단체협약은 그 전체가 그대로 적용된다. 이러한 원칙을 해소의 원칙(Ablösungsprinzip)이라고 한다. <답 ③>

49. 다음은 단체협약에 대한 판례의 태도를 설명한 것이다. 틀린 것은?

① 상시 사용되는 근로자라 함은 근로자의 지위나 종류, 고용기간의 정함의 유무 또는 근로계약상의 명칭에 구애됨이 없이 사업장에서 사실상 계속적으로 사용되고 있는 동종의 근로자 전체를 의미한다.

② 사업장단위로 체결되는 단체협약의 적용범위가 특정되지 않았거나 협약조항이 모든 직종에 걸쳐서 공통적으로 적용되는 경우에는 직종의 구분 없이 사업장 내의 모든 근로자가 동종의 근로자에 해당한다.

③ 다른 노동조합이 독자적으로 단체교섭권을 행사하여 이미 별도의 단체협약을 체결한 경우라도 지역적 구속력선언의 효력은 여기에 미친다.

④ 자동갱신협정은 노동조합 및 노동관계조정법 제32조의 취지에 어긋나지 않는다.

⑤ 단체협약 만료일로부터 3월이 경과했음에도 불구하고 새 협약이 체결되지 않은 경우에 자동연장협정에 의하여 협약의 유효기간이 일정기간 연장되더라도 이는 노동조합 및 노동관계조정법 제32조 3항에 위반하지 않는다.

《해 설》 ①② 대판 1992. 12. 22, 92누13189. ③「우리 헌법 제33조의 취지에 비추어 볼 때 노동조합 및 노동관계조정법 제36조가 규정하는 지역적 구속력제도의 목적을 어떻게 이해하든, 적어도 교섭권한을 위임하거나 협약체결에 관여하지 아니한 협약 외의 노동조합이 독자적으로 단체교섭권을 행사하여 이미 별도의 단체협약을 체결한 경우에는 그 협약이 유효하게 존속하고 있는 한 지역적 구속력선언의 효력은 여기에 미치지 아니한다」(대판 1993. 12. 21, 92도2247). ④ 대판 1993. 2. 9, 92다27102. ⑤ 대판 1992. 4. 14, 91누8364. <답 ③>

50. 다음 중 단체협약의 종료사유가 아닌 것은?<사시 1998년, 노무사 2005년 유사>

① 유효기간의 만료 ② 합의해약
③ 노동조합의 해산 ④ 사정변경으로 인한 해약
⑤ 노동조합의 법인격상실

《해 설》 노조의 목적활동은 자주성과 민주성을 유지하면서 사용자와의 집단적 교섭을 전개하는 것을 그 주된 내용으로 하므로 노조의 성립요건 내지 실체성의 인정에는 법인격이 반드시 문제되지 않는다(조직설). 따라서 노조는 단체교섭 · 쟁의행위 및 단체협약의 체결 등에 있어서 반드시 법인격을 요건으로 하지 않는다. <답 ⑤>

51. 노동조합 및 노동관계조정법상 단체협약에 관한 다음 글의 ( ) 안에 들어갈 것으로 옳게 짝지어진 것은? <사시 2005년>

단체협약의 해석 또는 이행방법에 관하여 관계 당사자간에 의견의 불일치가 있는 때에는 당사자 쌍방 또는 단체협약이 정하는 바에 의하여 어느 일방이 (A)에(게) 그 해석 또는 이행방법에 관한 견해의 제시를 요청할 수 있다. 이 경우 (A)이(가) 제시한 해석 또는 이행방법에 관한 견해는 (B)과 동일한 효력을 가진다.

	A	B
①	법원	중재재정
②	고용노동부장관	중재재정
③	법원	확정판결
④	노동위원회	중재재정
⑤	노동위원회	확정판결

《해 설》 노조및조정법 제34조. <답 ④>

52. 다음은 단체협약에 관한 판례의 태도를 설명한 것이다. 틀린 것은?

① 단체협약이 실효되었음에도 해고사유와 해고절차에 관하여 새로운 단체협약, 취업규칙이 체결 · 작성되거나 개별적인 근로자의 동의를 얻지 않은 경우 개별적인 근로자의 근로계약의 내용으로서 여전히 남아 있어 사용자와 근로자를 규율하게 된다.
② 단체협약에서 당사자에게 징계사유와 관련한 소명기회를 주도록 규정하고 있는 경우, 소명 그 자체가 반드시 이루어져야 한다.
③ 노동조합은 사용자와 근로조건을 유리하게 변경하는 내용의 단체협약뿐만 아니라 근로조건을 불리하게 변경하는 내용의 단체협약을 체결할 수 있다.
④ 쟁의행위 끝에 체결된 단체협약이 사용자측의 경영상태에 비추어 그 내용이 다소 합리성을 결하였다는 사정만으로 불공정한 법률행위에 해당하지 않는다.

⑤ 명예퇴직금 지급조건을 유리하게 변경하는 단체협약을 체결하면서 이미 명예퇴직이 확정된 근로자에 대하여는 그 적용을 배제하기로 하는 노사 합의는 원칙적으로 유효하다.

《해 설》 ①② 단체협약이 실효되었다고 하더라도 임금, 퇴직금이나 노동시간, 그 밖에 개별적인 노동조건에 관한 부분은 그 단체협약의 적용을 받고 있던 근로자의 근로계약의 내용이 되어 그것을 변경하는 새로운 단체협약, 취업규칙이 체결·작성되거나 또는 개별적인 근로자의 동의를 얻지 아니하는 한 개별적인 근로자의 근로계약의 내용으로서 여전히 남아 있어 사용자와 근로자를 규율하게 되는데, 단체협약 중 해고사유 및 해고의 절차에 관한 부분에 대하여도 이와 같은 법리가 그대로 적용된다. 단체협약에서 당사자에게 징계사유와 관련한 소명기회를 주도록 규정하고 있는 경우에도 그 대상자에게 그 기회를 제공하면 되는 것이고, 소명 그 자체가 반드시 이루어져야 하는 것은 아니다(대판 2007. 12. 27, 2007다51758). ③④ 협약자치의 원칙상 노동조합은 사용자와 근로조건을 유리하게 변경하는 내용의 단체협약뿐만 아니라 근로조건을 불리하게 변경하는 내용의 단체협약을 체결할 수 있으므로, 근로조건을 불리하게 변경하는 내용의 단체협약이 현저히 합리성을 결하여 노동조합의 목적을 벗어난 것으로 볼 수 있는 경우와 같은 특별한 사정이 없는 한 그러한 노사 간의 합의를 무효라고 볼 수는 없고, 노동조합으로서는 그러한 합의를 위하여 사전에 근로자들로부터 개별적인 동의나 수권을 받을 필요가 없으며, 단체협약이 현저히 합리성을 결하였는지 여부는 단체협약의 내용과 그 체결경위, 당시 사용자측의 경영상태 등 여러 사정에 비추어 판단해야 할 것인바, 위와 같은 법리는 근로조건의 유지·개선 기타 근로자의 경제적·사회적 지위의 향상을 도모한다는 노동조합의 목적에 비추어 근로조건을 불리하게 변경하는 내용의 단체협약이 무효인지 여부를 판단하는 데 적용될 것이지 그에 해당하지 아니함이 명백한 합의에는 적용될 수 없다. 노동조합 및 노동관계조정법 제3조, 제4조에 의하여 노동조합의 쟁의행위는 헌법상 보장된 근로자들의 단체행동권의 행사로서 그 정당성이 인정되는 범위 내에서 보호받고 있는 점에 비추어, 단체협약이 노동조합의 쟁의행위 끝에 체결되었고 사용자측의 경영상태에 비추어 그 내용이 다소 합리성을 결하였다고 하더라도 그러한 사정만으로 이를 궁박한 상태에서 이루어진 불공정한 법률행위에 해당한다고 할 수 없다(대판 2007. 12. 14, 2007다18584). ⑤ 원래 노동조합은 사용자와 단체협약에 의하여 근로조건을 자유로이 결정할 수 있으므로, 당해 사업체의 명예퇴직금이 후불임금이라기보다 조기 퇴직에 대한 사례금 또는 장려금적인 성격이 농후한 상황에서 명예퇴직금 지급조건을 유리하게 변경하는 단체협약을 체결하면서 이미 명예퇴직이 확정된 근로자에 대하여는 그 적용을 배제하기로 하였다고 하더라도, 그것이 현저히 합리성을 결하여 노동조합의 목적을 벗어난 것으로 평가될 정도의 특별한 사정이 없는 한, 그러한 노사합의의 효력을 부정할 수는 없다(대판 2007. 11. 29, 2005다28358). <답 ②>

53. 단체협약의 내용 중 어느 사항을 위반하면 벌금형에 처하게 되는가? 해당 사항을 모두 고른 것은? <노무사 2004년 유사>

㈎ 임금·복리후생비, 퇴직금에 관한 사항, ㈏ 근로 및 휴게시간, 휴일, 휴가에 관한 사항, ㈐ 징계 및 해고의 사유와 중요한 절차에 관한 사항, ㈑ 안전보건 및 재해부조에 관한 사항 ㈒ 시설·편의제공 및 근무시간중

회의참석에 관한 사항, (바) 쟁의행위에 관한 사항, (사) 조합원의 범위에 관한 사항, (아) union shop사항, (자) 조합활동사항

① (가), (나), (다), (라), (마)　　② (가), (나), (다), (라), (바)
③ (가), (나), (다), (라), (마), (바)　　④ (가), (나), (다), (라), (마), (바), (사)
⑤ (가), (나), (다), (라), (마), (바), (사), (아), (자)

《해 설》 노조및조정법 제31조 1항의 규정에 의하여 체결된 단체협약의 내용 중 임금·복리후생비, 퇴직금에 관한 사항, 근로 및 휴게시간, 휴일, 휴가에 관한 사항, 징계 및 해고의 사유와 중요한 절차에 관한 사항, 안전보건 및 재해부조에 관한 사항, 시설·편의제공 및 근무시간중 회의참석에 관한 사항, 쟁의행위에 관한 사항을 위반하는 자에 대해서는 1,000만원 이하의 벌금에 처한다(노조및조정법 제92조 1호). <답 ③>

54. 단체교섭과 단체협약에 관한 설명으로 옳지 않은 것은? <사시 2009년>

① 법인격이 없는 노동조합은 단체교섭 당사자로서의 자격이 없다.
② 단체협약에 유효기간을 정하지 아니한 경우에 그 유효기간은 2년으로 한다.
③ 노동조합의 대표자는 사용자와 교섭하고 단체협약을 체결할 권한을 가진다.
④ 노동조합과 사용자 또는 사용자단체는 단체교섭에 관한 권한을 위임한 때에는 그 사실을 상대방에게 통보하여야 한다.
⑤ 단체협약은 서면으로 작성하여 당사자 쌍방이 서명 또는 날인하여야 한다.

《해 설》 ① 법인격이 없는 노동조합이더라도 자주성을 가지는 한 단체교섭 당사자로서의 자격이 있다. ② 노조법 제32조 2항. ③ 노조법 제29조 1항. ④ 노조법 제29조 4항. ⑤ 노조법 제31조. <답 ①>

55. 노동조합 및 노동관계조정법상 단체협약의 내용 중 그 위반행위에 대하여 벌칙이 규정되지 않은 것은? <노무사 2009년>

① 쟁의행위에 관한 사항
② 조합원에 관한 사항
③ 임금·복리후생비에 관한 사항
④ 휴게시간과 휴일에 관한 사항
⑤ 징계 및 해고의 사유에 관한 사항

《해 설》 노조및조정법 제92조 1호. <답 ②>

제 5 절 쟁의행위

1. 다음 설명 중 틀린 것은?

① 노동쟁의는 단체교섭이 결렬되어 노동관계당사자 중 어느 일방이 이를 상대방에게 서면으로 통보한 때부터 존재하게 된다.
② 쟁의행위는 노동관계당사자 어느 일방의 조정신청이 있으면 그 날로부터 일정한 기간의 조정기간이 경과하지 아니하면 이를 행할 수 없다.
③ 방위산업에 관한 특별조치법에 의하여 지정된 주요방위산업체에 종사하는 근로자 중 전력, 용수업무에 종사하는 자는 쟁의행위를 할 수 없다.
④ 근로자는 쟁의행위기간중에는 현행범 이외에는 어떠한 경우에도 구속되지 아니한다.
⑤ 쟁의행위의 참가를 호소하거나 설득하는 행위로서 폭행·협박 기타 위력을 사용해서는 아니 된다.

《해 설》 ① 노조및조정법 제45조 1항. ② 노조및조정법 제45조 2항 및 제54조 1항. ③ 노조및조정법 제41조 2항. ④ 1997년 개정에서 동 규정은 「근로자는 쟁의행위기간중에는 현행범 외에는 이 법 위반을 이유로 구속되지 아니한다」로 개정되었다(노조및조정법 제39조). ⑤ 노조및조정법 제38조 1항. <답 ④>

2. 다음 설명 중 노동조합 및 노동관계조정법상 위법한 행위를 모두 고른 것은?
<사시 2005년>

> (ㄱ) 일부 조합원들이 노동조합에 의하여 주도되지 아니한 쟁의행위를 하는 경우
> (ㄴ) 노동조합의 간부가 조합원들에게 쟁의행위에 참가하도록 설득하기 위하여 성명서를 발표하는 경우
> (ㄷ) 사용자가 쟁의행위 기간중 그 쟁의행위로 중단된 업무를 도급 주는 경우
> (ㄹ) 사용자가 쟁의행위에 참가하여 근로를 제공하지 아니한 근로자에게 그 기간중의 임금을 지급하는 경우

① (ㄱ), (ㄴ) ② (ㄱ), (ㄷ) ③ (ㄴ), (ㄷ)
④ (ㄴ), (ㄹ) ⑤ (ㄷ), (ㄹ)

《해 설》 (ㄱ) 노조및조정법 제37조 2항: 「조합원은 노동조합에 의하여 주도되지 아니한 쟁의행위를 하여서는 아니 된다.」 (ㄷ) 노조및조정법 제43조(사용자의 채용제한): 「사용자는 쟁의행위 기간중 그 쟁의행위로 중단된 업무의 수행을 위하여 당해 사업과 관계없는 자를 채용 또는 대체할 수 없다(1항)」, 「사용자는 쟁의행위기간중 그 쟁의행위로 중단된 업무를 도급 또는 하도급을 줄 수 없다(2항).」 <답 ②>

3. 노동조합 및 노동관계조정법상 허용되는 쟁의행위는? <노무사 2009년>

① 조합원의 직접 · 비밀 · 기명투표에 의하여 조합원 과반수의 찬성으로 결정된 쟁의행위
② 방위사업법에 의하여 지정된 주요방위산업체에 종사하는 근로자 중 전력, 용수 및 주로 방산물자를 생산하는 업무에 종사하는 자의 쟁의행위
③ 노동조합에 의하여 주도되지 아니한 조합원의 쟁의행위
④ 공중의 일상생활과 밀접한 관련이 있는 시중은행에 종사하는 근로자의 쟁의행위
⑤ 노동조합이 쟁의행위를 개시하기 이전에 행하는 직장폐쇄

《해 설》 ① 무기명투표이어야 한다(노조및조정법 제41조 1항). ② 동법 제41조 2항. ③ 동법 제37조 2항. ⑤ 동법 제46조 1항. <답 ④>

4. 다음 중 원칙적으로 서면으로 해야 되는 경우는? <노무사 2005년>

(ㄱ) 위법한 단체협약에 대한 시정명령
(ㄴ) 단체협약의 지역적 구속력 결정
(ㄷ) 단체협약의 해석에 관한 견해의 제시
(ㄹ) 쟁의행위의 신고
(ㅁ) 안전보호시설에 대한 사태가 급박하지 않은 쟁의행위의 중지명령

① (ㄱ), (ㄴ), (ㄷ) ② (ㄱ), (ㄷ), (ㄹ), (ㅁ) ③ (ㄴ), (ㄷ), (ㄹ)
④ (ㄴ), (ㄹ), (ㅁ) ⑤ (ㄱ), (ㄴ), (ㄷ), (ㄹ), (ㅁ)

《해 설》 (ㄱ)(ㄴ) 노조및조정법 시행령 제11조 1항. (ㄷ) 시행령 제16조. (ㄹ) 시행령 제17조. (ㅁ) 시행령 제22조. <답 ⑤>

5. 쟁의행위와 근로계약관계에 대한 설명으로 옳지 않은 것은?

① 정당한 파업에 참가하는 기간중 근로자의 노무제공이 정지되며 따라서 임금지급도 청구할 수 없다.
② 사용자는 근로자가 파업에 참가하였다는 것을 이유로 불이익처분을 행할 수 없다.
③ 근로자가 파업에 참가하는 것을 이유로 불이익취급을 하는 것은 부당노동행위가 된다.
④ 조업이 가능한 경우 파업에 참가하지 않은 근로희망자의 노무제공이 있음에도 불구하고 사용자가 이를 수령하지 않으면 수령지체가 된다.
⑤ 파업기간중 근로계약관계는 존속하지 않았으므로 성실의무 · 배려의무는 정지된다.

《해 설》 ③ 근로자가 파업에 참가하였다는 것을 이유로 불이익취급을 하는 경우, 이

경우는 부당노동행위에 해당하므로 사용자는 이를 행할 수 없다(노조및조정법 제81조 1호 · 5호 참조). ④ 파업에 참가하지 않은 근로자의 주된 권리와 의무는 자동적으로 정지되는 것이 아니므로 근로희망자는 원칙적으로 취업을 요구할 수 있고, 사용자는 그 근로자를 취업시킬 의무가 있다. 따라서 조업이 가능한 경우 근로희망자의 노무제공이 있음에도 불구하고 사용자가 이를 수령하지 않으면 수령지체에 빠지게 되며 그 책임을 면할 수 없다. ⑤ 쟁의행위중에는 당사자의 주된 의무만이 정지될 뿐이므로, 사용자의 배려의무 및 근로자의 충실의무와 같은 부수적 주의의무는 여전히 존속하게 된다. 따라서 쟁의행위기간중이라도 사용자의 경영시설의 유지를 위하여 불가결하게 요구되는 작업은 수행되어야 한다. <답 ⑤>

6. 쟁의행위를 보장하기 위해 노동조합 및 노동관계조정법에서 규정한 것이 아닌 것은?

① 쟁의행위기간중의 구속 제한
② 부당노동행위로서의 불이익취급금지
③ 민 · 형사상 면책
④ 사용자의 채용제한
⑤ 조정의 전치

《해 설》 ⑤ 조정의 전치는 쟁의행위의 보장을 위한 조항이 아니라 쟁의행위의 절차에 대한 제한의 기능을 한다. ③ 민 · 형사상 면책은 노조및조정법 제3조와 제4조에 규정되어 있지만 이것은 헌법상의 단체행동권을 확인한 것에 불과하다는 것이 일반적인 견해이다. 따라서 정당한 단체행동권행사에 저해요소를 제거한 소극적 보장 조치이다. ④ 효과적인 쟁의행위의 수행을 위하여 마련된 규정이라고 볼 수 있다(노조및조정법 제43조 참조). <답 ⑤>

7. 현행법상 금지되는 쟁의행위가 아닌 것은? <사시 2004년>

① 방위산업에 관한 특별조치법에 의하여 지정된 주요방위산업체에 종사하는 근로자 중 전력, 용수 및 주로 방산물자를 생산하는 업무에 종사하는 자의 쟁의행위
② 생산 기타 주요업무에 관련되는 시설을 점거하는 쟁의행위
③ 사업장의 안전보호시설의 정상적인 유지 · 운영을 정지 · 폐지 또는 방해하는 쟁의행위
④ 공중의 일상생활과 밀접한 관련이 있는 방송사업에 종사하는 근로자의 쟁의행위
⑤ 교원노동조합의 쟁의행위

《해 설》 ① 노조및조정법 제41조 2항. ② 노조및조정법 제42조 1항. ③ 노조및조정법 제42조 2항. ④ 방송사업은 일반공익사업으로서 필수공익사업에 해당하지 않는다(노조및조정법 제71조 1항 5호). ⑤ 교원의 노동조합 설립 및 운영 등에 관한 법률 제8조. <답 ④>

8. 노동조합 및 노동관계조정법에 명시되어 있는 쟁의행위의 제한 또는 금지 규정이 아닌 것은? <사시 2006년>

① 조합원은 노동조합에 의하여 주도되지 아니한 쟁의행위를 하여서는 아니 된다.

② 노동조합의 쟁의행위는 그 조합원의 직접 · 비밀 · 무기명투표에 의한 조합원 과반수의 찬성으로 결정하지 아니하면 이를 행할 수 없다.

③ 쟁의행위는 쟁의행위의 참가를 호소하거나 설득하는 행위로서 폭행 · 협박을 사용하여서는 아니 된다.

④ 노동조합은 쟁의행위 기간에 대한 임금의 지급을 요구하여 이를 관철할 목적으로 쟁의행위를 하여서는 아니 된다.

⑤ 노동조합의 전임자의 인정을 요구하여 이를 관철한 목적으로 쟁의행위를 하여서는 아니 된다.

《해 설》 ① 노조및조정법 제37조 2항. ② 노조및조정법 제41조 1항. ③ 노조및조정법 제38조 1항. ④ 노조및조정법 제44조 2항. ⑤ 노동조합의 전임자를 인정할지의 여부는 노사간의 자주적 교섭에 의해 결정할 사항이다(노조및조정법 제24조 1항 참조). 따라서 이의 관철을 목적으로 하는 쟁의행위도 가능하다. <답 ⑤>

9. 노동조합 및 노동관계조정법상 쟁의행위의 제한 · 금지에 관한 설명으로 옳지 않은 것은? <사시 2010년>

① 노동조합의 쟁의행위는 그 조합원의 직접 · 비밀 · 무기명투표에 의한 재적 조합원 과반수의 출석과 출석 조합원 과반수의 찬성으로 결정하지 아니하면 이를 행할 수 없다.

② 사업장의 안전보호시설에 대하여 정상적인 유지 · 운영을 정지 · 폐지 또는 방해하는 행위는 쟁의행위로서 이를 행할 수 없다.

③ 필수유지업무의 정당한 유지 · 운영을 정지 · 폐지 또는 방해하는 행위는 쟁의행위로서 이를 행할 수 없다.

④ 쟁의행위는 생산 기타 주요업무에 관련되는 시설과 이에 준하는 시설로서 대통령령이 정하는 시설을 점거하는 형태로 이를 행할 수 없다.

⑤ 방위사업법에 의하여 지정된 주요방위산업체에 종사하는 근로자 중 전력, 용수 및 주로 방산물자를 생산하는 업무에 종사하는 근로자는 쟁의행위를 할 수 없다.

《해 설》 ① 노동조합의 쟁의행위는 그 조합원의 직접·비밀·무기명투표에 의한 조합원 과반수의 찬성으로 결정하지 아니하면 이를 행할 수 없다(노조및조정법 제41조 1항). ⑤ 노조및조정법 제41조 2항. <답 ①>

10. 노동조합 및 노동관계조정법상 쟁의행위에 관한 설명으로 옳은 것은?

① 사용자는 쟁의행위기간중 그 쟁의행위로 중단된 <사시 2007년>

업무의 수행을 위하여 당해 사업과 관련없는 자를 채용할 수 있다.
② 쟁의행위로 중단된 업무의 수행을 위하여 일시적으로 필요한 경우 파견 근로자를 사용할 수 있다.
③ 원료 · 제품의 변질 또는 부패를 방지하기 위한 작업은 쟁의행위기간중에도 정상적으로 수행되어야 한다.
④ 쟁의행위는 노동위원회로부터 사전에 적법하다는 판정을 받은 후에 가능하다.
⑤ 쟁의행위는 재적조합원 과반수의 출석과 출석조합원 과반수의 찬성으로 결정한다.

《해 설》 ① 노조및조정법 제43조 1항 참조. ② 근로자파견법 제16조 참조. ③ 노조및조정법 제38조 2항 참조. ④ 쟁의행위에 대해서는 사전에 노동쟁의 조정신청이 필요할 뿐이지 노동위원회의 사전승인을 필요로 하는 것은 아니다(노조및조정법 제45조 참조). ⑤ 노동조합의 쟁의행위는 그 조합원의 직접 · 비밀 · 무기명투표에 의한 조합원 과반수의 찬성으로 결정하지 아니하면 이를 행할 수 없다(노조및조정법 제41조 1항). <답 ③>

11. 노동조합 및 노동관계조정법상 쟁의행위에 관한 설명으로 옳은 것을 묶은 것은? <사시 2009년>

> 가. 사용자는 직장폐쇄를 쟁의행위로 행할 수 없다.
> 나. 쟁의행위는 근로를 제공하고자 하는 다른 근로자의 정상적인 업무를 방해하는 방법으로 행할 수 있다.
> 다. 사업장의 안전보호시설에 대하여 정상적인 유지 · 운영을 정지 · 폐지 또는 방해하는 행위는 쟁의행위로서 행할 수 없다.
> 라. 조합원은 노동조합에 의하여 주도되지 아니한 쟁의행위를 하여서는 아니된다.

① 가, 나 ② 가, 다 ③ 나, 다
④ 나, 라 ⑤ 다, 라

《해 설》 가. 사용자는 직장폐쇄를 쟁의행위로 행할 수 없는 것이 아니라 노동조합이 쟁의행위를 개시한 이후에 직장폐쇄를 할 수 있다(노조법 제46조 1항). 나. 쟁의행위는 노조법 제38조 1항에 의거 근로를 제공하고자 하는 다른 근로자의 정상적인 업무를 방해하는 방법으로 행할 수 있는 것이 아니라 행하여져서는 아니 된다. 다. 사업장의 안전보호시설에 대하여 정상적인 유지 · 운영을 정지 · 폐지 또는 방해하는 행위는 쟁의행위로서 행할 수 없다(제42조 2항). 라. 조합원은 노동조합에 의하여 주도되지 아니한 쟁의행위를 하여서는 아니 된다(제37조 2항). <답 ⑤>

12. 다음 설명 중 옳지 않은 것은? <노무사 2009년>

① 노동관계 당사자는 노동쟁의가 발생한 때에는 어느 일방이 이를 상대방

에게 서면으로 통보하여야 한다.

② 사용자는 쟁의행위에 참가하여 근로를 제공하지 아니한 근로자에 대하여는 그 기간 중의 임금을 지급할 의무가 없다.

③ 쟁의행위 기간에 대한 임금의 지급을 요구하여 이를 관철할 목적으로 쟁의행위를 한 자는 2년 이하의 징역 또는 2천만원 이하의 벌금에 처한다.

④ 작업시설의 손상이나 원료 · 제품의 변질 또는 부패를 방지하기 위한 작업은 쟁의행위 기간 중에도 정상적으로 수행되어야 한다.

⑤ 행정관청은 쟁의행위가 사업장의 안전보호시설에 대하여 정상적인 유지 · 운영을 방해하는 경우로써, 사태가 급박한 경우에는 노동위원회의 의결을 얻지 아니하고 즉시 그 행위를 중지할 것을 통보할 수 있고, 이후 지체없이 노동위원회의 사후승인을 얻어야 하며 그 승인을 얻지 못한 때에는 그 통보는 통보한 시점으로 소급하여 효력을 상실한다.

《해 설》 ① 노조및조정법 제45조. ② 동법 제44조 1항. ③ 동법 제44조 2항, 제90조. ④ 동법 제38조 2항. ⑤ 사후승인을 얻지 못한 때에는 그 통보는 그때부터 효력을 상실한다(동법 제42조 4항). <답 ⑤>

13. 다음 중 쟁의행위에 대한 설명으로 옳지 않은 것은?

① 쟁의행위는 그 목적 · 방법 및 절차에 있어서 법령 기타 사회질서에 위반되어서는 안 된다.

② 작업시설의 손상이나 원료 · 제품의 변질 또는 부패를 방지하기 위한 작업은 쟁의행위의 기간중에도 정상적으로 수행되어야 한다.

③ 단체협약이 존속하고 있는 기간 중에 평화의무나 평화조항에 반하는 쟁의행위는 민사면책이 되지 않는다.

④ 조합원의 찬반투표를 거치지 아니한 쟁의행위라도 조합원의 민주적 의사결정이 실질적으로 확보된 때에는 정당성이 인정된다.

⑤ 특정 지부 · 분회에서의 교섭결렬로 쟁의행위를 하게 될 때에는 해당 지부 · 분회 소속의 조합원만이 투표에 참가할 수 있고, 그 과반수의 찬성을 얻으면 쟁의행위는 절차적으로 적법하다.

《해 설》 ① 노조및조정법 제37조 1항. ② 노조및조정법 제38조 2항. ③ 단체협약의 평화의무나 평화조항에 반하는 쟁의행위는 단순히 노동조합과 사용자 사이의 계약을 위반하는 데 그치지 아니하고, 개개 근로자들의 계약위반으로 인한 채무불이행이라는 결과를 가져온다. 왜냐하면 단체협약이 존속하고 있는 기간 중에는 그 협약내용에 반하는 노무거부행위는 민사면책이 되지 않기 때문이다(대판 1992. 9. 1, 92누7733). ④ 투표절차를 거치지 아니한 경우에도 조합원의 민주적 의사결정이 실질적으로 확보된 때에는 단지 노동조합 내부의 의사형성과정에 흠이 있는 정도에 불과한 것이라고 하여 쟁의행위의 정당성을 부인하지 아니하였다. 그러나 얼마 후 대법원 전원합의체는 종전의 판결을 변경하여 조합원의 찬반투표를 거치지 아니한 쟁의행위는 정당성이 없다고 판시하였다(대판 2001. 10. 25, 99도4837; 대판 2004. 9. 24, 2004도4641). 이 판례에 의하여 노동조합 존립의 실질적 요건 중의 하나인 노동조합의 민주성, 즉 민주적 의사결정절차가 근로자들의 집단적 행위(쟁의행위)의 정당성요건으로서 승격 · 강화되었다고 볼 수 있다. ⑤ 대판 2009. 6. 23, 2007두12859. <답 ④>

14. 다음 보기 중 쟁의행위의 정당성이 상실되는 경우를 올바로 선택한 것은?

> ㈎ 순수한 경영권을 대상으로 하는 쟁의행위
> ㈏ 비조직근로자들이 근무시간단축 및 임금인상을 요구하며 집단적으로 근무지를 이탈한 행위
> ㈐ 사용자의 생산계획을 전면 무시한 채 노동조합이 생산시설을 관리하는 경우
> ㈑ IMF관리체제에 직면하여 정리해고규정을 입법한 것에 대하여 동 규정철폐를 주장하며 총파업투쟁을 하는 경우
> ㈒ 파업에 불참한 근로희망자의 작업장 진입을 방해하는 피케팅
> ㈓ A회사의 파업을 지원하기 위한 B회사에 조직된 노조의 파업
> ㈔ 관리직사원의 회사진입을 차단하기 위해 고정부착된 기중기시설로 정문을 봉쇄하는 행위
> ㈕ 조합원을 정리해고할 경우 사용자가 노조와의 사전합의를 해야 한다는 주장을 관철할 목적으로 컨베이어의 부속품을 해체하는 행위

① ㈎, ㈏, ㈐, ㈑, ㈒, ㈓　　② ㈏, ㈐, ㈑, ㈒, ㈓, ㈔
③ ㈎, ㈏, ㈐, ㈑, ㈒, ㈓, ㈔　　④ ㈏, ㈐, ㈑, ㈒, ㈓, ㈔, ㈕
⑤ 모두 상실됨

《해 설》 ㈎ 단체교섭의 대상사항이 아닌 파업. ㈏ 주체의 정당성 상실. ㈐ 생산관리로서 정당성 상실. ㈑ 경제적 정치파업도 허용되지 않는다(통설과 판례). ㈒ 위법한 피케팅의 예이다. ㈓ 동정파업 내지 연대파업은 정당성을 상실한다. ㈔ 위법한 피케팅 내지 직장점거의 예이다. ㈕ 전형적인 사보타지의 예로서 정당성을 상실한다. <답 ⑤>

15. 노동조합에 의하여 주도되지 않거나 소수조합원에 의하여 행하여지는 파업을 무엇이라고 하는가?

① 부분파업　　② wild cat strike　　③ savotage
④ 동정파업　　⑤ 생산관리

《해 설》 파업의 조직상의 구별의 문제이다. <답 ②>

구 분	종 류	내 용
조직상의 구별	조직파업	노동조합의 조직 하에 행하여지는 조합원파업
	비조직파업	노동조합의 규약 또는 지시에 위반하는 조합원파업 및 비조합원파업(특히 노동조합에 의하여 주도되지 않거나 소수조합원에 의하여 행하여지는 파

		업을 wild strike라고 한다)

16. 다음 기술 중 틀린 것은?

① 작업시설의 손상이나 원료·제품의 변질 또는 부패를 방지하기 위한 작업은 쟁의행위기간중에도 정상적으로 수행되어야 한다.
② 쟁의행위는 폭력이나 파괴행위로서 이를 행할 수 없다.
③ 공장, 사업장 기타 직장에 대한 안전보호시설의 정상적 유지·운영을 정지, 폐지 또는 방해하는 행위는 쟁의행위로서 이를 행할 수 없다.
④ 행정관청은 쟁의행위가 상기 ③의 행위에 해당한다고 인정할 경우에는 반드시 노동위원회의 의결을 얻은 경우에만 그 행위를 중지할 것을 통보할 수 있다.
⑤ 폭력이나 파괴행위를 사용하는 쟁의행위에 대한 신고는 서면·구두 또는 전화 기타의 적당한 방법으로 한다.

《해 설》 ① 노조및조정법 제38조 2항. ④ 고용노동부장관은 쟁의행위가 ③의 행위에 해당한다고 인정한 경우에는 노동위원회의 의결을 얻어 그 행위를 중지할 것을 통보하여야 한다. 다만, 사태가 급박하여 노동위원회의 의결을 얻을 시간적 여유가 없을 때에는 그 의결을 얻지 아니하고 즉시 그 행위를 중지할 것을 통보할 수 있다. 그러나 당해 행정관청이 지체없이 노동위원회의 사후승인을 얻어야 하는데, 그 사후승인을 얻지 못한 때에는 그 통보는 그때부터 효력을 상실한다(노조및조정법 제42조 3항·4항 참조). ⑤ 노조및조정법 시행령 제18조 2항. <답 ④>

17. 다음 사항 중 쟁의행위에 들어갈 수 있는 올바른 시점은?

① 중재에 회부되면 할 수 있다.
② 조정기간에 할 수 있다.
③ 조정기간이 경과되어야 할 수 있다.
④ 알선기간에 할 수 있다.
⑤ 노동쟁의가 발생하면 즉시 할 수 있다.

《해 설》 쟁의행위는 조정의 신청이 있은 날로부터 일반사업은 10일, 공익사업은 15일이 경과되어야만 쟁의행위를 할 수 있다(노조및조정법 제45조 2항, 제54조). <답 ③>

18. 다음 중 쟁의행위라고 볼 수 없는 것은?

① 복지후생시설의 개선을 요구하며 집단적으로 작업을 중단하는 것
② 근로자 개인이 자신의 승진을 요구하며 근로시간중에 공장장실에서 농성을 하는 것
③ 수당인상을 요구하며 노동조합의 핵심조합원들이 작업장을 이탈하여 조합사무실에서 단식농성을 하는 것
④ 노동조합의 지시에 따라 근로자들이 각자 근무를 이탈하는 것

⑤ 근로자들이 집단적으로 연장근무명령을 거부하는 것

《해 설》 쟁의행위의 주체는 근로자측에서는 노동조합이고, 사용자측에서는 사용자개인 또는 사용자단체이다. 단체교섭권한이 없는 일시적인 근로자의 단체나 쟁의단 또는 근로자개인은 노조및조정법 제2조 6호가 말하는 당사자가 될 수 없다(헌재결 1990. 1. 15, 89헌가103). 쟁의행위는 단체교섭에 의하여 타결하려는 임금·근로시간·후생·해고 기타 대우 등 근로조건의 결정에 관한 노사관계당사자의 주장의 불일치로 인하여 발생되는 것이므로 쟁의행위의 목적은 근로조건의 집단적 유지 내지 개선이다(노조및조정법 제2조 5호 참조). 그리고 쟁의행위는 업무의 정상한 운영을 저해하는 행위이므로 파업과 같이 집단적인 노무제공을 거부하거나 혹은 직장폐쇄와 같이 근로자들의 조업을 집단적으로 봉쇄하는 것이어야 한다. <답 ②>

19. 독립적인 쟁의행위가 아니고 파업의 실효를 거두기 위하여 보충적으로 사용되는 쟁의행위만으로 묶여진 것은?

① 준법투쟁 — 생산관리 ② 준법투쟁 — 사보타지
③ 사보타지 — 직장점거 ④ 피케팅 — 보이콧
⑤ 파업 — 2차적 보이콧

《해 설》 보이콧(boycott)은 실제에 있어서는 파업을 지원하기 위한 부수적 수단으로 행하여지는 경우가 많으며 주로 미국에서 그 예를 찾아볼 수 있다. 그리고 피케팅(picketing)은 그것 자체로서는 독립된 투쟁행위라고 할 수 없으며 파업이나 보이콧에 수반되는 보조적 현상이다. 또한 직장점거는 파업에 참가한 근로자가 단결을 유지하고 더불어 파업의 실효성을 확보하기 위하여 수반되는 부수적 쟁의행위이므로, 연좌 또는 농성을 하는 연좌파업의 모습을 띠는 경우도 있다. 그러므로 파업의 실효성을 거두기 위하여 수반되는 부수적 쟁의행위는 보이콧·피케팅·직장점거이다. <답 ④>

20. 노동조합의 쟁의행위에 대한 사용자의 대항수단에 관한 설명으로 옳지 않은 것은? <사시 2001년>

① 직장폐쇄는 근로자의 쟁의행위가 개시된 이후에만 적법하게 행할 수 있다.
② 적법한 직장폐쇄를 하게 되면 사용자는 임금지급의무를 면한다.
③ 쟁의행위로 중단된 업무를 위하여 근로자를 새로이 파견받아 대체사용할 수 있다.
④ 하나의 사업에 수개의 사업장이 있는 경우 쟁의행위가 발생하지 않은 다른 사업장의 근로자를 대체사용 할 수 있다.
⑤ 쟁의행위로 중단된 업무에 대하여 도급을 줄 수 없다.

《해 설》 ① 노조및조정법 제46조 1항. ② 노조및조정법 제44조 1항. ③ 노조및조정법 제43조 1항에 따라, 대체근로는 금지된다. ④ 당해사업과 관계 있는 자의 대체근로는 가능하다(노조및조정법 제43조 1항의 반대해석). ⑤ 노조및조정법 제43조 2항. <답 ③>

21. 노동조합 및 노동관계조정법상 직장폐쇄에 관한 설명으로 옳지 않은 것은? (다툼이 있는 경우에는 판례에 의함) <노무사 2010년>

① 일반적으로는 힘에서 우위에 있는 사용자에게 쟁의권을 인정할 필요는 없다 할 것이나 사용자 측에게 노동조합의 압력을 저지하고 힘의 균형을 회복하기 위한 대항 · 방위수단으로 쟁의권을 인정하는 것이 형평의 원칙에 맞는다.

② 정당한 직장폐쇄를 했더라도 사용자는 근로를 희망하는 근로자에게 직장폐쇄기간 동안의 임금 전액을 지불할 의무가 있다.

③ 사용자는 노동조합이 쟁의행위를 개시한 이후에만 직장폐쇄를 할 수 있다.

④ 직장폐쇄가 정당한 쟁의행위로 인정되지 아니하는 때에는 적법한 쟁의행위로서 사업장을 점거중인 근로자들이 직장폐쇄를 단행한 사용자로부터 퇴거 요구를 받고 이에 불응한 채 직장점거를 계속하더라도 퇴거불응죄가 성립되지 아니한다.

⑤ 사용자가 직장폐쇄를 할 경우에는 미리 행정관청 및 노동위원회에 각각 신고하여야 한다.

《해 설》 ① 대판 2000. 5. 26, 98다34331. ② 직장폐쇄가 정당한 쟁의행위로 인정되면 사용자는 직장폐쇄 기간 동안 조합원 · 비조합원을 구별하지 않고 대상 근로자에 대한 임금지급의무를 면한다(대판 2005. 6. 9, 2004도7218). ③ 노조및조정법 제46조 1항. ④ 대판 2002. 9. 24, 2002도2242. ⑤ 노조및조정법 제46조 2항. <답 ②>

22. 노동조합 및 노동관계조정법상 직장폐쇄에 관한 설명으로 옳지 않은 것은? (다툼이 있는 경우에는 판례에 의함) <사시 2010년>

① 직장폐쇄는 근로자의 쟁의행위에 대한 방어수단으로서 상당성이 있어야만 사용자의 정당한 쟁의행위로 인정될 수 있다.

② 정당한 직장폐쇄는 직장폐쇄 기간에 직장폐쇄 대상인 근로자에 대하여 임금지급의무를 면하는 법률효과를 가져온다.

③ 사용자는 노동조합의 쟁의행위가 시작되기 전이라도 그로 인해 막대한 손실이 발생할 것을 우려하여 행정관청과 노동위원회에 신고한 경우에는 직장폐쇄를 할 수 있다.

④ 노동조합 사무실에 대하여는 직장폐쇄를 할 수 없다.

⑤ 직장폐쇄가 정당하지 아니한 때에는, 적법한 쟁의행위로서 사업장을 점거 중인 근로자들이 사용자로부터 퇴거 요구를 받고 이에 불응한 채 직장점거를 계속하더라도 퇴거불응죄가 성립하지 아니한다.

《해 설》 ③ 사용자는 노동조합이 쟁의행위를 개시한 이후에만 방어적 · 수동적으로 직장폐쇄를 할 수 있다. 이 경우 미리 행정관청 및 노동위원회에 각각 신고하여야 한

다(노조및조정법 제46조). <답 ③>

23. 근로자측의 쟁의행위시의 법률관계에 대한 서술 중 틀린 것은? (이견이 있는 경우에는 판례에 의함)

① 쟁의행위는 위법성이 조각되어 민사상·형사상의 책임이 면책된다는 것이 판례의 태도이다.
② 파업에 참가하고 있는 근로자는 임금지급청구권이 없다.
③ 쟁의행위가 정당하지 아니한 경우 이를 주도한 노동조합의 간부는 채무불이행책임에 대해서는 면책되더라도 불법행위에 기한 손해배상책임을 면할 수 없다.
④ 일반조합원이 노동조합 등의 지시에 따라 단순히 노무를 정지한 것만으로는 노동조합 또는 조합간부들과 함께 공동불법행위책임을 진다고 할 수 없다.
⑤ 위법한 쟁의행위시 징계처분은 조합간부뿐만 아니라 일반조합원에게도 행할 수 있다.

《해 설》 ① 대판 1990. 7. 10, 90도755 등. ② 판례(대판[전원합의체] 1995. 12. 21, 94다26721)는 쟁의행위기간중에는 사용자와 근로자의 주된 급부의무가 정지되므로 파업참가자들의 노무제공의무와 사용자의 임금지급의무는 모두 정지된다고 판단한다. 그리고 임금 중에는 근로의 대상이 아닌 임금은 있을 수 없기 때문에 파업기간 동안에 지급되지 아니하는 임금은 임금 전체에 미친다고 판시한다. ③ 노동조합의 간부는 근로계약위반의 채무불이행책임과 불법행위에 기한 손해배상책임을 부담하고, 조합원은 근로계약위반으로 인한 채무불이행책임만을 부담하되 경우에 따라서는 불법행위책임을 부담할 수 있으며, 이들이 불법행위책임을 지게 되는 경우 이들은 전손해에 대하여 부진정연대채무관계에 있다(통설 및 판례: 대판 1994. 3. 25, 93다328228). ④ 대판 2006. 9. 22, 2005다30610.⑤ 위법한 쟁의행위를 주도했거나 이에 참가했거나 쟁의행위중 파괴행위 등을 한 자에 대하여는 손해배상책임이 부과되는 외에 사용자에 의한 징계처분이 내려질 수도 있다. 징계처분은 손해의 전보와는 그 성질을 달리하는 것으로서 기업의 규율과 질서유지를 위하여 행하여지는 것이기 때문이다(대판 1992. 12. 8, 92누1094). <답 ③>

24. 다음 중 정당한 쟁의행위라고 볼 수 있는 것은? (이견이 있는 경우 판례의 태도에 따름)

① 공장장의 퇴진을 요구하지만 그 주된 목적이 조합원의 근로조건의 개선요구에 있는 경우
② 사용자에 대하여 단체교섭을 요구하기 전에 세력과시를 위해서 먼저 쟁의행위를 행하는 경우
③ 보안작업을 거부하는 행위
④ 노조위원장이 객관적 사정이 없음에도 법 소정의 절차를 따르지 아니하고 노조대의원의 위임을 받아 쟁의행위를 개시한 경우

⑤ 쟁의행위중의 폭력행위가 조합간부에 의하여 조직적으로 계획되고 실행된 경우

《해 설》 ① 근로자들이 쟁의행위를 함에 있어서 연구소장의 퇴진을 요구하였다 하더라도 이는 부차적인 것이고, 주된 목적은 일부 근로자들에 대한 파면처분이 노동조합의 핵심적 관심사항인 연구자율수호운동을 주도한 데 따른 보복조치라고 하여 이의 철회를 구하는 것이고, 그 뜻이 조합원의 근로조건의 개선요구에 있다고도 볼 수 있다면 이는 단체교섭사항이 될 수 있는 것이므로 정당하다(대판 1992. 5. 12, 91다34523). ④ 대판 1992. 9. 22, 91다4317. <답 ①>

25. 부당한 쟁의행위라고 할 수 없는 것은?

① 생산관리 ② 부분파업 ③ wild cat strike
④ 동정파업 ⑤ sabotage

《해 설》 ① 생산관리는 생산수단에 대한 사용자의 소유권과 기업경영권을 침해하는 것으로서 원칙적으로 부당한 쟁의행위이다. ② 파업은 반드시 전면파업만이 정당한 것이 아니기 때문에 쟁의행위를 전략상 효과적으로 수행하기 위하여 부분파업을 하는 것은 그것 자체로서 정당한 쟁의행위이다. ③ 비노조파업은 정당성을 가질 수 없다. ④ 파업참가근로자들이 고용되어 있는 당해 사업장의 사용자에 대한 요구를 관철하려는 것이 아니고, 다른 사업장에서의 파업을 지원하기 위한 동정파업은 정당한 쟁의행위가 아니다. ⑤ 의식적으로 생산 또는 사무를 방해하고 생산설비 등을 파괴하는 이른바 사보타지가 위법한 쟁의행위임은 더 말할 필요가 없다. <답 ②>

26. 다음 중 행정관청이 쟁의행위를 중지할 것을 통보할 수 있는 경우는?

① 행정관청의 적법 판정을 받지 아니한 쟁의행위
② 직장의 안전보호시설의 정 · 폐지를 수반하는 쟁의행위
③ 중재회부결정 후의 쟁의행위
④ 조정기간 경과 전의 쟁의행위
⑤ 긴급조정의 결정이 공표된 경우의 쟁의행위

《해 설》 행정관청은 쟁의행위에 의한 보안작업의 거부행위가 있다고 인정한 경우에는 노동위원회의 의결을 얻어 그 행위를 중지할 것을 통보할 수 있고, 사태가 급박하여 노동위원회의 의결을 얻을 시간적 여유가 없을 때에는 그 의결을 얻지 아니하고 즉시 그 행위를 중지할 것을 통보할 수 있다(노조및조정법 제42조 3항). <답 ②>

27. 다음은 쟁의행위와 근로계약관계에 관한 설명이다. 틀린 것은?

① 사용자는 파업에 의하여 하등의 영향을 받지 않는 경영 부문에서 일하는 근로자들에게는 파업기간 동안의 임금을 지급하여야 한다.
② 사업장의 안전보호시설의 유지나 위험작업 등의 중지를 쟁의행위로 할 수 없다.
③ 근로자가 보안작업을 거부하면 사용자는 그 근로자를 해고할 수 있다.

④ 파업기간은 휴가청구권의 취득을 위한 근로일로 산입할 수 있다.
⑤ 근로자가 파업에 참가하였다는 것을 이유로 불이익취급을 하는 경우는 부당노동행위에 해당하므로 사용자는 이를 행할 수 없다.

《해 설》 ① 사용자가 파업에 의하여 하등의 영향을 받지 않는 경영 부문에서 일하는 근로자들의 노무제공의 수령을 거부하면 수령지체의 책임을 면할 수 없다. ②③ 노조및조정법 제42조 2항. 근로계약법상 파업기간중이라도 근로계약관계는 여전히 존속하고 있으므로 성실의무나 배려의무는 파업에 관계없이 그대로 존속한다. 따라서 근로자가 보안작업을 거부하면 성실의무를 위반하는 것이 되므로 사용자는 그 근로자를 해고할 수 있다. ④ 휴가제도란 과거에 행한 근로에서 오는 신체상 또는 정신상의 피로를 회복하고 미래에 다시 건강한 상태에서 근로할 수 있도록 하기 위한 것이므로 사실상의 노무제공이 없었던 파업기간을 법률상의 근로일로 산입할 수는 없을 것이다(통설). ⑤ 근로자가 파업에 참가하였다는 것을 이유로 불이익취급을 하는 경우에는 부당노동행위에 해당하므로 사용자는 이를 행할 수 없다(노조및조정법 제81조 1호 · 5호 참조). <답 ④>

28. 다음은 쟁의행위와 일반 제3자에 대한 손해에 대한 설명이다. 맞는 것은?

① 일반사업의 경우 쟁의행위에 의하여 제3자에게 손해가 발생한다면 사용자는 원칙적으로 이에 대한 책임을 부담한다.
② 공익사업에 있어서도 쟁의행위에 의하여 제3자에게 손해가 발생한다면 사용자는 원칙적으로 이에 대한 책임을 부담한다.
③ 제한 · 금지법규위반의 쟁의행위로 인하여 제3자에게 손해가 발생되었을 경우에는 근로자 또는 노동조합이 배상책임을 져야 한다.
④ 쟁의행위가 정당성을 갖지 못한 경우 근로자와 노동조합은 당연히 제3자에 대하여 불법행위책임을 부담한다.
⑤ 조합원인 근로자들의 위법행위에 대하여 노동조합의 과실이 없더라도 노동조합은 불법행위책임을 부담하게 된다.

《해 설》 ① 사용자는 헌법 제33조의 반사적 효과로서 단체교섭상의 자유를 향유하므로 쟁의행위에 의하여 제3자에게 손해가 발생한다고 하여도 원칙적으로 이에 대한 책임을 지지 않는다. ② 공익사업에 있어서 사업규제규정(운수업의 경우를 예로 든다면, 철도소운송사업법 제7조; 자동차운수사업법 제7조 및 제24조 1항; 해상운송사업법 제6조 및 제14조; 항공법 제87조 등)은 일반대중의 이익보호라는 관점에서 공익질서를 유지 · 확보하기 위한 것이고 어떤 개인의 구체적 이익을 보호하기 위한 규정은 아니라고 해석되므로 이 규정을 위반한 사용자에게는 해당 법률에 의한 벌칙이 과해지는 일은 있어도 그 이외에 불법행위책임까지 부담케 하는 것은 아니다. 이러한 규제법규가 개인의 이익을 위한 이른바 '보호법규'가 아니기 때문에 이를 근거로 한 불법행위책임도 물을 수 없다. ③ 제한 · 금지법규위반의 쟁의행위로 인하여 제3자에게 손해가 발생되었을 경우에는 근로자 또는 노동조합이 배상책임을 져야 한다(통설). 왜냐하면 그 법규가 해당 제3자에 대한 보호법규(Schutzgesetz)일 경우에 법규위반의 쟁의행위는 불법행위를 구성하기 때문이다. ④ 쟁의행위가 정당성을 갖지 못한다 하더라도 근로자와 노동조합이 당연히 제3자에 대하여 불법행위책임을 지지는 않는다. 쟁의행위는 원래 기업 내부에서 발생된 현상으로서 기업의 외부와의 관계에 있어서는 근로자나 노동조합이 외부의 제3자와의 계약관계를 가지고 있지 않기 때문에 직접 책임을 지지 않는다. ⑤ 조합원인 근로자들의 위법행위가 노동조합의 지령에 의하여 계획적으로 행하여지고 그 결과 제3자에게 손해가 발생된 경우에는 근로자들과 노동조합이 공동불법행위자로서 연대하여 손해배상책임을 부담하지만, 노동조합의 과실이 없는 경우에는 근로자들만이 불법행위책임을 부담하게 된다. <답 ③>

29. 노동조합이 7%의 임금인상요구를 하며 파업을 단행한 데 맞서서 사용자는 임금인상률을 5%로 할 것을 주장하며 직장폐쇄를 하였다. 다음 설명 중 틀린 것은?

① 이 직장폐쇄는 대항적·방어적 직장폐쇄라 할 수 있다.
② 이 직장폐쇄의 경우 당해 기간 동안 사용자는 임금지급의무를 면한다.
③ 노동조합이 파업종료를 선언한 후에도 직장폐쇄를 계속하는 경우에는 공격적 직장폐쇄에 해당한다.
④ 이 사례에서 사용자는 비조합원에 대해서는 직장폐쇄 기간 동안의 임금을 지급해야 할 것이다.
⑤ 사용자는 직장폐쇄를 하기 전에 노동위원회 및 행정관청에 각각 신고를 해야 한다.

《해 설》 ①③ 노조및조정법 제46조는 정당성기준으로서 노동조합의 쟁의행위와의 선후관계만을 규정하고 있으나, 헌법 제33조의 규정취지와 노사의 세력균형론에 비추어 직장폐쇄는 방어적인 경우에만 그 정당성이 인정되므로 대항적으로 행하여지는 경우에도 직장폐쇄는 방어적인 성질을 가지는 때에 한해서 정당성을 가진다. ②④ 직장폐쇄가 정당한 한, 사용자는 수령지체의 책임을 부담하지 않으므로 조합원이거나 비조합원임을 막론하고 해당 근로자들에게 임금지급의무가 면제된다. <답 ④>

30. 다음은 쟁의행위에 관한 설명이다. 틀린 것은?

① 일시적인 쟁의단 또는 근로자 개인은 노동조합 및 노동관계조정법 제2조 6호가 말하는 당사자가 될 수 없다.
② 동정파업이나 정치파업은 노동조합 및 노동관계조정법상의 쟁의행위가 아니다.
③ 구속된 근로자에 대한 항소심구형량이 1심보다 무거워진 것에 대한 항의와 석방촉구를 목적으로 한 조합원들의 집단적 업무저해행위는 노동조합 및 노동관계조정법상의 쟁의행위이다.
④ 파업이 종료한 후에 근로자들이 근로를 계속할 의사를 가지고 있다는 것은 파업의 또 하나의 개념표지가 된다.
⑤ 사용자가 단체협약에 근거하여 근로자들에게 연장근로를 요구할 수 있고 이러한 연장근로가 관행화된 경우에 근로자들이 집단적으로 연장근로를 거부하는 것은 쟁의행위라고 볼 수 있다.

《해 설》 ① 쟁의행위를 할 수 있는 노사관계당사자는 근로자측에서는 노동조합이고, 사용자측에서는 사용자개인 또는 사용자단체이다. 단체교섭권한이 없는 일시적인 근로자의 단체나 쟁의단 또는 근로자개인은 노조및조정법 제2조 6호가 말하는 당사자가 될 수 없다(헌재결 1990. 1. 15, 89헌가103). ② 쟁의행위는 단체교섭에 의하여 타결하려는 임금 · 근로시간 · 후생 · 해고 기타 대우 등 근로조건에 관한 노동관계당사자의 주장의 불일치로 인하여 발생되는 것이므로 쟁의행위의 목적은 근로조건의 집단적 유지 내지 개선이다(노조및조정법 제2조 5호). 이러한 목적을 관철하기 위하여 행하는 것이 아닌 동정파업이나 정치파업은 노조및조정법상의 쟁의행위가 아니다. ③ 구속된 근로자에 대한 항소심구형량이 1심보다 무거워진 것에 대한 항의와 석방촉구를 목적으로 한 조합원들의 집단적 업무저해행위는 근로조건의 유지 · 개선과 직접 관련이 없으므로 노조및조정법상의 쟁의행위가 아니다(대판 1991. 1. 23, 90도2852). ④ 근로자들이 집단적으로 노무를 거부하는 것은 개선된 근로조건하에서 근로를 계속할 것을 전제하고 있는 것이므로, 파업이 종료한 후에 근로자들이 근로를 계속할 의사를 가지고 있다는 것은 파업의 또 하나의 개념표지가 된다. ⑤ 사용자가 단체협약에 근거하여 근로자들에게 연장근로를 요구할 수 있고 이러한 연장근로가 관행화된 경우에 있어서 근로자들이 집단적으로 연장근로를 거부하는 것은 업무의 정상적인 운영을 저해하는 것이므로 쟁의행위라고 볼 수 있다. 휴일근로거부의 경우도 위와 같이 판단하여야 할 것이다(대판 1991. 10. 22, 91도600 등). <답 ③>

31. 쟁의행위와 관련한 다음 기술 중 틀린 것은? (견해대립이 있는 경우에는 판례에 의함)

① 노조및조정법 제41조 1항을 위반하여 조합원의 직접 · 비밀 · 무기명투표에 의한 과반수의 찬성결정을 거치지 아니하고 쟁의행위에 나아간 경우에도 조합원의 민주적 의사결정이 실질적으로 확보된 경우에는 위와 같은 투표절차를 거치지 아니하였다는 사정만으로 쟁의행위가 정당성을 상실한다고 볼 수 없다.

② 지역별 · 산업별 · 업종별 노동조합의 경우에는 총파업이 아닌 이상 쟁의행위를 예정하고 있는 당해 지부나 분회 소속 조합원 과반수의 찬성이 있으면 쟁의행위는 절차적으로 적법하다고 보아야 한다.

③ 노동조합이 노동위원회에 노동쟁의조정신청을 하여 조정절차를 마치거나 조정이 종료되지 아니한 채 조정기간이 끝나면 노동조합은 쟁의행위를 할 수 있는 것이므로 노동위원회가 반드시 조정결정을 한 뒤에 쟁의행위를 하여야지 그 절차가 정당한 것은 아니다.

④ 일반조합원이 불법쟁의행위시 노동조합 등의 지시에 따라 단순히 노무를 정지한 것만으로는 노동조합 또는 조합간부들과 함께 공동불법행위 책임을 진다고 할 수 없을 것이다.

⑤ 조합간부들의 행위는 쟁의행위가 개개 근로자의 노무정지를 조직하고 집단화하여 이루어지는 집단적 투쟁행위라는 본질적 특징을 고려한다면 노동조합의 책임 외에 불법쟁의행위를 주도한 조합의 간부들 개인에 대

하여도 책임을 지우는 것이 상당하다.

《해 설》 ① 노조및조정법 제41조 1항을 위반하여 조합원의 직접·비밀·무기명투표에 의한 과반수의 찬성결정을 거치지 아니하고 쟁의행위에 나아간 경우에도 조합원의 민주적 의사결정이 실질적으로 확보된 경우에는 위와 같은 투표절차를 거치지 아니하였다는 사정만으로 쟁의행위가 정당성을 상실한다고 볼 수 없다는 취지의 대법원 2000. 5. 26, 99도4836판결은 위의 판결들과 어긋나는 부분에 한하여 변경하기로 한다(대판[전원합의체] 2001. 10. 25, 99도4837). ② 대판 2009. 6. 23, 2007두12859. ③ 대판 2001. 6. 26, 2000도2871. ④ 대판 2006. 9. 22, 2005다30610. ⑤ 대판 1994. 3. 25, 93다32828. <답 ①>

32. 다음 설명 중 틀린 것은?

① 연차유급휴가를 일제히 사용하는 것은 쟁의행위로 보아야 한다.

② 안전·보안에 관한 법규 또는 취업규칙이나 단체협약상의 규정을 철저히 준수하는 행위가 당해 규정이 객관적으로 요구하는 정도와 내용을 벗어나는 방법으로 법규를 준수함으로써 작업의 능률을 저하시키는 경우에는 태업과 유사한 쟁의행위로 보아야 한다.

③ 사용자와 거래관계에 있는 제3자에게 사용자와의 거래를 단절할 것을 요구하고 이에 응하지 않을 때에는 상품의 구입이나 노동력의 공급(근로계약의 체결)을 중단하겠다는 압력을 가하는 것을 1차적 보이콧이라고 한다.

④ 생산관리는 근로자들이 단결하여 사용자의 지휘·명령을 거부하면서 사업장 또는 공장을 점거함으로써 조합간부의 지휘하에 노무를 제공하는 투쟁행위이다.

⑤ 직장점거는 파업에 참가한 근로자가 단결을 유지하고 더불어 파업의 실효성을 확보하기 위하여 수반되는 부수적 쟁의행위이다.

《해 설》 ① 연차유급휴가를 일제히 사용하는 것은 사용자의 시기변경권과의 관계에서 권리행사의 요건이 결여된 것이므로 쟁의행위로 보아야 한다. 또한 병가의 집단적인 사용도 유행병이 아닌 한 쟁의행위로 보아야 한다. 월차유급휴가의 집단사용 또한 마찬가지이다(대판 1991. 1. 23, 90도2852 등). ② 대판 1991. 12. 10, 91누636. ③ 이 지문은 2차적 보이콧(secondary boycott)의 내용이다. <답 ③>

33. 다음은 쟁의행위의 정당성과 관련한 설명이다. 틀린 것은? (이견이 있는 경우 판례의 태도에 따름)

① 근로자의 쟁의행위가 정당성을 갖추기 위해서는 그 주체가 단체교섭이나 단체협약체결능력이 있는 자, 즉 노동조합이어야 한다.

② 단순히 정부각료의 퇴진을 주장하거나 특정법령의 제정에 반대하는 것을 목적으로 하는 정치파업은 정당하지 않다.

③ 공장장이나 회사간부의 퇴진을 요구하는 것이라 하더라도 그것 자체를

직접적인 목적으로 하지 않고 근로조건의 유지 · 개선을 실현하기 위한 수단으로서 주장하더라도 이는 정당하지 않다.

④ 평화의무에 반하는 쟁의행위는 특히 민사면책과 관련하여 정당성을 가질 수 없는 것이 원칙이다.

⑤ 어떤 쟁의행위가 다른 정당성 요건에 위반되지 않는 한 소수의 근로자가 폭행 · 협박 등의 탈선행위를 했다고 하여 당연히 그 쟁의행위 전체가 위법하게 되는 것은 아니다.

《해 설》 ① 대판 1992. 7. 14, 91다43800. ② 대판 1991. 1. 23, 90도2852. ③ 근로자들이 쟁의행위를 함에 있어서 연구소장의 퇴진을 요구하였다 하더라도 이는 부차적인 것이고, 주된 목적은 일부 근로자들에 대한 파면처분이 노동조합의 핵심적 관심사항인 연구자율수호운동을 주도한데 따른 보복조치라고 하여 이의 철회를 구하는 것이고, 그 뜻이 조합원의 근로조건의 개선요구에 있다고도 볼 수 있다면 이는 단체교섭사항이 될 수 있는 것이므로 정당하다(대판 1992. 5. 12, 91다34523). ⑤ 다만, 그와 같은 위법행위를 한 자는 민 · 형사상의 면책을 받을 수 없다. 또한 조합간부에 의하여 계획적으로 그와 같은 위법행위가 주도되어 쟁위행위가 폭력화되었다면 쟁의행위 전체가 위법한 것이 될 수 있다. <답 ③>

34. 다음은 쟁의행위의 정당성에 관한 설명이다. 맞는 것은?

① 사용자에 대하여 노동조합이 관철하려고 하는 구체적인 주장이 없는 경우에 행해진 쟁의행위도 정당하다.

② 항공기의 승무원노동조합이 비행기의 출발 직전에 아무 예고없이 승무원지명파업을 단행하고 회사가 그와 같은 지명파업을 예측할 수 없었을 경우에도 그 쟁의행위는 정당하다.

③ 쟁의행위를 전략상 효과적으로 수행하기 위하여 부분파업을 하는 것은 그것 자체로서 정당한 쟁의행위이다.

④ 2차적 보이콧은 사용자와의 관계 및 제3자와의 관계에서 원칙적으로 정당하다.

⑤ 사용자가 출하업무를 비조합원으로 하여금 실행하려는 경우에 실력을 행사하여 출하를 저지하는 피케팅은 정당하다.

《해 설》 ① 사용자에 대하여 노동조합이 관철하려고 하는 구체적인 주장이 없다거나 또는 그 주장을 항상 변경함으로써 조합측의 요구내용을 정확히 알 수 없는 경우에 행해진 쟁의행위는 정당하지 않다. ② 최후수단의 원칙에 반하지 않더라도 상대방에게 예고없이 쟁의행위를 함으로써 사업운영에 불공정한 혼란과 마비를 초래할 우려가 발생할 수 있는 경우, 예컨대 항공기의 승무원노동조합이 비행기의 출발 직전에 아무 예고없이 승무원지명파업을 단행하고 회사가 그와 같은 지명파업을 예측할 수 없었을 경우에는 그 쟁의행위는 노사 사이의 신의칙에 반하는 것이 되어 정당성을 가질 수 없다. ③ 파업은 반드시 전면파업만이 정당한 것이 아니기 때문에 쟁의행위를 전략상 효과적으로 수행하기 위하여 부분파업을 하는 것은 그것 자체로서 정당한 쟁의행위이다. ④ 미국의 Taft-Hartley법(제8조 (d))에 있어서는 부당노동행위로서 위법한 것으로 규정되어 있다. 쟁의행위가 원래 교섭당사자간의 실력행사임을 고려한다면 2차적 보이콧은 사용자와의 관계 및 제3자와의 관계에서 원칙적으로 위법이라고 할 수 있다. ⑤ 〈문제 39〉의 해설 참고. <답 ③>

35. 쟁의행위의 정당성에 대한 설명으로 옳지 않은 것은?

① 쟁의행위는 근로자가 소극적으로 노무제공을 거부하거나 정지하는 행위만이 아니라 적극적으로 그 주장을 관철하기 위하여 업무의 정상적인 운영을 저해하는 행위까지 포함하는 것으로 쟁의행위의 본질상 사용자의 정상업무가 저해되는 경우가 있음은 부득이한 것으로서 사용자는 이를 수인할 의무가 있다.

② 집단적 노무제공의 거부가 본질적으로 위력성을 가져 외형상 업무방해죄의 구성요건에 해당한다 하더라도 그것이 헌법과 법률이 보장하고 있는 범위 내의 행사로서 정당성이 인정되는 경우에는 위법성이 조각되어 처벌할 수 없다.

③ 노동위원회가 반드시 조정결정을 한 뒤에 쟁의행위를 하여야지 그 절차가 정당한 것이라고 할 수 있다.

④ 지역별 · 산업별 · 업종별 노동조합의 경우에는 총파업이 아닌 이상 쟁의행위를 예정하고 있는 당해 지부나 분회 소속 조합원 과반수의 찬성이 있으면 쟁의행위는 절차적으로 적법하다고 보아야 한다.

⑤ 근로자들에게 퇴거요구를 하더라도 근로자들의 쟁의행위가 적법한 경우에 이에 불응하여 직장점거를 계속한 행위는 퇴거불응죄를 구성하지 않는다.

《해 설》 ① 대판 2001. 2. 9, 2000도5235. ② 대판 2003. 12. 26, 2001도1863. ③ 노동조합이 노동위원회에 노동쟁의조정신청을 하여 조정절차를 마치거나 조정이 종료되지 아니한 채 조정기간이 끝나면 노동조합은 쟁의행위를 할 수 있는 것이므로 노동위원회가 반드시 조정결정을 한 뒤에 쟁의행위를 하여야지 그 절차가 정당한 것은 아니다(대판 2001. 6. 26, 2000도2871). ④ 대판 2009. 6. 23, 2007두12859. ⑤ 대판 2007. 12. 28, 2007도5204. <답 ③>

36. 다음은 쟁의행위의 개념에 대한 설명이다. 틀린 것은?

① 노동쟁의는 단체행동이라고 할 수 없다.

② 노동쟁의란 노동조합과 사용자 사이의 근로조건의 결정에 관한 주장의 불일치로 인하여 발생되는 분쟁상태를 말한다.

③ 단체행동은 쟁의행위보다 그 개념이 넓다.

④ 노동쟁의와 쟁의행위는 그 발생시기가 구별된다.

⑤ 모든 단체행동은 노동조합 및 노동관계조정법상의 제한규정들이 적용된다.

《해 설》 ① 단체교섭의 투쟁적 측면을 단체행동이라고 이해하는 한, 단체행동이 노동쟁의와 같을 수 있으나 노동쟁의는 어떤 구체적인 집단적 행위가 없는 분쟁상태만을 의미할 수 있으므로 노동쟁의는 단체행동이라고 할 수 없다. ② 노조및조정법 제2조 5호. ③ 집단적인 행위인 단체행동은 반드시 업무의 정상적 운영의 저해를 수반하지 않는다는 점에서 쟁의행위보다 그 개념이 넓다. ⑤ 노조및조정법은 업무의 정상한 운영을 저해하는 것을 목적으로 하는 쟁의행위에 대해서는 여러가지 제한을 가하고 있다. 그러나 이러한 제한규정들은 같은 법 제2조 6호에 규정된 쟁의행위에만 적용되는 것이므로 쟁의행위가 아닌 단체행동으로서의 전단살포 · 완장착용 · 피케팅 등에는 이로 인하여 업무의 정상한 운영이 저해되지 않는 한 이상의 제한규정들이 적용될 여지가 없다. <답 ⑤>

37. 다음은 준법투쟁에 관한 설명이다. 옳은 것은?

① 연장근로가 당사자합의에 의하여 이루어진 것이라면 근로자들이 사용자의 요청이 있으면 통상적으로 해 오던 연장근로를 집단적으로 거부하더라도 이는 정당한 권리의 행사에 지나지 않으므로 쟁의행위로 볼 수 없다.

② 연차유급휴가를 일제히 사용하는 것 또한 근로자의 정당한 권리행사로서 쟁의행위로서 볼 수 없다.

③ 월차유급휴가의 집단적 사용 또한 ②의 경우와 마찬가지이다.

④ 요구조건의 관철을 위하여 집단사표를 내는 것은 진정한 근로계약관계의 종료의사가 있다고 볼 수 있으므로 쟁의행위라고 볼 수 없다.

⑤ 안전 · 보안에 관한 법규를 객관적으로 요구하는 정도와 내용을 벗어나는 방법으로 법규를 '준수'한다면 태업과 유사한 쟁의행위로 보아야 한다.

《해 설》 근로자들이 그들의 주장을 관철하기 위하여 법규정을 엄격히 준수하거나, 법률에 정한 근로자의 권리를 동시에 집단적으로 행사함으로써 사용자의 업무를 저해하는 행위를 일반적으로 준법투쟁이라 한다. 그러므로 ① 연장근로가 당사자합의에 의하여 이루어지는 것이라고 하더라도 근로자들을 선동하여 근로자들이 통상적으로 해 오던 연장근로를 집단적으로 거부하도록 함으로써 회사업무의 정상한 운영을 저해하였다면 이는 쟁의행위로 보아야 한다(대판 1994. 2. 22, 92누11176 등). ②③ 연차유급휴가를 일제히 사용하는 것은 사용자의 시기변경권과의 관계에서 권리행사의 요건이 결여된 것이므로 쟁의행위로 보아야 한다. 또한 병가의 집단적인 사용도 유행병이 아닌 한 쟁의행위로 보아야 한다. 월차유급휴가의 집단사용 또한 마찬가지이다(대판 1991. 1. 23, 90도2852 등). ④ 요구조건의 관철을 위하여 집단사표를 내고 노무의 정지상태를 초래하는 것은 진정한 근로계약관계의 종료의사가 없는 한 이를 쟁의행위(파업)라고 보아야 한다. ⑤ 안전 · 보안에 관한 법규를 철저히 준수하는 행위가 당해 규정이 객관적으로 요구하는 정도와 내용을 벗어나는 방법으로 법규를 '준수'함으로써 작업의 능률을 저하시키는 경우에는 태업과 유사한 쟁의행위로 보아야 한다(대판 1991. 12. 10, 91누636). <답 ⑤>

38. 다음 파업중의 행위와 관련하여 정당한 것은?

① 파업에 참가한 근로자들이 적극적으로 사용자에 의한 재산의 지배 · 관리를 저지하는 경우

② 수력발전소의 용수를 방류하는 행위

③ 환자의 생명 · 신체의 안전에 직접 관계되는 의료행위를 거부하는 행위
④ 공장 또는 사업장의 안전에 관한 보안(Notstandsarbeit oder Erhaltungsarbeit)을 거부하는 행위
⑤ 파상파업의 경우

《해 설》 위의 ①②③④는 적극적 성격의 파업으로서 정당하지 않다. ⑤ 파업은 반드시 계속적으로 행하여야 하는 것은 아니기 때문에 波狀罷業도 위법한 쟁의행위가 아니다. 그러나 이에 대하여는 사용자가 직장폐쇄를 단행할 수 있다. <답 ⑤>

39. 다음 중 틀린 설명은?

① 태업(soldiering)이 작업능률을 저하시키는 데 그치는 한 위법한 쟁의행위는 아니다.
② 준법투쟁을 통하여 사업의 능률을 저하시킴으로써 사용자에게 집단적 요구를 관철하려고 할 경우 이를 태업과 같은 쟁의행위로 보고 그 정당성 여부를 판단해야 할 것이다.
③ 1차적 보이콧의 경우 제3자와의 거래가 방해를 받는다 하더라도 반드시 정당성을 상실하는 것은 아니다.
④ 사용자의 생산태업에 대항해서 근로자들이 그들의 생활을 방어하기 위하여 사용자의 노무지휘권을 배제하고 종래의 생산방침의 범위 내에서 근로를 계속하는 소극적 생산관리도 사용자의 소유권 내지 기업경영의 자유를 침해하는 것으로서 위법하다고 할 것이다.
⑤ 사용자가 출하업무를 비조합원으로 하여금 실행하려는 경우에 실력을 행사하여 출하를 저지하는 피케팅 또한 정당하지 않다.

《해 설》 ① 태업(soldiering)이 작업능률을 저하시키는 데 그치는 한 위법한 쟁의행위는 아니다. 그러나 태업에 있어서는 사용자의 지휘 · 명령을 따르지 아니하고 조합의 지시에 의하여 불완전한 노무제공(불완전한 이행)을 하는 것이기 때문에, 예컨대 자재가 폐품이 된다든가 기계가 파손되는 것을 의식하면서 행하는 쟁의행위는 소유권침해가 된다. ③ 1차적 보이콧의 경우, 폭력행위를 수반하지 않는 한 위법이 아니며, 그 결과 제3자와의 거래가 방해를 받는다 하더라도 반드시 정당성을 상실하는 것은 아니다. ④ 사용자의 생산태업에 대항해서 근로자들이 그들의 생활을 방어하기 위하여 사용자의 노무지휘권을 배제하고 종래의 생산방침의 범위 내에서 근로를 계속하는 경우에는 이를 당연히 위법이라고 할 수 없다는 것이 일반적 견해이다. ⑤ 위법한 피케팅의 예로는 다음과 같다. (i) 폭력행사를 하거나 공장 또는 사업장 입구에서 스크럼을 짜서 출입을 봉쇄하는 행위, (ii) 취업중인 근로자들을 에워싸고 작업 및 집무를 방해하는 행위, (iii) 사용자가 출하업무를 비조합원으로 하여금 실행하려는 경우에 실력을 행사하여 출하를 저지하는 피케팅. <답 ④>

40. 다음은 쟁의행위의 정당성에 관한 설명이다. 틀린 것은?

① 직장 또는 사업장시설의 점거 범위가 일부분에 그치고, 사용자측의 출

입이나 관리지배를 배제하지 않는 한 정당한 쟁의행위로 볼 수 있다.

② 노조위원장이 객관적 사정이 없음에도 법 소정의 절차에 따르지 아니하고 노조대의원의 위임을 받아 또는 단독으로 쟁의행위의 개시를 결정하였다면 이는 정당성을 상실한 것이다.

③ 조정절차를 거치지 않더라도 쟁의행위를 할 수 있다.

④ 방위산업체에 종사하는 근로자에 한하여 특별히 쟁의행위를 금지하더라도 평등원칙에 위배되는 것이라고 볼 수 없다.

⑤ 근무시간중 사무실에서 집기 등을 부수고 페인트 스프레이로 복도 · 계단과 사무실벽에 낙서를 하여 상당액의 수리비가 소요되는 재물손괴를 하였다면 정당성을 일탈한 것이다.

《해 설》 ① 대판 1991. 6. 11, 91도383 등. ② 대판 1992. 9. 22, 91다4317. ③ 쟁의행위는 조정절차를 거치지 아니하면 행할 수 없도록 하였다(조정전치주의: 노조및조정법 제45조 2항). ④ 대판 1991. 1. 15, 90도2278. ⑤ 대판 1990. 5. 15, 90도357. <답 ③>

41. 단체행동권 등에 관한 설명 중 옳은 것은?

① 헌법은 단체행동권의 주체를 근로자로 규정하고 있으므로 노동조합은 단체행동권의 주체가 될 수 없다.

② 사용자의 쟁의행위는 노동조합 및 노동관계조정법상 허용되지 않는다.

③ 쟁의행위가 정당한 경우 노동조합은 사용자가 입은 손해에 대해서뿐만 아니라 제3자가 간접적으로 입은 손해에 대해서도 배상책임을 지지 않는다.

④ 헌법재판소는 필수공익사업의 노동쟁의에 대하여 노동위원회 위원장이 직권중재에 회부할 수 있도록 한 법규정을 위헌이라고 하였다.

⑤ 단순한 집단적 노무제공의 거부행위는 그것이 정당한 쟁의행위가 아니더라도 위력의 요소가 없어 업무방해죄로 형사처벌할 수 없다는 것이 판례의 태도이다.

《해 설》 ③ 쟁의행위가 정당한 경우 노동조합은 사용자가 입은 손해에 대해서뿐만 아니라(노조및조정법 제3조) 제3자가 간접적으로 입은 손해에 대해서도 배상책임을 지지 않는다. ④ 합헌이라고 하였다(헌재결 2003. 5. 15, 2001헌가31). 현재 해당 조항(노조및조정법 제62조 3호)은 삭제됐다. ⑤ 업무방해죄로 형사처벌할 수 있다는 것이 판례의 태도이다(대판 2003. 12. 26, 2001도1863 등). <답 ③>

42. 다음 밑줄 친 부분에 해당하지 않는 것은? <노무사 2004년>

쟁의행위는 폭력이나 파괴행위 또는 생산 기타 주요 업무에 관련되는 시설과 <u>이에 준하는 시설로서 대통령령이 정하는 시설</u>을 점거하는 형태로 이를 행할 수 없다.

① 전기 · 전산시설 ② 휴게실 ③ 통신시설
④ 철도의 선로 ⑤ 항공보안시설

《해 설》 노조및조정법 제42조 1항의 내용이다. 여기서 '이에 준하는 시설로서 대통령령이 정하는 시설' 이라 함은 (ⅰ) 전기 · 전산 또는 통신시설, (ⅱ) 철도(도시철도를 포함한다)의 차량 또는 선로, (ⅲ) 건조 · 수리 또는 정박중인 선박. 다만 선원법에 의한 선원이 당해 선박에 승선하는 경우를 제외한다. (ⅳ) 항공기 · 항행안전시설 또는 항공기의 이 · 착륙이나 여객 · 화물의 운송을 위한 시설, (ⅴ) 화약 · 폭약 등 폭발위험이 있는 물질 또는 유해화학물질관리법에 의한 유독물을 보관 · 저장하는 장소, (ⅵ) 기타 점거될 경우 생산 기타 주요업무의 정지 또는 폐지를 가져오거나 공익상 중대한 위해를 초래할 우려가 있는 시설로서 행정관청이 관계중앙행정기관의 장과 합의하여 정하는 시설을 말한다(노조및조정법 시행령 제21조). <답 ②>

43. 쟁의행위의 제한 · 금지법규와 관련한 쟁의행위의 정당성에 대한 설명이다. 틀린 것은?

① 일반공무원들의 쟁의행위는 전적으로 금지되어 있다.
② 방위산업체로 지정된 업체는 방산물자생산업체로서의 실체가 없어진 경우에도 방위산업체지정처분이 취소되지 않은 이상 쟁의행위가 제한되는 방위산업체에 해당한다.
③ 조합원의 무기명투표의 절차를 따를 수 없는 정당한 객관적 사정이 있는 경우에는 조합원의 무기명투표를 거치지 못했거나 과반수의 찬성을 얻지 못하고 단행된 쟁의행위라 하더라도 정당성을 상실하지 않는 것이다.
④ 행정관청은 쟁의행위에 의한 보안작업의 거부행위가 있다고 인정될 경우에는 노동위원회의 의결을 얻어 그 행위를 중지할 것을 통보할 수 있다.
⑤ 쟁의행위는 조정의 신청이 있은 날부터 일반사업에 있어서는 10일, 공익사업에 있어서는 15일의 조정기간을 거치지 아니하면 이를 행할 수 없다.

《해 설》 ① 국가공무원법 제66조와 지방공무원법 제58조는「사실상 노무에 종사하는 공무원」이외에는「노동운동 기타 공무 이외의 일을 위한 집단적 행위」를 할 수 없다고 규정하고 있다. 또한 공무원노조법 제11조, 교원노조법 제8조는 쟁의행위를 금지하고 있다. 그러므로 사실상 노무에 종사하는 공무원 이외의 일반공무원들의 쟁의행위는 전적으로 금지되어 있다. ② 방위산업체로 지정된 업체라 하더라도 방산물자생산을 포기하고 그 생산조직과 활동을 폐지하여 방산물자생산업체로서의 실체가 없어진 경우에는 헌법 제37조 2항(기본권제한 입법의 필요성과 한계)의 취지에 비추어 형식상 방위산업체지정처분이 취소되지 않았다 하더라도 이 법에서 쟁의행위가 제한되는 방위산업체에 해당하지 않는다. ③ 대판[전원합의체] 2001. 10. 25, 99도4837. ④ 노조및조정법 제42조 3항. ⑤ 노조및조정법 제45조 2항, 제54조 1항. <답 ②>

44. 조합원의 직접 · 비밀 · 무기명투표규정과 관련된 쟁의행위의 정당성에 대한 2001년 10월 25일 대법원 전원합의체판결의 다수의견을 고른 것은?

(가) 쟁의행위를 함에 있어 조합원의 직접 · 비밀 · 무기명투표에 의한 찬성결정이라는 절차를 거쳐야 한다는 규정은 노동조합의 자주적이고 민주적인 운영을 도모함과 아울러 쟁의행위에 참가한 근로자들이 사후에 그 쟁의행위의 정당성 유무와 관련하여 어떠한 불이익을 당하지 않도록 그 개시에 관한 조합의사의 결정에 보다 신중을 기하기 위하여 마련된 규정이다.
(나) 이 절차를 위반한 쟁의행위는 그 절차를 따를 수 없는 객관적인 사정이 인정되지 아니하는 한 정당성이 상실된다.
(다) 노조및조정법 제41조 제1항에 의한 투표절차를 거치지 아니한 경우에도 조합원의 민주적 의사결정이 실질적으로 확보된 때에는 단지 노동조합 내부의 의사형정과정에 결함이 있는 정도에 불과하므로 쟁의행위의 정당성이 상실되지 않는다.
(라) 위임에 의한 대리투표, 공개결의나 사후결의, 사실상의 찬성간주 등의 방법으로 노조및조정법 제41조 제1항에 의한 투표절차에 갈음할 수 있다.
(마) 조합원의 찬 · 반투표를 실시하는 주체는 노동조합(본부와 지부가 있는 경우에는 당연히 본부)의 집행부라 할 것이므로, 조합원의 찬 · 반투표 절차 없이 쟁의행위를 개시하였음을 이유로 노조및조정법 제91조 제1호에 따라 처벌하는 대상도 그와 같은 찬 · 반투표 없이 쟁의행위를 하기로 하는 결정을 주도하거나 그 결정에 적극 관여한 자에 한정되는 것이고, 그러한 결정을 주도하거나 적극 관여함이 없이 단순히 노동조합 집행부의 지시에 따라 쟁의행위에 가담한 조합원은 그 처벌대상이 되지 않는 것으로 봄이 상당하다.

① (가), (나) ② (가), (나), (다) ③ (가), (나), (다), (라)
④ (나), (다), (라), (마) ⑤ (다), (라)

《해 설》 (가)(나) 대판[전원합의체] 2001. 10. 25, 99도4837의 다수의견이다. (다)(라)는 대판[전원합의체] 2001. 10. 25, 99도4837로 폐기된 대판 2000. 5. 26, 99도4836의 판결요지이다. (마)는 대판[전원합의체] 2001. 10. 25, 99도4837의 소수의견이다. 소수의견의 요지는 다음과 같다. '조합원의 찬 · 반투표를 거치지 아니한 쟁의행위는 그 절차를 따를 수 없는 객관적인 사정이 인정되지 아니하는 한 정당성이 상실된다고 하는 대법원 종전 판례의 견해와 이를 유지하고자 하는 다수의견의 견해가 일반적으로 타당한 것임은 이를 인정하고, 조합원의 찬 · 반투표를 실시하지 아니한 것은 단지 노동조합 내부의 의사형성 과정상의 결함에 지나지 아니하고 파업에 참여한 인원 등에 비추어 조합원 대다수가 파업에 찬성한 것으로 보이므로 찬 · 반투표를 실시하지 아니하였다는 사정만으로 파업절차가 위법하다고 할 수 없다고 한 원심의 견해(같은 취지로 이해되는 범위 내에서 대법원 2000. 5. 26, 99도4836)는 그것이 모든 경우에 적용되는 일반론으로 이해되는 한 노조및조정법이 규정한 찬 · 반투표의 성격을 오해한 것으로서 잘못된 것으로 보인다. 그러나 쟁의행위를 형사처벌함에 있어서는 위의 일반론과는 달리 구체적인 사안에 따라 찬 · 반투표의 불실시에도 불구하고 그에 단순가담한 근로자의 단순파업행위를 위법하다고 볼 수 없는 경우가 있다고 본다. <답 ①>

45. 다음 각 사항을 신고하여야 할 기관과 옳게 짝지은 것은? (행정관청은 「노동조합 및 노동관계조정법」상 행정관청임) <사시 2008년>

① 취업규칙의 작성 · 변경 — 노동위원회
② 노동조합의 해산 — 행정관청과 노동위원회
③ 단체협약 — 노동위원회
④ 직장폐쇄 — 행정관청과 노동위원회
⑤ 노사협의회의 의결사항 — 행정관청

《해 설》 ① 고용노동부장관(근기법 제93조 1항). ② 행정관청만(노조법 제28조 2항). ③ 행정관청(노조법 제31조 2항). ④ 노조법 제46조 2항. <답 ④>

46. 다음 설명 중 틀린 것은? <노무사 2003년 유사>

① 쟁의행위는 조정의 신청이 있은 날부터 일반사업에 있어서는 10일, 공익사업에 있어서는 15일의 조정기간을 거치지 아니하면 이를 행할 수 없다.
② 공장 · 사업장 기타 직장에 대한 안전보호시설의 정상한 유지 · 운영을 정지 · 폐지 또는 방해하는 행위는 쟁의행위로 할 수 없다.
③ 행정관청은 쟁의행위에 의한 보안작업의 거부행위가 있다고 인정한 경우에는 노동위원회의 의결을 얻어 그 행위를 중지할 것을 통보할 수 있다.
④ ③의 경우 사태가 급박하여 노동위원회의 의결을 얻을 시간적 여유가 없을 때에는 그 의결을 얻지 아니하고 즉시 그 행위의 중지를 통보할 수 있다.
⑤ ④의 경우 노동위원회의 의결을 얻지 않은 때에는 행정관청은 20일 이내로 노동위원회의 사후승인을 얻어야 하며 그 승인을 얻지 못한 때에는 그때부터 그 통보는 효력이 상실된다.

《해 설》 ① 노조및조정법 제45조 2항, 제54조 1항. ② 노조및조정법 제42조 2항. ③④ 노조및조정법 제42조 3항. ⑤ 노동위원회의 의결을 얻지 않은 때에는 행정관청은 지체없이 노동위원회의 사후승인을 얻어야 하며 그 승인을 얻지 못한 때에는 그 통보는 그때부터 효력을 상실한다(노조및조정법 제42조 4항). <답 ⑤>

47. 다음 설명 중 옳은 것은?

① 이미 10일의 조정기간이 도과한 일반사업에 있어서 노동쟁의가 중재에 회부되었다면 그날로부터 5일만 쟁의행위를 할 수 없다.
② 긴급조정의 결정이 공표된 때에는 공표일 다음 날부터 30일간 쟁의행위를 중지하여야 한다.

③ 사전신고위반의 쟁의행위에 대해서는 아무런 벌칙규정이 없다.
④ 구 노동쟁의조정법상의 제3자개입금지규정은 헌법재판소에 의하여 위헌으로 결정되었다.
⑤ 필수유지업무의 정당한 유지 · 운영을 정지 · 폐지 또는 방해하는 행위도 쟁의행위로서 행할 수 있다.

《해 설》 ① 노동쟁의가 중재에 회부된 때에는 노조및조정법 제54조에 의한 조정기간과는 별도로 그날로부터 15일간 쟁의행위를 할 수 없다(노조및조정법 제63조). ② 긴급조정의 결정이 공표된 때에는 공표일로부터 즉시 30일간 쟁의행위를 중지하여야 한다(노조및조정법 제77조). ③ 사전신고위반의 쟁의행위에 대해서는 아무런 벌칙규정이 없으며, 또한 사전신고를 위반했다고 하여 쟁의행위 자체의 정당성에 어떠한 영향을 미치는 것은 아니다(대판 1991. 5. 14, 90누4406). ④ 헌재는 '구 노동쟁의조정법 제13조의2는 쟁의행위에 관하여 관계당사자를 조종 · 선동 · 방해하거나 기타 이에 영향을 미칠 목적으로 개입하는 행위만을 금지하며 근로자들이 전문가 등의 상담이나 조력을 받는 것을 금지하는 것은 아니므로 이는 헌법상 근로3권의 범위를 넘어선 행위를 규제하기 위한 입법일 뿐이다' (헌재결 1990. 1. 15, 89헌가103)라는 요지의 판시로서 합헌결정을 하였다. ⑤ 필수유지업무의 정당한 유지 · 운영을 정지 · 폐지 또는 방해하는 행위도 쟁의행위로서 행할 수 없다(노조및조정법 제40조의2 2항). <답 ③>

48. **노동조합 및 노동관계조정법상 필수유지업무에 관한 내용 중 틀린 것은?**

① 필수유지업무라 함은 필수공익사업의 업무 중에서 그 업무가 정지되거나 폐지되는 경우 공중의 생명 · 건강 또는 신체의 안전이나 공중의 일상생활을 현저히 위태롭게 하는 업무를 말한다.
② 필수유지업무의 정당한 유지 · 운영을 정지 · 폐지 또는 방해하는 것을 목적으로 하는 쟁의행위는 금지된다.
③ 노동관계당사자는 쟁의행위기간 동안 필수유지업무의 정상적인 유지 · 운영을 위하여 해당 업무의 최소한의 유지 · 운영수준, 대상직무 및 필요인원 등을 정한 협정을 서면으로 체결하여야 한다.
④ 필수유지업무협정이 체결되지 아니하는 때에는 노동관계당사자 쌍방 또는 일방의 신청에 의해 노동위원회가 사업 또는 사업장별 필수유지업무의 특성 및 내용 등을 고려하여 필수유지업무의 필요 최소한의 유지 · 운영수준, 대상직무 및 필요인원 등을 결정할 수 있다.
⑤ 노동위원회의 결정에 의하여 필수유지업무가 확정된 경우는 최소한의 필수유지업무만을 정한 것이므로 그 결정만으로는 그 외 업무에 대한 쟁위행위의 인정 여부가 확정될 수 없다.

《해 설》 ① 노조및조정법 제42조의2 1항. ② 노조및조정법 제42조의2 2항. ③ 노조및조정법 제42조의3. ④ 노조및조정법 제42조의4 1항 및 2항. ⑤ 노동위원회의 결정에 의하여 필수유지업무가 확정된 경우에는 비록 그 결정에 따라 쟁의행위를 하더라도필수유지업무를 정당하게 유지 · 운영하면서 쟁의행위를 한 것으로 본다(노조및조정

법 제42조의5). <답 ⑤>

49. 필수유지업무에 대한 설명으로 옳지 않은 것은? <노무사 2008년>

① 필수유지업무에 대한 쟁의행위의 제한은 필수공익사업에 한하여 고려될 수 있다.

② 노동관계 당사자는 쟁의행위기간 동안 필수유지업무의 정당한 유지·운영을 위하여 필수유지업무협정을 서면으로 체결하여야 한다.

③ 필수유지업무협정이 자율적으로 체결되지 않은 때에는 노동관계 당사자 일방이나 쌍방이 노동위원회에 필수유지업무의 필요 최소한의 유지·운영수준 등의 결정을 신청하여야 한다.

④ 필수유지업무협정이 체결된 경우 노동조합은 사용자에게 쟁의행위기간 동안 필수유지업무에 근무하여야 할 조합원을 통보하여야 한다.

⑤ 필수유지업무협정이 체결되지 않은 경우 노동위원회는 필수유지업무에 근무하여야 할 근로자를 지명하고 이를 노동조합과 그 근로자에게 통보하여야 한다.

《해 설》 ① "필수유지업무"라 함은 제71조 2항의 규정에 따른 필수공익사업의 업무 중 그 업무가 정지되거나 폐지되는 경우 공중의 생명·건강 또는 신체의 안전이나 공중의 일상생활을 현저히 위태롭게 하는 업무로서 대통령령이 정하는 업무를 말한다(노조법 제42조의2 1항). ② 노조법 제42조의3. ③ 노조법 42조의4 1항. ④ 노조법 제42조의6. ⑤ 노동관계 당사자 쌍방 또는 일방은 필수유지업무협정이 체결되지 아니하는 때에는 노동위원회에 필수유지업무의 필요 최소한의 유지·운영수준, 대상직무 및 필요인원 등의 결정을 신청하여야 하고, 신청을 받은 노동위원회는 사업 또는 사업장별 필수유지업무의 특성 및 내용 등을 고려하여 필수유지업무의 필요 최소한의 유지·운영 수준, 대상직무 및 필요인원 등을 결정할 수 있다(노조법 제42조의4 1항·2항). <답 ⑤>

50. 노동조합 및 노동관계조정법상 필수유지업무협정 및 결정에 관한 설명으로 옳은 것은? <노무사 2010년>

① 모든 은행사업장에서 노동조합과 사용자는 필수유지업무협정을 체결하여야 한다.

② 필수유지업무협정이 체결되지 아니하는 때에는 노동위원회가 직권으로 필수유지업무의 필요 최소한의 유지·운영수준, 대상직무 및 필요인원 등을 결정하여야 한다.

③ 중앙노동위원회의 필수유지업무에 관한 결정에 대해서 노동관계 당사자는 행정소송을 제기하여 이에 불복할 수 있다.

④ 노동관계 당사자간 필수유지업무협정은 반드시 서면으로 체결할 필요는 없다.

⑤ 노동조합이 필수유지업무협정에 따라 쟁의행위 개시 전까지 필수유지업

무에 근무할 조합원을 사용자에게 통보하지 아니하면 사용자는 노동위원회에 필수유지업무에서 근무할 조합원의 지명을 요구할 수 있다.

《해 설》 ① 은행사업 중에서는 모든 은행이 아니라 한국은행사업만이 대상이 된다(노조및조정법 제42조의2 1항, 제71조 2항). ② 노동관계 당사자 쌍방 또는 일방의 신청이 있어야 한다(노조및조정법 제42조의4 1항). ③ 노조및조정법 제42조의4 5항. ④ 서면으로 체결하여야 한다(노조및조정법 제42조의3). ⑤ 노동조합이 쟁의행위 개시 전까지 이를 통보하지 아니한 경우에는 사용자가 필수유지업무에 근무하여야 할 근로자를 지명하고 이를 노동조합과 그 근로자에게 통보하여야 한다(노조및조정법 제42조의6 단서). <답 ③>

51. 필수공익사업에서 쟁의행위와 관련된 설명으로 옳지 않은 것은?<사시 2009년>

① 필수유지업무의 정당한 유지·운영을 정지·폐지 또는 방해하는 행위는 쟁의행위로서 이를 행할 수 없다.

② 필수공익사업의 업무가 아니면 필수유지업무가 될 수 없다.

③ 노동관계 당사자는 필수유지업무협정을 서면으로 체결하여야 한다.

④ 필수유지업무협정이 체결되지 아니하는 때에는 노동위원회의 위원장은 노동쟁의에 대하여 직권으로 중재에 회부할 수 있다.

⑤ 필수공익사업의 사용자는 당해 사업 또는 사업장 파업참가자의 100분의 50을 초과하지 않는 범위 안에서 그 파업으로 중단된 업무의 수행을 위하여 쟁의행위 기간 중에 한하여 당해 사업과 관계없는 자를 채용 또는 대체할 수 있다.

《해 설》 ① 노조법 제42조의2 2항. ② 노조법 제42조의2 1항에 의거 필수공익사업의 업무 중 대통령령이 정하는 업무이므로 필수공익사업의 업무가 아니면 필수유지업무가 될 수 없다. ③ 노조법 제42조의3. ④ 필수유지업무협정이 체결되지 아니하는 때에는 노동위원회의 위원장은 노동쟁의에 대하여 직권으로 중재에 회부할 수 있는 것이 아니라 관계당사자 쌍방 또는 일방의 신청에 의하여 노동위원회에 필수유지업무 유지운영수준 등의 신청을 하면 노동위원회에서 여러 상황 등을 감안하여 결정할 수 있다. ⑤ 노조법 제43조 4항. <답 ④>

52. 필수공익사업에 관한 설명으로 옳지 않은 것은? <노무사 2009년>

① 필수유지업무란 필수공익사업의 업무 중 그 업무가 정지되거나 폐지되는 경우 공중의 생명, 건강 또는 신체의 안전이나 공중의 일상생활을 현저히 위태롭게 하는 업무로서 대통령령이 정하는 업무를 말한다.

② 노동관계당사자는 쟁의행위기간 동안 필수유지업무의 정당한 유지·운영을 위하여 필수유지업무의 필요 최소한의 유지·운영 수준, 대상직무 및 필요인원 등을 정한 협정을 서면으로 체결하여야 한다.

③ 노동관계 당사자 쌍방 또는 일방은 필수유지업무협정이 체결되지 아니하는 때에는 고용노동부장관에게 필수유지업무의 필요최소한의 유지·

운영 수준, 대상직무 및 필요인원 등의 결정을 신청하여야 한다.

④ 필수공익사업의 사용자는 쟁의행위 기간중 당해사업 또는 사업장 파업 참가자의 100분의 50을 초과하지 않는 범위 안에서 당해사업과 관계없는 자를 채용 또는 대체할 수 있다.

⑤ 노동조합은 필수유지업무협정이 체결된 경우 사용자에게 필수유지업무에 근무하는 조합원 중 쟁의행위기간 동안 근무하여야 할 조합원을 통보하여야 하는데, 만약 노동조합이 쟁의행위 개시 전까지 이를 통보하지 아니한 경우에는 사용자가 필수유지업무에 근무하여야 할 근로자를 지명하고 이를 노동조합과 그 근로자에게 통보하여야 한다.

《해 설》 ③ 노동관계 당사자 쌍방 또는 일방은 필수유지업무협정이 체결되지 아니하는 때에는 노동위원회에 필수유지업무의 필요 최소한의 유지 · 운영 수준, 대상직무 및 필요인원 등을 결정할 수 있다(노조및조정법 제42조의4 1항). <답 ③>

53. 필수공익사업이 아닌 경우 쟁의행위기간중 대체근로에 관한 설명으로 옳지 않은 것은? <노무사 2009년>

① 쟁의행위로 중단된 업무에 한정하여 대체근로가 금지된다.

② 파업에 참가하지 아니한 근로자 및 사용자에 의한 대체근로는 허용된다.

③ 쟁의행위로 중단된 업무의 수행을 위해 당해 사업의 근로자로 대체하였는데 그 대체한 근로자마저 사직함에 따라 사용자가 신규채용하게 되었다면 특별한 사정이 없는 한 금지된 대체근로에 해당되지 않는다는 것이 대법원의 입장이다.

④ 쟁의행위로 중단된 업무를 도급 또는 하도급을 주는 경우 금지된 대체근로에 해당된다.

⑤ 쟁의행위로 중단된 업무를 위해 사용자가 파견근로자보호 등에 관한 법률상의 파견근로자보호 등에 관한 법률상의 파견근로자를 신규로 사용하는 것은 금지된 대체근로에 해당되지 않는다.

《해 설》 ① 노조및조정법 제43조 1항. ② 동법 제43조 1항은 당해 사업과 관계없는 자를 채용 또는 대체할 수 없다고 명시하고 있는데, 당해 사업과 관계없는 자란 해당 사업의 업무에 종사하지 않은 관계를 말하고, 그 사업 소속 근로자, 전출근로자, 파견근로자, 도급근로자의 구별없이 모두 대체근로가 허용된다. ③ 대판 2008. 11. 13, 2008도4831. ④ 동법 제43조 2항. ⑤ 파견사업주는 쟁의행위중인 사업장에 그 쟁의행위로 중단된 업무의 수행을 위하여 근로자를 파견할 수 없다(파견법 제16조 1항). <답 ⑤>

54. 노동조합 및 노동관계조정법상 쟁의행위와 관련된 설명으로 옳지 않은 것은?

① 자동차부품제조업체의 사용자는 쟁의행위기간중 <노무사 2008년>
쟁의행위로 중단된 업무의 수행을 위해 당해 사업과 관계없는 자를 채

용할 수 없다.

② 식품가공업체의 사용자는 쟁의행위기간중 그 쟁의행위로 중단된 업무를 하도급 줄 수 없다.

③ 필수공익사업의 사용자는 쟁의행위로 중단된 업무를 쟁의기간중에 한하여 도급 줄 수 있으나 전체 조합원의 100분의 50을 초과하지 않는 범위 내에서만 가능하다.

④ 노동조합은 쟁의행위기간에 대한 임금의 지급을 요구하여 이를 관철할 목적으로 쟁의행위를 하여서는 안 된다.

⑤ 노동관계 당사자는 노동쟁의가 발생한 때에는 어느 일방이 이를 상대방에게 서면으로 통보하여야 한다.

《해 설》 ① 자동차부품제조업체는 쟁의행위기간중 근로자의 채용이 제한되지 않는 필수공익사업체가 아니다. ③ 이 경우 사용자는 당해 사업 또는 사업장 파업참가자의 100분의 50을 초과하지 않는 범위 안에서 채용 또는 대체하거나 도급 또는 하도급 줄 수 있다(노조법 제43조 4항). <답 ③>

55. 노동조합 및 노동관계조정법상 쟁의행위가 금지되는 기간으로 옳게 묶인 것은? <사시 2007년>

> [A군]
> A. 일반사업의 경우 조정전치주의에 따라 쟁의행위가 금지되는 조정기간
> B. 공익사업의 경우 조정전치주의에 따라 쟁의행위가 금지되는 조정기간
> C. 중재에 회부된 때에 쟁의행위가 금지되는 기간
> D. 긴급조정 결정이 공표된 때에 쟁의행위가 금지되는 기간
>
> [Y군]
> ㄱ. 10일 ㄴ. 15일 ㄷ. 20일 ㄹ. 30일 ㅁ. 60일

① A－ㄱ, B－ㄴ, C－ㄴ, D－ㄷ ② A－ㄱ, B－ㄴ, C－ㄴ, D－ㄹ
③ A－ㄱ, B－ㄴ, C－ㄷ, D－ㄹ ④ A－ㄴ, B－ㄷ, C－ㄹ, D－ㄹ
⑤ A－ㄴ, B－ㄷ, C－ㄹ, D－ㅁ

《해 설》 A. B. 노조및조정법 제54조. C. 노조및조정법 제63조. D. 노조및조정법 제77조. <답 ②>

56. 쟁의행위와 책임에 관한 설명으로 옳지 않은 것은? <사시 2003년>

① 형법 제20조의 정당행위 규정은 정당한 쟁위행위에 대하여 적용된다.

② 사용자가 정당한 쟁의행위로 인해 손해를 입은 경우에는 근로자 개인에게 손해배상을 청구할 수 없다.

③ 위법한 쟁의행위를 기획, 지시한 노조간부에게 불법행위책임이 발생한다는 것이 대법원 판례의 입장이다.

④ 쟁의행위가 위법한 경우 노동조합에 대해서는 손해배상책임을 물을 수 없다는 것이 대법원 판례의 입장이다.
⑤ 쟁의행위중에 적극적으로 파괴행위에 가담한 근로자 개개인은 불법행위책임을 져야 한다.

《해 설》 ① 노조및조정법 제4조. ② 노조및조정법 제3조. ③④「노동조합의 간부들이 불법쟁의행위를 기획 · 지시 · 지도하는 등으로 주도한 경우에 이와 같은 간부들의 행위는 조합의 집행기관으로서의 행위라 할 것이므로 이러한 경우 민법 제35조 1항의 유추적용에 의하여 노동조합은 그 불법쟁의행위로 인하여 사용자가 입은 손해를 배상할 책임이 있고, 한편 조합간부들의 행위는 일면에 있어서는 노동조합 단체로서의 행위라고 할 수 있는 외에 개인의 행위라는 측면도 아울러 지니고 있고, 일반적으로 쟁의행위가 개개 근로자의 노무정지를 조직하고 집단화하여 이루어지는 집단적 투쟁행위라는 그 본질적 특징을 고려하여 볼 때 노동조합의 책임 외에 불법쟁의행위를 기획 · 지시 · 지도하는 등으로 주도한 조합의 간부들 개인에 대하여도 책임을 지우는 것이 상당하다」(대판 1994. 3. 25, 93다32828). <답 ④>

57. 다음 보기는 불법쟁의행위시의 책임귀속에 관한 설명이다. 옳은 것을 모두 고른 것은?

> (가) 단체협약상의 평화의무에 위반하여 노동조합이 쟁의행위를 감행한 경우에는 이로 인하여 발생된 손해를 배상해야 할 책임을 부담한다.
> (나) 정치파업 · 동정파업을 감행하거나 파괴행위를 조직적으로 지시하는 경우에는 쟁의행위는 정당성을 상실하고 노동조합은 불법행위책임을 면할 수 없다.
> (다) (나)의 경우 노동조합의 재산은 손해배상책임을 부담해야 할 일반책임재산이 되지는 않는다.
> (라) 단체로서의 노동조합이 책임주체가 되기 위해서는 기관의 대표자인 노동조합임원의 불법행위가 성립하여야 한다.
> (마) 개인근로자 · 조합간부 및 노동조합이 불법행위책임을 지게 되는 경우에 이들은 전 손해에 대하여 연대책임관계에 서게 된다.
> (바) 위법한 쟁의행위를 주도했거나 이에 참가했거나 쟁의행위중 파괴행위 등을 한 자에 대하여는 손해배상책임만이 부과되지 사용자에 의한 징계처분이 내려질 수는 없다.
> (사) 조합임원이 위법한 쟁의행위를 현실적으로 기획 · 지시 · 지도함으로써 기업질서의 침해라는 결과발생에 대하여 실질적으로 중요한 역할을 담당한 경우 당연히 그 징계처분은 정당하다.

① (가), (나), (다), (라), (마) ② (가), (나), (라), (마), (사)
③ (가), (나), (라), (마), (바) ④ (나), (다), (라), (마), (바)
⑤ (나), (다), (라), (바), (사)

《해 설》 ㈎ 단체협약상의 평화의무는 협약 당사자에게 단체협약의 내용에 반하는 투쟁행위를 스스로 행하거나 지원하지 않을 의무를 부담시키고 있는 것이므로, 이러한 의무에 위반하여 노동조합이 쟁의행위를 감행한 경우에는 이로 인하여 발생된 손해를 배상해야 할 책임을 부담한다. ㈏㈐ 정치파업 · 동정파업을 감행하거나 파괴행위를 조직적으로 지시하는 경우에는 쟁의행위는 정당성을 상실하고 노동조합은 불법행위책임을 면할 수 없다. 따라서 노동조합의 재산은 손해배상책임을 부담해야 할 일반책임재산이 된다. ㈑ 단체로서의 노동조합이 책임주체가 되기 위해서는 기관의 대표자인 노동조합임원의 불법행위가 성립하여야 한다(민법 제35조 참조). 노동조합이 권리능력 없는 사단인 경우에도 마찬가지이다. ㈒ 개인근로자 · 조합간부 및 노동조합이 불법행위책임을 지게 되는 경우에 이들은 전 손해에 대하여 연대책임관계에 서게 된다. ㈓ 위법한 쟁의행위를 주도했거나 이에 참가했거나 쟁의행위중 파괴행위 등을 한 자에 대하여는 손해배상책임이 부과되는 외에 사용자에 의한 징계처분이 내려질 수도 있다. 징계처분은 손해의 전보와는 그 성질을 달리하는 것으로서 기업의 규율과 질서유지를 위하여 행하여지는 것이기 때문이다. ㈔ 조합임원이 위법한 쟁의행위를 현실적으로 기획 · 지시 · 지도함으로써 기업질서의 침해라는 결과발생에 대하여 실질적으로 중요한 역할을 담당한 경우, 그 현실적인 행태에 대해서 일반조합원보다 무거운 제재를 받게 된다는 것은 피할 수 없는 일이다. 그런 의미에서 노동조합의 임원은 협약자치를 적법하게 수행할 보다 무거운 책무를 부담하고 있으며 노동조합의 대표자로서 위법한 행위를 방지할 의무도 부담한다고 해석된다. <답 ②>

58. 정당성이 없는 쟁의행위시의 책임귀속에 대한 설명이다. 틀린 것은?

① 정당성이 없는 집단적 쟁의행위에 참가함으로써 노무제공을 거부한 근로자의 개별적 행위는 근로계약의무에 반하는 것이 되어 채무불이행책임이 발생한다.

② ①의 경우 개인근로자는 쟁의행위로 인하여 발생한 손해 전체에 대하여 참가근로자들과 함께 연대하여 손해배상의무를 부담한다.

③ 쟁의행위 자체가 정당성을 가지고 있는 경우라도 개별근로자가 노동조합지도부의 지시에 위반하여 폭력행위를 한다거나 불법적인 직장점거 또는 파괴행위를 행한 경우에는 불법행위책임을 져야 한다.

④ 조합간부는 쟁의행위가 정당성을 가지지 않을 때에는 불법행위로 인하여 발생된 손해 전체에 대하여 책임을 부담해야 한다.

⑤ ④의 경우 조합간부는 복수인 것이 보통이므로 이들은 '조직주도자'로서 손해 전체에 대하여 연대책임을 부담한다.

《해 설》 ①② 정당성이 없는 집단적 쟁의행위에 참가함으로써 노무제공을 거부한 근로자의 개별적 행위는 근로계약의무에 반하는 것이 되어 채무불이행책임이 발생한다. 개인근로자의 근로계약상의 책임은 각자가 노무제공의무를 이행하지 않음으로써 발생된 손해를 배상할 것을 내용으로 한다. 다시 말하면 각 근로자는 그가 근로계약상의 노무제공을 제대로 하지 않음으로써 발생된 손해를 배상할 책임을 부담하는 데 그친다. ④ 조합간부가 당해 회사의 종업원인 때에는 근로계약위반으로 인한 채무불이행책임을 지지만, 조합간부의 역할은 적극적으로 집단적 쟁의행위를 조직 · 유발하여 실행하는 데 있으므로 쟁의행위가 정당성을 가지지 않을 때에는 불법행위로 인하여 발생된 손해 전체에 대하여 책임을 부담해야 한다. ⑤ 조합간부는 복수인 것이 보통이므로 이들은 '조직주도자'로서 손해 전체에 대하여 연대책임을 부담한다(민법 제760조, 제413조 이하 참조). 이 경우에 피케팅, 불법한 직장점거 또는 전단살포 등을 통하여 불법쟁의행위에의 가담을 지시·지도한 자도 공동불법행위자로서 연대책임을 부담한다. <답 ②>

59. 정당성이 없는 쟁의행위시의 형사책임의 귀속과 관련하여 틀린 설명은? (이견이 있는 경우 판례의 태도에 따름)

① 쟁의행위에 대한 형사면책(노조및조정법 제4조)과 관련하여, 판례는 바로 위법성조각설을 따르면서 쟁의행위의 업무저해성을 기초로 하여 형법상 업무방해죄의 유죄를 다수 인정한 바 있다.

② 노조의 승인없이 쟁의행위를 하거나 노조의 지시통제에 위반하여 쟁의행위를 한 경우, 근로자 개인은 업무방해죄의 주체가 될 수 있다.

③ 위법한 쟁의행위를 결의하는 데 적극적으로 노력하고 그 결의된 위법쟁의행위를 직접 실행하거나 또는 조합원에게 구체적으로 지시한 조합간부는 공모공동정범으로 처벌될 수 있다.

④ 조합간부가 단순히 위법한 쟁의행위를 저지하지 아니하였다 하더라도 형사책임을 부담해야 한다.

⑤ 노조의 대표자·대리인·사용인 기타의 종업원이 노조의 업무에 관하여 위법행위(동법 제88조 내지 제93조)를 한 경우에는 노동조합도 벌금을 내야 한다.

《해 설》 ① 대판 2003. 12. 26, 2001도1863; 대판 2003. 12. 26, 2001도3380 등. ② 대판 1995. 10. 12, 95도1016. ③ 공모공동정범의 성립을 인정하는 우리나라 판례(대판 1990. 9. 11, 90도1639)에 따르면, 행위지배설의 입장에서 범죄의 실현에 대하여 공동의 실현이라고 하기에 족한 힘과 강도를 구비한 경우 또는 범죄를 조직하고 지휘하거나 범죄의 실행자를 지정하여 실행하는 때와 같이 전체 계획의 중요한 기능을 담당하였다고 인정되는 경우에는 공모공동정범에 해당한다. 따라서 위법한 쟁의행위를 결의하는 데 적극적으로 노력하고 그 결의된 위법쟁의행위를 직접 실행하거나 또는 조합원에게 구체적으로 지시한 조합간부는 공모공동정범으로 처벌될 수 있다. ④ 노조및조정법 제38조 3항은 「노동조합은 쟁의행위가 적법하게 수행될 수 있도록 지도·관리·통제할 책임이 있다」고 규정하고 있는바, 일부 조합원의 폭력·파괴행위에 대하여 조합간부는 어떠한 책임을 부담해야 할 것인가가 문제된다. 형사책임에서는 부작위는 원칙적으로 처벌되지 않고, 작위와 동등한 평가를 내릴 수 있을 만한 '부작위' 즉 '법적인 작위의무가 있는 자'의 부작위가 작위에 의한 구성요건의 실행과 같이 평가될 수 있는 요소를 갖춘 경우, 즉 행위 정형의 同價性이 있는 경우에 한하여 처벌된다. 따라서 조합간부가 단순히 위법한 쟁의행위를 저지하지 아니하였다는 점만으로 형사책임을 부담해서는 안 될 것이다. ⑤ 원칙적으로 노동조합은 사단이기 때문에 민사책임의 경우와는 달리 행위자책임의 원칙에 따르면 형사책임의 주체가 되지 않는다. 다만, 노조및조정법 제94조(양벌규정)와 같이 특별한 규정이 있는 경우, 노동조합에도 벌금형이 부과될 수 있다. 즉, 노조의 대표자 · 대리인 · 사용인 기타의 종업원이 노조의 업무에 관하여 위법행위(동법 제88조 내지 제93조)를 한 경우에는 노동조합도 벌금을 내야 한다. <답 ④>

60. 위법한 쟁의행위시 형사책임의 귀속과 관련하여 틀린 설명은? (이견이 있는 경우 판례의 태도에 따름)

① 쟁의행위가 적법절차를 거치지 않거나 방법이 위법한 경우에, 쟁의행위는 본질적으로 위력을 내포하기 때문에 위력업무방해죄의 구성요건을 충족한다.

② 업무방해죄는 업무방해의 결과가 실제로 발생함을 요한다.

③ 10여명의 공장 종업원들이 정문을 봉쇄하고 규찰대를 조직하여 이사와 관리직원의 출입을 저지한 것은 업무종사자들의 자유의사를 제압하거나 혼란하게 할 만한 위력이 있으므로 업무방해죄가 성립된다.

④ 폭력이나 파괴행위는 어떠한 경우에도 정당한 행위로 해석되지 아니한다.

⑤ 조정절차를 거치지 아니하였더라도 최후수단의 원칙에 반한다고 볼 수 없는 경우에는 위법한 쟁의행위로서 판단되어서는 아니 되고, 오로지 조정절차를 거치지 아니한 데 따른 처벌만을 물을 수 있다고 보아야 한다.

《해 설》 ① 판례는 예를 들어 조합원의 찬반투표를 거치지 않은 쟁의행위(제41조 1항)에 대하여 정당성을 상실한 것으로 판단하고 위력에 의한 업무방해죄를 인정한 바 있다(대판 2001. 10. 25, 99도4837). 또한 집단적으로 일시에 조퇴하거나 결근하는 등 노무제공을 거부함으로써 업무의 정상적인 운영을 저해한 것은 다중의 위력에 의한 업무방해 행위에 해당한다고 한다(대판 1991. 1. 29, 90도2961). ② 판례에 따르면, 업무방해란 업무의 집행 자체를 방해하는 것만 아니라 널리 업무의 경영을 저해하는 것도 포함한다. 업무방해범은 추상적 위험범으로서 업무방해의 현실적 결과를 요하지 않고 업무방해의 추상적 위험이 있으면 족하다는 것이다(대판 1997. 3. 11, 96도2801). 예컨대, 업무시간중의 시위행위는 적어도 업무방해의 결과를 초래할 위험성이 있으며, 업무방해죄는 업무방해의 결과가 실제로 발생함을 요하지 아니하고 업무방해의 결과를 초래할 위험이 발생하는 것이면 족하다는 것이다(대판 1992. 12. 8, 92도1645). ③ 대판 1992. 2. 11, 91도1834. ④ 노조및조정법 제4조. ⑤ 조정전치주의의 위반(제45조 2항 본문)의 경우에 해당 벌칙이 적용될 뿐, 이것으로 인하여 쟁의행위의 정당성이 상실된다고 하면서 이에 터잡아 위력에 의한 업무방해죄가 성립한다고 할 수는 없다. 예컨대 조정절차를 거치지 아니하였더라도 최후수단의 원칙에 반한다고 볼 수 없는 경우에는 위법한 쟁의행위로서 판단되어서는 아니 되고, 오로지 조정절차를 거치지 아니한 데 따른 처벌만을 물을 수 있다고 보아야 한다(제91조 1호: 1년 이하의 징역 또는 1천만원 이하의 벌금)(대판 2001. 6. 26, 2000도2871). <답 ②>

61. 근로자의 쟁의행위에 대한 사용자의 대항수단에 관한 설명 중 옳은 것은? <사시 2006년>

① 사용자가 직장폐쇄를 하는 경우 근로계약관계가 종료된다.

② 파업의 위험이 현저한 경우에는 파업 전이라도 직장폐쇄를 할 수 있다.
③ 직장폐쇄는 헌법상 근로3권에 기초한 권리가 아니라 근로자의 쟁의행위에 대한 일종의 대항수단이다.
④ 사용자는 쟁의행위기간중 그 쟁의행위로 중단된 업무를 도급 또는 하도급 줄 수 있다.
⑤ 사용자는 쟁의행위로 중단된 업무의 수행을 위해 파견근로자를 받아들여도 무방하다.

《해 설》 ① 직장폐쇄는 근로계약관계를 종료시키는 것이 아니다. 다만 근로자들의 파업이 사용자에게 노무의 제공을 거부함으로써 경제적 타격을 주는 것과 마찬가지로 직장폐쇄는 사용자가 근로자들이 제공한 노무의 수령을 집단적으로 거부함으로써 임금의 탈락에 의한 경제적 압력을 가하려는 것이다. ② 사용자는 노동조합이 쟁의행위를 개시한 이후에만 직장폐쇄를 할 수 있다(노조및조정법 제46조 1항). ④⑤ 노조및조정법 제43조에 반한다. <답 ③>

62. 다음은 직장폐쇄에 관한 설명이다. 틀린 것은?

① 사용자에게 직장폐쇄를 인정하는 근거는 어디까지나 사용자의 쟁의대항수단을 용인하지 않을 수 없는 노사균형론에서 구해야 한다는 것이 통설의 태도이다.
② 직장폐쇄는 단체협약의 평화의무나 평화조항에 반해서 행사될 수 없다.
③ 직장폐쇄가 정당한 경우에는 그 효과로서 사용자는 계약상의 임금지급의무를 면하게 된다.
④ 노동조합이 7%의 임금인상요구를 관철하기 위하여 파업을 한 경우에 사용자가 3%의 임금인하주장을 관철하기 위해서 직장폐쇄를 단행하고 노동조합이 파업종료를 선언한 후에도 직장폐쇄를 계속하는 경우에는 당해 직장폐쇄는 정당하지 않다.
⑤ 선제적 부분파업에 대하여 전면적으로 대항적 직장폐쇄를 한 경우에도 그 직장폐쇄는 정당하지 않다.

《해 설》 사용자는 노동조합이 쟁위행위를 개시한 이후에만 직장폐쇄를 할 수 있다(노조및조정법 제46조). 이 조항은 직장폐쇄의 정당한 요건을 정한 규정이다. 따라서 직장폐쇄가 정당한 경우에는 그 효과로서 사용자는 계약상의 임금지급의무를 면하게 된다(민사상의 면책). ④ 노조및조정법 제46조는 정당성기준으로서 노동조합의 쟁의행위와의 선후관계만을 규정하고 있으나, 헌법 제33조의 규정취지와 노사의 세력균형론에 비추어 직장폐쇄는 방어적인 경우에만 그 정당성이 인정되므로 대항적으로 행하여지는 경우에도 직장폐쇄는 방어적인 성질을 가지는 때에 한해서 정당성을 가진다. 그러므로 ④의 경우는 공격적 직장폐쇄에 해당하므로 정당하지 않은 직장폐쇄이다. ⑤ 선제적 부분파업에 대하여 전면적으로 대항적 직장폐쇄를 한 경우에는 그 직장폐쇄의 목적이 방어적인 한에서는, 그 직장폐쇄에 의하여 노무제공의 거부를 당하는 근로자의 범위가 확대되더라도 직장폐쇄는 정당하다. 그러나 산업별 노동쟁의와 관련해서 일부기업 또는 특정기업에서 파업이 선제적으로 단행된 경우에 필요 이상으로 전체 산업의 모든 기업체에 대하여 직장폐쇄를 하는 경우에는 그 구체적 상황에 비추어 정당성을 가질 수 없다. <답 ⑤>

63. 직장폐쇄의 효과와 관련한 설명이다. 틀린 것은?

① 직장폐쇄가 정당한 한, 조합원뿐만 아니라 비조합원들에 대해서도 임금지급의무가 면제된다.

② 직장폐쇄가 위법한 경우, 사용자는 근로자에게 임금 전액을 지급해야 한다.

③ 위법한 직장폐쇄시에 근로자는 취업청구권을 상실하지 않는다.

④ 위법한 파업에 대하여 직장폐쇄가 가능하다는 견해에 의하면 동 직장폐쇄의 기간 동안 해당 근로자들에 대하여 사용자는 임금지급의무가 면제된다.

⑤ 위법한 파업에 대하여 직장폐쇄는 허용될 수 없다는 견해에 의하더라도 직장폐쇄가 단행되었다면 사용자는 해당 근로자에 대하여 임금지급의무가 없다.

《해 설》 ① 직장폐쇄가 정당한 한, 사용자는 수령지체의 책임을 부담하지 않으므로 조합원이나 비조합원임을 막론하고 해당근로자들에게 임금지급의무가 면제된다. ②③ 직장폐쇄가 위법한 경우, (i) 사용자는 채무불이행책임(민법 제655조, 제390조) 또는 사용자의 귀책사유로 인한 이행불능책임(민법 제655조, 제400조, 제538조)을 부담해야 한다. 다시 말하면 사용자는 근로자에게 임금 전액을 지급해야 한다. (ii) 이 외에도 위법한 직장폐쇄시에 근로자는 취업청구권을 상실하지 않는다. 특히 취업 자체가 경력이나 수련에 대하여 영향을 미치는 연구, 수련 또는 출연에 관련된 근로자들에게는 취업청구권이 중요한 의의를 갖는다. ④⑤ 위법한 파업에 대하여 사용자가 집단적 대항조치로서의 직장폐쇄를 취할 수 있는가에 대하여 긍정설과 부정설이 있는바, 긍정설에 따르면 당연히 동 기간동안 임금지급의무는 없다. 그러나 부정설에 따르면 동 직장폐쇄는 정당성을 가질 수 없으므로 사용자는 민사상의 책임을 면할 수 없다. 다시 말하면 위법한 직장폐쇄에 의하여 사용자가 근로희망자의 노무제공을 거부하는 것은 일종의 채무불이행이 되므로(민법 제390조) 그로 인하여 발생된 손해(임금 전액)를 근로희망자에게 배상하여야 한다(민법 제393조)고 하고, 또한 이 경우에 근로희망자의 노무제공이 사용자의 귀책사유에 의하여 불능이 된 것이라고 볼 수도 있으므로 근로희망자는 반대급부청구권(임금청구권)을 상실하지 않는다고 해석할 수 있다(민법 제538조 1항 참조). 어느 경우에나 사용자는 근로희망자에 대한 임금 전액의 지급의무를 면할 수 없다고 한다. <답 ⑤>

64. 부산시에 있는 신발제조업체인 甲회사는 100명의 근로자를 고용하고 있는 중소기업이다. 甲회사는 이미 乙노동조합과 1996년 3월 1일에 단체협약을 체결하였다. 그런데 같은 지역에 있는 신발제조업체인 丙회사는 丁노동조합과 단체협약을 아직 체결하지 못한 채 있다가 끝내는 단체교섭이 결렬되어 동년 4월 1일에 丁노조는 파업에 돌입하였다. 이에 乙노동조합은 丁노조의

단체협약체결을 지원한다는 의미에서 4월 15일부터 3일간 파업을 단행하였다. 파업이 발생하자 甲회사는 파업에 참가하지 않는 비노조원인 근로자 A 등으로 하여금 파업참가근로자의 작업을 대신하게 하는 한편 乙노조에 대하여 3일간의 생산장애로 인한 영업손실에 대하여 손해배상을 청구하였다. 다음 설명 중 틀린 것은?

① 乙노동조합의 파업은 불법파업이므로 甲회사의 영업손실에 대하여 불법행위에 기한 손해배상책임을 부담한다.
② A 등의 파업불참근로자에 의한 대체근로는 허용된다.
③ A 등이 甲회사의 지시에 불응하여 파업작업을 거부하더라도 하등의 법적인 문제는 발생하지 않는다.
④ 丁노조의 파업의 정당성 여부는 위의 사례에서는 확인하기 어렵다.
⑤ 丙회사가 파업으로 인하여 작업에 차질이 생겨 파업작업을 甲회사에 인수시켰다면 乙노동조합의 파업은 정당한 파업이다.

《해 설》 ① 위의 사례의 경우, 乙노조의 甲회사에 대한 파업은 전형적인 연대파업의 사례이다. 그러므로 동 파업은 불법파업이며 이로 인하여 발생된 손해에 대하여는 乙노조는 손해배상책임이 있다(민법 제750조). ② 노조및조정법 제43조의 대체근로의 금지규정은 쟁의행위시 사용자가 새로이 근로자를 채용하거나 임시직 또는 시간제근로자를 고용할 수 없다는 것이다. 즉 동 규정은 쟁의행위에 있어서의 노사간의 세력균형의 관점에서 쟁의행위에 대한 사용자의 대응조치의 가능성을 제한하고자 사용자의 채용제한에 관한 규정을 두어 업무를 수행할 수 없도록 한 규정이라고 보아야 하며, 사용자가 관철하고자 하는 단체협약이 적용되는 자신의 작업장의 다른 근로자로 하여금 대체근로를 금지시키는 것은 아니다. ③ 위의 乙노조의 파업은 불법파업이므로 A 등의 파업작업거절권은 인정되지 않는다. 그러므로 파업작업을 거부한 경우에는 근로계약의 위반문제가 발생한다. ⑤ 연대파업은 정당성이 당연히 상실되지만, 다음과 같은 경우는 중립파업(Neutralitätstreik)으로서 허용된다고 할 것이다. (i) 사용자가 주된 쟁의중인 기업으로부터 생산을 의뢰받음으로써 중립성을 준수하지 않은 경우, (ii) 사용자가 주된 쟁의중의 사용자와 법률적인 측면에서는 독립적이나 경제적으로는 동일시되는 경우, (iii) 사용자가 주된 쟁의의 사용자와 경제적으로 긴밀하게 연결되어 더 이상 외부의 제3자로 생각할 수 없는 경우이다(BAG AP Nr. 85 zu Art 9 GG Arbeitskampf). 그러므로 ⑤의 사례의 경우, 乙노조의 파업은 단체협약영역 밖으로 기업활동을 이전하는 丙회사의 쟁의에 있어서의 대등성을 침해하는 행위에 대한 대항행위로서 정당하며, 또한 이 경우 甲회사와 丙회사를 동일한 경우로 볼 수 있을 것이므로 정당한 파업이라고 할 수 있다. <답 ③>

65. **다음 기술 중 틀린 것은?**

① 노동조합이 사용자에게 무리한 임금인상을 요구함으로써 분쟁이 발생하였고 또한 노동조합의 쟁의행위 결과 사용자의 정상적인 업무수행이 저해되었다고 하더라도 그것만으로 노동조합의 쟁의행위가 정당성을 결하는 것은 아니다.
② 사용자의 직장폐쇄가 정당한 쟁의행위로 평가받기 위하여는 노사간의

교섭태도, 경과, 근로자측 쟁의행위의 태양, 그로 인하여 사용자측이 받는 타격의 정도 등에 관한 구체적 사정에 비추어 형평의 견지에서 근로자측의 쟁의행위에 대한 대항·방위 수단으로서 상당성이 인정되는 경우에 한한다.

③ 사용자의 직장폐쇄가 정당한 경우에는 사용자는 직장폐쇄기간 동안 대상근로자에 대한 임금지급의무를 면한다.

④ 직장폐쇄의 정당성문제는 대항성·방어성이라는 실질적 기준에 의하여 파업과의 관계에서 상대적·균형적으로 검토되어야 한다.

⑤ 노동조합의 규약에 단체협약안에 대하여 조합원의 결의로 동의를 얻어야 효력을 갖는다는 내용이 있고, 회사측의 단체협약 체결권한에 대한 의문을 노동조합측에서 해소시켜 주지 않은 채 단체교섭만을 요구하다가 교섭결렬로 쟁의행위가 발생했더라도 이 쟁의행위는 그 목적과 시기, 절차에 있어서 정당하다.

《해 설》 ①②③ 대판 2000. 5. 26, 98다34331. ④ 직장폐쇄의 정당성문제는 노동조합의 쟁의행위의 개시 전후인가의 형식적 기준에 의해서만 판단될 수 있는 것은 아니며, 직장폐쇄의 대항성·방어성이라는 실질적 기준에 의하여 파업과의 관계에서 상대적·균형적으로 검토되어야 한다(대판 2007. 12. 28, 2007 도 5204 등). ⑤ 판례는 노동조합의 규약에 단체협약안에 대하여 조합원의 결의로 동의를 얻어야 효력을 갖는다는 내용이 있다면, 노동조합측에서 회사측의 단체협약 체결권한에 대한 의문을 해소시켜 줄 수 있음에도 불구하고 이를 해소시키지 않은 채 단체교섭만을 요구하였다면 단체교섭을 위한 진지한 노력을 다하였다고 볼 수 없고 따라서 그러한 상황에서 가진 단체교섭이 결렬되었다고 하더라도 이를 이유로 하는 쟁의행위는 그 목적과 시기, 절차에 있어서 정당한 쟁의행위라고 볼 수 없다고 한다(대판2000. 5. 12, 98도3299). <답 ⑤>

66. 다음 쟁의행위 중 정당성을 상실하는 것은? (이견이 있을 경우 판례에 의함)

① 조정신청을 하였으나 노동위원회에서 교섭미진으로 반려처분한 뒤 재교섭이 이루어지지 않은 상황에서 조정기간이 경과하고 쟁의행위에 돌입한 경우

② 조정절차를 이행하지 아니하고 쟁의행위에 바로 돌입한 경우

③ 조합원 또는 대의원의 직접·비밀·무기명투표를 거치지 않은 경우

④ 평화조항을 위반한 경우

⑤ 쟁의행위에서 추구되는 목적 중 일부가 정당하지 못한 경우

《해 설》 ③ 쟁의행위를 함에 있어 조합원의 직접·비밀·무기명투표에 의한 찬성결정이라는 절차를 거쳐야 한다는 노조및조정법(제41조 1항)의 규정은 노동조합의 자주적이고 민주적인 운영을 도모함과 아울러 쟁의행위에 참가한 근로자들이 사후에 그 쟁의행위의 정당성 유무와 관련하여 어떠한 불이익을 당하지 않도록 그 개시에 관한 조합의사의 결정에 보다 신중을 기하기 위하여 마련된 규정이므로, 위의 절차를 위반

한 쟁의행위는 그 절차를 따를 수 없는 객관적인 사정이 인정되지 아니하는 한 정당성을 인정받을 수 없다(대판 2001. 10. 25, 99도4837). ① 노동조합이 노동위원회에 노동쟁의 조정신청을 하여 조정절차를 마치지 못하거나 조정이 종료되지 아니한 채 조정기간이 끝난 경우라 하더라도(그리고 다른 실질적 정당성의 요건을 갖추었다면) 노동조합은 쟁의행위를 할 수 있다. 다시 말하면 노동위원회가 반드시 조정결정을 한 뒤에 쟁의행위를 해야 절차상의 정당성을 갖춘 쟁의행위가 아니다(대판 2001. 6. 26, 2000도2871). ② 노조및조정법 제45조의 조정전치에 관한 규정의 취지는 분쟁을 사전에 조정하여 쟁의행위 발생을 회피하는 기회를 부여함으로써 노동쟁의를 평화적으로 해결하는 데 있는 것이지 쟁의행위 자체를 금지하려는 데에 있는 것이 아니므로, 쟁의행위가 조정전치의 규정에 따른 절차를 거치지 아니하였다고 하여 무조건 정당성이 결여된 쟁의행위라고 볼 것이 아니다(대판 2000. 10. 13, 99도4812). ④ 평화조항은 단체협약의 채무적 부분으로서 이를 위반한다 하더라도 쟁의행위 그 자체가 바로 정당성을 상실하는 것은 아니다. ⑤ 쟁의행위에서 추구되는 목적이 여러 가지이고 그 중 일부가 정당하지 못한 경우에는 주된 목적 내지 진정한 목적의 당부에 의하여 그 쟁의목적의 當否를 판단하여야 한다(대판 1992. 1. 26, 91누5204) <답 ③>

67. 甲 등의 노동조합의 조합원들은 쟁의행위로 사용자인 ○○시건축사회의 사무실 일부를 점거하였다. 이들은 단체협약을 체결할 수 있는 노동조합의 대표자 지위에 있었고, 위 쟁의행위의 목적 또한 임금협약 및 단체협약의 체결이 그 주된 목적이었다. 그리고 이들이 위와 같은 쟁의행위에 앞서 ○○지방노동위원회에 노동쟁의 조정신청을 하였고(○○지방노동위원회에서 조정을 시도하였으나 결국 조정이 불성립되었다), 조합원들에 대한 쟁의행위 찬반투표를 거치는 등의 절차를 밟았다. 또한 이들이 점거하였던 이 사건 회의실은 전체 약 40평의 협회 사무실 내부에 칸막이로 구분되어 있는 약 15평의 공간으로서, 협회 직원들이나 임원들이 통상적인 업무를 수행하는 공간이 아니라, 협회장(기록에 의하면 협회장은 비상근으로서 가끔씩 출근을 하여 업무를 처리하고 있었다)이 자신의 업무를 처리하고, 협회의 임원들이 개인 사물함을 보관해 두며, 협회장과 임원들이 임원회의를 하는 공간으로 활용되던 장소이었다. 그런데, 이들을 비롯한 노동조합 조합원들이 위 회의실을 점거하고 있는 동안 비조합원들 및 협회가 고용한 대체근로자들이 사무실에서 통상의 업무를 처리하는 데에는 별다른 지장이 없었고, 다만 협회장과 임원들은 위 회의실을 사용할 수 없게 되어 음식점 등에서 임원회의를 진행하기도 하였다(그러나 기록에 의하면 임원회의는 1달에 1, 2회 정도 개최되고, 이 사건 회의실 점거 개시 이전이나 종료 이후에도 이 사건 회의실이 아닌 음식점 등에서 개최된 적이 있음을 알 수 있었다). 이 쟁의행위와 관련된 설명 중 틀린 것은? (이견이 있는 경우 판례의 태도에 따른다)

① 노동조합의 조합원들이 쟁의행위로 사용자인 ○○시건축사회의 사무실 일부를 점거한 사안에서, 이는 부분적·병존적 점거로 정당한 쟁의행위에 해당하므로 업무방해죄의 책임을 물을 수 없다.

② 노동조합 및 노동관계조정법 시행령 제17조에서 규정하고 있는 쟁의행위의 일시·장소·참가인원 및 그 방법에 관한 서면신고의무를 준수하

지 않음을 이유로 쟁의행위의 정당성을 부정할 수는 없다.

③ 이 사건 노동조합지부가 파업에 돌입한 지 불과 4시간 만에 협회가 바로 직장폐쇄 조치를 취한 것은 근로자측의 쟁의행위에 대한 대항·방위 수단으로서의 상당성이 인정될 수 없어 위 직장폐쇄는 정당한 쟁의행위로 인정되지 아니한다.

④ 협회가 ③과 같은 직장폐쇄를 이유로 조합원들에게 퇴거요구를 한 것이라면, 협회측의 직장폐쇄 조치가 위법하다고 하더라도 조합원들이 협회로부터 그와 같은 퇴거요구를 받고 이에 불응하였다고 하면 퇴거불응죄가 성립한다.

⑤ 사용자의 직장폐쇄는 노사간의 교섭태도, 경과, 근로자측 쟁의행위의 태양, 그로 인하여 사용자측이 받는 타격의 정도 등에 관한 구체적 사정에 비추어 형평상 근로자측의 쟁의행위에 대한 대항·방위 수단으로서 상당성이 인정되는 경우에 한하여 정당한 쟁의행위로 평가받을 수 있는 것이다.

《해 설》 판례(대판 2007. 12. 28, 2007도5204)는 이 사안에 대해 다음과 같이 판시하고 있다: 조합들의 이 사건 회의실 점거행위는, 협회의 사업장시설을 전면적, 배타적으로 점거한 것이라고 보기 어렵고, 오히려 그 점거의 범위가 협회의 사업장시설의 일부분이고 사용자측의 출입이나 관리지배를 배제하지 않는 부분적, 병존적인 점거에 지나지 않으며, 그 수단과 방법이 사용자의 재산권과 조화를 이루면서 폭력의 행사에 해당되지 아니하는 것으로 봄이 상당하다. 그리고 쟁의행위의 본질상 사용자의 정상업무가 일부 저해되는 경우가 있음은 부득이한 것으로서 이 사건의 경우 이 사건 회의실 점거행위로 인하여 위와 같이 1달에 1, 2회 정도 개최되는 임원회의를 이 사건 회의실이 아닌 음식점 등에서 개최하게 된 사정 정도는 사용자가 이를 수인하여야 할 범위 내라고 봄이 상당하고, 그 외에는 실질적으로 협회의 업무의 중단 또는 혼란을 초래한 바도 없어, 협회의 업무가 실제로 방해되었거나 또는 적어도 그 업무방해의 결과를 초래할 위험성이 발생하였다고 보이지도 아니한다. 또한, 노동조합 및 노동관계조정법 시행령 제17조에서 규정하고 있는 쟁의행위의 일시·장소·참가인원 및 그 방법에 관한 서면신고의무는 쟁의행위를 함에 있어 그 세부적·형식적 절차를 규정한 것으로서, 쟁의행위에 적법성을 부여하기 위하여 필요한 본질적인 요소라고 할 것은 아니므로, 노동쟁의 조정신청이나 조합원들에 대한 쟁의행위 찬반투표 등의 절차를 거친 후 이루어진 이 사건 쟁위행위에 대하여 위와 같은 신고절차의 미준수만을 이유로 그 정당성을 부정할 수는 없다고 할 것이다. 협회측은 노사간 교섭에 있어서 소극적이었던 점, 협회 직원들인 노동조합 조합원들이 파업을 하더라도 즉각적으로 노사간 교섭력의 균형이 깨진다거나 협회의 업무수행에 현저한 지장을 초래하거나 회복할 수 없는 손해가 발생할 염려가 있다는 등의 사정을 찾아볼 수 없는 점 및 기타 제반 사정에 비추어 볼 때, 이 사건 노동조합지부가 파업에 돌입한 지 불과 4시간 만에 협회가 바로 직장폐쇄 조치를 취한 것은 근로자측의 쟁의행위에 대한 대항·방위 수단으로서의 상당성이 인정될 수 없어 위 직장폐쇄는 정당한 쟁의행위로 인정되지 아니하고, 따라서 협회가 위와 같은 직장폐쇄를 이유로 근로자들인 피고인들에게 퇴거요구를 한 것이라면, 피고인들이 협회로부터 그와 같은 퇴거요구를 받고

이에 불응하였다고 하더라도 퇴거불응죄가 성립하지 아니한다. <답 ④>

68. 쟁의행위와 관련한 판례의 태도 중 틀린 것은? <사시 2008년 유사>

① 당해 쟁의행위 자체의 정당성과 이를 구성하거나 부수되는 개개의 행위의 정당성은 구별되어야 하므로 일부 소수의 근로자가 폭력행위 등의 위법행위를 하였다고 하더라도 전체로서의 쟁의행위가 위법하게 되는 것은 아니다.

② 현행법상 적어도 노동조합이 결성된 사업장에 있어서의 쟁의행위가 노동조합법 제2조 소정의 형사상 책임이 면제되는 정당행위가 되기 위하여는 반드시 그 쟁의행위의 주체가 단체교섭이나 단체협약을 체결할 능력이 있는 노동조합일 것이 요구되고, 일부 조합원의 집단이 노동조합의 승인 없이 또는 그 지시에 반하여 쟁의행위를 하는 경우에는 형사상 책임이 면제될 수 없다.

③ 노동쟁의는 특별한 사정이 없는 한 그 절차에 있어 조정절차를 거쳐야 하는 것으로서 이는 반드시 노동위원회가 조정결정을 한 뒤에 쟁의행위를 하여야만 그 절차가 정당하다는 것이다.

④ 적법하게 직장폐쇄를 단행한 사용자로부터 퇴거요구를 받고도 불응한 채 직장점거를 계속한 행위는 퇴거불응죄를 구성한다.

⑤ 노조전임자에 대한 급여지원약정이 있더라도 쟁의행위 기간중에는 특별한 사정이 없는 한 급여지원이 정지된다고 보아야 한다.

《해 설》 ① 쟁의행위의 정당성기준: '노동조합의 쟁의행위가 정당하기 위해서는 그 주체가 단체교섭의 주체로 될 수 있는 자이어야 하고, 노동조합과 사용자의 교섭과정에서 노사대등의 입장에서 근로조건의 향상 등 근로자의 경제적 지위를 향상시키려는 목적에서 나온 것이어야 하며, 사용자가 근로자의 근로조건 개선에 관한 구체적인 요구에 대하여 단체교섭을 거부하거나 단체교섭에서 그와 같은 요구에 반대의 의사표시를 하거나 묵살하고 반대하고 있는 것을 분명하게 하고 있을 경우에 개시할 수 있으며 특별한 사정이 없는 한 법령이 규정한 절차를 밟아야 하고, 그 수단과 방법이 사용자의 재산권과 조화를 이루어야 할 뿐 아니라, 다른 기본적 인권을 침해하지 아니하는 등 그 밖의 헌법상의 요청과 조화되어야 한다. 다만 이 경우에도 당해 쟁의행위 자체의 정당성과 이를 구성하거나 부수되는 개개의 행위의 정당성은 구별되어야 하므로 일부 소수의 근로자가 폭력행위 등의 위법행위를 하였다고 하더라도 전체로서의 쟁의행위가 위법하게 되는 것은 아니다'(대판 2003. 12. 26, 2003두8906. 동지: 대판 2003. 11. 13, 2003도 687). ② 대판 1995. 10. 12, 95도1016. 동지: 대판 1997. 4. 22, 95도748. ③ 노동쟁의는 특별한 사정이 없는 한 그 절차에 있어 조정절차를 거쳐야 하는 것이지만, 이는 반드시 노동위원회가 조정결정을 한 뒤에 쟁의행위를 하여야만 그 절차가 정당한 것은 아니라고 할 것이고, 노동조합이 노동위원회에 노동쟁의 조정신청을 하여 조정절차가 마쳐지거나 조정이 종료되지 아니한 채 조정기간이 끝나면 조정절차를 거친 것으로서 쟁의행위를 할 수 있다(대판 2003. 12. 26, 2001도1863). ④ 직장폐쇄의 효과로서 방해배제의 효력: 근로자들의 직장점거가 개시 당시

적법한 것이었다 하더라도 사용자가 대응하여 적법하게 직장폐쇄를 하게 되면, 사용자의 사업장에 대한 물권적 지배권이 전면적으로 회복되는 결과 사용자는 점거중인 근로자들에 대하여 정당하게 사업장으로부터의 퇴거를 요구할 수 있고 퇴거를 요구받은 이후의 직장점거는 위법하게 되므로, 적법히 직장폐쇄를 단행한 사용자로부터 퇴거요구를 받고도 불응한 채 직장점거를 계속한 행위는 퇴거불응죄를 구성 한다(대판 1991. 8. 13, 91도1324). ⑤ 파업기간중 노조전임자에 대한 급여지급의 부당성: 노동조합 전임자를 일반 조합원보다 더욱 유리하게 처우하는 것은 노사쌍방이 당초 의도한 바와 합치하지 아니한다고 할 것이고, 또 파업으로 인하여 일반조합원들이 무노동 무임금 원칙에 따라 임금을 지급받지 못하게 된 마당에 그 조합원들로 구성된 노동조합의 간부라 할 수 있는 노동조합 전임자들이 자신들의 급여만을 지급받겠다고 하는 것은 일반조합원들에 대한 관계에 있어서도 결코 정당성이 인정될 수 없다(대판 2003. 9. 2, 2003다4815 · 4822 · 4839). <답 ③>

제 6 절 노동쟁의의 조정

1. 노동조합 및 노동관계조정법상 노동위원회의 조정에 관한 설명으로 옳지 않은 것은? <노무사 2010년>

① 노동위원회는 관계당사자의 일방이 노동쟁의의 조정을 신청한 때에는 지체없이 조정을 개시하여야 한다.

② 조정위원회의 위원장은 원칙적으로 공익을 대표하는 조정위원이 된다.

③ 노동위원회는 그 직권으로 조정위원회에 갈음하여 단독조정인에게 조정을 행하게 할 수 있다.

④ 노동위원회는 당사자의 수락거부로 조정의 종료가 결정된 후에도 노동쟁의의 해결을 위하여 조정을 할 수 있다.

⑤ 노동위원회의 조정은 일반사업에 있어서는 조정의 신청이 있는 날부터 10일 이내에 종료하여야 한다.

《해 설》 ① 노조및조정법 제53조 1항. ② 노조및조정법 제56조 2항. ③ 노동위원회는 관계당사자 쌍방의 신청이 있거나 관계당사자 쌍방의 동의를 얻은 경우에는 조정위원회에 갈음하여 단독조정인에게 조정을 행하게 할 수 있다(노조및조정법 제57조 1항). ④ 노조및조정법 제61조의2 1항. ⑤ 노조및조정법 제54조 1항. <답 ③>

2. 다음 노동쟁의의 조정과 관련하여 틀린 설명은?

① 사적조정에 있어서는 노동관계당사자가 쌍방의 합의에 의해서만 각각 다른 조정 또는 중재방법을 채택할 수 있다.

② 사적조정절차에 의하여 노동쟁의를 해결하기로 한 때에는 일반사업에 있어서는 10일, 공익사업에 있어서는 15일이 경과하지 아니하고서는 쟁

의행위를 할 수 없다.

③ 당사자가 합의한 조정절차는 노동조합 및 노동관계조정법상의 절차보다 우선한다.

④ 조정기간이 경과하면 조정이 진행되고 있더라도 당사자는 쟁의행위를 할 수 있다.

⑤ 사적조정절차에 의하는 경우에는 조정을 개시한 날로부터 조정기간이 기산된다.

《해 설》 ① 단체협약에 의해서도 할 수 있다(노조및조정법 제52조 1항). <답 ①>

3. 노동쟁의의 조정에 관한 설명으로 옳지 않은 것은? <노무사 2004년>

① 공적 조정뿐만 아니라 사적조정이 가능하다.

② 사적 조정에서 조정기간의 기산일은 조정개시일이며 공적 조정에서 조정기간의 기산일은 조정신청일이다.

③ 노동위원회의 조정은 관계당사자 쌍방의 신청이나 동의가 있는 경우 단독조정인에 의하여 행해질 수 있다.

④ 조정안이 관계당사자 쌍방에 의해서 수락된 경우 조정위원 전원 및 관계당사자가 조정서에 서명 또는 날인하여야 한다.

⑤ 조정안이 관계당사자 쌍방에 의해서 수락된 이후 그 해석 및 이행방법에 관하여 이의가 있는 경우 관계당사자는 중앙노동위원회에 명확한 견해제시를 요청하여야 한다.

《해 설》 ② 노조및조정법 제52조 3항 1호와 제54조. ③ 노조및조정법 제57조. ④ 노조및조정법 제61조 1항. ⑤ 조정안이 관계당사자 쌍방에 의해서 수락된 이후 그 해석 및 이행방법에 관하여 이의가 있는 경우 관계당사자는 당해 조정위원회 또는 단독조정인에게 명확한 견해제시를 요청하여야 한다(노조및조정법 제60조 3항). <답 ⑤>

4. 노동조합 및 노동관계조정법상 사적 조정 또는 중재에 관한 설명으로 옳은 것은? <노무사 2010년>

① 사적 조정을 수행하는 자에 대한 자격의 제한은 없다.

② 노동위원회의 조정이 개시된 이후에도 사적 조정 또는 중재가 가능하다.

③ 노동관계 당사자는 사적 조정에 의하여 노동쟁의를 해결하기로 한 때에는 이를 행정관청에 신고하여야 한다.

④ 사적 조정을 수행하는 자는 노동관계 당사자로부터 수수료, 수당 및 여비 등을 받아서는 아니 된다.

⑤ 노동위원회의 중재시 적용되는 쟁의행위의 금지기간은 사적 중재에는 적용되지 않는다.

《해 설》 ① 사적 조정을 수행하는 자는 노동위원회법 제8조 2항 2호 각목의 자격을 가진 전문가로 제한된다(노조및조정법 제52조 5항). ② 노조및조정법 제52조 1항. ③ 노동위원회에 신고하여야 한다(노조및조정법 제52조 2항). ④ 받을 수 있다(노조및조정법 제52조 5항 2문). ⑤ 노조및조정법 제63조가 적용되어 15일간 쟁의행위가 금지된다(노조및조정법 제52조 3항 2호). <답 ②>

5. 다음 조정(調停)과 관련하여 틀린 설명은?

① 노동위원회는 관계당사자의 일방이 노동쟁의의 조정을 신청한 때에는 지체없이 조정을 개시하여야 하며 관계당사자 쌍방은 이에 성실히 임하여야 한다.

② 조정위원회 회의는 구성원 과반수의 출석으로 개의하고 출석위원 과반수의 찬성으로 의결한다.

③ 노동위원회는 관계당사자 쌍방의 신청이 있거나 관계당사자 쌍방의 동의를 얻은 경우에는 조정위원회에 갈음하여 단독조정인에게 조정을 행하게 할 수 있다.

④ 단독조정인은 당해 노동위원회의 위원 중에서 관계당사자의 쌍방의 합의로 선정된 자를 그 노동위원회의 위원장이 지명한다.

⑤ 조정위원회 또는 단독조정인은 기일을 정하여 관계당사자 쌍방을 출석하게 하여 주장의 요점을 확인하여야 한다.

《해 설》 ① 노조및조정법 제53조 1항. ② 회의는 구성원 전원의 출석으로 개의하고 출석위원 과반수의 찬성으로 의결한다(노위법 제17조 참조). ③④ 노조및조정법 제57조. ⑤ 노조및조정법 제58조. <답 ②>

6. 노동조합 및 노동관계조정법상 노동쟁의의 조정(調整)에 관한 설명으로 옳은 것은? <사시 2010년>

① 노동위원회는 관계 당사자 쌍방이 노동쟁의의 조정(調停)을 신청한 때에만 조정을 개시할 수 있다.

② 조정(調停)은 신청이 있은 날부터 일반사업에 있어서는 10일 이내에 종료하여야 하며, 조정기간의 연장은 허용되지 아니한다.

③ 조정(調停)안이 작성되는 중이라도 노동조합 및 노동관계조정법 제54조의 조정기간이 경과하면 관계 당사자는 쟁의행위를 할 수 있다.

④ 사적 조징(調停)의 조정기간은 법정 조정기간에 관계없이 관계당사자가 합의하여 정한 기간으로 한다.

⑤ 노동쟁의가 중재에 회부되면 즉시 쟁의행위를 중지하여야 하며, 그 날부터 30일간 쟁의행위는 금지된다.

《해 설》 ① 노동위원회는 관계당사자의 일방이 노동쟁의의 조정을 신청한 때에는 지체없이 조정을 개시하여야 하며 관계당사자 쌍방은 이에 성실히 임하여야 한다(노조및조정법 제53조 1항). ② 조정기간의 연장은 관계당사자간의 합의로 일반사업에 있어서는 10일, 공익사업에 있어서는 15일 이내에서 연장할 수 있다(노조및조정법 제54조 2항). ③ 노조및조정법 제54조 2항. ④ 노조및조정법 제54조. ⑤ 노동쟁의가 중재에 회부된 때에는 그 날부터 15일간은 쟁의행위를 할 수 없다(노조및조정법 제63조). <답 ③>

7. 노동조합 및 노동관계조정법상 사적 조정(私的 調停)에 관한 기술 중 옳지 않은 것은? <노무사 2008년>

① 사적 조정에서 조정의 기산일은 조정신청일이며 조정전치주의가 적용된다.
② 사적 조정에 의하여 노동쟁의를 해결하기로 한 때에는 이를 노동위원회에 신고하여야 한다.
③ 사적 조정을 수행하는 자는 노동관계당사자로부터 수수료, 수당 및 여비 등을 받을 수 있다.
④ 사적 조정에 의하여 조정 또는 중재가 이루어진 경우 그 내용은 단체협약과 동일한 효력을 가진다.
⑤ 노동위원회의 조정담당공익위원과 같은 자격을 갖춘 자만이 사적 조정을 할 수 있다.

《해 설》 ① 사적 조정에서 조정의 기산일은 조정개시일이다(노조및조정법 제52조 3항). ② 노조및조정법 제52조 2항. ③ 노조및조정법 제52조 5항 후단. ④ 노조및조정법 제52조 4항. ⑤ 노조및조정법 제52조 5항 전단. <답 ①>

8. 다음 설명 중 틀린 것은?

① 조정위원회 또는 단독조정인은 기일을 정하여 관계당사자 쌍방을 출석하게 하여 주장의 요점을 확인하여야 한다.
② 노동위원회는 관계당사자의 일방이 노동쟁의의 조정을 신청한 때에는 지체없이 조정을 개시하여야 하며 관계당사자 쌍방은 이에 성실히 임하여야 한다.
③ 노동위원회는 관계당사자의 일방이 노동쟁의의 조정을 신청하기 전에는 교섭을 지원하거나 분쟁해결을 지원할 수 없다.
④ 조정위원회는 조정안을 작성하여 이를 관계당사자에게 제시하고 그 수락을 권고하는 동시에 그 조정안에 이유를 붙여 공표할 수 있다.
⑤ 노동위원회는 관계당사자 쌍방의 신청이 있거나 관계당사자 쌍방의 동의를 얻은 경우에는 조정위원회에 갈음하여 단독조정인에게 조정을 행할 수 있다.

《해 설》 ① 노조및조정법 제58조. ② 노조및조정법 제53조 1항. ③ 2006년 12월 30일 노조및조정법의 개정으로 인해 노동위원회는 노동쟁의의 신청 전이라도 원활한 조정을 위하여 교섭을 주선하는 등 관계당사자의 자주적인 분쟁해결을 지원할 수 있게 되었다(동법 제53조 2항 신설). ④ 노조및조정법 제60조 1항 동법 제57조 1항. <답 ③>

9. 노동조합 및 노동관계조정법상 필수공익사업이 아닌 것으로만 묶인 것은?
<사시 2002년 · 2005년 유사>

ㄱ. 철도(도시철도 포함)	ㄴ. 석유공급사업	ㄷ. 항공 · 해운사업
ㄹ. 방송사업	ㅁ. 통신사업	ㅂ. 시내버스 운송사업

① ㄱ, ㄴ, ㅂ ② ㄱ, ㄹ, ㅂ ③ ㄴ, ㄹ, ㅂ
④ ㄴ, ㅁ, ㅂ ⑤ ㄷ, ㄹ, ㅂ

《해 설》 필수공익사업은 1. 철도사업, 도시철도사업 및 항공운수사업, 2. 수도사업, 전기사업, 가스사업, 석유정제사업 및 석유공급사업, 3. 병원사업 및 혈액공급사업, 4. 한국은행사업, 5. 통신사업을 말한다(노조및조정법 제71조 2항). <답 ⑤>

10. 긴급조정에 대한 설명으로 옳은 것은? <사시 1997년 · 2000년 유사>

① 쟁의행위가 현실적으로 발생하지 않았더라도 쟁의발생의 가능성이 있으면 긴급조정결정을 할 수 있다.
② 긴급조정의 결정은 일본과 마찬가지로 국무총리가 이를 한다.
③ 긴급조정을 결정하는 경우에는 미리 중앙노동위원회의 동의를 받아야 한다.
④ 긴급조정이 결정되면 중앙노동위원회는 지체없이 알선을 개시해야 한다.
⑤ 공익사업이 아닌 경우에도 긴급조정을 할 수 있다.

《해 설》 ①②⑤ 고용노동부장관은 쟁의행위가 공익사업에 관한 것 또는 그 규모가 크거나 그 성질이 특별한 것으로서 현저히 국민경제를 해하거나 국민의 일상생활을 위태롭게 할 위험이 현존하는 때에는 긴급조정의 결정을 할 수 있다(노조및조정법 제76조 1항). ③ 고용노동부장관은 긴급조정의 결정을 하고자 할 때에는 미리 중앙노동위원회 위원장의 의견을 들어야 한다(노조및조정법 제76조 2항). ④ 중앙노동위원회는 제76조 3항의 규정에 의한 통고를 받은 때에는 지체없이 조정을 개시하여야 한다(노조및조정법 제78조). <답 ⑤>

11. 노동조합 및 노동관계조정법상 긴급조정(緊急調整)에 관한 설명으로 옳은 것은? <사시 2009년>

① 긴급조정의 결정은 쟁의행위가 공익사업에 관한 것일 때에만 할 수 있고, 일반사업에 관한 것일 때에는 할 수 없다.
② 긴급조정의 결정권자는 대통령이다.
③ 긴급조정의 결정에 따라 조정을 행하는 기관은 관할 지방 노동위원회이다.
④ 관계당사자는 긴급조정의 결정이 공표된 때에는 즉시 쟁의행위를 중지하여야 한다.
⑤ 긴급조정에서 노동위원회는 조정(調停)만 할 수 있고 중재는 할 수 없다.

《해 설》 ① 긴급조정의 결정은 쟁의행위가 공익사업에 관한 것일 때에만 할 수 있고, 일반사업에 관한 것일 때에는 할 수 없는 것이 아니라 노조법 제76조 1항에 의거 그 규모가 크거나 그 성질이 특별한 사업도 대상이 될 수 있다. ② 긴급조정의 결정권자는 대통령이 아니라 고용노동부장관이다. ③ 긴급조정의 결정에 따라 조정을 행하는 기관은 관할 지방 노동위원회가 아니라 중앙노동위원회이다. ④ 노조법 제77조. ⑤ 긴급조정에서 노동위원회는 조정(調停)뿐만 아니라 중재도 할 수 있다. <답 ④>

12. 노동조합 및 노동관계조정법상 긴급조정에 관한 설명으로 옳은 것은? (다툼이 있는 경우에는 판례에 의함) <노무사 2010년>

① 필수공익사업에 한하여 긴급조정을 결정할 수 있다.

② 긴급조정의 결정이 공표된 때에는 노동조합은 공표의 사실을 안 날로부터 10일 이내에 쟁의행위를 중지하여야 한다.

③ 긴급조정을 결정한 때에는 지체없이 이를 공표하야야 하지만, 이 때 그 이유까지 공표할 필요는 없다.

④ 중앙노동위원의 위원장은 고용노동부장관의 긴급조정 결정에 따른 조정이 성립될 가망이 없다고 인정한 경우에는 공익위원의 의견을 들어 그 사건을 중재에 회부할 것인가의 여부를 결정하여야 한다.

⑤ 고용노동부장관의 긴급조정 결정에 따른 조정이 성립될 가망이 없는 경우 중앙노동위원회는 관계당사자 일방의 중재신청만으로는 중재를 할 수 없다.

《해 설》 ① 고용노동부장관은 쟁의행위가 공익사업에 관한 것이거나 그 규모가 크거나 그 성질이 특별한 것으로서 현저히 국민경제를 해하거나 국민의 일상생활을 위태롭게 할 위험이 현존하는 때에는 긴급조정의 결정을 할 수 있다(노조및조정법 제76조 1항). ② 공표된 때에 즉시 중지하여야 한다(노조및조정법 제76조 3항). ③ 고용노동부장관은 그 이유를 붙여 공표하여야 한다(노조및조정법 제76조 3항). ④ 노조및조정법 제79조 1항. ⑤ 당사자 일방의 신청으로도 가능하다(노조및조정법 제80조). <답 ④>

13. 긴급조정제도에 관한 설명으로 옳지 않은 것은? <노무사 2009년>

① 고용노동부장관은 쟁의행위가 공익사업에 관한 것이거나 그 규모가 크거나 그 성질이 특별한 것으로서 현저히 국민경제를 해하거나 국민의 일상생활을 위태롭게 할 위험이 현존하는 때에는 긴급조정의 결정을 할 수 있다.

② 고용노동부장관은 긴급조정의 결정을 하고자 할 때에는 미리 중앙노동위원회위원장의 의견을 들어야 한다.

③ 고용노동부장관이 긴급조정을 결정한 때에는 지체없이 그 이유를 붙여 이를 공표함과 동시에 중앙노동위원회와 관계당사자에게 각각 통고하여야 한다.

④ 관계당사자는 긴급조정의 결정이 공표된 때에는 즉시 쟁의행위를 중지하여야 하며, 중앙노동위원회의 쟁의행위 재개결정이 없는 한 쟁의행위

를 재개할 수 없다.

⑤ 중앙노동위원회는 긴급조정결정 통고를 받은 때에는 지체없이 조정을 개시하여야 한다.

《해 설》 ① 노조및조정법 제76조 1항. ② 동법 제76조 2항. ③ 동법 제76조 3항. ④ 관계당사자는 긴급조정의 결정이 공표된 때에는 즉시 쟁의행위를 중지하여야 하며, 공표일부터 30일이 경과하지 아니하면 쟁의행위를 재개할 수 없다(동법 제77조). ⑤ 동법 제78조. <답 ④>

14. 노동조합 및 노동관계조정법상 노동조합에 관한 설명으로 옳지 않은 것은?

① 고용노동부장관은 쟁의행위가 공익사업에 관한 <노무사 2008년> 것으로서 현저히 국민경제를 해하는 때에는 긴급조정의 결정을 할 수 있다.

② 고용노동부장관은 긴급조정의 결정을 하고자 할 때에는 미리 중앙노동위원회 위원장의 의견을 들어야 한다.

③ 고용노동부장관은 긴급조정을 결정한 때에는 지체없이 그 이유를 붙여 이를 공표함과 동시에 중앙노동위원회와 관계당사자에게 각각 통고하여야 한다.

④ 노동조합은 긴급조정의 공표로 중단된 쟁의행위를 공표일부터 30일이 경과하지 아니하면 재개할 수 없다.

⑤ 고용노동부장관은 긴급조정사건의 중재회부 여부를 긴급조정을 통고받은 날부터 15일 이내에 결정하여야 한다.

《해 설》 ⑤ 중앙노동위원회의 위원장은 긴급조정사건의 중재회부 여부를 긴급조정을 통고받은 날부터 15일 이내에 결정하여야 한다(노조및조정법 제79조 2항). <답 ⑤>

15. 다음 중 노동조합 및 노동관계조정법의 노동쟁의와 관계없는 것은?

① 노동쟁의는 노동조합과 사용자간에 발생한 분쟁이어야 한다.

② 노동쟁의는 종업원들과 사용자간에 발생한 분쟁을 말한다.

③ 노동쟁의는 임금·근로시간 등 근로조건의 결정에 관한 분쟁이어야 한다.

④ 노동쟁의는 노사간의 단체교섭이 선행되어야 한다.

⑤ 노사간에 단체협약불이행으로 인한 분쟁은 노동쟁의가 아니다.

《해 설》 노조및조정법에서 노동쟁의라 함은 노동관계당사자간 임금·후생·해고 기타 대우 등 근로조건의 결정에 관한 주장의 불일치로 인한 분쟁상태를 말한다(노조및조정법 제2조 5호). <답 ②>

16. 다음 중 공익사업에 해당하지 않는 것은?

① 도시가스공급사업 ② 분뇨수거사업

③ 지역의료보험조합 ④ 외국은행의 국내지점

⑤ 서울지하철사업

《해 설》 도시가스공급사업도 가스사업에 해당하며, 한국표준산업분류표의 위생 및 유사서비스업, 분뇨수거사업이 공중위생사업에 해당한다. 지역의료보험조합은 의료사업에 해당하지 않으므로 ③이 정답이다. <답 ③>

17. 특별조정위원회에 관한 설명 중 틀린 것은?

① 노동관계 당사자가 배제신청을 한 공익위원을 특별조정위원으로 지명하는 것은 원칙적으로 허용되지 아니한다.

② 특별조정위원회는 특별조정위원 3인으로 구성한다.

③ 특별조정위원은 그 노동위원회의 공익을 대표하는 위원 중에서 노동조합과 사용자가 순차적으로 배제하고 남은 4인 내지 6인 중에서 노동위원회의 위원장이 지명한다.

④ 노동관계 당사자가 각자 노동위원회의 위원이 아닌 자를 추천하는 경우에는 각각 추천된 1인을 특별조정위원으로 지명한다.

⑤ 위원장은 공익을 대표하는 노동위원회의 위원인 특별조정위원 중에서 호선하고, 당해 노동위원회의 위원이 아닌 자만으로 구성된 경우에는 그 중에서 호선한다.

《해 설》 특별조정위원회의 구성은 공익사업의 노동쟁의의 조정을 위하여 노동위원회에 특별조정위원회를 둔다(노조및조정법 제72조 1항). 그 구성에 관하여는 노조및조정법 제72조, 제73조 참조. ① 공익사업의 노동쟁의의 조정을 전담하는 특별조정위원회의 구성과 관련하여 노 · 사 양측에 대하여 공익위원에 대한 배제권을 부여한 것은 조정절차의 공정성과 실효성을 담보하기 위한 것으로서, 질병이나 사고, 출국 등으로 조정업무를 담당할 수 없는 부득이한 사정이나 제척 · 기피 사유의 존재 등으로 말미암아 쌍방이 배제하지 아니한 공익위원만으로는 위 위원회를 구성할 수 없게 되었다는 등의 불가피한 사정이 없는 한, 당사자가 배제신청을 한 공익위원을 특별조정위원으로 지명하는 것은 절차의 공정성을 현저히 침해하는 것으로서 원칙적으로 허용되지 아니 한다(대판 2007. 12. 13, 2005도7517). ④ 관계당사자가 합의로 당해 노동위원회의 위원이 아닌 자를 추천하는 경우에는 그 추천된 자를 지명한다. <답 ④>

18. 조정위원회는 관계당사자간에 의견의 불일치가 생긴 때 관계당사자로부터 견해의 제시를 요청받은 때에는 며칠 이내에 견해를 제시하여야 하는가?

① 7일 이내 ② 10일 이내 ③ 14일 이내
④ 15일 이내 ⑤ 5일 이내

《해 설》 조정위원회는 관계당사자간에 의견의 불일치가 생긴 때에는 관계당사자로부터 견해 제시의 요청을 받은 때에는 그 요청을 받은 날로부터 7일 이내에 명확한 견해를 제시하여야 한다(노조및조정법 제60조 3항 · 4항 참조). <답 ①>

19. 노동조합 및 노동관계조정법상 직권중재의 개시요건에 관한 설명 중 옳은 것은? <사시 2002년 유사>

① 공익사업에서 노동위원회 위원장이 직권 또는 행정관청의 요구에 의하여 중재에 회부한다는 결정을 한 때
② 공익사업에서 노동위원회 위원장이 특별조정위원회의 권고에 의하여 중재에 회부한다는 결정을 한 때
③ 필수공익사업에서 노동위원회 위원장이 직권 또는 행정관청의 요구에 의하여 중재에 회부한다는 결정을 한 때
④ 필수공익사업에서 노동위원회 위원장이 특별조정위원회의 권고에 의하여 중재에 회부한다는 결정을 한 때
⑤ 긴급조정의 결정에 의하여 개시된 조정(調停)이 성립될 가망이 없다고 인정한 경우 중앙노동위원회의 위원장이 공익위원의 의견을 들어 중재에 회부한다는 결정을 한 때

《해 설》 필수공익사업에 대한 직권중재규정은 삭제되었으며(2008년 1월 1일부터 효력 발생), 따라서 긴급조정의 경우에만 직권중재제도가 남게 되었다(노조및조정법 제79조 참조). <답 ⑤>

20. 노동조합 및 노동관계조정법상 노동쟁의의 중재에 관한 설명으로 옳지 않은 것은? <사시 2008년>

① 관계당사자의 쌍방이 함께 중재를 신청한 때에는노동위원회는 중재를 행한다.
② 관계당사자의 일방이 단체협약에 의하여 중재를 신청한 때에는 노동위원회는 중재를 행한다.
③ 노동위원회위원장은 필수공익사업에 있어서 노동쟁의가 조정에 의해 해결되지 않은 경우 중재에 회부한다는 결정을 할 수 있다.
④ 관계당사자는 중재재정이 위법이거나 월권에 의한 것이라고 인정하는 경우에는 재심을 신청할 수 있다.
⑤ 노동위원회를 통한 중재절차와 다른 중재(사적중재)의 방법에 의하여 노동쟁의를 해결하는 것이 가능하다.

《해 설》 ③ 이 조항은 삭제되었다. ①② 노조및조정법 제162조. ④ 노조및조정법 제169조. <답 ③>

21. 다음 중 노동조합 및 노동관계조정법상 노동위원회가 중재를 행하는 경우가 아닌 것은?

① 관계당사자의 쌍방이 함께 중재를 신청한 때
② 관계당사자의 일방이 단체협약에 의하여 중재를 신청한 때
③ 필수공익사업에 있어서 노동위원회 위원장이 특별조정위원회의 권고에 의하여 중재회부 결정을 한 때

④ 긴급조정이 성립될 가망이 없다고 인정한 경우에 중앙노동위원회 공익위원의 의견을 들어 중앙노동위원회의 위원장이 중재회부결정을 한 때
⑤ 긴급조정시 관계당사자 일방이 중재를 신청한 때

《해 설》 ①② 노조및조정법 제62조. ③ 2006년 12월 30일 개정시 관련규정이 삭제되었다. 앞의 문제 해설 참고. ④ 중앙노동위원회의 위원장이 긴급조정이 성립될 가망이 없다고 인정한 경우에는 공익위원의 의견을 들어 중재에 회부할 것인가의 여부를 결정한다(노조및조정법 제79조 1항). ⑤ 법문상 긴급조정시의 일방중재신청에 있어서는 단체협약에 별도의 근거가 마련될 필요는 없다고 생각된다(노조및조정법 제80조). <답 ③>

22. 다음 중재에 관한 설명 중 잘못된 것은?

① 중재위원회의 위원장은 회의의 공정한 진행을 위하여 출석금지를 명할 수 있다.
② 중재에 회부된 때에는 그날부터 15일간 쟁의행위를 할 수 없다.
③ 관계당사자의 일방이 단체협약에 의하여 중재신청을 한 때에는 노동위원회는 중재를 행한다.
④ 노동조합이 배제한 공익위원을 포함하여 구성된 특별조정위원회의 중재회부권고결정에 기초한 중재결정은 위법하다 할 것이다.
⑤ 중재위원은 당해 노동위원회의 공익을 대표하는 위원 중에서 반드시 관계당사자의 합의로 선정한 자에 대하여 그 노동위원회의 위원장이 지명한다.

《해 설》 ① 노조및조정법 제67조. ② 노조및조정법 제63조. ③ 노조및조정법 제62조 2호. ④ 대판 2005. 5. 12, 2005도890: 중앙노동위원회 위원장은 이 사건 노동조합이 배제한 공익위원을 포함하여 특별조정위원을 임명하였고, 이와 같이 구성된 특별조정위원회의 중재회부권고결정에 따라 중앙노동위원회 위원장이 이 사건 중재회부결정을 한 것으로 보이는바, 그렇다면 이 사건 특별조정위원회의 구성 및 중재회부권고결정은 관련법령의 규정을 위반한 위법한 것이며, 이와 같은 하자 있는 절차에 기초한 이 사건 중재회부결정 역시 위법하다고 볼 여지가 있는 것이다. ⑤ 노조및조정법 제64조 3항 단서(다만, 관계당사자간에 합의가 성립하지 아니한 경우에는 노동위원회의 공익을 대표하는 위원 중에서 지명한다). <답 ⑤>

23. 긴급조정이 성립될 가망이 없다고 인정하는 경우 중앙노동위원회의 중재회부결정은 고용노동부장관에게 통고를 받은 날로부터 며칠 이내에 하여야 하는가?

① 15일 ② 10일 ③ 20일
④ 7일 ⑤ 5일

《해 설》 고용노동부장관은 쟁의행위가 공익사업에 관한 것이거나, 그 규모가 크거나 그 성질이 특별한 것으로서 현저히 국민경제를 해하거나 국민의 일상생활을 위태롭게 할 위험이 현존하는 때에는 긴급조정의 결정을 할 수 있으며, 고용노동부장관은 긴급

조정의 결정을 하고자 할 때에는 미리 중앙노동위원회위원장의 의견을 들어야 한다. 또한 고용노동부장관은 긴급조정을 결정한 때에는 지체없이 그 이유를 붙여 이를 공표함과 동시에 중앙노동위원회와 관계당사자에게 각각 통고하여야 한다. 그리고 중앙노동위원회의 중재회부결정은 노조및조정법 제79조의 규정에 의한 통고를 받은 날로부터 15일 이내에 하여야 한다(노조및조정법 제76조, 제79조 2항 참조). <답 ①>

24. 노동조합 및 노동관계조정법상 기간이 다른 하나는? <노무사 2010년>

① 공익사업에 있어서 노동위원회의 쟁의조정 연장기간
② 중앙노동위원회의 부당노동행위재심판정에 대한 제소기간
③ 수락된 조정안의 해석에 관한 조정위원회의 견해제시기간
④ 긴급조정시 중앙노동위원회의 위원장의 중재회부여부 결정기간
⑤ 단체협약의 체결시 노동관계 당사자의 행정관청에 대한 신고기간

《해 설》 ① 15일 이내(노조및조정법 제54조 2항). ② 15일 이내(노조및조정법 제85조 2항). ③ 7일 이내(노조및조정법 제60조 4항). ④ 15일 이내(노조및조정법 제79조 2항). ⑤ 15일 이내(노조및조정법 제31조 2항). <답 ③>

25. 노동쟁의조정에 관한 다음 설명 중 옳은 것은? <노무사 2003년>

① 노동조합 및 노동관계조정법 소정의 조정기간이 완료되어도 조정이 종료되지 아니한 경우에는 쟁의행위를 할 수 없다.
② 조정기간의 연장은 불가능하다.
③ 긴급조정의 공표일로부터 15일이 경과하지 아니하면 쟁의행위를 재개할 수 없다.
④ 노동관계 당사자 쌍방이 함께 중재를 신청한 때에도 중재에 회부된 날로부터 15일간은 쟁의행위가 금지된다.
⑤ 관계당사자는 지방노동위원회의 중재재정의 내용이 위법 또는 부당하다고 인정하는 경우 중재재심을 신청할 수 있다.

《해 설》 ① 노조및조정법 소정의 조정기간이 완료되면 쟁의행위를 할 수 있다(노조및조정법 제45조 2항). ② 1회에 한하여 연장할 수 있다(노조및조정법 제54조 2항). ③ 긴급조정의 공표일로부터 30일이 경과하지 아니하면 쟁의행위를 재개할 수 없다(노조및조정법 제77조). ④ 노조및조정법 제62조와 제63조. ⑤ 관계당사자는 지방노동위원회의 중재재정이 위법 또는 월권이라고 인정하는 경우 중재재심을 신청할 수 있다(노조및조정법 제69조 2항). <답 ④>

26. 현행 노동쟁의조정제도의 구조에 관한 다음 설명 중 틀린 것은?

① 사적 조정에 있어서는 노동조합 및 노동관계조정법에 규정된 내용이나 절차와는 다른 조정 또는 중재방법을 채택할 수 있다.
② 노동위원회는 노동쟁의의 신고가 있는 경우 그것이 노동조합 및 노동관계조정법상의 조정대상이 아니라고 인정될 때에는 다른 해결방법을 알

려주어야 한다.

③ 사적 조정방법에 의하여 노동쟁의가 해결되지 아니한 경우 당사자는 노동조합 및 노동관계조정법의 조정절차에 따라 노동쟁의를 조정하여 줄 것을 노동위원회에 신청할 수 있다.

④ 조정 · 중재의 어느 경우를 막론하고 이 절차에 의하여 분쟁이 해결되면 조정서 및 중재재정서가 작성되고 그 내용은 단체협약과 동일한 효력을 가진다.

⑤ 사적 조정절차에 의하는 경우에는 조정이 신청이 있은 날로부터 조정기간이 기산된다.

《해 설》 ① 노조및조정법 제52조 1항. ② 노조및조정법 시행령 제24조 2항. ③ 노조및조정법 시행령 제23조 2항. ④ 노조및조정법 제61조 2항, 제70조 2항. ⑤ 사적 조정절차에 의하는 경우에는 조정을 개시한 날로부터 조정기간이 기산되는 반면에(노조및조정법 제52조 3항 1호), 노조및조정법상의 조정은 신청이 있은 날로부터 조정기간이 기산된다(노조및조정법 제54조 1항). <답 ⑤>

27. 노동쟁의조정제도에 관한 다음 설명 중 옳지 않은 것은 어느 것인가? (이견이 있는 경우 판례의 태도에 따름)

① 조정은 신청주의, 즉 임의조정을 원칙으로 하고 있다.

② 집단적 이익분쟁은 조정의 대상이 된다.

③ 권리분쟁도 조정의 대상이 될 수 있다.

④ 조정기간이 경과하면 조정이 진행되고 있더라도 당사자는 쟁의행위를 할 수 있다.

⑤ 현행법은 노동쟁의와 쟁의행위를 구별하고 있는바, 노동쟁의라 함은 노사간의 주장의 불일치로 인한 분쟁상태를 의미한다.

《해 설》 ① 노동위원회는 관계당사자의 일방이 노동쟁의의 조정을 신청한 때에는 지체없이 조정을 개시하여야 하며 관계당사자 쌍방은 이에 성실히 하여야 한다(노조및조정법 제53조)고 하여 신청주의, 즉 임의조정을 원칙으로 하고 있다. ②③ 구 노동쟁의조정법 제2조의 노동쟁의의 정의에서 말하는 '근로조건에 관한 근로관계 당사자간의 주장'이란 개별적 근로관계와 집단적 노사관계의 어느 것에 관한 주장이더라도 포함하는 것이고, 그것은 단체협약이나 근로계약상의 권리의 주장(권리쟁의)뿐만 아니라 그것들에 관한 새로운 합의의 형성을 꾀하기 위한 주장(이익쟁의)도 포함된다고 하는 것이 판례의 태도였다(대판 1990. 5. 15, 90도357 등). 그러나 현행 노조및조정법 제2조 5호는 구법과 달리 노동쟁의를 '근로조건의 결정에 관한 주정의 불일치'로 규정함으로써 조정의 대상이 집단적 이익분쟁일 것을 명백히 하고 있다. 판례(대판 2003. 7. 25, 2001두4818) 또한「중재절차는 원칙적으로 노동쟁의가 발생한 경우에 노동쟁의의 대상이 된 사항에 대하여 행하여지는 것이고, 노조및조정법 제2조 5호에서는 노동쟁의를 "노동조합과 사용자 또는 사용자단체간에 임금 · 근로시간 · 복지 · 해고 기타 대우 등 근로조건의 결정에 관한 주장의 불일치로 인하여 발생한 분쟁상태"라고 규정하고 있으므로 근로조건 이외의 사항에 관한 노동관계 당사자 사이의 주장의 불일치로 인한 분쟁상태는 근로조건의 결정에 관한 분쟁이 아니어서 현행법상의 노동쟁의라고 할 수 없고, 특별한 사정이 없는 한 이러한 사항은 중재재정의 대상으로 할 수 없다」고 판시함으로써 같은 태도를 취하고 있다. ④ 노조및조정법 제45조 2항. <답 ③>

28. **노동조합 및 노동관계조정법상 필수공익사업에 관한 설명으로 옳지 않은 것은?** <사시 2001년>

① 조정기간의 연장 ② 특별조정위원회에 의한 조정
③ 사적조정제도 부인 ④ 긴급조정의 대상
⑤ 쟁의행위시 대체근로의 제한적 허용

《해 설》 노조및조정법은 기본적으로 사적 조정을 원칙으로 하면서(동법 제52조 1항 참조), 당해 사업의 특성에 따라 공적 조정 내지 중재절차를 밟을 수 있도록 하고 있다. 즉, 공익사업에 대해서는 조정기간(노조및조정법 제54조 1항) · 우선처리(동법 제51조) · 특별조정위원회(동법 제72조) · 긴급조정(동법 제76조) 등의 특칙이 인정되고 있다. 또한 필수공익사업에서의 쟁의행위시 대체근로 허용에 대해서는 노조및조정법 제43조 3항 · 4항 참조. <답 ③>

29. **다음은 노동조합 및 노동관계조정법상의 노동쟁의조정제도에 관한 설명이다. 설명 중 틀린 것은?**

① 조정의 목적은 단체협약과 관련된 노동쟁의를 해결 · 종결시키는 데 있다.
② 사적 조정제도는 1987년 11월 28일의 노동관계법 개정에서 새로이 채택된 것으로서 노사자치주의에 그 기초를 두고 있다.
③ 노사 쌍방 사이에 사적 조정절차에 관한 단체협약상의 규정이나 다른 약정이 있다 하더라도 노동조합 및 노동관계조정법상의 조정절차가 우선 적용된다.
④ 노사당사자는 조정 또는 중재의 모든 사적조정절차를 함께 규정할 수도 있고, 그 중에서 하나의 절차만을 둘 수도 있다.
⑤ 노동조합 및 노동관계조정법상 조정절차가 개시된 이후에도 당사자는 사적 조정에 관하여 합의할 수 있으며, 이러한 합의가 이루어진 때에는 사적 조정방식에 의한 조정절차의 개시를 막을 수 없다.

《해 설》 ① 조정제도의 궁극적 목표는 어디까지나 노사가 다같이 만족할 수 있는 단체협약(집단적 규범계약)을 체결하는 데 있다(노조및조정법 제52조 4항, 제61조 2항, 제70조 2항). 그러므로 좁은 의미의 조정은 단체협약의 체결을 촉진 · 유도하기 위한 보조적 행위이며, 조정의 목적은 단체협약과 관련된 노동쟁의를 해결 · 종결시키는 데 있다. ③ 노사의 자주적 해결원리에 의한 임의조정방식과 노조및조정법의 규정에 의한 국가의 조정방식이 있고, 양자의 관계에 있어서 임의조정에 관한 노사당사자의 합의가 있는 경우에는 그 조정절차가 먼저 적용된다. ④ 노사당사자는 조정 또는 중재의 모든 사적 조정절차를 함께 규정할 수도 있고, 그 중에서 하나의 절차만을 둘 수도 있다. 따라서 임의조정절차는 각 사업장의 특성에 맞추어 여러가지 형태로 구성

할 수 있을 것이다. ⑤ 노조및조정법 시행령 제23조 2항. <답 ③>

30. 사적 조정에 관한 설명 중 잘못된 것은? <노무사 2005년 유사>

① 사적 조정은 당사자 쌍방의 합의가 있을 때에만 가능하다.

② 사적 조정에 의하여 노동쟁의를 해결하고자 할 때에도 노동위원회에 신고하여 한다.

③ 중재에 의하여 해결하기로 한 때에는 15일간 쟁의행위를 할 수 없다. 이 경우 쟁의행위의 금지기간은 중재를 개시한 날부터 기산한다.

④ 사적 조정에 의하여 분쟁이 해결되면 법적 조정절차에 의한 분쟁해결과 동일한 효력이 인정된다.

⑤ 사적 조정에 의하여 분쟁이 해결되지 아니한 때에는 다시 법적 조정절차를 밟을 수 있다.

《해 설》 ① 노동쟁의의 당사자가 쌍방의 합의 또는 단체협약에 정하는 바에 따라 각기 다른 조정 또는 중재방법에 의하여 노동쟁의를 해결하는 것을 방해하지 아니한다(노조및조정법 제52조 1항). ② 노조및조정법 제52조 2항. ③ 노조및조정법 제52조 3항 2호. ④ 노조및조정법 제52조 4항. ⑤ 노조및조정법 시행령 제23조 3항. <답 ①>

31. 다음은 사적 조정절차에 관한 설명이다. 옳은 것은?

① 조정기관의 구성에 관해서는 노동조합 및 노동관계조정법상의 규정에 따라야 한다.

② 조정기관의 권한은 일정한 제안을 하는 것에 불과하며, 구속력 있는 재정권한을 가질 수는 없다.

③ 노동관계 당사자는 사적 조정절차에 의하여 노동쟁의를 해결하기로 한 때에는 이를 노동위원회에 신고하여야 한다.

④ 사적 조정절차에 의하여 노동쟁의를 해결하기로 한 때에는 조정기간의 규정이 적용되지 않는다.

⑤ 사적 조정에 의하여 노동쟁의가 해결되지 않은 경우 노사쌍방은 쟁의행위의 개시 이외에는 다른 해결방법이 없다.

《해 설》 ① 조정기관의 구성에 관해서는 단체협약 내에 약정해 놓을 수도 있고 조정절차의 개시와 더불어 노사당사자가 선임할 수도 있다. ② 조정기관의 권한에 관해서도 노사당사자가 구체적으로 정할 수 있다. 이에 따라 조정기관은 일정한 제안을 하거나 또는 구속력 있는 재정권한을 가질 수도 있다. ③ 노조및조정법 제52조 2항, 시행령 제23조 1항. ④ 사적 조정절차에 의하여 노동쟁의를 해결하기로 한 때에도 그 조정을 개시한 날로부터 일반사업에 있어서는 10일, 공익사업에 있어서는 15일이 경과하지 아니하고는 쟁의 행위를 할 수 없다(노조및조정법 제52조 3항, 제54조 1항). ⑤ 사적 조정에 의하여도 노동쟁의가 해결되지 않는 경우 노사 쌍방은 노조및조정법의 조정 · 중재에 따른 조정을 노동위원회에 신청할 수 있다(노조및조정법 시행령 제23조 3항). <답 ③>

32. 노동조합 및 노동관계조정법상 사적(私的) 조정제도에 관한 설명으로 맞는 것은? <사시 2004년, 노무사 2003년 유사>

① 노동관계 당사자는 사적조정에 의하여 노동쟁의를 해결하기로 한 때에는 행정관청의 승인을 받아야 한다.

② 사적 조정은 당사자 일방의 신청에 의해 노동위원회가 개시한다.

③ 사적 조정이 이루어진 경우에도 그 내용은 임의적 합의에 불과할 뿐 단체협약으로서의 효력은 부인된다.

④ 노동조합 및 노동관계조정법에 의한 조정절차가 개시된 이후에는 노동쟁의 당사자가 합의하는 경우에도 사적 조정절차가 개시될 수 없다.

⑤ 사적 조정에 의하여 노동쟁의가 해결되지 않은 때에는 당사자는 노동위원회에 조정을 신청할 수 있다.

《해 설》 ① 노동관계 당사자는 사적조정에 의하여 노동쟁의를 해결하기로 한 때에는 이를 노동위원회에 신고하여야 한다(노조및조정법 제52조 2항). ② 당사자 쌍방의 합의 또는 단체협약이 정하는 바에 의한다(노조및조정법 제52조 1항). ③ 단체협약과 동일한 효력을 가진다(노조및조정법 제52조 4항). ④ 사적 조정절차는 노동위원회의 조정절차가 개시된 후에도 사적 조정에 관하여 합의할 수 있으며, 이러한 합의가 이루어진 때에는 사적 조정방식에 의한 조정절차의 개시를 막을 수 없다(노조및조정법 시행령 제23조 2항). ⑤ 노조및조정법 시행령 제23조 3항. <답 ⑤>

33. 다음은 중재재정에 관한 설명이다. 틀린 것은?

① 중재재정은 서면으로 작성되어야 하며, 그 서면에는 효력발생기일을 명시하여야 한다.

② 관계당사자는 중재재정이 위법이거나 월권에 의한 것이라고 인정되는 경우에 한하여 소정기일 내에 중앙노동위원회에 재심을 청구하거나 또는 행정소송을 제기할 수 있다.

③ 노조전임제 또한 단체교섭의 대상사항이므로 이에 관한 분쟁 역시 노동쟁의라 할 수 있다. 따라서 중재재정의 대상이 될 수 있다.

④ 중재재정에 대해서 재심신청을 하거나 행정소송을 제기하더라도 재정의 효력에는 아무 영향이 없으므로 관계당사자는 여전히 구속된다.

⑤ 지방노동위원회의 중재재정이 불합리한 내용이라는 사유가 있다면 중앙노동위원회에 재심을 청구할 수 있다.

《해 설》 ① 노조및조정법 제68조. ② 노조및조정법 제69조. ③ '근로조건 이외의 사항에 관한 근로관계당사자의 분쟁상태는 현행법상의 노동쟁의라 할 수 없고 특별한 사정이 없는 한 이러한 사항은 중재재정의 대상으로 할 수 없다 할 것인바, 노조전임제는 노동조합에 대한 편의제공의 한 형태로서 사용자가 단체협약 등을 통하여 승인하는 경우에 인정되는 것일 뿐 사용자와 근로자 사이의 근로계약관계에 있어서 근로자의 대우에 관하여 정한 근로조건이라고 할 수 없는 것이고, 단순히 임의적 교섭사항에 불과하여 이에 관한 분쟁 역시 노동쟁의라 할 수 없으므로 중재재정의 대상이 될 수 없다'(대판 1996. 2. 23, 94누9177). ④ 중재재정에 대해서 재심신청을 하거나 행정소송을 제기하더라도 재정의 효력에는 아무 영향이 없으므로 관계당사자는 여전히 구속된다. 중재재정이나 재심결정이 확정되면 관계당사자는 이에 따라야 하며(노조및조정법 제70조 1항), 이를 위반하면 처벌된다(노조및조정법 제90조). ⑤ 노동조합 및 노동관계조정법 제69조 1항 · 2항은 지방노동위원회의 중재재정이 위법하거나 월권에 의한 것이라고 인정하는 경우 관계당사자가 중앙노동위원회에 그 재심을 신청할 수 있고, 중앙노동위원회의 재심결정이 위법하거나 월권에 의한 것이라고 인정하는 경우 행정소송을 제기할 수 있도록 정하고 있는바, 여기에서 '위법' 또는 '월권'이라 함은 중재재정의 절차가 위법하거나 그 내용이 근로기준법 위반 등으로 위법한 경우 또는 당사자 사이에 분쟁의 대상이 되어 있지 않는 사항이나 정당한 이유 없이 당사자간의 분쟁범위를 벗어나는 부분에 대하여 월권으로 중재재정을 한 경우를 말하고, 중재재정이 단순히 어느 일방에 불리하거나 불합리한 내용이라는 사유만으로는 불복이 허용되지 않는다(대판 2007. 4. 26, 2005두12992). <답 ③>

34. 단독조정제도에 관한 다음 설명 중 타당하지 않은 것은?

① 단독조정인은 당사자 쌍방을 출석하게 하여 주장의 요점을 확인하여야 한다.

② 단독조정인은 조정서에 대한 해석을 제시할 수 있다.

③ 노동위원회의 위원이 아니더라도 단독조정인이 될 수 있다.

④ 당사자 쌍방의 신청이 있거나 당사자 쌍방의 동의를 얻은 경우에 단독조정인이 될 수 있다.

⑤ 단독조정인이 제시한 해석에 관한 견해는 중재재정과 동일한 효력을 갖는다.

《해 설》 ① 노조및조정법 제58조. ② 노조및조정법 제60조 3항 · 4항. ③ 단독조정인은 당해 노동위원회의 위원 중에서 관계당사자의 쌍방의 합의로 선정된 자를 그 노동위원회의 위원장이 지명한다(노조및조정법 제57조 2항). ④ 노조및조정법 제57조 1항. ⑤ 노조및조정법 제61조 3항. <답 ③>

35. 노동조합 및 노동관계조정법상 노동쟁의의 조정에 대한 설명으로서 옳은 것은? <노무사 2008년>

① 방위산업체에 있어서 노동쟁의의 조정은 우선적으로 취급하고 신속하게 처리하여야 한다.

② 노동위원회에 의한 공적조정이 사적조정보다 우선한다.

③ 노동위원회 위원장은 직권으로 단독조정인에게 노동쟁의의 조정을 하게 할 수 있다.

④ 필수공익사업의 조정기간은 중앙노동위원회 위원장의 직권으로 1회에 한하여 15일 이내에서 연장할 수 있다.

⑤ 단독조정의 경우 조정이 성립될 때 노동위원회 위원장이 서명 · 날인하여야 한다.

《해 설》 ① 국가 · 지방자치단체 · 국공영기업체 · 방위산업체 및 공익사업에 있어서의 노동쟁의의 조정은 우선적으로 취급하고 신속히 처리하여야 한다(노조법 제51조). ③ 노동위원회는 관계당사자 쌍방의 신청이 있거나 관계당사자 쌍방의 동의를 얻은 경우에는 조정위원회에 갈음하여 단독조정인에게 조정을 행하게 할 수 있다(노조법 제57조 1항). ④ 노조및조정법 제54조 2항. <답 ①>

36. 다음 보기 중 노동조합 및 노동관계조정법상의 기간과 관련하여 옳은 것은?

> ㈎ 조정기간: 일반사업 10일, 공익사업 15일
> ㈏ 조정안의 해석, 이행방법에 관한 처리절차 개시후 쟁의행위금지기간: 7일
> ㈐ 조정연장기간: 한 차례 일반사업 10일, 공익사업 15일
> ㈑ 중재회부시 쟁의행위금지기간: 15일
> ㈒ 긴급조정결정공포시 쟁의행위금지기간: 공포 다음 날부터 30일
> ㈓ 긴급조정성립가능성이 없는 경우 긴급조정결정통고를 받은 날로부터 중재회부여부결정기간: 15일 이내

① ㈎, ㈏, ㈐, ㈑, ㈒　　② ㈏, ㈐, ㈑, ㈒, ㈓
③ ㈎, ㈏, ㈐, ㈑, ㈓　　④ ㈎, ㈏, ㈐, ㈒, ㈓
⑤ 모두 맞음

《해 설》 ㈎ 54조. ㈏ 제60조. ㈐ 제54조. ㈑ 제63조. ㈒ 공표일부터 30일(제77조). ㈓ 제79조 2항. <답 ③>

37. 괄호 안에 적합한 것만으로 이루어진 항은? <사시 2004년>

> 쟁의행위는 노동쟁의조정의 신청이 있은 날부터 일반사업에서는 (A)일, 공익사업에서는 (B)일이 경과하지 않으면 이를 할 수 없다. 그러나 이 기간은 당사자의 합의로 일반사업에 있어서는 (C)일, 공익사업에 있어서는 (D)일 이내에서 연장할 수 있다. 한편, 긴급조정의 경우에는 긴급조정의 공표일부터 (E)일이 경과하지 아니하면 쟁의행위를 재개할 수 없다.

	A	B	C	D	E
①	15	20	15	30	20
②	10	20	10	20	30
③	15	20	15	20	15
④	10	20	10	15	20
⑤	10	15	10	15	30

《해 설》 노조법 제54조, 제77조. <답 ⑤>

제 7 절 부당노동행위

1. 부당노동행위를 처음으로 법제화한 법률은?

① Sherman Act ② Wagner Act
③ Taft-Hartley Act ④ The Trade Union Act
⑤ Landrum Griffin Act

《해 설》 부당노동행위제도는 company union의 장려에 의한 노동조합의 어용화를 방지하기 위하여 1935년 미국의 Wagner법에 의하여 처음으로 입법화된 것이다. <답 ②>

2. 우리나라의 부당노동행위제도는 언제 성립하였는가?

① 1950년 ② 1962년 ③ 1948년
④ 1953년 ⑤ 1955년

《해 설》 노동조합 및 노동관계조정법의 부당노동행위제도는 1953년 노동조합법 제정시 미국의 제도를 계수한 것이다. <답 ④>

3. 우리나라에서 최초로 부당노동행위 구제제도로서 원상회복주의를 도입한 법률은?

① 1953년 노동조합법 ② 1963년 노동조합법
③ 1973년 노동조합법 ④ 1980년 노동조합법
⑤ 1986년 노동조합법

《해 설》 사용자의 부당노동행위에 대하여 1953년의 노동조합법과는 달리 1963년 노동조합법에서는 구제주의(원상회복주의)를 채택하였다(구 노조법 제39조 내지 제44조). <답 ②>

4. 우리나라의 노동관계법 제도 중 그 연원상 미국의 제도를 계수하였다고 볼 수 없는 것은? <노무사 2005년>

① 부당노동행위제도 ② 노동쟁의조정제도
③ 노동위원회제도 ④ 단체협약제도
⑤ 긴급조정제도

《해 설》 ④ 단체협약제도는 대륙법제도를 계수한 것이다. <답 ④>

5. 부당노동행위의 구제에 관한 다음 사항 중 틀린 것은?

① 우리나라의 현행부당노동행위에 대한 구제제도는 원상회복과 처벌병과주의에 입각하고 있다.
② 부당노동행위의 성부판정은 노 · 사 · 공익위원 3자가 결정한다.
③ 노동위원회에 의한 구제와 별도로 법원에 의한 구제가 가능하다.

④ 재심청구는 구제명령서 또는 기각결정서를 받은 날로부터 10일 이내에 중앙노동위원회에 제기한다.
⑤ 중앙노동위원회의 재심판정에 대하여 관계당사자는 재심판정서의 송달을 받은 날로부터 15일 이내에 행정소송을 제기할 수 있다.

《해 설》 부당노동행위의 성부판정은 심판위원회의 공익위원만이 담당한다(노위법 제15조 3항). <답 ②>

6. 부당노동행위의 구제명령에 대한 것 중 틀린 것은?

① 노동위원회의 심판위원회에서 부당노동행위의 성부를 판정한다.
② 부당노동행위의 성부판정 이전에는 노사위원 각 1인 이상의 의견을 들어야 한다.
③ 부당노동행위의 구제명령은 구체적 사정에 따라 유효적절한 원상회복조치를 취하여야 한다.
④ 모든 노동위원회의 구제명령에 대해서 법원은 긴급이행명령을 내릴 수 있다.
⑤ 사용자가 확정된 구제명령을 위반한 경우에는 벌칙이 적용된다.

《해 설》 ① 노위법 제15조 3항. ④ 최소한 중앙노동위원회의 구제명령에 대해서는 법원이 긴급이행명령을 내릴 수 있게 함으로써 구제명령의 실효성을 확보하도록 한 것이다(노조및조정법 제85조 5항). <답 ④>

7. 부당노동행위에 관한 설명으로 옳지 않은 것은? <노무사 2006년>

① 현행법상 노동조합측의 부당노동행위는 인정되지 않는다.
② 중앙노동위원회의 재심판정에 불복하여 사용자가 행정소송을 제기한 경우 관할법원은 중앙노동위원회의 신청으로써 확정판결 전이라도 구제명령을 이행하도록 명할 수 있다.
③ 부당노동행위가 아닌 부당해고에 대해서도 근로자 보호를 위해서 긴급이행명령 규정이 적용된다.
④ 지방노동위원회의 구제명령에 불복이 있는 자는 그 명령서를 송달받은 날로부터 10일 이내에 중앙노동위원회에 재심을 청구할 수 있다.
⑤ 노동위원회가 부당해고에 대해서 원직복직의 구제명령을 내렸다고 하여도 이로써 해고의 사법상의 효력이 무효가 되는 것은 아니다.

《해 설》 ②③ 부당노동행위에 대해서 사용자가 행정소송을 제기한 경우 관할법원은 판결이 확정될 때까지 중앙노동위원회의 구제명령의 전부 또는 일부를 이행하도록 명할 수 있다(노조및조정법 제85조 5항). 그러나 부당해고의 경우에는 이러한 규정의 적용이 없다. 다만 2007년 근로기준법의 개정으로 이행강제금제도를 도입하였다. 즉, 노동위원회는 구제명령을 받은 후 이행기한까지 구제명령을 이행하지 아니한 사용자에 대하여 2천만원 이하의 이행강제금을 부과한다(근기법 제33조 1항). ④ 노조

및조정법 제85조 1항. <답 ③>

8. 부당노동행위에 대한 설명 중 옳지 않은 것은? <사시 1997년, 노무사 2004년>

① 우리나라의 규범체계에서는 미국과 같이 노동조합측의 부당노동행위를 인정하는 제도를 채택할 수 없다.

② 현행법상으로 사용자가 노동위원회의 구제명령에 불복하여 소를 제기한 경우, 판결이 확정되기 전에는 어떠한 이행명령도 불가능하다.

③ 부당노동행위로 판정된 해고에 대한 구제내용은 당사자를 원직복귀시킴과 동시에 해고기간중의 임금액의 전액을 지급하는 것이 일반적이다.

④ 노동위원회의 구제신청은 부당노동행위가 있은 날로부터 3월 이내에 하여야 한다.

⑤ 구제명령을 위반한 경우는 물론 부당노동행위 자체가 처벌의 대상이 된다.

《해 설》 ② 사용자가 구제명령을 이행하지 않는 경우에 그 위반을 이유로 직접 벌칙이 적용되지 않으며, 당해 구제명령이 확정된 경우에(노조및조정법 제85조 3항) 벌칙이 적용된다(노조및조정법 제89조 2호). 그러나 이로 인하여 노동위원회의 구제명령이 확정될 때까지는 사용자의 이행을 확보할 수 있는 수단이 없게 되므로 구제명령의 실효성이 문제된다. 따라서 현행 노동조합 및 노동관계조정법에서는 중앙노동위원회에 의한 재심판정에 사용자가 불복하여 행정소송을 제기하면 소송이 진행중이라도 관할법원의 결정에 의하여 긴급이행명령을 발할 수 있도록 하였다(노조및조정법 제85조 5항). <답 ②>

9. 부당노동행위에 관한 설명으로 옳지 않은 것은? (다툼이 있는 경우 판례에 의함) <노무사 2009년>

① 사용자가 노동조합에 최소한의 규모의 조합사무소를 제공하는 것은 부당노동행위의 예외에 해당된다.

② 노동조합 및 노동관계조정법에 의해 설립되지 아니한 근로자단체인 이른바 법외노조의 경우 모든 구성원은 부당노동행위구제신청을 할 수 없다.

③ 구제의 신청은 부당노동행위가 있은 날부터 3월 이내에 이를 행하여야 하며, 계속하는 행위는 그 종료일로부터 3월 이내에 행하여야 한다.

④ 사용자의 단체교섭 거부 내지, 해태의 정당성 여부는 노동조합측이 요구하는 교섭시간, 교섭장소 등을 종합하여 사회통념상 사용자에게 단체교섭의무의 이행을 기대하는 것이 어렵다고 인정되는지 여부에 따라 판단하여야 한다.

⑤ 대법원은 사용자가 정당한 해고사유가 있어 근로자를 해고한 경우에는 사용자에게 반노동조합의사가 추정된다고 하더라도 당해 해고사유가 단순히 표면상의 구실에 불과하다고 할 수는 없을 것이므로 부당노동행위에 해당한다고 할 수 없다는 입장이다.

《해 설》 ① 노조및조정법 제81조 4호 단서. ② 동법 제7조에서는 노동조합에 대해서만 부당노동행위 구제신청을 제한하고 있으므로, 근로자 개개인은 부당노동행위 구제신청을 할 수 있다. ③ 동법 제82조 2항. ⑤ 대판 1996. 4. 23,95누6151. <답 ②>

10. 우리나라의 부당노동행위제도에 관한 설명으로 옳지 않은 것은?<사시 2007년>

① 노동조합의 부당노동행위는 인정되지 않는다.

② 법외노조(노동조합 및 노동관계조정법에 의하여 설립된 노동조합이 아닌 노동단체)는 부당노동행위구제신청을 할 수 없다.

③ 구제명령은 재심 · 행정소송의 제기에 의해 그 효력이 정지되지 않는다.

④ 사용자가 노동위원회의 구제명령을 이행하지 않은 경우 현행법상 구제명령이 확정되기 전에는 이를 이행하도록 강제할 방법이 없다.

⑤ 근로자 또는 노동조합은 노동위원회의 구제 외에 직접 민사소송을 통한 사법적 구제를 신청할 수 있다.

《해 설》 ④ 현행 노조및조정법 제85조 5항은 '사용자가 (중앙노동위원회의 재심판정에 불복하여) 행정소송을 제기한 경우에 관할법원은 중앙노동위원회의 신청에 의하여 결정으로써 판결이 확정될 때까지 중앙노동위원회의 구제명령의 전부 또는 일부를 이행하도록 명할 수 있다' 고 규정하여 '긴급이행명령 또는 긴급명령' 이라고 한다. <답 ④>

11. 부당노동행위의 유형과 그 특징에 관한 설명으로 옳지 않은 것은? (다툼이 있는 경우에는 판례에 의함) <사시 2009년>

① 사용자의 불이익처분이 근로자의 정당한 노동조합활동을 이유로 하는 경우 부당노동행위가 성립한다.

② 근로자에게 어느 노동조합에서 탈퇴할 것을 고용조건으로 하는 사용자의 행위는 부당노동행위이다.

③ 사용자가 정당한 이유없이 단체교섭을 거부하거나 해태하면 부당노동행위가 성립한다.

④ 지배 · 개입으로서의 부당노동행위가 성립하려면 사용자에게 지배 · 개입의 의사가 있어야 한다.

⑤ 지배 · 개입으로서의 부당노동행위가 성립하려면 근로자의 단결권의 침해라는 결과의 발생을 요한다.

《해 설》 ① 사용자의 불이익처분이 근로자의 정당한 노동조합활동을 이유로 하는 경우에는 노동3권 침해행위로서 부당노동행위가 성립한다. ② 근로자에게 어느 노동조합에서 탈퇴할 것을 고용조건으로 하는 사용자의 행위는 단결권을 침해하는 부당노동행위이다. ③ 사용자가 정당한 이유 없이 단체교섭을 거부하거나 해태하면 헌법상 보장된 단체교섭권을 침해하는 행위로서 부당노동행위가 성립한다. ④ 지배 · 개입으로서의 부당노동행위가 성립하려면 사용자에게 지배 · 개입의 의사가 없어도 성립한다는 것이 통설의 입장이지만, 판례는 사용자가 고의로 단체교섭을 거부하려는 부당노동행위의 의사가 있었다고 단정할만한 명백하고도 객관적인 자료가 없는 이상 부당노동행위로 볼 수 없다 하여 부당노동행위의 의사를 요하고 있다(대판 1996. 9. 10, 95누16738). ⑤ 지배·개입으로서의 부당노동행위가 성립하려면 근로자의 단결권의 침해라는 결과의 발생을 요하는 것은 아니다. 민법의 경우처럼 이미 발생된 손해배상을 목적으로 하는 것은 아니라는 점에서 구체적인 결과나 손해의 발생을 요하는 것은 아니라고 본다(대판 1997. 5. 7, 96누2057). <답 ⑤>

12. 부당노동행위에 관한 다음 기술 중 틀린 것은? (견해대립이 있는 경우에는 판례에 의함)

① 조합원의 지위를 취득하지 못한 상태에서 노조에 가입하려고 한 근로자들에 대하여 사용자가 부당노동행위를 하였다면, 노조도 자신의 권리를 침해받은 것으로 볼 수 없어 독자적으로 부당노동행위에 대한 구제신청권을 가지지 못한다.

② 조합원의 행위가 객관적으로 보아서 단결의 목적에 부합하고 단결의 강화에 기여하는 것이라면 설령 조합기관의 수권이나 승인이 없다 할지라도 그 행위는 노동조합의 행위로 보아야 할 것이다.

③ 야간근무중 2시간 정도 무단이탈한 것을 이유로 한 징계해고는 부당노동행위이다.

④ 사용자가 단체협약과 회사인사방침에 따라 근로자를 비노조직으로 승진발령한 경우에 이 승진발령을 조합활동에 대한 방해행위라고 주장하면서 불응한 해당 근로자에 대해서 취업규칙과 단체협약에 의거하여 해고한 것은 부당노동행위라고 할 수 없다.

⑤ 지역노조에 있어서도 그 조직대상을 같이하는 경우에는 union shop협정이 체결된 노동조합에서 탈퇴하여 다른 노동조합에 가입하더라도 union shop조항이 적용되어 탈퇴근로자를 사용자가 해고하는 것은 부당노동행위에 해당되지 않는다고 하는 것이 판례의 태도이다.

《해 설》 ① 조합원의 지위를 취득하지 못한 상태에서 노조에 가입하려고 한 근로자들에 대하여 사용자가 부당노동행위를 하였다면, 노조도 자신의 권리를 침해받은 것으로 볼 수 있어 독자적으로 부당노동행위에 대한 구제신청권을 가진다(2008. 9. 11, 2007두19249). ② 대판 1990. 10. 23, 89누2837. ③ 대판 1990. 11. 27, 90누3683. ④ 대판 1986. 7. 8, 85누170. ⑤ 대판 2002. 10. 25, 2000다23815. <답 ①>

13. 부당노동행위제도 관련된 다음의 설명 중 바르지 않은 것은?<노무사 2005년>

① 미국의 와그너(Wagner)법에서 사용자의 부당노동행위만을 인정하였다.

② 미국의 랜드럼-그리핀(Landrum-Griffin)법에서 사용자의 부당노동행위와 함께 노동조합의 부당노동행위를 신설하였다.

③ 사용자가 노동조합의 대표자 또는 노동조합으로부터 위임을 받은 자의 단체협약체결 기타의 단체교섭을 정당한 이유없이 거부하는 행위는 부

당노동행위에 해당한다.

④ 사용자가 근로자의 후생자금 또는 경제상의 불행 기타 재액의 방지와 구제를 위한 기금의 기부행위는 부당노동행위에 해당하지 않는다.

⑤ 현행 노동조합 및 노동관계조정법의 해석상 유니온샵협정이 체결된 경우 사용자는 근로자가 당해 노동조합에서 탈퇴한 것을 이유로 신분상 불이익한 행위를 할 수 있다.

《해 설》 ② 1947년 미국의 Taft-Hartley법은 사용자의 부당노동행위와 함께 노동조합의 부당노동행위를 신설하였다. <답 ②>

14. 다음 중 부당노동행위에 대한 설명으로 옳지 않은 것은?

① 사용자가 산업별 노동조합의 지부에 제공하던 사무실을 폐쇄하는 등 편의시설 제공을 일방적으로 거절한 경우, 그것이 산업별 노동조합지부의 유효한 조직변경 형태 결의로 기업별 노동조합이 새롭게 설립된 것으로 오인하였다 하더라도 부당노동행위에 해당한다.

② 조합원의 의사에 반하여 단체협약을 불리하게 체결한 조합위원장에 대한 불신임 운동을 주도한 조합의 회계감사를 해고한 것은 부당노동행위이다.

③ 야간근무 중 2시간 정도 무단이탈한 것을 이유로 한 징계해고는 부당노동행위이다.

④ 절차위반이 정당한 해고사유 없이 노동조합활동을 배제하기 위한 수단으로 행하여진 경우에는 그 절차위반에 의한 해고도 부당노동행위로 인정된다.

⑤ 사용자가 근로자에 대하여 노동조합의 조합원이라는 이유로 비조합원보다 불리하게 인사고과를 하고 그 인사고과가 경영상 이유에 의한 해고대상자 선정기준이 되어 그 근로자가 해고되었을 경우 그 선정기준의 정당성 여부를 불문하고 부당노동행위로 인정된다.

《해 설》 ① 대판 2008. 10. 9, 2007두15506. ② 대판 1990. 10. 23, 89누2837. ③ 대판 1990. 11. 27, 90누3683. ④ 대판 1995. 6. 13, 95다1323 참고. ⑤ 사용자가 근로자에 대하여 노동조합의 조합원이라는 이유로 비조합원보다 불리하게 인사고과를 하고 그 인사고과가 경영상 이유에 의한 해고대상자 선정기준이 되어 그 근로자가 해고되었다고 주장하는 경우, 그것이 부당노동행위에 해당하는지 여부는, 조합원 집단과 비조합원 집단을 전체적으로 비교하여 두 집단이 서로 동질의 균등한 근로자 집단임에도 인사고과에서 두 집단 사이에 통계적으로 유의미한 격차가 있었는지, 인사고과에서 그러한 격차가 노동조합의 조합원임을 이유로 하여 비조합원에 비하여 불이익취급을 하려는 사용자의 반조합적 의사에 기인하는지, 인사고과에서의 그러한 차별이 없었더라면 해고대상자 선정기준에 의할 때 해고대상자로 선정되지 않았을 것인지 등을 심리하여 판단하여야 한다(대판 2009. 3. 26, 2007두25695). <답 ⑤>

15. 다음 중 노동조합 및 노동관계조정법 제81조에 따라 부당노동행위가 되는 것은? <노무사 1992년, 사시 2008년 유사>

① 사용자가 노동조합에 무상으로 소규모의 조합사무소를 대여한 행위
② 노동조합이 단체교섭을 하기 위하여 사용자를 조합사무소에 장시간 감금한 행위
③ 사용자가 조합의 신청에 의하여 단체교섭을 개시했으나 합의에 도달치 못하여 협약체결을 거부한 행위
④ 사용자가 조합에 가입하지 않는 신규채용근로자를 고용한 행위
⑤ 사용자가 노동조합에 운영비를 원조한 행위

《해 설》 ① 다음과 같은 경우에는 노조및조정법 제81조 4호의 경비원조에 해당하지 않는다. (i) 근로자가 근로시간중에 임금청구권을 상실하지 않고 사용자와 협의 또는 교섭하는 것을 허용하는 행위, (ii) 근로자의 후생자금 또는 경제상의 불행 기타 재액의 방지와 구제 등을 위한 기금을 기부하는 행위, (iii) 최소한의 규모의 노동조합사무소를 제공하는 행위. ⑤는 사용자의 경비원조에 해당한다. ②는 형법상의 불법감금죄에 해당 여부가 문제된다. 또한 우리나라는 근로자측의 부당노동행위를 인정하지 않고 있다. ③은 정당한 이유있는 단체교섭의 거부에 해당한다. <답 ⑤>

16. 노동조합 및 노동관계조정법상 부당노동행위에 해당할 수 있는 것은? <사시 2002년>

① 불법쟁의행위를 주도한 조합간부를 형사고소한 경우
② 노동조합의 조합원이 되지 아니할 것을 고용조건으로 하는 근로계약을 체결한 경우
③ 노동조합에 대하여 근로자의 후생자금을 기부한 경우
④ 노조전임자를 두기로 동의한 경우
⑤ 쟁의행위 기간중의 임금지급을 요구하는 단체교섭을 거부한 경우

《해 설》 ① 정당한 쟁의행위가 아닌 경우 위법성이 조각되지 않는다. ② 비열계약(yellow dog contract). 제81조 2호. ③ 근로자의 후생자금, 경제상의 불행 기타 재액의 방지와 구제를 위하여 기금을 기부하는 것은 운영비를 원조(제81조 4호)하는 행위로 보기 어렵다. ⑤ 쟁의행위기간 동안에는 사용자의 임금지급의무가 발생하지 않으며 이때 노동조합은 임금지급을 목적으로 하는 쟁의행위는 금지된다. 제44조 참고. <답 ②>

17. 노동조합 및 노동관계조정법상 부당노동행위 구제제도에 관한 설명 중 옳지 않은 것은? <사시 2002년, 노무사 2005년 유사>

① 구제신청은 부당노동행위가 있은 날로부터 3월 이내에 해야 한다.
② 구제신청은 부당노동행위로 인하여 그 권리를 침해당한 근로자 또는 노동조합이 할 수 있다.
③ 노동위원회의 구제명령은 행정소송의 제기에 의하여 그 효력이 정지되지 않는다.

④ 노동위원회가 구제신청에 의하여 심문을 할 때에는 그 직권으로 증인을 출석하게 할 수 없다.
⑤ 긴급이행명령제도는 노동위원회가 내린 구제명령의 실효성을 확보하기 위한 제도이다.

《해 설》 ④ 노조및조정법 제83조(조사 등). ① 노동위원회는 제82조의 규정에 의한 구제신청을 받은 때에는 지체없이 필요한 조사와 관계 당사자의 심문을 하여야 한다. ② 노동위원회는 1항의 규정에 의한 심문을 할 때에는 관계 당사자의 신청에 의하거나 그 직권으로 증인을 출석하게 하여 필요한 사항을 질문할 수 있다. <답 ④>

18. 부당노동행위의 구제명령에 대한 기술 중 틀린 것은?

① 심판위원회의 심판담당공익위원이 결정한다.
② 구제명령의 내용은 노동조합 및 노동관계조정법에 따른다.
③ 구제명령은 신청의 취지에 반할 수 없다.
④ 구제명령의 내용은 노동위원회의 재량에 따른다.
⑤ 서면으로 하되 당해 사용자와 신청인에게 각각 교부하여야 한다.

《해 설》 ② 구제명령의 내용에 관하여는 노조및조정법에 아무런 규정이 없으며, 따라서 노동위원회의 재량권에 속한다고 할 수 있다. 그러므로 노동위원회는 부당노동행위에 대하여 침해된 상태를 회복하는 데 필요하고도 적절한 구체적 조치를 명하여야 한다. <답 ②>

19. 노동조합 및 노동관계조정법상 부당노동행위 구제절차에 관한 설명으로 옳지 않은 것은? <사시 2010년>

① 사용자의 부당노동행위로 인하여 그 권리를 침해당한 근로자 또는 노동조합은 노동위원회에 그 구제를 신청할 수 있다.
② 노동조합 및 노동관계조정법에 의하여 설립된 노동조합이 아니더라도 그 단체는 사용자가 단체교섭을 거부한 경우 노동위원회에 부당노동행위의 구제를 신청할 수 있다.
③ 중앙노동위원회의 재심판정에 대하여 관계 당사자는 그 재심판정서의 송달을 받은 날부터 15일 이내에 행정소송법이 정하는 바에 의하여 소를 제기할 수 있다.
④ 노동위원회의 구제명령은 직접 노사간의 사법상의 법률관계를 발생 또는 변경시키지 아니한다.
⑤ 노동위원회의 확정된 구제명령에 위반한 사용자는 형사처벌의 대상이 된다.

《해 설》 ① 노조및조정법 제82조 1항. ② 노조및조정법에 의하여 설립된 노동조합이 아니면 노동위원회에 노동쟁의의 조정 및 부당노동행위의 구제를 신청할 수 없다(노조및조정법 제7조 1항). ③ 노조및조정법 제 85조 2항. <답 ②>

20. 고용될 것을 원하는 근로자에 대하여 노동조합에의 불가입 혹은 노동조합으로부터의 탈퇴를 고용조건으로 하는 것을 무엇이라고 하는가?

① 격차조항 ② union shop ③ open shop
④ cloed shop ⑤ 비열계약(yellow dog contract)

《해 설》 노조및조정법 제81조 2호 본문의 내용으로서 우리 노조및조정법은 이를 부당노동행위로서 금지하고 있다. <답 ⑤>

21. 현행 부당노동행위제도의 특색이라 할 수 없는 것은? <노무사 2005년 유사>

① 피해근로자의 소속노조는 당연히 구제신청권이 있다.
② 구제절차는 초심 · 재심 · 행정소송으로 이루어진다.
③ 원상회복주의에 과벌주의를 병과하고 있다.
④ 피해자의 명시적 의사가 있어야만 처벌할 수 있다.
⑤ 노동위원회에 의한 구제와 민사소송에 의한 구제가 동시에 인정된다.

《해 설》 ② 부당노동행위 구제절차는 초심절차 · 재심절차 · 행정소송으로 크게 나눌 수 있다. ④ 현행 노조및조정법은 피해자의 명시적 의사에 관계없이 처벌할 수 있게 동 규정을 개정하였다(노조및조정법 제90조). 그러므로 현행법은 피해자의 명시적 의사를 불문하고 부당노동행위를 한 자에 대하여 2년 이하의 징역 또는 2천만원 이하의 벌금에 처한다. <답 ④>

22. 노동조합 및 노동관계노정법상 부당노동행위에 해당하지 않는 것은? (판례에 의함)

① 교섭당사자가 법외조합인 단체와의 단체교섭을 거부하는 경우
② 유일교섭단체조항을 이유로 노동조합의 단체교섭을 거부하는 경우
③ 노동조합의 가입을 지지하기 위하여 노동조합에 가입하려는 근로자를 노조활동이 어려운 부서로 전보 발령하였으나 그 자체는 그 근로자에게 불이익하지 않은 경우
④ 단위노동조합이 소속한 연합단체에 단체교섭권한을 위임하였다는 이유로 단위 노동조합과의 단체교섭을 거부하는 경우
⑤ 사용자가 단체협약 효력기간 만료에 대비하여 노동조합의 단체교섭 요구를 거부한 경우

《해 설》 ① 노조및조정법상의 노동조합이 아닌 근로자의 단체(법외조합)는 부당노동행위의 구체를 청구할 수 없다. 따라서 동 단체가 교섭을 요구하는 경우 이를 거절하더라도 부당노동행위에 해당하지 않는다(노조및조정법 제7조 참조). ② 유일교섭단체조항을 이유로 노동조합의 단체교섭을 거부하면 부당노동행위에 해당한다. ③ 근로3권 보장활동과의 관련에서 그 구체적인 불이익성이 판단되어야 하므로, 사용자의 행위 자체는 실질적으로 불이익이 아니더라도 근로3권 보장활동에 불이익하면 부당노동행위가 성립할 수 있다. ④ 대판 1998. 11. 13, 98다20790. 단위노동조합이 상부단체인 연합단체에 단체교섭권한을 위임한 경우, 단위노동조합의 단체교섭권한은 유지된다. 따라서

단위 노동조합과의 단체교섭을 거부하는 경우 부당노동행위에 해당한다. ⑤ 대판 2006. 2. 24, 2005도8606. <답 ①>

23. 성실교섭의무를 위반한 사용자의 행위로 볼 수 없는 것은? <사시 2003년>

① 단순한 의사전달 권한밖에 없는 자를 교섭담당자로 내세우는 행위
② 단체교섭일자에 특별한 사정없이 일방적으로 휴업하는 행위
③ 노동조합의 주장에 대하여 설득하려고 노력할 뿐 자신의 입장을 양보하지 않는 행위
④ 합의에 도달했으나 조합원수가 적다는 이유로 협약체결을 거부하는 행위
⑤ 직접교섭을 고집하며 노동조합으로부터 위임을 받은 자와 단체교섭을 거부하는 행위

《해 설》 ③ 성실교섭의무는 사용자가 단체교섭에 성의를 가지고 임할 것을 의미하는 것뿐이며 교섭사항을 구체적으로 타결해야 할 의무까지를 포함하는 것은 아니다. <답 ③>

24. 노동조합 및 노동관계조정법상 부당노동행위로 인정될 수 있는 것은 모두 몇 개인가? (다툼이 있는 경우에는 판례에 의함) <노무사 2010년>

ㄱ. 사용자가 조합활동에 적극적인 조합원에게 본인의 의사에 반하여 연장근로를 할 수 있는 기회를 인정하지 않는 경우
ㄴ. 사용자가 근로자의 조합활동을 혐오하거나 방해하려는 의사로 노동조합 간부를 승진시켜 조합원 자격을 잃게 한 경우
ㄷ. 사용자가 부당노동행위의 의사로 노동조합에 지배·개입을 하였으나 조합원의 집단적 탈퇴 등 단결권 침해의 결과는 발생하지 않는 경우
ㄹ. 사용자가 우월적 지위를 이용하여 사내방송, 게시물을 통해 의견을 표명함으로써 노동조합 운영에 영향을 미친 경우
ㅁ. 하청업체 소속 근로자의 기본적 노동조건에 실직적인 지배력을 행사하고 있는 원청회사가 실제로 하청업체 소속 근로자의 노동조합에 지배·개입한 경우

① 1개 ② 2개 ③ 3개
④ 4개 ⑤ 5개

《해 설》 ㄱ. 불이익취급의 하나로서 부당노동행위가 성립한다(노조및조정법 제81조 1호). ㄴ. 노동조합 가입을 방해하는 지배개입의 하나로서 부당노동행위가 성립한다(노조및조정법 제81조 4호). ㄷ. 노조및조정법 제81의 부당노동행위 규정은 결과의 발생을 요구하지 않는다. ㄹ. 지배개입의 하나로서 부당노동행위가 성립할 수 있다(노조및조정법 제81조 4호; 대판 1998. 5. 22, 97누8076). 다만, 사용자의 그러한 의견표명행위가 부당노동행위로 인정되기 위한 요건에 대해서는 대판 2006. 9. 8, 2006도388 참고. ㅁ. 원청회사가 하청업체 소속 근로자의 기본적 근로조건에 실질적인 지배력을 행사하고 있다고 인정되면 원청회사를 하청업체 소속 근로자의 사용자라고 볼 수 있으므로 노조및조정법 제81조가 이들 사이에 적용될 수 있을 것이다(대판 2010. 3. 25, 2007두8881). <답 ⑤>

25. 다음의 사용자의 행위 중 부당노동행위에 해당되지 않는 것은?<사시 2001년>

① 노동조합 위원장 선거를 앞두고 조회시간에 특정 후보자를 지지하거나 비난하는 발언을 하는 행위
② 노동조합의 업무에만 종사하는 노동조합의 전임자를 단체협약으로 인정하는 행위
③ 채용시 노동조합에 가입은 하되 조합비는 납부하지 않는다는 취지의 서약서를 요구하는 행위
④ 노동조합의 임금인상을 위한 단체교섭 요구에 대하여 합리적 설명이나 관련자료의 제공을 하지 않으면서 자신의 주장을 고집하는 행위
⑤ 노동조합 활동에 적극적인 근로자를 본인의 의사에 반하여 조합원 자격이 인정되지 않는 직위로 승진시키는 행위

《해 설》 부당노동행위는 불이익취급(노조및조정법 제81조 1호, 5호), 비열계약(노조및조정법 제81조 2호), 단체교섭거부(노조및조정법 제81조 3호), 그리고 지배 · 개입 및 경비원조(노조및조정법 제81조 4호)로 나뉜다. ①은 지배 · 개입에, ③은 비열계약에, ④는 단체교섭거부행위에, ⑤는 불이익취급에 해당한다. ②의 노조전임자의 인정 자체는 단체협약을 통해 노동조합이 쟁취한 것이므로 언제나 허용된다. <답 ②>

26. 부당노동행위에 대한 구제제도의 설명 중 틀린 것?

① 노동위원회에 의한 구제와 사법상의 <사시 1994년, 노무사 2008년 유사> 구제가 병행된다는 것이 통설이다.
② 구제신청의 상대방은 고용주에 한한다는 견해와 이익대표자도 포함된다는 견해의 대립이 있다.
③ 구제명령은 재심 · 행정소송의 제기에 의하여 효력이 정지되지 않는다.
④ 교부된 구제명령은 불가변력 · 공정력이 인정된다.
⑤ 노동위원회의 확정된 구제명령은 법원의 확정판결과 동일한 효력을 가진다.

《해 설》 ① 대판 1988. 12. 13, 86다204 등. ③ 노조및조정법 제86조. ④ 구제명령은 일종의 행정처분의 성격이 있으므로 집행부정지원칙 · 공정력 등이 발생한다. ⑤ 노동위원회의 확정된 구제명령은 법원의 확정판결과 동일한 효력을 가지는 것은 아니다. <답 ⑤>

27. 부당노동행위 구제신청을 할 수 있는 자를 모두 고른 것? <노무사 2010년>

ㄱ. 조합활동을 이유로 불이익취급을 당한 조합원인 근로자
ㄴ. 조합활동을 이유로 불이익취급을 당한 조합원인 근로자가 가입하고 있는 노동조합
ㄷ. 노동조합에 가입하려다가 불이익취급을 당한 조합원이 아닌 근로자

ㄹ. 조합원이 아닌 근로자가 노동조합에 가입하려다가 불이익취급을 당한 경우, 그 근로자가 가입하려던 노동조합

① ㄱ ② ㄱ, ㄴ ③ ㄱ, ㄴ, ㄷ
④ ㄱ, ㄴ, ㄹ ⑤ ㄱ, ㄴ, ㄷ, ㄹ

《해 설》 사용자의 부당노동행위로 인하여 그 권리를 침해당한 근로자 또는 노동조합은 노동위원회에 그 구제를 신청할 수 있다. <답 ⑤>

28. 부당노동행위 구제절차에 관한 설명 중 옳지 않은 것은?

<사시 2003년, 노무사 2008년 유사>

① 노동위원회는 부당노동행위 구제절차를 직권으로 개시할 수 있다.
② 노동위원회는 직권으로 증인을 출석하게 하여 필요한 사항을 질문할 수 있다.
③ 부당노동행위 구제신청은 부당노동행위가 있은 날부터 3월 이내에 하여야 한다.
④ 노동위원회는 관계당사자에 대하여 증인에 대한 반대심문을 할 수 있는 충분한 기회를 주어야 한다.
⑤ 재심신청은 명령서 또는 결정서의 송달을 받은 날부터 10일 이내에 중앙노동위원회에 할 수 있다.

《해 설》 ① 신청주의이다(노조및조정법 제82조 1항). ② 노조및조정법 제83조 2항. ③ 노조및조정법 제82조 2항. ④ 노조및조정법 제83조 3항. ⑤ 노조및조정법 제85조 1항. <답 ①>

29. 부당노동행위 구제절차에 관한 다음 기술 중 틀린 것은? (견해 대립이 있는 경우에는 판례에 의함)

① 노동조합의 구제신청권은 권리를 침해당한 근로자 개인의 그것과는 별개의 노동조합 자체의 독자적 권한이라 할 것이고, 근로자 개인의 구제신청권을 대위하거나 대리하는 것은 아니다.
② 사용자의 행위가 부당노동행위에 해당하는지 여부의 판단 방법 및 그에 대한 증명책임은 사용자에게 있다.
③ 노동위원회의 사용자에 대한 구제명령은 사용자에게 이에 복종하여야 할 공법상의 의무를 부담시킬 뿐, 직접 노사간의 사법상의 법률관계를 발생 또는 변경시키는 것은 아니다.
④ 부당노동행위금지규정은 헌법이 규정하는 근로 3 권을 구체적으로 확보하기 위한 것으로 이에 위반할 경우 처벌규정을 두고 있는 한편 신속한 권리구제를 위하여 행정상의 구제절차까지 규정하고 있음에 비추어 이

는 효력규정인 강행법규라 할 것이므로 위 규정에 위반한 법률행위는 사법상으로도 그 효력이 없다.

⑤ 노동위원회의 기각결정이 확정되었다 하더라도 별도로 민사소송을 제기할 수 있다.

《해 설》 ① 대판 1979. 2. 13, 78다2275. ② 사용자의 행위가 부당노동행위에 해당하는지 여부의 판단 방법 및 그에 대한 증명책임은 근로자 또는 노동조합에게 있다(대판 2007. 11. 15, 2005두4120). ③ 대판 1996. 4. 23, 95나53102. ④ 대판 1993. 12. 21, 93다11463. ⑤대판 1992. 5. 22, 91다22100. <답 ②>

30. 부당노동행위 구제제도에 관한 설명으로 옳은 것은? <사시 2004년, 노무사 2008년 유사>

① 근로자 또는 노동조합은 부당노동행위에 대해 노동위원회에 구제신청이 가능할 뿐 직접 법원에 소송을 제기할 수 없다.

② 부당노동행위를 행한 사용자에 대한 형사처벌은 피해자의 의사에 반하여 할 수 없다.

③ 확정된 구제명령을 위반한 사용자에 대해 형사처벌이 가능하다.

④ 법원의 긴급이행명령을 이행하지 않는 경우 징역 또는 벌금형이 부과된다.

⑤ 부당노동행위 구제신청은 부당노동행위가 있은 날부터 6월 이내에 행하여야 한다.

《해 설》 ① 근로자 또는 노동조합은 부당노동행위에 대해 노동위원회에 구제신청이 가능할 뿐 아니라 직접 법원에 소송을 제기할 수 있다(대판 1998. 12. 13, 86다204 등). ② 현행 노조및조정법 제90조에서는 피해자의 명시적 의사의 요건을 삭제함으로써 피해자의 의사에 관계없이 부당노동행위를 행한 사용자를 처벌할 수 있도록 하였다. ③ 노조및조정법 제89조 2호. ④ 과태료가 부과된다(노조및조정법 제95조). ⑤ 3월 이내에 행하여야 한다(노조및조정법 제82조 2항). <답 ③>

31. 부당노동행위구제에 관한 설명으로 옳지 않은 것은? <노무사 2004년>

① 사용자의 부당노동행위가 부당해고에 해당되는 경우에는 부당노동행위와 더불어 부당해고도 포함하여 구제신청을 할 수 있다.

② 3개월이라는 구제신청기간은 제척기간으로 소멸시효와 달리 중단제도가 없다.

③ 노동위원회에서 구제신청에 대한 기각결정이 확정되면 민사소송제기는 불가능하다.

④ 중앙노동위원회의 구제명령 · 기각결정 또는 재심판정의 효력은 행정소송의 제기에 의하여 정지되지 아니한다.

⑤ 행정소송의 취소소송에서 피고는 당해 명령 또는 결정을 내린 중앙노동

위원회이다.

《해 설》 ① 근기법 제28조 이하. ③ 노동위원회의 기각결정이 확정되었다 하더라도 별도로 민사소송을 제기할 수 있다(대판 1992. 5. 22, 91다22100). ④ 노조및조정법 제86조. <답 ③>

32. 부당노동행위 구제에 관한 설명으로 옳은 것은? <노무사 2009년>

① 노동조합만이 부당노동행위 구제신청을 할 수 있다.

② 노동위원회는 구제신청을 받은 경우 10일 이내에 필요한 조사와 관계당사자의 심문을 하여야 한다.

③ 노동위원회는 부당노동행위의 구제신청에 대한 판정·명령 및 결정은 서면으로 하여야 하며 이를 당해 사용자의 신청인에게 각각 교부하여야 한다.

④ 노동위원회의 구제명령·기각결정 또는 재심판정은 중앙노동위원회에의 재심신청이나 행정소송제기에 의하여 효력이 정지될 수 있다.

⑤ 노동위원회는 심문을 행함에 있어서 관계당사자의 신청이 있는 경우에만 증인에 대하여 필요한 사항을 질문할 수 있다.

《해 설》 ① 사용자의 부당노동행위로 인하여 그 권리를 침해당한 근로자도 구제를 신청할 수 있다(노조및조정법 제82조 제1항). ② 노동위원회는 부당노동행위 구제신청을 받은 때에는 지체없이 필요한 조사와 관계당사자의 심문을 하여야 한다(동법 제83조 1항). ③ 동법 제84조 2항. ④ 노동위원회의 구제명령·기각결정 또는 재심판정은 제85조의 규정에 의한 중앙노동위원회에의 재심신청이나 행정소송의 제기에 의하여 그 효력이 정지되지 아니한다(동법 제86조). ⑤ 노동위원회는 심문을 할 때에는 관계당사자의 신청에 의하거나 그 직권으로 증인을 출석하게 하여 필요한 사항을 질문할 수 있다(동법 제83조 2항). <답 ③>

33. 부당노동행위로서의 불이익취급과 관련한 판례의 태도 중 틀린 것은?

① 현집행부에 반대하는 조합원의 활동은 보통 조합기관으로부터 명시적·묵시적 승인을 얻을 수 없으므로 조합활동으로 인정될 수 없고, 따라서 이를 이유로 한 사용자의 해고는 부당노동행위가 될 수 없다.

② 평소 조합활동에 적극적인 근로자가 야간근무중에 2시간 정도 무단이탈한 것을 이유로 한 징계해고는 부당노동행위이다.

③ 해고의 절차가 단체협약이나 취업규칙에 위반하였다는 사유는 해고무효의 이유뿐만 아니라 부당노동행위도 당연히 성립한다.

④ 절차위반이 정당한 해고사유 없이 노동조합활동을 배제하기 위한 수단으로 행하여진 경우에는 그 절차위반에 의한 해고도 부당노동행위로 인정된다고 보아야 한다.

⑤ 근로자의 근로3권보장활동과 해고 기타 불이익취급과의 사이에 객관적

인과관계만 있으면 족하다.

《해 설》 ① 노동조합의 행위는 조합기관의 명시적인 결의나 지시가 있거나 묵시의 수권 또는 승인이 있는 행위라는 견해(대판 1989. 4. 25, 88누1950 등)에 의하면 현 집행부에 반대하는 조합원의 활동은 보통 조합기관으로부터 명시적·묵시적 승인을 얻을 수 없으므로 조합활동으로 인정될 수 없고, 따라서 이를 이유로 한 사용자의 해고는 부당노동행위가 될 수 없다고 한다. ② 대판 1990. 11. 27, 90누3683. ③ 근로자에 대한 해고가 부당노동행위에 해당하는지의 여부는 그 해고가 실질적으로 노동조합 및 노동관계조정법 제81조의 요건에 해당하는 것인지 여부에 의하여 판단되어야 한다. 그러므로 해고의 절차가 단체협약이나 취업규칙에 위반하였다는 사유는 해고무효의 이유가 될 수는 있어도 이로 인하여 부당노동행위가 당연히 성립하는 것은 아니다(대판 1990. 12. 26, 90누2116). ④ 대판 1995. 6. 13, 95다1323. ⑤ 통설과 판례(대판 1989. 2. 28, 89다카2567 등)는 근로자의 근로3권 보장활동과 해고 기타 불이익취급과의 사이에 객관적 인과관계만 있으면 족하다. 객관적 인과관계설은 근로3권보장활동이 불이익취급과 원인·결과의 관계에 있다는 사실만을 인식하는 것으로 족하다는 것이다. <답 ③>

34. 다음에서 단체교섭을 거부할 수 있는 정당한 사유에 해당하는 것은?

① 노조측이 관행적인 단체교섭의 규칙을 무시하는 경우
② 단체협약효력기간이 만료되기 전의 합리적인 시기에 노동조합이 요구한 단체교섭을 거부한 경우
③ 유일교섭단체조항을 이유로 단체교섭을 거부하는 경우
④ 조합원이 소수라는 이유로 단체교섭을 거부하는 경우
⑤ 단체교섭시기에 일방적으로 휴업을 하는 경우

《해 설》 단체교섭을 거부할 수 있는 '정당한 이유'의 구체적 사례는 다음과 같다. (ⅰ) 노동조합이 위임한 교섭담당자의 수가 부당하게 많아서 신중한 협의를 할 수 없는 경우, (ⅱ) 단체교섭담당자가 조합원총회로부터 협약체결권한을 받지 못한 것을 이유로 하는 경우, (ⅲ) 통상적인 근로시간을 정상 이상으로 초과하는 경우, (ⅳ) 관행적인 단체교섭의 규칙을 무시하는 경우, (ⅴ) 장시간에 걸친 협의의 결과 심신이 피로하여 그 이상의 정상적인 협의를 기대할 수 없는 경우 등이다. <답 ①>

35. 부당노동행위로서의 지배·개입과 관련한 설명이다. 틀린 것은?

① 지배와 개입이라는 사용자의 간섭·방해행위는 단결 자체의 활동만을 그 대상으로 한다.
② 지배·개입이 성립하기 위해서, 예컨대 노동조합조직의 실패, 노동조합의 해산 또는 약화라는 구체적이고 현실적인 결과 또는 손해가 발생할 것을 필요로 하지 않는다.
③ 계장·주임의 직책에 있다 하더라도 감독적 지위에 있는 경우에는 사용자의 지시 또는 묵시적 승인이 있는 때에는 지배·개입행위의 주체가 될 수 있다.

④ 노동조합의 조직 또는 가입을 비난한다든가 노조결성을 인정하지 않겠다는 발언을 하는 것은 지배·개입에 해당하는 사례이다.
⑤ 회사의 사보나 기관지를 통하여 회사측이 반조합적 기사를 싣는 것은 부당노동행위가 성립한다.

《해 설》 ① 지배와 개입이라는 사용자의 간섭·방해행위는 다같이 근로자 개인 또는 단결 자체의 활동을 그 대상으로 한다. ② 노조및조정법 제81조 4호의 입법취지는 사용자의 개입행위만으로도 부당노동행위의 성립을 인정하려는 것이며, 또한 부당노동행위제도가 민사법의 경우와 같이 이미 발생된 손해의 배상을 목적으로 하는 것이 아니라는 점에서, 예컨대 노동조합조직의 실패, 노동조합의 해산 또는 약화라는 구체적이고 현실적인 결과 또는 손해가 발생할 것을 필요로 하지 않는다. ⑤ 우리나라에서는 사용자의 발언 또는 의견의 표시가 사용자라는 우월적 지위를 바탕으로 지배·개입의 의도를 가지고 행하여진 것이면 부당노동행위가 성립한다. 특히 회사의 사보나 기관지를 통하여 회사측이 반조합적 기사를 싣는 것은 부당노동행위가 성립한다. <답 ①>

36. **사법적(司法的) 구제절차 및 부당해고 구제절차와 비교할 때 부당노동행위 구제절차의 특징에 관한 설명으로 옳지 않은 것은?** (다툼이 있는 경우에는 판례에 의함) <노무사 2010년>

① 부당노동행위에 관하여 우선적으로 노동위원회의 구제절차를 거쳐야 하며 사법적 구제절차는 부당노동행위 구제절차를 통하여 구제받지 못한 경우에 한하여 인정된다.
② 근로기준법에 의한 부당해고구제 재심판정을 다투는 소송에 있어서 해고의 정당성에 관한 증명책임은 이를 주장하는 자가 부담하는 데 비하여, 불이익취급에 의한 부당노동행위라는 사실의 주장 및 증명책임은 부당노동행위임을 주장하는 자에게 있다.
③ 해고에 대해 부당노동행위 구제신청을 하면서 그와는 별도로 그 해고가 부당해고에 해당됨을 이유로 부당해고구제 신청을 할 수 있다.
④ 부당노동행위 구제명령은 사용자에게 이에 복종하여야 할 공법상의 의무를 부담시킬 뿐, 직접 노사 간의 사법상의 법률관계를 발생 또는 변경시키는 것은 아니다.
⑤ 사용자의 지배·개입 행위가 사실행위로 이루어진 경우 그 행위가 장래에 걸쳐 계속 반복하여 행하여질 가능성이 많기 때문에 사용자의 지배·개입에 해당하는 행위를 금지하는 부작위명령은 적절한 구제방법이 될 수 있다.

《해 설》 ① 단결권 침해를 이유로 하여 손해배상을 청구한다든가, 또는 불이익취급에 의하여 침해된 근로계약상의 이익의 구제를 구하는 경우에는 법원에 의한 구제도 가능하다(대판 1988. 12. 13, 86다204; 대판 1992. 5. 22, 91다22100). ② 대판 1991. 7. 26, 91누2557; 대판 2009. 3. 26, 2007두25695. ③ 양 제도의 구제목적의 차이에 대해서는 김형배, 노동법[제19판], 687면 참고. ④ 대판 1996. 4. 23, 95다53102. ⑤

김형배, 노동법[제19판], 1065면 참고. <답 ①>

37. 다음은 부당노동행위 구제절차에 관한 설명이다. 틀린 것은?

① 부당노동행위 구제절차의 틀은 초심절차 · 재심절차 · 행정소송으로 크게 나눌 수 있다.

② 초심 · 재심절차의 순서는 신청→조사→심문→의결→명령의 순서로 진행된다.

③ ②의 경우 그 사이에 신청의 각하 · 취하 또는 화해에 의하여 절차가 종료될 수 있다.

④ 부당노동행위에 대한 구제절차는 관할노동위원회에 신청함으로써 개시된다.

⑤ 부당노동행위의 구제에 있어 노동위원회는 당사자가 구하는 구제내용에 구속된다.

《해 설》 ①② 노위칙 제19조 이하 참조. ④ 노조및조정법 제82조 1항; 노위칙 제19조. ⑤ 부당노동행위의 구제는 전문적 행정기관에 의한 재량적 시정조치라고 할 수 있다. 따라서 노동위원회는 당사자가 구하는 구제내용에 구속될 필요는 없을 것이다(노조및조정법 제84조 1항; 노위칙 제19조 3항 4호, 제30조 1항 참조). <답 ⑤>

38. 다음은 부당노동행위의 구제절차와 관련된 설명이다. 틀린 것은?

① 사용자의 부당노동행위로 인하여 그 권리를 침해당한 근로자 또는 노동조합이 노동위원회에 구제신청을 할 수 있다.

② 노동조합의 구제신청권은 근로자 개인의 구제신청권을 대위하거나 대리하는 것이다.

③ 노동조합을 조직하려고 하였다는 이유로 근로자에게 행한 부당노동행위에 대하여는 후에 설립된 노동조합도 독자적인 구제신청권을 갖는다.

④ 구제신청은 부당노동행위가 있은 날로부터 3개월 이내에 하여야 한다.

⑤ 노동위원회가 구제신청을 받은 때에는 지체없이 필요한 조사와 관계당사자의 심문을 하여야 한다.

《해 설》 ① 노조및조정법 제82조 1항. ② 노동조합의 구제신청권은 권리를 침해당한 근로자 개인의 그것과는 별개의 노동조합 자체의 독자적 권한이라 할 것이고, 근로자 개인의 구제신청권을 대위하거나 대리하는 것은 아니다(대판 1979. 2. 13, 78다2275). ③ 대판 1991. 1. 26, 90누4952. ④ 노조및조정법 제82조 2항. ⑤ 노조및조정법 제83조 1항; 노위규칙 제31조 1항. <답 ②>

39. 부당노동행위 구제절차에 대한 설명으로 타당하지 아니한 것은?

① 심사의 대상은 신청의 대상에 한정된다.

② 부당노동행위를 구성하는 사실에 대한 입증책임은 신청인에게 있다.

③ 노동조합을 조직하려고 하였다는 이유로 근로자에 대하여 한 부당노동행위에 대하여는 후에 설립된 노동조합도 독자적인 구제신청권을 가지고 있다고 보아야 한다.
④ 근로자 개인에 대한 부당노동행위는 근로자가, 노동조합에 대한 부당노동행위는 노동조합만이 구제신청이 가능하다.
⑤ 구제신청은 부당노동행위가 있은 날로부터 3개월 이내에 하여야 한다.

《해 설》 ④ 원칙적으로는 노조및조정법 제81조 1호 · 2호 · 5호의 경우에는 당해 근로자가, 같은 조 3호 · 4호의 경우에는 노동조합이 신청인이 되지만 이해관계자도 권리주체로서 신청인이 될 수 있다. ② 다만, 부당노동행위의사는 따로 입증할 필요가 없다. ③ 대판 1991. 1. 26, 90누4952. ⑤ 계속되는 행위는 그 종료일로부터 3개월 이내에 하여야 한다. <답 ④>

40. 노동위원회의 구제명령과 관련한 다음의 설명 중 틀린 것은? (이견이 있는 경우 판례의 태도에 따름)

① 구제명령의 대표적인 모습은 해고사건에 있어서의 원직복귀명령과 부당해고 기간 동안의 임금상당액의 지급(back pay)을 명하는 것이다.
② 사용자의 이행의무는 구제명령이 확정될 때에 발생하는 것이다.
③ 사용자가 노동위원회의 초심결정에 불복하여 재심절차가 진행중인 경우에 구제명령을 이행하지 않는다고 하여 벌칙적용을 받는 것은 아니다.
④ 불이익취급에 있어서의 원직복귀명령은 해고의 사법상의 효력을 무효로 하는 것이 아니다.
⑤ 불이익취급사건에 있어서 노조가 신청인이 되는 경우에는 불이익취급으로 인한 노조 자체의 피해에 대한 구제이익은 계속 존재할 수 있으므로 그러한 한도 내에서 구제의 필요성은 여전히 존재하게 된다.

《해 설》 ① 해고사건에 있어서는 근로자를 원직 또는 원직에 상당하는 지위에 복직시키도록 하고, 해고가 없었더라면 지급했어야 할 임금상당액의 지급(back pay)을 명하는 것이 원칙이다. ② 구제의 전부 또는 일부를 인정한 명령을 하였을 때에는 사용자는 그 명령을 이행하여야 한다(노조및조정법 제84조 3항). 사용자의 이행의무는 구제명령이 확정될 때에 발생하는 것은 아니다(노조및조정법 제86조). ③ 구 노동조합법 제46조에 따르면 구제명령이 확정된 경우뿐만 아니라 초심결정에 불복하여 재심절차가 진행중인 경우에도 이 조항에서 정한 벌칙이 적용된다고 하고 있다. 이에 대해서 헌법재판소(1995. 3. 23, 92헌가14)는 이를 위헌이라고 결정하였다. 그리고 개정법에서 동 규정은 삭제되었다. ④ 구제명령은 사법상의 효력에 영향을 미치는 것은 아니다. 예컨대 불이익취급에 있어서의 원직복귀명령은 피해고자를 사실상 해고 전의 원직에 복직시키는 것을 명하는 것으로, 당해 해고의 사법상의 효력을 무효로 하는 것은 아니다. ⑤ 불이익취급사건에 있어서 근로자 자신이 불이익조치를 승인하고 그 시정을 요구할 의사를 가지고 있지 않는 한 구제의 필요성은 존재하지 않는다. 그러나 노동조합이 신청인이 되는 경우에는 불이익취급으로 인한 노동조합 자체의 피해에 대한 구제이익은 계속 존재할 수 있으므로 그러한 한도 내에서 구제의 필요성

(예컨대, post notice명령)은 여전히 존재하게 된다. <답 ②>

41. 다음은 불이익취급에 관한 설명이다. 틀린 것은?

① 근로자가 노동조합을 위한 준비활동을 한 것을 이유로 해고하는 것도 불이익취급에 해당한다.

② 노동조합에 의한 단결강화를 위한 연극반의 활동을 이유로 배치전환하는 것은 불이익취급에 해당할 수 있다.

③ 정치활동이나 정당활동이 조합기관의 결의하에서 이루어진 조합활동이라면 이를 이유로 한 징계도 불이익취급에 해당한다.

④ 근로자에게 약간의 비리의 여지가 있는 경우라도 이러한 조합활동에 대하여 사용자의 이례적인 제재가 행하여진다면 불이익취급이 있다고 생각해야 한다.

⑤ 정당한 행위에 대한 불이익취급의 성부에 관한 구체적 판단은 실제에 있어서는 부당노동행위의사의 유무와 밀접한 관계가 있다.

《해 설》 불이익취급의 이유에는 근로자가 노동조합을 조직하려고 한 것은 새로 노동조합을 결성하려는 것을 의미하며, 여기에는 노동조합을 위한 준비활동까지를 모두 포함한다. 또한 노동조합에 의한 교육이나 단결강화 및 조합원 사이의 상호부조에 관한 것이면 합창반·독서반·연극반의 활동이더라도 노동조합의 정당한 행위라고 해석해야 할 것이므로 이를 이유로 불이익취급도 부당노동행위가 성립한다. 그러나 정치활동이나 정당활동은 조합기관의 결의가 있더라도 조합활동이라고는 할 수 없다. ④ 대판 1990. 11. 27, 90누3683. <답 ③>

42. 다음 설명 중 틀린 것은? (이견이 있는 경우 판례의 태도에 따름)

① 노동위원회에 대하여 부당노동행위의 신고 등을 한 것을 이유로 해고한다면 부당노동행위에 해당한다.

② 노동조합간부를 승급시키는 경우는 언제나 부당노동행위에 해당하지 않는다.

③ 조합원의 조합활동을 곤란하게 하거나 조합원자격을 상실하는 부서로 배치하는 경우에는 부당노동행위의사가 있다고 볼 수 있다.

④ 해고 기타 불이익취급을 할 수 있는 정당한 사유가 있고 정당한 근로3권보장활동의 사실이 있다면 어느 것이 불이익취급의 결정적 원인이었는가에 따라 부당노동행위의 성립 여부를 판단해야 한다.

⑤ 부당노동행위에 대한 증명책임은 이를 주장하는 근로자 또는 노동조합에게 있다.

《해 설》 ② 사용자의 행위 자체는 실질적으로 불이익이 아니더라도 근로3권보장활동에 불이익하면 부당노동행위가 성립할 수 있다. 예컨대 조합간부나 활동적인 조합원을 조합에 가입할 수 없는 직위 또는 직급에까지 승진 또는 승급시키는 경우 근로자가 이를 거부하였기 때문에 업무명령위반이라 하여 불이익취급을 하면 부당노동행위가 성립한다. 이 경우에 조합간부 또는 활동적인 조합원이 사용자의 승진 또는 승급발령을 수락하면 그 근로자 개인에 대한 부당노동행위는 성립하지 않더라도 노동조합 자체에 대한 사용자의 지배·개입은 인정될 수 있다. ④ 결정적 원인설: 대판 1994. 12. 23, 94누3001 등. ⑤ 사용자의 행위가 노동조합 및 노동관계조정법에 정한 부당노동행위에 해당하는지 여부는 사용자의 부당노동행위 의사의 존재 여부를 추정할 수 있는 모든 사정을 전체적으로 심리 검토하여 종합적으로 판단하여야 하고, 부당노동행위에 대한 증명책임은 이를 주장하는 근로자 또는 노동조합에게 있으므로, 필요한 심리를 다하였어도 사용자에게 부당노동행위 의사가 존재하였는지 여부가 분명하지 아니하여 그 존재 여부를 확정할 수 없는 경우에는 그로 인한 위험이나 불이익은 그것을 주장한 근로자 또는 노동조합이 부담할 수밖에 없다. 이와 관련하여 사용자가 근로자에게 징계나 해고 등 기타 불이익한 처분을 하였지만 그에 관하여 심리한 결과 그 처분을 할 만한 정당한 사유가 있는 것으로 밝혀졌다면 사용자의 그와 같은 불이익한 처분이 부당노동행위 의사에 기인하여 이루어진 것이라고 섣불리 단정할 수 없다(대판 2007. 11. 15, 2005두4120). <답 ②>

43. 2006년 12월 30일 개정된 노동조합 및 노동관계조정법상 유니온숍(union shop)에 관한 설명 중 옳지 않은 것은?

① 노동조합이 당해 사업장에 종사하는 근로자의 3분의 2 이상을 대표하고 있는 경우 union shop협정을 체결할 수 있다.
② 유효한 union shop협정에 따라 근로자에게 노동조합의 가입을 고용조건으로 하는 것은 부당노동행위가 아니다.
③ 사용자는 union shop협정이 있더라도 노동조합에서 제명된 것을 이유로 근로자에게 신분상 불이익한 행위를 할 수 없다.
④ 신규채용된 근로자가 일정기간 내에 노동조합에 가입하지 않는 경우 사용자는 union shop협정에 따라 해고할 의무를 진다.
⑤ 사용자는 노동조합에 일단 가입한 후 새로운 노동조합을 조직하기 위해 탈퇴한 근로자를 union shop협정을 근거로 해고할 의무를 진다.

《해 설》 ①②④ 노조및조정법 제81조 2호 단서 전단. ③⑤ 노조및조정법 제81조 2호 단서 후단. <답 ⑤>

44. 다음 보기는 비열계약과 관련한 설명이다. 옳은 것을 모두 고른 것은? (2006년 12월 30일 개정 노동조합 및 노동관계조정법에 따른다)

(가) 조합에의 불가입 또는 조합으로부터의 탈퇴를 고용조건으로 하는 것을 이른바 비열계약(yellow dog contract)이라고 한다.
(나) 조합에 가입하더라도 조합활동을 하지 않는다는 것은 비열계약으로 볼 수 없다.
(다) 반조합적 조건을 고용조건으로 하는 것은 반드시 근로계약체결시에 약정되어야 한다.

(라) 비열계약은 사법상 당연히 무효이므로 근로계약 전체가 무효로 된다.
(마) 사용자와 노동조합이 union shop협정을 체결하고 있더라도 사용자는 근로자가 그 노동조합에서 제명된 것을 이유로 근로자에게 신분상 불이익한 행위를 할 수 없다.
(바) 사용자와 노동조합이 union shop협정을 체결하고 있더라도 사용자는 근로자가 그 노동조합을 탈퇴하여 새로 노동조합을 조직하거나 다른 노동조합에 가입한 것을 이유로 근로자를 해고할 수 있다.

① (가), (나) ② (가), (다) ③ (가), (라)
④ (가), (마) ⑤ (가), (바)

《해 설》 (가) 조합에의 불가입 또는 조합으로부터의 탈퇴를 고용조건으로 하는 것을 이른바 비열계약(yellow dog contract)이라고 한다. 비열계약은 종업원이 되기 전에 단결활동을 봉쇄하려는 것이다. (나) 법문상 조합에 가입하지 않을 것과 조합으로부터 탈퇴할 것을 그 내용으로 하고 있을 뿐이나, 부당노동행위제도는 근로자의 근로3권 보장활동을 저해하는 사용자의 행위를 배제하는 데 그 목적이 있으므로, 조합에 가입하더라도 조합활동을 하지 않는다든가 어용조합에의 가입을 고용조건으로 하는 것도 비열계약이라고 보아야 한다. (다) 반조합적 조건을 고용조건으로 하는 것은 반드시 근로계약체결시에 약정될 필요는 없으며 종업원이 된 후에 고용계속의 조건으로 약정하는 것도 마찬가지이다. (라) 비열계약은 헌법 제33조 1항과 노조및조정법 제81조에 위배되므로 사법상 당연히 무효이다. 그러나 비열계약의 약정만이 무효이며 근로계약 전체가 무효로 되는 것은 아니다. (마)(바) 2006년 12월 30일 노조및조정법 제81조 2호 단서의 개정으로 인해 사용자와 노동조합이 union shop협정을 체결하고 있더라도 사용자는 근로자가 그 노동조합에서 제명된 것뿐만 아니라 그 노동조합을 탈퇴하여 새로 노동조합을 조직하거나 다른 노동조합에 가입한 것을 이유로 근로자에게 신분상의 불이익한 행위를 할 수 없도록 규정하고 있다. 다만 시행일은 복수노조의 인정시기에 맞추어 이후 시행일이 다시 2011. 7. 1로 결정됐다. 이때에 '신분상 불이익한 행위'가 무엇을 의미하는 것인지에 관해서는 명문의 규정이 없으나, 주로 계약갱신거절 및 해고를 의미하나 휴직이나 전직을 포함할 수 있다. 학설과 판례(대판 2002. 10. 25, 2000다23815; 대판 1996. 10. 29, 96다28899; 대판 1995. 2. 28, 94다15363 등 참고)는 해고를 의미하는 것으로 이해하고 있다. <답 ④>

45. 다음은 부당노동행위의 구제신청에 대한 설명이다. 틀린 것은?

① 구제신청은 부당노동행위가 있은 날(계속하는 행위는 그 종료일)로부터 3월 이내에 하여야 한다.
② ①에서 계속하는 행위는 그 종료일로부터 3월 이내에 신청해야 하는데, 여기서 '계속하는 행위'라 함은 예고있는 해고를 말한다.
③ 근로자에 대한 무기정직처분도 '계속하는 행위'로 볼 수 있다.
④ 단체협약에 징계처분에 대한 재심절차를 규정하고 있는 사업장에서 사용자가 근로자를 징계해고하였다면 사용자가 징계해고처분을 내린 때를 신청기간의 기산점으로 삼아야 한다.

⑤ 신청인은 명령서 또는 결정서 등이 교부될 때까지 언제든지 신청의 전부 또는 일부를 취하할 수 있다.

《해 설》 ① 노조및조정법 제82조 2항. ② 계속하는 행위는 그 종료일로부터 3월 이내에 신청해야 하는데, 여기서 '계속하는 행위'라 함은 예고 있는 해고 또는 직장폐쇄와 같이 그 행위가 완결되지 아니하고 일정기간 계속되는 행위를 말한다. ③ 근로자에 대한 무기정직처분은 '계속하는 행위'로 볼 수 없고, 따라서 처분과 동시에 처분행위가 종료된다고 보아야 한다(대판 1993. 3. 23, 92누16406). ④ 단체협약에 징계처분에 대한 재심절차를 규정하고 있는 사업장에서 사용자가 근로자를 징계해고하였다면 해고의 효력은 언제부터 발생하는가? 다시 말해서 해당 근로자가 노동위원회에 부당해고 구제신청을 할 경우, 사용자가 징계해고처분을 내린 때를 신청기간의 기산점으로 삼아야 하는가 아니면 단체협약상의 재심절차가 종료된 때를 기산점으로 삼아야 하는가? 판례는 해고 자체는 사용자의 일방적 의사표시로 근로관계를 종료시키는 단독행위이고, 단체협약에 징계처분을 받은 자가 재심을 청구할 수 있도록 규정하고 있다 하더라도 재심절차는 근로자에 대한 구제절차에 불과하므로 징계해고는 처분과 동시에 즉시 효력을 발생한다고 한다(대판 1993. 5. 11, 91누11698). 따라서 해당근로자가 징계해고의 사실을 안 때로부터(민법 제111조) 신청기간(제척기간)이 기산된다고 보아야 할 것이다. <답 ③>

46. 다음에서 해고가 단결권 등을 침해하는 것이 되어 무효가 될 수 있는 경우로 틀린 것은?

① 피해고자인 근로자는 종업원으로서의 지위의 확인 내지 보전을 청구할 수 있다.

② 부당노동행위로서의 해고를 노동위원회가 구제하는 경우에는 원직복귀에 대한 명령이 내려진다.

③ 해고기간중의 임금에 관하여 법원이 그 지급을 명하는 경우에는 그 기간중의 수입을 공제할 수 있다.

④ 위자료 내지 무형적 손해의 배상을 포함한 손해배상은 사법구제에서의 청구의 대상이 될 수 있다.

⑤ 위자료 내지 무형적 손해의 배상을 포함한 손해배상은 노동위원회에 의한 절차에 있어서도 구제대상이 될 수 있다.

《해 설》 위자료 내지 무형적 손해의 배상을 포함한 손해배상은 사법구제에서의 청구의 대상이 될 수 있으나 노동위원회에 의한 절차에 있어서는 구제대상이 될 수 없다. <답 ⑤>

47. 부당노동행위 구제제도로서 처벌주의의 단점이라고 할 수 있는 것은?

① 부당노동행위의 예방효과는 기대하기 어렵다.

② 부당노동행위를 간편하게 구제할 수 있다.

③ 사용자가 부당노동행위에 대한 규범의식이 없다.

④ 원상회복주의에 비하여 근로자의 권리구제에 효율적이지 못하다.

⑤ 부당노동행위를 사후적으로 구제하는 데 그친다.

《해 설》 원상회복주의는 근로자의 권리구제에 대하여 처벌주의에 비하여 효율적이고 간편한 제도이다. 그러나 사용자가 노동위원회의 구제명령에 따라 원상회복조치만 하면 처벌을 면할 수 있으므로 사용자로 하여금 부당노동행위를 하지 말아야 한다는 규범의식을 갖도록 하는 데 큰 효과가 없다. 그러나 처벌주의는 부당노동행위 금지조항에 위반하면 이를 직접 처벌함으로써 부당노동행위를 예방하는 효과가 크다. <답 ④>

48. 우리나라의 부당노동행위제도에 관한 설명 중 옳지 않은 것은?<사시 2000년>

① 노동조합의 부당노동행위는 인정되지 않는다.
② 원상회복주의와 처벌주의를 병용하고 있다.
③ 구제명령의 실효성 확보를 위해 긴급이행명령제도를 두고 있다.
④ 구제신청에 따른 노동위원회의 결정은 중앙노동위원회에 대한 재심신청이나 행정소송의 제기에 의하여 그 효력이 정지되지 아니한다.
⑤ 구제명령의 확정 여부와 관계없이 사용자가 구제명령을 이행하지 아니하면 형사처벌의 대상이 된다.

《해 설》 노동위원회의 구제명령은 그것이 확정되는 경우에 한하여(기간 내에 재심을 신청하지 않거나, 행정소송을 제기하지 않은 경우에 구제명령 등이 확정됨) 이를 위반한 사용자에 대한 형사처벌 조항을 두고 있다(제89조 2호). <답 ⑤>

49. 노동조합 및 노동관계조정법상 부당노동행위제도의 실효성 확보 방안에 관한 설명으로 옳은 것은? <노무사 2010년>

① 사용자가 중앙노동위원회의 판정에 불복하여 행정소송을 제기한 경우 관할법원은 직권으로 중앙노동위원회의 구제명령의 전부 또는 일부를 이행하도록 명할 수 있다.
② 확정판결 전에 중앙노동위원회의 구제명령의 전부 또는 일부를 이행하도록 한 법원의 명령에 위반한 사용자는 형벌에 처한다.
③ 부당노동행위를 한 사용자에 대하여는 피해자의 명시적인 의사와 다르게 공소를 제기할 수 없다.
④ 확정된 부당노동행위 구제명령에 위반한 자는 형벌에 처한다.
⑤ 노동위원회는 부당노동행위 구제명령을 받은 후 이행기간까지 구제명령을 이행하지 아니한 사용자에게 이행강제금을 부과한다.

《해 설》 ① 중앙노동위원회의 신청이 있어야 한다(노조및조정법 제85조 5항). ② 500만원 이하의 과태료가 부과된다(노조및조정법 제95조). ③ 피해자의 의사와 관계없이 공소를 제기할 수 있다(노조및조정법 제90조). ④ 노조및조정법 제89조 2호. ⑤ 부당노동행위의 일환으로 부당해고가 이루어졌고 그 근로자의 구제신청에 따라 노동위원회의 구제명령이 확정된 경우 구제명령을 이행하지 않으면 이행강제금이 부과될 수 있다(근기법 제111조). 지문 ⑤도 이견이 있을 수 있으나, 지문 ④가 확실히 옳은 내용이므로 정답은 ④가 된다. <답 ④>

50. 노동조합 및 노동관계조정법상 부당노동행위 구제절차 중 긴급이행명령제에 대한 설명으로 옳지 않은 것은? <사시 2001년, 노무사 2003년 유사>

① 법원이 중앙노동위원회의 신청에 의하여 결정으로써 긴급이행명령을 내린다.

② 근로자 또는 사용자가 중앙노동위원회의 재심결정에 대하여 행정소송을 제기한 경우에 인정된다.

③ 법원의 긴급이행명령에 위반한 자는 과태료에 처한다.

④ 긴급이행명령의 내용은 중앙노동위원회 구제명령의 전부 또는 일부의 이행이다.

⑤ 법원은 당사자의 신청 또는 직권으로 긴급이행의 결정을 취소할 수 있다.

《해 설》 ①②④⑤ 긴급이행명령 내지 긴급명령은 노동위원회가 내린 구제명령의 실효성을 확보하기 위한 제도이다. 즉, 사용자가 행정소송을 제기한 경우에 중앙노동위원회가 관할법원에 신청하고, 법원이 결정으로써 판결이 확정될 때까지 중앙노동위원회의 구제명령의 전부 또는 일부를 이행하도록 하는 것이다(노조및조정법 제85조 5항). 따라서 근로자가 행정소송을 제기한 경우는 문제되지 않는다. ③ 노조및조정법 제95조는 긴급이행명령불이행시 500만원 이하의 금액의 과태료에 처할 수 있도록 규정하고 있다. <답 ②>

51. 부당노동행위의 주체에 대한 설명 중 틀린 것은? (이견이 있는 경우 통설에 따름)

① 노동조합 및 노동관계조정법 제2조 2호의 사용자에 해당하는 자는 모두 부당노동행위금지의 수규자로서 사용자의 개념에 속한다.

② 부당노동행위 구제제도와 관련해서 부당노동행위를 해서는 안 될 사용자라 함은 근로자가 노동조합의 조직 · 운영을 통하여 단체교섭 기타 단체행동을 함으로써 궁극적으로 협약자치를 실현하는 것을 방해하는 자를 말한다.

③ 근로계약과는 관계없이 근로자집단의 취업조건에 대하여 영향력과 지배력을 행사하는 자도 부당노동행위를 해서는 안 될 사용자가 된다.

④ 구제명령의 수규자(즉, 구제명령을 이행할 자)와 부당노동행위금지의 수규자는 동일하다.

⑤ 母회사가 子회사의 근로자에 대하여 인사 · 급여 · 노무 등에 대하여 구체적으로 지배력을 행사하고 있는 경우에 모회사는 자회사의 근로자에 대하여 부당노동행위금지의 수규자로서의 사용자에 해당한다.

《해 설》 ① 노조및조정법 제2조 2호 사용자의 정의규정이 있으므로 이에 해당하는 자는 모두 부당노동행위금지의 수규자로서 사용자의 개념에 속한다. 즉 사업주, 사업의 경영담당자 또는 그 사업의 근로자에 관한 사항에 대하여 사업주를 위하여 행동하는 자는 모두 부당노동행위금지의 수규자로서의 사용자에 해당한다. ②③⑤ 부당노동행위 구제제도와 관련해서 부당노동행위를 해서는 안 될 사용자라 함은 근로자가 노동조합의 조직·운영을 통하여 단체교섭 기타 단체행동을 함으로써 궁극적으로 협약자치를 실현하는 것을 방해하는 자를 말한다. 그러므로 부당노동행위금지규정에 의하여 규제를 받는 사용자는 근로3권보장질서를 침해하는 집단적 노사관계법상의 일방당사자인 사용자이다. 따라서 사용자의 범위를 '근로계약상의 당사자 내지 이와 동등시할 수 있는 자'로 일원화하여 한정할 필요는 없다. 그 이유는 근로계약을 중심으로 하는 근로기준법상의 사용자와 집단적 노사관계를 중심으로 하는 사용자는 그 기능과 법률관계를 달리하는 당사자로서 파악되어야 하기 때문이다. 오늘날 개별적 근로관계에 있어서의 사용자의 개념은 근로계약체결 당사자뿐만 아니라 이와 동등시할 수 있는 자로 분열(Aufspaltung)되어 가고 있으며(예컨대, 파견근로자를 사용하는 사용자), 다른 한편 집단적 노사관계에 있어서는 근로계약과는 관계없이 근로자집단의 취업조건에 대하여 영향력과 지배력을 행사하는 자(예컨대, 항운노조조합원들을 집단적으로 사용하는 사용자)는 노동조합 및 노동관계조정법상의 사용자가 된다는 점에서 사용자의 개념은 확장(Erweiterung)되어 가는 현상을 보이고 있다(상세한 설명은 김형배, 919면 이하 참고). ④ 구제명령의 수규자로서는 원칙적으로 사업주만이 문제가 된다(노조및조정법 제84조 1항, 제89조 참조). <답 ④>

52. 다음 중 해고가 단결권 등을 침해하는 것이 되어 무효가 될 수 있는 경우, 사법구제의 내용이 될 수 없는 것은?

① 피해고자인 근로자는 종업원으로서의 지위의 확인 내지 보전을 청구할 수 있다.
② 원직복귀에 대한 명령과 강제가 행하여진다.
③ 해고기간중의 임금에 관하여 그 지급을 명할 수 있다.
④ ③의 경우 그 기간중에 다른 곳에 취업하여 얻은 수입을 공제할 수 있다.
⑤ 위자료 내지 무형적 손해의 배상을 포함한 손해배상을 청구할 수 있다.

《해 설》 ②의 경우는 부당노동행위로서의 해고를 노동위원회가 구제하는 경우에 해당한다. ②의 경우 근로자의 취업청구권을 인정한다 하여도, 사용자가 원직복직을 행하지 않는다면 근로자는 인격권침해에 따른 손해배상만을 청구할 수 있을 뿐이다(대판 1996. 4. 23, 95다6823). ③④ 해고기간중의 임금에 관하여 법원이 그 지급을 명하는 경우에는 그 기간중의 수입을 공제하여야 한다(민법 제538조 2항 참조). ⑤ 위자료 내지 무형적 손해의 배상을 포함한 손해배상은 사법구제에서의 청구의 대상이 될 수 있으나 노동위원회에 의한 절차에 있어서는 구제대상이 될 수 없다. <답 ②>

53. X공장의 노무과장 A는 조합게시판에 부착되어 있는 게시물의 내용이 사전허가를 받지 않았다는 것을 이유로 이것을 철거하였다. 또한 영업과장 B는 과직원 C가 조합임원에 입후보한다는 것을 알고, '임원이 되면 직무가 소홀하게 되어 출세할 수 없다. 절대 사임하지 않으면 매우 곤란하다'고 말하면서 C가 입후보를 하지 못하게 하였다. 이 경우, 다음 설명 중 맞는 것은?

① A, B 둘의 행위 모두 다 노동조합의 활동에 대한 지배개입에 해당하므로 부당노동행위로 된다.
② A의 행위는 부당노동행위이지만, B의 행위는 정당한 언론의 자유의 행

사이므로 부당노동행위가 아니다.

③ A의 행위는 공장의 노무관리자로서 정당한 권한행사이지만, B의 행위는 직제상의 직위를 이용한 반조합적 행위로서 부당노동행위로 된다.

④ A, B 둘의 행위 모두 다 조합에 대한 지배개입의 의사를 가지고 행한 경우에만 부당노동행위로 된다.

⑤ A, B 둘의 행위 모두 다 정당한 권한행사로서 부당노동행위가 아니다.

《해 설》 두 유형 모두 지배개입과 관련되는데, A, B 모두 감독적 지위에 있는 자로서 지배개입행위의 주체이다. 조합게시판의 게시에 대한 사전허가제 그 자체가 지배개입에 해당하여 당연히 부당노동행위이므로 사전허가를 받지 않았다는 이유로 게시물을 철거하는 것은 말할 것도 없이 부당노동행위이다. 또한 조합임원이 되는 것을 못하게 하는 것처럼 노동조합의 내부문제에 개입하는 발언을 하는 것은 부당노동행위이다. <답 ①>

제 5 장

協同的 勞使關係法

제 5 장 協同的 勞使關係法

제 1 절 총 설/ 제 2 절 우리나라의 노사협의제도

1. 근로자참여 및 협력증진에 관한 법률에 관한 설명으로 옳지 않은 것은?

① 노사협의회는 근로조건의 결정권이 있는 사업 <노무사 2010년> 또는 사업장 단위로 설치하여야 하지만, 하나의 사업에 지역을 달리하는 사업장이 있는 경우에는 별도로 노사협의회를 설치할 수 있다.

② 위원은 비상임 · 무보수이지만, 노사협의회에 출석한 시간에 대해서는 근로한 것으로 본다.

③ 근로자위원의 일정한 자료에 대한 사전 요구에 사용자는 성실히 응해야 하지만, 기업의 경영·영업상 비밀에 해당하는 경우에는 그러하지 아니하다.

④ 근로자위원은 근로자가 선출하지만, 노동조합이 있는 경우에는 노동조합의 대표자와 그 노동조합이 위촉하는 자로 한다.

⑤ 노사협의회의 회의는 공개하지만, 노사협의회의 의결로 공개하지 아니할 수 있다.

《해 설》 ① 근참법 제4조. ② 동법 제9조 1항 · 3항. ③ 동법 제14조. ④ 단순 노동조합이 아니라, 근로자의 과반수로 조직된 노동조합이어야 한다(동법 제6조 2항). ⑤ 동법 제16조. <답 ④>

2. 노사협의회의 의결사항이 아닌 것은?<사시 2002년 유사, 노무사 2004년 유사>

① 근로자의 교육훈련 및 능력개발 기본계획의 수립

② 복지시설의 설치와 관리

③ 사내근로복지기금의 설치

④ 고충처리위원회에서 의결되지 아니한 사항

⑤ 노사협조에 관한 사항

《해 설》 ① 근참법 제21조 1호. ② 동법 제21조 2호. ③ 동법 제21조 3호. ④ 동법 제21조 4호. ⑤ 협의사항이다(동법 제20조 1항 16호). <답 ⑤>

3. 근로자참여 및 협력증진에 관한 법률상 노사협의회에 관한 설명으로 옳지 않은 것은? <사시 2009년>

① 노사협의회는 동수의 근로자위원과 사용자위원으로 구성한다.

② 사용자는 근로자위원의 선출에 개입할 수 없고, 어떠한 형태로도 근로

자위원에게 편의를 제공해서는 아니 된다.

③ 노사협의회의 위원은 임기가 끝난 경우라도 후임자가 선출될 때까지 계속 그 직무를 담당한다.

④ 노사협의회의 위원은 비상임 · 무보수로 한다.

⑤ 노사협의회는 3개월마다 정기적으로 회의를 개최하여야 한다.

《해 설》 ① 근참법 제6조 1항. ② 사용자는 근로자위원의 업무를 위하여 장소의 사용 등 기본적인 편의를 제공하여야 한다(동법 제10조 2항). ③ 동법 제8조 3항. ④ 동법 제9조 1항. ⑤ 동법 제12조 1항. <답 ②>

4. 다음 중 노사협의회의 보고사항이 아닌 것은?

① 근로자의 복지증진 <노무사 1993년 유사, 사시 2004년 · 2005년 유사>

② 경영계획 전반 및 실적에 관한 사항

③ 기업의 경제적 · 재정적 상황

④ 인력계획에 관한 사항

⑤ 분기별 생산계획과 실적에 관한 사항

《해 설》 ① 협의사항이다(근참법 제20조 1항 13호). ② 동법 제22조 1항 1호. ③ 동법 제22조 1항 4호. ④ 동법 제22조 1항 3호. ⑤ 동법 제22조 1항 2호. <답 ①>

5. 현행법상의 노사협의회에 대한 다음 설명 중 맞지 않는 것은? (논란이 있는 경우 판례를 기준으로 함) <노무사 2005년 변형>

① 노사협의회에서는 사업장내 근로자 감시설비의 설치에 관한 사항도 협의할 수 있다.

② 단체교섭이 결렬되면 쟁의권 행사가 가능하지만, 노사협의회가 결렬되면 종업원들이 그들의 주장을 관철하기 위하여 쟁의행위를 할 수는 없다.

③ 노사협의회는 근로자 전체를 대표하므로 취업규칙의 불이익변경에 있어서 노사협의회의 동의가 있으면 불이익하게 변경된 취업규칙은 유효하다.

④ 노사협의회는 단체협약의 체결을 존립목적으로 하는 기구는 아니다.

⑤ 경영계획 전반 및 실적에 관한 사항은 노사협의회의 보고사항이다.

《해 설》 ① 근참법 제20조 1항 14호. ③ 노사협의회의 근로자위원들이 취업규칙의 불이익변경에 동의한 경우는 그 근로자위원들이 자기가 소속한 각 부서의 근로자들의 의견을 집약 · 취합하여 동의권을 행사한 것이 아닌 한 동의의 효력이 인정되지 않는다(대판 1994. 6. 24, 92다28556). ⑤ 동법 제22조 1항 1호. <답 ③>

6. 근로자참여 및 협력증진에 관한 법률상 노사협의회에 관한 설명으로 옳지 않은 것은? <노무사 2009년 변형>

① 노사협의회는 근로조건에 대한 결정권이 있는 사업이나 사업장 단위로 설치하여야 한다. 다만, 상시 30명 미만의 근로자를 사용하는 사업이나

사업장은 그러하지 아니하다.

② 당해 사업 또는 사업장의 근로자의 과반수로 조직된 노동조합이 있는 경우 근로자위원은 노동조합의 대표자와 그 노동조합이 위촉하는 자로 한다.

③ 사용자위원에는 당해 사업 또는 사업장의 대표자가 반드시 포함되어야 하는 것은 아니다.

④ 노사협의회 위원의 임기는 3년이다.

⑤ 노사협의회에서 의결된 사항을 정당한 사유 없이 이행하지 아니한 근로자나 사용자는 1천만원 이하의 벌금에 처한다.

《해 설》 ① 근참법 제4조 1항. ② 동법 제6조 2항. ③ 사용자위원은 해당 사업이나 사업장의 대표자와 그 대표자가 위촉하는 자로 한다(동법 제6조 3항). ④ 동법 제8조 1항. ⑤ 동법 제30조 2호. <답 ③>

7. 하나의 사업에 종사하는 전체 근로자 수가 몇 명 이상이면 해당 근로자가 지역별로 분산되어 있더라도 그 주된 사무소에 노사협의회를 설치하여야 하나?

① 100인 ② 10인 ③ 20인
④ 50인 ⑤ 30인

《해 설》 근참법 시행령 제2조. <답 ⑤>

8. 다음 설명 중 틀린 것은?

① 협의회의 위원은 연임할 수 있다.
② 보궐위원의 임기는 전임자의 잔임기간으로 한다.
③ 노사협의회에 의장을 두며, 의장은 위원 중에서 호선한다.
④ 협의회의 위원은 각 3인 이상 15인 이내로 한다.
⑤ 사용자는 근로자위원의 선출에 개입하거나 방해하여서는 아니 된다.

《해 설》 ① 근참법 제8조 1항. ② 동법 제8조 2항. ③ 동법 제7조 1항. ④ 3인 이상 10인 이하이다(동법 제6조 1항). ⑤ 동법 제10조 1항. <답 ④>

9. 고충처리위원을 두지 아니할 수 있는 사업 또는 사업장의 범위는?

① 상시 30인 미만의 근로자를 사용하는 사업 또는 사업장으로 한다.
② 상시 20인 미만의 근로자를 사용하는 사업 또는 사업장으로 한다.
③ 상시 15인 미만의 근로자를 사용하는 사업 또는 사업장으로 한다.
④ 상시 10인 미만의 근로자를 사용하는 사업 또는 사업장으로 한다.
⑤ 상시 50인 미만의 근로자를 사용하는 사업 또는 사업장으로 한다.

《해 설》 근참법 제26조 단서. <답 ①>

10. 다음 설명 중 틀린 것은?

① 고충처리위원의 협의 및 고충처리에 소요되는 시간에 대하여는 이를 근로한 것으로 본다.
② 고충처리위원은 노사를 대표하는 3인 이내의 위원으로 구성한다.
③ 고충처리위원은 고충사항의 접수대장을 1년간 보존하여야 한다.
④ 사용자는 고충처리위원으로서의 직무수행과 관련하여 고충처리위원에게 불이익한 처분을 하여서는 안 된다.
⑤ 근로자가 고충사항이 있을 때에는 고충처리위원에게 구두 또는 서면으로 신고하고 이를 접수한 고충처리위원은 30일 이내에 이를 처리하여야 한다.

《해 설》 ① 근참법 시행령 제8조 3항. ② 동법 제27조 1항. ③ 동법 시행령 제9조. ④ 동법 시행령 제8조 2항. ⑤ 지체없이 처리하여야 한다(동법 시행령 제7조).
<답 ⑤>

11. 고충처리에 관한 다음 설명 중 타당한 것은? <노무사 2004년 유사>

① 노사협의회가 설치되어 있지 않은 경우에는 고용노동부장관이 고충처리위원을 선임한다.
② 고충처리위원은 처리결과를 14일 이내에 근로자에게 통보해야 한다.
③ 노사협의회가 설치되어 있는 사업이나 사업장의 경우에는 협의회가 그 위원 중에서 고충처리위원을 선임한다.
④ 고충처리위원의 임기는 2년이다.
⑤ 고충처리위원이 처리하기 곤란한 사항에 대해서는 사업주에게 통보한다.

《해 설》 ① 사용자가 고충처리위원을 위촉한다(근참법 제27조 1항). ② 10일 이내에 통보하여야 한다(동법 제28조 1항). ③ 동법 제27조 1항. ④ 3년이다(동법 제27조 2항). ⑤ 협의회에 부의하여 협의 · 처리한다(동법 제28조 2항). <답 ③>

12. 다음 중 우리나라 노사협의회의 특징에 속하지 않는 것은?

① 노동조합과의 절대적 분리성 ② 행정지도와 감독
③ 법령에 의한 설치의무의 부과 ④ 경영관리적 성격
⑤ 경영참가적 성격

《해 설》 ① 구법에서는 노동조합이 조직되어 있는 사업 또는 사업장에는 반드시 노사협의회를 설치하도록 그 설치가 강제됨으로써 노동조합의 이원적 기능을 전제하고 있었으나, 현행법에서는 그 규정을 삭제하면서 근로자의 과반수로 조직된 노동조합이 있는 경우에만 노동조합의 대표자와 그 노동조합이 위촉하는 자로 하여금 근로자대표위원이 되도록 함으로써 노사협의회와 노동조합의 기능적 분리를 부분적으로 실현하고 있다. <답 ①>

13. 노사협의회의 기능이 아닌 것은? <사시 1999년, 노무사 2003년 유사>

① 쟁의행위의 제한
② 산업민주주의의 실현
③ 노사공동이익의 증진
④ 협동적 근로관계의 구축
⑤ 근로자의 경영참가

《해 설》 쟁의행위의 제한 문제는 노조및조정법상의 문제이나. 다만, 노사협의회에서 의결되지 아니한 사항을 목적으로 하여 쟁의행위를 하지 못하는 것을 이유로, 근참법이 근로3권을 제한하는 법으로 이해하는 것은 근참법을 잘못 이해한 것이라 할 수 있다. <답 ①>

14. 다음 지문 중 옳지 않은 것은?

① 근로자참여 및 협력증진에 관한 법률은 근로자와 사용자 쌍방이 참여와 협력을 통하여 노사 공동의 이익을 증진함으로써 산업 평화를 도모하고 국민경제 발전에 이바지함을 목적으로 한다.
② 근로자위원의 선출에 관하여 필요한 사항은 대통령령으로 정한다.
③ 노동조합의 단체교섭 기타의 활동은 근로자참여 및 협력증진에 관한 법률에 의하여 영향을 받지 아니한다.
④ 근로자 과반수의 노동조합이 미조직된 경우 노사협의회 근로자위원은 근로자가 선출한다.
⑤ 노사협의회의 회의는 근로자위원과 사용자위원 각 과반수의 출석으로 개최하고 출석위원 과반수의 찬성으로 의결한다.

《해 설》 ① 근참법 제1조. ② 동법 제6조 4항. ③ 동법 제5조. ④ 동법 제6조 2항. ⑤ 출석위원 3분의 2 이상의 찬성으로 의결한다(동법 제15조). <답 ⑤>

15. 다음 중 타당하지 아니한 것은?

① 노사협의회에서의 의결사항에 대한 법적 효력 및 단체협약의 효력의 상관관계에 관해서 명확한 규정이 없다.
② 협의회는 그 조직과 운영에 관한 규정을 제정하고 협의회를 설치한 날부터 15일 이내에 고용노동부장관에게 제출하여야 한다.
③ 직무발명에 관한 근로자 보상에 관한 사항은 노사협의회의 협의사항이다.
④ 근로자위원 선출에 입후보하려는 자는 해당 사업이나 사업장의 근로자여야 한다.
⑤ 근로자위원 선출에 입후보하려는 자는 해당 사업 또는 사업장의 근로자 15명 이상의 추천을 받아야 한다.

《해 설》 ② 근참법 제18조 1항 1문. ③ 동법 제20조 1항 12호. ④ 동법 시행령 제3조 2항. ⑤ 10명 이상의 추천을 받으면 된다(동법 시행령 제3조 2항). <답 ⑤>

16. **노사협의회에 관한 다음 사항 중 틀린 것은?**

① 근로자참여 및 협력증진에 관한 법률 제25조 1항에 따른 중재 결정이 있으면 협의회의 의결을 거친 것으로 보며 근로자와 사용자는 그 결정에 따라야 한다.
② 협의회의 위원은 협의회에서 알게 된 비밀을 누설하여서는 아니 된다.
③ 협의사항을 기록한 회의록은 작성한 날부터 3년간 보존하여야 한다.
④ 협의회는 노동쟁의의 예방에 관한 사항을 협의한다.
⑤ 협의회의 의장은 회의 개최 7일 전에 회의 일시, 장소, 의제 등을 각 위원에게 통보하여야 한다.

《해 설》 ① 근참법 제25조 2항. ② 동법 제17조. ③ 동법 제19조 2항. ④ 2007년 1월 26일 개정시 삭제되었다. ⑤ 동법 제13조 3항. <답 ④>

17. **다음 설명 중 틀린 것은?**

① 단체교섭제도는 노사 사이의 이해의 대립을 노동조합의 단결과 쟁의행위를 통해서 근로자들의 실질적 평등을 유지하기 위하여 마련된 것인 반면에, 노사협의제는 노사가 사회적 반려자라는 이념을 실현하기 위하여 경영 내지 사용자의 배타적 지배를 지양하고 협동과 공동책임의 정신으로 생산과정에서의 대립을 극복하려는 것이다.
② 노사협의제도는 근로3권에서는 당연히 도출될 수 없는 별개의 제도이다.
③ 노동조합이 당연히 노사협의회의 근로자대표가 된다.
④ 노사협의사항이 당연히 단체교섭의 대상이 될 수는 없다.
⑤ 노사협의가 결렬되었다고 하여 근로자(종업원)들이 그들의 주장을 관철하기 위해서 쟁의행위를 할 수 없다.

《해 설》 노사협의제도는 근로3권(헌법 제33조)에서는 당연히 도출될 수 없는 별개의 제도이다. 즉 근로3권은 기업경영에 관련된 최고의사결정, 종업원 채용 및 지휘·감독 등은 기업주의 전권사항임을 전제로 하여 보장된 것이다. 따라서 노동조합이 당연히 노사협의의 근로자대표가 되어야 하는 것은 아니며, 노사협의사항이 당연히 단체교섭의 대상이 될 수는 없는 것이고, 또한 노사협의가 결렬되었다고 하여 근로자(종업원)들이 그들의 주장을 관철하기 위해서 쟁의행위를 할 수도 없다. 이와 같이 노사협의제도는 단체교섭제도와는 노사관계의 구조적 존재형식을 달리하고 있다. 따라서 노사협의제는 투쟁적 노사관계와는 본질적으로 다른 협동적 노사관계이다. <답 ③>

18. **노사협의회와 단체교섭에 관한 비교·설명 중 옳지 않은 것은?**

① 단체교섭의 당사자는 노동조합과 사용자이나 노사협의회는 근로자의 대표자와 사용자이다.
② 단체교섭은 헌법에 보장된 근로3권의 일환으로 근로조건의 유지·개선을 목적으로 하지만, 노사협의회는 근로자의 복지증진과 기업생산성 향

상을 목적으로 한다.

③ 단체교섭의 경우 근로자는 조합원으로서의 지위를 갖지만, 노사협의의 경우는 기업의 구성원으로서의 지위를 갖는다.

④ 양자는 사업장 내 전 종업원을 구속한다는 점에서 동일하다.

⑤ 단체교섭은 결렬시 쟁의권행사가 가능하지만, 노사협의회에서는 쟁의권을 행사할 수 없다.

《해 설》 <답 ④>

구 분	단체교섭	노사협의
목 적	근로조건의 유지 · 개선	근로자 복지증진과 기업생산성 향상
노동조합과의 관계	① 반드시 노동조합을 전제로 함 ② 결렬시 쟁의권 행사	① 노동조합의 존재 여부와 무관함 ② 쟁의권 행사 불가
구성원	근로자는 조합원으로서의 지위	근로자는 기업의 구성원으로서의 지위
당사자	노동조합과 사용자	근로자의 대표자와 사용자
대 상	임금 · 근로시간 등 근로조건에 관한 사항으로서 노사간의 이해가 대립되는 사항	생산성 향상, 작업환경 개선, 인사 · 노무관리의 합리적 운영 등에 관한 사항
결 과	① 단체협약체결로 규범적 효력 발생 ② 조합원을 구속함	① 협의체에 의결된 사항은 노사가 성실히 이행하여야 함 ②사업장 내 전 종업원을 구속함

19. 근로복지기본법상 우리사주제도에 관한 내용으로 옳지 않은 것은?

<노무사 2010년>

① 우리사주제도는 근로자로 하여금 우리사주조합을 통하여 당해 우리사주조합이 설립된 회사의 주식을 취득 · 보유하게 함으로써 근로자의 경제 · 사회적 지위향상과 노사협력 증진을 도모함을 목적으로 한다.

② 근로자는 사전에 회사와 협의하지 아니하고 대통령령이 정하는 바에 따라 우리사주조합을 설립할 수 있다.

③ 우리사주조합의 설립 및 운영에 있어서 근로복지기본법에 규정된 것을 제외하고는 민법 중 사단법인에 관한 규정을 준용한다.

④ 우리사주조합은 차입금으로 취득한 자사주를 당해 차입금의 융자기관 및 융자보증기관에 담보로 제공할 수 있다.

⑤ 국가는 기업의 도산 등으로 인하여 당해 기업의 근로자가 우리사주조합 등을 통하여 당해 기업을 인수할 경우 그 주식취득에 소요되는 자금 등 필요한 지원을 할 수 있다.

《해 설》 ① 근로복지기본법 제32조. ② 우리사주조합의 설립에 대한 회사의 지원에 관한 사항 등 고용노동부령으로 정하는 사항을 미리 해당 회사와 협의하여야 한다(동법 제33조 1항 2문). ③ 동법 제33조 2항. ④ 동법 제42조 3항. ⑤ 동법 제49조.

<답 ②>

제 6 장

勞動委員會法

제 6 장　勞動委員會法

1. 다음 중 노동위원회의 회의가 아닌 것은? <노무사 2008년 유사>

① 차별시정위원회　② 중재위원회
③ 특별조정위원회　④ 교원노동관계조정위원회
⑤ 차별심판위원회

《해 설》 노동위원회에는 전원회의 외에 그 권한에 속하는 업무를 부문별로 처리하기 위하여 다른 법률에 특별한 규정이 있는 경우를 제외하고는 심판위원회 · 차별시정위원회 · 조정위원회 · 특별조정위원회 · 중재위원회 · 교원노동관계조정위원회 및 공무원노동관계조정위원회를 둔다(노위법 제15조 1항). 2007년 1월 26일 개정에 의해 '차별시정위원회'가 추가된 것을 주의해야 한다. <답 ⑤>

2. 다음 중 심판위원회의 권한이 아닌 것은? <노무사 2005년 유사>

① 수락된 조정안의 해석 또는 이행방법에 관한 견해의 제시
② 임시총회소집의 기피, 해태 여부에 대한 소집권자지명승인
③ 단체협약의 지역적 구속력에 관한 결의권한
④ 노동조합의 규약 · 결의에 대한 시정의결
⑤ 조합규약이 법령에 위반한지의 여부의 시정의결

《해 설》 ① 조정위원회의 권한이다. <답 ①>

3. 노동위원회의 조정적 권한에 속하는 것은?

① 노동조합의 해산결의
② 노동쟁의의 조정
③ 부당노동행위의 판정 및 구제명령
④ 노동조합의 규약에 대한 시정의결
⑤ 조합의 결의처분이 법령에 위반하는지의 여부의 시정의결

《해 설》 노동위원회의 조정적 권한은 다음과 같다. ① 노동위원회는 노동쟁의의 조정 · 중재 및 긴급조정을 행할 권한이 있다. ② 긴급조정은 중앙노동위원회만이 행할 수 있다. <답 ②>

4. 노동위원회에 대한 설명으로 옳지 않은 것은?

① 독립성을 가진 준사법적 기관이다.
② 판정적 권한과 조정적 권한을 주된 기능으로 한다.

③ 노사관계의 공정한 조정과 노동행정의 민주화를 추구한다.
④ 노동자대표 · 사용자대표 · 공익대표 3자로 구성된 합의체행정기관이다.
⑤ 노동위원회는 그 권한에 속하는 업무를 고용노동부장관의 지휘를 받아 수행한다.

《해 설》 노동위원회는 고용노동부장관 소속하에 있지만(노위법 제2조 2항), 그 권한에 속하는 업무를 독자적으로 수행하고 중앙노동위원회 위원장이 행정사무를 총괄하며 소속공무원을 지휘 · 감독한다(동법 제4조 1항 · 2항). 따라서 노동위원회는 독립성을 갖는 행정기관이다. <답 ⑤>

5. 노동위원회에 관한 설명으로 옳지 않은 것은? <노무사 2009년>

① 고용노동부장관은 노동위원회의 운영에 관한 규칙제정권을 가진다.
② 중앙노동위원회위원장은 지방노동위원회 위원을 위촉할 권한을 갖고 있다.
③ 중앙노동위원회와 지방노동위원회의 공익위원에 관한 자격기준은 서로 다르다.
④ 위원의 임기는 3년으로 하되, 연임할 수 있다.
⑤ 위원장은 당해 노동위원회를 대표하며 회무를 통리한다.

《해 설》 ① 중앙노동위원회의 권한이다(노위법 제25조). ② 동법 제6조 3항. ③ 동법 제18조 1항 · 2항. ④ 동법 제7조 1항. ⑤ 동법 제10조 1항. <답 ①>

6. 노동법상 노동위원회에 관한 설명으로 옳은 것은? <사시 2010년>

① 노동위원회는 중앙노동위원회 · 지방노동위원회 및 특별노동위원회로 구분하고, 모두 고용노동부장관 소속 하에 둔다.
② 사용자는 일정한 규모 이상의 인원을 해고하려면 고용노동부장관 및 노동위원회에 각각 신고하여야 한다.
③ 고용노동부장관은 근로계약이 미성년자에게 불리하다고 인정하는 경우에는 노동위원회의 의결에 따라 이를 해지할 수 있다.
④ 노동관계 당사자 쌍방 또는 일방은 필수유지업무협정이 체결되지 아니하는 때에는 노동위원회에 필수유지업무의 필요 최소한의 유지·운영 수준, 대상직무 및 필요인원 등의 결정을 신청하여야 한다.
⑤ 노사협의회에서 의결된 사항의 해석에 관한 중재는 노동위원회만이 담당한다.

《해 설》 ① 특별노동위원회는 특히 필요한 경우에 특정한 사항을 관장하기 위하여 당해 특정사항을 관장하는 중앙행정기관에 설치된다(노위법 제2조 3항). ② 고용노동부장관에게 신고하면 된다(근기법 제24조 4항). ③ 노동위원회 의결은 불필요하다(근기법 제67조 2항). ④ 노조및조정법 제42조의4 1항. ⑤ 의결사항에 관하여 의결이 성립하지 아니하거나 협의회에서 의결된 사항의 해석 또는 이행방법 등에 관하여 당사자간에 다툼이 있는 경우에 이를 해결하기 위하여 노사협의회의 근로자위원과 사용자위원의 합의에 따라 협의회 내에 임의의 중재기구를 두거나 노동위원회를 통하거나 또는 제3자에 의한 중재를 받을 수 있도록 하고 있다(근참법 제25조 1항). <답 ④>

7. 노동위원회의 구성과 관련하여 다음 중 옳은 문장은?

① 공익위원은 당해 노동위원회 위원장 · 노동조합 및 사용자단체가 각각 추천한 자 중에서 근로자위원과 사용자위원의 투표로 선출한다.
② 노동위원회의 위원의 수는 근로자위원 · 사용자위원은 각 10인 이상 30인 이하, 공익위원은 10인 이상 50인 이하의 범위 안에서 정한다.
③ 근로자위원과 사용자위원 및 공익위원은 동수로 한다.
④ 근로자위원은 노동조합이 추천한 자 중에서 위촉하고 사용자위원은 사용자단체가 추천한 자 중에서 위촉하되, 중앙노동위원회의 경우에는 고용노동부장관의 제청으로 대통령이, 지방노동위원회의 경우에는 지방노동위원회 위원장의 제청으로 중앙노동위원회 위원장이 각각 위촉한다.
⑤ 중앙노동위원회의 공익위원은 중앙노동위원회 위원장의 제청으로 고용노동부장관이, 지방노동위원회의 공익위원은 지방노동위원회 위원장의 제청으로 중앙노동위원회 위원장이 각각 위촉한다.

《해 설》 2007년에 개정된 내용이므로 주의를 요한다. ①⑤ 공익위원은 당해 노동위원회위원장 · 노동조합 및 사용자단체가 각각 추천한 자 중에서 노동조합과 사용자단체가 순차적으로 배제하고 남은 자를 위촉대상 공익위원으로 하고, 그 위촉대상 공익위원 중에서 중앙노동위원회의 공익위원은 고용노동부장관의 제청으로 대통령이, 지방노동위원회의 공익위원은 지방노동위원회위원장의 제청으로 중앙노동위원회위원장이 각각 위촉한다(노위법 제6조 4항). ②③ 노동위원회의 위원의 수는 근로자위원 · 사용자위원은 각 10인 이상 50인 이하, 공익위원은 10인 이상 70인 이하의 범위 안에서 각 노동위원회의 업무량을 감안하여 대통령령으로 정한다. 이 경우 근로자위원과 사용자위원은 동수로 한다(동법 제6조 2항). ④ 동법 제6조 3항. <답 ④>

8. 전원회의의 처리사항이 아닌 것은?

① 노동위원회의 운영 등 일반적인 사항의 결정
② 관계행정관청에 대한 근로조건의 개선에 관한 권고
③ 노동위원회 지시
④ 노동위원회 규칙제정
⑤ 근로계약상의 근로조건 위반으로 인한 손해배상청구심의권

《해 설》 ①②③④ 노위법 제15조 2항. ⑤ 심판위원회 처리사항이다. <답 ⑤>

9. 노동위원회의 권한 중 공익위원만의 권한이 아닌 것은?

① 관계행정관청에 대한 근로조건개선권고
② 재해보상 이의에 대한 심사

③ 부당노동행위에 관한 판정 및 구제명령권
④ 조합규약의 시정의결
⑤ 휴면노조의 해산의결

《해 설》 심판위원회와 중재위원회는 공익위원만으로 구성되므로(노위법 제15조 3항 · 5항), 이들 위원회의 권한이 공익위원만의 권한이다. <답 ①>

10. 노동위원회의 상임위원에 관한 사항 중 잘못된 것은?

① 상임위원은 중앙노동위원회 위원장의 추천과 고용노동부장관의 제청으로 대통령이 임명한다.
② 각 노동위원회에 두는 상임위원의 수는 대통령령으로 정한다.
③ 상임위원은 당연히 공익위원이 된다.
④ 심판사건과 조정사건을 담당할 수 있다.
⑤ 상임위원은 노동위원회의 위원장이 될 수 없다.

《해 설》 ① 노위법 제11조 1항. ② 동법 제11조 3항. ③④ 동법 제11조 2항. ⑤ 지방노동위원회 위원장은 지방노동위원회의 공익위원 자격을 가진 자 중에서 중앙노동위원회 위원장의 추천과 고용노동부장관의 제청으로 대통령이 임명하는바(동법 제9조 2항), 상임위원은 공익위원이 되므로, 결국 상임위원은 노동위원회 위원장이 될 수 있다. <답 ⑤>

11. 다음 중 노동위원회의 권한에 속하지 않는 것은?

① 정당한 이유없는 해고 등에 대한 심사
② 재해보상 심사중재 이의신청에 대한 심사중재권
③ 근로조건개선에 관한 권고
④ 감시 또는 단속적 근로에 종사하는 자에 대한 승인
⑤ 안전보호시설의 정폐를 수반하는 쟁위행위 등에 대한 중지의결

《해 설》 ① 근기법 제29조. ② 동법 제89조 1항. ③ 노위법 제22조 2항. ④ 고용노동부장관의 승인사항이다(근기법 제63조 3호). ⑤ 노조및조정법 제42조 3항. <답 ④>

12. 노동위원회의 소관사항에 해당하지 않는 것은?

① 휴업수당 지급의 예외 승인 <사시 2000년, 노무사 2003년 유사>
② 단체협약의 지역적 구속력 의결
③ 단체협약의 위법한 내용에 대한 시정명령
④ 노사협의회 의결사항에 관한 분쟁의 중재
⑤ 부당해고 구제신청에 대한 판정

《해 설》 ① 근기법 제46조 2항. ② 노조및조정법 제36조 1항. ④ 근참법 제25조 1항. ⑤ 근기법 제30조 1항. ③ 단체협약의 위법한 내용에 관해서는 행정관청이 노동위원회의 의결을 얻어 시정을 명할 수 있다(노조및조정법 제31조 3항). <답 ③>

13. **다음 중 노동위원회가 관계하지 않는 사항은?**

① 부득이한 사유로 인한 휴업수당의 감액지급
② 근로자의 중대한 과실이 있는 경우의 휴업보상과 장해보상의 면제
③ 지역적 구속력의 결정
④ 노동조합의 규약에 위반한 결의 및 처분의 시정명령
⑤ 노동조합총회 소집권자가 없는 경우의 소집권자 지명

《해 설》 ① 노동위원회의 승인이 필요하다(근기법 제46조 2항). ② 노동위원회의 인정을 받아야 한다(동법 제81조). ③ 노동위원회의 의결이 필요하다(노조및조정법 제36조 1항). ④ 노동위원회의 의결을 얻어야 한다(동법 제21조 1항). ⑤ 소집권자가 없는 경우에는 행정관청이 소집권자를 지명한다(동법 제18조 4항). <답 ⑤>

14. **노동조합 및 노동관계조정법상 행정관청이 노동위원회의 의결을 얻어 할 수 있는 사항을 모두 묶은 것은?** <사시 2009년>

(가) 노동관계법령에 위반된 노동조합 규약의 시정명령 (나) 노동조합에 대한 자료제출 요구 (다) 지역 단위에서 단체협약의 효력확장 결정 (라) 사업장 단위에서 단체협약의 효력확장 결정

① (가) ② (가), (다) ③ (나), (다)
④ (나), (다), (라) ⑤ (가), (나), (다), (라)

《해 설》 (가) 노조및조정법 제21조 1항. (다) 동법 제36조 1항. <답 ②>

15. **중앙노동위원회의 처분에 대한 소와 관련하여 다음 중 옳은 지문은 무엇인가?** <노무사 1993년 · 2005년 변형>

① 중앙노동위원회를 피고로 하여 소를 제기하여야 한다.
② 처분의 통지를 받은 날로부터 10일 이내에 소를 제기하여야 한다.
③ 소의 제기로 처분의 효력은 정지된다.
④ 소의 제기기간은 불변기간이다.
⑤ 고용노동부장관을 피고로 하여 소를 제기하여야 한다.

《해 설》 ①②⑤ 중앙노동위원회의 처분에 대한 소는 중앙노동위원회 위원장을 피고로 하여 처분의 통지를 받은 날부터 15일 이내에 이를 제기하여야 한다(노위법 제27조 1항). ③ 소의 제기로 처분의 효력은 정지하지 아니한다(동법 제27조 2항). <답 ④>

16. **다음 노동위원회의 관장에 관한 설명으로 틀린 것은?**

① 중앙노동위원회는 재심사건을 관장한다.
② 중앙노동위원회는 둘 이상의 지방노동위원회의 관할구역에 걸친 노동쟁의의 조정사건을 관장한다.

③ 지방노동위원회는 당해 관할구역에서 발생하는 사건을 관장한다.
④ 둘 이상의 관할구역에 걸친 사건(②의 조정사건을 제외한다)은 주된 사업장의 소재지를 관할하는 지방노동위원회에서 관장한다.
⑤ 중앙노동위원회 위원장은 ④에 의한 주된 사업장을 정하기 어렵거나 주된 사업장의 소재지를 관할하는 지방노동위원회에서 처리하기 곤란한 사정이 있는 경우에는 직권으로 당해 사건을 중앙노동위원회에서 처리하게 할 수 있다.

《해 설》 ① 노위법 제3조 1항 1호. ② 동법 제3조 1항 2호. ③④ 동법 제3조 2항. ⑤ 중앙노동위원회 위원장은 직권으로 또는 관계당사자나 지방노동위원회 위원장의 신청에 따라 지방노동위원회를 지정하여 당해 사건을 처리하게 할 수 있다(동법 제3조 5항). <답 ⑤>

17. **근로기준법상 사용자 또는 근로자가 노동위원회에 신청할 수 없는 것은?**

<노무사 2010년>

① 근로계약 체결시 사용자가 명시한 근로조건이 사실과 다를 경우의 손해배상청구
② 해고회피노력을 다하지 않은 경영상 이유에 의한 해고의 구제
③ 근로자의 중대한 과실로 인해 발생한 업무상 부상 또는 질병에 대한 휴업보상이나 장해보상의 면제
④ 15세 미만인 자의 취직인허증 교부
⑤ 사용자의 휴업수당의 감액 승인

《해 설》 ① 근기법 제19조 2항. ② 동법 제28조 1항. ③ 동법 제81조. ④ 취직인허증은 고용노동부장관이 발급한다(동법 제64조 1항). ⑤ 동법 제46조 2항. <답 ④>

18. **노동위원회의 소관 사무가 아닌 것은?** <사시 2008년>

① 근로기준법에 따른 부당해고 판정에 관한 업무
② 산업재해보상보험법에 따른 근로복지공단의 결정에 대한 재심에 관한 업무
③ 기간제 및 단시간근로자 보호 등에 관한 법률에 따른 차별시정에 관한 업무
④ 노동조합 및 노동관계조정법에 따른 노동쟁의 조정에 관한 업무
⑤ 노동조합 및 노동관계조정법에 따른 부당노동행위 판정에 관한 업무

《해 설》 ① 근기법 제30조. ② 산업재해보상보험재심사위원회의 소관 사무이다(산재법 제107조). ③ 기단법 제12조. ④ 노조및조정법 제12절. ⑤ 노조및조정법 제84조. <답 ②>

19. **다음 중 노동위원회의 판정권한의 대상이 아닌 것은?**

<사시 2004년 유사, 노무사 1999년 변형>

① 부당노동행위의 판정 및

구제명령권
② 행정기관에 대한 협조요청권
③ 노동조합규약의 시정의결권
④ 휴업수당지급의 예외사유 인정
⑤ 재해부상의 심사와 중재

《해 설》 ① 노조및조정법 제84조. ② 행정기관에 대한 협조요청권은 노동위원회의 권한이지만 판정기능은 아니다. ③ 동법 제21조 1항. ④ 근기법 제46조 2항. ⑤ 동법 제89조 1항. <답 ②>

20. **다음 기술 중 틀린 것은?**
① 노동위원회의 위원의 임기는 3년으로 하되 연임할 수 있다.
② 노동위원회의 보궐위원의 임기는 전임자의 잔임기간으로 한다.
③ 위원은 그 임기가 만료된 경우에는 즉시 그 직무를 종료한다.
④ 위원의 처우에 관하여는 대통령령으로 정한다.
⑤ 특별노동위원회는 노동위원회의 구성에 관한 일부 규정이 적용되지 않는다.

《해 설》 ① 노위법 제7조 1항. ② 동법 제7조 2항. ③ 노동위원회의 위원은 그 임기가 만료된 경우에도 후임자가 위촉될 때까지 계속 그 직무를 집행한다(동법 제7조 3항). ④ 동법 제7조 4항. ⑤ 동법 제5조. <답 ③>

21. **노동위원회 전원회의의 의결정족수는?**
① 구성위원 과반수의 출석과 출석위원 과반수의 찬성
② 재적위원 과반수의 출석과 출석위원 과반수의 찬성
③ 구성위원 과반수의 출석과 출석위원 3분의 1 이상의 찬성
④ 구성위원 전원의 출석과 출석위원 과반수의 찬성
⑤ 구성위원 3분의 2 이상의 출석과 출석위원 과반수의 찬성

《해 설》 ② 노동위원회의 전원회의는 재적위원 과반수의 출석으로 개의하고 출석위원 과반수의 찬성으로 의결한다(노위법 제17조 1항). ④ 부문별위원회의 회의는 구성위원 전원의 출석으로 개의하고 출석위원 과반수의 찬성으로 의결한다(동법 제17조 2항). <답 ②>

22. **노동위원회의 권한에 관한 설명으로 옳은 것은?** <노무사 2010년>
① 노동위원회는 부당노동행위 구제신청이 있는 때 직권으로 증인을 출석하게 하여 필요한 질문을 할 수 있다.
② 사용자가 직장폐쇄를 하면서 미리 노동위원회에 이를 신고하지 아니하면 노동위원회는 과태료를 부과할 수 있다.
③ 중앙노동위원회는 당사자의 신청 또는 직권으로 지방노동위원회의 처분

을 재심하여 변경할 수 있다.

④ 중앙노동위원회는 고용노동부장관의 승인을 받아 노동위원회의 운영사항에 관한 규칙을 제정할 수 있다.

⑤ 중앙노동위원회는 특별노동위원회에 대하여 법령의 해석에 관하여 필요한 견해를 제시할 수 있으나 지시를 할 수는 없다.

《해 설》 ① 노동위원회규칙 제56조 4항. ② 노동위원회가 아닌 행정관청이 부과·징수한다(노조및조정법 제96조 3항). ③ 당사자의 신청이 있어야 한다(노위법 제26조 1항). ④ 고용노동부장관의 승인을 요하지 않는다(동법 제25조). ⑤ 필요한 지시를 할 수 있다(동법 제24조). <답 ①>

23. 중앙노동위원회의 권한에 속하지 않는 것은?<사시 1999년, 노무사 2004년 유사>

① 지방노동위원회 또는 특별노동위원회에 대한 사무처리 기본방침 및 법령해석에 관한 지시권

② 중앙노동위원회, 지방노동위원회 또는 특별노동위원회의 운영 기타 필요한 사항에 관한 규칙제정권

③ 지방노동위원회의 처분에 대한 재심사건

④ 특별노동위원회의 처분에 대한 재심사건

⑤ 긴급조정의 결정

《해 설》 ① 노위법 제24조. ② 동법 제25조. ③④ 동법 제26조. ⑤ 긴급조정의 결정권은 고용노동부장관의 권한이다(노조및조정법 제76조 1항). <답 ⑤>

24. 지방노동위원회의 처분에 대한 재심신청은 중앙노동위원회에 언제 해야 하는가?

① 처분이 당사자에게 통지된 날로부터 7일 이내

② 처분이 당사자에게 통지된 날로부터 10일 이내

③ 처분이 당사자에게 통지된 날로부터 14일 이내

④ 처분이 당사자에게 통지된 날로부터 15일 이내

⑤ 처분이 당사자에게 통지된 날로부터 20일 이내

《해 설》 ② 재심은 관계법령에 특별한 규정이 있는 경우를 제외하고는 지방노동위원회 또는 특별노동위원회가 행한 처분이 당사자에게 통지된 날로부터 10일 이내에 당사자의 쌍방 또는 일방의 신청에 의하여 행한다(노위법 제26조 2항). <답 ②>

25. 노동조합 및 노동관계조정법상 노동위원회의 의결을 필요로 하지 않는 사항은? <사시 2007년>

① 노동조합에 대한 자료제출 요구

② 조합규약의 시정명령

③ 휴면노조의 해산

④ 노동조합의 결의 · 처분의 시정명령
⑤ 단체협약의 시정명령

《해 설》 ① 행정관청의 요구사항이다(노조및조정법 제27조). ② 동법 제21조 1항. ③ 동법 제28조 1항 4호. ④ 동법 제21조 2항. ⑤ 동법 제31조 3항. <답 ①>

26. 노동위원회법상 화해에 관한 설명으로 옳은 것은? <노무사 2009년>

① 적법한 화해조서는 민사소송법에 따른 재판상 화해의 효력을 갖는다.
② 노동위원회는 화해조서를 작성하여 관계당사자에게 화해를 권고하여야 한다.
③ 노동위원회는 당사자의 신청에 의하여 화해를 권고하거나 화해안을 제시할 수 있을 뿐 직권에 의하여 화해를 권고하거나 화해안을 제시할 수 없다.
④ 노동위원회의 화해는 심판위원회의 결정이 있은 이후에도 가능하다.
⑤ 화해의 방법, 화해조서의 작성 등에 관한 필요한 사항은 각 지방노동위원회가 별도로 정한다.

《해 설》 ① 노위법 제16조의3 5항. ②③④ 노동위원회는 판정 · 명령 또는 결정이 있기 전까지 관계 당사자의 신청 또는 직권에 의하여 화해를 권고하거나 화해안을 제시할 수 있다(동법 제16조의3 1항). ⑤ 중앙노동위원회가 따로 정한다(동법 제16조의3 6항). <답 ①>

27. 다음 중 차별시정위원회에 관한 내용 중 틀린 것은?

① 2007년 1월 26일 노동위원회법 개정에 의해 신설되었다.
② 그 구성은 차별시정담당 공익위원 중 위원장이 지명하는 3인으로 한다.
③ 그 구성에는 반드시 위원장 또는 상임위원 1인을 포함하여야 한다.
④ 「기간제 및 단시간근로자 보호 등에 관한 법률」 또는 「파견근로자보호 등에 관한 법률」에 따른 차별시정과 관련된 사항을 처리한다.
⑤ 「남녀고용평등과 일 · 가정 양립 지원에 관한 법률」에 따른 차별시정과 관련된 사항도 담당한다.

《해 설》 노위법 제15조 4항 참조. ⑤ 차별시정위원회는 「기간제 및 단시간근로자 보호 등에 관한 법률」 또는 「파견근로자보호 등에 관한 법률」에 따른 차별시정과 관련된 사항만을 처리한다. <답 ⑤>

제 7 장

非典型勤勞關係

제 7 장 非典型勤勞關係

1. 다음 중 기간제 및 단시간근로자 보호 등에 관한 법률상 기간제근로자에 관한 내용이 아닌 것은?

① 사용자는 2년을 초과하지 아니하는 범위 안에서 기간제근로자를 사용할 수 있다.

② 기간제근로계약의 반복갱신 등의 경우에는 그 계속근로한 총기간이 2년을 초과하지 아니하는 범위 안에서 기간제근로자를 사용할 수 있다.

③ 사용자가 특별한 사유가 없거나 그 사유가 소멸되었음에도 불구하고 2년을 초과하여 기간제근로자로 사용하는 경우에는 그 기간제근로자는 동일한 기간의 근로계약으로 갱신한 것으로 본다.

④ 사용자는 기간의 정함이 없는 근로계약을 체결하고자 하는 경우에 당해 사업 또는 사업장의 동종 또는 유사한 업무에 종사하는 기간제근로자를 우선적으로 고용하도록 노력하여야 한다.

⑤ 사업의 완료 또는 특정한 업무의 완성에 필요한 기간을 정한 경우에는 2년을 초과하여 기간제근로자로 사용할 수 있다.

《해 설》 ①② 기단법 제4조 1항 본문. ③ 기간의 정함이 없는 근로계약을 체결한 근로자로 본다(동법 제4조 2항). ④ 동법 제5조. ⑤ 동법 제4조 1항 단서 1호. <답 ③>

2. 다음 중 2년을 초과하여 기간제근로자로 사용할 수 있는 경우(사용기간 제한의 예외사유)가 아닌 것은?

① 휴직으로 결원이 발생하여 당해 근로자가 복귀할 때까지 그 업무를 대신할 필요가 있는 경우.

② 근로자가 직업훈련을 이수함에 따라 그 이수가 필요한 기간을 정한 경우.

③ 고령자고용촉진법 제2조 1호의 규정에 의한 고령자와 근로계약을 체결하는 경우.

④ 전문적 지식 · 기술의 활용이 필요한 경우와 정부의 복지정책 · 실업대책 등에 의하여 일자리를 제공하는 경우.

⑤ 사업의 완료 또는 특정한 업무의 완성에 필요한 기간을 정한 경우.

《해 설》 ① 기단법 제4조 1항 단서 2호. ② 동법 제4조 1항 단서 3호. ③ 동법 제4조 1항 단서 4호. ⑤ 동법 제4조 1항 단서 1호. ④ 이 경우에는 시행령에서 정한 범

위 내에서만 예외가 인정된다(동법 제4조 1항 단서 5호). <답 ④>

3. 단시간근로자에 대한 설명 중 틀린 것은? <사시 2001년 유사>

① 단시간근로자란 '1주 동안의 소정근로시간이 그 사업장에서 같은 종류의 업무에 종사하는 통상근로자의 1주 동안의 소정근로시간에 비하여 짧은 근로자'를 말한다.

② 단시간근로자에 대한 노동법상의 문제는 해당근로자에게 통상근로자에 비례해서 형평에 맞는 보호를 하는 데 있다.

③ 1주간의 근로시간이 현저히 짧은 단시간근로자에 대하여 근로기준법규정을 전면 배제할 수 있다.

④ 단시간근로자를 채용할 경우에 임금·근로시간 등 근로조건을 명시해야 한다.

⑤ 단시간근로자가 법정기준근로시간을 초과해서 근로한 경우 사용자에게 할증임금을 청구할 수 있다.

《해 설》 ① 근기법 제2조 1항 8호. ②「단시간근로자의 근로조건은 그 사업장의 같은 종류의 업무에 종사하는 통상근로자의 근로시간을 기준으로 산정한 비율에 따라 결정되어야 한다」(동법 제18조 1항)는 근기법상의 규정도 이러한 비례적 보호원칙을 명시한 것이다. ③ 4주 동안(4주 미만으로 근로하는 경우에는 그 기간)을 평균하여 1주 동안의 소정근로시간이 15시간 미만인 근로자에 대하여는 제55조(휴일)와 제60조(연차유급휴가)만 적용되지 않을 뿐이다(동법 제18조 3항). ④ 사용자는 단시간근로자를 고용할 경우에 임금, 근로시간, 그 밖의 근로조건을 명확히 적은 근로계약서를 작성하여 근로자에게 내주어야 한다(동법 시행령 별표 2 1호 가목). ⑤ 단시간근로자에 대해서도 근기법 제50조는 적용된다. 따라서 단시간근로자가 기준근로시간을 초과해서 근로한 경우 사용자에게 할증임금을 청구할 수 있음은 물론이다. <답 ③>

4. 근로기준법상 1주간의 소정근로시간이 15시간 미만인 근로자 및 상시 4인 이하 근로자를 사용하는 사업 또는 사업장에 공통적으로 적용되는 법 규정에 해당하는 것은? <노무사 2005년>

① 제34조 규정에 의한 퇴직금제도

② 제55조의 규정에 의한 주휴일

③ 제60조의 규정에 의한 연차유급휴가

④ 제73조의 규정에 의한 생리휴가

⑤ 제74조의 규정에 의한 산전·후휴가

《해 설》 보기 중에서 상시 4인 이하의 근로자를 사용하는 사업장에 적용되는 근기법 규정은 제55조와 제74조 뿐이다(근기법 제11조 2항; 동법 시행령 제7조; 별표 1). 반면 1주간의 소정근로시간이 15시간 미만인 근로자에게는 근기법 제55조와 제60조가 적용되지 아니하므로(동법 제18조 3항), 정답은 ⑤번이 된다. <답 ⑤>

5. 다음 단시간근로자의 근로조건과 관련한 설명 중 틀린 것은?

① 사용자는 단시간근로자를 소정 근로일이 아닌 날에 근로시키거나 소정 근로시간을 초과하여 근로시키고자 할 경우에는 근로계약서나 취업규칙 등에 그 내용 및 정도를 명시하여야 하며, 초과근로에 대하여 가산임금을 지급하기로 한 경우에는 그 지급률을 명시하여야 한다.

② 사용자는 근로자와 합의한 경우에만 초과근로를 시킬 수 있다.

③ 단시간근로자에 대해서도 휴게시간에 대한 근로기준법상의 원칙이 동일하게 적용된다.

④ 휴일은 휴게시간과 마찬가지로 1일의 근로시간의 장단과 관련하여 문제되므로, 반드시 최소한 매주 1회의 유급휴일을 줄 필요는 없다.

⑤ 단시간근로자의 경우에도 근로기준법 제60조의 요건을 충족하는 경우 연차유급휴가권이 성립한다.

《해 설》 ① 근기법 시행령 별표 2 3호 가목. ② 동법 시행령 별표 2 3호 나목. ③ 단시간근로자에 대해서도 근기법 제54조 1항이 적용된다. ④ 사용자는 단시간근로자에게 근기법 제55조에 따른 유급휴일을 주어야 한다(동법 시행령 별표 2 4호 가목). ⑤ 동법 시행령 별표 2 4호 나목. <답 ④>

6. 근로기준법상 단시간근로자의 근로조건에 관한 설명 중 옳지 않은 것은?

① 근로계약서를 작성해야 한다. <사시 2000년>

② 임금산정 단위는 시간급을 원칙으로 한다.

③ 초과근로시에는 반드시 가산임금이 지급되어야 한다.

④ 4주간을 평균하여 1주간의 소정근로시간이 15시간 미만인 경우 유급휴일을 주지 않아도 된다.

⑤ 취업규칙을 별도로 작성할 수 있다.

《해 설》 ① 근기법 시행령 별표 2 1호 가목. ② 동법 시행령 별표 2 2호 가목. ④ 근기법 제18조 3항. ⑤ 동법 시행령 별표 2 5호 가목 ③ 단시간근로는 이미 본질적으로 통상의 근로자보다 근로시간이 짧은 경우로, 법정기준근로시간에 미치지 못하는 경우가 대부분인 까닭에 단시간근로가 초과근로를 하는 경우라 하더라도 이것이 바로 가산임금을 지급하여야 할 시간외근로에 해당하지 않을 수도 있다. 그러나 이 경우도 당사자가 가산임금 지급에 대한 별도의 합의를 하는 것은 무방하다. <답 ③>

7. 단시간근로자에 대한 현행 근로기준법상 규정과 맞는 것은?<노무사 2004년>

① 근로기준법 일부 규정을 적용하지 않을 수 있는 소정근로시간이 현저히 짧은 단시간 근로자는 4주간을 평균하여 1주간 소정근로시간이 10시간 미만인 근로자를 말한다.

② 임금 산정 단위는 시간급을 원칙으로 하며, 일급으로 산정하는 경우에는, 1주간의 소정 근로시간을 그 기간 총 일수로 나눈 시간 수에 시간

급 임금을 곱하여 산정한다.

③ 1주간의 소정 근로시간이 현저히 짧은 단시간근로자에게는 휴일과 연차 유급휴가에 관한 규정이 적용되지 않는다.

④ 단시간 근로자에게는 법 제55조 규정에 의한 주휴일을 부여하지 않아도 된다.

⑤ 여성인 단시간 근로자에 대하여는 산전 · 후휴가를 주지 않아도 된다.

《해 설》 ① 근기법 일부 규정을 적용하지 않을 수 있는 소정근로시간이 현저히 짧은 단시간근로자는 4주 동안을 평균하여 1주 동안의 소정근로시간이 15시간 미만인 근로자를 말한다(근기법 제18조 3항). ② 4주 동안의 소정근로시간을 그 기간의 통상 근로자의 총 소정근로일 수로 나눈 시간 수에 시간급 임금을 곱하여 산정한다(동법 시행령 별표 2 2호). ③ 근기법 제18조 3항. ④ 사용자는 단시간근로자에게 법 제55조에 따른 유급휴일을 주어야 한다(동법 시행령 별표 2 4호 가목). ⑤ 사용자는 여성인 단시간근로자에 대하여 법 제73조에 따른 생리휴가 및 법 제74조에 따른 산전후휴가를 주어야 한다(동법 시행령 별표 2 4호 다목). <답 ③>

8. 현행법상 근로관계에 관한 甲과 乙의 주장이 모두 옳은 것은? (단체협약, 취업규칙 및 근로계약 등에서 별도로 정한 바가 없는 것을 전제로 함)

① 甲: 임금은 근로자 본인에게 전액 지급해야 한다. <사시 2004년>
乙: 단체협약으로도 임금 전액지급에 대한 예외를 둘 수 없다.

② 甲: 사용자는 정당한 파업에 참가하여 근로를 제공하지 않은 근로자에게 그 기간중의 임금을 지급하지 않아도 된다.
乙: 노동조합은 파업기간중의 임금지급을 목적으로 쟁의행위를 하여서는 안 된다.

③ 甲: 사용자의 귀책사유로 휴업한 때에는 사용자는 그 기간에 대하여 근로기준법 제46조에서 정하는 바에 따라 휴업수당을 지급하여야 한다.
乙: 근로기준법 제46조에 의한 휴업수당은 원칙적으로 통상임금의 70% 이상을 지급해야 한다.

④ 甲: 퇴직금은 임금으로 보아야 한다.
乙: 근로자가 퇴직금의 중간정산을 요구한 경우에 사용자는 이를 지급하여야 한다.

⑤ 甲: 단시간근로자의 근로조건은 당해 사업장의 동종의 업무에 종사하는 통상근로자의 임금을 기준으로 산정한 비율에 따라 결정한다.
乙: 단시간근로자 중에서 4주간의 소정근로시간이 현저히 짧은 단시간근로자에게는 근로기준법이 적용되지 않는다.

《해 설》 ① 단체협약에 특별한 규정이 있는 경우에는 임금의 일부를 공제할 수 있다(근기법 제43조 1항 단서). ② 노조및조정법 제44조. ③ 통상임금이 아니라 평균임금의 70% 이상을 지급해야 한다(근기법 제46조 1항). ④ 근로자가 퇴직금의 중간정산을 요구한 경우에 사용자는 이를 지급할 수 있다(근퇴법 제8조 2항). ⑤ 단시간근로자 중에서 4주간의 소정근로시간이 현저히 짧은 단시간근로자에게는 이 법의 일부규정을 적용하지 아니할 수 있다(근기법 제18조 3항). <답 ②>

9. 기간제 및 단시간근로자 보호 등에 관한 법률에 관한 내용으로 옳지 않은 것은? (다툼이 있는 경우에는 판례에 의함) <노무사 2010년>

① 기간제근로자의 비교대상자는 당해 사업 또는 사업장에서 동종 또는 유사한 업무에 종사하는 기간의 정함이 없는 근로계약을 체결한 근로자이다.
② 단시간근로자의 비교대상자는 당해 사업 또는 사업장에서 동종 또는 유사한 업무에 종사하는 통상의 근로자이다.
③ 기간제근로자가 차별적 대우를 받은 경우에는 노동위원회에 차별적 처우가 있는 날(계속되는 차별적 처우는 그 종료일)부터 3월 이내 그 시정을 신청할 수 있다.
④ 기간제근로자 또는 단시간근로자가 노동위원회에 차별적 처우의 시정신청을 하는 경우 차별적 처우와 관련한 분쟁의 입증책임은 사용자가 부담한다.
⑤ 근로자의 업무상 재해로 인한 요양기간은 기간의 정함이 있는 근로계약에서 잔여계약기간이 종료되는 데에 영향을 미친다.

《해 설》 ①② 기단법 제8조. ③ 동법 제9조 1항. ④ 동법 제9조 4항. ⑤ 기간의 정함이 있는 근로자가 업무상 재해로 요양중에 기간이 만료되는 경우 근로계약관계는 종료된다. <답 ⑤>

10. 다음 중 기간제 및 단시간근로자 보호 등에 관한 법률상 단시간근로자에 관한 내용이 아닌 것은?

① 사용자는 필요한 경우에는 언제든지 단시간근로자에 대하여 소정근로시간을 초과하여 근로하게 할 수 있다.
② 다만 1주간에 12시간을 초과하여 근로시킬 수 없다.
③ 단시간근로자는 사용자가 근로자의 동의를 얻지 아니하고 초과근로를 하게 하는 경우에는 이를 거부할 수 있다.
④ 사용자는 통상근로자를 채용하고자 하는 경우에는 당해 사업 또는 사업장의 동종 또는 유사한 업무에 종사하는 단시간근로자를 우선적으로 고용하도록 노력하여야 한다.
⑤ 사용자는 가사, 학업 그 밖의 이유로 근로자가 단시간근로를 신청하는 때에는 당해 근로자를 단시간근로자로 전환하도록 노력하여야 한다.

《해 설》 ① 단시간근로자에 대하여 소정근로시간을 초과하여 근로하게 하는 경우에는 당해 근로자의 동의를 얻어야 한다(기단법 제6조 1항 1문). ② 동법 제6조 1항 2문. ③ 동법 제6조 2항. ④⑤ 동법 제7조. <답 ①>

11. 근로자파견사업은 다음 노동법의 기본원칙 중 어느 것과 관련되는가?

① 강제노동의 금지 ② 중간착취의 금지 ③ 균등처우의 원칙
④ 전차금상계의 금지 ⑤ 강제저축의 금지

《해 설》 중간착취의 금지는 근로의 대가인 임금에서 수수료 등의 명목으로 공제하는 것을 금지하는 것이다. 파견법은 이와 같은 중간착취금지원칙을 완화시켜서, 노무공급사업을 통해 파견업자가 수수료 등을 합법적으로 공제할 수 있게 해 주고 있다. 동법은 노동시장의 유연성을 제고하고, 노동공급의 탄력성을 확보하기 위해 마련된 법이다. <답 ②>

12. 파견근로자보호 등에 관한 법률의 내용에 관한 설명 중 틀린 것은?

① '근로자파견' 이라 함은 파견사업주가 근로자를 고용한 후 그 고용관계를 유지하면서 근로자파견계약의 내용에 따라 사용사업주의 지휘 · 명령을 받아 사용사업주를 위한 근로에 종사하게 하는 것을 말한다.
② 근로자파견관계는 종래의 일반적인 고용형태와는 구별되는 특수한 노무공급형태이다.
③ 동법은 근로자파견사업의 적정한 운영을 기하고 파견근로자의 근로조건 등에 관한 기준을 확립함으로써 파견근로자의 고용안정과 복지증진에 이바지하고 인력수급을 원활하게 함을 목적으로 한다.
④ 근로자파견의 기간은 원칙적으로 1년을 초과하지 못한다. 다만 파견사업주 · 사용사업주 · 파견근로자간의 합의가 있는 경우 1년을 초과하지 않는 범위 안에서 연장할 수 있고, 연장된 기간을 포함한 총파견기간은 3년을 초과하지 못한다.
⑤ '근로자파견사업' 이라 함은 근로자파견을 업으로 행하는 것을 말한다.

《해 설》 ① 파견법 제2조 1호. ② 근로자파견이라는 노무공급방식은 종래의 일반적인 고용형태(도식적으로 말하면 단선적 고용형태)와는 구별되는 특수한 노무공급형태로서 노동력수급제도의 새로운 분야를 이루고 있다. 특히 근로자파견관계에 있어서는 사용자(파견사업주)와 근로자 사이에 제3자(사용사업주)가 개입한다. 따라서 근로자와 (파견)사용자 사이의 관계는 취업기회의 단속성으로 인하여 불안정하게 된다. 즉, 근로계약의 당사자인 (파견)사용자 이외에 근로자의 노무를 제공받는 사용사업주가 개입되어 취업관계는 가변적인 것이 되기 때문이다. 이와 같이 근로자파견관계에 있어서는 고용과 사용의 분리라는 새로운 고용형태가 도입됨으로써 종래의 사용종속관계를 중심으로 하는 근로자 · 사용자개념의 변화, 근로자보호 내지 근로조건의 개선에 있어서의 당사자관계 등 여러 가지 새로운 문제들이 발생하고 있다. ③ 동법 제1조. ④ 총파견기간은 2년을 초과하지 못한다(동법 제6조 1항 · 2항). ⑤ 동법 제2조 2호. <답 ④>

13. 파견근로자보호 등에 관한 법률의 내용 중 맞는 것은?

① 근로자파견사업을 하기 위해서는 먼저 근로자파견을 '業'으로서 할 필요가 없다.
② 근로자파견사업은 제조업의 직접생산공정업무를 대상으로 한다.

③ 출산 · 질병 · 부상 등으로 결원이 생긴 경우 또는 일시적 · 간헐적으로 인력을 확보하여야 할 필요가 있는 경우는 근로자파견은 허용되는데, 이 경우에는 사용사업주는 당해 사업 또는 사업장의 근로자대표의 동의를 거쳐야 한다.

④ 쟁의행위중인 사업장에 그 쟁의행위로 중단된 업무의 수행을 위하여 파견사업주는 근로자를 파견할 수 없고, 사용사업주가 쟁의행위로 중단된 업무를 파견근로자로 하여금 대체근로시키는 경우는 당연히 노동조합 및 노동관계조정법 제43조 1항 위반이다.

⑤ 법률에 정한 자는 근로기준법 제24조의 규정에 의한 경영상의 이유에 의한 해고를 한 후 대통령령이 정하는 일정기간이 경과하기 전이라도 당해 업무에 파견근로자를 사용할 수 있다.

《해 설》 ① 파견법 제2조 2호. ② 근로자파견사업은 제조업의 직접생산공정업무를 제외한다(동법 제5조 1항). ③ 사용사업주는 당해 사업 또는 사업장에 근로자의 과반수로 조직된 노동조합이 있는 경우에는 그 노동조합, 근로자의 과반수로 조직된 노동조합이 없는 경우에는 근로자의 과반수를 대표하는 자와 사전에 성실하게 협의만 하면 된다(동법 제5조 4항). ④ 동법 제16조 1항. 사용자는 쟁의행위 기간중 그 쟁의행위로 중단된 업무의 수행을 위하여 당해 사업과 관계없는 자를 채용 또는 대체할 수 없다(노조및조정법 제43조 1항). ⑤ 누구든지 근기법 제24조의 규정에 의한 경영상의 이유에 의한 해고를 한 후 대통령령이 정하는 일정기간이 경과하기 전에는 당해 업무에 파견근로자를 사용하여서는 아니 된다(파견법 제16조 2항). <답 ④>

14. 다음 보기 중 근로자파견사업을 할 수 없는 업무와 업자들을 모두 고른 것은?

> ㈎ 건설현장에서 이루어지는 업무, ㈏ 항만운송사업법, 한국철도공사법, 농수산물유통 및 가격안정에 관한 법률, 물류정책기본법에 의한 하역업무로서 직업안정법 제33조의 규정에 의하여 근로자공급사업 허가를 받은 지역의 업무, ㈐ 선원법에 따른 선원의 업무, ㈑ 산업안전보건법에 의한 유해 · 위험한 업무, ㈒ 식품위생법에 따른 식품접객업, ㈓ 공중위생관리법의 규정에 의한 숙박업

① ㈎, ㈏, ㈐, ㈑ ② ㈏, ㈐, ㈑, ㈒
③ ㈎, ㈏, ㈐, ㈑, ㈒ ④ ㈏, ㈐, ㈑, ㈒, ㈓
⑤ 모두 맞음

《해 설》 ㈎ ~ ㈑는 파견법 제5조 3항에 규정되어 있고, ㈒와 ㈓는 동법 제14조에 규정되어 있다. <답 ⑤>

15. 파견근로자보호 등에 관한 법률상 사용사업주가 파견근로자를 직접 고용할 의무가 발생하는 경우가 아닌 것은? <노무사 2010년>

① 파견근로대상이 아닌 업무에 2년을 초과하여 계속적으로 파견근로자를

사용하는 경우

② 파견근로금지업무에 파견근로자를 사용하는 경우

③ 파견근로의 대상업무에서 2년을 초과하여 계속적으로 파견근로자를 사용하는 경우

④ 무허가파견사업주로부터 파견근로자를 파견받아 2년 이상 계속 사용하는 경우

⑤ 사용사업주가 노동조합의 동의 하에 파견근로자를 1년 동안 계속 사용하는 경우

《해 설》 ①②③④ 파견법 제6조의2 1항. ⑤ 노동조합의 동의 여부는 근로자파견의 적법요건이 아니다. <답 ⑤>

16. 근로자파견사업의 허가절차와 관련하여 틀린 설명은?

① 근로자파견사업을 하고자 하는 자는 고용노동부령이 정하는 바에 의하여 고용노동부장관의 허가를 받아야 한다.

② 허가받은 사항을 변경하고자 하는 경우에는 고용노동부령이 정하는 바에 의하여 고용노동부장관에게 신고하여야 한다.

③ 허가는 3년의 기간으로 부여되며, 허가의 유효기간 만료 후 계속하여 근로자파견사업을 하고자 하는 자는 고용노동부령이 정하는 바에 의하여 갱신허가를 받아야 하고, 갱신허가의 유효기간은 당해 갱신 전의 허가의 유효기간이 만료되는 날의 다음 날부터 기산하여 3년으로 한다.

④ 고용노동부장관은 파견사업주가 허위 기타 부정한 방법으로 허가를 받은 때에는 근로자파견사업의 허가를 취소할 수 있다.

⑤ 고용노동부장관은 허가기준에 미달하는 때에는 6개월 이내의 기간을 정하여 영업중지를 명할 수 있다.

《해 설》 ① 파견법 제7조 1항 1문. ② 허가받은 사항 중 고용노동부령이 정하는 중요사항을 변경하는 경우에는 허가를 받아야 하지만(동법 제7조 1항 2문), 중요사항외의 사항을 변경하고자 하는 경우에는 고용노동부령이 정하는 바에 의하여 고용노동부장관에게 신고하여야 한다(동법 제7조 2항). ③ 동법 제10조 1항 · 2항 · 3항. ④ 동법 제12조 1항 1호. ⑤ 동법 제12조 1항 3호. <답 ②>

17. 다음 설명 중 틀린 것은?

① 허가의 취소 또는 영업정지처분을 받은 파견사업주는 그 처분 전에 파견한 파견근로자와 그 사용사업주에 대하여는 그 파견기간이 종료될 때까지 파견사업주로서의 의무와 권리를 가진다.

② 고용노동부장관은 허가를 받지 아니하고 근로자파견사업을 하거나 허가의 취소 또는 영업의 정지처분을 받은 후 계속하여 사업을 하는 자에

대하여는 관계공무원으로 하여금 당해 사업을 폐쇄하기 위하여 일정한 조치를 취할 수 있다.

③ 파견근로자의 보호를 위하여 근로자파견계약을 서면으로 작성하고 일정한 사항을 기재하여야 한다.

④ 사용사업주에게 파견된 파견근로자는 사용사업주의 지시권에 복종해야 하며, 사용사업주의 지시에 따라 노무를 제공해야 한다.

⑤ 근로자파견계약이 요식을 갖추지 못하더라도 무효가 되는 것은 아니다.

《해 설》 ① 파견법 제13조 1항. ② 동법 제19조 1항. ③ 동법 제20조 1항. ⑤ 파견계약은 동법 제20조의 규정에 정한 내용을 기재하여 서면으로 체결해야 하는 요식행위이다. 따라서 근로자파견계약이 요식을 갖추지 못하면 무효가 된다. <답 ⑤>

18. 근로자파견계약의 기간과 관련한 설명 중 틀린 것은?

① 근로자파견의 기간은 특별한 경우를 제외하고는 1년을 초과하지 못한다.

② 파견사업주와 사용사업주 그리고 파견근로자간의 합의가 있는 경우에는 파견기간을 연장할 수 있다.

③ 합의에 의해 파견기간을 연장할 경우 1회 연장할 때에는 그 연장기간은 1년을 초과하지 못한다.

④ 합의에 의해 파견기간을 연장할 경우 연장된 기간을 포함한 총파견기간은 2년을 초과하지 못한다.

⑤ 사용사업주가 2년을 초과하여 계속적으로 파견근로자를 사용하는 경우에는 2년의 기간이 만료된 날의 다음날부터 파견근로자를 고용한 것으로 본다.

《해 설》 ① 파견법 제6조 1항. ②③④ 동법 제6조 2항. ⑤ 사용사업주가 2년을 초과하여 계속적으로 파견근로자를 사용하는 경우에는 당해 파견근로자를 직접 고용하여야 한다(동법 제6조의2 1항 1호). <답 ⑤>

19. 파견근로자보호 등에 관한 법률의 설명 중 틀린 것은?

① 파견사업주는 사용사업주가 근로기준법 등에 위반한 경우에는 근로자파견을 정지하거나 파견계약을 해지할 수 있다.

② 사용사업주는 파견근로자의 성별 · 종교 · 사회적 신분이나 파견근로자의 정당한 노동조합의 활동 등을 이유로 근로자파견계약을 해지하여서는 아니 된다.

③ 파견사업주는 근로자를 파견근로자로서 고용하고자 할 때에는 미리 당해 근로자에게 그 취지를 서면으로 알려주어야 한다.

④ 파견에 앞서 파견사업주가 당해 근로자에게 필요적 기재사항을 주지시켜야 한다.

⑤ 파견사업주와 파견근로자 사이에는 근로계약관계가 존재하지 않는다.

《해 설》 ① 파견법 제22조 2항. ② 동법 제22조 1항. ③ 동법 제24조 1항. ④ 동법 제26조 1항. ⑤ 파견사업주와 파견근로자 사이에는 근로계약관계가 존재하는 것으로 보아야 한다(동법 제2조 5호). <답 ⑤>

20. 파견사업주와 파견근로자의 관계에 대한 설명 중 틀린 것은?

① 파견중인 근로자의 파견근로에 관하여는 파견사업주 및 사용사업주를 근로기준법상의 사용자로 본다.

② 파견사업주와 사용사업주는 파견근로자임을 이유로 사용사업주의 사업 내의 동종 또는 유사한 업무를 수행하는 근로자에 비하여 파견근로자에게 차별적 처우를 하여서는 아니 된다.

③ 파견사업주가 사용사업주의 귀책사유로 인하여 근로자의 임금을 지급하지 못한 때에는 사용사업주는 당해 파견사업주와 연대하여 책임을 진다.

④ 사용사업주가 휴일, 생리휴가, 산전·산후휴가를 주는 경우, 그 휴일 또는 휴가에 대하여 유급으로 지급되는 임금은 파견사업주와 사용사업주가 함께 지급하여야 한다.

⑤ 파견사업주는 정당한 이유없이 파견근로자 또는 파견근로자로서 고용되고자 하는 자와 그 고용관계의 종료 후 사용사업주에게 고용되는 것을 금지하는 내용의 근로계약을 체결하여서는 아니 된다.

《해 설》 ① 파견법 제34조 1항 본문. ② 동법 제21조 1항. ③ 동법 제34조 2항 1문. ④ 파견사업주가 지급해야 한다(동법 제34조 3항). ⑤ 동법 제25조 1항. <답 ④>

21. 다음 설명 중 틀린 것은?

① 파견사업주는 정당한 이유없이 파견근로자의 고용관계의 종료 후 사용사업주가 당해 파견근로자를 고용하는 것을 금지하는 내용의 근로자파견계약을 체결하여서는 아니 된다.

② 파견중인 근로자의 파견근로에 관하여는 사용사업주를 산업안전보건법상 사업주로 본다.

③ 사용사업주의 귀책사유로 파견사업주가 임금을 지급하지 못한 경우, 근로기준법 제43조(임금지급방법) 및 제68조(미성년자의 임금청구)를 적용함에 있어서는 사용사업주를 근로기준법상의 사용자로 본다.

④ 파견사업주와 사용사업주가 근로기준법을 위반하는 내용을 포함한 근로자파견계약을 체결하고 그 계약에 따라 파견근로자를 근로하게 함으로써 동법을 위반한 경우에는 그 계약당사자 모두에게 해당 벌칙규정을 적용한다.

⑤ 산업안전보건법 제43조 1항의 규정에 의하여 사업주가 정기적으로 실

시하여야 하는 건강진단 중 고용노동부령이 정하는 건강진단에 대하여는 파견사업주를 사업주로 본다.

《해 설》 ① 파견법 제25조 2항. ② 동법 제35조 1항. ③ 파견사업주와 사용사업주를 사용자로 본다(동법 제34조 2항 2문). ④ 동법 제34조 4항. ⑤ 동법 제35조 4항.
<답 ③>

22. **근로자파견과 관련된 다음 설명 중 옳지 않은 것은?**

① 파견사업주는 쟁의행위중인 사업장에 그 쟁의행위로 중단된 업무의 수행을 위하여 근로자를 파견하여서는 아니 된다.
② 파견사업주는 자기의 명의로 타인에게 근로자파견사업을 행하게 하여서는 아니 된다.
③ 파견근로자를 사용하고자 할 경우 사용사업주는 당해 사업 또는 사업장에 근로자의 과반수로 조직된 노동조합이 있는 경우에는 그 노동조합, 근로자의 과반수로 조직된 노동조합이 없는 경우에는 근로자의 과반수를 대표하는 자와 사전에 성실하게 협의하여야 한다.
④ 파견사업주는 근로자파견사업을 폐지한 때에는 고용노동부령이 정하는 바에 의하여 고용노동부장관에게 신고하여야 한다.
⑤ 폐지신고가 있는 때에는 근로자파견사업의 허가는 신고일 다음 날부터 그 효력을 잃는다.

《해 설》 ① 파견법 제16조 1항. ② 동법 제15조. ③ 동법 제5조 4항. ④ 동법 제11조 1항. ⑤ 신고일부터 효력을 잃는다(동법 제11조 2항). <답 ⑤>

23. **외국인근로자의 고용 등에 관한 법률에 관한 내용으로 옳지 않은 것은?**
<노무사 2010년>

① 선원법의 적용을 받는 선박에 승무하는 선원 중 대한민국 국적을 가지지 아니한 선원 및 그 선원을 고용하고 있거나 고용하고자 하는 선박의 소유자에 대하여는 적용하지 아니한다.
② 특례고용가능확인서의 유효기간은 3년을 원칙으로 한다.
③ 외국인근로자를 고용하는 사용자는 외국인근로자의 출국 등에 따른 퇴직금 지급을 위하여 외국인근로자를 피보험자 또는 수익자로 하는 보험 또는 신탁에 가입하여야 한다.
④ 외국인근로자는 귀국 시 필요한 비용에 충당하기 위하여 보험 또는 신탁에 가입하여야 한다.
⑤ 외국인근로자는 입국한 날부터 5년의 범위 내에서 취업활동을 할 수 있다.

《해 설》 ① 외국근고법 제3조 1항. ② 동법 제12조 5항 본문. ③ 동법 제13조 1항. ④ 동법 제15조 1항. ⑤ 3년의 범위 내에서 할 수 있다(동법 제18조 1항). <답 ⑤>

제 8 장

雇傭의 安定·促進 및 保險

제 8 장 雇傭의 安定 · 促進 및 保險

1. 고용보험법상 보험가입자는 누구인가? <사시 1998년, 노무사 2003년 변형>

① 근로자 ② 사용자 ③ 근로자와 사업주
④ 보험사무조합 ⑤ 정 부

《해 설》 고용보험법을 적용받는 사업의 사업주와 근로자는 당연히 고용보험법에 따른 고용보험의 보험가입자가 된다(징수법 제5조 1항). <답 ③>

2. 고용보험법의 적용범위와 관련하여 틀린 것은?

① 원칙적으로 모든 사업 또는 사업장에 적용된다.
② 소정근로시간이 1개월간 70시간 미만인 자에게는 적용되지 않는다.
③ 사립학교교직원 연금법의 적용을 받는 자에게는 적용되지 않는다.
④ 65세 이상인 근로자에게는 적용되지 않는다.
⑤ 국가공무원법 및 지방공무원법에 의한 공무원에게는 적용되지 않는다.

《해 설》 ① 고보법 제8조 본문. ② 70시간이 아니라 60시간이다(동법 제10조 2호; 동법 시행령 제3조 1항). ③ 동법 제10조 4호. ④ 동법 제10조 1호. ⑤ 동법 제10조 3호. <답 ②>

3. 고용보험사업의 비용부담과 관련한 설명 중 틀린 것은?

① 고용보험 가입자인 근로자가 부담하여야 하는 고용보험료는 자기의 보수총액에 제14조 1항에 따른 실업급여의 보험료율(1000분의 30의 범위에서)의 2분의 1을 곱한 금액으로 한다.
② 사업주가 부담하여야 하는 고용보험료는 그 사업에 종사하는 고용보험 가입자인 근로자의 보수총액에 제14조 1항에 따른 고용안정 · 직업능력개발사업의 보험료율(1000분의 30의 범위에서)을 곱하여 산출한 금액과, 그 사업에 종사하는 고용보험 가입자인 근로자의 보수총액에 실업급여의 보험료율의 2분의 1을 곱하여 산출한 금액을 합한 금액으로 한다.
③ 고용보험 가입자인 근로자가 60세가 되었을 때에는 그 날이 속한 달부터 고용보험료를 징수하지 아니한다.
④ 국가는 매년 보험사업에 드는 비용의 일부를 일반회계에서 부담할 수 있다.
⑤ 국가는 매년 예산의 범위에서 보험사업의 관리 · 운영에 드는 비용을 부

담할 수 있다.

《해 설》 ① 징수법 제13조 2항. ② 동법 제13조 4항. ③ 60세가 아니라 64세이다(동법 제13조 3항). ④ 고보법 제5조 1항. ⑤ 동법 제5조 2항. <답 ③>

4. 고용보험법상 고용안정사업에 지원되는 것이 아닌 것은?

① 고용유지지원금 ② 신규고용촉진장려금
③ 고령자고용촉진장려금 ④ 전직지원장려금
⑤ 직업능력개발수당

《해 설》 ① 고보법 시행령 제19조. ② 동법 시행령 제26조. ③ 동법 시행령 제25조. ④ 동법 시행령 제22조. ⑤ 직업능력개발수당은 실업급여의 취업촉진수당 중의 하나이다. <답 ⑤>

5. 고용보험법상 고용보험사업으로 실시하고 있지 않은 것은? <사시 2005년>

① 실업급여 ② 육아휴직급여 ③ 산전 · 후휴가급여
④ 장해급여 ⑤ 직업능력개발사업

《해 설》 ④ 장해급여는 산재법상의 보험급여의 종류이다(산재법 제57조). <답 ④>

6. 다음은 직업능력개발사업과 관련한 설명이다. 옳은 것은?

① 고용노동부장관은 피보험자 등의 직업능력을 개발 · 향상시키기 위하여 대통령령으로 정하는 직업능력개발 훈련을 실시하는 사업주에게 대통령령으로 정하는 바에 따라 그 훈련에 필요한 비용을 지원할 수 있다.
② 고용노동부장관은 피보험자 등이 직업능력개발 훈련을 받거나 그 밖에 직업능력 개발 · 향상을 위하여 노력하는 경우에는 대통령령으로 정하는 바에 따라 필요한 비용을 지원할 수 있다.
③ 고용노동부장관은 대통령령으로 정하는 저소득 피보험자 등이 직업능력개발 훈련을 받는 경우 대통령령으로 정하는 바에 따라 생계비를 대부할 수 있다.
④ 고용노동부장관은 필요하다고 인정하면 대통령령으로 정하는 바에 따라 피보험자등의 취업을 촉진하기 위한 직업능력개발 훈련을 실시할 수 있다.
⑤ 고용노동부장관은 피보험자 등의 직업능력 개발 · 향상을 위하여 필요하다고 인정하면 대통령령으로 정하는 바에 따라 직업능력개발 훈련 시설의 설치 및 장비 구입에 필요한 비용의 대부, 그 밖에 고용노동부장관이 정하는 직업능력개발 훈련 시설의 설치 및 장비 구입 · 운영에 필요한 비용을 지원할 수 있다.

《해 설》 ① 고보법 제27조. ② 동법 제29조 1항. ③ 동법 제29조 3항. ④ 동법 제29조 2항. ⑤ 동법 제30조. <답 모두 옳다>

7. 이직한 피보험자가 고용보험법상 구직급여를 신청하기 위해서는 일정한 수급요건을 갖추어야 한다. 다음 중 그 수급요건에 해당하지 않는 것은?

① 이직일 이전 18개월간 피보험 단위기간이 통산하여 180일 이상일 것.
② 근로의 의사와 능력이 있음에도 불구하고 취업하지 못한 상태에 있을 것.
③ 근로자가 자신의 중대한 귀책사유로 해고된 경우
④ 자기 사정으로 이직한 경우로서 수급자격이 제한되는 요건에 해당하지 않을 것.
⑤ 재취업을 위한 노력을 적극적으로 할 것.

《해 설》 ① 고보법 제40조 1항 1호. ② 동법 제40조 1항 2호. ④ 동법 제40조 1항 3호. ⑤ 동법 제40조 1항 4호. ③ 중대한 귀책사유로 해고된 자는 요건을 충족하지 못 한다(동법 제40조 1항 3호). <답 ③>

8. 다음은 실업급여의 내용과 관련한 설명이다. 틀린 것은?

① 구직급여의 기초가 되는 임금일액은 수급자격의 인정과 관련된 최종 이직일을 기준으로 근로기준법 제2조 1항 6호의 규정에 따라 산정된 평균임금으로 한다.
② 급여기초임금일액이 근로자의 통상임금보다 낮을 경우에는 그 통상임금을 기준으로 한다.
③ ①의 경우 마지막 이직일 이전 3개월 이내에 피보험자격을 취득한 사실이 3회 이상인 경우에는 마지막 이직일 이전 3개월간에 그 근로자에게 지급된 임금 총액을 그 산정의 기준이 되는 3개월의 총일수로 나눈 금액을 기초일액으로 한다.
④ 일반적으로 구직급여일액은 그 수급자격자의 기초일액에 100분의 50을 곱한 금액으로 한다.
⑤ 최저구직급여일액의 경우에는 그 수급자격자의 기초일액에 100분의 90을 곱한 금액으로 한다.

《해 설》 ① 고보법 제45조 1항 본문. ② 동법 제45조 2항. ③ 3회가 아니라 2회다(동법 제45조 1항 단서). ④ 동법 제46조 1항 1호. ⑤ 동법 제46조 1항 2호. <답 ③>

9. 고용보험법상 실업급여에 관한 설명 중 옳은 것은? <노무사 2005년>

① 구직급여의 연장지급은 허용되지 않는다.
② 실업급여수급권은 양도할 수 없으나 담보로 제공될 수 있다.
③ 구직급여의 산정기초가 되는 임금일액은 원칙적으로 통상임금이다.
④ 실업의 신고일로부터 7일의 대기기간에도 구직급여를 지급하여야 한다.
⑤ 구직급여의 지급일수는 피보험기간과 연령에 따라 그 최고한도가 정해져 있다.

《해 설》 ① 연장급여는 허용된다(고보법 제51조~제53조). ② 실업급여를 받을 권리는 양도 또는 압류하거나 담보로 제공할 수 없다(동법 제38조). ③ 평균임금이다(동법 제45조 1항 본문). ④ 대기기간에는 구직급여가 지급되지 않는다(동법 제49조). ⑤ 동법 제50조 1항. <답 ⑤>

10. 급여기초임금일액(기초일액) 및 구직급여일액에 대한 설명으로 틀린 것은?

① 구직급여는 원칙적으로 그 구직급여의 수급자격과 관련된 이직일의 다음 날부터 계산하기 시작하여 12개월 내에 소정급여일수를 한도로 하여 지급한다.

② 최저기초일액이란 당해 수급자격자의 이직 전 1일 소정근로시간에 이직일 당시 적용되던 최저임금법에 의한 시간단위에 해당하는 최저임금액을 곱한 금액을 말한다.

③ 수급자격자의 급여기초임금일액이 그의 최저기초일액보다 낮은 경우에는 이 최저기초일액을 당해 수급자격자의 급여기초임금일액으로 한다.

④ 급여기초임금일액이 최저기초일액인 경우에는 그 기초일액에 100분의 70을 곱한 금액이 그 구직급여일액(최저구직급여일액)이 된다.

⑤ 수급자격자의 기초일액에 100분의 50을 곱하여 산정된 구직급여일액이 그의 최저구직급여일액보다 낮은 경우에는 최저구직급여일액을 당해 수급자격자의 구직급여일액으로 한다.

《해 설》 ① 고보법 제48조 1항. ②③ 동법 제45조 4항. ④ 1999년의 개정으로 70/100에서 90/100으로 바뀌었다(동법 제46조 1항 2호). ⑤ 동법 제46조 2항. <답 ④>

11. 다음 중 실업급여의 제한과 관련하여 틀린 지문은?

① 수급자격자가 직업안정기관의 장이 소개하는 직업에 취직하는 것을 거부하거나 직업안정기관의 장이 지시한 직업능력개발 훈련 등을 거부하면 대통령령으로 정하는 바에 따라 구직급여의 지급을 정지한다.

② 수급자격자가 정당한 사유 없이 고용노동부장관이 정하는 기준에 따라 직업안정기관의 장이 실시하는 재취업 촉진을 위한 직업 지도를 거부하면 대통령령으로 정하는 바에 따라 구직급여의 지급을 정지한다.

③ 정당한 사유가 있으면 지급이 정지되지 않는데, 정당한 사유의 유무(有無)에 대한 인정은 고용노동부장관이 행한다.

④ 거짓이나 그 밖의 부정한 방법으로 실업급여를 받았거나 받으려 한 자에게는 그 급여를 받은 날 또는 받으려 한 날부터의 구직급여를 지급하지 아니한다.

⑤ 직업안정기관의 장은 거짓이나 그 밖의 부정한 방법으로 구직급여를 지급받은 자에게 지급받은 전체 구직급여의 전부 또는 일부의 반환을 명

할 수 있다.

《해 설》 ① 고보법 제60조 1항 본문. ② 동법 제60조 2항. ④ 동법 제61조 1항 본문. ⑤ 동법 제62조 1항. ③ 고용노동부장관이 정하는 기준에 따라 직업안정기관의 장이 행한다(동법 제 60조 3항). <답 ③>

12. 고용보험법상의 실업급여에 해당하지 아니하는 것은?

① 구직급여 ② 조기재취업수당 ③ 직업능력개발수당
④ 이주비 ⑤ 육아휴직장려금

《해 설》 고용보험법상의 실업급여는 구직급여와 취업촉진수당으로 구분된다(고보법 제37조 1항). 그리고 취업촉진수당은 다시 조기재취업수당, 직업능력개발수당, 광역구직활동비 및 이주비로 구분된다(동법 제37조 2항). <답 ⑤>

13. 고용보험법의 구직급여에 관한 설명으로 옳은 것은? <노무사 2008년>

① 수급자격은 이직일 이전 18개월간 피보험단위기간이 240일 이상이어야 한다.
② 일용근로자는 취업과 실업을 반복하므로 구직급여의 수급자가 될 수 없다.
③ 실업의 신고일부터 3일간은 대기기간으로 보아 구직급여를 지급하지 아니한다.
④ 수급자격자가 실업한 상태에 있는 날 중에서 직업안정기관의 장으로부터 실업의 인정을 받은 날에 대하여 지급된다.
⑤ 구직급여의 소정급여일수는 피보험기간과 구직노력의 정도에 따라 차이가 있다.

《해 설》 ① 240일이 아니라 180일 이상이어야 한다(고보법 제40조 1항 1호). ② 최종 이직 당시 일용근로자였던 자라도 동법 제40조 1항 5호와 6호를 충족하면 수급자가 될 수 있다(동법 제 40조 1항 단서). ③ 3일간이 아니라 7일간이다(동법 제49조). ④ 동법 제44조 1항. ⑤ 피보험기간과 연령에 따라 차이가 있다(동법 제50조 1항). <답 ④>

14. 고용보험법에 관한 설명으로 옳지 않은 것은? <노무사 2008년>

① 자영업을 하기 위하여 이직한 것으로 인정되는 경우 구직급여의 수급자격이 제한된다.
② 고용보험법상 일용근로자란 1일 단위로 고용되는 자를 말한다.
③ 국가는 매년 보험사업에 드는 비용의 일부를 일반회계에서 부담할 수 있다.
④ 피보험자가 육아휴직급여 기간중에 그 사업에서 이직한 경우 그 때부터 육아휴직급여를 지급하지 아니한다.
⑤ 고용안정, 직업능력개발사업은 65세 이상인 자에게 적용된다.

《해 설》 ① 고보법 제58조 2호 가목. ② 일용근로자란 1개월 미만 동안 고용되는 자를 말한다(동법 제2조 6호). ③ 동법 제5조 1항. ④ 동법 제73조 1항. ⑤ 동법 제10조 단서. <답 ②>

15. 고용보험법 적용제외 근로자가 아닌 사람은?

① 1주간의 소정근로시간이 15시간 미만인 자
② 1개월간의 소정근로시간이 60시간 미만인 자
③ 계절적 사업에 고용된 근로자로서 1월을 초과하여 계속 사용되는 자
④ 별정우체국법에 의한 별정우체국 직원
⑤ 외국인 근로자

《해 설》 ①② 고보법 제10조 2호; 동법 시행령 제3조 1항 본문. ③ 1998년에 법이 개정되어서 현재는 고용보험법의 적용을 받는 근로자가 되었다. ④ 동법 제10조 5호; 동법 시행령 제3조 2항 2호. ⑤ 동법 제10조 5호; 동법 시행령 제3조 2항 1호. <답 ③>

16. 고용보험에 관한 다음 설명 중 타당하지 않은 것은?

① 고용보험사업은 고용안정 · 직업능력개발사업, 실업급여, 육아휴직급여 및 산전후휴가급여 등을 말한다.
② 피보험자란 고용보험 및 산업재해보상보험의 보험료징수 등에 관한 법률에 따라 보험에 가입되거나 가입된 것으로 보는 근로자를 말한다.
③ 고용보험은 당연가입 이외에 적용배제사업의 경우에도 사업주가 근로자의 과반수의 동의를 받아 공단의 승인을 받으면 그 사업의 사업주와 근로자는 고용보험에 가입할 수 있다.
④ 고용노동부장관은 경기의 변동, 산업구조의 변화 등에 따른 사업 규모의 축소, 사업의 폐업 또는 전환으로 고용조정이 불가피하게 된 사업주가 근로자에 대한 휴업, 직업전환에 필요한 직업능력개발 훈련, 인력의 재배치 등을 실시하거나 그 밖에 근로자의 고용안정을 위한 조치를 하면 그 사업주에게 필요한 지원을 할 수 있다.
⑤ 고용보험은 보건복지부장관이 관장한다.

《해 설》 ① 고보법 제4조 1항. ② 동법 제2조 1호. ③ 징수법 제5조 2항. ④ 고보법 제21조 1항. ⑤ 고용노동부장관이 관장한다(동법 제3조). <답 ⑤>

17. 다음은 고용보험법상의 내용이다. 틀린 것은?

① 농업 · 임업 · 어업 또는 수렵업 중 법인이 아닌 자가 상시 4명 이하의 근로자를 사용하는 사업에 대해서는 고용보험법이 적용되지 않는다.
② 기준보수라 함은 사업의 폐업 · 도산 등으로 보수를 산정 · 확인하기 곤란한 경우 또는 대통령령으로 정하는 사유에 해당하는 경우에는 고용노동부장관이 정하여 고시하는 금액을 말한다.

③ 기준보수는 사업의 규모, 근로형태 및 보수수준 등을 고려하여 고용보험위원회의 심의를 거쳐 시간 · 일 또는 월 단위로 정하지만, 사업의 종류별 또는 지역별로 구분하여 정할 수는 없다.
④ 이직 당시의 경제 사정 등을 고려하여 대통령령으로 정하는 금액 이상의 금품을 퇴직금 등으로 수령한 수급자격자에 대하여는 실업의 신고일부터 3개월 동안은 구직급여의 지급을 유예할 수 있다
⑤ 실업이란 근로의 의사와 능력이 있음에도 불구하고 취업하지 못한 상태에 있는 것을 말한다.

《해 설》 ① 고보법 제8조 단서; 동법 시행령 제2조 1항 1호. ② 징수법 제3조 1항. ③ 사업의 종류별 또는 지역별로 구분하여 정할 수 있다(동법 제3조 2항). ④ 고보법 제59조 1항. ⑤ 동법 제2조 3호. <답 ③>

18. **육아휴직 및 산전 · 후휴가의 내용이 아닌 것은?** <노무사 2003년 유사>
① 육아휴직개시일 이전에 피보험단위기간이 통산하여 180일 이상일 경우에 육아휴직급여를 지급한다.
② 같은 자녀에 대해서 피보험자인 배우자가 육아휴직(30일 미만은 제외)을 부여받지 않고 있을 경우에 육아휴직 급여를 지급한다.
③ 육아휴직을 시작한 날 이후 1개월부터 끝난 날 이후 12개월 이내에 육아휴직급여를 신청하여야 한다.
④ 육아휴직급여액은 월 30만원으로 한다.
⑤ 산전 · 후휴가급여는 근로기준법 제74조에 따른 휴가 기간에 대하여 근로기준법의 통상임금(휴가를 시작한 날을 기준으로 산정한다)에 해당하는 금액을 지급한다.

《해 설》 ① 고보법 제70조 1항 1호. ② 동법 제70조 1항 2호. ③ 동법 제70조 1항 3호. ⑤ 동법 제76조 1항 본문. ④ 50만원이다(동법 제70조 2항; 동법 시행령 제95조 1항). <답 ④>

19. **고용보험법에 규정된 산전 · 후휴가급여, 육아휴직급여에 관한 설명 중 옳은 것은?** <노무사 2004년>
① 육아휴직급여의 적용대상이 되는 육아휴직 기간에는 근로기준법상 산전 · 후휴가 90일과 중복되는 기간도 포함된다.
② 동일한 자녀에 대해 피보험자인 배우자가 육아휴직을 부여받고 있는 경우에도 육아휴직급여를 지급한다.
③ 육아휴직기간중 지급대상기간이 1개월에 못 미치는 달에 대하여도 같은 액수의 급여를 지급한다.
④ 현행 고용보험법 시행령에는 산전 · 후휴가급여의 상한액이 규정되어

있다.

⑤ 피보험자가 사업주로부터 육아휴직을 이유로 금품을 제공받았다고 하더라도 이를 감액할 수는 없다.

《해 설》 ④ 고보법 시행령 제101조 1호. ① 근로기준법 제74조의 규정에 의한 산전 · 후휴가기간 90일과 중복되는 기간을 제외한다(고보법 제70조 1항). ② 같은 자녀에 대하여 피보험자인 배우자가 육아휴직을 부여받지 아니하고 있어야 지급한다(동법 제70조 1항 2호). ③ 육아휴직 급여액의 지급대상 기간이 1개월을 채우지 못하는 달에 대하여는 일수로 계산하여 지급한다(동법 시행령 제95조 2항). ⑤ 감액하여 지급할 수 있다(동법 제73조 2항) <답 ④>

20. 실업급여에 관한 원처분기관과 이 처분에 이의가 있는 자의 이의제기절차로서 맞는 것은?

① 근로복지공단 → 직업안정기관 → 고용보험심사위원회 → 행정소송

② 직업안정기관 → 고용보험심사관 → 고용보험심사위원회 → 행정소송

③ 노동부지방사무소 → 고용보험심사위원회 → 중앙노동위원회 → 행정소송

④ 직업안정기관 → 고용보험심사관 → 중앙노동위원회 → 행정소송

⑤ 노동부지방사무소 → 고용보험심사관 → 고용보험재심사위원회 → 행정소송

《해 설》 실업급여에 관한 원처분기관은 직업안정기관이고(고보법 제90조 1항), 원처분에 이의가 있는 경우에는 심사관에 심사를 청구할 수 있고, 심사관의 결정에 이의가 있는 자는 심사위원회에 재심사를 청구할 수 있다(동법 제87조 1항). <답 ②>

21. 고용보험법상 권리의 구제를 위한 재심사청구의 상대방은?

① 사용자 ② 고용노동부장관 ③ 직업안정기관의 장
④ 고용보험심사위원회 ⑤ 고용보험심사관

《해 설》 고보법 제100조. <답 ③>

22. 고용보험법령상 구직급여의 수급자격 제한사유에 해당하지 않는 것은?

<노무사 2009년>

① 형법 또는 직무와 관련된 법률을 위반하여 금고 이상의 형을 선고받은 경우

② 정당한 사유없이 근로계약 또는 취업규칙 등을 위반하여 장기간 무단결근한 경우

③ 전직 또는 자영업을 하기 위하여 이직한 경우

④ 1년 이내에 2개월 이상 임금체불이 있어 이직한 경우

⑤ 중대한 귀책사유가 있는 자가 해고되지 않고 사업주의 권고로 이직한 경우

《해 설》 ① 고보법 제58조 1호 가목. ② 동법 제58조 1호 다목. ③ 동법 제58조 2호 가목. ⑤ 동법 제58조 2호 나목. <답 ④>

23. 고용보험법상 취업촉진수당에 해당하는 것은? <노무사 2009년>

① 광역 구직활동비 ② 육아휴직급여 ③ 구직급여
④ 산전후휴가급여 ⑤ 고용조정의 지원

《해 설》 취업촉진수당의 종류로는 조기재취업 수당, 직업능력개발 수당, 광역 구직활동비, 이주비가 있다(고보법 제37조 2항). <답 ①>

24. 고용보험법에 관한 다음 기술 중 틀린 것은?

① 고용보험법 및 보험료징수법의 시행에 관한 주요 사항을 심의하기 위해 고용노동부에 고용보험위원회를 두고 있다.
② 고용노동부장관의 권한의 일부는 직업안정기관의 장에게 위임하거나 근로복지공단 등에 위탁할 수 있다.
③ 사업주는 피보험자가 육아휴직급여를 받으려는 경우 고용노동부령으로 정하는 바에 따라 사실의 확인 등 모든 절차에 적극 협력하여야 한다.
④ 거짓 그 밖의 부정한 방법으로 육아휴직급여를 받았거나 받고자 한 자에 대하여는 당해 급여를 지급하지 아니한다.
⑤ 직업안정기관의 장은 보험사업에 관하여 국제기구 및 외국 정부 또는 기관과의 교류 · 협력 사업을 할 수 있다.

《해 설》 ① 고보법 제7조 1항. ② 동법 제115조; 동법 시행령 제145조. ③ 동법 제71조. ④ 동법 제73조 3항 본문. ⑤ 고용노동부장관이 할 수 있다(동법 제12조). <답 ⑤>

25. 고용보험법상 피보험자에 관한 다음 기술 중 틀린 것은?

① 고용보험법이 적용되는 사업에 고용된 날에 피보험자격을 취득한다.
② 사업주는 그 사업에 고용된 근로자의 피보험자격의 취득 및 상실 등에 관한 사항을 고용노동부장관에게 신고하여야 한다.
③ 사업주는 피보험자격의 상실을 신고할 때 근로자가 이직으로 피보험자격을 상실한 경우에는 이직확인서를 작성하여 고용노동부장관에게 제출하여야 한다.
④ 피보험자 또는 피보험자였던 자는 언제든지 고용노동부장관에게 피보험자격의 취득 또는 상실에 관한 확인을 청구할 수 있다.
⑤ 근로자가 보험관계가 성립되어 있는 둘 이상의 사업에 동시에 고용되어 있는 경우에는 월 소정근로시간이 많은 사업, 통상임금이 많은 사업, 근로자가 선택한 사업의 순서에 따라 한 사업의 근로자로서의 피보험자격을 취득한다.

《해 설》 ① 고보법 제13조. ② 동법 제15조 1항. ③ 동법 제16조 1항 본문. ④ 동법 제17조 1항. ⑤ 통상임금이 많은 사업, 월 소정근로시간이 많은 사업, 근로자가 선택한 사업의 순서에 따른다(동법 제18조; 동법 시행규칙 제14조). <답 ⑤>

26. **2006. 1. 1.에 개정된 고용보험법상의 고용안정사업에 관한 내용 중 틀린 것은?**

① 직업능력개발사업과 통합 운영되도록 하였다.
② 65세 이상인 자에게는 적용되지 아니한다.
③ 고용안정사업 실시에 있어 불황 등 경기적 요건을 삭제하였다.
④ 근로자에게도 지원금을 직접 지원하게 되었다.
⑤ 자영업자도 고용안정 · 직업능력개발사업에 한해 임의적용을 받을 수 있다.

《해 설》 ① 고보법 제19조. ② 65세 이상인 자에게는 고용안정 · 직업능력개발 사업을 제외하고 고용보험법을 적용하지 아니한다(동법 제10조). ④ 고용노동부장관은 임금피크제를 적용받는 근로자에게 보전수당을 지급한다(동법 시행령 제28조 1항). ⑤ 대통령령으로 정하는 자영업자는 보험료징수법에서 정한 바에 따라 자기를 피보험자로 하여 고용안정과 직업능력개발사업에 관한 규정의 적용을 받을 수 있다(동법 제113조). <답 ②>

27. **취업촉진수당에 관한 다음 기술 중 틀린 것은?**

① 취업촉진수당의 종류에는 조기재취업수당, 직업능력개발수당, 광역구직활동비, 이주비가 있다.
② 조기재취업수당은 조기에 실직을 탈출하여 안정된 직업에 재취직을 한 근로자에게 지급하는 것으로, 영리를 목적으로 개인사업을 영위하는 자에게는 지급되지 아니한다.
③ 직업능력개발수당은 직업안정기관의 장이 지시한 직업능력개발 훈련 등을 받은 기간 동안 수급자격자에게 지급한다.
④ 광역구직활동비는 수급자격자가 직업안정기관의 소개에 따라 광범위한 지역에 걸쳐 구직활동을 하는 경우 지급한다.
⑤ 수급자격자의 주거지가 아닌 지역에서 취업을 하거나 직업능력개발훈련을 받는 경우에는 불가피하게 주거의 이전이 수반되므로 고용보험은 수급자격자와 그에 의하여 생계가 유지되는 동거친족에게까지 이주에 소용되는 비용을 지급할 수 있다.

《해 설》 ① 고보법 제37조 2항. ② 스스로 영리를 목적으로 하는 사업을 영위하는 경우에도 지급된다(동법 제64조 1항). ③ 동법 제65조 1항 ④ 동법 제66조 1항. ⑤ 동법 제67조. <답 ②>

28. **산전 · 후휴가급여 등에 관한 다음 기술 중 가장 틀린 것은?**

① 산전 · 후휴가급여를 수급하기 위해서는 휴가가 끝난 날 이전에 피보험 단위기간이 통산하여 180일 이상이어야 한다.
② 휴가를 시작한 날 이후 1개월부터 휴가가 끝난 날 이후 12개월 이내에 신청하여야 한다.

③ 산전 · 후휴가급여 등은 휴가개시일을 기준으로 산정한 근로기준법상 통상임금에 해당하는 금액으로 지급한다.
④ 사업주가 산전 · 후휴가급여 등의 지급사유와 같은 사유로 그에 상당하는 금품을 근로자에게 미리 지급한 경우로서 그 금품이 산전 · 후휴가급여 등을 대체하여 지급한 것으로 인정되면 그 사업주는 지급한 금액에 대하여 그 근로자의 산전 · 후휴가급여 등을 받을 권리를 대위한다.
⑤ 산전 · 후휴가급여의 상한액은 휴가기간 90일에 대한 통상임금에 상당하는 금액이 400만원을 초과하는 경우에는 400만원으로 한다.

《해 설》 ① 고보법 제75조 1호. ② 동법 제75조 2호 본문. ③ 동법 제76조 1항 본문. ④ 동법 제75조의2. ⑤ 405만원을 초과하는 경우에는 405만원으로 한다(동법 시행령 제101조 1호). <답 ⑤>

29. 고용보험법상 심사 및 재심사청구에 대한 다음 설명 중 틀린 것은?

① 심사청구의 대상은 피보험자격의 취득 · 상실에 대한 확인, 실업급여에 관한 처분, 육아휴직급여 및 산전 · 후휴가급여 등에 관한 처분이다.
② 심사청구는 원처분 등이 있음을 안 날부터 90일 이내에 문서로 원처분 등을 한 직업안정기관을 거쳐 심사관에게 하여야 한다.
③ 심사관은 심사청구를 받으면 30일 이내에 그 심사청구에 대한 결정을 하여야 한다.
④ 심사관의 결정에 이의가 있는 자는 그 결정이 있음을 안 날부터 90일 이내에 원처분 등을 행한 직업안정기관의 장을 상대방으로 하여 문서로 고용보험심사위원회에 재심사를 청구할 수 있다.
⑤ 고용보험심사위원회는 재심사의 청구를 받으면 90일 이내에 재결(裁決)을 하여야 한다. 이 경우 부득이한 사정으로 그 기간에 결정할 수 없을 때에는 1차에 한하여 10일을 넘지 아니하는 범위에서 그 기간을 연장할 수 있다.

《해 설》 ① 고보법 제87조 1항. ② 동법 제87조 2항, 제91조, 제90조 1항. ③ 동법 제89조 2항 본문. ④ 동법 제87조 1항, 제87조 2항, 제100조, 제91조. ⑤ 50일 이내에 재결을 하여야 한다(동법 제99조 7항). <답 ⑤>

30. 고용보험법상 심사 및 재심사청구에 대한 다음 설명 중 틀린 것은?

① 고용보험심사위원회는 근로자를 대표하는 자 및 사용자를 대표하는 자 각 1명 이상을 포함한 15명 이내의 위원으로 구성한다.
② 심사 및 재심사의 청구는 시효중단에 관하여 재판상의 청구로 본다.
③ 심사의 청구는 원처분등의 집행을 정지시키지 아니한다. 다만, 심사관은 원처분등의 집행에 의하여 발생하는 중대한 위해(危害)를 피하기 위하여

긴급한 필요가 있다고 인정하면 직권으로 그 집행을 정지시킬 수 있다.

④ 당사자는 고용보험심사위원회에 문서로만 그 의견을 진술할 수 있다

⑤ 고용보험심사위원회의 재심사청구에 대한 심리는 공개한다.

《해 설》 ① 고보법 제99조 2항. ② 동법 제87조 3항. ③ 동법 제93조 1항. ④ 문서나 구두로 의견을 진술할 수 있다(동법 제101조 2항). ⑤ 동법 제101조 3항. <답 ④>

31. 직업안정법에 관한 설명으로 옳은 것은? <노무사 2010년>

① 고용정책기본법에 따른 고용정책심의회에서 유료직업소개사업의 요금을 심의하고 결정한다.

② 음란한 행위가 이루어지는 업무에 취업하게 할 목적으로 직업소개를 한 자는 벌칙이 적용되면 이 경우 미수범도 처벌한다.

③ 근로자공급사업의 허가를 받고자 하는 자는 상시 5인 이상의 근로자를 사용하고 고용보험, 국민연금, 산업재해보상보험 및 국민건강보험에 가입되어 있어야 한다.

④ 누구든지 국외에 취업할 근로자를 모집한 경우에는 고용정책심의회에 신고하여야 한다.

⑤ 국내유료직업소개사업을 하고자 하는 자는 고용노동부장관에게 등록하여야 한다.

《해 설》 ① 고용정책심의회의 심의를 거쳐 고용노동부장관이 결정한다(직안법 제19조 4항). ② 동법 제46조. ③ 국내 근로자공급사업의 경우는 노동조합 및 노동관계조정법에 따른 노동조합, 국외 근로자공급사업의 경우는 국내에서 제조업 · 건설업 · 용역업, 그 밖의 서비스업을 하고 있는 자이어야 한다. 다만, 연예인을 대상으로 하는 국외 근로자공급사업의 허가를 받을 수 있는 자는 민법 제32조에 따른 비영리법인으로 한다(동법 제33조 3항). ④ 고용노동부장관에게 신고하여야 한다(동법 제30조 1항). ⑤ 국내 유료직업소개사업을 하려는 자는 주된 사업소의 소재지를 관할하는 특별자치도지사 · 시장 · 군수 및 구청장에게 등록하여야 한다(동법 제19조 1항). <답 ②>

제 9 장

社會保障法

제 1 절　사회보장법 서론
제 2 절　사회보장기본법
제 3 절　사회보험법
제 4 절　국민연금법
제 5 절　공공부조법
제 6 절　사회복지법

제 9 장　社會保障法

1. 노동과 사회보장에 관한 헌법의 내용으로 옳지 않은 것은? <사시 2010년>

① 법률이 정하는 주요방위산업체에 종사하는 근로자의 단체행동권은 법률이 정하는 바에 의하여 이를 제한하거나 인정하지 아니할 수 있다.

② 국가는 여자의 복지와 권익의 향상을 위하여 노력하여야 한다.

③ 국가는 사회보장 · 사회복지의 증진에 노력할 의무를 지며, 청소년의 복지향상을 위한 정책을 실시할 의무를 진다.

④ 공무원인 근로자의 단체행동권은 법률이 정하는 바에 의하여 이를 제한하거나 인정하지 아니할 수 있지만 단결권과 단체교섭권은 그러하지 아니하다.

⑤ 연소자의 근로는 특별한 보호를 받는다.

《해 설》 ① 헌법 제33조 3항. ② 헌법 제34조 3항. ③ 헌법 제34조 2항 및 4항. ④ 공무원의 근로3권은 법률에서 정하는 자에 한하여 인정할 수 있으므로, 단결권과 단체교섭권도 법률에 따라 제한하거나 인정하지 아니할 수 있다. ⑤ 헌법 제32조 5항.

<답 ④>

2. 사회보장을 받을 권리를 규정한 헌법 제34조 및 이에 대한 헌법재판소의 태도로 옳지 않은 것은?

① 모든 국민은 인간다운 생활을 할 권리를 가지며 국가는 사회보장 · 사회복지의 증진에 노력할 의무를 진다.

② 신체장애자 및 질병 · 노령 기타의 사유로 생활능력이 없는 국민은 법률이 정하는 바에 의하여 국가의 보호를 받는다.

③ 인간다운 생활을 할 권리를 규정한 헌법규정으로부터 직접 최소한의 물질적인 생활의 유지에 필요한 정도 이상의 급부를 내용으로 하는 구체적인 권리가 발생한다.

④ 국가가 인간다운 생활을 보장하기 위한 객관적 내용의 최소한을 보장하고 있는지 여부는 생활보호법상 생계보호급여뿐 아니라 그 외 법령에 근거하여 국가가 지급하는 각종 급여 등을 총괄하여 판단하여야 한다.

⑤ 인간다운 생활을 할 권리에 관한 헌법규정은 입법부나 행정부에 대하여는 행위규범으로 작용하고 헌법재판에 있어서는 통제규범으로 작용한다.

《해 설》 ① 헌법 제34조 1항 · 2항. ② 헌법 제34조 5항. ③ 인간다운 생활을 할 권리로부터는 인간의 존엄에 상응하는 생활에 필요한 "최소한의 물질적인 생활"의 유지에 필요한 급부를 요구할 수 있는 구체적인 권리가 상황에 따라서는 직접 도출될 수 있다고 할 수는 있어도, 동 기본권이 직접 그 이상의 급부를 내용으로 하는 구체적인 권리를 발생케 한다고는 볼 수 없다(헌재결 2003. 5. 15, 2002헌마90 전합). ④ 헌재결 1997. 5. 29, 94헌마33. ⑤ 헌재결 1997. 5. 29, 94헌마33. <답 ③>

3. 다음 사회보장법의 의의와 관련하여 틀린 설명은?

① 사회보장은 질병 · 장애 · 노령 · 실업 · 사망 등의 사회적 위험으로부터 모든 국민을 보호하고 빈곤을 해소하며 국민생활의 질을 향상시키기 위하여 제공되는 사회보험 · 공공부조 · 사회복지서비스 및 관련복지제도를 말한다.

② 영국의 비버리지 보고서는 종래 사회보험의 특징으로서 알려져 왔던 근로조건의 보험성 및 공공부조의 구빈법적 연혁 등을 근본적으로 변혁시키고 새로운 생활보장의 체계로서 사회보장을 구상하여 각국의 사회보장입법 및 정책에 영향을 끼쳤다.

③ 넓은 의미의 사회보장법은 통일적 법원리가 지배하는 독자적 법영역을 구성할 수 없다.

④ 좁은 의미의 사회보장법이란 사회정책적 관련성을 가진 모든 법규의 총체를 말하는 것이다.

⑤ 법전에 수록된 사회보장제도에 관한 법규의 총체를 말한다.

《해 설》 ① 사회보장기본법 제3조 1호. ③④ 넓은 의미의 사회보장법이란 사회정책적 관련성을 가진 모든 법규의 총체를 말하는 것으로서, 세법의 누진세제도, 노동법의 근로자보호제도, 민법의 임대차보호제도 또한 넓은 의미의 사회보장법의 범주에 포함된다. 그러므로 넓은 의미의 사회보장법은 통일적 법원리가 지배하는 독자적 법영역을 구성할 수 없다는 문제점을 가지고 있다(비체계성과 모호성). 반면 좁은 의미의 사회보장법은 사회정책을 사회보장정책으로 이해하고, 그 실현방법과 주체에 대해서도 단일한 기준을 제시한다. 즉 좁은 의미의 사회보장법은 사회보장정책의 실질적 기능을 담당하는 현대적 의미의 사회보장법이라고 할 수 있다. <답 ④>

4. 사회보장기본법의 내용으로 옳은 것은? <노무사 2010년>

① 공공부조란 보건, 주거, 교육, 고용 등의 분야에서 인간다운 생활이 보장될 수 있도록 지원하는 각종 복지제도를 말한다.

② 사회복지서비스란 국민에게 발생하는 사회적 위험을 보험방식에 의하여 대처함으로써 국민건강과 소득을 보장하는 제도를 말한다.

③ 관련복지제도란 국가 및 지방자치단체의 책임 하에 생활유지능력이 없는 국민의 최저생활을 보장하고 자립을 지원하는 제도를 말한다.

④ 사회보험에 드는 비용은 사용자 · 피용자 및 자영업자가 부담하는 것을

원칙으로 하되, 국가가 일부를 부담할 수 있다.

⑤ 공공부조에 드는 비용의 전부 또는 일부는 민간부문에서 부담한다.

《해 설》 ① "공공부조"란 국가와 지방자치단체의 책임 하에 생활 유지 능력이 없거나 생활이 어려운 국민의 최저생활을 보장하고 자립을 지원하는 제도를 말한다(사회보장기본법 제3조 3호). ② "사회복지서비스"란 국가 · 지방자치단체 및 민간부문의 도움이 필요한 모든 국민에게 상담, 재활, 직업의 소개 및 지도, 사회복지시설의 이용 등을 제공하여 정상적인 사회생활이 가능하도록 지원하는 제도를 말한다(동법 제3조 4호). ③ "관련복지제도"란 보건, 주거, 교육, 고용 등의 분야에서 인간다운 생활이 보장될 수 있도록 지원하는 각종 복지제도를 말한다(동법 제3조 5호). ④ 동법 제27조 2항. ⑤ 국가와 지방자치단체가 부담한다(동법 제27조 3항). <답 ④>

5. 사회보장법의 기본원칙 및 특성이 아닌 것은?

① 사회적 제 위험으로부터의 보호

② 인간다운 생활의 보장을 위한 사회적 보호의 적정성

③ 보충성의 원칙

④ 인식대상의 고정

⑤ 기능의 역동성

《해 설》 사회보장기본법 제3조 1호에 따르면 질병 · 장애 · 노령 · 실업 · 사망을 사회적 위험으로 보고 있으나 다른 사유들도 사회적 위험으로 인정될 수 있다. 사회적 위험은 유동적이므로 지급사유도 유동적이고, 보호필요성도 유동적이다. <답 ④>

6. 다음 중 최초의 사회보험법은? <사시 1999년>

① 독일의 질병보호법 ② 영국의 국민보호법

③ 미국의 사회보장법 ④ 영국의 엘리자베스구빈법

⑤ 뉴질랜드의 사회보장법

《해 설》 최초의 사회보험법은 독일 비스마르크시대의 질병보호법 · 재해보험법 · 노폐보험법이며, 최초의 공적부조에 관한 법은 1601년 영국 엘리자베스구빈법이다. <답 ①>

7. 사회보장에 관한 현행법의 내용과 다른 것은? <사시 2002년>

① 모든 국민은 인간다운 생활을 할 권리를 가진다.

② 사용자는 사회보장의 증진에 노력할 의무를 진다.

③ 질병 · 노령 등으로 생활능력이 없는 국민은 법률이 정한 바에 따라 국가의 보호를 받는다.

④ 사회보장기본법상 사회보장은 사회보험 · 공공부조 · 사회복지서비스 및 관련 복지제도로 이루어져 있다.

⑤ 사회보장 급여의 수준은 최저생계비와 최저임금법상의 최저임금을 고려하여 결정되어야 한다.

《해 설》 ① 헌법 제34조 1항. ② 사용자가 아닌 국가가 사회보장의 증진에 노력할 의무를 진다(헌법 제34조 2항). ③ 헌법 제34조 5항. ④ 사회보장기본법 제3조 1호. ⑤ 사회보장기본법 제10조 3항. <답 ②>

8. 다음은 법률의 규정에 대한 내용이다. 명문규정과 다른 것은?

① 국민건강보험급여를 받을 권리는 양도 또는 압류하거나 담보로 제공할 수 없다.
② 국민연금급여를 받을 권리는 양도·압류하거나 담보로 제공할 수 없다.
③ 공무원연금급여를 받을 권리는 양도·압류하거나 담보로 제공할 수 없다. 다만, 연금인 급여를 받을 권리는 이를 대통령령이 정하는 금융기관에 담보로 제공할 수 있고, 국세징수법, 지방세법, 그 밖의 법률에 따른 체납처분의 대상으로 할 수 있다.
④ 실업급여를 받을 권리는 양도 또는 압류하거나 담보로 제공할 수 없다.
⑤ 산재보험급여를 받을 권리는 양도 또는 압류하거나 담보로 제공할 수 없다.

《해 설》 ① 담보는 제공 가능하다(국민건강보험법 제54조). ② 국민연금법 제58조 1항. ③ 공무원연금법 제32조. ④ 고보법 제38조. ⑤ 산재법 제88조 2항. <답 ①>

9. 사보험과 사회보험의 차이에 관한 설명 중 틀린 것은?

① 사회보험은 개인의 사회적 보호를 목적으로 하지만, 사보험은 개인의 사적인 필요충족을 목적으로 한다.
② 사회보험은 원칙적으로 보험성립이 강제된다. 즉 법률규정의 요건을 충족하면 보험가입자의 의사에 관계없이 당연히 보험관계는 성립한다. 그러나 사보험은 계약자유를 원칙으로 하므로 보험관계의 성립에 있어서 보험가입자의 의사가 결정적인 역할을 하게 된다.
③ 사회보험의 관리운영주체는 국가이다. 따라서 예외적으로 공공단체나 지방자치단체에 의해 운영될 수 있으나, 그 지휘·감독 및 재정부담 등을 통하여 그 종국적인 책임은 국가가 져야 한다.
④ 사회보험은 원칙적으로 양도·상계·압류·담보가 금지되며, 사보험 또한 이러한 금지가 적용된다.
⑤ 사회보험은 상부상조·사회공동체정신을 기초로 하고 있다면, 사보험은 경제적 원리와 개인이익의 지향을 기초로 하고 있다.

《해 설》 사회보험은 원칙적으로 양도·상계·압류·담보가 금지되지만, 사보험은 이러한 금지가 없이 처분이 자유롭다. <답 ④>

10. 사회보장기본법상 사회보장제도에 관한 설명으로 옳지 않은 것은?

① 사회보장제도를 필요로 하는 모든 국민에게 적용하여야 한다. <노무사 2010년>
② 사회보장제도의 급여수준 및 비용부담 등에 있어서 형평성을 유지하여야 한다.
③ 사회보장제도의 정책결정 및 시행과정에 공익의 자 및 이해관계인 등을 참여시켜 민주성을 확보하여야 한다.
④ 사회보장제도를 운영함에 있어서 국민의 다양한 복지욕구를 효율적으로 충족시키기 위하여 연계성 · 전문성을 높여야 한다.
⑤ 국내 거주 외국인에 대한 사회보장제도의 적용은 인권존중의 원칙에 의한다.

《해 설》 ① 사회보장기본법 제24조 1항. ② 동법 제24조 2항. ③ 동법 제24조 3항. ④ 동법 제24조 4항. ⑤ 상호주의 원칙에 따른다(동법 제8조). <답 ⑤>

11. 사회보장기본법상 사회보장심의위원회에 관한 내용으로 옳지 않은 것은?

① 사회보장에 관한 주요 시책을 심의하기 위하여 국무총리 소속으로 둔다. <노무사 2010년>
② 위원장 1명과 부위원장 2명을 포함하여 위원 30명 이내로 구성한다.
③ 위원의 임기는 2년으로 하되, 공무원인 위원의 임기는 그 재임 기간으로 한다.
④ 위원장은 국무총리가 되고, 부위원장은 고용노동부장관 및 보건복지부장관이 된다.
⑤ 사회보장 증진을 위한 사회보장 장기발전방향을 심의한다.

《해 설》 ① 사회보장기본법 제16조. ② 동법 제17조 1항. ③동법 제17조 4항. ④ 부위원장은 기획재정부장관 및 보건복지부장관이 된다(동법 제 17조 2항). ⑤ 동법 제18조 1호. <답 ④>

12. 사회보장기본법상 사회보장의 기본 체계에 해당하는 것은? <사시 2004년>

① 국민연금, 건강보험 및 고용보험
② 사회보험, 공공부조, 사회복지서비스 및 관련복지제도
③ 최저생활보장, 사회보험 및 산업재해보상
④ 건강보험, 사회보험 및 사회복지
⑤ 아동복지, 노인복지 및 장애인복지

《해 설》 "사회보장"이란 질병, 장애, 노령, 실업, 사망 등의 사회적 위험으로부터 모든 국민을 보호하고 빈곤을 해소하며 국민 생활의 질을 향상시키기 위하여 제공되는 사회보험, 공공부조, 사회복지서비스 및 관련복지제도를 말한다(사회보장기본법 제3조 1호). <답 ②>

13. 사회적 위험과 관련 사회보장법률의 연결이 옳지 않은 것은? <사시 2003년>

① 질병 —— 국민건강보험법
② 업무상 재해 —— 산업재해보상보험법
③ 실업 —— 국민기초생활보장법
④ 노령 —— 국민연금법
⑤ 공무상 사망 —— 공무원연금법

《해 설》 ③ 실업으로부터의 보호를 목적으로 하는 법률은 고용보험법이고, 공공부조법인 국민기초생활보장법은 빈곤으로부터의 보호를 목적으로 한다. <답 ③>

14. 사회보장기본법상 사회보장수급권에 관한 설명 중 옳지 않은 것은? <사시 2003년>

① 사회보장급여의 수준은 최저생활비와 최저임금법에 의한 최저임금을 고려하여 결정되어야 한다.
② 사회보장수급권은 재산권이므로 양도하거나 담보로 제공할 수 있다.
③ 사회보장수급권의 포기가 타인에게 피해를 주는 경우에는 이를 포기할 수 없다.
④ 사회보장수급권을 제한하거나 정지하는 경우에는 그 목적에 필요한 최소한에 그쳐야 한다.
⑤ 사회보장의 급여를 받고자 하는 자는 국가 또는 지방자치단체에 신청하여야 한다.

《해 설》 ① 사회보장기본법 제10조 3항. ② 사회보장수급권은 관계 법령에서 정하는 바에 따라 타인에게 양도하거나 담보로 제공할 수 없으며, 이를 압류할 수 없다(동법 제12조). ③ 동법 제14조 3항. ④ 동법 제13조 2항. ⑤ 동법 제11조 1항. <답 ②>

15. 사회보장기본법상 사회보장수급권에 관한 설명으로 옳은 것은? <노무사 2010년>

① 국가와 지방자치단체는 평균생계비와 실질임금을 고려하여 사회보장급여의 수준을 결정하여야 한다.
② 사회보장수급권은 관계 법령에서 정하는 바에 따라 타인에게 양도하거나 담보로 제공할 수 있으나, 이를 압류할 수 없다.
③ 사회보장수급권은 정당한 권한이 있는 기관에 서면으로 통지하여 포기할 수 있다.
④ 제3자의 불법행위로 피해를 입은 국민이 그로 인하여 사회보장수급권을 가지게 된 경우 사회보장제도를 운영하는 자는 그 불법행위에 책임이 있는 자에 대하여 구상권을 행사할 수 없다.
⑤ 사회보장급여를 신청하는 자가 다른 기관에 신청한 경우에는 그 기관은 지체없이 이를 정당한 권한이 있는 기관에 이송하여야 하며, 이 경우 신청 기관에 접수된 날을 사회보장급여의 신청일로 본다.

《해 설》 ① 최저생계비와 최저임금을 고려하여 사회보장급여의 수준을 결정하여야 한다(사회보장기본법 제10조 3항). ② 타인에게 양도하거나 담보로 제공할 수도 없다(동법 제 12조). ③ 동법 제14조 1항. ④ 구상권 행사가 가능하다(동법 제15조). ⑤ 정당한 권한이 있는 기관에 이송된 날을 사회보장급여의 신청일로 본다(동법 제11조 2항).
<답 ③>

16. 사회보장제도의 운영원칙에 해당되지 않는 것은? <사시 2007년>

① 엄격한 자기책임의 원칙 적용
② 필요로 하는 모든 국민에게 적용
③ 비용부담 및 급여수준에 있어서의 형평성 유지
④ 정책결정 및 시행과정에서의 민주성 확보
⑤ 다양한 복지욕구를 효율적으로 충족시키기 위한 연계성 · 전문성 제고

《해 설》 ① 사회보장제도는 국가 및 지방자치단체가 국가적 · 사회적 책임을 부담한다. ②③④⑤ 사회보장기본법 제24조.
<답 ①>

17. 사회보장기본법의 비용부담에 관한 설명 중 틀린 것은?

① 사회보장비용의 부담은 역할에 따라 합리적으로 조정되어야 한다.
② 일정소득수준 이하의 국민에 대한 사회복지서비스에 소요되는 비용의 전부 또는 일부는 국가 및 지방자치단체가 이를 부담한다.
③ 사회보험은 사용자 · 피용자 및 자영업자가 비용을 부담하는 것이 원칙이다.
④ 공공부조는 국가 및 지방자치단체가 비용의 전부 또는 일부를 부담한다.
⑤ 부담능력이 있는 국민에 대한 사회복지서비스는 전적으로 수익자부담의 원칙이 적용된다.

《해 설》 ① 사회보장기본법 제27조 1항. ② 동법 제27조 3항. ③ 동법 제27조 2항. ④ 동법 제27조 3항. ⑤ 부담 능력이 있는 국민에 대한 사회복지서비스에 드는 비용은 그 수익자가 부담함을 원칙으로 하되, 관계 법령에서 정하는 바에 따라 국가와 지방자치단체가 그 비용의 일부를 부담할 수 있다(동법 제27조 4항).
<답 ⑤>

18. 사회보장기본법에 관한 설명으로 옳지 않은 것은? <사시 2008년>

① 사회보장에 관한 다른 법률을 제정 또는 개정하는 경우에는 사회보장기본법에 부합되도록 하여야 한다.
② 공공부조에 소요되는 비용은 수익자가 부담함을 원칙으로 하되, 관계법령이 정하는 바에 따라 국가 및 지방자치단체가 그 비용의 일부를 부담할 수 있다.
③ 국가 및 지방자치단체는 사회보장제도를 운영함에 있어 이를 필요로 하는 모든 국민에게 적용하여야 한다.

④ 국가 및 지방자치단체는 사회보장제도의 정책결정 및 시행과정에 공익의 대표자 및 이해관계인 등을 참여시켜 민주성을 확보하여야 한다.
⑤ 사회보장비용의 부담은 각각의 사회보장제도에 대한 역할분담에 따라 국가 · 지방자치단체 및 민간부문간에 합리적으로 조정되어야 한다.

《해 설》 ① 사회보장기본법 제4조. ② 공공부조 및 관계 법령에서 정하는 일정 소득 수준 이하의 국민에 대한 사회복지서비스에 드는 비용의 전부 또는 일부는 국가와 지방자치단체가 부담한다(동법 제27조 3항). ③ 동법 제24조 1항. ④ 동법 제24조 3항. ⑤ 동법 제27조 1항. <답 ②>

19. 사회보장제도 중 사회보험에 관한 법률로만 묶인 것은? <사시 2006년>

ㄱ. 국민연금법	ㄴ. 노인복지법	ㄷ. 영유아보육법
ㄹ. 국민기초생활보장법	ㅁ. 국민건강보험법	

① ㄴ, ㄹ ② ㄷ, ㅁ ③ ㄱ, ㄴ
④ ㄱ, ㅁ ⑤ ㄷ, ㄹ

《해 설》 현재 사회보험에 관한 법률로는 4대보험에 해당하는 국민건강보험법, 국민연금법, 산업재해보상보험법, 고용보험법이 있다. <답 ④>

20. 국민에게 발생하는 사회적 위험을 보험방식에 의하여 대처함으로써 국민의 건강이나 소득을 보장하는 제도에 관한 법률이 아닌 것은? <사시 2009년>

① 국민연금법 ② 고용보험법
③ 의료급여법 ④ 산업재해보상보험법
⑤ 국민건강보험법

《해 설》 의료급여법은 생활이 어려운 자에게 의료급여를 실시함으로써 국민보건의 향상과 사회복지의 증진에 이바지함을 목적으로 하는 법률이다(의료급여법 제1조). 보험방식으로 기금을 마련하는 것이 아니므로 나머지 법들과 성질이 다르다. <답 ③>

21. 고용보험법의 적용 사업 또는 적용 근로자에 해당하는 것은? <노무사 2010년>

① 가사서비스업
② 상시 3명의 근로자를 사용하는 물품판매업
③ 상시 4명의 근로자를 사용하여 어업을 하는 개인 사업주
④ 별정우체국법에 따른 별정우체국 직원
⑤ 사립학교교직원 연금법의 적용을 받는 자

《해 설》 고보법 제8조 및 동법 시행령 제2조 참조. <답 ②>

22. 고용보험법상 구직급여에 관한 설명으로 옳지 않은 것은? <노무사 2010년>

① 구직급여의 수급요건으로 근로의 의사와 능력을 필요로 한다.

② 구직급여는 수급자격자가 실업한 상태에 있는 날 중에서 직업안정기관의 장으로부터 실업의 인정을 받은 날에 대하여 지급한다.
③ 소정급여일수는 피보험기간 및 연령을 기준으로 정해진다.
④ 실업 신고일로부터 7일간은 대기기간으로 보아 구직급여를 지급하지 않는다.
⑤ 구직급여기초 임금일액의 상한액은 4만원이다.

《해 설》 ① 고보법 제40조 1항 2호. ② 동법 제44조 1항. ③동법 제50조 1항 참조. ④ 동법 제 49조. ⑤ 8만원이 상한액이다(동법 시행령 제68조 1항). <답 ⑤>

23. 고용보험법상 자발적 이직시 구직급여 수급자격이 제한되는 것은? <노무사 2010년>

① 사업장에서 종교, 성별, 신체장애 등을 이유로 불합리한 차별대우를 받은 경우
② 사업장에서 본인의 의사에 반하여 성희롱, 성폭력, 그 밖의 성적인 괴롭힘을 당한 경우
③ 사업장의 도산 · 폐업이 확실하거나 대량의 감원이 예정되어 있는 경우
④ 부모나 동거 친족의 질병 · 부상 등으로 30일 이상 본인이 간호해야 하는 기간에 기업의 사정상 휴가나 휴직이 허용되지 않은 경우
⑤ 이직일 전 1년 이내에 1개월 이상 임금체불이 발생한 경우

《해 설》 고보법 시행규칙 [별표 2] 참조. ⑤ 이직일 전 1년 이내에 2개월 이상 임금체불이 발생해야 수급자격이 제한되지 않는다. <답 ⑤>

24. 고용보험법상 구직급여를 받기 위한 적극적인 재취업 활동을 한 것으로 볼 수 없는 것은? <노무사 2010년>

① 구인업체를 방문하거나 우편 · 인터넷 등을 이용하여 구인에 응모한 경우
② 채용관련 행사에 방문한 경우
③ 직업안정기관에서 실시하는 직업지도 프로그램에 참여하는 경우
④ 직업안정기관의 지원을 받아 재취업활동에 관한 계획을 수립하는 경우
⑤ 해당 실업인정일부터 30일 이내에 취업하기로 확정된 경우

《해 설》 고보법 시행규칙 제87조 1항 참조. ② 채용관련 행사에 참여하여 면접에 응하지 않고 단순 방문한 경우는 적극적인 재취업 활동을 한 것으로 보기 어렵다. <답 ②>

25. 고용보험법상 연장급여에 관한 설명으로 옳지 않은 것은? <노무사 2010년>

① 훈련연장급여를 지급하는 경우에 그 일액을 수급자격자의 구직급여일액의 100분의 100으로 한다.
② 개별연장급여 또는 특별연장급여를 지급하는 경우에 그 일액은 해당 수

급자격자의 구직급여일액의 100분의 80을 곱한 금액으로 한다.

③ 훈련연장급여를 지급받고 있는 수급자격자에게는 그 훈련연장급여의 지급이 끝난 후가 아니면 개별연장급여 및 특별연장급여를 지급하지 아니한다.

④ 특별연장급여의 실시기간은 6개월 이내로 한다.

⑤ 개별연장급여를 지급받고 있는 수급자격자가 훈련연장급여를 지급받게 되면 개별연장급여를 지급하지 아니한다.

《해 설》 ①② 고보법 제53조 2항. 개별연장급여 또는 특별연장급여를 지급하는 경우에 그 일액은 해당 수급자격자의 구직급여일액의 100분의 70을 곱한 금액으로 한다. ③ 동법 제55조 2항. ④동법 시행규칙 제98조. ⑤ 동법 제55조 3항. <답 ②>

26. 산업재해보상보험법상 사망의 추정에 관한 설명으로 옳은 것은? <노무사 2010년>

① 사망의 추정으로 보험급여 수급 후 근로자의 생존이 확인되면 보험급여를 받은 사람과 보험가입자는 생존이 확인된 날부터 1개월 이내에 신고하여야 한다.

② 항행 중인 선박에 타고 있던 근로자가 행방불명되어 그 생사가 행방불명된 날부터 3개월간 밝혀지지 아니한 경우 사망한 것으로 추정할 수 있다.

③ 사망의 추정으로 보험급여 수급 후 근로자의 생존이 확인되면 보험급여를 받은 자가 선의자의 경우에는 보험급여를 반환할 필요가 없다.

④ 공단은 사망의 추정으로 보험급여 지급 후 근로자의 생존이 확인되면 보험급여를 받은 자가 악의자의 경우에는 받은 금액 전부를 징수하여야 한다.

⑤ 사망이 추정되는 경우 유족급여는 지급하고, 장의비는 지급하지 않는다.

《해 설》 ① 15일 이내에 신고하여야 한다(산재법 시행령 제37조 5항). ②③④⑤ 산재법 제39조 1항. 「사고가 발생한 선박 또는 항공기에 있던 근로자의 생사가 밝혀지지 아니하거나 항행(航行) 중인 선박 또는 항공기에 있던 근로자가 행방불명 또는 그 밖의 사유로 그 생사가 밝혀지지 아니하면 대통령령으로 정하는 바에 따라 사망한 것으로 추정하고, 유족급여와 장의비에 관한 규정을 적용한다.」 2항. 「공단은 제1항에 따른 사망의 추정으로 보험급여를 지급한 후에 그 근로자의 생존이 확인되면 그 급여를 받은 자가 선의(善意)인 경우에는 받은 금액을, 악의(惡意)인 경우에는 받은 금액의 2배에 해당하는 금액을 징수하여야 한다.」 <답 ②>

27. 산업재해보상보험법상 제3자에 대한 구상권에 관한 설명으로 옳은 것은? <노무사 2010년>

① 보험급여의 지급 여부와 관계없이 손해배상 청구권을 대위할 수 있다.

② 지급한 보험급여액의 2배까지 대위할 수 있다.

③ 동일한 사업주에 의하여 고용된 동료 근로자의 경과실로 인하여 업무상의 재해를 입은 경우 동료 근로자에 대해서는 구상권을 행사할 수 없다.
④ 보험가입자인 2 이상의 사업주가 같은 장소에서 하나의 사업을 분할하여 각각 행하다가 그 중 사업주를 달리하는 근로자의 행위로 재해가 발생한 경우 제3자의 행위로서 구상권을 행사할 수 있다
⑤ 수급권자가 제3자로부터 동일한 사유로 손해배상을 받은 경우 근로자의 복지증진을 위하여 보험급여를 지급하여야 한다.

《해 설》 ①②④⑤ 산재법 제87조 1항. 「공단은 제3자의 행위에 따른 재해로 보험급여를 지급한 경우에는 그 급여액의 한도 안에서 급여를 받은 자의 제3자에 대한 손해배상청구권을 대위(代位)한다. 다만, 보험가입자인 2 이상의 사업주가 같은 장소에서 하나의 사업을 분할하여 각각 행하다가 그 중 사업주를 달리하는 근로자의 행위로 재해가 발생하면 그러하지 아니하다.」 2항. 「제1항의 경우에 수급권자가 제3자로부터 동일한 사유로 이 법의 보험급여에 상당하는 손해배상을 받으면 공단은 그 배상액을 대통령령으로 정하는 방법에 따라 환산한 금액의 한도 안에서 이 법에 따른 보험급여를 지급하지 아니한다.」 ③ 대판 2005. 12. 24, 2003다33691. <답 ③>

28. 산업재해보상보험법에 관한 설명으로 옳지 않은 것을 모두 고른 것은?
<노무사 2010년>

ㄱ. 업무상 재해를 당한 근로자가 보험급여를 지급받으려면 고용노동부에 설립되어 있는 산업재해보상보험심사위원회에 신청하여야 한다.
ㄴ. 유족이란 사망한 자의 배우자(사실상 혼인 관계에 있는 자를 제외한다) · 자녀 · 부모 · 손자녀 · 조부모 또는 형제자매를 말한다.
ㄷ. "근로자", "임금", "평균임금", "통상임금"이란 각각 근로기준법에 따른 "근로자", "임금", "평균임금", "통상임금"을 말한다.
ㄹ. 휴업급여는 통상임금의 100분의 70에 상당하는 금액으로 한다.
ㅁ. 업무상 재해는 업무상의 사유에 따른 근로자의 부상 · 질병 · 장해 또는 사망을 말한다.

① ㄱ, ㄴ, ㄷ ② ㄱ, ㄴ, ㄹ ③ ㄱ, ㄷ, ㅁ
④ ㄴ, ㄷ, ㄹ ⑤ ㄴ, ㄹ, ㅁ

《해 설》 ㄱ. 요양급여를 받으려는 자는 공단에 신청하여야 한다(산재법 제41조 1항). ㄴ. 사실상 혼인 관계에 있는 자를 포함한다(동법 제5조 3호). ㄹ. 평균임금의 100분의 70에 상당하는 금액으로 한다(동법 제52조). <답 ②>

29. 「산업재해보상보험법」과 관련된 설명으로 옳지 않은 것은? <사시 2009년>

① 고용노동부장관의 위탁을 받아 산업재해보상보험 사업의 효율적 수행을 위해 설립된 법인이 근로복지공단이다.
② 업무상의 재해란 업무상의 사유에 따른 근로자의 부상 · 질병 · 장해 또

는 사망을 말한다.

③ 휴업급여는 업무상 재해의 요양으로 취업하지 못한 기간이 3일 이내이면 지급하지 아니한다.

④ 대통령령으로 정하는 중 · 소기업 사업주는 근로복지공단의 승인을 받아 보험에 가입할 수 있다.

⑤ 근로자가 보험급여를 받을 권리는 퇴직으로 소멸된다.

《해 설》 ① 산재법 제10조. ② 동법 제5조 1호. ③ 동법 제52조 단서. ④ 동법 제124조 1항. ⑤ 근로자의 보험급여를 받을 권리는 퇴직하여도 소멸되지 아니한다(동법 제88조 1항). <답 ⑤>

30. 다음 중 산업재해보상보험법상 급여를 받을 수 있는 경우는? (다툼이 있을 경우 판례에 의한다)

① A는 버스회자 동료에게 차량을 정비할 것을 요구하다가 서로 감정이 상하여 욕설과 폭력이 오갔고 이 과정에서 상해를 입었다.

② B는 회사 동료 직원들과 회식을 한 후 만취상태에서 승용차를 운전하여 기숙사로 돌아가다가 도로 중앙분리대를 들이받아 상해를 입었다.

③ C는 출근시간 통근버스를 타러 횡단보도를 건너다가 통근버스로부터 5m떨어진 지점에서 교통사고를 당해 상해를 입었다.

④ D는 기존에 업무와 관련 없는 질병을 앓고 있었는데 업무과중으로 인하여 기존 질병이 급속히 악화되었다.

⑤ E는 노동조합의 업무만을 전임하는 노조전임자로 단체교섭이 결렬되어 쟁의행위를 하는 과정에서 상해를 입었다.

《해 설》 ① 대판 1995. 1. 24, 94누8587. ② 대판 2009. 4. 9, 2009두508. ③ 대판 1996. 4. 26, 96누2026. ④ 대판 2007. 4. 12, 2006두4912. ⑤ 대판 1996. 6. 28, 96다12733. <답 ④>

31. 산업재해보상보험법상 유족보상연금 수급권자(장애인이 아님)에 해당되는 자는?

① 태아였던 자녀가 출생한 경우 <노무사 2010년>

② 59세 부모　　③ 외국에 거주하는 35세 외국인 처

④ 19세 자녀　　⑤ 55세 남편

《해 설》 ① 유족보상연금 수급권자를 판단할 때 근로자가 사망할 당시 태아였던 자녀가 출생한 경우에는 출생한 때부터 장래에 향하여 근로자가 사망할 당시 그 근로자와 생계를 같이 하고 있던 유족으로 본다(산재법 제63조 2항). <답 ①>

32. 산업재해보상보험법상 심사 청구 및 재심사 청구의 내용으로 옳지 않은 것은?

① 공단은 부득이한 사유가 없는 한 심사 청구서를 <노무사 2010년> 받은 날부터 60일 이내에 산업재해보상보험심사위원회의 심의를 거쳐

결정을 하여야 한다.

② 재심사 청구는 심사 청구에 대해 산업재해보상보험심사위원회의 결정이 있음을 안 날부터 90일 이내에 제기하여야 한다.

③ 심사 청구 및 재심사 청구에 관하여 이 법에서 정하고 있지 아니한 사항에 대하여는 행정심사위원회에 제기하여야 한다.

④ 재심사 청구는 그 보험급여 결정 등을 한 공단의 소속 기관을 거쳐 산업재해보상보험재심사위원회에 제기하여야 한다.

⑤ 직업병의 경우에는 산업재해보상보험심사위원회의 심의를 거쳐 업무상 질병판정위원회에서 결정한다.

《해 설》 ① 산재법 제105조 1항. ② 동법 제106조 1항 · 3항. ③ 동법 제 111조 3항. ④ 동법 제 106조 2항. ⑤ 업무상질병판정위원회의 심의를 통해 업무상 질병으로 인정된 경우, 별도의 산업재해보상보험심사위원회의 심의를 거칠 필요가 없다(동법 제105조 2항 및 동법 시행령 제102조 1항 1호). <답 ⑤>

33. 고용보험 및 산업재해보상보험의 보험관계 성립 및 소멸에 관한 설명으로 옳지 않은 것은? <노무사 2010년>

① 임의가입 사업주가 고용보험계약을 해지하고자 할 때에는 근로자 전원의 동의를 얻어야 한다.

② 임의가입 사업주가 산업재해보상보험계약을 해지하고자 할 때에는 공단의 승인을 얻어야 한다.

③ 고용보험의 적용을 받는 사업의 당연가입자는 사업주와 근로자이다.

④ 보험관계는 사업이 폐지 또는 종료된 날의 다음 날에 소멸한다.

⑤ 공단은 사업의 실체가 없는 등의 사유로 계속하여 보험관계를 유지할 수 없다고 인정하는 경우에는 그 보험관계를 소멸시킬 수 있다.

《해 설》 ①② 징수법 제5조 5항. 공단의 승인을 얻어 고용보험 또는 산재보험에 가입한 사업주가 보험계약을 해지하고자 할 때에도 역시 공단의 승인을 얻어야 한다. ③ 동법 제5조 1항. ④ 동법 제 10조 1호. ⑤ 동법 제5조 7항. <답 ①>

34. 고용보험 및 산업재해보상보험의 보험료징수에 관한 설명으로 옳은 것은?

① 상속이 개시된 때에 원칙적으로 상속인은 <노무사 2010년>
피상속인이 내야 하는 보험료를 납부할 의무가 없다.

② 공동사업에 관계되는 보험료, 이 법에 따른 징수금과 체납처분비는 공동사업자가 연대하여 납부할 의무가 없다.

③ 법인이 합병한 경우에 합병 후 존속하는 법인은 합병으로 소멸된 법인에 부과되는 보험료를 납부할 의무가 없다.

④ 원칙적으로 보험료와 그 밖의 징수금은 국세와 지방세를 제외한 다른

채권에 우선하여 징수한다.

⑤ 체납된 보험료의 납부 독촉을 받은 자가 그 기한까지 보험료를 내지 아니한 경우 국세청장의 승인을 받아 국세 체납처분의 예에 따라 징수할 수 있다.

《해 설》 ① 상속이 개시된 때에 그 상속인은 피상속인에게 부과되거나 그 피상속인이 납부하여야 하는 보험료, 기타 징수금 체납처분비를 상속으로 인하여 얻은 재산을 한도로 하여 납부할 의무를 진다(징수법 제28조의3 1항). ② 연대하여 납부할 의무를 진다(동법 제28조의4 1항). ③ 법인이 합병한 때에 합병 후 존속하는 법인 또는 합병으로 인하여 설립되는 법인은 합병으로 인하여 소멸된 법인에게 부과되거나 그 법인이 납부하여야 하는 보험료, 이 법에 따른 그 밖의 징수금과 체납처분비를 납부할 의무를 진다(동법 제 28조의2). ④ 동법 제30조 본문. ⑤ 독촉을 받은 자가 그 기한 이내에 보험료, 이 법에 의한 그 밖의 징수금을 납부하지 아니한 때에는 고용노동부장관의 승인을 얻어 국세체납처분의 예에 따라 이를 징수할 수 있다(동법 제28조 1항). <답 ④>

35. 다음 ( )안에 들어갈 내용으로 옳은 것은? <노무사 2010년>

> 고용보험 및 산업재해보상보험의 보험료징수 등에 관한 법률상 일괄적용을 받는 사업의 경우에는 처음 행하는 사업의 시작일로부터 (A) 이내에, 일괄적용을 받고 있는 사업이 사업의 폐지·종료 등으로 일괄적용관계가 소멸한 경우에는 소멸한 날부터 (B) 이내에 공단에 일괄적용관계의 성립 또는 소멸신고를 하여야 한다.

① A : 7일 B : 7일 ② A : 7일 B : 14일
③ A : 14일 B : 14일 ④ A : 14일 B : 30일
⑤ A : 30일 B : 30일

《해 설》 징수법 제11조 2항 참조. <답 ③>

36. 고용보험 및 산업재해보상보험의 보험료에 관한 설명으로 옳지 않은 것은? <노무사 2010년>

① 고용안정·직업능력개발사업의 보험료율은 업종에 따라 차등 적용된다.

② 원칙적으로 사업주는 개산보험료를 산정하여 납부하고, 확정보험료에 따라 정산한다.

③ 고용안정·직업능력개발사업에 대한 보험료는 사업주가 전액 부담한다.

④ 고용보험가입자인 근로자가 64세가 된 때에는 그 날이 속한 달부터 고용보험료를 징수하지 아니한다.

⑤ 고용보험료율은 고용안정·직업능력개발사업의 보험료율 및 실업급여의 보험료율로 구분하여 정한다.

《해 설》 ② 징수법 제19조 2항 참조. ③ 실업급여의 보험료는 근로자와 사업주가 각

각 반씩 부담하며, 고용안정 · 직업능력개발사업에 대한 보험료는 사업주가 전액 부담한다. ④ 동법 제13조 3항. ⑤ 동법 제 13조 1항 1호. <답 ①>

37. 다음 중 국민연금법상 지역가입자는? <노무사 2010년>

> ㄱ. 사업장가입자가 아닌 자로서 18세 이상 60세 미만인 자
> ㄴ. 18세 이상 27세 미만의 학생으로서 소득이 없지만 연금 보험료를 납부한 사실이 있는 자
> ㄷ. 사업장가입자의 배우자로서 별도의 소득이 없는 자
> ㄹ. 국민기초생활 보장법에 따른 수급자

① ㄱ, ㄴ ② ㄱ, ㄷ ③ ㄴ, ㄷ
④ ㄴ, ㄹ ⑤ ㄷ, ㄹ

《해 설》 국민연금법 제 9조 참조. ㄴ. 18세 이상 27세 미만인 자로서 학생이거나 군복무 등의 이유로 소득이 없는 자가 연금 보험료를 납부한 사실이 있는 경우에는 지역가입자에 해당한다. <답 ①>

38. 국민연금법상 노령연금과 분할연금의 관계에 관한 설명으로 옳지 않은 것은? <노무사 2010년>

① 배우자의 가입기간 중 혼인 기간이 5년 이상인 자가 노령연금 수급권자인 배우자와 이혼한 후 60세가 된 때부터 분할연금을 받을 수 있다.
② 분할연금액은 배우자였던 자의 노령연금액 중 혼인기간에 해당하는 연금액을 균등하게 나눈 금액으로 한다.
③ 분할연금 수급권을 취득한 후 배우자였던 자에게 생긴 사유로 노령연금 수급권이 정지될 경우 분할연금 역시 그 기간 동안 지급이 정지된다.
④ 분할연금 수급권자에게 2 이상의 분할연금 수급권이 생기면 이를 합산하여 지급한다.
⑤ 분할연금 수급권자에게 노령연금 수급권이 발생한 경우에는 분할연금액과 노령연금액을 합산하여 지급한다.

《해 설》 ① 국민연금법 제64조 1항 1호. ② 동법 제64조 2항. ③ 분할연금 수급권은 그 수급권을 취득한 후에 배우자였던 자에게 생긴 사유로 노령연금 수급권이 소멸 · 정지되어도 영향을 받지 아니한다(동법 제65조 1항). ④ 동법 제65조 2항 본문 ⑤ 동법 제65조 4항. <답 ③>

39. 국민건강보험법상 보험료와 보험급여에 관한 설명으로 옳지 않은 것은? <노무사 2010년>

① 보험급여를 받을 수 있는 자가 국외에 여행 중인 때에는 그 기간 중 보험급여는 정지한다.
② 직장가입자가 교도소에 수용되어 있는 경우에 그 기간 중 당해 가입자

의 보험료는 면제한다.

③ 피부양자가 없는 직장가입자가 현역병으로 입영한 경우에 그 기간 중 당해 가입자의 보험료는 면제한다.

④ 피부양자가 없는 직장가입자가 국외에서 업무에 종사하고 있다면 그 기간에 대해서는 보험급여를 정지하고 당해 가입자의 보험료는 50% 감액한다.

⑤ 휴직 기타의 사유로 보수의 전부 또는 일부가 지급되지 아니하는 가입자의 보험료는 당해 사유가 발생하기 전월의 보수월액을 기준으로 보험료를 산정한다.

《해 설》 ① 국민건강보험법 제49조 1호. ②③ 동법 제66조 1항 본문. ④ 피부양자가 없는 직장가입자가 국외에서 업무에 종사하고 있다면 당해 가입자의 보험료를 면제한다(동법 제66조 1항 단서). ⑤ 동법 제63조 2항. <답 ④>

40. 우리나라의 건강보험제도의 특징 중 틀린 것은?

① 강제보험 ② 단기보험
③ 적용대상의 이원화 ④ 비용부담체계의 이원화
⑤ 전국민보험

《해 설》 ② 1회계연도를 기준으로 한 보험료계산과 지급기간의 단기성으로 단기보험적 성격을 갖는다. ③ 종래에는 적용대상을 의료보험법과 국민의료보험법이 각각 직장가입자와 지역가입자로 나누어 규율하였지만, 현재는 이를 통합하여 국민건강보험법으로 규율하고 있다. <답 ③>

41. 국민건강보험법에 관한 설명으로 옳지 않은 것은? <노무사 2010년>

① 요양급여는 진찰, 약제지급, 수술, 재활, 입원 등 현물급여이다.

② 일상생활에 지장이 없는 질환은 요양급여 대상에서 제외할 수 있다.

③ 요양기관으로 지정된 경우에는 정당한 이유 없이 요양급여를 거부하지 못한다.

④ 가입자가 긴급 기타 부득이한 사유로 요양기관과 유사한 기능을 수행하는 기관에서 요양을 받은 경우 그 요양급여에 상당하는 금액을 요양비로 지급한다.

⑤ 업무정지처분기간중인 요양기관에서 요양을 받은 경우에는 요양비를 지급하지 아니한다.

《해 설》 ① 국민건강보험법 제39조 1항. ② 동법 제39조 3항. ③ 동법 제40조 4항. ④ 동법 제44조 1항. ⑤ 동법 제85조 1항에 의하여 업무정지처분기간중인 요양기관에서 긴급 기타 부득이한 사유로 질병 · 부상 · 출산 등에 대하여 요양을 받은 경우에도 요양비를 지급한다(동법 제44조 1항). <답 ⑤>

42. 국민건강보험법상의 피보험자의 자격득실 및 변동과 상실에 관한 설명으로 틀린 것은?

① 국내에 거주하게 된 날에 가입자의 자격을 얻는다.
② 지역가입자가 직장가입자로 자격이 변동된 경우에는 당해 직장가입자의 사용자가 보험자에게 신고하여야 한다.
③ 사망한 날의 다음 날에 자격을 상실한다.
④ 직장가입자의 피부양자가 된 날의 다음 날에 자격을 상실한다.
⑤ 가입자의 자격의 취득·변동 및 상실은 자격의 취득·변동 및 상실의 시기에 소급하여 효력을 발생한다.

《해 설》 ① 국민건강보험법 제7조 1항. ② 동법 제8조 2항. ③ 동법 제9조 1항 1호. ④ 직장가입자의 피부양자가 된 날에 자격을 상실한다(동법 제9조 1항 4호). ⑤ 동법 제10조 1항. <답 ④>

43. 국민건강보험의 보험자는?

① 국민건강보험공단 ② 건강보험심사평가원
③ 건강보험심의조정위원회 ④ 건강보험분쟁조정위원회
⑤ 보건복지부장관

《해 설》 건강보험의 보험자는 국민건강보험공단으로 한다(국민건강보험법 제12조). <답 ①>

44. 국민연금법상 급여의 유형이 아닌 것은?

① 노령연금 ② 장애연금 ③ 유족연금
④ 사망조위금 ⑤ 반환일시금

《해 설》 국민연금의 급여 종류로는 노령연금·장애연금·유족연금 및 반환일시금이 있다(국민연금법 제49조). <답 ④>

45. 국민연금법의 적용을 받는 가입자가 아닌 것은?

① 임의가입자 ② 임의계속가입자 ③ 사업장가입자
④ 지역가입자 ⑤ 의제가입자

《해 설》 ①②③④ 가입자는 사업장가입자, 지역가입자, 임의가입자 및 임의계속가입자로 구분한다(국민연금법 제7조). ⑤ 의제가입제도는 고용보험법과 산업재해보상보험법에 대하여 인정된다(징수법 제6조). <답 ⑤>

46. 다음 중 국민건강보험법상 보험사고가 아닌 것은?

① 폐 질 ② 질 병 ③ 부 상
④ 출 산 ⑤ 사 망

《해 설》 국민건강보험법은 국민의 질병 · 부상에 대한 예방 · 진단 · 치료 · 재활과 출산 · 사망 및 건강증진에 대하여 보험급여를 실시함으로써 국민보건을 향상시키고 사회보장을 증진함을 목적으로 한다(국민건강보험법 제1조). <답 ①>

47. 다음 중 국민건강보험법상 보험급여의 종류가 아닌 것은?

① 요양급여 ② 출산급여 ③ 장제비
④ 장애급여 ⑤ 상병수당

《해 설》 보험급여는 요양 · 출산급여 · 장제비 · 상병수당 · 본인부담액보상금이 있다. <답 ④>

48. 공적부조법의 고유한 특색이라고 볼 수 없는 것은? <사시 1999년>

① 무갹출의 보호 ② 최저생활보호
③ 국가책임의 원리 ④ 차별적 평등의 원칙
⑤ 세대단위의 보호

《해 설》 공적부조법의 특색: (i) 최저한도의 생활 보호, (ii) 보호비용 전액의 국가부담(무갹출의 보호), (iii) 부조의 종류, 방법, 정도의 개별적 특정, (iv) 세대단위의 보호. <답 ④>

49. 국민건강보험법상 보험급여제한사유가 아닌 것은?

① 고의 또는 중대한 과실로 인한 범죄행위에 기인하거나 고의로 사고를 발생시킨 때
② 고의 또는 중대한 과실로 공단이나 요양기관의 요양에 관한 지시에 따르지 아니한 때
③ 고의 또는 중대한 과실로 제50조의 규정에 의한 문서 기타 물건의 제출을 거부하거나 질문 또는 진단을 기피한 때
④ 업무상 또는 공무상 질병 · 부상 · 재해로 인하여 다른 법령에 의한 보험급여나 보상 또는 보상을 받게 되는 때
⑤ 보험료를 2월 이상 체납한 지역가입자

《해 설》 ①②③④ 국민건강보험법 제48조 1항. ⑤ 공단은 세대단위의 보험료를 1월 이상 체납한 지역가입자에 대하여 보험료를 완납할 때까지 보험급여를 실시하지 아니할 수 있다(동법 제48조 3항; 동법 시행령 제27조). <답 ⑤>

50. 국민건강보험법상의 보험급여에 대한 설명으로 옳지 않은 것은?

① 보험급여는 요양급여 · 분만급여 · 부가급여로 구분된다.
② 요양급여는 진찰 · 검사, 약제 · 치료재료의 지급, 처치 · 수술 기타의 치료, 예방 · 재활, 입원, 간호, 이송에 대하여 이루어진다.
③ 요양급여는 요양기관에서 행한다.

④ 요양급여를 받는 자는 대통령령이 정하는 바에 의하여 그 비용의 일부를 본인이 부담한다.
⑤ 공단은 이 법에 규정한 요양급여외에 대통령령이 정하는 바에 의하여 장제비 · 상병수당 기타의 급여를 실시할 수 있다.

《해 설》 ① 과거에는 요양급여, 분만급여, 부가급여로 분류하였으나, 국민건강보험법에서는 분만급여를 요양급여에 포함시켰으며, 부가급여를 임의급여로 바꾸었다(국민건강보험법 제39조, 제45조). ② 동법 제39조 1항. ③ 동법 제40조 1항. ④ 동법 제41조. ⑤ 동법 제45조. <답 ①>

51. 사회보장법의 기능과 가장 거리가 먼 것은? <사시 1998년>

① 소득재분배적 기능 ② 빈곤의 예방과 구제 기능
③ 자본주의경제의 자동안정화 기능 ④ 산업평화의 유지 기능
⑤ 국민생활수준의 규정적 기능

《해 설》 사회보장법의 기능으로는 정치안정 기능, 경제체제유지 기능(소득재분배 기능, 자본주의경제체제의 자동안정화 기능, 자본주의경제체제의 수정과 발전 기능, 자본축적 기능), 사회동화 기능, 규범적 기능이 있다. ④ 산업평화유지 기능은 노동법 및 단체협약의 기능이라 할 수 있다. <답 ④>

52. 국민건강보험법상 보험료의 부담 및 징수와 관련하여 틀린 설명은?

① 직장가입자의 보험료는 직장가입자와 직장가입자가 근로자인 경우에는 당해 근로자가 소속되어 있는 사업장의 사업주, 직장가입자가 공무원인 경우에는 그 공무원이 소속되어 있는 국가 또는 지방자치단체가 각각 보험료액의 100분의 50씩 부담한다.
② 직장가입자가 교직원인 경우의 보험료액은 그 직장가입자가 100분의 50을, 당해 교직원이 소속되어 있는 사립학교를 설립 · 운영하는 자가 100분의 30을, 국가가 100분의 20을 각각 부담한다.
③ 지역가입자의 보험료는 그 가입자가 속한 세대의 지역가입자 전원이 연대하여 부담한다.
④ 공단은 건강보험사업에 소요되는 비용에 충당하기 위하여 보험료의 납부의무자로부터 보험료를 징수한다.
⑤ 보험료는 가입자의 자격을 취득한 날이 속하는 달부터 가입자의 자격을 상실한 날의 전날이 속하는 달까지 징수한다.

《해 설》 ①② 국민건강보험법 제67조 1항. ③ 동법 제67조 2항. ④ 동법 제62조 1항. ⑤ 자격을 취득한 날이 속하는 달의 다음 달부터이다(동법 제62조 2항). <답 ⑤>

53. 국민건강보험법상의 보험료의 납부와 관련한 설명으로 틀린 것은?

① 직장가입자의 보험료는 사용자가 납부한다.

② 지역가입자의 보험료는 그 가입자가 속한 세대의 지역가입자 전원이 연대하여 납부한다.
③ 가입자에 대한 해당 월의 보험료를 그 다음 달 10일까지 납부하여야 한다. 다만, 지역가입자의 보험료는 보건복지부령이 정하는 바에 의하여 분기별로 납부할 수 있다.
④ 10일 이상 15일 이내의 납부기한을 정하여 독촉장을 발부하고, 받은 자가 그 납부기한까지 보험료 등을 납부하지 아니한 때에는 보건복지부장관의 승인을 얻어 국세체납처분의 예에 의하여 이를 징수할 수 있다.
⑤ 보험료 체납자에 대하여는 체납된 보험료에 대하여 100분의 5에 해당하는 가산금을 징수하며, 납부기한 경과 후 3월이 경과한 경우에는 100분의 3의 가산금을 징수한다.

《해 설》 ① 국민건강보험법 제68조 1항. ② 동법 제68조 2항. ③ 동법 제69조. ④ 동법 제70조 2항, 3항. ⑤ 공단은 보험료의 납부의무자가 납부기한까지 이를 납부하지 아니한 때에는 그 납부기한이 경과한 날부터 체납된 보험료의 100분의 3에 해당하는 연체금을 징수한다(동법 제71조 1항). <답 ⑤>

54. 국민건강보험법상의 권리구제절차에 관한 설명으로 틀린 것은?

① 가입자 및 피부양자의 자격·보험료 등·보험급여 및 보험급여비용에 관해 이의가 있는 자는 국민건강보험공단에 이의신청을 한다.
② 요양급여비용 및 요양급여의 적정성에 대한 평가 등에 관한 처분에 이의가 있는 자는 건강보험심사평가원에 이의신청을 한다.
③ 이의신청은 처분이 있음을 안 날부터 90일 이내에 문서로 이를 하여야 하며, 처분이 있은 날부터 180일을 경과하면 이를 제기하지 못한다.
④ 공단 또는 심사평가원은 이의신청에 대한 결정을 한 때에는 지체없이 신청인에게 결정서의 정본을, 이해관계인에게는 그 사본을 통지하여야 하며, 이의신청을 받은 날부터 90일 이내에 결정을 하여야 한다.
⑤ 이의신청에 대한 결정에 불복이 있는 자는 보건복지부장관 소속하의 건강보험분쟁조정위원회에 심사청구를 할 수 있다.

《해 설》 ① 국민건강보험법 제76조 1항. ② 동법 제76조 2항. ③ 동법 제76조 3항. ④ 60일이다(동법 시행령 제51조 1항). ⑤ 동법 제77조 1항. <답 ④>

55. 국민기초생활보장법상 급여의 종류가 아닌 것은?

① 생계급여 ② 주거급여 ③ 산재급여
④ 의료급여 ⑤ 교육급여

《해 설》 국민기초생활보장법상 급여의 종류로는 생계급여, 주거급여, 의료급여, 교육급여, 해산급여, 장제급여, 자활급여가 있다(국민기초생활보장법 제7조 1항). <답 ③>

著者略歷

김형배(金亨培)

高麗大學校 法科大學 卒業
同 大學院(法學碩士)
獨逸 Marburg 大學校 法科大學(法學博士)
高麗大學校 法科大學 敎授
司法試驗委員・行政考試委員
現 高麗大學校 法科大學 名譽敎授

著書・論文

Das Streikpostenstehn als rechtmäßiges oder rechtswidriges Verhalten gegenüber dem bestreikten Arbeitgeber, 1969
Zur Verletzung von Forderungsrechten durch Dritte, Festschrift für Ernst Wolf, 1985
Gegenwärtige Regelung und Tendenz der Produkthaftung in Korea, RIW 1989
Fehlerbegriff und Haftungsgrund in der Produkthaftung, Festschrift für Kitagawa, 1992
Das deutsche BGB und das koreanische Zivilrecht, Archiv für die civilistische Praxis, Bd. 200(2000), S. 511ff.
Geschäftsherrenhaftung im Spiegel der koreanischen Rechtsprechung Aus rechtsvergleichender Perspektive, Festschrift für Horst Konzen, 2006, S. 413ff.
Entstehung und Entwicklung des koreanischen Arbeitsrechts - unter Berücksichtigung politischer und wirtschaftlicher Aspekte, Festschrift für Rolf Birk, 2008, S. 331ff. 외 다수

「제2판 債權總論」, 博英社, 1998
「신정판(제2판) 債權各論[契約法]」, 博英社, 2001
「事務管理・不當利得[債權各論 II]」, 博英社, 2003
「民法學硏究」, 博英社, 1989
「제8판[增補新版] 勤勞基準法」, 博英社, 2001
「勞動法硏究」, 博英社, 1991
「개정판 法學方法論」(치펠리우스著), 三英社, 1993(譯書)
「集團的 勞使自治에 관한 法律」, 1992(共著)
「제19판(全面改訂增補版) 勞動法」, 博英社, 2010
「民法要點講義 I ~ V」, 新潮社, 1996~1997
「제9판 民法學講義」, 新潮社, 2010(共著)
「신판 民法演習」, 新潮社, 2007
「제12판 民法學[단답식 문제해설]」, 新潮社, 2010 (共著)
「제10판 勞動法講義」, 新潮社, 2007
「獨逸債權法의 現代化」, 法文社, 2003(共著) 외 다수

제 2 판
勞 動 法 [단답식 문제해설]

2008年 10月 25日 初 版 第 1 刷發行
2010年 11月 25日 第 2 版 第 1 刷印刷
2010年 11月 30日 第 2 版 第 1 刷發行

著 者 金 亨 培
發行人 李 明 載
發行處 **新 潮 社**
서울특별시 마포구 염리동 161-5 201호
電話 (02) 713-0402 FAX (02)713-0403
登錄 1994. 7. 4. 제17-179호(倫)
E-mail: sinjosa@sinjosa.co.kr http://www.sinjosa.co.kr

定價 31,000원 **ISBN 978-89-92841-29-0**